미국 재산법

조국현

The Law of Property in the United States

박영사

머리말___

이 책은 미국의 부동산법과 동산법에 관한 일반적인 내용을 다루고 있습니다. 본 교재는 미국 로스쿨, 미국변호사 자격취득, 연구, 실무 등 관련 분야 모든 독자들에 대한 '필독서'(the must-read book for all readers)로서의 역할을 위한 하나의 시도로서 그러한 생각과 고민의 축적물입니다.

오늘날 우리가 살아가는 세상속에서 우리는 다양한 형태의 법적 이슈에 노출되어 있는 것 같습니다. 특히 일상 생활에서 다루어지는 각종 계약이나 거래 그 한가운데에는 우리 이웃들과 함께하는 조그만 세상이 여기저기 숨어있는 것처럼 보입니다. 그리하여 때로는 '법'이라는 도구를 통해 현실적 문제에 대한 해답을 찾아보기도 합니다.

이미 출판된 『미국 불법행위법』과 『미국 계약법』은 초판이고 다른 유사한 교재가 있음에도 불구하고 베스트셀러에 포함되기도 하는 등 독자 분들로부터 예상하지 못한 호응을 받았습니다. 이러한 것은 무엇보다 이 교재를 통해 단순이 법이 문제해결의 매개 역할에 그치지 않고, 뭔가 그럴듯해 보이는 단순한 법률용어나 형식적 논리를 넘어 독자 분들에게 유용하면서도 독자 여러분의 입장에서 바라보려고 노력하였기 때문이 아닌가 생각해 봅니다. 그럼에도 불구하고 미흡한 부분이 많음을 알기에 개정판에서는 내용의 질적 향상을 위해 많은 수정과 보완이 이루어지도록 노력하겠습니다.

제가 『미국 재산법』을 집필하게 된 동기는 『미국 불법행위법』과 『미국 계약법』의 경우와 유사한 면이 있습니다. 제가 미국 로스쿨에 진학하고 학습에 임하며, 뉴욕변호사 자격 취득시험을 준비하고 실무를 접할 당시에는 적어도 저와 같이 『미국 재산법』을 학습하고 싶은 로스쿨생이나 변호사 자격을 취득한 후 실무를 하려는 분들 그리고 연구자, 법조인 등 관련 업무에 종사하시는 분들에게 적합한 교재를 쉽게 찾을 수가 없었습니다.

또한 간혹 마주치는 독자들을 대하면 미국 재산법 과목은 생소한 용어가 많고 그 이해 또한 어려워 체계적인 학습이 쉽지 않다고 이야기합니다. 이러한 내용은 저 역시 처음 『미국 재산법』을 대했을 때 마찬가지였기 때문에 충분히 공감할 수 있었습니다.

그리하여 저는 본 교재를 마련하면서 어떻게 하면 독자의 입장에서 시간과 비용을 줄이면서 효율적인 학습이 가능하도록 서술할 수 있을까? "쇠사슬의 강도는 가장 약한 고리에 달려 있다"는 말이 있듯이 어떻게 하면 현실과 실무로 연결할 수 있는 고리(a linking-pin) 역할을 할 수 있을까? 적어도 이 책을 접하는 독자 분들에게만은 어떻게 하면

제가 처음에 했던 시행착오를 줄일 수 있을까? 등의 질문에 대한 해답을 찾아보는 것을
서술의 기본 방향으로 삼고자 하였습니다.

그러다보니 하나의 법리(a rule)를 이해하기 위해 이런 저런 글들을 읽어보고 그러다가
잠이 들거나, 하나의 쉬운 단어('key', 'open' 등)라도 그 의미를 몇 번이고 음미해 보며, 숙독
과 숙고를 하여야 했습니다. "연주나 노래 한 곡이 한 사람의 '내일'을 바꾸고 책 한권이나
문장 하나만으로도 그 사람의 '인생'을 바꿀 수도 있다"는 생각과 함께 말입니다.

특히 사례와 관련해서는 무엇보다 일단 사안(Facts)이 무엇인지를 알았다면 이에 대한
사례분석과 실제 응용이 중요하다고 생각하였습니다. 그리하여 실제 사례에서의 쟁점이
무엇이고, 사실에 부합하는 근거 내지는 이유를 찾아보고 적용해 보며, 이를 통해 해결책을
마련해 보는, 마치 미국 로스쿨이나 미국변호사 자격취득, 실무 등에서 실제 작성해 보는
것처럼 "IRAC"(Issue, Rationale, Application, Conclusion)의 형식에 따라 한글과 영문으로 함께
제시하였습니다.

이외에도 법률관련 서적의 경우 무엇보다 정확성이 중요하다고 생각하여 원문에 충실
하면서도 오역(誤譯)을 방지하며 이해의 편의를 위해 실제 부동산 계약이나 양도증서(deed)
의 예문, 조문과 사례(cases) 등의 내용을 반영하고자 하였습니다.

한편, 본 교재는 참고자료로서 독자 분들의 확인 학습을 위해 "Notes, Questions,
and Problems" 부분을 별도로 만들어 학습한 내용에 대해 정리를 해 보고 스스로 질문을
해 봄과 동시해 확인해 보는 기회를 갖도록 하였습니다. 본 내용은 학습 진도에 따른 것이
아닌 전 영역을 다룬 것으로서 전체적으로 복습을 할 수 있음과 동시에 내용에 대한 포인트
위주의 정확한 이해를 하는데 매우 유용한 도구로서 역할을 할 것이라고 확신합니다.

비록 미국 인디애나대 로스쿨에서 법학박사(S.J.D.) 학위를 취득하고 미국 뉴욕주변호사
시험을 통과하고, 그 자격을 취득하여 실무에 임하였다고 해도 아직 우리나라에서 미국
재산법에 대한 자료가 부족하고 저변이 확대되지 않은 환경속에서 본 교재내에는 오류나
잘못된 표현 등등이 있을 것이라 생각됩니다. 이와 같은 내용에 대해서는 동도제현(同道
諸賢) 여러분들과의 대화나 이메일(canicho@naver.com) 등을 통해 소중한 말씀들을 최대한
반영하여 내용에 충실을 기하도록 하겠습니다.

이제 이 책을 마무리 할 즈음 누구나 그렇듯이 고마우신 어머님 생각이 납니다. 행상
(行商)을 통해 오늘을 있게 해 주시고 수원시 화홍문화제에서 선정한 효부(孝婦)상을 받으신
어머님 손을 잡고 카퍼레이드 하던 때의 모습이 가슴깊이 다가옵니다. 그 어머님께서
이제는 거동조차 어렵고 요양병원에 누워 계신다는 생각이 늘 앞을 가리고 그럼에도
불구하고 마음만 있지 자식으로서 무언가 도움을 드리지도 못하는 불효(不孝)의 마음이

가득하여 오늘도 새벽길을 달리며 평안하심으로 강건함을 유지할 수 있도록 기도합니다.

　"아침에 잠에서 깨어 옷을 입는 것은 희망을 입는 것이고, 살아서 신발을 신는 것은 희망을 신는 것"이란 한 시인의 시가 생각납니다. 이렇게 책을 쓸 수 있고 이러한 내용을 머리글의 형태로 나눌 수 있는 기회를 가질 수 있음에, 이제 평범한 '일상'조차도 그것이 '희망'이고 '감사'임을 실감하고 있습니다.

　무엇보다 휴일도 없이 비가 오나 눈이 오나 거의 매일 매일을 업무에 매달려 자신 보다는 아이들이나 가족 그리고 제가 할 수 있는 일에만 집중할 수 있도록 때로는 이해와 조언을 아끼지 않으면서도 묵묵히 곁에서 도와 준 아내, 그리고 이제 미국 인대애나주립 대학 졸업을 앞두고 자신만의 미래를 개척하려는 용기와 새로움에 도전해 보려는 큰 아들 영기, "기자가 지금 당신에게 가장 중요한 일과 중요한 사람"에 대해 물었더니 "나에게 중요한 사람은 당신이고, 가장 중요한 일은 이 인터뷰다"라고 대답하였다는 자신이 읽은 내용에 대해 알려주고 지금의 한 순간, 한 순간을 소중히 생각하며 열심을 다해야 함을 되새기게 해 준 군대에 있는 작은 아들 영호, 뒷모습만 보여준 것 같은 아빠로서, 가장으로서 제대로 역할도 하지 못하였는데 이해해 준 가족 모두에게 고마움과 미안함을 함께 전합니다. 때로는 실패가 거듭되고 원하는 일이 제대로 이루어지지 않을 때라도 절대로 "꿈과 희망"을 포기하지 말고 다시 영~차 힘을 내어 일어서서 열심을 다해 걸어가길, 그리하여 이웃과 나라를 생각하며 나름대로의 인생에서 알차고 멋진 작품을 그려 나갔으면 하는 바람도 함께 말입니다.

　개인적으로도 가정사정상 신문배달 등을 통해 형님과 동생과 함께 가사를 돌보아야 했던 어린 시절, 대학 재학 중 학비마련을 위해 강원도 탄광촌에서 시작한 공무원 시절과 이후 대통령 소속기관에서의 근무를 통해 얻은 지방행정과 국가정책의 수립·집행·평가 관련 업무경험, 일본 게이오(keio) 대학, 미국 스탠포드 대학과 인디애나주립대학, 그리고 뉴욕에서의 변호사 실무 등등을 통해 체득한 학문이나 실무 등에 있어서의 국내외의 경험 들은 적어도 저에게 있어서는 글로써 표현할 수 없는 과분하고도 영광스러운 것들이었습니다.

　특히 국가기관에 근무하면서 자랑스러운 대한민국을 지키는 데 조그만 겨자씨라도 되고자 시커먼 얼굴로 낙하산을 맨 채 헬기에서 지상으로 무사히 착지한 후 자랑스러운 '태극기'를 바라보며 동기들과 함께 '애국가'를 부르면서 눈시울을 붉혔던 시절, 일본 동경의 한 구청에서 일본어로 한국을 소개하거나, 국가 정책자료 마련을 위해 일본 서점의 한 코너에 꽂힌 한일관계 관련 서적 거의 전부를 구입하여 읽게 되면서, 정상회담 준비를 위한 회의에 참석하기 위한 자료를 준비하면서 나라의 소중함을 다시금 절감했던 순간들, 정부기관 등에 대한 경영평가나 투자심의회의 그리고 대통령 자문위원회 등에서 위원으로서의 활동들, '미주한인 풀뿌리 컨퍼런스'(Korean American Grassroots Conference)를 위해 워싱턴DC에 모인 미국내의 각 지역구 대표 분들과 함께 몇몇 연방 하원의원실을 직접 찾아가 한인사회 이슈를 전달하였던 일, 미국 의회에서 열린 위안부 결의안 통과 기념식 참석과 그 후에 "I Can Speak"의 영화를 통해 한국과 미국을 오가며 직간접으로 관련 업무에 관여했던 저로서의 남다른 감회, 뉴욕 일정을 마치고 소박한 만찬자리를 함께 나누면서 "내 나이가 어때서"라는 노래를 부르시던 한 위안부할머니의 얼굴에 비친 지난 날의 풍상(風霜) 등등이 주마등처럼 스쳐 지나갑니다. 살기 좋은 우리나라에 대한 사랑과 따뜻한 이웃에 대한 겸손속의 섬김을 위한 마음속의 다짐도 함께 말입니다.

돌이켜보면 제가 오늘에 이르기까지 매 순간순간마다 학문에서나 사회에서나 길을 이끌어 주신 많은 분들의 가르침과 도움이 있었습니다. 비록 이곳에 그 분들을 일일이 적시하지 않았지만 그 분들이 보여주신 후의(厚意)를 늘 간직하면서 앞으로도 더욱 정성을 다하고자 합니다.

곁들여 이 책의 출판을 허락해 주신 박영사의 안종만 회장님과 임재무 이사님과 김한유 대리님, 편집과 교정의 작업을 위해 정성을 다해 주신 한두희 대리님, 표지디자인을 위해 도움을 주신 권효진님을 비롯한 출판사 여러분들에게도 깊은 고마움을 표시합니다.

지금 이 순간 백두산으로 모처럼의 여정을 갔다가 돌아오면서 아내가 사다 준 "心想事成"(마음이 절실하여 간절히 원하고 바라면 반드시 이루어진다)이라고 새긴 조그만 '조약돌'을 꺼내들면서, 우리 인생의 여정은 어쩌면 나름대로 자신만의 사명(mission)을 갖고 길을 걷는 순례자의 길과 같지는 않는지 생각해 봅니다.

아무쪼록 "미국 재산법"이라는 길에 놓인 '걸림돌'을 딛고 일어서서 여러분이 원하시는 그 목적을 이루시는데 이 교재가 작은 '디딤돌'이 되었으면 좋겠습니다. 그리하여 여러분이 하시고자 하는 모든 일들이 이루어짐과 함께 늘 건강하심과 행복하심으로 기쁨이 이어져 이웃과 사회 그리고 참으로 살기 좋은 우리나라를 생각하면서 따뜻한 마음과 희망을 나눠주는 그런 넉넉한 '마중물'의 역할을 할 수 있다면 저에게는 큰 보람일 것입니다.

감사합니다.

2017년 11월

2018 Winter Olympic Game이 열리는 평창 봉평에서

조 국 현 올림

차례

제13장 부동산 상린관계의 규율   483

제1장
총론

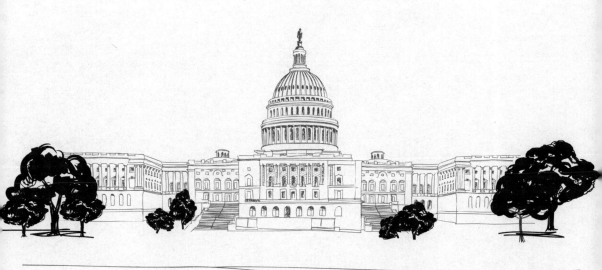

제1장 총론

I. 총 설

1. 본 교재서술의 기본방향

보통 재산법(the law of property)은 미국 로스쿨에 입학을 해서 처음 1년차에 다른 사법(private law)인 계약법(the law of contracts)과 불법행위법(the law of torts) 함께 학습하게 되는 과목이다. 이들 세 과목은 그 과목 이름이 다르고 가르치는 교수가 다르기에 서로 완전히 다른 과목으로 생각할 수 있다. 하지만 그렇지 않다.

우리나라의 경우 민법에는 민법총칙, 물권법, 채권법, 가족법으로 구성되어 있다. 즉, 과목 이름은 서로 다르다고 해도 하나의 민법이란 과목 속에 이들 모두가 포함되어 있고, 실제로도 민법 교수가 이들을 담당하여 가르치고 있다.

미국법에 있어서도 마찬가지이다. 위 세 과목은 비록 가르치는 교수가 다르더라도 사안에 따라 서로 맞물리면서 계속되는 연결고리를 통해 이어지게 된다. 이러한 이유는 미국 재산법과 불법행위법이 그 역사적 기원(a historic origin)을 함께하고 있기 때문이기도 하다.[1]

하지만 미국 계약법이 하나의 로드맵(road-map)으로 연결될 수 있다면 미국 재산법은 하나의 로드맵으로 쉽게 연결될 수 없는 측면이 있다.[2] 따라서 처음으로 미국 재산법을 학습하려는 독자입장에서는 그 구조나 유형에 있어서 복잡하고 용어가 생소하며, 개

---

1) Barlow Burke and Joseph Snoe, 『Property』(4th ed.,)(Wolters Kluwer, 2012), at 3.
2) Id. at 4. 미국 재산법은 적어도 여섯 개의 로드맵으로 나눌 수 있는데 구체적으로 동산(personal property), 보통법상의 재산권과 현재의 권리 내지 이익들(common law estates and concurrent interests), 임대인과 임차인의 관계(landlord and tenant), 부동산 거래(real estate transactions), 지역권(easements)과 부동산과 관련된 특약(covenants), 토지 사용에 대한 공적 규제(public land use regulation)가 해당된다.

념에 대한 이해가 익숙하지 않아 다소 어렵게 느껴질 수 있다.

특히 미국 재산법은 우리나라를 포함한 대륙법계와 그 내용이 유사한 면도 있지만 우리가 알고 있는 물권법적 학습시각으로 이해하고 접근하기에는 기본적인 원칙들과의 차이성 등으로 인해 쉽지 않은 것이 사실이다. 그러한 연유인지 우리나라 언어로 쉽고 자세하게 설명된 『미국 재산법』(Property law in the United States)이라고 불리는 교재를 서점 등에서 쉽게 찾아볼 수 없다.

간혹, 마주치는 독자들을 대하면 미국 재산법 과목은 생소한 용어가 많고 그 이해 또한 어려워 체계적인 학습이 쉽지 않다고 이야기한다. 이러한 내용은 필자 역시 처음 미국 재산법을 대했을 때 마찬가지였기 때문에 충분히 공감할 수 있는 내용이었다.

그리하여 필자는 어떻게 하면 독자의 입장에서 시간과 비용을 줄이면서 효율적인 학습이 가능하도록 서술할 수 있을까? 어떻게 하면 생소한 용어들을 가능하면 쉽게 개념지우고 설명할 수 있을까? 어떻게 하면 우리나라 민법 관련 분야와 미국 재산법을 체계적으로 연결할 수 있을까? 어떻게 하면 미국 재산법 이론을 쉽게 설명하면서 실제 재산법 관련 학습과 실무를 연결할 수 있을까? 등의 질문에 해답을 찾고자 하였다.

이러한 물음에 대한 해답을 찾아가려는 시도는 미국 재산법은 우리나라 민법과목 중 물권과 채권과는 다른 역사적 법체계상의 관점에서 시작하였다. 이러한 관점의 차이는 누가 재산법 교재를 쓰고 읽는지에 따라 설명의 내용과 학습의 이해정도 역시 차이를 가져온다고 할 수 있다. 교재를 쓰는 사람의 입장에서 보면 우리나라 민법에 대한 아무런 이해 없이 단순히 미국에서 로스쿨을 졸업하거나 미국변호사 시험을 통과한 지식만을 기초로 서술할 수도 있다. 하지만 그렇게 한다면 그 전달되는 내용의 깊이에 한계가 있을 것이다. 또한 우리나라 민법에 익숙한 독자들에게는 이해가 쉽지 않을 뿐만 아니라 시간을 많이 필요로 할 수 있다.

반대로 미국 재산법에 대한 내용을 우리나라 민법강의나 연구 등을 통해서만 서술한다면 역시 현실 적합성이 떨어질 우려가 있다. 물론 때로는 일단 어떤 도그마 내지 원리 또는 법적인 틀을 만들어 놓고 이러한 틀에 맞춰 해석 · 적용하는 것도 도움이 될 수 있고 실제 이러한 경향이 있다. 하지만 이러한 것도 실제에 있어서 어떻게 적용되며 해석해야 할 것인지를 사회적 수요나 세계적 흐름에 맞춰 현실에 바탕을 두어야 그 유용성이 클 것이다.

이러한 측면에서 우리나라 민법의 내용뿐만 아니라 미국 재산법에 대한 이론 등에 대한 비교 학습을 통한 체계적 학습이 중요하다고 할 수 있다. 본 교재는 우리나라 법적 관념 내지는 정서에 어느 정도 익숙한 독자들에게도 이러한 측면을 적극 반영하려고 하였다.

한편, 미국 재산법에 대한 이론과 미국 부동산 계약의 실무를 연결하는 연결고리 (a linking pin)는 실제에 있어서 이론적인 학습에 중점을 둔 나머지 미국 부동산에 대한 기본적 내용과 실무에의 연계성의 부족이라는 관점에서 시작하였다. 이 부분에 대하여 본 교재에서는 이론을 설명하면서도 실제로 미국 부동산 계약서는 어떻게 사용되고, 양도증서(deed)는 어떠한 내용을 담고 있으며 각 부동산등록법(recording statutes)은 어떻게 쓰이는지 등에 대해 가능하면 실제로 사용되는 예를 찾아 부록형태의 단순 양식(forms)의 소개가 아니라 실제 해당 부분에서 다루고자 하였다.

이와 같이 본 교재는 단순히 미국 재산법의 하나로서 읽혀지는 교재가 아니라 미국 로스쿨, 변호사 자격취득, 부동산 실무 등 관련 분야 모든 독자들에 대한 차원이 다른 '필독서'(the must-read book for all readers)로서의 역할을 위한 하나의 시도로서 그러한 생각과 고민의 축적물이다.

2. 본 교재의 학습방법과 서술 내용

미국 재산법은 다른 과목과 마찬가지로 재산법 이외의 과목에 대한 선행학습이 다소 요구되는 과목이다. 헌법과 불법행위법 그리고 계약법에 대한 학습이 선행되면 재산법에 대한 접근이 쉬울 것이다. 그러므로 우선 계약법 → 불법행위법 → 헌법 순으로 학습한 뒤 미국 재산법을 학습하는 것도 하나의 효율적인 방법이 될 것이다. 하지만 다른 과목에 대한 사전 이해 없이 본 재산법 교재를 대하는 독자들도 있고 또 체계적인 접근을 통한 학습을 위해 각 장의 시작 부분에 그 장의 전체적인 내용에 대해 언급을 한 후 서술하였다.

본 교재에서 제시하는 사례들은 가능하면 실제 다루어진 판례들을 예를 들어 설명하려고 노력하였다. 사례에 따라서는 그 내용이 너무 길고 방대하여 모든 부분을 이 교재에 언급하기에는 독자들의 양적 부담 등을 고려하여 가능하면 필요한 부분에 한해서만 제시하였다.

특히, 실제의 판례 내용 중 생략되는 부분에 대해서는 생략되는 부분의 앞이나 뒤에 '중간생략' 내지 '...'의 표시를 하여 독자들이 후에 생략된 부분을 살펴볼 수 있도록 하는 등 이해를 돕도록 하였다. 본 교재에서 제시되는 사례나 판례들은 학습의 이해를 위한 것으로서 보다 정확하고 심화된 내용의 이해를 위해 실제 판례 전체 부분을 파악해 볼 필요가 있다.

　사례의 분석 내용과 관련하여서도 판례의 평결 내용이 다수의견과 소수의견으로 분리되어 있을 경우 독자들의 학습적 이해를 위해 다수의견을 중심으로 살펴보았다. 하지만 이 역시 보다 심화된 학습을 위한 독자들의 참고를 위해 소수의견도 필요한 부분을 판례를 기초로 하여 제시하였다.

　미국 재산법 과목에 대한 서술과 관련해서는 우선 미국 재산법에 대한 교재가 거의 없지만 있는 경우에도 설명하는 자료마다 목차나 배열 등이 달라 체계적인 학습이 쉽지 않다. 그리하여 본 교재에서는 보다 체계적인 학습을 위해 단락별로 다음과 같이 살펴보기로 한다.

　먼저, 미국 재산법에 대한 기본적 배경지식을 얻기 위해 계약자유의 원칙과 그 제한, 다른 법과의 구별 등의 개략적 내용에 대해 서술하였다. 미국에 있어서의 민사소송 부분은 중요한 부분으로서 필자의『미국 불법행위법』의 내용을 기초로『미국 계약법』에서도 서술하였지만 본 재산법 교재에서는 독자들에 대한 부담을 줄이기 위해 이 부분은 반영하지 않았다.

　둘째, 미국 재산법 및 부동산을 비롯한 영문 계약 실무의 기초로서 주요 법률용어 및 기본적 개념에 대해 살펴보았다. 본 내용은 필자의 미국 계약법상의 부분을 참고하고, 미국 재산법 부분 중 낯설고 이해하기 어려운 용어(terminoloty)에 대해 비록 생소하더라도 어떻게든 쉽게 우리나라 언어로 개념화하려고 하였다.[3]

　셋째, 미국 재산법과 관련하여 'Restatement'나 미국 통일상법전(Uniform Commercial Code)을 비롯한 주법(State Statutes)과 같은 주요 자료들을 미국 재산법의 주요한 법원(法源, Main Authorities)으로 삼았다. 이에 대한 내용은 미국 재산법의 법원 부분에서 구체적으로 설명하고 있다.

　넷째, 미국 재산법의 실제 내용을 살펴보기 전에 미국 재산법 전체를 개관(a big picture)해 보고 이와 관련된 주요 쟁점을 제시하였다. 이러한 내용에 기초하여 각 장별로 순서에 따라 이론 및 사례 등을 중심으로 서술하였다. 본 교재에서 언급되는 사례들은 독자들의 설명과 이해를 돕기 위한 학습용 예(examples)에 불과한 것으로서 실제 내용 검토

---

[3] 본 교재에서 사용되는 용어는 입장에 따라 다양한 견해가 있어 본 교재에서는 용어 하나하나를 선택함에 있어 무엇보다 내용의 충실에 중점을 두었다. 기존에 다른 용어나 개념을 통해 학습을 해 온 독자입장에서는 새로울 수 있으므로 기존의 학습 방법에 따를 것을 권한다.

등 필요시에는 사안의 특수성 및 관련 주(州)마다의 법규 등에 따라 차이가 있기에 주의를 요한다.

특히, 어떻게 이론과 실제 사례가 연결되는지를 알아보기 위해 각 장별로 주요 판례나 사례를 쟁점화하여 소개하였다. 가능하면 많은 판례에 대해 모든 내용을 담으려고 하였지만 이로 인한 분량의 증가로 인한 독자들의 부담 등을 고려하여 주요 사안만을 다루도록 하였다. 다만 주요 부분에 대해서는 필자가 임의로 밑줄을 긋는 등의 방식으로 강조 표시를 하였다.

또한 미국 로스쿨이나 변호사 자격취득 대비와 실무 등을 위해 바로 응용이 가능하도록 이슈(Issue)를 찾아보고, 이론이나 근거를 생각해보며(Rationale), 이를 실제 사안(facts)에 적용해 보며(Application), 결론을 도출해보는(Conclusion) 소위 'IRAC'형식에 맞추어 한글과 영문으로 사례에 대한 분석(case analysis)을 시도하였다.

다섯째, 미국 로스쿨 및 미국 변호사 자격취득, 실무, 연구 등에 종사하는 독자들을 위한 핵심적인 내용으로 심층적인 학습을 위해 각 장별로 "Notes, Questions, and Problems" 부분을 마련하였다. 이러한 내용은 실제 미국 재산법과 관련된 교재에서 각 사례의 마지막 부분에 언급하는 접근과 유사하다고 할 수 있다. 특히, 이 부분은 미국 변호사 자격취득을 위해서는 UBE(Uniform Bar Examination) 시스템에 부합하는 학습이 필요하다는 판단하에서 재산법의 이론에 대한 확인학습을 위한 영역으로서 주요 핵심 쟁점이 되는 내용들을 담고자 한 것이다.[4)]

이 "Notes, Questions, and Problems" 부분에 대한 서술의 순서에 있어서 미국 재산법 내용 전후의 기억력에 대한 혼돈을 줄이고 독자들이 익힌 내용을 잘 숙지하고 있는지를 점검하기 위한 기회를 제공하기 위한 것이다. 그리하여 교재 목차상의 형식적인 순서에 따르지 않고 다소 중복되더라도 포인트 위주로 제시함으로써 미국 재산법 내용의 전후에 대한 유기적 연결과 심층적 학습과 연구를 도모하였다.

---

4) 이 부분은 미국 로스쿨에서 함께 학습에 임했던 박영우 변호사님이 마련한 내용을 기초로 사안에 맞게 수정·보완하여 체크리스트(check-list) 형태로 정리한 것이다. 그렇기에 사안의 내용과 사안에 따라 설명이 상이할 수 있으므로 어디까지나 복습용으로만 사용하고 정확한 내용은 독자가 갖고 있는 기본서 등을 통해 해당부분을 실제로 확인해 볼 것을 권한다.

II. 미국 재산법의 법원(法源, Main Authorities Governing Contracts)

1. 1차적 법원(primary authorities)과 2차적 법원(secondary authorities)

미국 재산법의 법원과 관련하여 크게 1차적 법원(primary authorities)과 2차적 법원 (secondary authorities)으로 나뉠 수 있다. 미국 재산법의 법원은 연방법(federal law)과 각종 성문법(statutory laws)이며, 그 주요한 법원은 판례법(case law)이고 그중에서도 대부분은 주법(州法)이다.5) 예를 들어 미국 통일상사법전(統一商事法典)인 U.C.C.(Uniform Commercial Code)가 주(州)에서 법으로 제정되면 제정법(a statutory law)으로서 제1차적 법원이 된다.

미국 재산법과 관련한 부동산 계약 역시 계약의 일반적 법리를 따른다. 일반적으로 계약은 1차적으로 보통법(common law)의 적용을 받는다. 동산(movable)이나 유형 자산(tangible property)과 같은 물건이나 상품(sales of goods)의 경우는 보통법뿐만 아니라 U.C.C. 제2편 의 적용을 받는다.

U.C.C.는 법개혁을 추진하는 권위 있는 전미(全美)조직의 하나인 NCCUSL(the National Conference of Commissioners on Uniform State Laws)과 ALI(American Law Institute)가 작성한 모델 법전(model code)이다.6) 프랑스의 나폴레온 법전을 받아들이고 있는 루이지애나주를 제외 한 모든 주에서 사용하는 공통의 규범이 되었다.7)

미국 통일상법전 U.C.C.는 총 13편으로 구성되어 있는 데 제1편 총칙, 제2편 매매, 제2편 리스, 제3편 유통증권, 제4편 은행예금 및 추심, 제4A편 자금이체, 제5편 신용장, 제6편 일괄매매, 제7편 창고증권, 제8편 투자증권, 제9편 담보부거래, 제10편 시행일 및 폐지규정, 제11편 시행일과 경과규정이 그것이다.8)

그런데 실제에 있어서 재산법과 관련한 주요한 법원은 판례법(case law)이고 그중에 서도 대부분은 주법(州法)이라고 할 수 있다.9) 물론 미국 재산법을 학습함에 있어서 특정 주(州)의 대법원에 대한 판례 내용이 실제 사건과 관련된 어떤 주에서 다루게 될 법적 사 안에 영향을 미쳐 그 주법을 대신하는 것은 아니다. 그 대신 해당 사안을 구속하는 1차

---

5) 平野 晋, 『体系アメリカ契約法』(American Contracts)(日本 中央大學出版部, 2009). at 28.
6) Id. at 29.
7) Id.
8) 박정기, 윤광운 공역, 『미국통일상법전』(법문사, 2006), vii면.
9) 平野 晋, supra note 5, at 28.

적 법원(primary authorities) 내지 2차적 법원(secondary authorities)이 될 수는 있다(선례구속의 법리, precedential rules of authority, doctrine of precedent, stare decisis/stand on decision).[10]

2차적 법원(secondary authorities) 가운데에는 이외에도 앞에서 언급한 'Restatement of the Law'를 생각해 볼 수 있다. 'Restatement'와 관련에서 우리 학계에서는 원문 그대로 '리스테이트먼트'라고 표현하는 경향이 있고, 이를 우리에 맞는 용어로 바꾸자면 '재취록' 또는 '보통법전집'이라고 할 수 있다.[11]

실제로 미국 재산법에 관한 내용 설명에 있어서 유용한 것 중의 하나는 제2차적 법원으로서 'Restatement'라고 할 수 있다. 이것이 제1차적 법원이 아님에도 영향력을 갖는 것은 법개혁을 행하는 권위 있는 조직인 ALI(American Law Institute)에 의해 집대성한 법전과 같은 저작물이라 할 수 있기 때문일 것이다.[12] 확립된 판례들을 다시 쓰는(re-state) 것이 restatement 원래의 편집 취지였으나 판례법에서 다루지 않는 부분도 언급되고 있다.[13]

미국 재산법과 관련된 제1차 Restatement는 1944년 발행되었고, 제2차 Restatement는 임대인과 임차인의 관계와 관련된 것이 1977년, 담보권(Security/Mortgages)과 관련된 것이 1996년, 지역권(Easement)과 특약(Covenants)을 담은 역권(Servitudes)와 관련된 것이 1998년 등의 순서로 발행되었다.[14]

이외에도 법원으로 '통일 임대인 임차인법'(The Uniform Landlord Tenant Act)과 같은 통일된 주법(Uniform State Laws)과 부동산 법 관련 전문 논문집(treatises)들을 들 수 있을 것이다.[15]

2. 보통법상 주(州)법으로서의 재산법

위에서 언급한 것처럼 미국 재산법은 주로 연방법(federal law)이 아닌 주법(state law)이라고 할 수 있다. 루이지애나(Louisiana)주를 제외한 대부분의 주들은 사법적 영역 등에

---

10) Barlow Burke and Joseph Snoe, *supra* note 1, at 6.
11) 고세일, "미국 불법행위법상 동산 제공자의 책임", 『민사법학』 제61호(2012.12), 376면 각주 4.
12) 平野 晋, *supra* note 5, at 29.
13) *Id.*
14) Barlow Burke and Joseph Snoe, *supra* note 1, at 7.
15) *Id.*

서 영국의 보통법(common law)에 따른 법 체계(legal system)를 따르고 있다.16) 각 주(state)
마다 그 주에 맞는 재산법을 마련하고 적용하는 것이다.

　　미국 로스쿨 등에서 사용되는 미국 재산법 교재는 주로 상급법원의 판례를 소개하고
있다. 이러한 상급법원의 판결 내용은 크게 네 가지로 구분된다. 즉, 사안에 대한 사실
관계(a statement of facts), 사안과 관련된 쟁점의 정리(a statement of the legal issues), 제기된
쟁점을 해결하기 위한 법리와 그러한 법리를 해당 사안에 적용시키는 내용(a statement of
rules), 결론(holding and decision)이 그것이다.17) 이러한 것은 미국법을 학습하는 독자라면
반드시 알아야 되는 부분이다. 실제로 미국 로스쿨에서의 학습은 미국 판례를 끊임없이
읽고 분석해 보는 것의 연속이라고 할 수 있다. 그러므로 미국 로스쿨이나 미국 변호사
자격취득 준비(특히 MEE나 MPT 부분) 또는 실무에 있는 독자라면 소장을 읽거나 작성하는
경우에 이러한 내용을 담은 앞에서 언급한 소위 "IRAC"의 형태로 학습되어져야 한다.

3. 본 교재에서 주로 사용된 주요 참고자료 및 인용 방식

3.1. 본 교재에서 사용되는 주요 법원 및 참고자료

　　본 교재에서 사용되는 법원(法源, resources)은 내용에 따라 Restatement (Second)/(third)
of Property와 통일상사법전(Uniform Commercial Code, U.C.C.) 등도 언급되었다.18) 또한 본
사례에서 인용되는 대부분의 이론과 판례 등은 사법연수원, 『미국 민사법』,19) 김준호,
『민법강의』,20) 송덕수, 『신민법강의』,21) 임홍근&이태희, 『법률영어사전』,22) 박홍규,
『미국 재산법』,23) 명순구, 『미국 계약법입문』,24) 엄동섭, 『미국계약법Ⅰ, Ⅱ』,25) 지원림,

---

16) Barlow Burke and Joseph Snoe, *supra* note 1, at 5.
17) *Id.*
18) 대리인 관계(Agency) 관련부분을 참고한 이유는 실제로 로스쿨이나 미국변호사 자격취득과 실무를 접함에
　　있어서 불법행위법과 대리인관계에서 발생하는 사안들이 하나의 형태로 사례화 될 수 있기 때문이다.
19) 사법연수원, 『미국 민사법』(사법연수원, 2010).
20) 김준호, 『민법강의』(제23판)(법문사, 2017).
21) 송덕수, 『신민법강의』(제10판)(박영사, 2017).
22) 임홍근&이태희, 『법률영어사전』(법문사, 2007).
23) 박홍규, 『미국 재산법』(전남대출판부, 2004).
24) 명순구, 『미국계약법입문』(법문사, 2008).
25) 엄동섭, 『미국계약법Ⅰ』(법영사, 2010), 『미국계약법Ⅱ』(법영사, 2012).

『민법강의』,26) 서철원, 『미국 비즈니스법』과27) 『미국 불법행위법』,28) 조국현, 『미국 계약법』과29) 『미국 불법행위법』,30) 류병운, 『미국 계약법』,31) Jesse Dukeminier 외의 『PROPERTY』,32) Barlow Burke and Joseph Snoe의 『Property』,33) Allan, Farnsworth 이외 『Contracts』,34) Farnsworth의 『Contracts』35) Tina L. Stark의 『Drafting Contracts』,36) 平野 晋의 『体系アメリカ契約法』,37) 각종 저널(Law Journals) 등 국내·외 각종 교재 및 자료 등을 주로 참고하였다.

많은 자료들 중 이들을 주로 참고한 이유는 어떤 객관적으로 정리된 설명이 필요하고, 가급적이면 실제 미국 로스쿨에서 채택하는 교재를 사용함으로써 효율적인 학습을 도모함과 함께 UBE(Uniform Bar Examination)시스템에 의한 미국 변호사 자격취득 준비 및 실무에 적합한 자료들이 필요하다고 생각하였기 하였기 때문이다.

또한 필자의 『미국 불법행위법』와 『미국 계약법』 교재와 유사한 내용에 대해서는 가능하면 논리적 접근과 종합적 사고를 위해 해당 부분을 인용하여 이해와 서술의 통일성을 기하고자 하였다.

3.2. 인용 방식

교재의 인용방식(rule of citation)과 관련하여서는 미국 로스쿨이나 저널(Law Reviews)에서 기본적으로 사용되는 방식(a Uniform System of Citation)으로 학습하게 되는 Bluebook(19th Edition)을 참고하여 서술하는 형태를 취하려고 하였다. 이러한 형태를 취하게 되면 *'see'* (참조), *'supra'*(위에서 언급한, 前揭), *'infra'*(아래에서 언급한, 後揭), *'Id'*(위와 같은, same, 同上),

---

26) 지원림, 『민법강의』(제14판)(홍문사, 2016).
27) 서철원, 『미국 비즈니스법』(법원사, 2000).
28) 서철원, 『미국 불법행위법』(법원사, 2005).
29) 조국현, 『미국 계약법』(진원사, 2017).
30) 조국현, 『미국 불법행위법』(진원사, 2016).
31) 류병운, 『미국 계약법』(홍익대학교 출판부, 2013).
32) Jesse Dukeminier, James E. Krier, Gregory S. Alexander&Michael H. Schill, 『PROPERTY』(7th ed., Aspen Publishers, 2010).
33) Barlow Burke and Joseph Snoe, 『Property』(4th ed.,)(Wolters Kluwer, 2012).
34) Allan, Farnsworth, Carol Sanger, Neil B. Conhen, Richard R.W. Brooks, and Larry T. Garvin, 『Contracts － cases and materials』(8th ed., 2013).
35) Farnsworth, 『Contracts』(Aspen publishers, 4th ed., 2004).
36) Tina L. Stark, 『Drafting Contracts: How and Why Lawyers Do What They Do』, (Wolters Kluwer, 2007).
37) 平野 晋, 『体系アメリカ契約法』(American Contracts)(中央大學出版部, 2009).

'*note*'(각주, 脚註), '*text*'(본문, 本文), '*i.e.*'(즉, that is), '*e.g.*'(예를 들면, for example) 등으로 사용되어 인용방식을 취하게 될 것이다.

기본적으로 본 교재에서도 위의 '*supra*'와 '*Id*'와 같은 인용방법이 대부분 적용되고 있다. 하지만 우리나라의 인용방식과 다른 면이 있고 또 독자에 따라 익숙하지 않을 수 있기에 내용의 이해에 중점을 두고 사안에 따라 적절하게 수정하여 인용하였다.[38]

Ⅲ. 미국 재산법의 의의 및 특징

사 례 연습 ──────────────────────────────────

[사실관계]

미국 뉴욕주 Queens County 플러싱(Flushing)에서 20년간 거주하던 Uncle Mark는 복잡한 도시 생활보다는 한적한 시골생활을 원해 캘리포니아주 마운틴 뷰(Mountain View)란 곳으로 이주하기로 하고, 전망 좋고 한적한 해피빌리지(Happy Village)라는 아파트를 구입하였다.

해당 아파트는 5층짜리 건물 15개동 750세대가 입주한 대단위 단지로서 휘트니스장, 사우나시설, 수영장, 클럽라운지 등 커뮤니티 센터가 마련되어 있고, 아파트입주민협의회가 있어 아파트의 관리나 보수 등 환경 친화적이고 깨끗하며 냄새와 소음 없는 건물 만들기에 입주민 모두가 적극적으로 참여하고 있어 그야말로 살기 좋은 것이었다.

위 아파트 입주민협의회는 처음 개발자(developer)가 건축하면서 만든 '입주민이 아파트에 거주하면서 지켜야 할 제한사항' 등 생활에 필요한 모든 내용에 대해 입주민 전체의 합의에 의한 '규약'을 만들어 놓고 입주민 누구라고 볼 수 있도록 커뮤니티센터 클럽라운지에 비치해 놓았다. 동 규약은 캘리포니아 주법에 해당 행정기관의 승인을 받아 등록한(recorded) 것이다. 새롭게 입주하는 사람들을 포함한 모든 입주민이 서명하도록 하여 준수하도록 하고 위반할 경우 퇴거조치, 위약금 부과 등의 조치를 할 수 있도록 하였다.

특히, 동 규약내의 '특약, 조건과 제한사항'(Covenants, Conditions, and Restrictions, CC&Rs)에는 소음과 냄새 등을 고려하여 해당 아파트에는 어떤 애완동물도 키우지 못하도록 하고 이를 위반시는 퇴거조치와 함께 이행될 때 까지 위약금의 형식으로 얼마씩 부과하도록 하였다. 동

---

38) 또한 아래흔글에서 지원하는 font 등의 차이로 Bluebook에서 요구하는 인용방식을 따르지 못한 부분도 있고, 한국관련 자료의 인용에 있어서도 미흡한 부분이 있다.

규약은 새롭게 이사 오는 모든 입주민들에게 교부하여 확인하게 하고 이의 준수를 위해 서명하게 하였다.

Uncle Mark도 새로 입주하면서 동 '규약'을 자세히 읽어보지 않은 채 다른 입주민처럼 서명한 후, 평소 아끼던 '해피(Happy)'라는 애완동물인 조그만 개(a dog)와 함께 입주하며 생활하였다. 이 'Happy'라는 애완동물은 애완동물 전문 취급점(A)에서 20만원을 주고 구입한 것이다. 특히, Uncle Mark는 새끼를 낳을 수 없는 것을 원하였기에 특별히 주문을 하였고, 취급점 A도 이전부터 '해피'가 새끼를 낳지 못하는 것으로 알고 있었다. 거래당시 A는 Mark에게 'Happy'가 사나운 기질이 있어 모르는 사람에게 달려들어 물을 수도 있는 특별히 위험한 성향(particular animal's dangerous)이 있으므로 주의하라고 하였고 Mark 역시 이를 약속한 바 있다.

얼마간 생활하면서 Mark는 예전처럼 Happy라는 개에 줄을 묶어 근처 산책로로 산책하고 있었다. 갑자기 이때 Happy가 역시 산책하던 다른 입주인인 B에게 달려들어 물어서 2주간의 치료를 요하는 상처를 입히게 되었다. B는 Mark를 상대로 불법행위법(torts law)상의 엄격책임(strict liability)에 근거한 손해배상을 청구하였다. B는 또한 이를 아파트관리사무소에 알렸고, 동 사무소는 Mark에게 규약위반을 들어 애완동물의 사육금지와 함께 위약금을 부과하였다.

이에 대해 Mark는 본 제한규정에 대한 부담이 너무 부당한 것으로 비합리적이기에 구속력이 없다는 이유를 들어 소송을 제기하였다.

한편 그 후 Mark는 Happy가 새끼를 낳을 수 있는 수태한 개임을 알게 되었다.

이와 관련하여
 (1) 미국 재산법상 캘리포니아 주법에 따른 위의 '특약, 조건과 제한사항' 'Covenants, Conditions, and Restrictions'(CC&Rs)과 같은 어떤 합의된 규정은 합리적인가?
 (2) 미국 계약법상 Happy가 새끼를 낳을 수 있는 수태한 개임을 알게 된 경우 Mark는 위 취급점 A를 상대로 계약을 취소할 수 있는가?
 (3) 미국 불법행위법상 B는 Mark를 상대로 엄격책임(strict liability)에 근거한 손해배상을 청구할 경우 승소할 가능성은 있는가? 만일 Mark가 자신이 과실이 없음을 주장할 경우라면 결론은 달라지는가?

1. 쟁점

 • 미국 불법행위법상 동물 점유자의 엄격 책임과 과실 책임
 • 미국 재산법상 'Equitable Servitudes'
 • 미국 계약법상 쌍방착오

2. 관련 판례

 • *Nahrstedt* v. *Lakeside Village Condominium Assoc., Inc*, 878 P.2d 1275(1994).
 • *Sherwood* v. *Walker*, 66 Mich. 568, 33 N.W. 919(Mich. 1887).

1. 재산, 재산권, 재산법

일반적으로 '재산'이란 재산권의 대상이 되는 유형, 무형의 재화로서 동산(personal property)과 부동산(real property)을 통합하여 부르는 명칭을 말한다.39) 부동산이나 빌딩이나 댐 등과 같이 토지와 토지에 부착되어 이동이 불가능한 재산이라면, 동산은 부동산이 아닌 모든 물건으로서 유체재산(tangible property)과 무체재산(intangible property)을 포함한 이동 가능한 재산이라고 할 수 있다.40) 이에 대해 재산권(property)이란 재산적 가치를 지닌 권리나 특권, 권한 등을 포함하는 개념으로서 그 대상인 어떤 가치있는 물건에 대해 법적으로 보호받을 수 있는 권리 내지 기대라고 할 수 있다.41)

재산법(property law)은 사물에 대한 한 사람의 관계를 다루는 것이 아니라 사물에 대한 사람들 사이의 관계를 다룬다.42) 그런 사물이 움직일 수 있어 이동 가능한 것이라면 동산(personal property)이라고 할 수 있고, 토지와 그렇지 못한 것은 부동산(real property)이라고 할 수 있다. 재산법에 관한 학습은 위 동산과 부동산, 그리고 지적재산에 관한 내용을 주로 다룬다고 할 수 있다.

2. 계약자유의 원칙과 그 제한

미국 재산법은 우리의 경우로 보면 민법의 한 과목, 즉 주로 물권부분에 해당되는 영역이라고 볼 수 있다. 그러므로 그 효력면에 있어서 채권과는 달리 주로 물권적 효력을 갖게 된다. 하지만 미국 재산법은 부동산 임차권이 포함되어 있는 등 영국법에 따른 역사적 흐름을 반영하여 우리의 경우와 다른 면이 있다. 특히, 재산법이 동산과 부동산으로 구분되지만 대부분의 학습은 부동산과 관련되어 있고 이들은 부동산 특약(real covenants) 등 기본적으로는 계약과도 연결되어 있다.

계약을 맺으려는 당사자들은 각각 자신들이 원하는 목적을 계약을 통해서 얻으려고 하고 계약자유의 원칙에 따라 그 내용이나 형식 등을 자유롭게 정할 수 있다. 하지만 당

---

39) Barlow Burke and Joseph Snoe, *supra* note 1, at 15.
40) *Id.* at 15−16.
41) 임홍근 외, *supra* note 22, at 1504; 박홍규, *supra* note 23, at 18.
42) Barlow Burke and Joseph Snoe, *supra* note 1, at 5.

사자들이 계약의 목적을 달성하기 위해서는 계약법상의 여러 가지 원리 등에 따라 자신들의 의견이 충분히 반영된 계약서를 가지고 있어야 한다. 이러한 논의는 계약을 다루는 당사자가 미국인이든 한국인이든 우리나라 민법이든 미국 재산법이든 그 적용되는 이치는 유사하다고 할 수 있다.

  그리하여 계약체결 이후에 계약 당사자 어느 한쪽이 계약을 위반하여 계약을 지키지 못한 경우 그 상대방은 계약의 목적을 이룰 수 없게 되고 이로 인해 분쟁이 발생하였을 경우 그 해결방법의 한 기초가 되는 점에서 중요하게 된다. 이러한 분쟁은 원칙적으로 계약당사자간의 문제이고 계약서는 분쟁의 발생을 대비한다는 점에서 가족법적인 측면에서 본다면 일종의 혼전합의(prenuptial agreement)라고도 할 수 있다.[43] 계약의 목적은 그러므로 계약당사자들아 갖고 있는 기대(expectations of the parties to contract)를 보호하는 데 있다고 할 수 있다.[44]

  이러한 것은 개인들이 실현시키려는 장래의 희망을 현시점에서 계약을 통해 실현시키려는 사회적 요청에 유래한다고 할 수 있다.[45] Restatement (Second) of Contracts에서도 이러한 점을 지적하고 있다.[46]

  다시 말하면 미국 재산법에서 다루는 계약의 목적은 권리와 의무를 창조하는 사법의 창설(private law making)과 창설된 사법의 영역을 국가권력(compulsive power of the state)이 법적인 강제력을 실어줌으로써 일반 개개인의 자유스런 장래설계에 대한 기대를 보호하는 데 있다고 볼 수 있다.[47] 이때 실제적으로 법적 강제력은 부동산 특약(real covenants)이나 형평법상의 역권(equitable servitudes) 등의 위반시의 구제 부분에서 자세히 살펴보겠지만 손해배상(damages)이나 금지명령(injunction) 등의 형태로 이루어질 것이다.

  하지만 계약이 계약당사자들간의 자유로운 의사에 의해 체결된 것이라고 해도 무한정 인정될 수는 없다. 즉, 계약자유의 원칙은 일정한 경우에 제한을 받는다. 마약을 매매하는 계약이나 도박, 또는 어떤 불법적인 계약을 맺고 이를 이행하기로 하였다면 공공의 이익 등을 위해서라도 그 효력을 인정하면 안 될 것이다. 또한 계약 당사자 일방이 그 상대방에 비해 협상에 있어서 어떤 우월한 힘(superior bargaining power)을 갖고 있고 이러

---

43) 류병운, *supra* note 31, at 403.
44) 平野 晋, *supra* note 5, at 12.
45) *Id.* at 12-13.
46) Restatement (Second) of Contracts Ch. 8, Introductory Note(平野 晋, *supra* note 5, at 13).
47) 平野 晋, *supra* note 5, at 12.

한 차이로 인해 계약 당사자 일방에게만 아주 유리하게 하고 그 상대방에게 매우 가혹하게 발생하는 비양심성(unconscionability) 등 불공정한 행위가 발생한다면 이를 방지하기 위해서라도 이러한 계약자유의 원칙은 제한되어야 할 것이다. 그리하여 미국 재산법상의 부동산등록법(recording statutes)이나 공용수용(eminent domain), 그리고 토지용도의 지정과 관련된 법령(zoning regulations) 등은 미국 헌법상의 재산권 보장 조항이나 적법절차 조항 등을 통해 일정한 제한을 받는 것이다.

3. 민사법으로서의 재산법: 형사법과의 구별

한편, 미국 재산법이 민사법의 일종이라는 점에서 위에서 언급한 계약자유의 원칙을 제한하는 모든 법이 아닌 분쟁발생시 중요한 민사법과 대비되는 형사법과의 차이를 이해하는 것도 필요할 것이다. 그리하여 본 교재는 미국 재산법에 대한 구체적인 내용을 학습하기에 앞서 다른 개별법 즉, 형사법과 어떤 유사점 내지 차이점을 갖고 있는지 이들에 대한 내용을 살펴보기로 한다.[48]

민사법과 형사법은 기본적으로 관심영역, 당사자, 사법적 대심구조, 관심영역 등의 측면에서 다음과 같은 차이점을 갖는다.

3.1. 관심영역(area of concern)

민사법은 그 관심영역에 있어서 개인간(between individuals)의 권리와 의무(rights and duties)임에 반하여 형사법의 관심영역은 전체로서의(as a whole) 사회 공동체(society)에 대한 범죄에 있다.[49]

3.2. 당사자

민사법과 형사법은 당사자(parties who bring suit)에 있어서 차이가 있다. 미국 부동산

---

48) 조국현, *supra* note 30, at 29−31 및 *supra* note 29, at 22−25 재인용.
49) Fukuda Moritoshi, 박덕영 역, 『미국법과 법률영어』(박영사, 2016), 79면.

법상 계약위반이나 불법행위 소송(tort suits) 등에서 원고는 피해자(a plaintiff)이지만 형사소송에서 원고는 주(state) 또는 검사(a prosecutor)이다.

3.3. 대심구조

민사법과 형사법은 대심구조가 다르다. 즉, 사법적 대심절차(adversarial proceedings)를 따르는 구조에 있어 민사소송은 원고(a plaintiff)와 피고(a defendant)간의 대심(對審)구조를 이루는 반면, 형사소송의 경우 정부(정부를 대신해서 검사)와 피고(a defendant)간의 대심구조를 이룬다.

3.4. 예상되는 결과

민사법과 형사법은 또한 예상되는 결과(possible outcomes)상의 차이가 있다. 민사와 관련된 소송에서는 피고의 책임여부(liable or not liable)를 문제 삼지만 형사소송에서는 피고의 유·무죄 여부(guilty or not guilty)를 다룬다. 피고인이 패소하게 될 경우의 민사소송에서는 부동산법(real property law)이나 계약법(contract law)과 같이 금전에 의한 손해배상(civil damages)이나 형평법(equity)상의 구제수단(equitable relief)[50]에 의존해야 하지만 형사소송에서는 피고를 처벌(criminal penalty)하기 위해 제기한다. 형사소송에서는 구금(imprisonment)이나 형사상 벌금(criminal fine) 등에 의하고 그 벌금은 정부에 귀속된다. 이에 비해 민사 관련 소송의 경우 주로 손해배상(damages)에 의하거나 금지명령(injunction)과 같은 형평상의 구제수단(equitable remedies)을 인정할 수 있다.

또한 형사책임은 행위자의 악성을 문제삼고 미수의 경우도 처벌하지만 고의범의 경우만을 처벌하는 것이 원칙이고 과실범의 처벌은 예외이다. 하지만 민사책임은 피해자의 손해전보가 주요 목적이기에 고의 내지 과실의 여부와 상관없이 불법행위로 인한 손해를 배상하는 것이 원칙이고 미수의 경우는 문제되지 않는다.[51]

---

50) Equitable relief로 대표적인 것으로 금지 내지 중지명령을 들 수 있는 데 이에는 Negative(prohibitive)와 Mandatory(affirmative)를 포함하는 금지명령(injunction)과 잠정적(preliminary) 또는 영구적(permanent)인 금지 내지 중지명령의 유형이 있다.
51) 정광수, 『채권법요론』, 다나출판(2011), 418면.

3.5. 입증기준

민사법과 형사법은 적용되는 입증기준(standard of proof)에 있어서 차이가 있다. 계약위반 등과 관련된 소송에서 입증기준은 증거우위(preponderance of the evidence)에 의하나 형사소송에서는 합리적인 의심의 여지가 없는(beyond a reasonable doubt) 증명을 해야 한다.

3.6. 위법행위

위법행위(wrongful acts)와 관련하여 민사법은 원칙적으로 사람(a person) 또는 재산(a person's property)에 대한 침해(harm)를 의미한다면 형사법은 원칙적으로 특정 유형의 행위(some types of activity)를 금지하는 법규의 위반(violation of a statute)을 의미한다.[52)

4. 재산법과 계약법 그리고 불법행위법[53)

미국의 재산법은『민법』이라는 법전 하나에 물권법의 형태로 취급하는 우리 민법과는 달리 하나의 독립적인 과목으로 학습되고 있다.

재산법과 계약법 그리고 불법행위법은 모두 사인간에 적용되는 것으로 민사소송에 의한다는 점은 같다. 하지만 계약법은 당사자간의 어떤 약정(agreement)에 대한 형성(creation)과 집행(enforcement)에 관한 것을 다루고, 불법행위법은 이전의 어떤 당사자 관계가 없이 정해진 규율(rules)에 동의할 기회를 갖지 못한 당사자들간의 관계를 다룬다. 이에 비해 재산법은 기본적으로 물권으로서 동산과 부동산에 대한 점유 내지 사용을 중심으로 이루어진다.

그러므로 계약법은 계약 당사자간에 맺은 채무의 내용에 따른 이행을 하지 않을 경우 즉, 채무불이행시의 구제방안을 다루므로 계약관계 내지 견련관계(privity)의 존재가 중요하다. 하지만 불법행위법에서는 원고와 피고 당사자간의 견련관계를 요구하지 않고 일정한 요건만 충족하면 불법행위는 성립하게 되므로 어떤 관계의 존재가 그렇게 문제시

---

52) Fukuda Moritoshi, 박덕영 역, 『미국법과 법률영어』(박영사, 2016), 79면.
53) 조국현, *supra* note 29, at 31−32 인용.

되지 않게 된다. 이에 비해 재산법은 견련관계가 필요로 하는 경우도 있고 또 필요로 할 경우의 견련관계도 단순한 계약상의 견련관계(privity in contract) 이외에 재산상의 견련관계(privity in estates)도 필요하며, 아예 이러한 견련관계가 필요하지 않는 경우도 있다.

한편, 재산법과 계약법 그리고 불법행위법은 그 특성상 민사법 영역에 속하므로 중복되어 유사하게 적용되는 경우도 있다. 보증 내지 담보책임(warranties)이 재산법, 계약법 그리고 불법행위법에서 그 적용되는 내용은 다소 다르지만 세 과목 모두에서 설명되고 있으며, 생활방해(nuisance) 또한 재산법과 불법행위법에서 유사하게 설명되고 있다.

Ⅳ. 미국 재산법의 개관(a big picture)과 주요 쟁점[54)]

우선 미국 재산법의 실제 내용을 구체적으로 살펴보기 전에 미국 재산법 전체를 개관해 보고 이와 관련된 주요 쟁점을 제시하고자 한다. 제3장에서부터 소개할 각 장별로 순서에 따라 그 쟁점을 설명하면 다음과 같다.

1. 재산권으로서의 동산(Personal Property)

본 교재에서는 재산권이 크게 동산과 부동산으로 구분된다고 할 때 동산에 관한 부분을 먼저 다룬다. 미국 재산법상 동산과 관련하여 법적으로 문제되는 경우는 주로 ① 동산에 대한 권리의 취득 및 상실과 ② 동산을 소유자 이외의 타인에게 위탁할 때 발생하는 동산 위탁과 관련된 내용, 그리고 ③ 동산상의 담보권과 관련된 것이라고 할 수 있다.

하지만 동산과 관련된 담보권 문제는 미국 통일상법전(Uniform Commercial Code, U.C.C.) 제9장(Article 9) 이하에서 담보부거래(secured transaction)라는 제목의 형태로 별도로 취급하고 있으므로 실질적으로는 ①과 ②만을 다룬다고 할 수 있다.

그러므로 본 교재에서는 동산에 대한 권리변동과 관련된 내용과 동산을 소유자 이외의 타인에게 위탁할 때 발생하는 동산 위탁과 관련된 내용을 차례로 살펴보기로 한다.

---

54) 이 부분은 미국 계약법 전반을 요약하여 설명하는 것으로 해당 부분과 중복되는 면이 있다.

2. 점유적 재산권으로서의 부동산(Real Property): 현재 재산권과 미래 재산권
(Estate in Land)

　　여기에서는 재산권으로서의 부동산과 관련된 내용을 살펴보고자 한다. 구체적으로
위에서 재산으로서 동산에 대해 설명하였다면 여기에서는 재산으로서의 부동산, 특히 토
지의 점유와 관련된 점유적 권리를 중심으로 현재 재산권과 미래 재산권을 중심으로 알
아보고자 한다. 이에 대한 설명을 위해 우선 우리나라 민법과 미국 재산법 중 부동산법
과 관련된 부분을 비교하여 설명한 후에 미국 부동산법에 대한 내용을 다루기로 한다.

　　미국의 부동산에 대한 재산권은 시간의 흐름(연대기, timeline)을 통해 현재와 미래로
구분하여 부동산상의 재산적 권리가 현재 점유할 수 있는 권리인지(현재 재산권, Present
possessory Interests)와[55] 장래 점유할 수 있는 권리인지(미래 재산권, Future Interests)로 구분할
수 있다.[56]

　　특히, 이 부분은 용어도 익숙하지 않고 이해하기 어렵다고 할 수 있다. 그러므로 우
선 현재 재산권과 미래 재산권에 대한 유형과 개념을 익히고 각 유형별 내용과 함께 현
재 재산권과 미래 재산권이 어떻게 연결되는지 파악해야 할 것이다.

3. 공동 부동산권(Concurrent Estates)

　　때에 따라서는 어떤 특정 부동산에 대한 권리 내지 이익을 두 사람 이상이 동시에 보
유하고 있는 경우가 있는 데 이를 공동 부동산권 내지는 공동 소유권(concurrent estates or
ownership)이라고 한다. 이러한 '공동 부동산권'은 캘리포니아주 등에서 적용되는 혼인 중의
남편과 아내의 권리와 의무를 규율하는 제도라고 할 수 있는 '부부 공유재산'(Community
Property)과 다르다.[57]

---

55) 여기서 점유 내지 소유의 의미의 'possessory'라는 단어가 붙는 이유는 뒤에서 살펴 볼 지역권(easement) 등
　　토지의 소유를 전제로 하지 않는 권리는 대상으로 하지 않는다는 의미를 갖고 있다고 할 수 있다.
56) 이와 관련된 용어는 다양하게 사용되고 있지만 전자와 관련하여서는 ① Fee Simple Absolute, ② Fee Tail,
　　③ Defeasible Fees(of which there are three species), ④ Life Estate로 나눌 수 있다. 후자의 경우 즉, 장래
　　의 점유권을 내용으로 하는 재산권은 다시 ① Possibility of Reverter, ② Right of Entry, ③ Remainder 등으
　　로 구분된다. 이에 관한 구체적인 내용에 대해서는 후술하기로 한다.
57) Jesse Dukeminier 외, *supra* note 32, at 389; 임흥근 외, *supra* note 22, at 389.

공동 부동산권은 보통법(common law)상으로 상속재산공유권(coparceny)58)과 일반 파트너십 보유재산권(Tenancy in partnership)59) 등 여러 가지를 들 수 있으나 일반적으로 영국에서부터 발달되고 이를 미국에서 받아들인 다음과 같은 주요 세 가지 공동부동산권을 생각할 수 있다. 즉, 합유 부동산권(Joint Tenancy, JT), 부부 공동소유 부동산권(Tenancy by the Entirety, TBE), 공유 부동산권(Tenancy in Common, TIC)이 그것이다.60)

이 장에서는 위와 같은 공동 부동산권의 유형을 알고, 유형 각각의 개념, 특징(예를 들어 합유 부동산권에서 A, B, C 세 명의 권리자 중 1인인 A가 자신의 지분을 D에게 이전시 나머지 둘 A와 B 사이는 여전히 합유 부동산권자 라는 것 등), 이전가능 여부 등이 주요 쟁점이 된다. 특히 미국 로스쿨이나 미국 변호사 자격 취득 그리고 실무 등을 위한 독자라면 이 부분은 중요한 영역이므로 비교 학습을 통해 정확히 숙지해야 할 것이다.

4. 부동산 임대차(Leasehold Estates)

우리가 흔히 사용하는 리스 내지 리스계약은 미국법상으로는 부동산법(real property law) 특히, 임대인과 임차인간에 발생하는 문제를 해결하기 위한 법(landlord and tenant law)으로서 취급되고 있다. 이러한 점은 임대차 계약을 채권편에서 계약의 한 유형으로 다루는 우리 민법과 차이가 있다.

오늘날 미국 재산법상 부동산 임대차법(landlord-tenant law)은 미국 계약법으로부터 많은 영향을 받았다.61) 특히, 부동산 임대차관계는 그 내용에 따라 미국 불법행위법과도 연관이 있고, 정부도 규제를 확대하는 등62) 우리나라의 경우처럼 그 중요성이 크다고 할 수 있다.

그리하여 이 부분에서는 이러한 미국의 부동산 임차권 내지 임대차 관계를 구체적으

---

58) 상속재산공유권(coparceny or coparcenary)은 공유 부동산권(tenancy in common)과 유사한 것으로서 남자 상속인이 없을 경우 공통의 조상으로부터 상속받는 둘 이상의 재산을 말한다(Jesse Dukeminier 외, *supra* note 32, at 319; 임홍근 외, *supra* note 22, at 445).
59) 일반 파트너십 보유재산권(Tenancy in partnership)이란 일반적으로 파트너십이 보유하는 재산을 의미하며 오늘날에는 대개 통일파트너십법(Uniform Partnership Act) 등 관련 법에 의한다(Jesse Dukeminier 외, *supra* note 32, at 319; 임홍근 외, *supra* note 22, at 1954).
60) Barlow Burke and Joseph Snoe, *supra* note 1, at 217.
61) *Id.* at 262.
62) *Id.*

로 다룬다. 부동산 임차권에는 무상이 아닌 유상의 경우로서, 임차료 지급방식 등에 따라 확정형 부동산 임차권(the Tenancy for Years), 자동 연장형 정기 부동산 임차권(the Periodic Tenancy), 임의형 부동산 임차권(the Tenancy at Will), 묵인형 부동산 임차권(the Tenancy at Sufferance)의 네 가지가 있다.

본 장에서는 이러한 유형과 관련한 내용, 부동산 임대차의 성립, 임대인과 임차인의 권리와 의무, 임대인의 퇴거조치와 임차인의 항변, 부동산 임차권의 양도와 전대, 임대인의 부동산에 대한 책임, 부동산 임차권의 종료 등이 주요 쟁점이 되고 이러한 내용을 중심으로 살펴보기로 한다.

5. 부동산에 대한 비점유적 권리(Non—Possessory Property Interests)로서 지역권(Easement)

부동산과 관련된 권리는 이를 점유하는 점유적 권리 내지 이익과 점유는 하지 않으면서 이용만 하는 비점유적 권리 내지 이익이 있다. 이를 부동산에 대한 비점유적(非占有的) 권리 내지 이익(non—possessory property interests)이라고 한다.

미국 재산법상 부동산에 대한 비점유적 권리와 관련해서는 지역권(easement), 이익권 내지 채취권(profit), 해당 부동산에 붙어 있는 어떤 의무이행의 약속 내지 특약(real covenant), 역권(servitudes) 등을 살펴 볼 수 있다. 이러한 내용들이 갖는 공통점은 일반적으로 문서성(in writing)을 요구한다는 것이다.

미국 재산법상 지역권(地役權, easement)이란 비점유적 부동산 권리(nonpossessory interest)의 하나로서 어떤 특정 목적을 위해 다른 사람의 토지를 점유하지 않으면서도 그 토지를 이용 내지 향유(use or enjoyment)하는 권리 내지 이익이다.[63] 즉, 지역권은 다른 사람의 토지에 대한 이용권이라고 할 수 있다. 지역권은 구획된 두 토지의 존재를 그 전제로 하여, 그 중 편익을 받는 토지를 요역지(要役地), 편익을 주는 토지를 승역지(承役地)라고 하는 데 이때 이들 토지는 반드시 인접하고 있을 필요는 없다.[64]

이러한 지역권과 관련해서는 지역권의 유형과 그 성립, 이용범위, 지역권의 양도, 분리와 분할, 종료 등이 주요 쟁점이 된다. 특히 부동산 특약(real covenants)과 역권(servitudes)

---

63) Barlow Burke and Joseph Snoe, *supra* note 1, at 471; 서철원, *supra* note 27, at 152.
64) 송덕수, *supra* note 21, at 732.

과의 차이점을 이해하면서 학습할 필요가 있다.

6. 부동산과 함께 이전하는 특약(Real Covenant)과 형평법상의 역권(Equitable Servitudes)

　미국 재산법 중 부동산법과 관련하여 이웃의 부동산간의 관계를 조정하기 위한 법리, 즉 상린관계에 관한 법(law of neighbors)이 있다. 여기에는 앞에서 살펴 본 지역권(easement), 생활방해(nuisance) 등의 법리와 함께 부동산권에 붙어있는 특약 내지 약관(covenant)에 대한 법리도 포함된다. 이들이 갖고 있는 각각의 목적은 거의 유사하지만 그 용어의 사용이나 내용과 요건 그리고 효과적인 측면에서 다소 차이가 있다.

　이 부분에서는 주로 부동산 특약이 지역권과 어떻게 다른지, 부동산 특약이나 형평법상의 역권을 위반할 경우 그 구제수단은 무엇이고 종료사유에는 어떠한 것들이 있는지 등을 숙지해야 한다.

　특히, 부동산 특약을 통해 일정한 요건을 충족한 경우 그 해당 토지를 승계한 자에게 '특약'속의 "부담"(burden)을 따르게 하는 등 어떤 구속력을 갖게 하는데 그 구속되는 내용은 '부담'일 수도 있고 '이익'일 수도 있다. 부동산과 함께 이전하는 특약(real covenant)과 형평법상 역권(equitable servitude), 이 두 가지 법리는 서로 중복되는 부분도 있지만 구별되는 개념이다.[65] 이에 대한 이해의 편의를 위해 보통법상의 부동산 특약과 형평법상의 역권을 내용적인 측면, 요건적인 측면, 구제수단적인 측면 등을 중심으로 비교하여 학습하는 것이 필요할 것이다.

7. 점유로 인한 부동산 취득시효(Adverse Possession)

　일반적으로 토지 소유자는 자신 소유의 토지 위에 불법침입자(a trespasser)가 침입할 경우 그 부동산으로부터 퇴거시킬 수 있다(ejectment).[66]

　하지만 일정한 시효기간 동안 어떤 불법침입자가 소유자의 의사에 반하여 공공연하게

---

65) Barlow Burke and Joseph Snoe, *supra* note 1, at 514.
66) *Id.* at 75.

토지 소유자의 토지를 사용하는 등 일정한 요건을 충족한 경우 비록 진정한 소유자가 법적
으로 혹은 등기된 소유권(title)을 갖고 있더라도 소유권을 취득하게 할 수 있는 데 이를 '점
유에 의한 부동산 소유권의 취득' 내지 '점유취득시효'(adverse possession)라고 한다.[67]

점유에 의한 취득시효(adverse possession)가 성립되기 위해서는 일정한 시효기간(statutory
period) 동안 계속적 사용(continuous use)과 함께, 점유는 공개적이고(open and notorious), 적
대적(hostile or adverse) 즉, 토지 소유자의 의사에 반하여야 한다. 또한 실질적, 배타적으로
그 토지를 점유하여야(actual and exclusive use) 하는 등 일정한 요건을 충족하여야 한다.[68]

이 부분에서는 각 요건별로 구체적 내용을 숙지해야 할 것이고, 특히 앞의 지역권
(easement)의 취득시효와 구별하여 학습하는 것이 좋을 것이다.

8. 부동산권의 이전(the Sale of Land)

이 부분에서 부동산권의 이전에 관한 내용을 다룬다. 그러므로 우리나라의 경우와
무엇이 어떻게 다른지를 생각해 보면서 학습하는 것이 도움이 될 것이다.

일반적으로 자신의 부동산을 매도하려는 부동산 소유주(매도인)는 부동산 중개인과
함께 자신의 부동산을 매매목록에 올림으로써 잠재적 매수인 등 부동산 매매시장에 알리
게 된다. 이때의 부동산 중개인 또는 보조자들(brokers or agents or salespersons)은 보통 매도
인의 대리인 역할을 하고 이들 각각의 역할이 다르지만[69] 매도인과 중개인 사이의 계약
(a listing agreement)을 통해 이루어진다.[70]

보통 부동산 매매계약은 계약체결 이후 계약 체결시와 체결 완료시인 클로징(closing)
단계 사이에 매수인이 권원에 대한 검색(title search)을 통한 확인 등의 과정이 있기에 보
통 계약 체결을 위한 서명과 동시에 소유권 이전이 이루어지는 것이 아니라는 점에서
'미완성' 내지 '미이행'(executory) 계약이라고 할 수 있다.[71]

---

67) *Id.*
68) *Id.* at 77–78; 박홍규, *supra* note 23, at 155; 서철원, *supra* note 27, at 154–155.
69) 예를 들면 특정한 의미의 부동산 대리인들(real estate agents)은 매도인과 중개인 사이의 계약(a listing
    agreement)에 서명해서는 안 되고 중개인(a broker)의 감독아래 업무를 수행하여야 한다(Barlow Burke and
    Joseph Snoe, *supra* note 1, at 351).
70) Barlow Burke and Joseph Snoe, *supra* note 1, at 349.
71) Jesse Dukeminier 외, *supra* note 32, at 519.

부동산의 이전과 관련해서는 요건, 절차, 부동산 양도증서(deed)의 유형과 내용, 권원의 연속(chains of title)과 관련된 문제, 양도증서의 인도와 수령, 부동산등록제도(recording statutes)의 유형과 내용 그리고 효과, 선의의 매수인(a bona fide purchaser, BFP), 형평법상 부동산 권원의 이전(equitable conversion) 등이 주요 학습 포인트가 될 것이다.

9. 부동산 매매계약에 있어서의 보증책임(Warranties)

"보증책임" 내지 "담보책임" 또는 "계약사항의 진실보증" 등으로 불리는 이러한 책임은 미국 계약법과 미국 불법행위법 그리고 여기 미국 재산법에서 공통적으로 설명되고 있다. 따라서 로스쿨이나 미국 변호사 자격취득 그리고 실무 등에 임하는 독자라면 이러한 내용이 다른 과목과 어떻게 다른지를 비교 학습을 통해 숙지하면 시간의 단축과 함께 정확한 이해에 도움이 될 것이다. 즉, 구체적으로 미국 재산법(property law)에서의 보증책임, 미국 계약법(contracts law)에서의 보증책임, 불법행위법(torts law)에서의 보증책임과 어떤 공통점과 차이점이 있는지를 살펴보면서 숙지하는 것이 과목간의 혼동을 방지하고 정확한 이해를 갖는 데 도움이 된다는 의미이다. 물론 실무에 있어서도 중요한 부분의 하나이다.

이 부분에서는 먼저 시장성 있는 권원에 대한 보증책임(warranty for marketable title), 거주성에 대한 묵시적 보증책임(implied warranty of quality) 등 미국 재산법상의 보증책임을 먼저 살펴보고, 비교 학습을 위해 미국 계약법상 보증책임 그리고 미국 불법행위법상의 보증책임을 각각 언급하기로 한다.

10. 부동산 금융(Real Estate Finance)과 부동산 담보권(Security Interest)

우리나라와 마찬가지로 미국의 경우도 부동산 매매계약을 체결하면서 동시에 매수인이 부동산 취득을 위한 모든 매매대금 전부를 지불하는 경우는 많지 않다. 말하자면 은행과 같은 금융기관으로부터 필요한 자금만큼 금융대출을 받아 잔금으로 대체하거나 부족한 금액을 채우는 식이다.

미국 부동산에 있어서 금융기관으로부터 필요한 자금을 마련하기 위해서는 보통 두 가지 증서에 의한 절차가 필요하다. 그 하나는 정식 차용증서라고 할 수 있는 각서(a promissory note)를 작성하는 것이고 나머지 하나는 저당권(mortgage) 계약을 체결하는 것이다.

전자가 금융기관 등("A")으로부터 부동산 대금 지급을 위해 일정한 기간과 일정한 이자지급 등 정한 내용(certain terms)에 따라 채무자(보통 매수인, "B")가 빌린 돈을 상환하겠다는 약속을 말하는 것이라면, 후자는 금융기관 등("A")이 대출금의 상환을 보장받기 위해 매수인("B")의 구입한 부동산을 담보로 하여 저당권을 설정하는 것을 말한다.[72) B가 A로부터 50만 달러의 대출을 받으면서 30년간 원금 및 이자를 나누어서 상환하고 만일 불이행시 A는 소송 등을 제기할 수 있게 되는 것이 전자의 예라면, B가 원금과 이자의 상환, 해당 부동산 등 재산권에 대한 보험의 가입과 세금의 납부 및 시장가치의 하락을 막기 위한 적절한 유지·관리 등을 내용으로 하여 만일 불이행시 해당 재산권을 강제로 매각(foreclosure)하여 대출금을 상환 받을 수 있도록 하는 것은 후자의 예이다.[73)

로스쿨이나 미국 변호사 자격취득 준비 그리고 실무 등을 위한 독자라면 저당권의 기본적 내용, 환매권, 저당권의 양도, 실행, 우선순위, 양도증서 소지인의 지위, 저당권이 설정되어 있는 부동산의 매매와 등록제도, 형평법상의 저당권 등 주요 쟁점을 중심으로 학습하여야 할 것이다.

11. 부동산 상린관계(the Neighbor Law)의 규율

어떤 부동산이 서로 이웃끼리 인접해 있을 경우 인접 부동산에 대한 소유권 등의 적법한 권원이 있다고 하여 이를 무한정으로 사용하게 해서는 안 될 것이다. 왜냐하면 인접한 부동산 소유권자 1인의 절대적이고 무한정인 사용은 다른 이웃 부동산 소유자의 토지를 향유할 권리를 침해할 수 있기 때문이다.

그러므로 인접 부동산 소유자의 토지 사용권을 제한하여 부동산 상호간의 이용의 조절을 도모할 필요가 있으며 이와 관련된 제도가 상린관계이다. 따라서 이러한 상린관계는 한편으로는 소유권을 제한함과 동시에 다른 한편으로는 소유권을 확장시키는 역할을 한다고 할 수 있다.[74)

---

72) Barlow Burke and Joseph Snoe, *supra* note 1, at 394.
73) 박홍규, *supra* note 23, at 215-216.
74) 송덕수, *supra* note 21, at 633.

특히 미국 재산법적 입장에서의 사적 생활방해(private nuisance)에 관한 법은 토지 소유권에 부수하는 권리, 불법침해(trespass)나 물에 대한 권리, 지지권에 대한 권리 등에 관한 내용을 다루고 있다.

이번 장에서는 이러한 내용을 기초로 부동산의 상린관계에서 발생할 수 있는 내용 중 땅과 관련된 상린관계, 물과 관련된 상린관계 그리고 토지사용과 관련된 상린관계로서 생활방해 등을 중심으로 살펴보기로 한다.

12. 토지사용에 대한 정부의 공적인 제한

미국의 지방 행정관청(municipal governments)이 행사하는 모든 권한은 그 특성상 원칙적으로 주(州) 정부의 권한에서 파생된 것이지 행정관청 자체에 어떤 고유의 권한(inherent power)에 따른 것은 아니라고 할 수 있다.[75] 그러므로 이들 주무 행정관청(primary regulators)이 집행하는 토지의 사용, 토지 용도의 지정(zoning), 주택과 건물, 공용수용(eminent domain), 구획 분할시의 제한, 개발계획의 검토, 개발이익금의 강제 징수 등에 관한 법령은 모두 주 법(state statutes)으로부터 권한을 위임받아 제정된 것이라고 할 수 있다. 특히, 토지의 용도지정 관련법령은 건물의 높이나 규모 지역 그리고 구조물의 외부디자인 등 토지뿐만 아니라 건물에도 규제를 하고 있다.[76]

이와 같이 미국 재산법상 토지사용에 대해 연방 헌법이나 주 헌법에 의해 연방 정부나 주 정부로부터의 일정한 규제를 받을 수도 있지만 그러한 규제도 미국 헌법상의 적법 절차 조항과 재산권 보장 조항 등과 관련하여 일정한 한계를 갖는다.

이 부분에서는 토지사용에 대한 정부규제의 근거, 내용, 규제적 수용(regulatory taking), 토지의 용도지정(zoning)의 의의와 유형, 특히 우리나라의 도시재생 사업 등의 정책추진과 관련한 미적 디자인 요소를 고려한 토지용도의 지정 토지사용의 공적인 제한과 관련된 문제 등이 주요 쟁점이 되며 이러한 내용을 중심으로 살펴보고자 한다.

---

75) 지방 행정관청(municipal governments)이란 "cities, counties, towns, villages, and townships"를 말한다.
76) Barlow Burke and Joseph Snoe, *supra* note 1, at 557.

사 례 의 분석 ————————————————————————

(1) 캘리포니아 주법에 따른 위의 사용제한과 'Covenants, Conditions, and Restrictions'(CC&Rs)과 같은 어떤 합의된 제한규정은 합리적이다.

　　본 사안은 미국 재산법상 *Nahrstedt* v. *Lakeside Village Condominium Assoc., Inc*, 878 P.2d 1275(1994)와 유사한 내용이다.

　　여기서의 쟁점은 캘리포니아 주법에 따른 위의 사용제한과 'Covenants, Conditions, and Restrictions'(CC&Rs)과 같은 어떤 합의된 제한규정은 합리적인지의 여부와 비합리적이지 않다면 그 규정은 강제력을 가질 수 있는지의 여부라고 할 수 있다.

　　캘리포니아 주법에 따른 이러한 사용제한은 그것이 비합리적이지 않는 한 원칙적으로 강제력을 갖는 형평법상의 역권에 해당하고, 캘리포니아법상 등록된 사용 제한규정(recorded use restrictions) 역시 그것이 합리적인 한 구속력을 갖는다. 왜냐하면 본 사안에서의 제한규정은 5층짜리 건물 15개동에 750세대가 거주하는 Happy Village와 같이 밀도가 높은 콘도 단지내 입주민들을 위한 정당성을 갖는 건강과 위생 그리고 소음문제에 관한 것으로서 합리적 관련성이 있고 따라서 공공정책에 반한다고 할 수 없기 때문이다.

(2) 취소할 수 있다. 왜냐하면 계약당사자 쌍방에 의한 사실의 착오는 그 계약을 취소할 수 있기 때문이다.

　　본 사안은 미국 계약법상 *Sherwood* v. *Walker*, 66 Mich. 568, 33 N.W. 919 (Mich. 1887) 사례와 유사한 내용이다. 여기서의 쟁점은 계약의 양 당사자가 계약상의 목적물(여기서는 개, a dog, Happy)에 대한 사실(여기서는 개가 새끼를 낳지 못할 것이라는 사실)에 착오를 일으킨 경우 이에 근거하여 계약을 취소할 수 있는가의 여부이다. 이와 관련하여 미국 계약법에서 설명한 대로[77] 계약당사자 쌍방에 의한 사실의 착오는 그 계약을 취소할 수 있다.

(3) 사안의 경우 Mark는 B에게 엄격책임(strict liability)을 부담한다. 왜냐하면 Mark는 Happy가 특별히 위험한 성향(particular animal's dangerous)이 있음을 알고 있었기 때문이다.

　　본 사안은 미국 불법행위법상 동물과 관련된 책임과 관련되어 있다.[78] 이때 그 책임은 그 동물이 야생인가 아니면 일반 가축인가의 구분에 따라 다르게 적용된다. 야생동물(wild animal)일 경우 원칙적으로 동물 소유자는 그 동물에 의한 행위에 대해 절대적인 책임을 진다.

　　이에 대해 일반 가축으로서의 동물(domestic animal)인 경우 그 동물의 행위에 대해 소유자

———

77) 조국현, *supra* note 29, at 205－218.
78) 조국현, *supra* note 30, at 194－196.

갑은 과실이 없는 한 원칙적으로 책임을 부담하지 않는다(first bite, negligence liability). 하지만 피고가 자신이 소유한 동물이 보통의 종족과는 다른 특별히 위험한 성향(particular animal's dangerous)을 지니고 있음을 알고 있는 경우 역시 엄격책임을 진다.

제2장
주요 법률용어 및 기초 개념

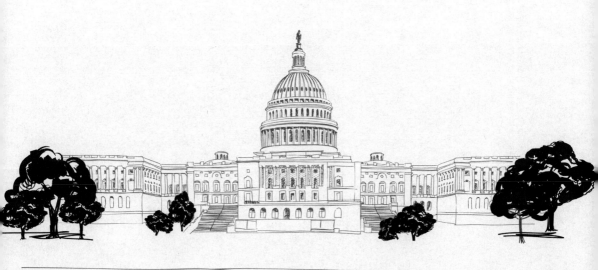

제2장 주요 법률용어 및 기초 개념

미국 재산법 학습을 위한 기초로서 미국 재산법 및 영문계약에서 사용되는 주요 법률용어 및 기초 개념들을 살펴보기로 한다.[79]

■ **개량적 훼손**(Ameliorative Waste)

개량적 훼손 내지 현상변경(ameliorative waste)이란 사실상의 현상변경 내지 개량(waste in fact or alternation)으로 인해 비록 해당 부동산 가치의 증가(enhancement of the property's value)를 가져온다고 해도 실제로는 부동산 보유자의 권한 없는 행위(an unauthorized act)로서 점유하는 부동산의 현상적 구조를 변경하게 되는 경우를 말한다.[80]

■ **개발이익의 강제 환수**(Development Exactions)

개발이익의 강제 환수 내지 개발부담금의 징수(development exactions) 또는 '계획이익(planning gain)의 환수'란 정부가 토지소유자나 개발업자에게 개발 잠재력이 큰 계획의 수립이나 개발에 따른 이익이 발생할 경우 신규 건축물의 건축 승인을 하기 이전에 새로운 도로의 신설 등 어떤 시설의 공급을 조건으로 허가하게 되는 경우를 말한다.[81]

■ **거래에 적합한 권원에 관한 법**(Marketable Title Acts)

거래에 적합한 권원에 관한 법(marketable title acts)은 어떤 부동산 권원의 처음(root of

---

79) 본 교재 사용되는 용어와 개념 설명과 관련해서는 Jesse Dukeminier 외, *supra* note 32; Barlow Burke and Joseph Snoe, *supra* note 1; 사법연수원, *supra* note 19; 박홍규, *supra* note 23; 서철원, *supra* note 27; 임홍근 외, *supra* note 22 등을 참고하였다. 영문 용어의 설명과 관련해서는 조국현, *supra* note 29의 내용을 재인용하였다. 이 부분은 한국수출입은행(2011), 『영문국제계약해설』 791–834면; 나가무라 히데오, 박근우 감수, 박명섭, 한낙현, 박인섭 옮김, 『영문계약서 작성의 키포인트』(아카데미프레스, 2014); Fukuda Moritoshi, 박덕영 역, 『미국법과 법률영어』(박영사, 2016) 등을 참고로 하여 작성한 것이다.

80) 임홍근 외, *supra* note 22, at 105.

81) Jesse Dukeminier 외, *supra* note 32, at 1170; Barlow Burke and Joseph Snoe, *supra* note 1, at 625; *Nollan* v. *California Coastal Commission*, 22 Ill.483 U.S. 825, 107 S. Ct. 3141, 97 L. Ed. 2d 677, 26 ERC 1073 (1987); *Dolan* v. *City of Tigard*, 512 U.S. 374,114 S. Ct. 2309, 129 L. Ed. 2d 304,1994 U.S.

title)부터 20년 내지 40년 등 어느 정도 합리적인 기간 사이에 등록된 것만 해당 부동산에 대한 권리주장을 인정함으로써 새로운 거래마다 소급해서 기록을 검토할 필요성을 피하고 부동산 권원 거래의 단순화를 위해 제정된 법이다.[82]

■ **거주성에 대한 묵시적 보증책임**(Implied Warranty of Quality)

거주성에 대한 묵시적 보증책임(implied warranty of quality)이란 계약상의 목적물인 특정 부동산이 사람의 주거지(human habitation)로서의 용도나 목적에 적합하며 어떤 위험을 초래할 만한 것들(hazardous conditions)이 없음을 보증하는 소유자의 묵시적인 책임을 말한다.[83]

■ **경제적 훼손**(Economic Waste)

경제적 훼손(economic waste)이란 해당 부동산으로부터 얻는 수입이 부동산세, 보통의 유지비용, 저당권 설정에 따른 이자 등 생애부동산권자가 지불해야 할 비용보다 부족한 경우를 의미한다.[84]

■ **공유 부동산권**(Tenancy In Common, TIC)

공유 부동산권(tenancy in common)은 부동산권을 갖는 각 당사자가 분할되지 않은 (undivided) 상태의 권리 내지 이익을 소유하고 사망하게 되면 그 상속인에게 상속·이전되는 공유관계를 의미하는 것으로서 공동 소유 부동산권의 가장 일반적인 형태라고 볼 수 있다.[85]

■ **권리포기형 양도증서**(Quitclaim Deed)

소유권 등 권리포기형 양도증서(quitclaim deed)란 이전의 소유권자는 물론 양도인 자신조차도 소유권에 어떤 하자가 없었음을 보증하지 않고(no warranties), 다만 양도인이 양도당시에 보유하는 부동산상의 어떤 이익이나 권리 그대로 이전함을 나타내는 증서를 말한다.[86] 즉, 이 증서는 양도인(the grantor)이 가지고 있거나 가질 수 있는 권리, 권원 또는

82) Jesse Dukeminier 외, *supra* note 32, at 702; 임홍근 외, *supra* note 22, at 1202; 박홍규, *supra* note 23, at 240-241.
83) 임홍근 외, *supra* note 22, at 2022.
84) Barlow Burke and Joseph Snoe, *supra* note 1, at 120.
85) Jesse Dukeminier 외, *supra* note 32, at 319; Barlow Burke and Joseph Snoe, *Id.* at 181; 임홍근 외, *supra* note 22, at 1875.
86) Barlow Burke and Joseph Snoe, *Id.* at 406; 서철원, *supra* note 27, at 175.

이익(right, title, or interest)만을 양도하는 것으로서,[87] 어떤 특약(covenants)도 포함되어 있지 않을 뿐만 아니라 소유권이 유효(valid)함을 보장하지 않는다.

■ **권리행사형 해제조건부 단순부동산권**(Fee Simple Subject to a Condition Subsequent, "FSSCS")

권리행사형 해제조건부 단순부동산권(FSSCS)이란 해제조건부 단순부동산권자(holder)가 어떤 부동산을 영원히 보유할 수 있지만 해제조건이 발생시 보유한 부동산 모두를 잃게 되는 것을 말한다.[88] 즉, '권리행사형 해제조건부 단순부동산권'은 어떤 일정한 사건이 발생한 후에 원래의 양도인 내지 수여자(grantor)가 그 부동산권을 종료시킬 수 있는 권리가 부여된(reserved) 경우라고 할 수 있다.[89]

■ **권원의 검색**(Title Search)과 **권원의 연속**(Chains of Title)

일반적으로 '권원의 검색'이라고 함은 '색인'(index)이라는 명부를 통한 일종의 등기부 내지 등록된 명부의 열람이라고 할 수 있다. 이러한 권원의 검색은 등록부를 통해 확인해 볼 수 있는 데 여기에는 인명에 의한 색인부인 '양도인－양수인 색인'(Grantor－Grantee Index)과 각 필지에 따른 색인부인 '필지별 색인'(Track Index)이 있고, 가장 일반적인 검색방법은 전자의 경우이다.[90] 이와 같은 검색에 의한 열람을 통해 위에서부터 단계적으로 내려오면서 거래내용들이 서로 연결되어(linked) 있음을 확인할 수 있는데 이렇게 어떤 토지에 대한 부담이나 권리 등에 영향을 미치는 일련의 증서들(the series of documents)을 '권원의 연속'(chains of title)이라고 한다.[91]

■ **규제적 수용**(Regulatory Taking)

정부의 수용은 단순히 토지 소유자로부터 토지를 수용하는 것뿐만 아니라 정부의 어떤 규정으로 인해 토지소유자가 투자 등의 재산권 행사를 금지하는 것도 포함한다(규제적 수용, Implicit or regulatory taking). 즉, 수용에 관한 법령의 규정들이 너무 과도하게 재산권을 침해해서 토지소유자의 재산사용권을 완전히 박탈하는 경우에 이르는 정도에 해당할

87) 임홍근 외, *supra* note 22, at 1551.
88) Barlow Burke and Joseph Snoe, *supra* note 1, at 122.
89) Jesse Dukeminier 외, *supra* note 32, at 224.
90) Jesse Dukeminier 외, *Id.* at 647.
91) Barlow Burke and Joseph Snoe, *supra* note 1, at 430.

경우 이를 토지 소유자의 입장에서 보면 물리적 수용(the physical takings)과 같은 효과가
발생하여 이를 '규제적 수용'이라고 하는 것이다.[92]

■ 기록적 통지(Record Notice)

기록적 통지(record notice)는 '권원의 연속(chains of title)' 속에 존재하고 있는 등록된 증
서의 검색을 통해 알 수 있거나 인지할 수 있는 경우를 의미한다.[93] 말하자면, 기록적 통
지(인지)는 설사 실제적인 통지 내지 인지는 없었어도, 부동산 등기 등의 문서 및 기록들을
통하여 이전의 양도사실을 간접적으로 알 수 있었다고 판단되는 경우라고 할 수 있다.[94]

■ 단체 증여(Class gifts)

집단 내지 단체증여(class gifts)에서 그룹 내지 집단(class)이란 자식들이나 조카들 등의
경우처럼 같은 특성을 가진 사람들의 집단(a group of persons)을 의미하고, 이러한 특정 그
룹에 속하는 자들에 대한 증여를 '집단증여' 또는 '단체증여'라고 한다.[95]

■ 등록 우선형 부동산등록법(a Race Statute)

등록 우선형 부동산등록법(a race Statute or race recording statute)은 가장 초기 형태의 부
동산 등록과 관련된 법으로 이중매매에 있어서 해당 부동산("갑" 부동산)을 매수한 매수인
(successive purchasers) 사이에서 등록을 우선한 자가 우선권을 갖는 입법주의를 말한다.[96]

■ 등록에 의한 선의 우선형 부동산등록법(Race−Notice Statute)

등록에 의한 선의 우선형 부동산등록법(race−notice statute or race−notice recording statute)
은 '등록 우선형'(a race statute)과 '선의 우선형' 부동산등록법(a notice statute)의 결합 형태
라고 할 수 있다.[97] 즉, '등록에 의한 선의 우선형'은 위의 내용과 달리 ① 나중에 부동
산을 매수한 매수인(두 번째 매수인)이 이전의 양도에 관한 내용을 알지 못하고 그리고
② 나중의 매수인이 이전의 매수인(첫 번째 매수인)보다 먼저 등록을 경료한 경우에 이전의
매수인 보다 우선하여 취득할 수 있는 권리를 부여하는 입법주의를 말한다.[98]

---

92) 정하명, "미국에서의 규제권 강화와 규제적 수용", 『경희법학』(경희대학교 법학연구소, 2005), 제40권 제2호, 110면.
93) Barlow Burke and Joseph Snoe, *supra* note 1, at 435.
94) *Id.*
95) 임홍근 외, *supra* note 22, at 328; 서철원, *supra* note 27, at 130.
96) Jesse Dukeminier 외, *supra* note 32, at 667; Barlow Burke and Joseph Snoe, *supra* note 1, at 433.
97) Jesse Dukeminier 외, *Id.* at 668.
98) Jesse Dukeminier 외, *Id.* at 668; Barlow Burke and Joseph Snoe, *supra* note 1, at 436.

■ **무효화 할 수 없는 확정적 잔여권**(Undefeasibly Vested Remainder)

무효화 할 수 없는 확정적 잔여권(Remainders Indefeasibly Vested, or Indefeasibly Vested Remainders)이란 해제조건(condition subsequent)이 붙어있지 않고 변동이 가능한 단체 증여 (a class gift)가 아니어서 변동 가능성이 없는 경우를 의미한다.99)

■ **묵시적 상호 제한 특약**(Implied Reciprocal Restrictive Covenants)

만일 모든 동일한 토지에 대한 증서들(deeds) 가운데 어떤 증서에는 제한되는 특약이 포함되어 있지 않고, 또 어떤 증서에는 특약이 포함되어 있긴 하지만 그 제한되는 내용 이 다른 경우에 문제된다. 이것이 소위 '묵시적 상호 제한 특약(implied reciprocal negative/ restrictive easement or covenants)이라고 알려진 '묵시적인 부담과 이익'에 관한 문제이다.100) 이러한 묵시적 권리를 인정하려는 이유 중의 하나는 이 토지와 관련된 증서(deed)를 수령 함으로써 개발을 위한 '종합계획(a common scheme)'상의 내용을 받아들이는, 일종의 추정 력을 부여하겠다는 의미로 해석할 수 있다.101)

■ **묵인형 부동산 임차권**(Tenancy at Sufferance)

묵인형 부동산 임차권(tenancy at sufferance)은 진정한 의미의 부동산 임차권이 아니라 불법점유(wrongful occupancy)의 한 형태라고 할 수 있다.102) 이러한 임차권은 확정형 부동 산 임차권(tenancy for years), 자동 연장형 정기 부동산 임차권(periodic tenancy), 임의형 부동 산 임차권(tenancy at will)과 관련된 유효한 임차 권리를 갖고 있는 임차인이 임차기간이 종료되었음에도 점유를 계속하는 경우(holdover)에 발생한다.103)

■ **미국 부동산법에서의 보증책임**(warranty)

미국 부동산법에서의 보증책임이란 부동산 매매계약을 통해 이전받은 부동산은 시 장에서 유통될 수 있는 권원 내지 소유권(title)을 보증하는 의미를 갖고 있다. 즉, 만일 부 동산매매계약상에서 그 권원의 내용(quality of title)에 관해 아무런 언급이 없을 경우 시장

---

99) Barlow Burke and Joseph Snoe, *Id.* at 150; 박홍규, *supra* note 23, at 46; 임홍근 외, *supra* note 22, at 978, 1606.
100) 이때 지역권('easement')은 부적절한 용어(a misnomer)라고 할 수 있고(Barlow Burke and Joseph Snoe, *supra* note 1, at 539), 상호간의 묵시적인 소극적 내지 제한적 지역권 또는 특약이라고도 할 수 있으나 여기 에서는 그 의미를 포함하면서도 이해의 편의를 위해 '묵시적 상호 제한 특약'이라는 용어를 사용하기로 한다.
101) Barlow Burke and Joseph Snoe, *supra* note 1, at 539.
102) *Id.* at 265.
103) Jesse Dukeminier 외, *supra* note 32, at 427; Barlow Burke and Joseph Snoe, *Id.*

성 있는 권원을 보증한다는 것이 함축되어 있다는 것이다. 이러한 시장성 있는 권원 내
지 소유권의 보증은 주요 사실에 대한 진실 보증, 즉 허위진술(false statement)이 없다는 보
증과 함께 묵시적 보증책임(implied warranty)과 관련이 있다고 할 수 있다.

■ 미래 재산권(Future Interests)

미래 재산권 내지 미래 부동산권(future interests or estates)이란 장래에 그 재산권의 소
지자(a holder)에게 점유할 권리를 부여하는 것을 말한다.[104] 즉, '미래 비점유 재산권' 또
는 '미래 부동산권'은 어떤 시점이 되면 점유할 수 있는 비점유권리이긴 하지만 현재 존
재하는 것으로서 법적으로 보호해 주는 권리를 의미한다.[105]

■ 미발생 장래권(Executory Interests)

미발생 장래권(executory interests)이란 어떤 장래 기일 또는 우연한 사건이 발생한 때
에 현실적으로 성립될 수 있는 장래권을 말한다.[106] 즉, 미발생 장래권은 해제조건의 성
취로 인해 이전의 권리가 박탈되거나 단절될 때 제3가 갖게 되는 미래 부동산권이라고
할 수 있다.[107]

■ 미확정 잔여권(Contingent Remainder)

미확정 잔여권(contingent remainder)이란 그 대상자가 특정되지 않았거나("OR"), 어떤
정지조건(condition precedent)이 붙어 있거나("OR") 아니면 특정되지도 않으면서 조건이 붙
어있는 경우를 의미한다.[108] 즉, 현재 존재하지 않거나, 확인되지 않거나, 확실하지 않은
사람을 기준으로 한다든지, 혹은 확실한 사람을 기준으로 하지만 어떤 부동산에 대한 그
의 권리가 장래의 어떤 불확실한 사건에 의존하게 되는 잔여권을 말한다(불확정적 내지 정
지조건부 잔여권).[109]

---

104) 미래 부동산권도 앞에서 설명한 바와 같이 그 용어의 사용에 있어서 학자에 따라 보는 시각에 따라 유형의
    분류에 따라 다르지만 그 내용은 거의 같다고 할 수 있다. 그러므로 용어나 분류가 다소 다르더라도 내용에
    대한 학습의 이해에 초점을 두고 설명하고자 한다. 앞에서 언급한 바와 같이 미래 재산권에 관한 내용은 주
    로 부동산에 대한 것이라는 점에서 특별한 설명이 없는 한 '미래 재산권' 내지 '미래 부동산권'이란 용어로
    혼용하여 설명하기로 한다.
105) 박홍규, *supra* note 23, at 44.
106) 임홍근 외, *supra* note 22, at 729.
107) Barlow Burke and Joseph Snoe, *supra* note 1, at 139.
108) *Id.* at 143.
109) 임홍근 외, *supra* note 22, at 1606; 박홍규, *supra* note 23, at 47; 서철원, *supra* note 27, at 1273.

■ **미확정 잔여권에 대한 소멸가능성의 법리**(the Rule of Destructibility of Contingent Remainders)

미확정 잔여권에 대한 소멸가능성의 법리(the rule of destructibility of contingent remainders)는 이전의 생애부동산권(the prior life estate)이 종료되거나 종료되기 이전에 미확정 잔여권이 확정되지 않고, 여전히 그 권리가 조건부 등으로 남게 되어 아무도 점유권을 갖지 못하는 경우가 발생될 경우 그러한 미확정 잔여권(contingent remainder)은 소멸될 수 있도록 해야 한다는 법리를 말한다.[110]

■ **미확정 장래권부 제3자를 위한 단순부동산권**(Fee Simple Subject to Executory Limitation)

미확정 장래권부 제3자를 위한 단순부동산권(fee simple subject to executory limitation or interest)이란 일정한 어떤 사건의 발생시 그 부동산권을 양도 내지 수여한 사람(grantor)이나 그의 상속인(his heirs) 이외의 제3자에게 자동적으로(automatically) 이전될 가능성이 있는 부동산권을 말한다.[111]

■ **배타적 토지용도의 지정**(Exclusionary Zoning)

토지용도를 지정함에 있어 용도의 혼합을 배제하고 단독주택지역에서는 단독주택만 허용하는 식으로 어떤 특정 용도로 지정된 경우 그 용도 이외에는 인정하지 않는 경우가 있는 데 이를 비누적적 토지용도의 지정(noncumulative zoning or exclusive zoning)이라고 한다.[112] 즉, '독점적 지역지구 지정' 내지 '비누적적 토지용도의 지정'이란 도시 안에 있는 특정 지역(area) 또는 지구(district)로부터 특정 계층의 사람(specific classes of persons)이나 기업체를 배제하는 효과를 갖는 목적별 토지용도의 지정의 한 형태(any form of zoning ordinance)로서 의도하지 않은 부작용(externalities)을 제거하거나 감소시키려는 데 주 목적을 갖는다.[113]

■ **변동 가능한 확정적 잔여권**(Vested Remainders subject to Open)

변동 가능한 확정적 잔여권(a vested remainder subject to open or remainders vested subject to partial defeasance/divestment)이란 특정 부동산에 대한 장래의 이익 취득여부는 확정되었

---

110) Jesse Dukeminier 외, *supra* note 32, at 281("*A legal remainder in land is destroyed if it does not vest at or before the termination of the preceding freehold estate*"); Barlow Burke and Joseph Snoe, *Id.* at 166.

111) 박홍규, *supra* note 23, at 30-31.

112) Barlow Burke and Joseph Snoe, *supra* note 1, at 561.

113) Jesse Dukeminier 외, *supra* note 32, at 1036; *Southern Burlington County NAACP* v. *Township of Mount Laurel*, 67 N.J. 151, 336 A.2d 713, 1975 N.J.; 423 U.S. 808(1975); 박홍규, *supra* note 23, at 188; 임홍근 외, *supra* note 22, at 722.

으나, 한 사람 이상에게 수여되어(a class gift) 그 지분 내지 규모가 변동가능한 잔여권을 의미한다.114)

■ **보복적 퇴거조치**(Retaliatory Eviction)

'주거성에 대한 묵시적 보증책임'이나 그 '결정 기준'은 많은 경우에 주택관련 법령 (a housing or building code)을 근거로 하기에 임차인은 그러한 위반이나 하자에 대해 관청에 신고를 하거나 불평을 제기함으로써 임대인으로 하여금 주의를 환기시키고 수리를 받을 수도 있다. 이러한 신고 등을 당한 임대인은 임차료를 인상한다든지, 임대차 계약을 해지한다든지, 임대차 기간 연장을 거절한다든지 등의 불이익적 조치를 할 수도 있는데 이러한 행위를 보복적인 퇴거조치(retaliatory eviction)라고 한다.

■ **복귀가능권**(Possibility of Reverter, POR)

복귀가능권(possibility of reverter)이란 어떤 특정 사건이 발생하거나 특정 행위가 장래에 이행될 경우 그 부동산이 설정자 내지 양도인에게 복귀할 가능성을 의미한다.115) 이러한 복귀가능권은 단순부동산권자가 '양도인을 위한 자동복귀형 해제조건부 단순부동산권'(fee simple determinable)을 양도할 경우에 주로 발생한다.116)

■ **복귀권**(Reversion)

복귀권 또는 재산의 복귀(reversion)는 부동산의 형식적 양도는 있지만 실제로 양도인 (a grantor)에게 복귀하게 되는(revert, "come back") 권리를 말한다.117) 즉, 복귀권은 주로 양도인 자신이 보유한 부동산권보다 적은 권리를 양도할 때 양도인에게 남아있는 미래부동산권을 말한다.118) '적은 권리를 양도한다는 의미'는 남게 되는 권리가 있다는 의미가 되며 남아있는 권리 즉, 잔존 권리 역시 양도인에게 또는 만일 양도인이 사망한 경우라면 그 상속인에게 복귀권의 형태로 보유하게 된다고 할 수 있다.

---

114) Barlow Burke and Joseph Snoe, *supra* note 1, at 152, 196; 박홍규, *supra* note 23, at 46; 서철원, *supra* note 27, at 126.
115) 임홍근 외, *supra* note 22, at 1449.
116) Jesse Dukeminier 외, *supra* note 32, at 256; Barlow Burke and Joseph Snoe, *supra* note 1, at 135; 박홍규, *supra* note 23, at 44.
117) Jesse Dukeminier 외, *Id.* at 255.
118) Barlow Burke and Joseph Snoe, *supra* note 1, at 135; 박홍규, *supra* note 23, at 44.

■ 복귀권(Reversion) 우선의 법리(the Doctrine of Worthier Title, DOWT)

가치 있는 권원이론 내지 복귀권 우선의 법리(the doctrine of worthier title or worthier title rule)란 양도인이나 유언자의 상속인을 위한 미확정 잔여권(contingent remainder)의 성립을 금지시키는 것을 의미한다.[119]

■ 부동산 대금 저당권(Purchase Money Mortgage, PMM)

부동산 대금 저당권 내지 부동산 대금 양도 저당권(purchase money mortgage, PMM)이란 어떤 특정 부동산을 취득함에 있어 그 취득에 필요한 자금의 일부를 대출받는 대신에 부동산의 매도인이나 부동산 구입자금을 제공해 준 제3자에게 설정해 주는 저당권을 말한다.

■ 부동산 양도증서(Deed)

부동산 양도증서(deed)란 자신이 보유하고 있는 부동산에 대한 권리 내지 이익을 이전한다는 의사표시를 담은 문서 내지 증서(부동산 양도증서 내지 날인증서 등)를 말한다. 즉, 보통 부동산과 같은 재산에 관한 집문서와 같이 권원(title)이 양도되는 증서(a document)가 "Deed"라고 할 수 있다.[120]

■ 부동산 양도증서에 의한 금반언(Estoppel by Deed)

부동산 양도증서에 의한 금반언(estoppel by deed or after-acquired title)이란 비록 양도인이 양도당시에는 진정한 소유자가 아니어서 소유권을 보유하지 못했음에도 후에 취득할 것이라는 기대하에 해당 부동산 양도증서를 양수인에게 전달한 이후, 실제로 그 부동산을 진정한 소유자로서 취득할 경우 그 때로부터 양수인에게 그 소유권이 귀속하는 법리를 말한다.[121] 이는 양도당시에 양도인에게 소유권이 없었어도 이미 소유권 이전 행위를 완료시, 양도증서에 의한 금반언 법리에 따라 소유권이 없었음을 이유로 새삼스럽게 계약 당사자가 그 날인증서의 진정함(truth)을 부인하는 것을 막기 위한 것이라고 할 수 있다.

---

119) 임홍근 외, *supra* note 22, at 2048; 박홍규, *Id.* at 48-49.
120) 임홍근 외, *Id.* at 525.
121) Jesse Dukeminier 외, *supra* note 32, at 605; Barlow Burke and Joseph Snoe, *supra* note 1, at 417면; 서철원, *supra* note 27, at 177.

■ 부동산 임차권의 전대(Sublease)

부동산 임차권의 전대(sublease)는 임차인이 제3자인 전차인(sublessee)에게 임대차 계약상의 남아있는 기간보다 더 적은 기간 동안(less than the full remaining term) 해당 부동산의 일부나 전부에 대한 점유권을 이전시키는 것을 말한다.122)

■ 부동산 할부매매계약(Installment Land Sale Contract)

부동산(토지) 할부매매계약(installment land sale contract or contract for deed)은 매수인이 어떤 부동산을 매입하면서 10년, 15년 등 정해진 기한(a fixed period of time)내에 일정한 금액을 정기적으로 매도인에게 지급하고, 취득에 필요한 모든 매매대금(full land contract price)을 완납시에 매도인은 부동산 양도증서를 매수인에게 교부해야 하는 계약으로서 저당권의 대체물(mortgage substitutes)이라고도 할 수 있다.123)

■ 부동산등록제도(Recording System)와 부동산등기제도(Torrens System)

부동산등록제도(Recording system)의 경우 대부분의 주(州)에서 채용하고 있는 제도로서 부동산의 권원에 영향을 미치는 증서들에 대한 사본을 등록소에 비치하여 해당 부동산에 관한 정보가 필요할 경우 당사자가 직접 검색을 통해 확인하거나 권원보험회사 등을 통해 확인하는 형태이다.124) 이에 비해 부동산등기제도(Torrens system, title registration) 1858년 로버트 토렌스에 의해 발달된 것으로서 우리나라의 등기소처럼 등록소에 비치된 등기부에 해당 토지의 소유자와 그 제한 등 권원확인에 필요한 내용이 표시되어 있는 형태를 말한다.125)

■ 부부 공동소유 부동산권(Tenancy by the Entirety, TBE)

부부 공동소유 부동산권(tenancy by the entirety)이란 부부 공동의 명의로 된 부동산에 인정되는 하나의 법적 소유권(a single legal ownership)으로서 남편과 아내라는 부부에 의해 성립되는 것을 의미한다.126)

---

122) Jesse Dukeminier 외, *Id.* at 447; Barlow Burke and Joseph Snoe, *Id.* at 278; 박홍규, *supra* note 23, at 126.
123) Jesse Dukeminier 외, *Id.* at 639; Barlow Burke and Joseph Snoe, *Id.* at 396; *Bean* v. *Walker*, 95 A.D.2d 70, 464 N.Y.S.2d 895, 1983 N.Y. App. Div.; 임홍근 외, *supra* note 22, at 526.
124) 박홍규, *supra* note 23, at 221.
125) Jesse Dukeminier 외, *supra* note 32, at 709; 박홍규, *Id.* at 222.
126) *Sawada* v. *Endo*, 57 Haw. 608, 561 P.2d 1291(1977).

■ **부적합한 토지이용**(The Nonconforming Use)

부적합한 토지이용(non-conforming use)은 토지용도의 지정과 관련된 법령(a new zoning ordinance 등)이 제정되기 이전에 적법하게 존재하여 비록 그 토지가 그 지역에 적용되는 용도에 일치하지 않아(non-conforming) 부적합하게 이용되고 있더라도 그 법령이 제정된 이후에도 계속 그러한 용도로 사용할 수 있게 하는 것을 말한다.[127]

■ **부종적 지역권**(an Easement Appurtenant)**과 독립적 지역권**(an Easement in Gross)

부속 지역권 내지 부종적 지역권(an easement appurtenant)이란 갑이 을에게 자신의 토지에 통행권을 허용하였을 경우 이를 통해 을이 고속도로를 이용할 수 있을 때 이 통행권은 을의 토지에 대한 부속적 지역권이 된다.[128] 이에 비해 독립적 지역권 내지 대인 지역권(an easement in gross)은 다른 사람의 토지를 이용할 수 있는 어떤 개인적 특권(privilege)을 말하며,[129] 인역권(personal right)이라고도 한다.[130]

■ **불법점유자 퇴거조치에 관한 영국식 법리**(English Rule)**와 미국식 법리**(American Rule)

임대차 시작일에 제3자의 점유로 인해 임차인이 입주하지 못하게 된 경우 그 제3자에 대한 퇴거조치가 임대인의 의무인지의 여부가 문제된다. 이와 관련하여 '영국식 법리'(English Rule)와 '미국식 법리'(American Rule)가 있다. 전자의 입장은 임대인은 임차인에게 점유를 이전해야 할 묵시적인 특약(a covenant)이 있는 것으로 보는 반면(English Rule), 후자는 임차인에게 점유권한이 있고 임대인에게는 점유 이전의 의무가 없다고 보는 입장이다(American Rule).

■ **사용허가**(Licenses)

사용허가 내지 허락(license)은 다른 사람의 토지에 출입할 수 있는 취소할 수 있는 권리 내지 특권을 말한다.[131]

■ **생애부동산권**(Life Estate)

생애부동산권(the life estate)은 '자유토지부동산권'(freehold estate) 가운데에서 가장 오

---

127) 임홍근 외, *supra* note 22, at 1304.
128) *Id.* at 643.
129) *Id.*
130) Barlow Burke and Joseph Snoe, *supra* note 1, at 472.
131) 임홍근 외, *supra* note 22, at 1146.

래된 형태로서 어떤 부동산의 권리자나 제3자가 생존하는 동안 그 부동산을 소유할 수 있는 권리를 갖는 것을 말한다.[132] 즉, 생애부동산권은 특정 부동산에 대한 양수인의 생존기간 동안 또는 양수인이 아닌 양도인 등과 같은 제3자의 생존기간 동안(*pur autre vie*) 지속되는 부동산권을 의미한다.[133]

■ 생활방해(nuisance)

생활방해(nuisance)는 미국 불법행위법에서 살펴보았지만 어떤 사람이 자신의 재산을 사용하거나 향유함에 있어 타인의 권리를 부당하게 침해하는 방식으로 재산을 사용할 경우 책임을 지게 되는 보통법(common law)상의 개념이다.[134] 이러한 내용은 '다른 사람의 재산에 피해를 주지 않는 방법으로 자신의 재산권을 행사해야 한다'("*Sic utere tuo ut alienum non laedas*", "one should use one's own property in such a way as not to injure the property of another") 라는 법언에 그 근거를 두고 있다.[135]

■ 선의 우선형 부동산등록법(Notice Statutes)

선의 우선형 부동산등록법(a notice statute)은 비록 나중의 매수인이 등록을 하지 않을지라도 이와 관계없이 이전의 매수인이 등록을 하지 않았을 경우 뒤의 매수인을 보호하는 입법주의이다.[136] 즉, '선의 우선형'은 이전의 거래에 대한 통지가 없었다면 비록 나중에 취득한 자가 등록을 완료하지 않았어도 나중의 취득자를 우선하도록 하는 것이다.[137]

■ 선의의 매수인(a Bona Fide Purchaser, BFP)

같은 부동산에 서로 대립되는 두 개의 권리 내지 이익이 존재할 경우 누구의 이익이 우선하는지가 문제된다. 이때 일반적으로 먼저 소유권을 취득한 자("A")가 우선하지만 나

---

132) Barlow Burke and Joseph Snoe, *supra* note 1, at 111; 사법연수원, *supra* note 19, at 254－255.
133) *Collins* v. *Held*, 369 N.E.2d 641(Ind. App. 1977); *White* v. *Brown* 559 S.W.2d 938(Tenn.1977); *Baker* v. *Weedon*, 262 So. 2d 641(Miss. 1972); Jesse Dukeminier 외, *supra* note 32, at 202; 임홍근 외, *supra* note 22, at 1529－1530; 박홍규, *supra* note 23, at 36.
134) 임홍근 외, *Id.* at 1321.
135) Jesse Dukeminier 외, *supra* note 32, at 731.
136) Jesse Dukeminier 외, *Id.* at 667; Barlow Burke and Joseph Snoe, *supra* note 1, at 434.
137) 실제 Notice Statute를 채택하는 Florida statute를 보면 다음과 같다.
    Notice statute. Fla. Stat. Ann. §695.01(1)(West 1994): "No conveyance, transfer or mortgage of real property, or of any interest therein, nor any lease for a term for one year of longer, shall be good and effectual in law or equity against creditors or subsequent purchasers for <u>a valuable consideration and without notice, unless the same be recorded</u> according to the law"(Jesse Dukeminier 외, *Id.* at 669 (Underlines are added for emphasis).

중에 취득한 자("B")라고 해도 일정한 요건을 충족한 경우에는 후의 취득자("B")가 우선하는 경우가 있는 데 '선의의 취득자'가 그 대표적인 예이다. 선의의 취득자(a bona fide purchaser, BFP)로서 취급하기 위해서는 그 취득자가 ① 이전의 어떤 거래가 있었음을 알지 못하면서(without notice), ② 가치 있는(for value), ③ 실제의 일정한 대가(real consideration)를 지불하고 부동산을 취득해야 한다.138)

■ 성문법상의 환매권(Statutory Right of Redemption)

성문법상의 환매권(statutory right of redemption)은 채무자는 저당권 실행이 완료된 후(after foreclosure sale) 어떤 일정한 시점(3개월, 6개월, 1년, 2년 등)까지 기한을 주어 그 기한 내에 밀린 대금을 지급하고 찾아올 수 있도록 하는 것을 말한다.139)

■ 성장관리프로그램(Growth Management Plan)

용도나 밀도 등의 규제 강화나 토지용도의 재지정, 그린벨트의 확충 등 개발에 따른 부정적 영향을 최소화하는 방법으로써 성장을 관리할 수 있도록 하는 계획을 '성장관리 프로그램'(growth management plan or program)이라고 한다.

■ 셸리사건의 법리(the rule in Shelley's Case)

셸리사건의 법리(the rule in Shelley's case)는 유증 등의 증서에 의해 특정인(B)에게 자유토지부동산권(a freehold estate) 중의 하나(보통 생애부동산권)를 이전하고, 동시에 같은 증서에 의해 같은 사람(B)의 상속인에게 잔여권(a remainder)을 이전하는 경우를 말한다.140)

■ 소극적 훼손(Permissive Waste)

소극적 훼손(permissive waste)이란 날씨 변화로 인해 비나 눈이 오거나 구조물이 썩어 들어감에도 이를 방치하는 등 임차인이 해당 부동산에 대한 관리를 제대로 하지 않아, 즉 관리에 필요한 합리적인 유지 내지 수리(reasonable repairs)를 소홀히 하여 해당 부동산이 손상(injury)을 입는 경우를 말한다.141)

---

138) *Daniels* v. *Anderson*, 162 Ill. 2d 47, 642 N.E.2d 128, 1994 Ill. 204 Ill. Dec. 666; *Lewis* v. *Superior Court*, 30 Cal. App. 4th 1850, 37 Cal. Rptr. 2d 63, 1994 Cal. App.; Jesse Dukeminier 외, *Id.* at 686.

139) Barlow Burke and Joseph Snoe, *supra* note 1, at 398; Jesse Dukeminier 외, *Id.* at 618–619.

140) Barlow Burke and Joseph Snoe, *Id.* at 171.

141) *Id.* at 291; 임홍근 외, *supra* note 22, at 1413; 서철원, *supra* note 27, at 143.

■ **소멸 가능한 단순부동산권**(Defeasible Fees Simple Estates)

소멸 가능한 단순부동산권 내지 소유권(defeasible fees simple estates)은 어떤 장래 사건의 발생 또는 미발생으로 인해 소멸 내지 무효로 되기 쉬운 부동산권을 말한다.142) 즉, 소멸 가능 단순부동산권이란 정해져 있는 어떤 사건의 발생(the happening of a stated event) 시 부동산권이 소멸하거나 소멸시킬 수 있다는 내용이 증서에 표시된 경우에 성립하는 권리라고 할 수 있다.143)

■ **시장성 있는 권원에 대한 보증책임**(the warranty for marketable title)

시장성 있는 권원에 대한 보증책임(the warranty for marketable title)이란 적어도 보통의 합리적인 매수인이라면 매수할 수 있는 권원을 보증하는 것이다. 그리하여 특별히 다른 기준을 정한 바가 없다면 모든 부동산 매매계약에는 매도인은 시장성 있는 소유권("marketable or merchantable title")을 이전한다는 내용이 묵시적으로 포함되어 있다고 할 수 있다.144)

■ **신탁증서**(Deed of Trust)

신탁증서(deed of trust)란 금전 기타 일정한 채무이행의 담보로서 법적 권원 내지 소유권(legal title)의 이전을 목적으로 신탁설정자(a trustor, settlor, debtor, or note-maker)가 보통 채권자의 변호사인 수탁자(a third party trustee)에게 이전하는 증서로서 성질상 저당권과 유사하다고 할 수 있다.145)

■ **실질적 통지**(Actual Notice)

실질적/직접적 통지 내지 인지(actual notice)는 거래당시 당사자에게로부터 직접 들었든 실제 목격하였든(personal observations), 증서에 기록된 내용을 통해 알았든 해당 부동산을 취득한 자가 그 이전에 양도가 있었음을 실제로 알게 된 경우를 말한다.146)

---

142) Jesse Dukeminier 외, *supra* note 32, at 222-223; 임홍근 외, *supra* note 22, at 530.

143) 박홍규, *supra* note 23, at 28.

144) *Lohmeyer* v. *Bower*, 170 Kan. 442, 227 P.2d 102, 1951 Kan.; Jesse Dukeminier 외, *supra* note 32, at 547; Barlow Burke and Joseph Snoe, *supra* note 1, at 370.

145) Barlow Burke and Joseph Snoe, *Id.* at 395; Jesse Dukeminier 외, *Id.* at 619; 임홍근 외, *supra* note 22, at 526.

146) Jesse Dukeminier 외, *Id.* at 693; Barlow Burke and Joseph Snoe, *Id.* at 435; *Harper* v. *Paradise*, 233 Ga. 194, 210 S.E.2d 710, 1974 Ga.; *Waldorff Insurance and Bonding, Inc.* v. *Eglin National Bank*, 453 So. 2d 1383, 1984 Fla. App.

■ **양도 후 해제조건에 의존하는 확정적 잔여권**(Vested Remainder subject to Complete Defeasnace or Total Divestment)

양도 후 해제조건에 의존하는 확정적 잔여권(vested remainder subject to complete defeasnace or total divestment)이란 잔여권 취득은 확정되었으나 양도 후 어떤 사유의 발생으로 권리가 박탈될 수 있는, 말하자면 해제조건(condition subsequent)에 종속하는 잔여권을 말한다.[147]

■ **역수용**(Inverse Condemnation)

역수용(逆收用, inverse condemnation)이란 토지소유자가 토지의 수용권을 갖는 정부 등을 상대로 공공의 사용을 목적으로 수용된 토지에 대해 정당한 보상을 구하는 것으로서 그러한 토지소유자에 의해 제기되는 소송을 '역수용 소송'이라고 한다.[148]

■ **연안권주의**(Riparian Rights)**와 우선사용권주의**(Prior Appropriation Rights)

연안권의 법리(riparian rights)는 농업사회에서 자연적인 물의 흐름에 따라 강 기슭에 사는 각 연안(沿岸)권자가 물을 사용할 권리를 말한다. 이에 대해 우선사용권의 법리(prior appropriation rights)는 연안권자이든 연안권자가 아니든 관계없이 시간에 우선하는 사람이 우선적인 권리를 갖는다('first in time first in right')는 법리에 따라 어떤 이익의 목적을 갖는 사람에게 우선적인 계속사용(priority of beneficial use)을 인정하는 것을 말한다.[149]

■ **요역지**(Dominant Tenement)**와 승역지**(Servient Tenement)

다른 사람에게 편익을 주는 토지를 승역지(servient tenement)라고 하고, 그 이용권을 갖는 권리자의 토지를 요역지(dominant tenement)라고 한다. 즉, 승역지(承役地, servient tenement or estate)는 일정한 편익을 위해 부담(burden)을 받는 토지로서 요역지(要役地, dominant tenement) 소유자에 의해 어떤 방식으로 사용되는 토지를 말한다.[150] 이에 비해 요역지(要役地, dominant tenement or estate)는 지역권에 의해 일정한 편익(benefits)을 얻는 토지를 말한다.[151]

---

147) 서철원, *supra* note 27, at 127.
148) Barlow Burke and Joseph Snoe, *supra* note 1, at 612; 박홍규, *supra* note 23, at 178−179; 임홍근 외, *supra* note 22, at 1053.
149) 이러한 물의 우선사용권 제도는 물을 관리하는 행정관청으로부터 허가를 받아야 하는 등 일정한 통제를 받는다(박홍규, *Id.* at 142).
150) Barlow Burke and Joseph Snoe, *supra* note 1, at 473.
151) *Id.*

■ 유동적 토지용도의 지정(Floating Zoning)

유동적 내지 부동(浮動)적 토지용도의 지정 내지 유동구획 또는 유동지역지구의 지정 (floating zoning)이란 유연성을 부여하기 위해 전체 지역 중 일정 부분을(specified portions) 특정의 용도상으로 필요하다고 미리 법정해 놓고 배치결정(토지용도의 결정)은 유보하여 두 었다가 추후 특정 민간 부분의 개발사업 제안 등을 통해 지방의회의 협의 등을 거쳐 토 지용도의 지정을 확정하는 방법이다.152)

■ 이전부터 계속적인 지역권의 사용(Prior Use or Existing Use)

이전부터 계속적인 지역권의 사용(prior use or existing use)에 의한 경우란 해당 토지가 분할하기 이전부터 계속적으로 명백하게 사용되어 왔거나, 분할한 후에도 그러한 사용이 계속될 것이라는 당사자간 합리적인 믿음이 있는 상황을 의미하며, 이러한 때 묵시적인 지역권을 인정하는 것이다(easements implied from prior use or a quasi-easements).153)

■ 일반 담보증서(General Warranty Deed)

일반 담보증서(general warranty deed)란 증서 자체에 특별히 약정한 부분을 제외하고 토지 소유자인 양도인 자신과 이전의 모든 소유권자가 소유권에 하자 내지 흠이 있는 어 떠한 행위도 없었음을 보증하는 증서를 말한다.

■ 임의형 부동산 임차권(Tenancy at Will)

임의형 부동산 임차권(a tenancy at will)은 계약 당사자 일방의 해지를 알리는 의사표 시로서 확정된 임대차 기간이 없이 언제든지 종료시킬 수 있는 권리를 말한다.154)

■ 자동 연장형 정기 부동산 임차권(Periodic Tenancy)

자동 연장형 정기 부동산 임차권(periodic tenancy)은 표현 그대로 일정한 기간 예를 들면 1년, 2개월, 3주 등과 같이 그 기간이 진행되어 종료되고, 별도의 임차권 종료의 의 사표시가 없는 한 자동적으로 그 기간이 연장되는 경우의 임차권을 말한다.155)

---

152) *Id.* at 582; 임홍근 외, *supra* note 22, at 809.
153) *Id.* at 480; Jesse Dukeminier 외, *supra* note 32, at 785.
154) *Garner* v. *Gerrish*, 63 N.Y.2d 575, 483 N.Y.S.2d 973, 473 N.E.2d 223(1984); Jesse Dukeminier 외, *supra* note 32, at 422.
155) Jesse Dukeminier 외, *supra* note 32, at 422; Barlow Burke and Joseph Snoe, *supra* note 1, at 264; 박홍규, *supra* note 23, at 97; 서철원, *supra* note 27, at 128.

■ **자동복귀형 해제조건부 단순부동산권**(Fee Simple Determinable)

자동복귀형 해제조건부 단순부동산권(fee simple determinable)이란 일정한 사건이 발생 되거나 발생되지 않을 경우 부동산권이 자동적으로 양도인에게 복귀되는 경우(automatically revert)를 말한다.156) 다시 말하면 특정 조건이 충족될 때 소유자의 권리는 소멸되고 원소 유주에게 복귀하게 되는 조건부 세습가능한 부동산권이라고 할 수 있다.157)

■ **자유토지부동산권**(Freehold Estates)**과 비자유토지부동산권**(Non−freehold Estates)

현재에 토지를 보유할 수 있는 권리(현재 부동산권, present possessory interests)에는 크게 '자유토지부동산권' 내지 '자유보유권'(freehold)과 '비자유토지부동산권' 내지 '비자유보유 권'(non−freehold)으로 구분할 수 있다. '자유토지부동산권'이란 평생 동안(for life) 또는 기 간이 정해져 있지 않은 동안(of uncertain duration), 적어도 현재의 토지 보유자의 생명이 다 할 때까지(as long as the life of the present holder) 계속되는 부동산에 대한 권리 내지 이 익158)이고 그렇지 않은 것이 '비자유토지부동산권'이라고 할 수 있다.

■ **잔여권**(Remainder)

잔여권(殘餘權, remainder)은 생애부동산권(a life estate)이나 정기부동산권(an estate for a term of years)의 종료시에 잔존하여("remains") 원래의 양도인 또는 양도인의 상속인들에게 복귀되지 않고 제3자(third party transferees)가 취득하는 것을 내용으로 하는 미래 부동산권 을 의미한다.159)

■ **장기 미확정 금지의 법리**(Rule Against Perpetuities, "RAP")

여러 가지 미래 부동산권 내지 이익들은 많은 기간 동안 그 권리 내지 이익의 귀속 이 확정되지 않은 상태로 남게 되어 부동산의 효율적 이용과 장기간 장래 혹은 미래의 부동산권자의 불안정한 지위의 불안정 등의 문제점을 낳게 된다. 그리하여 재산의 양도를 활성화 시키는 등 위와 같은 문제점을 해소하기 위해 보통법(common law)상 인정하고 있는 것이 소위 장기미확정 금지 내지 영구 금지의 법리(Rule Against Perpetuities, "RAP")이다.160)

---

156) Barlow Burke and Joseph Snoe, *Id.* at 121.
157) Jesse Dukeminier 외, *supra* note 32, at 223.
158) 임홍근 외, *supra* note 22, at 824.
159) *Id.* at 1606.
160) Barlow Burke and Joseph Snoe, *supra* note 1, at 179; 서철원, *supra* note 27, at 132.

즉, '장기 미확정 금지의 법리'란 미래의 어떤 이익 내지 권리가 성립될 당시 존재하는 자(lives in being, measuring life)가 모두 사망한 후 21년 이내에도 그 취득여부가 확정되지 않거나 명확하지 않으면 다시 말하면 이익 내지 권리가 귀속되지 않을 가능성이 조금만 있어도 그 이익(future interests)은 성립당시부터 무효(void)가 되는 것을 의미한다.

■ 재산권(Estates)

재산권(estates)이란 점유하고 있거나 점유할 수 있으며, 어느 일정 기간 동안 시간의 연속과 함께(along a time continuum) 소유권인 토지에 있어서의 권리(an interest in land)를 말하는 데 '부동산권'이라고도 할 수 있다.161)

■ 저당권(Mortgage)

저당권은 일반적으로 채무자 등이 채무의 담보로서 채권자에게 부동산 기타 목적물을 제공하지만 실제로 채권자가 제공받는 것이 아닌 관념상으로만 지배하다가 채무자로부터의 채무의 이행(변제)이 없는 경우 그 목적물로부터 우선변제를 받을 수 있는 권리라고 할 수 있다.

■ 저당권의 실행(Foreclosure)

저당권의 실행(foreclosure)이란 저당권자가 채무의 변제기가 되었음에도 저당채무를 변제받지 못할 경우 그 저당권의 목적물인 부동산을 일정한 절차를 통해 매각하여 매각을 통해 얻는 금전의 만족을 통해 저당권자가 자신의 채권을 변제받는 것이라고 할 수 있다.162)

■ 적극적 지역권(Affirmative Easement)과 소극적 지역권(Negative Easement)

적극적 지역권(affirmative easement)은 상수도나 도시가스 관(pipe)을 매설하거나 통로로 이용하는 등 타인의 토지를 적극적으로 이용할 수 있는 지역권을 말한다.163) 이에 비해 소극적 지역권(negative easement)은 소유자의 부동산(토지)과 관련해서 또는 그 토지 위에 토지소유자가 어떤 행위를 하는 것을 제한하는 것을 말한다.164) 즉, 소음을 발생하는

---

161) Barlow Burke and Joseph Snoe, *Id.* at 107; 박홍규, *supra* note 23, at 19.
162) *Murphy* v. *Fin.Dev.Corp.*, 126 N.H. 536, 495 A.2d 1245, 1985 N.H.
163) Jesse Dukeminier 외, *supra* note 32, at 842; Barlow Burke and Joseph Snoe, *supra* note 1, at 474.
164) Barlow Burke and Joseph Snoe, *Id.* at 474; 임홍근 외, *supra* note 22, at 644.

시설의 설치를 금지시키는 등 토지의 점유권자로 하여금 그 토지상에서 어떤 특정 행위에 대한 제한을 가함으로써 반사적 이익을 얻는 지역권이라고 할 수 있다.[165]

■ 적극적 훼손(Affirmative Waste)

적극적 훼손(voluntary or affirmative waste)이란 울타리를 무너뜨리거나, 목재를 벌채하거나 광물을 채취하는 등 직접적이고 의도적으로 해당 부동산에 대한 실제 어떤 행위(overt harmful acts)를 통해 그 가치가 감소되는 것을 말한다.[166]

■ 절대적 단순부동산권(Fee Simple Absolute)

절대적 단순부동산권(fee simple absolute)이란 현재 소유권을 가진 자가 어떤 법적 제한 없이 무한하게 영구적으로 내지 사용할 수 있는 배타적 권리(exclusive right)를 갖는 완전한 소유권(complete ownership)을 말한다.[167] 법이 인정하는 최대한의 재산권이라는 점에서 대륙법계의 소유권과 유사하다고 할 수 있다.[168]

■ 정당한 소지인(Holder in Due Course, HDC)

원래 '정당한 소지인'의 의미는 유통증권을 무상이 아닌 유상으로 취득하는 소지인을 말하는데[169] 이는 부동산 매매에서의 선의의 매수인(a bona fide purchaser)과 유사한 지위를 갖는다고 할 수 있다.

■ 정황적 통지(Inquiry Notice)

정황적 통지 내지 인지(inquiry notice)는 매수인이 부동산을 이전 받을 때 보통의 사려 깊은 사람이라면 소유권 등에 대한 권원에 대한 등기 열람 등의 조사를 통해 알게 될 때 매수인이나 채권자는 정황적 통지를 갖게 된다.[170] 이러한 점에서 매수하려는 사람(the prospective purchaser)에게는 해당 부동산에 대한 조사의무(duty to view property)가 있다고 할 수 있다.[171] 따라서 합리적인 조사를 통해 확인될 수 있는 사실이면 실제 조사를 하였는지 여부와는 무관하게 조사하였다고 유추하여 통지가 있는 것으로 보는 것이다.

---

165) 서철원, *supra* note 27, at 152.
166) Barlow Burke and Joseph Snoe, *supra* note 1, at 291.
167) *Id.* at 108.
168) 서철원, *supra* note 27, at 119.
169) 임홍근 외, *supra* note 22, at 926.
170) Jesse Dukeminier 외, *supra* note 32, at 693; Barlow Burke and Joseph Snoe, *supra* note 1, at 436.
171) Barlow Burke and Joseph Snoe, *Id.* at 436.

■ 제한적 부동산 특약(Restrictive Covenant)

제한적 부동산 특약(restrictive covenant)이란 최초로 부동산을 매수한 당사자뿐만 아니라 그 후에 매수한 당사자에게도 구속력을 미치는 토지의 사용과 관련된 사적인 제한(a private restriction)을 말한다.172)

■ 채취권(Profit)

채취권(採取權) 내지 이익권(profit)은 타인의 토지에 들어가 어떤 물질을 채취할 수 있는 권리를 말한다.173) 즉, 타인의 토지에 들어가 모래와 자갈을 채취하거나 토지 안의 목재나 광물 등과 같은 어떤 물질을 타인의 부동산에 들어가 물건을 이동할(remove) 수 있는 권리를 의미한다.174)

■ 취득시효 기간의 합산(Tacking)

취득시효 기간의 합산(the uniting of the periods)은 점유자의 점유기간을 계산함에 있어서 그전 점유자의 점유기간을 새로운 점유자의 점유기간으로 합산(合算) 내지 가산(加算)할 수 있는가의 문제이다. 즉, 적대적 점유에 의해 권원(title)의 취득에 필요한 기간을 보충하기 위해서 적대적인 점유를 이전 점유자로부터 승계한 자(a successive adverse possessor/the second possessor, "A")가 이전 점유자(the first possessor, "B")의 점유기간을 승계인의 점유기간에 가산시키는 것이다(tacking).175)

■ 측면 지지권(lateral support)과 지하(地下) 지지권(subjacent support)

일반적으로 토지의 소유자는 그의 토양에 대한 '측면'(側面) 내지 '수평' 지지권(lateral support)을 갖는다. '측면 지지권'은 인접하는 토지로부터 지지를 받을 권리를 말한다.176) 또한 토지 소유자는 위의 '수평' 내지 '측면' 지지권 이외에 '수직' 내지 '지하' 지지권(vertical or subjacent support)을 갖는다. 이때 '수직지지'(垂直支持)란 지하의 지층으로부터 받는 지표의 지지(支持)를 말한다.177)

---

172) 임홍근 외, *supra* note 22, at 1635.
173) Jesse Dukeminier 외, *supra* note 32, at 765.
174) 임홍근 외, *supra* note 22, at 1497.
175) Barlow Burke and Joseph Snoe, *supra* note 1, at 83.
176) 박홍규, *supra* note 23, at 139.
177) 이때의 '지지'(支持)란 어떤 무거운 물건을 받치거나 버티는 것을 의미한다(임홍근 외, *supra* note 22, at 1816).

■ 클러스터형 토지용도의 지정(Cluster Zoning)

클러스터형 토지용도의 지정(cluster zoning)은 일부 지역은 고밀도의 건축물을 짓고, 다른 지역은 자연녹지나 공원으로 조성하는 등 개발주체가 토지용도의 지정과 관련된 법령이 정하는 범위 안에서 토지용도를 지정하는 경우를 말한다.[178]

■ 토지 용도지정의 적용제외(Variance)

토지용도의 지정에 따라 해당 토지와 관련하여 실질적 어려움(practical difficulties)이나 필요이상의 고통(unnecessary hardship)을 겪는 등 특별한 경우, 지정된 주거지역을 상업적 사용이나 새로운 건물의 신축을 허락하는 등 사용이나 용적 등에 있어서 그 지정된 용도에 대한 적용을 행정명령을 통해 제외 내지 면제(waive)시킬 필요가 있는 데 이를 '토지용도지정의 적용제외'(variance)라고 한다.[179]

■ 토지·건물에 부속한 정착물인 동산(Fixture)

토지·건물에 부속한 정착물인 동산(a chattel)의 형태를 "fixture"라고 한다. 즉, 부동산 위의 곡식, 나무, 광물 등과 같이 동산이 부동산에 밀접히 첨부(annexation)되어 있어서 부동산의 일부(a part of the realty)로 취급되는 것을 의미한다.[180]

■ 토지용도의 누적적 지정(Cumulative Zoning)

토지용도의 누적적 지정(cumulative zoning or Euclidean zoning)은 단독주택만을 허용하는 단독주택용, 단독주택과 다가주 주택을 허용하는 혼합주택용, 도서관, 박물관, 관공서 등 공공용, 은행, 주유소 등 상업용, 창고, 공장시설 등 공업용 등과 같이 부지단위별로 그 목적을 다르게 주택지역을 정점으로 그 아래에 용도의 일정한 혼재를 허용하는 이를테면 계층제(hierarchy) 형태의 용도 지정이다.[181]

■ 토지용도의 지정(Zoning)

토지용도 내지 목적의 지정(Zoning)은 입법적 규제에 따라 하나의 도시를 여러 구역

---

178) Barlow Burke and Joseph Snoe, *supra* note 1, at 582.
179) Jesse Dukeminier 외, *supra* note 32, at 955; *Commons* v. *Westwood Zoning Board of Adjustment*, 81 N.J. 597, 410 A.2d 1138, 1980 N.J.; Barlow Burke and Joseph Snoe, *Id.* at 571.
180) Barlow Burke and Joseph Snoe, *Id.* at 292-293; 'Fixture'가 첨부된 물품이 부동산의 일부로서 취급될 정도로 부착되어 있다는 법적 결과를 의미하는 데 반해 'Accession'은 동산이 다른 동산에 첨부되는 것을 의미한다는 점에서 다르다(서철원, *supra* note 27, at 196, 341).
181) Barlow Burke and Joseph Snoe, *Id.* at 559.

으로 분할하고 분할된 각 구역에는 건물들의 구조적·건축학적 디자인을 갖추는 등 지정
된 용도 내지 목적으로만 사용할 수 있도록 하는 것으로서 '지역지구제' 또는 '목적별 지
역지정'이라고도 불린다.182) 즉, 토지용도의 지정은 토지를 용도에 따라 구분하고 구분
된 토지별로 건물의 용도와 형태 등을 규제하는 제도라고 할 수 있다.

■ 토지의 이전과 함께하는 특약(Covenants Running with the Land)

토지의 이전과 함께하는 특약(covenants or promises running with the land)이란 토지의 이
전 내지 양도와 함께 이전하는 이행의무의 약속 내지 특약을 말한다. 즉, 양도인과 양수
인간에 체결한 당사자들과 그 이후의 소유자들(subsequent owners)을 구속하기 위한 일종
의 미이행 계약(an executory promise)을 의미한다.183) 다시 말하면 '토지의 이전과 함께하
는 특약'은 원래의 계약당사자들이 계약을 체결하면서 승계인을 구속하려는 의사(intent)
와 함께 토지 자체의 이용에 관한 내용(touch and concern)에 대해 이행하기로 어떤 약속을
하였다면 그러한 약속은 토지와 함께 이전하는 특별한 약속('특약')이라고 할 수 있다.

■ 토지자체와의 관련성(Touch and Concern)

토지자체와의 관련성(touch and concern)이라 함은 특약의 내용이 토지의 이용에 관한
것이어야 함을 의미한다. 즉, 어떤 특정 토지에 대해 건축을 제한하거나 집을 건축할 때
단독주택용으로만 짓게 하는 식으로 건축을 제한하는 등 그 특약의 내용은 원칙적으로
물리적으로 토지의 이용과 관련성이 있어야 한다는 것이다.184) 이러한 내용은 부동산 특
약뿐만 아니라 형평법상의 역권에도 공통으로 적용된다.185)

■ 특별 담보증서(special warranty deed)

특별 담보증서(special warranty deed)란 부동산의 양도인(the grantor)은 오로지 그 양도
인의 청구와 요구에 대한 권원(title)과 그 양도인과 관련하여 청구하는 모든 사람들을 보
증하고 대항한다는 계약에 날인하는 증서를 말한다.186) 즉, 특별 담보증서의 경우 이전
의 소유자를 제외한 양도인 자신만이 소유권에 영향을 미치는 어떤 하자도 없음을 보증

---

182) 임홍근 외, *supra* note 22, at 2059.
183) *Id.* at 476.
184) Barlow Burke and Joseph Snoe, *supra* note 1, at 517.
185) *Id.*
186) Barlow Burke and Joseph Snoe, *supra* note 1, at 406; 임홍근 외, *supra* note 22, at 1773.

하는 증서라고 할 수 있다.[187]

■ **특별 사용 또는 조건부 사용**(Special Exceptions or Conditional Uses)

주택지역에 변전시설을 설치할 경우 주택지역으로부터 일정한 거리 유지나 소음차단 시설 설치 등 일정한 조건이나 규정을 준수할 경우 사용할 수 있도록 하는 것을 '특별 사용' 또는 '조건부 사용'(a special exception, special use permit, special use, or conditional use)이라고 한다.[188]

■ **특약**(Covenants)**과 부동산 특약**(Real Covenants)

부동산 소유자가 자신의 토지 사용에 대해 다른 사람에게 약속을 한 경우 그 상대방이나 승계인은 그 약속을 한 소유자뿐만 아니라 그 승계인에 대해서도 그 약속의 이행을 청구할 수 있는 권리가 발생하는 데 이러한 내용을 'Covenants'라고 하며 권원보장약정(權原保障約定)[189] 내지 약관 등으로 불리는 데 일종의 당사자간의 '특약'이라고 할 수 있다. 이에 대해 "부동산 특약"(물적 특약 내지 약속 또는 부동산 약관, a Real Covenant)이란 특정한 토지상에 울타리를 설치하는 것처럼 어떤 행위를 하거나, 해당 토지상에 다가구 주택을 건축해서는 안 된다거나 혹은 상업용 목적으로 사용해서는 안 된다는 것처럼 어떤 행위를 하지 못하게 하는 서면에 의한 약속(a written promise)을 말한다. 특정 부동산이 어떤 부담(burden)이나 이익(benefit)을 갖고 있는 경우 후속 매수인도 이에 구속된다는 특별한 계약('특약') 내지 약속이라고 할 수 있는 'covenants that "run" with the land'는 일상적으로 '부동산 특약'을 의미한다고 할 수 있다.[190]

■ **특정단지의 종합적 개발**(Planned Unit Developments, PUDs)

특정 지역이나 지구단지의 종합적 개발 내지 계획적 일체개발(Planned Unit Development, PUD)이란 '클러스터형 토지용도 지정'의 확장이라고 볼 수 있다.[191] 즉, 공공성과 사업성을 동시에 추구하고자 특정 지구를 하나의 계획단위로 한 단독의 실체로 보고, 토지용도의 지정과 관련된 규정에 따라 주거용에 대한 비주거용의 비율의 범위에서 1 이상의 주거용

---

187) 서철원, *supra* note 27, at 175.
188) Jesse Dukeminier 외, *supra* note 32, at 959; *Cope* v. *Inhabitants of the Town of Brunswick*, 464 A.2d 223(Me. 1983); Barlow Burke and Joseph Snoe, *supra* note 1, at 575; 박홍규, *supra* note 23, at 189.
189) 사법연수원, *supra* note 19, at 259.
190) Barlow Burke and Joseph Snoe, *supra* note 1, at 513.
191) *Id.* at 582.

클러스터 같은 주거개발과 1 이상의 공유지, 준공유지, 상업지구 또는 산업지구 등을 포함하는 식의 특정부지에 대한 사용의 다양성(multiplicity of uses)에 주안점을 두고 있다.192)

■ 판결에 따른 우선취득권(Judgment Lien)

'판결 리엔' 내지 판결(결정)에 따른 '우선취득권' 또는 '물적담보권'이란 법원으로부터 손해배상 판결을 받으면 그 판결을 판결의 일람표(docket)에 등재하도록 함으로써 승소한 원고가 피고의 재산에 대해 갖는 담보권이라고 할 수 있다.193) 이러한 판결 리엔으로 인해 그 리엔을 받은 합유 부동산권자의 지분의 양도된 것이 아니므로 합유 부동산권자의 권리는 그대로 유지된다. 하지만 판결 리엔을 갖고 있는 자가 그 담보권을 실행함으로써 경매가 이루어진 경우 지분의 양도가 수반되므로 결국 합유 부동산권자의 권리는 종료된다.

즉, 판결에 의한 물적담보권(judgment lien)이란 어떤 재판상 다툼이 있고 그 재판을 통해 손해배상 판결을 받은 원고가 이러한 내용을 등록(filing)할 경우 해당 지역(a county)에 소유하고 있거나 소유할 예정인 피고인(판결 채무자)의 재산(property)에 대해 위의 판결의 만족을 얻을 수 있도록 강제 처분 등 강제집행을 할 수 있는 권한을 갖게 되는 것으로 선취득권(先取得權) 또는 유치권(留置權)이라고도 한다.194) 이때 위 판결 내용의 등록(filing)을 통해서 이후의 해당 부동산에 대한 매수인으로 하여금 동 부동산에 'Judgment Lien'이란 담보권이 설정되어 있음을 알리게 하는, 즉 통지(notice)의 기능을 갖게 한다.

■ 필요성에 의한 지역권(Easements Implied by Necessity)

필요성에 의한 지역권(easements implied by necessity, a way of necessity)은 토지 소유자가 자신의 토지 일부를 매도하였는데 매도한 토지에 어떤 공공도로와 연결될 수 있는 통로가 없을 경우(with no means access out)에 성립된다.195) 즉, 토지 소유자가 자신의 토지를 타인에게 매도하였음에도 매수인이 공로(public road)를 이용할 출구(outlet)가 없을 경우에는 필요에 의해 공공도로의 통행권을 위한 묵시적 지역권이 설정되었다고 보는 것이다.

---

192) Id.; 임홍근 외, *supra* note 22, at 1430; 이는 우리나라의 지구단위계획구역과 유사한 성격을 가지고 있다고 할 수 있다.
193) 서철원, *supra* note 27, at 137－138; 임홍근 외, *supra* note 22, at 1077.
194) 임홍근 외, Id.; 서철원, Id. 185.
195) Jesse Dukeminier 외, *supra* note 32, at 785; Barlow Burke and Joseph Snoe, *supra* note 1, at 482; 서철원, *supra* note 27, at 154.

■ **한사(限嗣)부동산권**(The Fee Tail)

한사부동산권 내지 계사한정(繼嗣限定)부동산권(the fee tail)이란 소유자가 토지를 양도하면서 소유권을 가족이외의 자에게는 양도할 수 없다는 등 일정한 제한이 붙어있는 권리를 말한다.196) 즉, 직계의 상속승계가 양수인 또는 수증자로부터 얻은 자손에 한정되고, 보통법상의 일반적인 상속에 의한 승계가 단절되는 자유토지부동산권의 하나이다.197)

■ **합유 부동산권**(Joint Tenancy, JT)

합유 부동산권(joint tenancy)이란 공동 부동산권자 각자가 개인적 지분(fractional interest)을 보유하고 있음에도 하나의 부동산을 하나의 단위로 합유하고 있는 형태로 보유하는 부동산권을 말한다.198) A와 B가 결혼 후 부동산을 공동 명의로 취득한 뒤, 합유 부동산권의 형태로 보유시 AB 가운데 누구 먼저 사망하든 사망시 남아있는 자가 단독소유가 되는 것이 그 좋은 예이다.199)

■ **형평법상 부동산 권원의 이전**(Equitable Conversion)

형평법상 부동산 권원의 이전(equitable conversion) 법리는 형평(equity)은 행할 것은 행해진 것("equity regards as done what ought be done")으로 간주한다는 법언에서 기초하고 있다. 즉, 계약 당사자들이 일단 어떤 부동산에 대해 강제력을 갖는 매매계약을 체결하였다면 서명한 때로 부터 그 부동산에 대한 형평법상 권원(equitable title)이 매수인에게 이전되고 매도인은 매매 대금의 잔액을 지급받기 위한 담보로서만 보통법상의 법적 권원(legal title)을 보유하는 법리를 말한다.200)

■ **형평법상의 역권**(Equitable Servitudes)

형평법상의 역권(equitable servitudes)이란 형평법상 토지 소유자들간에서 발생하는 강제로 이행될 수 있는 건물과 토지 이용에 관계가 있는 제한을 말한다.201) 즉, 형평법에 의해 어떤 계약 등 당사자관계가 없음에도 그 승계인(a successor)이 인지하고 있다면 이 효력을 인정하려는 것이다. 다시 말하면 어떤 특약(a covenant)을 통해 그 해당 토지를 승

---

196) 박홍규, *supra* note 23, at 33; 사법연수원, *supra* note 19, at 254.
197) 임홍근 외, *supra* note 22, at 786.
198) Jesse Dukeminier 외, *supra* note 32, at 320; 박홍규, *supra* note 23, at 63.
199) Barlow Burke and Joseph Snoe, *supra* note 1, at 218−219.
200) 임홍근 외, *supra* note 22, at 688−689.
201) *Id.* at 690.

계한 자(subsequent owners)에게 "부담"(burden)을 갖게 하는 등 일정한 구속력을 갖게 하는 것("run with the land at law")과 관계없이 일정한 제한을 갖는 특약, 즉 "제한적 특약" (restrictive covenant)으로서 형평상의 입장에서 그러한 내용을 통지받은 승계인(the assignee or the subsequent owner)에게 그 부담을 강제하는 것을 말한다.

■ 형평법상의 저당권(Equitable Mortgage)

형평법상의 담보권 내지 저당권(equitable mortgage)이란 저당권 담보계약(security agreement)을 체결하기 이전에 일정한 재산을 담보로 하는 계약을 말한다.202) 즉, 채무자가 채권의 담보를 위해 그 계약의 형식을 매매로 체결하면서 일단 채무자 소유의 권원(소유권)을 채권자에게 이전시켜 주고 채무자가 채무의 이행을 완료한 경우 다시 채무자가 그 권원을 갖도록 하는 권리를 말한다.

■ 형평법상의 환매권(equitable right of redemption)

형평법상의 환매권(equitable right of redemption)은 채무자가 저당권 실행의 완료, 즉 매각이 완료되기 이전까지(prior to/before the foreclosure sale) 지체된 대금을 지급하고 담보된 부동산을 다시 찾아올 수 있는 권리를 말한다.203)

■ 확정적 잔여권(Vested Remainder)과 미확정 잔여권(Contingent Remainder)

부동산상의 권리가 어떤 집단(a class) 등을 포함하는 특정한 사람(ascertained person)에게 주어지고 그리고("AND"), 정지조건(a condition precedent)이 붙어있지 않는 경우를 확정적 잔여권(a vested remainder)이라고 한다.204) 이러한 점에서 그 대상자가 특정되지 않았거나("OR"), 어떤 정지조건(condition precedent)이 붙어 있거나("OR") 아니면 특정되지도 않으면서 조건이 붙어있는 경우를 의미하는 미확정 잔여권(contingent remainder)과 구별된다.205) '확정적 잔여권'과 '미확정 잔여권' 사이의 해석에 있어 법원은 잔여권(a remainder)으로의 해석을 선호하는 경향이 있다.206)

---

202) Id. at 691.
203) Jesse Dukeminier 외, *supra* note 32, at 618-619.
204) Barlow Burke and Joseph Snoe, *supra* note 1, at 143.
205) Jesse Dukeminier 외, *supra* note 32, at 259; Barlow Burke and Joseph Snoe, *Id.* at 143.
206) Barlow Burke and Joseph Snoe, *supra* note 1, at 149.

■ **확정형 부동산 임차권**(Tenancy for Years)

정기 내지 확정 부동산 임차권(a tenancy for years, fixed term tenancy, or term of years)이란 임대차 기간이 세기(centuries), 3,000년, 10년(decades), 연, 월, 일 등과 같이 확정적으로 정해져 있고, 그 기간 동안 임차인에게 점유할 권리를 수여하는 것을 말한다.[207]

■ **환매권**(Right of Redemption)

환매권(right of redemption)이란 저당권 설정자(채무자, mortgagor)가 저당권이 실행되어 완료될 때까지는 언제라도 남아있는 채무를 상환하고 저당권의 형식으로 담보된 부동산을 다시 찾아올 수 있는 권리를 의미한다고 할 수 있다. 이러한 환매권은 '형평법상의 환매권'과 '성문법상의 환매권'으로 구분할 수 있다.

■ **환수권**(Right of Entry)

환수권(right of entry/re−entry, 'ROE')이란 '양도인을 위한 권리행사형 해제조건부 단순부동산권'(fee simple subject to a condition subsequent)과 같이 일정한 조건이 성취될 경우 양도인이나 그 권리의 승계인에게 환수권이나 소멸권을 부여, 평화적으로 부동산을 회복하는 권리로서[208] 소멸권(power of termination) 또는 조건 위반에 의한 환수권(right to entry for breach of condition)이라고도 한다.[209]

■ **'Absent circumstances suggesting otherwise'**

'Absent circumstances suggesting otherwise'라는 것은 '참작할 만한 다른 사정이 없는 한'을 의미한다.

■ **'At one's discretion'**

'At one's discretion'은 '재량으로'라는 의미를 갖는다. 어떤 조건이나 제한이 붙어 있지 않은 재량이라는 것을 나타낼 때는 'absolute discretion' 'sole discretion'라는 표현을 사용하기도 한다.[210]

---

207) *Id.* at 118; Jesse Dukeminier 외, *supra* note 32, at 421; 박홍규, *supra* note 23, at 97; 서철원, *supra* note 27, at 128.

208) Jesse Dukeminier 외, *Id.* at 257; Barlow Burke and Joseph Snoe, *Id.* at 135; 임홍근 외, *supra* note 22, at 1653; 박홍규, *Id.* at 45.

209) 박홍규, *Id.*

210) 'discretion' 대신에 'judgment'를 사용하기도 하는 데 이 경우, '판단을 요한다'는 내용을 포함하지만 두 용어상에 본질적인 차이는 없다.

- 'A writ of'

'A writ of'는 법원에서 발행하는 것으로 어떤 특정 행위를 할 수 있는 권한을 부여하기 위해 부여하는 영장을 의미한다(예: a writ of attachment or execution, 압류 또는 강제집행영장).

- 'Above; aforesaid; above-mentioned; aforementioned'

'Above; aforesaid; above-mentioned; aforementioned'는 보통 계약서 앞부분에서 이미 언급한 내용의 반복을 피하기 위해 사용되는 사물, 개념, 사람 등으로서 '앞에서 언급한 또는 설명한'의 의미이다.

- 'Absent manifest error or fraud'

'Absent manifest error or fraud는 문서의 진정성과 관련되는 용어로서 '명백한 오류나 기망내용이 없는 한'의 의미이다.

- 'Act or omission; commission or omission'

Act or omission; commission or omission은 어떤 행위를 해야 하는 작위(作爲) 또는 하지 않아야 하는 부작위(不作爲)를 의미한다.

- 'Among'과 'between'

'Among'과 'between'과 관련하여 'among'은 3인 이상, 'between'은 2인 사이의 관계를 일반적으로 의미하지만 계약서를 종종 보면 반드시 그렇지 않는 경우도 있다.

- 'Arisen from (or for) the reason attributable to (or due to) party A'

'Arisen from (or for) the reason attributable to (or due to) party A'라는 표현은 '계약당사자 A의 책임 있는 사유로 발생한'의 의미로 사용된다.

- 'Arm's length'

'Arm's length'는 원칙적으로 계약 당사자가 서로 대등한 독립된 주체로서 거래하는 관계를 의미한다.

- 'As if'와 'like'

'As if'와 'like'의 관계에 있어서는 'as if' 대신 'like'를 계약법상 용어로 잘 사용되지 않는다.

■ 'Assumed'

채무인수를 한다는 의미에서 사용되는 "assumed"는 특히 미국 부동산법(property law)에서 중요한 부분이다. 예를 들어 제1채무자와 제2채무자가 있고, 제1채무자가 제2채무자에게 자신의 계약상 채무(의무)를 이전하면서 제2채무자가 채권자와 관련된 모든 채무를 "assumed" 즉, '인수'하는 것으로 계약서상에 규정한다면 제2채무자가 모든 책임을 부담할 수 있다는 점에서 주의를 요한다. 특히 저당권(mortgage) 실행과 관련한 문제는 미국 로스쿨이나 미국 변호사 자격 취득 준비 그리고 실무를 위해서도 중요한 내용이다.

■ 'At one's own risk; at the risk of~'

'At one's own risk; at the risk of~'는 '~의 부담 또는 위험으로'라는 의미이다. 이때 'at the risk and for the account of'라고 사용되는 경우도 있는데, 이는 위험 내지 책임을 부담할 뿐만 아니라 비용부담의 관계까지 나타내는 문언이다. 만일 비용부담 관계만을 나타내고자 한다면 'at the expense(cost) of' 또는 'at one's own expense(cost)'라고 사용될 것이다.

■ 'As the case may be~'

'As the case may be~'는 '사정이나 경우에 따라서는'라는 의미로 사용되고, 'At the cost(liability or risk) of the party A'는 '계약당사자 A의 비용(책임 또는 위험) 부담으로'라는 의미를 갖는다.

■ 'Before', 'By', 'On', 'Commencing on/with'

'Before', 'By', 'On', 'Commencing on/with'는 주로 종료일을 표시할 때 사용된다. 보통 'before'는 그 전일까지만을 의미하고, 계약서상에 기재한 날은 포함되지 않지만, 'by'는 당해 날짜까지도 포함한다.[211] 'on'은 특정한 날짜를 지칭할 때 사용한다. 'Commencing on/with'가 특정 일자(예 2월 1일)와 함께 나올 경우 기산점과 관련하여 초일(즉, 표시된 날짜인 2월 1일)이 산입된다. 이에 비해 'after'는 표시된 그 날 즉, 초일은 산입하지 않고, 표시된 일자의 다음 날부터 기간이 계산된다.

한편 'from', 'as of'는 표시된 날짜부터 기간 계산이 시작된다. 즉, 초일이 산입된다.

---

211) 실제 보통 계약서상으로는 보다 확실하게 표시하기 위하여 당해 날짜도 포함하는 의미에서 'on or before' 또는 'till(until) and including'으로 쓰이기도 한다.

마찬가지로 'to', 'until', 'till', 'ending', 'with', 'through' 등도 계약서상에 표시된 기일이 포함된다.

■ 'Best efforts' 또는 'Best endeavors'와 'Good faith efforts'

일반적으로 'Best efforts' 또는 'Best endeavors'라는 의미는 단어 자체의 의미보다도 '특정한 의무 없이'('non-commitment basis')라는 의미를 갖는다. 다시 말하면 'Best efforts'는 그 기준이 노력 내지는 성실성(diligence)이 되고 계약상 의무를 인수한 당사자에게 주로 부과되는 것으로 당사자간의 관계를 중시하는 신탁상의 의무(fiduciary duty)보다는 그 정도 면에 있어서는 아래라고 할 수 있다.212) 이에 대해 'Good faith efforts'라는 것은 모든 계약당사자에게 부과되는 의무로서 그 기준은 정직함과 공정성(honesty and fairness)이 된다.213) 그러므로 'reasonable efforts'나 'best efforts' 등의 의무는 성실의무 내지는 선량한 관리자로서의 주의의무(선관의무) 보다 그 정도가 크다(a more rigorous standard)고 할 수 있다.214)

■ 'Common law'

이는 원래 영국법원이 판결한 판례의 축적을 통해 발전한 판례법을 의미하고, 대륙법 체계와는 달리 제정된 법조문이 없으므로 보통법, 관습법, 판례법, 불문법, 영미법 등으로 불린다.215) 보통법(common law)은 보통 대륙법과 형평법과의 비교되는 개념이나 의미로도 사용되기도 한다.

■ 'Compare to'와 'Compare with'

'Compare to'와 'Compare with'와의 관계에서 'compare to'는 비유할 경우, 'compare with'는 비교할 경우에 사용된다.

■ 'Consideration'

영어단어 'Consideration'은 일반적 의미의 고려나 배려 등이 아니다. 미국 계약법에서 'Consideration'은 계약의 성립요건으로서 약인(約因)이나 대가(對價)로 불려진다. 이것

---

212) 平野 晉, *supra* note 5, at 406.
213) *Id.*
214) *Id.* at 405.
215) Fukuda Moritoshi, 박덕영 역, *supra* note 49, at 2.

이 갖는 의미는 계약당사자 일방의 행위나 그 행위의 약속에 대해 그 상대방이 제공하는
것이나 제공하는 약속이고 그 상대방에게는 이익이나 불이익이 된다는 것이다.

영문계약서상에 "The lessee alleged that in consideration of his promises not to
sell tobacco and to pay an increased rent and for making the agreement, he would
have the exclusive right to sell soft drinks."216)에서 "...in consideration of his
promises..."로 표현되는 문장은 "...약속을 약인이나 대가로 하여"라는 의미가 된다.

이러한 약인 내지 대가(consideration)는 청약이나 승낙과 같이 어떤 일정한 행위를 하
거나 하지 않는 어떤 약속(a promise)을 기본단위로 한다. 일반적으로 약속을 하는 사람을
약속자(a promisor)라고 하고, 약속을 받는 사람을 피약속자 내지는 수약자(a promisee)라고
한다.

이때 약인 내지 대가는 피약속자로부터 제공되지 않아도 될 뿐만 아니라 약속자가
반드시 수령할 필요가 없고 다른 사람(some other person)에 의해서도 가능하다.217) 예를
들어 A가 B에게 만일 C가 담배를 끊으면 B에게 200달러를 지급하겠다고 약속한 경우를
생각해 보자. 이때 A는 약속자 겸 약인의 수령자, B는 피약속자 내지 수약자, C는 약인
내지 대가의 제공자가 된다. 또한 B가 꽃의 대가로서 20달러를 C에게 제공하면 A가 D
에게 꽃을 배달해 주겠다고 약속한 경우, A는 약속자, B는 약인 내지 대가의 제공자, C
는 약인의 수령자, D는 피약속인 내지 수약자가 되는 것이다.

■ 'Construction'과 'Interpretation'
'Construction'과 'Interpretation'은 둘 다 법률에 대한 '해석'이란 의미를 갖지만 구
체적으로 'interpretation'이 단어 그 자체에 관련되어 있다면 'construction'은 그 법적인
작용과 관련되어 있다고 할 수 있다.

■ 'Continual'과 'Continuous'
'Continual'과 'Continuous'와의 관계에서 'Continual'이 '반복해서'의 의미를 갖는다
면 'Continuous'는 '계속해서'로서의 의미를 갖는다.

---

216) *Gianni* v. *Russel Co., Inc.*, 281 Pa. 320(Pa. 1924).
217) Restatement of (Second) Contract § 71(4) (Requirement of exchange Types of Exchange)
(4) The performance or return promise may be given to the promisor or to some other person. It may
be given by the promisee or by some other person.

■ 'Covenant'[218]

미국 실무에서 Covenant는 '의무이행의 약속' 또는 '특약' 등으로 해석이 가능할 것이다. 이는 ① 매도증서(deed)를 통한 매매에서 소유권의 보장, 용도지역의 설정이나 토지사용제한에 관한 내용, 개발이나 공동주택의 관리 등 그 증서에 나열되어 있는 어떤 제약들 ② 동업자 및 피고용인의 경업금지(not to compete)를 약속하는 경우 등에 사용한다.[219]

미국 부동산법(Real property law)을 학습하면서 매도증서상에 명시된 제한사항들(deed restrictions)은 보통 "Covenants, Conditions, and Restrictions(CC&Rs)"라고 하는 규약 속에 포함된다.

이들 'Covenant'는 공통 지역내의 공동개발계획을 포함하고 있고 거주자들은 이에 따라야 한다. 토지관련 covenants의 경우에는 계약당사자뿐만 아니라 장래의 소유권자에게도 구속력을 갖는 게 보통이다.[220]

■ 'Damage'와 'Damages'

손해와 관련하여 'damage'와 'damages'의 차이를 이해할 필요가 있다. 일반적으로 'damage'는 '손해'라는 뜻이고 단수형과 복수형 모두가 가능하다. 'consequential damages'(결과적 손해배상)이나 'actual damages'(실제 손해)라는 경우의 의미는 'damage'(손해)의 복수형으로 쓰여지는 예이다.

여기서 'damages'는 법률상 중요함을 갖는 또 다른 의미로 '손해배상금'이나 '손해배상액'으로 쓰일 때가 있다. 이때는 'liquidated damages'(손해배상액의 예정)이나 'punitive damages'(징벌적 손해배상액)와 같이 다른 단어와 함께 사용되거나 단독으로 쓰여지기도 한다. '손해배상금'이라고 번역되어 쓰이는 게 적절한 경우 즉, 'damage'가 어떤 금전이나 금액의 의미로 사용될 경우에는 항상 'damages'라고 하는 복수형으로 써야 한다.[221]

미국 재산법 역시 민사소송에 의하는 것으로서 그 구제는 주로 금전의 배상을 받는다는 점에서 손해(damage)의 개념은 위에서 설명한 것과 유사하다.[222] 미국 불법행위법상의 배상 내지 배상금(damages)이라 함은 Restatement에 따르면 불법행위자의 불법행위에

---

218) 이와 관련한 자세한 사항은 뒤에 조국현, *supra* note 29, 영문계약서의 주요 내용 부분을 참조.
219) 류병운, *supra* note 31, at 9.
220) *Id.*
221) 나카무라 히데오, 박근우 감수, 박명섭, 한낙현, 박인섭 옮김, 『영문계약서 작성의 키포인트』(아카데미프레스, 2014, 9면).
222) 이에 대해서는 조국현, *supra* note 30, at 34 이하 참조.

의해 침해 내지 손해를 당한사람에게 배상하는 금전을 말한다.[223] 손해배상에는 실제로 원고가 아무런 손해를 입지 않았더라도 원고에게 주어지는 ① 명목상의 손해배상(nominal damages), ② 실제 손해를 입은 경우에만 배상되는 실질적 손해배상(actual damages), ③ 피해자에게 사고이전의 상태로 가능한 한 회복시키려는 데 목적을 갖는 보상적 손해배상(compensatory damages), ④ 피고인을 처벌함으로써 미래 유사한 행위를 억제하도록 하고자 원고에게 지불하도록 하는 징벌적 손해배상(punitive damages) 등이 있다.[224]

■ 'Directed Verdict'

'Directed Verdict'이란 배심원에 의한 재판에서 합리적인 배심원(reasonable jury)이라면 다른 결정을 내릴 수 없다고 판단될 때 결정을 내리는 경우를 말한다.[225]

■ 'Disinterested'와 'uninterested'

'disinterested'는 '공평한' 또는 '무관심'이란 의미를 갖고 있지만, 'uninterested'는 '무관심한 내지 관심이 없는'이란 의미를 갖고 있으며, 'be uninterested in~' 또는 'be indifferent to'~ 형태로 쓰이고 있다.

■ 'Due to~'와 'because of~'

'Due to~'와 'because of~'는 모두 '~ 때문에'로 사용되고 뒤에 명사가 오지만 구체적으로 어떤 원인을 표현하고자 할 때는 'because of~'를 사용하는 것이 좋다.

■ 'Establish'

'Establish'는 계약법이나 계약서에 실제로 종종 등장하는 표현인데 사안에 따라 '규정하다', '설립하다', '입증하다'는 의미로 사용되고 있다.

■ 'Except as otherwise specified in ~', 'Except with the prior written consent of~', 'Except that~'

'Except as otherwise specified in ~'은 '~에 특정(표시, 명시)된 것을 제외하고'라는

---

footnotes

223) Restatement (Second) of Torts § 12A (Damages)The word "damages" is used throughout the Restatement of this Subject to denote a sum of money awarded to a person injured by the tort of another.
224) 이에 관한 자세한 논의는 미국 계약법상의 손해배상이나 미국 불법행위법상의 과실(negligence)부분을 참고 바람.
225) 류병운, *supra* note 31, at 123.

의미이고, 'Except with the prior written consent of~'는 '미리(사전) 서면에 의한 동의를 제외하고', 'Except that~'는 '~의 경우를 제외하고'를 각각 의미한다.

■ 'Execute'

영어단어 'Execute'는 보통 '집행하다' 또는 '이행하다'의 뜻으로 알려져 있지만 실제로는 '완성하다' 또는 '효력이 생기다'라는 의미가 된다. 이것이 구체적으로 계약서와 관련되어 설명하면 '계약서를 작성하고 서명하여 교환하다' 또는 '계약을 체결하다'라는 의미가 된다. "In Witness Whereof, the parties hereto have caused this Agreement to be executed…"가 그 예이다. 이러한 점에서 '의무의 이행'에서의 '이행(perform)'과 유사하다고 할 수 있다.226)

■ 'Force majeure'

'Force majeure'는 'vis major'라고도 하며 불가항력 조항(a *force majeure* clause)을 말한다. 즉, 전시나 사변(political upheaval), 자연재해(acts of God) 기타의 상황과 같이 예상하지 못한 사태(certain unforeseen events)가 발생할 경우를 말하는데, 계약상으로는 채무불이행(nonperformance of contractual obligation)에 대한 책임을 면제시키는 사유의 하나로 규정하는 경우가 보통이다.227)

■ 'Goods'

물품 내지 상품(goods)'이라 함은 U.C.C.에 따르면 대금으로 지급된 금전 이외의 매매계약시 특정될 때(at the time of identification to the contract for sale) 특별히 제작된 물품(specially manufactured goods)을 포함한 운반가능한 모든 것(movable things)을 말한다.228) 이와 같이 U.C.C.상의 용어 내지 개념설명에 대해서는 U.C.C. 관련규정을 학습하면 도움이 될 것이다.

---

226) 나카무라 히데오, *supra* note 79, at 406.
227) 임홍근 외, *supra* note 22, at 815.
228) § 2-105 (Definitions: "Goods") (1) "Goods" means all things (including specially manufactured goods) which are movable <u>at the time of identification</u> to the contract for sale <u>other than</u> the money in which the price is to be paid, investment securities (Article 8) and things in action. "Goods" also includes the unborn young of animals and growing crops and other identified things attached to realty as described in the section on goods to be severed from realty (Section 2-107). (2) <u>Goods must be both existing and identified before any interest</u> in them can pass. Goods which are not both existing and identified are <u>"future" goods</u>. A purported present sale of future goods or of any interest therein operates as a contract to sell.

■ '~Hereof'; '~hereto'; '~hereunder'; '~herein'; '~herewith'; '~hereafter';
'~hereby'; '~hereinafter'[229]); '~heretofore'; '~hereunto'[230]

'~Hereof'; '~hereto'; '~hereunder'; '~herein'; '~herewith'; '~hereafter';
'~hereby'; '~hereinafter'[231]); '~heretofore'; '~hereunto' 등에서의 'here'는 '이(본) 계약(this Agreement)의' 또는 '이 서면의'(of this writing) 의미를 갖는다. 그러므로 '본 계약서나 서면'이 아닌 다른 계약서나 서면을 의미할 때는 'here'와의 구별을 위해 'therein', 'thereof', 'thereto' 등의 방식으로 'there'를 사용하는 경향이 있다.

■ 'If any'

'If any'는 '만약에 ~가 있다고 해도'라는 해석이 영어적 표현이다. 이러한 표현이 갖는 의미는 당사자의 의사에 의하여 결정되지 않는 사항으로서 있을 것인지, 없을 것인지 확실하지 않을 경우의 '만약 ~가 있다면'의 의미가 된다. 하지만 이 경우 만일 계약 당사자의 의사에 의해 결정될 수 있는 내용이라면 이를 계약조건으로서 명확하게 표시하여야 할 것이고 그렇다고 한다면 'if~ any'라는 표현은 사용될 수 없다.

■ 'If necessary'

'If necessary'는 'if appropriate', 'if deemed advisable', 'if deemed recommendable', 'if possible', 'if required' 등과 유사한 것으로 계약상의 용어로서는 특별한 의미를 갖지 않는다.

■ '~Include', '~including', '~including~, but not limited to'(or 'without limitation')

'~Include', '~including', '~including~, but not limited to'(or 'without limitation')와 관련해서 '~include', '~including'의 사전적인 뜻은 '……을 포함하여'라고 하지만, 계약서상으로 '예를 들면'의 의미로서 예시하거나 나열할 경우에 주로 사용된다. 또한 '~including~, but not limited to(or "without limitation")~'의 경우는 '~을 포함하긴 하지만 거기에 한정되지 않는~'이라는 의미를 갖는다.

---

229) 서류 등에 이하에 즉, 이 내용이 있는 곳으로부터 그 계약서 혹은 문서의 끝까지의 범위를 의미한다.
230) 'before this writing' 또는 'into this writing', '이 계약서 또는 문서 이전에' 또는 '전조에서'라는 의미를 갖는다.
231) 서류 등에 이하에 즉, 이 내용이 있는 곳으로부터 그 계약서 혹은 문서의 끝까지의 범위를 의미한다.

■ 'Indemnify'('Indemnification')

"Indemnify"는 영어 뜻으로 '배상하다'의 의미를 갖고 있어 우리 법상 '손해배상' 개념과 유사하다고 할 수 있다. 이때 그 대상은 현재 발생한 손해와 앞으로 발생한 것으로 예상되는 손해 모두를 의미한다. 이때 '현재 이미 발생하고 있는 손해에 대해서는 '(A) hereby indemnifies (B) against all losses incurred by (B) with respect to (Y)'라고 하여 'A'는 'B'가 Y와 관련해서 발생한 모든 손해를 지금 여기서 배상한다'는 의미를 갖는다. 이때 'B'는 손해배상청구권자로서 'Indemnitee' 또는 'Indemnified party'라고 하고, 'A'는 손해배상의무자로서 'Indemnitor' 혹은 'Indemnifying party'라고 한다.

보통 'Indemnification' 규정과 관련해서는 'hold harmless'라는 표현과 함께 사용되는 데 이 때 두 개념 사이의 관계에 대해서 견해의 대립은 있지만 'indemnify'가 적극적으로 손해배상청구권자 그 의무자로부터 배상을 받도록 하는 데 주안점을 둔다면, 'hold harmless'는 소극적으로 손해배상의무자가 오히려 그 권리자를 상대로 제기하는 것을 막는 데 주안점을 둔다고 할 수 있다.

이에 대해 '앞으로 발생되는 손해는 "One hereby indemnifies the other against the losses the other may incur in the future"라고 하여 '앞으로 손해를 끼치지 않도록 하겠다'. 즉, '앞으로 손해가 발생하지 않을 것을 또 만일 손해가 발생할 경우 이에 대해 배상할 것을 현 시점에서 보증한다'는 의미가 내포되어 있다.232)

■ 'Insofar as~'

'Insofar as~'는 사전적 의미로 '하는 한'의 뜻으로 계약 당사자의 의무 범위를 제한하는 역할을 할 때 주로 쓰인다.

■ 'Make good'

'Make good'은 주로 상품판매계약서나 플랜트수출계약서 등의 품질보증조항(Warranty of Quality Clause) 또는 성능보증조항(Performance Guarantee Clause) 등의 경우에 사용되는 데, 이는 '불완전한 것을 완전하게 하는', 즉 '하자를 치유한다'는 의미를 갖는다.

---

232) 'indemnify'는 보통 'against'라는 전치사를 동반하고 'reimburse for'와 유사한 의미를 갖는다(나카무라 히데오, *supra* note 79, at 115-116).

■ 'May', 'Shall', 'Will', 'Must'의 의미에 대하여

'May'는 계약상의 권리(right), 권한(power), 특권(privilege)을 나타내면서 그 권리, 권한 등이 법적으로 강제성을 지니고 있지 않을 때 사용된다. 만일 법적 강제성을 갖는 권리를 표시할 경우에는 'be entitled to'를 사용할 수 있다. 'may not~'은 '~은 할 수 없다'로서 어떤 권리의 행사를 부정 또는 금지하는 것을 의미한다.

계약서상의 'shall'은 계약상의 법적 의무의 뜻을 갖고 있으므로 만일 계약서상에 규정된 어떤 조항이 이행되지 않았을 때에는 강제이행, 계약해제 또는 손해배상청구 등의 문제가 발생할 수 있다. 'shall not~'은 '~하지 않기로 한다'로서 어떤 특정한 행위를 하지 않을 의무를 의미하는 것으로서 위에서 언급한 권리의 행사를 부정하거나 금지하는 'may not~'과 같은 의미를 갖는 표현으로 사용되기도 한다.

어떤 의무(obligation)를 갖는 의미로 일반적으로 사용될 때는 'shall'을 사용하고, 'will'도 유사하긴 하지만 'shall' 보다는 의미가 약하기에 자주 사용되지 않는다. 즉, 당사자간에 체결하는 계약서상의 서술에 있어서 "will"과 "shall"을 사용하는 경우가 있는데 "shall"의 경우가 보다 형식적이고 강한 의미를 내포한다는 점에서 형식을 중시하는 계약서 형태에서는 "shall"을, 그렇지 않은 경우에는 "will"을 사용하면 되고 실무상에서도 그렇게 쓰이고 있다.[233)]

한편, 의무를 부과하는 뜻의 조동사 'must'도 '~해야 한다'의 단어적 표현을 갖지만 계약서에서는 거의 사용되지 않는다.

■ 'Notwithstanding', 'Notwithstanding any other provisions herein to the contrary~'

'Notwithstanding'은 '~에도 불구하고'라고 하는 의미로서 주로 어떤 내용에 관한 원칙적인 규정을 두고 그에 대한 단서를 규정할 경우에 주로 사용된다. 'Notwithstanding any other provisions herein to the contrary~'는 '이와는 반대되는 어떤 다른 규정들에도 불구하고~'라는 의미를 갖는다.

■ Option

'Option'은 일반적으로 '선택권'이란 의미를 갖는다. 일반적으로 계약에서 청약자

---

233) 한국수출입은행, *supra* note 79, at 20.

(offeror)가 일정기간 청약을 철회하지 않는다는 약속에 대해 일정한 금전 등을 대가로서 지불한 경우 청약자는 그러한 기간 동안 청약을 철회할 수 없게 되는 데 이 기간내에 계약을 체결할지의 여부를 선택하는 것을 'option'이라고 한다.[234]

■ 'Premises'

'Premises'는 'the foregoing statements', 'the matters hereinbefore stated' 즉, '앞에서 언급한 내용'이란 의미를 갖고, 그 뜻을 보다 명확히 하기 위하여 'the matters already referred to'로 표현하기도 한다.

■ 'Recourse; with recourse; without recourse'

'Recourse'는 이행의무자가 1차와 2차로 구분되어 있는 경우에, 제1차적 이행의무자가 이행을 하지 않은 경우 제2차적 의무자에게 그 이행을 청구하는 것을 말하고 이러한 것을 한마디로 '소구'(遡求) 또는 '상환청구'라고 한다. 이는 어음·수표상의 권리관계에서 약속어음 발행인, 환어음 지급인 내지 인수인, 수표의 지급인이 기간내에 지급제시를 받고도 지급의 이행을 거절할 경우 또는 환어음의 인수인이 인수할 것을 요구받았는데도 인수를 거절했을 경우에, 제2차적으로 이행해야 할 사람, 즉 약속어음의 배서인, 환어음 수표의 발행인 및 배서인에 대하여 어음수표금액의 지급을 청구할 수 있다.

■ 'Reserve the right'

일반적으로 'Reserve the right'는 법률상 또는 계약상 다른 조항과의 해석을 통해 보아 계약상의 어떤 권리가 당연히 부여된 것인지 여부에 의문을 갖게 될 경우에 사용된다. 'Reserve the right'은 경우에 따라서 'without prejudice to'와 같은 의미로 쓰이기도 한다.

■ 'Right of first refusal'[235]

일반적으로 'refusal'은 영어단어의 뜻으로 '거절'이나 '거부'를 나타낼 수 있지만 법률적으로는 '선택할 수 있는 지위 내지 기회'(the opportunity to accept or reject; option)를 의미한다고 할 수 있다. 그러므로 'right of first refusal'은 우선적으로 선택 내지 결정할 수 있는 권리를 말한다. 이러한 단어를 위탁판매계약을 통해 살펴 보면 "The Consignee

---

234) Fukuda Moritoshi, *supra* note 49, at 214.
235) 나카무라 히데오, *supra* note 79, at 137; 한국수출입은행, *supra* note 79, at 406. at 824−825.

shall have <u>the right of first refusal</u> to buy the Consigned Commodity on its own account"의 예를 들 수 있다. 즉, "수탁자는 수탁받은 물건을 다른 사람에 우선하여 직접 매입할 권리를 갖는다는 의미"를 갖고 있다. 이 경우 수탁자가 당해 물건을 매입할 경우 "exercise the refusal right"가 되고 이때의 의미는 "선택권을 행사하여 당해 물건을 매입한 것"이라는 것을 뜻한다.

또 다른 예로서 "If any Shareholders wishes to sell its shares in the Joint Venture Company, <u>the other Shareholders shall have the right of first refusal to buy such shares,</u> in the proportion that each such Shareholder's interest in the Joint Venture Company bears to the total outstanding interests."를 들 수 있다. 이때 다른 주주들은 선택권을 행사하여 주식을 취득할 수 있다는 말이 된다. 끝까지 권리를 갖는 것임을 명확히 하기 위해 "first and last refusal", "first preferential right" 또는 "first priority"라는 표현을 쓰기도 한다.

■ 'Seisin'

중세 봉건시대에 있어서의 부동산 소유권은 국왕에게 있었고 일반인은 단순히 국왕으로부터 부동산을 점유하고 사용할 권한을 부여받거나, 그러한 권한이 있는 영주로부터 다시 이어 받아서 사용할 수 있었다. 이러한 부동산에 대한 점유권은 국왕 혹은 영주가 정한 일정한 제한을 받게 되는 경우가 있는데 'Seisin'은 이러한 제한이 없이 평생 동안 부동산을 점유할 수 있는 권리를 말한다.[236]

■ 'ss'

'ss' 라틴어 'scilicet'의 약어로서, 어떤 기록(records)이나 소장(pleadings) 또는 진술조서(affidavits)의 'statement of the venue'라고 불리는 좌측상단에 표시되는 기호로서(아래 〈표〉 참조) 'to-wit'('that is to say' or 'namely'의 뜻)이라고 읽는 데 오늘날에는 별도의 큰 의

STATE OF NEW YORK

: SS

COUNTY OF QUEENS

---

[236] 사법연수원, *supra* note 19, at 252.

미 없이 관례적으로 사용된다.[237]

■ 'Subject to'

'Subject to'는 영어 숙어표현상으로도 여러 의미를 갖고 있다. 계약법에 있어서 'subject to' 이하의 내용은 ① "Subject to the provisions concerning force majeure in Article 16, the Contractor shall execute the Works in strict accordance with the Construction Schedule attached hereto"의 경우와 같이 단서 내지 예외가 되거나, ② 정지조건과 같이 당해 규정 내지 조항의 성립이나 효력발생의 조건이 되거나 성립·해석의 근거가 되기도 한다.[238] 'Subject to'는 또한 어떤 규정되는 내용이 법률이나 다른 조항 또는 정부의 허가나 결정 등을 조건으로 하는 경우, 이러한 요건들이 당해 규정에 우선한다는 것을 표시하는 문언을 보통 말한다.

■ 'Substantive law'와 'Procedural law'[239]

실체법(substantive law)이란 그 법에 의해 규율되는 당사자들의 법률관계(legal relationship) 즉, 권리와 의무관계에 대한 내용을 규율한다. 이에 대해 절차법(procedural law)은 이와 같은 권리와 의무를 공평하고 효율적으로(in a fair and efficient way) 집행하거나 권리침해에 대한 구제를 위한 법적 장치를 말한다(a method of enforcing rights). 대표적인 절차법의 예가 한 당사자의 그 상대방에 대한 제소의 허용여부를 포함하여 소송절차(the process of the lawsuit)를 규율하는 법이다. 민사실체법은 어떤 개인의 사적 권리와 책임(civil rights and responsibilities)에 대한 부분을 규정하고, 형사실체법은 범죄와 형벌(crimes and punishments) 대한 부분을 규정한다.

■ 'Summary Judgment'

'Summary Judgment'란 약식재판(略式裁判)이라고 불리는 데 이는 하나 이상의 여러 문제점에서 사실상의 쟁점(factual issues)이 없기 때문에 그런 사안을 배심에 돌릴 필요가 없다는 점을 주장하는 원고 또는 피고의 신청에 대해서 법원이 내리는 평결전의 판결

---

237) 임홍근 외, *supra* note 22, at 1782.
238) "Each individual contract to be made hereunder shall be always subject to the terms and conditions of this Basic Sales Agreement." 이러한 경우 'governed by'나 'in accordance with'로 대체가능하다(한국수출입은행, *supra* note 79, at 827).
239) 류병운, *supra* note 31, at 5.

이다.240)

즉, Summary Judgment란 1심 재판절차(trial)에 들어가기에 앞서서 ① 배심재판을 통해 다툴 수 있는 '진정한 어떤 사실상의 쟁점'이 없는 경우(no genuine issues of material fact)로서 ② 다툼이 없는 사실(undisputed facts)에 대해 법을 적용한 결과로서 한쪽 당사자에게 승소의 판결을 내려주어야 할 경우 당사자의 신청 등에 의해 사실심리 없이 법원이 내리는 판결을 말한다.241)

■ 'To have and to hold'

'To have and to hold'라는 의미는 라틴어 '*havendum et tenendum*'에서 기원된 것으로 '보유재산조항'을 가리킨다. 이러한 보유재산 조항은 'To have and to hold'라는 문언으로 시작하는 날인증서의 부분으로서 고대 부동산권의 이전에서 보유재산조항은 'To have and to hold'를 의미하였다.

■ 'Unless otherwise agreed between promisor and promisee', 'Unless otherwise specified in contract', 'Unless a contrary intention appears'

'Unless otherwise agreed between promisor and promisee'는 보통 '당사자들이(약속자와 피약속자가) 달리 정하지 않는 한'의 의미로 사용된다. 'Unless otherwise specified in contract'는 '계약에 달리 명시되지 않는 한'의 의미로, 'Unless a contrary intention appears'는 '달리 반대의 의사가 표시되지 않는 한'의 의미로 주로 쓰인다.

■ 'Whereas', 'Whereof', 'Witnesseth'

'Whereas'는 주로 도입부분에서 사용되는 것으로 '~이므로'나 '~이다'로 해석하거나 해석을 생략해도 가능하다. 'Whereof'는 'of which'의 의미로서, 관계대명사 'which'의 선행사는 계약서에 있어서 그보다 앞에 오는 부분 전부를 주로 가르키기에 계약서의 마지막 부분에는 'IN WITNESS WHEREOF'라는 형식으로 자주 사용된다.

이에 대해 'Witnesseth'는 'Witness'의 옛날 말 형태로 '아래의 내용을 보증한다'와 같은 의미를 갖는다. 즉, 'Witnesseth'는 옛 영어에 있었던 직설법에 's'나 'es'를 붙이는 제3인칭 단수 현재형의 어미로서 사용되지 않아 없어졌음에도 계약서용 영어에만 잔존해

---

240) 임홍근 외, *supra* note 22, at 1833–1834.
241) 류병운, *supra* note 31, at 53.

있는 형식이다. 'Witnesseth'라는 말은 그 다음에 전문(前文)을 도출하는 의미이므로 그 대신에 'Recitals'나 'Preamble'이라고 해도 상관없다.242)

예를 들어 다음과 같은 〈표〉를 통해 설명해 보자.243) 'This Agreement'가 주어이고, 'Witnesseth'가 동사로서 'That' 이하의 내용을 말하고, 끝에 'In Witness Whereof...'로 마무리 하는 하나의 문장이 된다. 이때 'In Witness Whereof'의 Witness는 명사로서 '위의 내용의 증거로서'라는 의미가 된다.

또한 'This Agreement made...'인지 아니면 'This Agreement is made...'에 관해 혼동을 가져올 경우가 있는 데 이러한 형식을 따를 경우에는 동사 'is'가 별도로 필요하지 않다. 그리하여 요즘에는 계약서의 간결함과 명료함을 위해 'Witnesseth'라는 단어 없이 사용되기도 한다. 그럴 경우라면 'This Agreement is made...'로 시작하면 좋을 것이다.

Witnesseth이나 Whereas를 모두 대문자로 쓸 것인지 아니면 첫 알파벳 글자만 대문자로 할 것인지에 대해서는 계약서 초안자의 자유이지만 어떤 식으로든 통일성을 갖추는 것이 중요하다.244)

This Agreement made and entered into on ...by and between...and...

        Witnesseth That:

Whereas, ...; and
Whereas,...;
Now, Therefore, in consideration of..., the parties hereto agree as follows:
Article 1

  .

  .

In Witness Whereof, the parties hereto have caused this Agreement to be executed...

---

242) 나카무라 히데오, *supra* note 79, at 278.
243) *Id.* at 18−19.
244) *Id.* at 278.

- 'Without limiting the generality of the foregoing'[245]

'Without limiting the generality of the foregoing'은 어떠한 사항에 관하여 일반적으로 설명하고 그 중의 일부를 뒤에 보기나 예시를 할 경우가 있는 데 이 경우 '보기'나 '예시'일 뿐이지 앞에서 사용하거나 제시한 어구의 뜻이나 규정내용을 한정하는 것이 아님을 명확히 하는 구문이다.

예를 들면, "Neither party shall be liable to the other for any delay in performing or failure to perform any of its obligations on account of any event which is beyond the control of the party so affected. Such events shall include, without limiting the generality of the foregoing, force majeure, war, riot, fire, flood…라는 문장은 "당사자가 지배할 수 없는 사유로 인한 채무불이행이나 이행지체는 면책되며, 그러한 사유는 불가항력, 전쟁, 폭동, 화재, 홍수…… 등이며 여기에서 열거한 것들은 예시이며 앞의 일반규정을 한정하는 것이 아니다"라는 의미를 갖는다. 여기서 "with limiting" 대신에 "without affecting the generality of the foregoing"을 사용해도 그 의미는 같다(아래 참고).[246]

"No claim of any Member against another Member shall include indirect or consequential damages such as, but not so as to limit the generality of the foregoing, loss of profit, loss of production, exchange loss or interest loss."

- 'With prejudice to~'와 'Without prejudice to~'

'With prejudice to~'는 '~을 포함하여'라는 의미이고 'with prejudice to all of any other claims' '어떤 다른 청구 모두를 포함하여'라는 의미가 된다. 이에 비해 'Without prejudice to~'는 '~을 포함 내지 침해하지 않고'라는 뜻으로서 'without prejudice to all of any other claims'라고 하면 '어떤 다른 청구에도 영향을 미치지 않고'라는 의미가 된다. 즉, 다음 〈표〉와 같이 'without prejudice to~'는 어떤 권리를 주장할 경우 당연히 다른 권리를 포기한 것으로 보는 것을 사전에 방지하기 위해 쓰이는 말이다.

"The Agreement may be terminated by either party hereto without prejudice to the aggrieved party's right to claim for the accrued damage."[247]

---

245) Id. at 106−107; 한국수출입은행, *supra* note 79, at 832−833.
246) 나카무라 히데오, *supra* note 79, at 106.
247) 한국수출입은행, *supra* note 79, at 833.

예를 들어 청약이나 허락을 함에 있어 'without prejudice'로 하거나 신청이 'without prejudice'로 거절할 경우 명시적으로 그렇게 인정하는 경우를 제외하고는 이로 인해 관련 당사자의 어떤 권리나 특권이 상실되거나 포기되는 것으로 보아서는 안 된다는 일종의 선언과 같은 것이다(다음 〈표〉 참조).[248]

"After hearing oral argument, District Judge Manuel Real announced that he would grant Cingular's motion to compel arbitration and dismiss the action <u>without prejudice.</u>"[249]

여기서 'prejudice'라는 단어 그 자체가 어떤 부정적 의미를 지니고 있고 'without prejudice to~'는 자신이 원래부터 좋아하던 어떤 것이 함부로 부정되거나 해를 입는 일이 없도록 하기 위해 쓰인다.[250]

이외에도 'without prejudice to other remedies available under the applicable laws'라는 말은 '준거법률(governing laws)에서 보호받을 수 있는 구제방법에 영향을 미치지 않고'라는 의미가 되고, 'without prejudice to the generality of the foregoing'라는 것은 '앞에서 언급한 일반원칙에 영향을 미치지 않고(위배됨이 없이)'라는 의미가 된다.

---

248) *Id.*
249) *Shroyer* v. *New Cingular Wireless Services*, 498 F.3e 976(9th Cir., 2007).
250) 나카무라 히데오, *supra* note 79, at 134−135.

제3장
재산권으로로서의 동산
(Personal Property)

제3장 재산권으로서의 동산
(Personal Property)

[사실관계]

미국 인디애나주 인디애나폴리스(Indianapolis) 거주 신디(Sindy)는 자신의 아버지 소유 차를 빌려 타고 같은 지역에 있는 직장인 한 휴대전화 회사(Indiana Mobile Phone Company)에 출근하였다. 차를 주차장(System Auto Parking, "S")에 주차하고, 주차 영수증을 받았다. 동 주차장에는 6시 이후에 주차장에 남아있는 차들의 열쇠는 두 블록 떨어진 주차관리인이 있는 한 주차장(a lot)에 놓아두겠다는 표지판이 있었다.

문제가 된 날의 주차장 영업시간은 오전 7시부터 오후 6시까지였다. 신디는 이전에도 이 주차장에 주차하였고 주차관리인이 퇴근시 자동차 문을 잠그고 열쇠는 차량의 바닥을 보호하기 위해 운전자석 발 아래에 깔아 놓은 고무 매트(the floor mat) 아래에 두면, 차 소유자가 갖고 있는 여분의 열쇠(spare key)를 사용해서 차를 열고 가져나갈 수 있도록 하였다.

S주차장은 차들을 필요할 때 이동시키기 위해 차 열쇠는 차와 함께 두고 내리도록 하였고, 신디는 미리 주차비를 지불하였다. 예전처럼 신디는 직장에서 퇴근 후 귀가하기 위해 차를 가지러 주차장을 갔지만 주차관리인이 퇴근한 6시 후 경에 차량이 없어진 것을 알았다.

이로 인해 S가 가입한 American보험회사("A")는 차 도난으로 인한 보험금으로 1,330달러와 다른 차량 렌트비용은 300달러를 보험자에게 지불하였다. 이때 A회사는 수탁자는 전문가이므로 보통의 수탁자와는 다른 고객에 대한 고도의 주의의무를 부담하므로 위탁자에게 입힌 손해에 대한 책임을 진다고 주장하였다.

위탁자와 수탁자간의 위탁계약(bailment contracts)에 관한 인디애나주(州)법에 따르면 수탁자가 양호한 상태의 어떤 물건을 수탁받은 수탁자가 이를 위탁자에게 돌려줄 때 그 물건이 멸실·훼손 등 손해를 입힌 경우 그 원인은 수탁인의 과실에 의한 것으로 추정하고 있다. 그렇기에 수탁인이 물건에 대한 어떤 피해의 원인은 자신의 과실에 의한 것이 아님을 입증하도록 하였다.

이와 관련하여
(1) S주차장은 영업시간 이후에 발생한 차량 도난에 대한 책임을 부담하는가?

1. 쟁점

- 위탁자와 수탁자와의 위탁계약(bail contracts)의 효력범위
- 영업시간 이후에 발생한 차량 도난에 대한 주차장 소유자의 책임여부

2. 관련 판례

- *System Auto Parks & Gar.* v. *Am. Economy Ins.*, 411 N.E.2d 163(1980)

1. 개설

미국 재산법상 동산과 관련하여 법적으로 문제되는 경우는 주로 ① 동산에 대한 권리의 취득 및 상실과 ② 동산을 소유자 이외의 타인에게 위탁할 때 발생하는 동산 위탁과 관련된 내용, 그리고 ③ 동산상의 담보권과 관련된 것이라고 할 수 있다.

하지만 동산과 관련된 담보권 문제는 미국 통일상법전(Uniform Commercial Code, U.C.C.) 제9장(Article 9) 이하에서 담보부거래(secured transaction)라는 제목의 형태로 별도로 취급하고 있으므로 실질적으로는 ①과 ②만을 다룬다고 할 수 있다.

그러므로 아래에서는 동산에 대한 권리변동과 관련된 내용과 동산을 소유자 이외의 타인에게 위탁할 때 발생하는 동산 위탁과 관련된 내용을 차례로 살펴보기로 한다.

2. 의의

동산(personal property or personalty)이란 부동산이 아닌 모든 재산(all property)을 의미한다고 할 수 있다.251) 즉, 차량이나 옷, 가구, 컴퓨터 등 물리적 특성을 갖는 유형(有形)의 동산(tangible personal property)뿐만 아니라 채권, 주식 등과 같은 무형(無形)의 동산(intangible personal property)을 포함한 이동 가능한 모든 재산이 동산에 포함되는 것이다.

---

251) Barlow Burke and Joseph Snoe, *supra* note 1, at 15.
우리 민법 제99조(부동산, 동산) ① 토지 및 그 정착물은 부동산이다. ② 부동산 이외의 물건은 동산이다.

여기서의 'personal property'는 '동산'과 같은 의미로 사용되지만 우리 민법상의 유체동산(goods) 보다는 넓은 개념이다.[252]

하지만 이러한 재산(property)의 개념은 고정적이 아닌 가변적이다. 즉, 일단 부동산이라고 해도 토지 위의 나무나 곡물들을 수확하는 등 분리되면 동산으로 볼 수 있고, 동산이라고 해도 토지·건물에 부속한 정착물(fixture)로 인정되면 부동산으로 변경되기도 한다.

3. 동산권리의 취득

3.1. 동산권리 취득의 원인

동산권리 취득의 원인(권원, title)으로는 매매, 발견(finding of lost or mislaid property), 무주물 선점(occupancy)에 의한 원시취득(original possession), 혼합(confusion), 판결에 의한 소유권 취득(title by judgment), 증여(gift), 상속(inheritance), 혼인, 파산, 취득시효(adverse possession) 등을 들 수 있다.[253]

(1) 발견

1) 의의   '발견한 사람이 임자, 주운 사람이 임자'('Finders keepers, loosers weepers' or 'Finders are keepers') 또는 '가진 사람이 임자'('Possession is very strong; rather more than nine points of the law' or 'Possessions in eleven points in the law')라는 표현이 있다.[254] 이러한 표현이 의미하는 바는 실제로 어떤 물건을 점유한 자에게는 법적인 소유권자 못지않은 권한이 있다는 말일 것이다.

그렇다면 어떤 사람(A)은 물건을 발견하고 다른 사람(B)은 그 물건을 분실했을 경우 이제 그 물건의 소유자를 누구라고 해야 하는가? 어떤 토지에서 어떤 물건을 발견하였을 경우 그 물건의 실제 소유자(true owner)를 알 수 없을 때 그 물건의 발견자와 물건이 발견된 토지의 소유자 가운데 누구에게 그 물건을 귀속시켜야 하는가? 이러한 문제에 대한

---

252) 사법연수원, *supra* note 19, at 263.
253) *Id.*
254) Jesse Dukeminier 외, *supra* note 32, at 97.

해답을 찾기 위한 것이 동산에 대한 발견(finders of personal property)에 관한 학습을 하는 이유의 하나이다.255)

2) 발견의 주체　　이때 발견의 주체 즉, '물건을 발견한 사람'은 다른 사람의 물품을 발견하여 자신의 지배하에 옮기는 자를 의미하는 데 이 경우 습득자는 수탁자와 같은 책임을 부담한다.256) 이때 분실된 물건을 발견한 사람(a finder of lost property)으로서 인정받기 위해서는 ① 분실물에 대한 지배 내지 관리와 ② 그 물건에 대한 점유를 유지할 의사가 있어야 한다.257)

3) 발견물의 귀속　　보통법상(common law)으로 보면 "분실된 동산의 발견자에게 발견된 물건에 대해서 실제 소유자를 제외한 이 세상 누구보다도 더 큰 권리를 부여한다"("A finder of lost property has greater rights to the found property than the entire world except the true owner")고 할 수 있다.258)

발견한 물건(found property)은 소유자의 재산으로부터 분리되는 형태로서 크게 분실물(lost property), 잊어버린 물건(mislaid property), 포기한 물건(abandoned property)으로 구분할 수 있다.259)

분실된 물건(lost property)이란 진정한 소유자가 포기의 의사 없이 무심코 자신도 모르게(unintentionally and unknowingly) 물건을 떨어뜨리거나 분실하는 것을 의미하고, 이때 그 물건은 진정한 소유자가 밝혀지지 않는 한 발견자에게 귀속된다.260)

잊어버린 물건(mislaid property)은 진정한 소유자가 의도적으로(intentionally) 후에 다시 찾을 의도로 특정한 곳에 놓아두었지만 찾아오는 것을 잊고 그대로 두고 오는 것 등을 말하며, 이 경우 그 물건은 진정한 소유자가 밝혀지지 않는 한 그 물건이 놓인 곳(locus in quo)인 땅 소유자 등에게 귀속된다.261)

포기한 물건(abandoned property)은 그 물건(property)의 진정한 소유자가 더 이상 그 물건을

---

255) Barlow Burke and Joseph Snoe, *supra* note 1, at 31.
256) 임홍근 외, *supra* note 22, at 799.
257) Barlow Burke and Joseph Snoe, *supra* note 1, at 32.
258) 이러한 법리는 종종 "The title of the finder is good as against the whole world but the true owner"라고 쓰이고 있다[(Jesse Dukeminier 외, *supra* note 32, at 98(citing *Armory* v. *Delamirie*, *King's Bench*, 1722 1 strange 505; Barlow Burke and Joseph Snoe, *Id.* at 31)].
259) Barlow Burke and Joseph Snoe, *Id.* at 35.
260) *Id.*
261) *Id.*

소유하지 않을 의사로서 의도적, 자발적으로 그 물건을 포기하는 것을 말하며, 이때 그 물건은 발견자에게 귀속한다.[262) 포기한 물건으로 취급되기 위해서는 포기의사와 실제로 포기하는 행위가 있어야 하며 이때 포기의 의사(intent)는 추정되지 않으며 입증되어야 한다.[263)

한편, 일반적으로 개인 사무실과 같은 사적인 장소(a private place)에서 발견한 물건은 그 시설(premises)의 소유자를 발견자로 보고, 호텔 종업원이 객실에 발견한 물건과 같이 고용주(호텔)의 이익을 위해 일을 하는 피고용인(호텔 종업원)이 발견한 물건은 고용주(호텔)를 발견자로 본다.[264) 만일 불법침입자(a trespasser)가 분실물을 발견하였을 경우 그 불법침입이 사소한(trivial) 것이 아닌 한 그 물건은 토지소유자에게 귀속된다.[265) 하지만 실내 장식자(interior decorator)가 발견한 버려진 돈은 호텔 종업원(청소부)의 경우와는 달리 고용주에게 발견하였음을 보고할 의무가 없는 경우도 있다.[266)

4) 발견물과 제3자의 권리보호

이러한 물건을 발견한 자는 원칙적으로 그 물건의 소유자를 제외한 제3자에 대해 대항할 수 있다.[267) 발견자는 만일 그 물건에 대한 정당한 권리자(the rightful owner)가 나타날 경우 그 발견한 물건을 정당한 권리자에게 반환하는 것이 일반적이다.[268)

이와 관련하여 만일 분실물 습득자나 물건을 빌린 사람이나 수탁한 사람이 원래 소유자의 동산을 부당하게 매매(selling and buying)하거나, 사용(using)하거나, 형태의 변화(altering)를 가져오게 하거나, 소유자에 대해 반환을 거부하거나[269) 절취(theft)나 횡령(embezzlement), 저당(pledging), 내용의 실질적 변화(substantial change)를 가져올 정도로 잘못 관리하는 등의 경우 이에 대한 진정한 소유자 내지 정당한 권리자의 권리보호가 문제된다.

이때 진정한 소유자는 미국 불법행위법상 동산의 전환 내지 횡령(conversion)의 법리에 따라[270) 금전적 손해배상(monetary damages)만을 구하거나, 손해가 있으면 별도의 손해

---

262) *Id.* at 35－36.
263) *Id.* at 36.
264) *Id.*; *Jackson* v. *Steinberg*, 200 P.2d 376(Or. 1948), 205 P.2d 562(Or. 1949); Jesse Dukeminier 외, *supra* note 32, at 109－110.
265) Barlow Burke and Joseph Snoe, *supra* note 1, at 36.
266) *Erickson* v. *Sinykin*, 26 N.W.2d 172(Minn. 1947); Jesse Dukeminier 외, *supra* note 32, at 110.
267) 서철원, *supra* note 27, at 110.
268) Barlow Burke and Joseph Snoe, *supra* note 1, at 33.
269) Richard A. Epstein, 『Cases and Materials on Torts』(9th ed. 2008, Aspen Publishers), at 24.
270) 'Conversion' 즉, '횡령 내지 계속적인 동산의 불법점유'란 타인소유의 동산을 위법하게 사용 또는 점유를 보유하는 것을 말한다. 이는 원고의 동산 내지 인적재산에 대한 점유침해의 측면에서는 동산에 대한 불법침해(trespass to chattels)와 유사하나 'conversion'의 경우는 그 침해의 정도가 심각한 경우에 적용된다는 점 즉,

와 함께 그 물건 자체에 대한 점유의 회복을 구하거나(replevin), 동산의 전환 내지 횡령 (conversion of personal property)에 상응하는 만큼의 금전적 손해배상을 구할 수 있을 것이 다(전환물 내지 횡령물 회복소송, trover).271)

즉, 동산에 대한 부당한 침해를 받은 진정한 소유자가 구제받을 수 있는 형태는 (ⅰ) 침해 또는 전환당시(at the time of conversion) 중고 상태의 시장가격(fair market value)에 의한 손해배상을 받거나, (ⅱ) 전환(conversion)된 물건을 반환받는 점유반환 내지 동산의 회복(replevin) 등의 형태를 통하거나, 전환물 내지 횡령물 회복소송(trover) 등을 들 수 있다.

(2) 선점, 첨부 그리고 혼합

미국의 동산법(the law of personal property)에서 기본이 되는 점유(possession)란 그 동산 소유자의 요청에 따라 (또는 요청이 없이) 동산을 점유자 자신의 관리하에 지배 또는 통제 하는 것이다.272) 이러한 점유로 인정되기 위해서는 점유의 의사(an intent to possess)와 실 제로 그 재산을 지배하고(control) 있어야 한다.273)

무주물 선점에서 점유(occupancy)란 현실적 점유의 의미를 갖고, 물리적 점유 내지 점유취득의 행위를 의미한다.274) 선점의 대상은 주로 야생동물과 자발적으로 포기된 동 산이 된다.275) 선점의 귀속과 관련하여서는 주인 없는 물건을 소유의 의사를 갖고 그 물 리적 지배를 취득한 자는 소유권을 취득한다.276)

첨부(accession)란 어떤 물건에 대해 타인의 노동력이나 새로운 재료를 투입하여 그 가치를 증대시키는 것을 의미한다.277) 이때 가치가 증가된 물건에 대해 가치를 증대시킨 자와 그 물건의 소유자 사이에 누가 소유권을 갖는지의 여부가 문제된다. 만일 이에 대 한 어떤 계약이 있다면 계약의 내용에 따르면 될 것이다.278)

손해의 정도(the measure of damage)라는 측면에서 다르다. 이러한 전환 내지 횡령이 성립되기 위해서는 ① 동산 점유권에 대한 피고의 침해행위(interference)가 있고, ② 그러한 침해는 너무 심각한(serious) 것으로서 문제의 동산 전체의 가치(full value)에 대한 배상을 요구할 정도이며, ③ 침해하려는 고의와, ④ 인과관계, 그리고 손해의 발생이 요구된다(조국현, *supra* note 30, at 65).

271) Barlow Burke and Joseph Snoe, *supra* note 1, at 33.
272) *Id.* at 16.
273) *Id.*
274) 임홍근 외, *supra* note 22, at 1331.
275) 서철원, *supra* note 27, at 110.
276) *Id.*
277) *Id.* at 113.
278) *Id.*(이때 불법침입자의 허가 없는 첨부를 통해 그 가치가 증가된 경우가 문제된다).

혼합(confusion)은 타인의 물건이 섞여서 분리가 어려운 상황에 이르게 된 상태를 말한다. 이때 쌍방의 기여비율을 알 수 있으면 그에 따르고, 알 수 없을 경우 선의에 의한 경우라면 원칙적으로 뒤에서 살펴 볼 공유 부동산권(Tenancy in common, TIC)의 법리에 따르며, 선의가 아닌 경우, 즉 악의인 경우에는 악의자가 자신의 기여비율을 제시하지 못하는 한 상대방의 단독소유가 된다.279)

(3) 증여

1) **의의**　　증여(gifts)란 비계약적인(noncontractual) 재산의 무상 이전(gratuitous transfer)을 말한다.280) 일단 어떤 권리 내지 이익을 어떤 대가를 지불하지 않고 무상으로 증여받은 경우 선량한 매수인(a bona fide purchaser)로서 지위를 가질 수 없다. 이러한 상황은 동산을 제3자가 취득한 경우에 다루는 선의의 제3자나 뒤에서 살펴 볼 부동산등록법(real estate recording act)에서 의미하는 선의 제3자로서의 지위를 가질 수 없다는 의미와 연결되기도 한다.281) 증여는 무상이 원칙이고 따라서 어떤 대가 내지 약인을 요구하지 않으므로282) 증여자는 증여의 의사표시를 언제든지 철회할 수 있다.283)

2) **유형**　　증여(gift)에는 생전증여(*inter vivos* gift)와 사인증여(gift *causa mortis*), 유언(will)에 의한 사후증여(testamentary gift)로 구분될 수 있다. 유언에 의한 증여는 증여자가 사망한 후에 유언에 의해 재산이 이전되는 것으로서 이때는 'a gift'가 아닌 'a devise' 또는 'a bequest'라고 불린다.284) 유언과 관련된 별도의 법을 통해 이루어지므로 아래에서는 생전증여와 사인증여만을 살펴보기로 한다.

a) **생전증여**　　생전증여(*inter vivos* gift)란 생존자간의 증여(a gift)를 말한다.285) 이러한 생전증여가 유효하게 성립하기 위해서는 ① 증여자(donor)의 증여의사(donative intent), ② 수증자(donee)에게 해당 목적물의 인도(delivery), ③ 수증자의 수령(acceptance)의 요건을

---

279) *Id.* at 114.
280) Barlow Burke and Joseph Snoe, *supra* note 1, at 23.
281) *Id.*
282) *Id.* at 63(만일 어떤 대가(consideration)가 있다면 이는 증여에 관한 법리가 적용되는 것이 아니라 계약법(the law of contracts)이 적용된다).
283) 그러나 생전증여의 경우 이미 증여한 것에 대해서는 이를 철회할 수 없고, 사인증여의 경우 증여자가 사망한 경우 역시 철회할 수 없다(서철원, *supra note* 27, at 112).
284) Barlow Burke and Joseph Snoe, *supra* note 1, at 63.
285) *Id.*

충족시켜야 한다.286) 이때의 인도는 물리적인 인도뿐만 아니라 증서에 의한 인도처럼 의제적(constructive)인 경우도 포함한다.287)

만일 인도가 대리인을 통해 이루어진 경우 그 대리인이 증여자측인지, 수증자측인지의 여부에 따라 인도의 여부가 결정되고, 인도가 있으면 명시적 수령의 거절이 없는 한 수령한 것으로 추정한다.288)

b) 사인증여   사인증여(gift *causa mortis*)는 증여자의 사망이 임박한 경우나 그럴지도 모른다고 예상되는 경우에 이루어지는 것이다.289) 이는 동산만을 대상으로 하고, 일반적 유언에 의한 증여가 아닌, 죽음을 위협받는 식의 어떤 급박한 공포가 있어야 하며, 주(州)에 따라서는 질병이나 사고 등 그러한 위협으로부터 회복될 경우 그 증여약속은 자동적으로 철회된다.290)

일단 사인증여에 의한 증여가 이루어졌더라도 그 증여자가 사망한 경우에야 비로소 수증자는 절대적인(absolute) 권원 내지 소유권(title)을 취득하게 된다.291)

그러므로 죽음에 임박했을 경우에 사인증여가 이루어졌다는 추정(a presumption)은 그러한 경우가 아닌 어떤 조건도 없이(unconditionally) 증여되었음을 입증함으로써 번복될 수 있다.292)

죽음에 이를지도 모른다는 예상(expectation)은 증여자의 주관적인(subjective) 판단에 따르기에, 객관적이나 합리적 기대(reasonable expectation)의 정도를 요구하는 것은 아니며, 그러한 예상이 현실적으로 그러한 것이었는지의 판단은 사실에 관한 문제(a question of fact)이다.293) 하지만 어떤 질병(illness, disease) 등을 원인으로 할 경우에는 그 내용이 객관적으로 제시되어야 한다.294)

---

286) *Id.* at 63-64; Jesse Dukeminier 외, *supra* note 32, at 165.
287) Jesse Dukeminier 외, *Id.* at 179.
288) 서철원, *supra* note 27, at 111.
289) Jesse Dukeminier 외, *supra* note 32, at 173[citing *In re Estate of Smith*, 694 A.2d 1099(Pa. Super. Ct, 1977); *Scherer* v. *Hyland*, 380 A.2d 698 (N.J. 1977)].
290) Barlow Burke and Joseph Snoe, *supra* note 1, at 67.
291) *Id.*
292) *Id.* at 66.
293) *Id.*
294) *Id.* at 66-67.

(4) 점유로 인한 동산의 취득시효(adverse possession)

점유로 인한 동산의 취득시효(adverse possession)도 일정한 요건이 충족할 경우 가능하다. 부동산의 경우 일반적으로 토지 소유자는 자신 소유의 토지 위에 불법침입자(a trespasser)가 침입할 경우 그 부동산으로부터 퇴거시킬 수 있다(ejectment).[295]

이에 대해 일정한 시효기간 동안 어떤 불법침입자가 소유자의 의사에 반하여 공공연하게 토지 소유자의 토지를 사용하는 등 일정한 요건을 충족한 경우 비록 진정한 소유자가 법적으로 혹은 등기된 소유권(title)을 갖고 있더라도 소유권을 취득할 수 있는 데 이를 불법점유에 의한 시효취득이라고 한다.[296]

즉, 점유에 의한 취득시효(adverse possession)는 일정한 요건을 충족할 경우 성립될 수 있는 데 그 요건은 ① 일정한 시효기간(statutory period) 동안 계속적 사용(continuous use)을 통한 시효기간의 경과와 함께, ② 그 점유는 공개적이어야 하며(open and notorious), ③ 그 점유는 적대적(hostile or adverse) 즉, 토지 소유자의 의사에 반하여야 하며, ④ 실질적, 배타적으로 그 토지를 점유하여야(actual and exclusive use) 한다.[297] 이에 대한 구체적 내용에 대해서는 뒤에서 살펴볼 부동산편에서 상세히 다루기로 한다.

이러한 요건 중 동산에 있어서의 점유로 인한 취득시효는 동산이 갖는 특성상 점유로 인한 부동산의 취득시효와 다른 몇 가지 고려사항이 있다. 즉, 다른 사람이 쉽게 볼 수 없는 자신의 집에서 해당 동산을 점유하고 있을 때의 점유의 공개성 요건 입증방법, 시효기간 산정에 있어서의 기산점 등이 그 예이다.[298]

(5) 불법적인 재산의 전환

계약에 따라 이행된 물건이 계약이 취소되거나, 어떤 물건의 소유자가 자신의 물건을 타인에게 잠시 위탁하고, 후에 그 위탁이 종료된 경우 그 물건은 원상회복의 법리에 따라 정당한 권리자(the rightful owner)에 반환되어야 할 것이다.

---

295) Id. at 75.
296) Jesse Dukeminier 외, supra note 32, at 117[citing Henry W. Ballantine, Title by Adverse Possession, 32 Harv. L. Rev. 135(1918)]; Barlow Burke and Joseph Snoe, supra note 1, at 75.
297) Barlow Burke and Joseph Snoe, Id. at 77-78; 박홍규, supra note 23, at 155; 서철원, supra note 27, at 154-155; 점유의 합산(tacking) 및 미성년자 등 법적 장애(a legal disability)로 인한 시효기간 기산의 정지(tolling)에 대해서는 Jesse Dukeminier 외, supra note 32, at 148-149.
298) Barlow Burke and Joseph Snoe, Id. at 86-87.

이때 물건이 제3자에게 넘어간 경우가 문제된다. 즉, 이전받은 자가 화폐나 유통증서(negotiable instrument)를 양수한 자이거나, '선량한 취득자'(a bona fide purchaser)이거나,299) 제3자로 하여금 어떤 명시적 또는 묵시적으로 자신이 정당한 권리자임을 오인시키는 행위를 하고, 이러한 행위에 제3자가 '선의로'(in good faith) 믿은 경우 등은 제3자보호와 관련하여 그 제3자에게 소유권이 귀속될 수 있다.300)

어떤 동산 또는 부동산에 대한 선의 내지 선량한 취득자(a good-faith or bona fide purchaser, BFP)란 취득자의 과실여부와 관계없이 해당 부동산에 대한 권리를 취득할 때 어떤 충돌되는 이익이 존재한다는 사실을 모르고 정직하게 취득한 사람을 의미한다.301)

미국의 루이지애나(Louisiana)주를 제외한 모든 주에서 채택하고 있는 미국 통일상법전(U.C.C.) § 2-403에서 선량한 취득자(BFP)에 대해 구체적으로 설명하고 있다.302)

4. 동산권리의 위탁(Bailment)

4.1. 의의

일반적으로 위탁(a bailment)이란 동산의 점유(possession of personal property)를 소유자나 이전 점유자(prior possessor, 위탁자, bailor)로부터 다른 사람(수탁자, bailee)에게 이전하는 것이다.303)

---

299) 이에 대한 구체적 설명은 뒷부분의 '부동산 이전' 부분의 해당 내용을 참고바람.

300) 이때 '선량한'(bona fide)과 '선의의'(good faith)의 의미와 관련하여 전자가 주관적으로 정직함과 함께 어떤 사실을 알지 못하는 것(honesty and without knowledge)을 내용으로 한다면 후자는 주관적 정직함(honesty)만을 내용으로 한다는 점에서 차이가 있다는 견해가 있다(서철원, *supra* note 27, at 114-115).

301) Barlow Burke and Joseph Snoe, *supra* note 1, at 55, 57.

302) U.C.C. § 2-403(Power to Transfer; Good Faith Purchase of Goods; "Entrusting")
(1) A purchaser of goods acquires all title which his transferor had or had power to transfer except that a purchaser of a limited interest acquires rights only to the extent of the interest purchased, A person with voidable title has power to transfer a good title to a good faith purchaser for value. When goods have been delivered under a transaction of purchase the purchaser has such power even though (a) the transferor was deceived as to the identity of the purchaser, or (b) the delivery was in exchange for a check which is later dishonored, or (c) it was agreed that the transaction was to be a "cash sale", or (d) the delivery was procured through fraud punishable as larcenous under the criminal law; Barlow Burke and Joseph Snoe, *Id.* at 57.

303) Barlow Burke and Joseph Snoe, *Id.* at 43.

즉, 동산의 위탁은 위탁자와 수탁자 사이의 명시적 내지 묵시적인 약정 혹은 어떤 분실물을 습득한 사람이 그 물건을 보관하는 것과 같은 의제적 수탁(constructive bailment)의 형식을 통해[304] 위탁자의 재산을 수탁자에게 소유권을 유보한 채 점유할 권리만을 이전시키는 것을 말한다. 이때 어떤 물건을 맡기는 측을 위탁자(bailor), 받아들이는 측을 수탁자(bailee)라고 한다.

이러한 위탁의 문제는 실제 우리의 일상생활에서 거의 매일 일어난다고 할 수 있다. 휴가철 여행을 위해 차를 빌리거나 비즈니스 업무를 위해 주차장에 자신의 차를 맡기거나, 한적한 식당에서 식사를 위해 신발을 맡기거나, 명절을 맞아 부모님께 귀중한 선물을 보내기 위해 우체국에서 택배를 부탁하거나, 아이에게 깨끗한 옷을 입히기 위해 세탁소에 맡기거나, 사우나 시설에서 소지품을 맡기는 것 등은 전형적인 위탁의 예라고 할 수 있다.

또한 일반적으로 은행 등 금융기관에서 귀중품 보관을 위해 대여하는 안전 금고 (a safe deposit box)가 대여(rent)라는 용어를 사용하고 있어 리스(lease)인지, 사용허가(license)인지 문제가 될 수 있지만 법원에서는 이 대여금고 역시 은행의 관리(control)아래 있는 위탁(a bailment)으로 보고 있다.[305]

이러한 것은 수탁자 입장에서 원소유자나 지정된 제3자에게 다시 반환해야 하기에 그 위탁의 특성 등 따른 수탁자의 주의의무 그리고 수탁자에 의한 위탁물의 잘못인도 (misdelivery or misredelivery) 등에 대한 책임 문제가 발생한다는 점에서 단순한 리스(lease)와는 구별된다고 할 수 있다.

4.2. 성립

위탁자와 수탁자간에 맺은 위탁관계가 유효한 효력을 갖기 위해서는 위탁자가 수탁자에게 물건의 점유이전과 함께 지배할 수 있는 권한을 실질적으로 이전시켜야 하고, 수탁자가 그 물건을 받아서 관리한다는 일반적 내지 추정적 의사를 갖고 수령해야 한다.[306]

---

304) 서철원, *supra* note 27, at 115.
305) Barlow Burke and Joseph Snoe, *supra* note 1, at 47.
306) 서철원, *supra* note 27, at 115.

4.3. 동산 위탁의 법률관계

(1) 위탁자의 권리와 의무

1) 위탁자의 권리　　위탁자는 자신이 수탁자에 위탁한 물건에 대한 멸실·훼손 등 어떤 손해를 가한 경우에는 그 원인에 따라 위탁인과 수탁인 사이에 맺은 위탁계약의 위반 또는 불법행위를 이유로 손해배상을 청구할 수 있을 것이다. 이와 관련해서 만일 제3자에 의한 위탁자의 물건이 손해를 입은 경우의 구제가 문제되는데 이는 위탁자가 그 위탁물품에 대한 점유를 즉시 점유할 수 있는지의 여부에 따라 다르다.[307]

2) 위탁자의 의무　　일반적으로 위탁업무와 관련하여 위탁인(bailor)이 부담하는 주의의무는 임치가 유상인지의 여부에 따라 다르다.[308] ① 무상임치(a gratuitous bailment)의 경우라면 임치인은 어떤 물건에 대한 알고 있는 위험에 대한 통지의무가 있고, ② 유상임치(a bailment for hire)의 경우라면 임치인은 알고 있거나 알아야 만 하는 물건의 결함(chattel defects)에 대한 통지의무가 있다.

(2) 수탁자의 권리와 의무

1) 수탁자의 권리　　수탁자는 위탁자와의 위탁내용에 따른 목적물 점유권을 갖게 되고 이러한 점유권에 기초하여 점유를 침해하거나 횡령 내지 전환(conversion)이나 동산 점유회복 소송(replevin) 등의 권리를 행사할 수 있다.[309] 또한 위탁자와의 위탁관계에 따라 해당 위탁물을 사용할 수 있으며, 만일 그 사용이 필요한 범위를 벗어나 그 벗어난 이용으로 인해 손해를 입힌 경우 이에 따른 책임을 부담한다(absolute liability).[310]

위탁에 따른 비용상환 청구와 관련해서 그 위탁의 내용이 유상인지 무상인지에 따라 보상여부가 달라질 수 있으며, 위탁물의 점유 내지 사용과정에서 발생한 보통의 통상비용에 대해서는 일반적으로 수탁인이 부담하나 통상의 범위를 벗어난 특별비용에 대해서

---

307) 즉, 위탁관계를 언제라도 종료시킬 수 있는 경우나 점유할 수 있는 것이라면 'repletion'이나 'conversion'과 같은 구제방법을 이용할 수 있고, 기한의 정함 등에 의해 즉각적인 점유가 어려운 경우에는 아직 기한이 남아있으므로 위탁자에 대한 장래의 점유할 권리 내지 이익(reversionary interest) 침해에 대한 구제방법을 이용할 수 있을 것이다(서철원, *Id.* at 117).
308) 서철원, *Id.* at 70-71; 조국현, *supra* note 30, at 135.
309) 서철원, *Id.* at 116.
310) *Id.*

는 수탁인은 위탁인에게 그 비용을 청구할 수 있다.311)

    2) 수탁자의 의무   위탁관계와 관련된 분쟁에서는 그 소송원인(cause of actions)
이 계약에 의한 것인지 불법행위에 기초한 것인지에 따라 그 책임의 정도가 다르다. 즉,
수탁물(the bailed object)이 잘못 배달되는 등 수탁인의 잘못이 불법행위에 의해 발생한 것
이라면 특별한 약정이나 법령이 없는 한 수탁인(a bailee)은 엄격책임을 진다.312)

    만일 어떤 수탁인의 잘못이 과실에 의한 것이라면 수탁인은 자신은 어떤 과실에 의
해 행위하지 않았음을 입증해야 한다. 왜냐하면 수탁물에 대한 관리 등에 대한 적절한
조치를 취할 위치에 있는 자는 수탁인에게 있다고 볼 수 있기 때문이다.313)

    수탁자는 위탁물에 대한 잘못된 배달(misdelivery)뿐만 아니라 그 위탁물에 대한 분실
이나 멸실·훼손 등에 대한 책임을 지게 된다. 이 경우에 수탁자가 부담하는 책임은 엄격
책임이 아닌 과실책임을 부담한다.314) 그러므로 이때 수탁인이 수탁물에 대해 부담하는
주의의무는 과실에 있어서의 주의의무와 관련이 있다고 할 수 있다.

    위탁업무와 관련하여 수탁인(bailee)이 부담하는 주의의무 기준 내지 정도는 위탁의
정도, 위탁을 통해 수탁인 갖는 이익(reward or benefit)의 정도 등에 따라 다르다.315) 이익
이 오로지 위탁인에게만 있을 때와 같이 수탁인이 위탁으로 통해 얻게 되는 이익이 낮은
(slight) 경우는 수탁인에게 요구되는 주의의무도 낮다. 낮은 수준의 주의의무를 요구하므
로 수탁인에게 중과실(gross negligence)이 있는 경우에만 책임을 부담하게 된다(a gratuitous
bailment).316) 운송회사(transport companies)와 같이 이익이 수탁자에게만 있는 경우는 높은
수준의 주의의무를 요구하여 경과실의 경우(the merest neglect or damages)에도 책임을 지며,
위탁을 통한 이익이 위탁자와 수탁자 모두에게 있는 경우, 즉 상호적인 경우에는 보통의
주의의무(a duty of reasonable care) 기준으로서 일반과실에 대해 책임을 지게 된다.317)

---

311) *Id.*
312) Barlow Burke and Joseph Snoe, *supra* note 1, at 47.
313) *Id.* at 48.
314) *Id.* at 49.
315) *Id.*; 서철원, *Id. supra* note 28, at 116; 조국현, *supra* note 30, at 135, 259.
316) Barlow Burke and Joseph Snoe, *supra* note 1, at 49.
317) *Id.*

(3) 위탁관계 책임의 제한

위탁자와 수탁자간에 합의를 하면서 수탁자의 잘못에 대한 배상청구권의 완전한 포기나 책임의 면제 또는 제한하는 것은 원칙적으로 공공정책에 반하는 것으로서 인정되지 않는다.[318]

System Auto Parks & Gar. v. *Am. Economy Ins.*, 사안에서[319] 법원은 S주차장은 자신들의 행위로부터 발생한 모든 손해에 대한 책임을 부담한다고 보았다.

본 사안은 한 주차장 고객이 늘 이용하던 주차장에서 발생한 차량도난에 관한 내용이다. 이 사안에서의 핵심 쟁점은 위탁자(이용자)와 수탁자(주차장) 사이에 맺은 임치 내지 위탁관계가 S주차장 영업시간이 끝나는 오후 6시 이후에까지 연장하여 효력이 미치는지 아니면 6시 이후 주차관리인이 퇴근과 동시에 종료하는지의 여부이었다. 만일 위탁관계가 계속되는 것으로 본다면 수탁자인 S주차장은 자신들의 행위로부터 발생한 모든 손해에 대한 책임을 부담하게 되는 것이었다.

여기에서 법원은 '6시 이후에 주차장이 문을 닫는다는 것'은 그 시간 이후에는 더 이상 차들을 받지 않겠다는 의미로서, 주차장 영업 종료시간을 표지판을 통해 알리거나 주차증에 인쇄되어 있더라도 이러한 사실로 인해 위탁물에 대한 보통의 주의의무를 다할 주차운영자로서의 책임이 면제되는 것은 아니라고 보았다.

또한 주차장 소유자는 영업시간 이후 보통의 주의의무를 부담하고, 만일 위탁자가 주차를 함에 있어 어떤 제한들이 있음을 알지 못한 경우 이러한 제한들은 위탁계약 내용의 일부분으로 포섭될 수 없다고 판단하였다.

하지만 이에 대한 예외로서 수탁자 내지 보험자가 책임을 부담하는 경우가 있다. 수탁자가 수탁계약의 위반 등으로 위탁 물품을 사용 중 손해를 발생시킨 경우, 수탁자가 약속한 수탁물품에 대한 보험가입을 하지 않아 가입하였더라면 막을 수 있는 손해가 발생한 경우, 위탁관계가 종료되어 위탁물품을 위탁자 등 정당한 권리자에게 반환해야 함에도 이를 제3자에게 전달한 경우 등이 그 예이다.[320]

그러므로 귀중품은 신고하도록 하고 신고하지 않은 경우 등 사전에 고지하여 그 책임을 제한한 경우에는 유효하다고 할 수 있다.

---

318) 서철원, *supra* note 27, at 118.
319) *System Auto Parks & Gar.* v. *Am. Economy Ins.*, 411 N.E.2d 163(1980).
320) 운송인의 경우 승객에 대해서는 과실책임을 지고 물품에 대해서는 보험자 책임을 부담하게 되며, 숙박업자의 경우 숙박객에 대해서는 과실책임을, 물품에 대해서는 보험자 책임을 부담하게 된다(서철원, *supra* note 27, at 117).

사례의 분석 ─────────────────────────

- 본 사안은 뒤에서 제시할 *System Auto Parks & Gar. v. Am. Economy Ins.*, 411 N.E.2d 163 (1980) 사례를 참고한 것이다.

[쟁점, Issue]

- 여기에서 결정해야 할 핵심 쟁점은 위탁자(Sindy)와 수탁자(S주차장) 사이에 맺은 임치 내지 위탁관계가 S주차장 영업시간이 끝나는 오후 6시 이후에까지 연장하여 효력이 미치는지 아니면 6시 이후 주차관리인이 퇴근과 동시에 종료하는지의 여부이다.
  (The critical question to be decided, is whether the bailment extended beyond the closing time of 6:00 P.M., or whether the contract for bailment terminated when the attendants left the lot at 6:00 P.M.)

[근거, Reasoning]

- 위탁자와 수탁자의 관계, 위탁의 조건들에 관한 것은 배심원들이 확인할 사실의 문제이다.
  (The relationship of the parties, and the conditions of the bailment are questions of fact for the trier of fact).
- 만일 위탁관계가 계속되는 것으로 본다면 수탁자인 S주차장은 자신들의 행위로부터 발생한 모든 손해에 대한 책임을 부담하게 된다(If we determine that the bailment continued, then System is liable for all damages proximately resulting from their conduct).
- 주차장 소유자는 영업시간 이후 보통의 주의의무를 부담하고, 만일 위탁자가 주차를 함에 있어 어떤 제한들이 있음을 알지 못한 경우 이러한 제한들은 위탁계약 내용의 일부분으로 포섭될 수 없다.
  (The lot owner must exercise ordinary care even after closing, and if bailor unaware of limitations, they do not become part of the bailment contract).
- 6시 이후에 주차장이 문을 닫는다는 의미는 그 시간 이후에는 더 이상 차들을 받지 않겠다는 의미이다.
  (The lot closes at 6:00 P.M. may mean that cars will not be accepted after that hour).
- 주차장 영업 종료시간을 표지판을 통해 알리거나 주차증에 인쇄되어 있더라도 이러한 사실로 인해 위탁물에 대한 보통의 주의의무를 다할 주차운영자로서의 책임이 면제되는 것은 아니다.
  (The fact that the closing time of the lot was posted on signs and was printed on the claim ticket does not exempt the operator of the lot from the exercise of ordinary care with respect to the safety of the property).

[적용, Application]

- 신디가 6시에 주차장 영업시간이 종료됨을 알았지만, 한편으로 S주차장과 자신과의 그 동안의 거래행태 내지 처리방식에 따라 합리적으로 믿은 것이었다.

  (Although Sindy was aware the lot closed at 6:00 P.M., she could also reasonably believe that because of the course of conduct between System and herself,

- 또한 신디는 주차료를 미리 지급했고 주차 영수증에 표시된 영업시간은 위탁관계에 대한 어떤 제한사항으로 고려될 수 없다.

  (Also, the payment for parking was accepted in advance and the closing time on the ticket was not considered to be a limitation on the bailment).

[결론, Conclusion]

- 본 사안의 사실관계 및 이유들에 따라, 그러므로 S주차장은 자신들의 행위로부터 발생한 모든 손해에 대한 책임을 부담하게 된다).

  (Under the facts and reasons in this case, therefore, the System Auto Parking lot is liable for all damages proximately resulting from their conduct).

System Auto Parks & Gar. v. Am. Economy Ins.[321] _____

SYSTEM AUTO PARKS & GARAGES, Inc., Appellant(Defendant below), v. AMERICAN ECONOMY INSURANCE COMPANY, Appellee(Plaintiff below).

Court of Appeals of Indiana, First District.

ROBERTSON, Presiding Judge.

System Auto Parks & Garages, Inc. (System) was found liable due to an automobile being stolen from their parking lot. American Economy Insurance Co. (American), initiated this action to recover amounts that it had paid to its insured under an automobile insurance policy. The trial court, sitting without the intervention of a jury, found in favor of American in the amount of $1,500.00 dollars. We affirm.

The basic facts are not open to dispute. Nanette Cecil borrowed her father's car in order to go to work at Indiana Bell Telephone Company, and parked the car in System's lot. The receipt she was given and a sign stated that the keys to automobiles left on the

---

321) *System Auto Parks & Gar. v. Am. Economy Ins.*, 411 N.E.2d 163(1980).

lot after 6:00 P.M. would be taken to a garage approximately two blocks away which would be attended. The lot's hours were from 7:00 A.M. to 6:00 P.M. on the day in question. Cecil had parked her car at this lot before, and had an arrangement with the attendant, whereby the keys would be placed under the floor mat and the car locked when the attendant left. The owner would then open the car with a spare key and drive away.

The lot required that the keys be left with the car, in order to move them around as necessary, and Cecil paid for the parking in advance. When Cecil came to get the car after work on the day in question, it turned out that the car had been stolen, presumably after the attendants left at 6:00 P.M.

American paid its insured $1,330.00 for the loss of the car, and in addition, paid in excess of $300.00 in order for the insured to rent a substitute vehicle.

System argues on appeal that the trial court's verdict was: contrary to the evidence as to whether System contracted to be responsible for the car after closing hours; contrary to law relating to bailment contracts; contrary to law in that evidence of rental value of a replacement vehicle was allowed into evidence, and; improper and excessive in that the award included reimbursement for loss of a pleasure vehicle and costs associated with the rental of a replacement vehicle.

The law in Indiana regarding bailment contracts is well settled. As stated recently by this court in Hainey v. Zink, (1979) Ind. App., 394 N.E.2d 238:

It is the law in this state that in an action based upon breach of a bailment contract, a showing that the goods were received by the bailee in good condition and that they were in damaged condition when returned to the bailor, gives rise to an inference that the damage was caused through the fault or neglect of the bailee. Such an occurrence places upon the bailee the burden of producing evidence to show that the damage was caused without fault or neglect on his part. Keenan Hotel Company v. Funk, (1931) 93 Ind. App. 677, 177 N.E. 364. See also Bottema v. Producers Livestock Association, (1977) Ind. App., 366 N.E.2d 1189.

The critical question to be decided, is whether the bailment extended beyond the closing time of 6:00 P.M., as asserted by American, or whether the contract for bailment terminated when the attendants left the lot at 6:00 P.M. If we determine that the bailment continued, then System is liable for all damages proximately resulting from their conduct.

This precise issue has apparently not been presented before in Indiana, and neither party's brief is particularly helpful in deciding this issue. We remind counsel that this court is not in business to research support for a party's position.

American relies soley on General Grain, Inc. v. International Harvester, Co., (1968) 142 Ind. App. 12, 232 N.E.2d 616 for support of the trial court's verdict. American argues that since System is a professional bailee, they owe a greater duty of care to its customers than an ordinary bailee. Therefore, regardless of the writing on the claim ticket or the posted signs, they are responsible for damages to the bailor's property.

"Professional bailees" are those who make it their business to act as bailees and who deal with the public on a uniform rather than an individual basis. Appellee cannot perform its day to day services offered to the public without creating a bailment relationship either by contract or implication of law. General Grain, (1968) 142 Ind. App. at 16, 232 N.E.2d at 618.

In applying this concept of professional bailee, the court determined:

It may be safely assumed that a "professional bailee" may not limit his liability by a mere notice posted on his premises or printed on a receipt, claim check, or work order. It cannot be presumed that appellant in delivering its motor vehicle to appellee intended to waive its legal rights; the presumption being quite as strong appellant intended to insist upon them. A notice or statement of terms, such as the one here in issue, is at most only a proposal. It does not bind a bailor delivering property to a bailee unless the former assents to the terms proposed. Id., 142 Ind. App. at 17, 232 N.E.2d at 619.

Consequently, the court in General Grain determined that exculpatory clauses cannot aid the professional bailee in escaping liability. The court found this to be true especially when the bailor was unaware of the disclaimer of liability. The court found the same rule to be applicable even when there had been previous bailments between the parties, and the bailor received receipts or claim checks but did not read them.

Although the language in General Grain, supra, is persuasive, it is clearly distinguishable. In General Grain, the bailor apparently was never aware of the conditions of the bailment and the limitations thereon. This cannot be said to be the case here. Clearly, Cecil was aware the lot closed at 6:00 P.M., and that her key would be at another location. Instead of picking her key up at the other garage, she elected to have System's attendant place the key under the floor mat. Consequently, it is possible to infer from her past conduct that, Cecil knew the lot was closed, and elected another course of conduct to retrieve her keys other than that offered by System.

Turning to our sister states, it is evident that there is a wide disparity of attitudes in dealing with this question. See generally 7 ALR 3d 927. Those cases which deny liability to the parking lot or garage generally appear to do so on the basis that putting the key under the floor mat when the lot closes amounts to constructive delivery of the automobile to the bailor. See Tammelleo v. Solomon, (1949) 75 R.I. 303, 66 A.2d 101 (bailment lasted only for time lot open if plaintiff is aware of this time, and upon expiration of that time, putting key under floor mat was constructive delivery); Continental Ins. Co. v. Himbert, (1948) La. App., 37 So. 2d 605 (upon termination of the contract for safekeeping of a compensated deposit, there was constructive delivery of the automobile to the owner thereof); Johnson v. Allright New Orleans, Inc., (1978) La. App., 357 So. 2d 1210 (lot owner was able to exonerate himself from negligence, by showing of course of conduct established by agreement).

Those cases that support the parking lot's liability for damage to the bailed property occurring after hours and when the key is left with the car, rely on either the limitation not being called to the bailor's attention, the lot owner failing to exercise ordinary care for the vehicle, or the confusing language of the sign stating the lot's hours. Additionally, those cases realize that the relationship of the parties, and the conditions of the bailment are questions of fact for the trier of fact. See General Exchange Ins. Corp. v. Service Parking Grounds, Inc., (1931) Mich., 235 N.W. 898 (inasmuch as the time stated on the ticket was not considered by either party as a limit of the bailment, or of the obligations of the bailee, it became inoperative through the conduct of the parties); McAshan v. Cavitt, (1950) 149 Tex. 147, 229 S.W.2d 1016 (lot owner must exercise ordinary care even after closing, and if bailor unaware of limitations, they do not become part of the bailment contract); Allright, Inc. v. Schroeder, (1977) Tex. App., 551 S.W.2d 745 (notice that the lot closes at 6:00 P.M. may mean that cars will not be accepted after that hour. The fact that the closing time of the lot was posted on signs and was printed on the claim ticket does not exempt the operator of the lot from the exercise of ordinary care with respect to the safety of the property). See also Edgar v. Parsell, (1915) 184 Mich. 522, 151 N.W. 714; Hearst Corp. v. Cuneo Press, Inc., (7th Cir.1961) 291 F.2d 714; 8 C.J.S. Bailments § 41 (bailment contract to be determined by the intent of the parties); Sisung v. Tiger Pass Shipyard Co., Inc., (E.D.La., 1961) 196 F. Supp. 826.

We are persuaded by the reasoning of those cases imposing liability on the parking lot operator. Although there was evidence in the record that Cecil was aware the lot closed at 6:00 P.M., she could also reasonably believe that because of the course of conduct between System and herself, and the fact the payment for parking was accepted in advance, that the closing time on the ticket was not considered to be a limitation on the bailment. Further, we opine such a determination (the conditions of the bailment and the extent of the bailment contract) to be a question of fact for the trier of fact, which we will not disturb on appeal where there is sufficient evidence to support that verdict. See Rees v. Heyser, (1980) Ind. App., 404 N.E.2d 1183. Therefore, although the evidence is conflicting, a review of the record reveals sufficient evidence to sustain the trial court's decision that the bailment continued past 6:00 P.M. Consequently, the decision below was not contrary to the evidence or contrary to Indiana law.

Lastly, we must decide whether the value of the rental car that American paid on behalf of its insured was properly included in the damage award. System argues that the law only allows reimbursement for loss of use of a commercial vehicle undergoing repairs or totally destroyed, and not for a pleasure vehicle, citing New York Central Railroad Co. v. Churchill, (1966) 140 Ind. App. 426, 218 N.E.2d 372. That case provides no support for System's position, as it did not deal with a bailment situation, but rather concerned a collision between a train and Churchill's tractor—trailer. We believe the proper measure of damages was that set forth in Jerry Alderman Ford Sales, Inc. v. Bailey, (1972) 154 Ind. App. 632, 291 N.E.2d 92 (modified on appeal 154 Ind. App. 632; 294 N.E.2d 617), wherein the court determined that the plaintiff should recover for all the natural, direct and proximate consequences of the defendant's acts and omissions. See also Nolan v. Auto Transporters, (1979) 226 Kan. 176, 597 P.2d 614; cf. Insurance Company of North America v. Solari Parking, Inc., (1979) La., 370 So. 2d 503. Therefore, the trial court properly considered the rental value of a substitute vehicle in making its determination as to the measure of damages.

Finding no error in the proceedings below, the trial court is in all matters affirmed. Judgment affirmed.

Notes, Questions, and Problems

- 다음의 예는 부동산등록법의 유형 중의 하나이다. 세 가지의 유형 가운데 어디에 해당하는 지 알 수 있을 정도로 반복 학습하여 정확하게 숙지하도록 하자.
  - "O, owner of Blackacre, conveys Blackacre to A, who does not record the deed. O subsequently conveys Blackacre to B, who does not know of A's deed. Then A records. Then B records. Under a (race—notice statute), A prevails over B because, even though B had no notice of A's deed, B did not record before A did."[322]
  - "O, owner of Blackacre, conveys Blackacre to A, who does not record the deed. O subsequently conveys Blackacre to B for valuable consideration. B has no knowledge of A's deed. B records the deed from O to B. Under a (notice statute), B prevails

---

322) Jesse Dukeminier 외, *supra* note 32, at 668.

over A even though B does not record the deed from O to B."[323]
- "O, owner of Blackacre, conveys Blackacre to A, who does not record the deed. O subsequently conveys Blackacre to B for valuable consideration. B actually knows of the deed to A. B records the deed from O to B. Under a (race statute), B prevails over A, and B owns Blackacre."[324]

• 권리의 양도 내지 이전(alienation)과 관련하여
① 생애부동산권(life-estate)의 경우 "양도하면 무효" 방식의 양도제한은 무효이다.
② 미래 부동산권(Future interest)에 대한 양도제한은 유효하여 잔여권자의 이익(remainder interest)은 박탈될 수 있다.
③ 우선매수권(right of first refusal)에 대한 양도제한은 장래 미확정 금지의 원칙(RAP)에 걸리지 않는 한 유효하다.

• "To A for 99 years"는 생애부동산권(life estate)이 아닌 부동산 임차권(leasehold)의 경우이다.

• 생애부동산권자(A)는 세금, 이자 등을 납부할 의무가 있다. 단, A가 받은 땅이 생산성이 없다면(unproductive) 납부의무가 없게 된다. 따라서 잔여권자(remainder)가 구상권을 행사하지 못한다. 또한 토지나 건물에 대한 보험료(Insurance premium)에 대해서는 납부의무가 없음을 주의해야 한다. 토지나 건물 자체는 결국 잔여권자(remainder)의 소유로 귀속되는 것이므로 잔여권자의 권리(remainder interest)를 보험으로 보호할 의무까지는 부담하지 않는다는 취지이다.

• 복귀권자(Reversioner)와 잔여권자(remainder)는 원금(principal)을 납부할 의무가 있다. 다만 생애부동산권자가 무단으로 저당권을 설정한 것에 대해서는 생애부동산권(life estate)이 소멸할 경우 저당권도 소멸하므로, 잔여권자 원금을 납부할 의무는 없다.

• 생애부동산권자는 원칙적으로 광물을 채굴할 수 없다. 다만 예외적으로 이미 광물을 채굴하고 있던 경우라면 가능하다.

• 미래 재산권(future interest)만 있는 상태에서 부동산을 매도한 경우 미래 재산권 내지 권리도 함께 매도한 것으로 볼 수 있다.

• 복귀권(right of entry)은 양도할 수 없다.

323) Id.
324) Id. at 667.

- 변동가능한 집단(open class)에서 ① 자녀가 한 사람이라도 있던 경우라면 축소가능한 확정적 잔여권(vested remainder subject to open)을 갖게 되고, ② 자녀가 전혀 없던 경우라면 조건부 잔여권(contingent remainder)을 갖게 된다.

- 잔여권(Remainder interest)은 보통 "앞에" '생애부동산권' 또는 'A for 50 years'처럼 확정된 기간이 언급된다.

- 양도권자가 "생애기간 중에는 내 친구에게, 그런 후 나의 아들 후손에게"(to my friend for life, then to the heir of my son)라는 사례에서 아들이 아직 결혼하지 않은 경우를 생각해 보자. 이때는 (1) 조건이 성취되지 않았다면 무효로서 양도인(grantor)가 복귀권(reversion)을 갖게 된다(Destructibility rule). (2) 현대적 견해(Modern law)에 의하면 양도인이 일단 가져갔다가 아들에게 자식이 생기면 그때 양도인으로부터 이전하게 되므로 양도인은 '발생적(發生的) 미발생 장래권'(springing executory interest)을 갖는 구조가 된다.

- "살아있는 동안에는 A에게, 그런 후 양도인의 후손에게"(to A for life, then to O's heirs)라는 예를 생각해 보자. 이때 A가 사망하면 바로 양도인 O에 귀속된다. 그렇게 되면 O의 후손들의 이익은 소멸되고, O가 복귀권(reversion)을 갖게 된다. 생전 증여인 경우에 한하고 유언(will)에 의한 전달에는 적용되지 않는다(가치 있는 권원이론 내지 상속권 우선의 법리(the doctrine of worthier title or worthier title rule)). 이때 만일 후손에게 물려주겠다는 O의 의사(intent)가 진정하다면 문언 그대로 유효하게 볼 수 있을 것이다(rule of construction).

제4장
점유적 재산권으로서의 부동산(Real Property): 현재 재산권과 미래 재산권(Estate in Land)

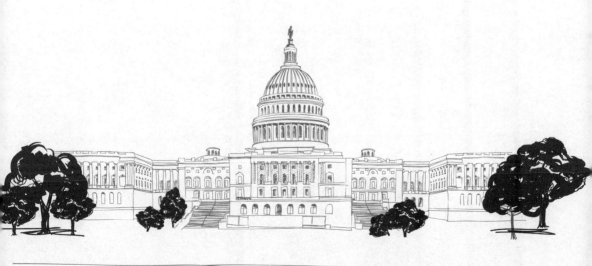

제4장 점유적 재산권으로서의 부동산(Real Property):
현재 재산권과 미래 재산권(Estate in Land)

이번 장에서는 재산권으로서의 부동산에 대해 살펴보기로 한다. 즉, 앞에서 재산권으로서 동산에 대해 설명하였다면 여기에서는 재산으로서의 부동산, 특히 토지의 점유와 관련된 점유적 권리를 중심으로 현재재산권과 미래 재산권을 중심으로 알아보고자 한다.

이에 대한 설명을 위해 우선 우리나라 민법과 미국 재산법 중 부동산법과 관련된 부분을 비교하여 살펴 본 후 미국 부동산법에 대한 내용을 다루기로 한다.

I. 우리 민법(물권법)과 미국 재산법(부동산법)

1. 우리 민법

우리 민법에서 물권은 기본적으로 동산과 부동산으로 구성된 '물건(物件)'을 객체로 한다. 이러한 물건을 사용하거나 물건을 통해 얻어지는 과실(천연과실이나 법정과실)의 수취를 통해 만족을 얻거나(사용·수익을 통한 사용 가치), 물건을 처분하여 금전으로 교환할 수 있다(처분을 통한 교환가치).[325]

물건이 갖고 있는 위와 같은 효용으로 인해 거래의 대상이 되는 권리로서 소유권, 저당권 등과 같이 어느 물건을 직접적, 배타적으로 지배하는 권리가 물권이고,[326] 물권법(物權法)은 "물건 기타의 객체에 대한 지배권계 즉, 물권관계를 규율하는 일반사법"이라

---

325) 김준호, *supra* note 20. at 439.
326) 조상원, 『도해 법률용어사전』(현암사, 1997), 502면; 일본 내각법제국 법령용어연구회, 『법률용어사전』(일본 有斐閣, 1998), 1161면(물권이란 특정의 물건을 직접 지배할 수 있는 권리); 지원림, *supra* note 26. at 423 (물권이란 특정의 독립된 물건을 직접 지배하여 이익을 얻는 것을 다루는 독점적·배타적 권리이다).

고 할 수 있다(실질적 의미의 물권법).327)

물권은 물건의 위에서 설명한 사용가치와 교환가치를 전부 누리는 소유권과, 사용가치나 교환가치만을 갖는 제한물권(용익물권과 담보물권)으로 구분되지만 제한물권은 그 중심에 소유권에 있고 소유권의 핵심은 사유에 있다고 할 수 있다.328)

우리 민법은 물권으로서 점유권, 소유권, 지상권, 지역권, 전세권, 유치권, 질권, 그리고 저당권에 대한 내용을 규정하고 있다.

2. 미국 부동산법

이에 반해 미국 부동산법은 소유권(ownership)과 점유권(possessory right)을 구분하지 않고 혼용하여 사용하고 있다.329) 이러한 점에서 원칙적으로 점유권과 소유권을 구별하는 대륙법계의 우리 민법과 다르다. 우리 민법에서의 점유권은 그 권원의 정당성 여부와 관련 없이 동산이나 부동산을 점유하고 있다는 사실에 기초하여 인정되는 권리라고 할 수 있다. 그러나 미국 부동산법에서는 강학상(講學上) 점유권은 소유권과 같은 개념으로 사용되는 경우도 있고 같은 소유권이라고 해도 대륙법계에서 의미하는 소유권과는 다른 내용으로 사용되기도 한다.330)

3. 부동산 재산권(estates)의 의의 및 유형

다른 미국법 과목과 유사하게 미국 재산법(부동산법)도 영국으로부터 많은 영향을 받았다. 특히 현재의 재산권 제도나 개념 등이 영국의 노르만 왕조로부터 시작한 봉건 제도 등을 중심으로 발전해 왔고 따라서 이에 대한 이해가 필요하다.331) 영국의 부동산

---

327) 송덕수, *supra* note 21, at 455.
328) 왜냐하면 제한물권은 소유권이 갖는 사용이나 처분의 권능을 그 소유자와의 계약을 통해 설정적 승계를 받는 것이기 때문이다(김준호, *supra* note 20, at 439).
329) 서철원, *supra* note 27, at 108.
330) *Id*(예를 들면 뒤에서 살펴 볼 'Fee Simple'에서의 점유권은 소유권과 유사한 내용이라고 할 수 있지만, 'Life Estate'는 어떤 한 사람이 생존하고 있는 동안만 점유할 수 있는 권리라 할 수 있기에 소유권이라고 할 수 없을 것이다).
331) 재산권의 역사적 배경에 대한 자세한 내용은 박홍규, *supra* note 23, at 21 - 23 참조.

권은 1066년으로 거슬러 올라가 헤이스팅 전투(at the battle of Hastings)에서 노르만왕조가 Anglo-Saxon의 왕인 Harold를 정복한 후, 정복자인 William이 빼앗은 토지를 자신을 도운 영주 또는 기사들에게 사용권(right to use) 혹은 보유권(tenure, the right to hold)을 제공한 것에서 시작된 것으로 알려져 있다.[332] 윌리암 왕은 처음에는 제공받은 사람이 살아 있는 기간 동안, 즉 오늘날 용어로 생애부동산권(life tenant)이라는 제한된 기간만의 사용권을 부여했으나 시간이 흐르면서 이러한 재산을 남자 후손들(male heirs)에게로의 상속이 허용되었다.[333]

그 후 지주들이 이러한 권리 이외에 추가적인 두 권리, 즉 사망 후에 양도나 처분할 수 있는 권리(testamentary power, or devisability)와 생전에 처분할 수 있는 권리(a power of alienate, or alienability)에 관심을 갖게 되었다.[334] 그리하여 후자에 대한 권리는 1290년 "The Statute *Quia Emptores*(Latin for "concerning purchasers")를 통해, 전자에 대한 권리는 1540년 "The Statute of Wills"를 통해 모든 영국인에게 인정되었다.[335]

이와 같이 영국의 봉건주의 시대 역사에 따라 발전되어 온 영미법계의 미국 부동산법은 대륙법계의 그것과 달리 부동산의 소유권 혹은 점유권과 관련하여 그 시대의 흐름을 반영하여 두 가지의 유형과 함께 다양한 용어들이 사용되고 있다.[336]

구체적으로 그 유형과 관련하여 미국의 부동산에 대한 재산권은 시간의 흐름(연대기, timeline)을 통해 현재와 미래로 구분하여 부동산상의 재산적 권리가 현재 점유할 수 있는 권리인지(현재의 점유권을 내용으로 하는 재산권, 현재 재산권, 現在財産權, 'Present Interests' 또는 'Present possessory Interests')와[337] 장래 점유할 수 있는 권리인지(장래의 점유권을 내용으로 하는 재산권, 장래의 어느 시점에 토지를 보유할 수 있는 권리, 미래 재산권, 未來財産權, 'Future Interests')로 구분할 수 있다.[338] 결국 이는 언제까지 점유(소유)할 수 있는지의 여부, 즉 '점유(소유)권

---

332) Jesse Dukeminier 외, *supra* note 32, at 185-191; Barlow Burke and Joseph Snoe, *supra* note 1, at 105-106.

333) Barlow Burke and Joseph Snoe, *Id.* at 105-106을 참조.

334) *Id.* at 106; Jesse Dukeminier 외, *supra* note 32, at 193.

335) Barlow Burke and Joseph Snoe, *supra* note 1, at 106.

336) 서철원, *supra* note 27, at 107.

337) 여기서 점유 내지 소유의 의미의 'possessory'라는 단어가 붙는 이유는 뒤에서 살펴 볼 지역권(easement) 등 토지의 소유를 전제로 하지 않는 권리는 대상으로 하지 않는다는 의미를 갖고 있다고 할 수 있다.

338) 이와 관련된 용어는 다양하게 사용되고 있지만 전자와 관련하여서는 ① Fee Simple Absolute, ② Fee Tail, ③ Defeasible Fees(of which there are three species), ④ Life Estate로 나눌 수 있다. 후자의 경우 즉, 장래의 점유권을 내용으로 하는 재산권은 다시 ① Possibility of Reverter, ② Right of Entry, ③ Remainder 등으로 구분된다. 이에 관한 구체적인 내용에 대해서는 후술하기로 한다.

을 보유할 수 있는 기간'과 관련이 있다고 할 수 있다. 주요 재산권에 대한 내용을 점유할 권리의 보유 가능기간(longevity or duration of the possessory interests)과 관련시켜 제시하면 다음 〈표〉와 같다.

— 점유권 보유 가능기간[339]

재산권(Estate)	기간(Duration)
Fee Simple	영구(forever, infinity)
Fee Tail(fee simple conditional)	원래 소유자의 혈통이 소멸될 때까지 (until original grantee's lineage dies out)
Life Estate, or Term for Life	양수인의 생애기간 동안 (for the life of the grantee)
Term of Years	연, 월, 일로 지정된 기간 (fixed period measured in years months, or days)

4. 재산권의 개념과 특성

재산권(estates)이란 앞의 제2장에서 언급한 것처럼 어떤 가치있는 물건에 대해 법적으로 보호받을 수 있는 권리 내지 기대라고 할 수 있다. 즉 재산권은 점유하고 있거나 점유할 수 있으며, 어느 일정 기간 동안 시간의 연속과 함께(along a time continuum) 소유권인 토지에 있어서의 권리(an interest in land)로서 '부동산권'이라고도 할 수 있다.[340] 본 교재의 이 부분에서 다루는 주요 내용은 재산권 가운데 주로 부동산에 관한 내용을 다룬다는 점에서 'Estate(s)'를 '재산권'이나 '부동산권'으로 혼용하여 사용하기로 한다.

미국법상 재산권은 그 유형으로 현재 또는 미래에 토지를 보유할 수 있는 권리인 '현재 재산권'과 '미래 재산권'이 있다. 이 가운데 어느 하나에 해당하는 것으로 결정되었다면 이제 그 유형이 기간의 정도(duration), 이전성의 여부(transferability), 상속성의 여부(inheritability)에 따라 어떤 특성을 갖고 있는지를 아는 것이 핵심이다.

이러한 특성은 주로 ① 유언에 의해(by will) 부동산이 이전(pass)될 수 있는지(devisable

339) Barlow Burke and Joseph Snoe, *supra* note 1, at 109.
340) *Id.*, at 107; 박홍규, *supra* note 23, at 19.

의 여부), ② 부동산 소유자(holder)가 사망 후 유언을 남기지 않아 관련 법(the statutes of intestacy)에 따라 해당 부동산이 법에 정한 상속순위에 의해 이전 내지 상속(pass)될 수 있는지(descendible의 여부), ③ 부동산 소유자가 생존하는 동안(during the holder's lifetime or *inter vivos*) 부동산의 이전(transferable)이 가능한지(alienable의 여부)와 관련이 있다. 실제 적용에 있어서는 혼동될 수 있으므로 학습함에 있어서 정확한 차이점을 숙지해야 할 것이다.

Ⅱ. 현재 점유할 수 있는 재산권(Present Possessory Estates)

1. 서설

위에서 언급한 바와 같이 미국의 부동산법은 개념의 사용이나 그 이해에 있어서 우리나라 물권법의 경우와 다르다고 할 수 있다. 특히, 미국 재산법 가운데 낯선 용어들이 많이 혼재하고, 나아가 이들을 우리나라 언어로 정확하게 표현할 수 없어 한글로 이름 붙여진 용어에 대해 이 교재를 대하는 독자들에게는 다소 어색할 수 있다.

이러한 점은 미국 부동산법의 이해를 위해서는 우선 개념이나 용어가 어떤 경우에 어떻게 사용되는 것인지를 숙지하는 것이 필요함을 보여주고 있다. 예를 들면 점유(possession)라는 개념을 사용할 때에도 단순히 점유의 사실을 의미하는 경우도 있지만 이를 실제 물리적으로 보유하면서 관리한다는 내용까지 포함될 수 있기 때문이다.[341]

2. 유형

앞에서 언급한 것처럼 현재 부동산권(present possessory interests)은 현재에 토지를 보유할 수 있는 권리를 말한다. 이러한 현재 부동산권은 다시 크게 '자유토지부동산권' 내지 '자유보유권'(freehold estates)과 '비자유토지부동산권' 내지 '비자유보유권'(non-freehold estates)으로 구분할 수 있다.

---

341) 서철원, *supra* note 27, at 108.

'자유토지부동산권' 내지 '자유보유권'이란 평생 동안(for life) 또는 기간이 정해져 있
지 않은 동안(of uncertain duration), 적어도 현재의 토지 보유자의 생명이 다할 때까지(as
long as the life of the present holder) 계속되는 부동산에 대한 권리 내지 이익342)이라고 할
수 있고, 그렇지 않은 것이 '비자유토지부동산권' 내지 '비자유보유권'이라고 할 수 있다.
'자유토지부동산권'을 이해함에 있어서의 핵심은 이러한 부동산권들의 시작(how they
begin)이 아니라 끝나는 방식(the ways of ending)과 관련이 있다는 점이다.343)

이러한 '자유토지부동산권'에는 ① '절대적 단순부동산권'(Fee Simple Absolute, "FSA"),
② '한사(限嗣)부동산권'(Fee Tail), ③ '자동복귀형 해제조건부 단순부동산권'(Fee Simple
Determinable, FSD), '권리행사형 해제조건부 단순부동산권'(Fee Simple Subject to Condition
Subsequent, FSSCS) 그리고 '미발생 장래권부 제3자를 위한 단순부동산권'(Fee Simple Subject
to Executory Interest, FSSEL)을 포함하는 '소멸가능 단순부동산권'(Defeasible Fees), ④ 생애부
동산권(Life Estate)이 포함된다.

이에 대해 '비자유토지부동산권'은 부동산 임차권 내지 리스 부동산권(leasehold estates)
으로서344) 정기 내지 확정 부동산 임차권(Tenancy for years, Fixed Term Tenancy, or Term of
Years)을 들 수 있다. '정기 부동산 임차권'이란 뒤의 부동산 임차권 부분에서 살펴보겠지
만 임대차 기간이 확정적으로 정해져 있어 그 임차기간 동안 임차인에게 점유할 권리를
부여하는 것을 말한다.345)

이러한 '자유토지부동산권'과 '비자유토지부동산권'과의 관계에 있어서 후자가 역사
적으로나 오늘날에 있어서나 전자보다는 덜 완성된 소유권의 한 형태(a less complete of
ownership)라고 볼 수 있다.346) 이러한 내용은 미래부동산권과 연결하여 아래의 〈표〉와
같이 정리할 수 있을 것이다.

---

342) 임흥근 외, *supra* note 22, at 824.
343) Barlow Burke and Joseph Snoe, *supra* note 1, at 109.
344) Jesse Dukeminier 외, *supra* note 32, at 222.
345) 박흥규, *supra* note 23, at 97; 서철원, *supra* note 27, at 128.
346) Barlow Burke and Joseph Snoe, *supra* note 1, at 109.

▬ 부동산권의 유형과 특징[347]

자유토지부동산권 (Freehold Estates)[348]		미래 부동산권(Future Interest)	
		수여자 (Grantor)	제3자 (Third Person)
Fee Simple Absolute (절대적 단순부동산권)	*"to A"* *"to A and her heirs"*	None	None
자동복귀형 해제조건부 단순부동산권 (Fee Simple Determinable)	*"to A so long as..."* *"while..."* *"during..."* *"unless..."* *"until..."*	복귀가능권 (Possibility of Reverter)	미발생장래권 (Executory Interest)
권리행사형 해제조건부 단순부동산권 (Fee Simple Subject to a Condition Subsequent)	*"to A provided that..."* *"to A, but if."* *"on condition..."*	환수권 (Right of Entry)	None
미발생 장래권부 제3자를 위한 단순부동산권 (Fee Simple Subject to Executory Limitation/Interest)	*"on condition..."* *"to A, but if, then to B.."*	None	미발생장래권 (Executory Interest)
한사 부동산권 (Fee Tail)	*"to A and the heirs of his body"*	복귀권 (Reversion)	잔여권 (Remainder)
생애 부동산권 (Life Estate)	*"to A for life"*	복귀권 (Reversion)	잔여권 (Remainder)
비자유토지부동산권(Non-Freehold Estate)		**미래 부동산권(Future Interest)**	
정기 부동산권 (Term of Years)	*"to A for ( ) years"*	복귀권 (Reversion)	잔여권 (Remainder)

위와 같은 배경을 중심으로 다음에서는 현재 점유할 수 있는 부동산권의 구체적인 내용에 관해 살펴보기로 한다.

---

347) *Id.* at 142 와 Jesse Dukeminier 외, *supra* note 32, at 274를 수정하여 인용(견해에 따라 내용이 다소 다를 수 있음).

348) 'Freehold Estates'란 자유토지부동산권 내지 자유보유권으로서 평생 동안(for life) 또는 기간이 정해져 있지 않은 동안(of uncertain duration) 적어도 현재의 토지 보유자의 생명이 다할 때까지(as long as the life of the present holder) 계속되는 부동산에 대한 권리 내지 이익이다(임흥근 외, *supra* note 22, at 824).

3. 절대적 단순부동산권(Fee Simple Absolute)

3.1. 의의

'절대적 단순부동산권'(fee simple absolute)이란 현재 소유권을 가진 자가 어떤 법적 제한 없이 무한하게 영구적으로 사용할 수 있는 배타적 권리(exclusive right)를 갖는 완전한 소유권(complete ownership)을 말한다.[349] 법이 인정하는 최대한의 재산권이라는 점에서 대륙법계의 소유권과 유사하다고 할 수 있다.[350]

여기서 'Fee'란 봉건 시대에서 봉건 영주가 일정한 봉사의무의 대가로서 자신의 가신이라 할 수 있는 봉신(封臣)에게 지급한 토지(봉토, 封土)로서 토지보유를 허가하여 상속이 가능하도록 한 부동산에 대한 권리라고 할 수 있다.

'Simple'이란 뒤에서 살펴 볼 상속이 직계비속에 한정되는 'Fee Tail'과는 달리 상속에 대한 제한이 없음을 의미한다. 그러므로 'Fee Simple'이란 용어는 '단순 부동산권'이라고 불리어 어떤 부동산의 소유자가 생존하는 동안 자신이 선택하는 대로 그 부동산을 점유, 사용, 또는 처분할 수 있는 부동산소유권의 한 형태이고,[351] 여기에 'Absolute'가 더해져서 장래의 어떤 불확실한 사실이 발생하면 소멸한다는 등 어떤 조건이 붙어있지 않은 '완전한' 내지 '절대적'의 의미를 갖는다고 할 수 있다.

이러한 점에서 어떤 사건의 발생시 부동산권이 소멸하거나 소멸시킬 수 있다는 내용이 증서에 표시된 경우에 성립하는 권리인 뒤에서 살펴 볼 '소멸가능한 단순부동산권'(defeasible fees)과 구별된다고 할 수 있다.

전통적으로 이와 같은 '절대적 단순부동산의 권리'가 성립되기 위해서는 "To A and his heirs"라는 문언이 사용되곤 하였다.[352] 하지만 오늘날에는 양도나 유언을 나타내는 증서에 의해 적극적인 어떤 반대의사가 표시되지 않는 한 단순부동산권이 인정된다.[353] 즉, "and his heirs"나 "and his heirs and assigns"라는 문언 대신에 "To A"라고만 표시해도 충분하다는 의미를 갖는다.

---

349) Barlow Burke and Joseph Snoe, *supra* note 1, at 108.
350) 서철원, *supra* note 27, at 119.
351) 임홍근 외, *supra* note 22, at 1745.
352) Jesse Dukeminier 외, *supra* note 32, at 194; Barlow Burke and Joseph Snoe, *supra* note 1, at 108; 박홍규, *supra* note 1, at 24.
353) 박홍규, *supra* note 23, at 24.

3.2. 특징

위의 설명과 같이 절대적 단순부동산권은 현재 소유권을 가진 자가 후손이 소멸되지 않는 한 어떤 법적 제한 없이 배타적으로 지표의 위와 아래를 영구적으로(infinite duration) 점유·사용할 수 있다.

그렇기 때문에 이러한 권리는 해당 토지에 대한 모든 가능한 권리들은 자유롭게 (freely) 상속될(descendible) 수 있고, 양도가능(alienable or transferable)하며 유증될(devisable) 수도 있다.354)

4. 한사(限嗣)부동산권(The Fee Tail)

4.1. 의의

'한사부동산권' 내지 '계사한정(繼嗣限定)부동산권'이란 소유자가 토지를 양도하면서 소유권을 가족 이외의 자에게는 양도할 수 없다는 등 일정한 제한이 붙어있는 권리를 말한다.355) 즉, 직계의 상속승계가 양수인 또는 수증자로부터 얻은 자손에 한정되고, 보통법상의 일반적인 상속에 의한 승계가 단절되는 자유토지부동산권의 하나이다.356)

이러한 부동산권(Fee Tail or Fee Simple Conditional)에 의할 경우 토지 소유자가 부동산을 양도함에 있어 대대로 자신의 가족들이 소유하기를 원하여 마치 왕족과 같이 후손이 끊어지지 않는(without issue) 한 계속적으로 권리가 이어지게 된다.357) 'A와 그의 직계비속에게'("To A and the heirs of his body")라는 문언으로 기재된 날인증서를 교부하는 것이 그 예이다.358)

하지만 이러한 권리는 봉건사회의 유물이라는 비판과 함께 미국의 일부 주(states)를 제외하고 오늘날 이러한 유형의 권리는 금지되고359) 법으로 폐지되었으며 생애부동산권

---

354) Id.; 사법연수원, supra note 19, at 254.
355) 박홍규, supra note 23, at 33; 사법연수원, Id, at 254.
356) 임홍근 외, supra note 22, at 786.
357) Barlow Burke and Joseph Snoe, supra note 1, at 116.
358) Id.; Jesse Dukeminier 외, supra note 32, at 198; 박홍규, supra note 23, at 33.
359) Restatement (Third) of Property, Will and Other Donative Transfers § 24.4(Council Draft No.6, 2008)

(life estate)으로 대체되었다.360)

4.2. 특징

본 부동산권은 위에서 설명한 그 내용의 특성상 일반적으로 상속되거나 유증될 수 없다(not inheritable or devisable).361) 소유자와 그의 직계비속에게 양도가 제한되기에 직계비속(lineal heirs)이 존재하는 한 부동산에 관한 권리를 갖게 된다. 하지만 직계비속이 어떤 이유로 단절될 경우(the blood line runs dry or failure of issue) 양도인이나 그 상속인에게로 복귀하게 되거나(reversion), 제3자에게 돌아가게 된다.362) 말하자면 장래의 이익으로서 뒤에서 살펴 볼 잔여권자(remainder)로 취급하는 것과 같다고 할 수 있다.

5. 소멸 가능한 단순부동산권(Defeasible Fees Simple Estates)

5.1. 의의

소멸 가능한 단순부동산권 내지 소유권(Defeasible Fees Simple Estates)은 어떤 장래 사건의 발생 또는 미발생으로 인해 소멸 내지 무효로 되기 쉬운 부동산권을 말한다.363) 즉, 소멸 가능한 단순부동산권이란 정해져 있는 어떤 사건의 발생(the happening of a stated event)시 부동산권이 소멸하거나 소멸시킬 수 있다는 내용이 증서에 표시된 경우에 성립하는 권리라고 할 수 있다.364)

("The fee tail estate is not recognized in American law"); Jesse Dukeminier 외, *Id,* at 201; 박홍규, *supra* note 23, 33면; 사법연수원, *supra* note 19, at 254.

360) Jesse Dukeminier 외, *Id,* at 201; Barlow Burke and Joseph Snoe, *supra* note 1, at 117.
361) Barlow Burke and Joseph Snoe, *Id,* at 116.
362) *Id,*; 박홍규, *supra* note 23, at 33; 사법연수원, *supra* note 19, at 254.
363) Jesse Dukeminier 외, *supra* note 32, at 222-223; 임홍근 외, *supra* note 22, at 530.
364) 박홍규, *supra* note 23, at 28.

5.2. 종류

이러한 소멸 가능한 단순부동산권에는 ① 자동복귀형 해제조건부 단순부동산권(Fee Simple Determinable)과 ② 권리행사형 해제조건부 단순부동산권(Fee Simple Subject to Condition Subsequent), 그리고 ③ 미발생 장래권부 제3자를 위한 단순부동산권(Fee Simple Subject to Executory Limitation/Interest)으로 구분될 수 있다.365)

이러한 것은 말하자면 세 가지 자유토지부동산권(freehold estates: fee simple absolute, fee tail, life estate)에 해제조건이 부가됨으로써 조기에(prematurely) 소멸되는 형태를 갖는다고 할 수 있다.366)

5.3. 판단 기준

소멸 가능한 단순부동산권(Defeasible Fees) 성립을 위해 특별히 어떤 문언(words)이 필요없을 수도 있으나 일반적으로 특정 문언이 이용되고 그러한 문언에 의해 판단될 수 있다.367) 이때의 문언은 어떤 동기나 목적에 관한 것이 아닌, 그 부동산권의 기간을 한정하기 위해 어떤 문언이 사용되었는지 여부로 보아 판단되어야 할 것이다. 그러므로 단순한 바람이나 기대, 희망, 시도나 목적 그리고 의도 등과 같은 문언의 사용은 '소멸가능 단순부동산권'으로 인정되기에는 충분하지 않을 것이다. 이와 관련하여 구체적으로 사용되는 문언에 대해서 아래와 같이 살펴보고자 한다.

5.4. 자동복귀형 해제조건부 단순부동산권(Fee Simple Determinable)

(1) 의의

자동복귀형 해제조건부 단순부동산권(Fee Simple Determinable)이란 일정한 사건이 발생할 경우 부동산권이 자동적으로 양도인에게 복귀되는 경우(automatically revert)를 말한다.368) 다시 말하면 특정 조건이 충족될 때 소유자의 권리는 소멸되고 원소유주에게 복

---

365) Jesse Dukeminier 외, *supra* note 32, at 223.
366) Barlow Burke and Joseph Snoe, *supra* note 1, at 120.
367) *Id.* at 121.
368) *Id.*

귀하게 되는 조건부 세습가능한 부동산권이라고 할 수 있다.369)

말하자면 소멸조건에 구속되는 'Fee Simple'이라고 할 수 있다. O가 A에게 어떤 토지를 양도하면서 그 토지를 '도서관으로만' 사용하도록 하는 경우의 A가 갖는 권리가 그 예이다. 이때 'determinable'이란 용어는 어떤 정해진 사실이 발생하면 당연히 소멸 내지 종료된다는 의미를 갖는다.

이 부분에서의 핵심은 어떤 상태가 계속되는 한("so long as"), 일정기간 동안("while", "during"), 일정기간까지("until") 등의 어떤 부동산권의 기간(duration)을 한정하는 문언(limiting words)이 분명하게 사용되어야 한다는 점이다. 단순부동산권을 소유한 사람이 자신의 부동산권을 서울 잠실의 A교회에 양도하면서 "그 토지가 교회의 용도로 사용되는 한("A church at Jamsil, Seoul SO LONG AS the land shall be used for church purpose")이라든지 그 토지가 교회용도로 사용이 중지될 때까지("UNTIL the land shall cease to be used for church purpose")라는 문언이 표시된 날인증서를 교부하는 경우가 그 예이다.370)

(2) 특징

이러한 자동복귀형 해제조건부 단순부동산권(Fee Simple Determinable)은 위에서 설명한 대로 일정한 사건이 발생하자마자 그 해당 부동산에 대해 갖고 있던 권리는 소멸되고(terminate) 자동적으로 양도인에게 복귀된다(automatically revert).

즉, 위의 예에서 만일 교회가 문제의 토지를 교회의 목적으로 사용하지 않게 되면 교회가 취득한 '자동복귀형 해제조건부 단순부동산권'은 자동적으로 소멸하게 되는 것이다. 소멸하게 된 결과로써 이러한 권리를 수여한 양도인은 소위 복귀가능권(the possibility of reverter)을 갖게 된다.371)

소멸시효의 기산점과 관련하여 일정한 사건이 발생하면 그 해당 부동산에 대해 갖고 있던 권리가 자동적으로 소멸하면 즉시 양도인에게 복귀되기에 이때부터 소멸시효(statute of limitation)가 진행하게 된다.372)

주의할 것은 이전 점유자의 부동산권이 소멸되면서 원래의 양도인인 소유자(grantor)에게 복귀되는 경우에만 자동복귀형 해제조건부 단순부동산권(FSD)이 성립하고, 만일 다른 사

369) Jesse Dukeminier 외, *supra* note 32, at 223.
370) 박홍규, *supra* note 23, at 29.
371) Jesse Dukeminier 외, *supra* note 32, at 223.
372) 박홍규, *supra* note 23, at 30.

람(a third party)에게 복귀하게 된다면 자동복귀형 해제조건부 단순부동산권이 아니라 미발생 장래권부 제3자를 위한 단순부동산권(fee simple subject to executory interest)이 성립되는 것이다.

이러한 권리 역시 단순부동산권의 성질을 갖고 있기에 해당 토지에 대한 모든 가능한 권리들은 자유롭게(freely) 상속될(descendible) 수 있고, 양도가능(alienable)하며 유증될(devisable) 수도 있다.

(3) 제한적 부동산 특약(Restrictive Covenant)과의 구별

'제한적 부동산 특약'(restrictive covenant)이란 최초로 부동산을 매수한 당사자뿐만 아니라 그 후에 매수한 당사자에게도 구속력을 미치는 토지의 사용과 관련된 사적인 제한(a private restriction)을 말한다.[373]

'자동복귀형 해제조건부 단순부동산권'이 어떤 소유권(title)과 같은 권리와 관련되어 있다면 제한적 부동산 약관(restrictive covenant)은 소유권(title) 그 자체가 아니라 그 토지의 사용(the use of the land)에 관한 약속(promise)과 관련되어 있다는 점에서 구별된다.

5.5. 권리행사형 해제조건부 단순부동산권(Fee Simple Subject to a Condition Subsequent, "FSSCS")

(1) 의의

'권리행사형 해제조건부 단순부동산권'(FSSCS)이란 해제조건부 단순부동산권자(holder)가 어떤 부동산을 영원히 보유할 수 있지만 해제조건이 발생시 보유한 부동산 모두를 잃게 되는 것을 말한다.[374] 이때 해제조건(a condition subsequent)이란 어떤 사건의 발생이나 불발생으로 인해 해당 재산권이 소멸되는 것을 말한다.[375]

이렇게 보면 '권리행사형 해제조건부 단순부동산권'은 어떤 일정한 사건이 발생한 후에 원래의 양도인 내지 수여자(grantor)가 그 부동산권을 종료시킬 수 있는 권리가 부여된(reserved) 경우라고 할 수 있다.[376]

---

373) 임홍근 외, *supra* note 22, at 1635.
374) Barlow Burke and Joseph Snoe, *supra* note 1, at 122.
375) *Id.* at 120.
376) Jesse Dukeminier 외, *supra* note 32, at 224.

A와 그의 상속인에게 어떤 토지를 양도하면서 그 토지는 분묘용 이외의 다른 목적을 사용하지 못하도록 명백한 조건을 붙이는 경우("to A and his heirs upon the express condition that the land hereby conveyed shall be used for no other purpose than as a burying ground")라는 문언이 담긴 날인증서를 교부하면서 양도한 경우가 그 예이다.[377]

이와 같이 '권리행사형 해제조건부 단순부동산권'은 "provided that", "if it happens that", "on the condition that", "but if", "provide, however" 등 어떤 조건이 달린 문언(conditional words)이 사용된다.[378]

이 경우 만일 양수인이 위에서 정한 어떤 조건을 위반하게 되면 원소유자인 양도인은 자신의 점유를 회복할 권리를 갖게 되고 그러한 권리행사 내지 의사표시로 본 부동산권은 소멸하여 다시 양도인에게 귀속하게 된다.[379] 원소유자인 양도인이 갖는 이러한 권리를 환수권(right to entry) 내지는 소멸권(power of termination)이라고 한다.[380]

(2) 특징

이러한 권리는 위에서 언급한 대로 어떤 사건의 발생시 부동산권을 종료시키겠다는 권리를 행사한 경우에만 종료된다는 점에서, 일정한 사건이 발생하자마자 그 해당 부동산에 대해 갖고 있던 권리는 소멸되고(terminate) 자동적으로 원소유자(the grantor)에게 복귀되는(automatically revert) '자동복귀형 해제조건부 단순부동산권'(fee simple determinable)과는 차이가 있다.[381]

그러므로 만일 원소유자가 양수인이 해제조건부 양도를 하였고, 양수인이 부여된 조건을 위반하였음에도 종료시킬 수 있는 권리를 행사하지 않은 경우에는 그 권리의 행사 여부는 오로지 양도인인 원소유자에게 달려 있으므로 조건을 위반한 상태 그대로 그 부동산은 유지하게 된다고 할 수 있다.

또한 이 권리에 대해서는 상속될(descendible) 수 있고, 양도가능(alienable)하며 유증될

---

377) 박홍규, *supra* note 23, at 30.
378) Jesse Dukeminier 외, *supra* note 32, at 224; Barlow Burke and Joseph Snoe, *supra* note 1, at 122.
379) 박홍규, *supra* note 23, at 30.
380) *Id.*
381) 권리행사형 해제조건부 단순부동산권(Fee Simple Subject to Condition Subsequent)과 앞에서 살펴 본 자동복귀형 해제조건부 단순부동산권(Fee Simple Determinable)은 권리의 소멸 내지 종료가 자동적인지의 여부에 따라 차이가 있지만 실제로 유사한 면이 있고, 특히 뒤에서 살펴 볼 '장기 미확정금지의 법리'(RAP)와의 관계에서는 거의 구별되지 않고 사용된다고 할 수 있다.

(devisable) 수 있지만 언제나 해제조건이 붙어 있는 상태로 상속 내지는 이전되게 된다.

(3) '권리행사형 해제조건부 단순부동산권'과 '자동복귀형 해제조건부 단순부동산권' 그리고 '부동산 특약'(a covenant)

'권리행사형 해제조건부 단순부동산권'은 앞에서 살펴 본 '자동복귀형 해제조건부 단순부동산권'(Fee Simple Determinable, "FSD")과 깊은 관련이 있는 데 양자의 차이가 문제된다. 앞에서 언급한 바 있지만 전자는 원소유자가 어떤 사건 발생시 부동산권을 종료시키겠다는 권리(right of entry, right of reentry, or power of termination)를 주장한 경우에만 효력이 발생하여 현재 점유권은 소멸되고 원소유자에게 돌아가게 되는 데 비해, 후자는 해제조건이 발생시 그 해당 부동산에 대해 갖고 있던 권리는 소멸되고 자동적으로 양도인에게 복귀된다(automatically revert).[382]

— "FSD"와 "FSSCS"의 비교

자동복귀형 해제조건부 단순부동산권 (Fee Simple Determinable, "FSD")	권리행사형 해제조건부 단순부동산권 (Fee Simple Subject to a Condition Subsequent, "FSSCS")
해제조건이 발생시 그 해당 부동산에 대해 갖고 있던 권리는 소멸되고 자동적으로 양도인에게 복귀되는 효력이 발생	원소유자가 어떤 사건 발생시 해당 부동산권을 종료시키겠다는 권리를 주장한 경우에만 양도인에게 복귀되는 효력이 발생

그러므로 양도인이 부동산을 양도하면서 '권리행사형 해제조건부 단순부동산권'의 형태로 양도한 것인지 '자동복귀형 해제조건부 단순부동산권'의 형태로 양도한 것인지를 결정하는 것은 그 효력 등에서 중요한 부분이 된다.

위에서 언급하였듯이 이에 대한 판단은 어떤 단순한 바람이나 기대 또는 의도가 아니라 그 부동산권의 기간을 한정하기 위해 어떤 문언(words)이 사용되었는지 여부로 보아 판단되어야 할 것이다.

즉, 양도인이 증서를 작성하면서 "provided that", "if it happens that", "on the condition that", "but if", "provide, however" 등을 사용하거나(권리행사형 해제조건부 단순

---

382) Barlow Burke and Joseph Snoe, *supra* note 1, at 122.

부동산권), "so long as", "while", "during", "until" 등(자동복귀형 해제조건부 단순부동산권) 어떤 부동산권의 기간을 한정하는 문언(limiting words)이나 어떤 조건이 달린 문언(conditional words)을 사용할 경우 그 구별은 어렵지 않을 것이다.

그런데 문제는 이들 각각 다른 문언들을 함께 쓰거나 정확히 위와 같은 문언은 아니면서도 그럴듯해 보이는 아주 애매한 경우이다.383) 이 경우 법관은 우선 증서에 명시적으로 표현된 문언을 전체로서(as a whole) 당사자의 의사를 확인하려 할 것이다.384) 만일 해석의 문제로(as a matter of construction) 보고, 그 내용을 해석함에 있어 어떤 의문을 갖게 한다면 법관은 그러한 양도(a grant)를 '자동복귀형 해제조건부 단순부동산권'(A)보다는 '권리행사형 해제조건부 단순부동산권'(B)으로 해석할 것이다.385) 왜냐하면 후자(B)의 경우 원래의 양도인이 해당 부동산을 되찾으려 할 경우 그 권리가 자동으로 복귀하는 것이 아니라 '환수권' 내지 '소멸권(right of entry or power of termination)을 행사해야 하기 때문이다.386)

이에 대해 사안에 따라 법원은 조건이 붙어 있어 자칫 권리를 박탈당할지도 모를 위의 A나 B의 형태 모두가 아닌 하나의 '부동산 특약'(a covenant)으로 해석할 수도 있다.387) '부동산 특약'(covenant)이란 어떤 행위를 하거나 하지 않겠다는 약속을 의미한다.388) 이렇게 보면 양도인은 위 특약의 위반으로 보아 금지명령(injunctive relief)이나 손해배상을 청구할 수는 있어도 그 권리는 박탈할 수는 없게 된다.389)

5.6. 미발생 장래권부 제3자를 위한 단순부동산권(Fee Simple Subject to Executory Limitation/Interest)

(1) 의의

영국에 있어서 200년 이상 동안 '소멸가능 단순부동산권'(defeasible fee)은 어떤 사건

---

383) *Id.* at 124.
384) *Id.*
385) *Id.*
386) *Id.*
387) *Id.* at 125.
388) *Id.*
389) *Id.* 이외에도 조건(a condition)도 특약(a covenant)도 아닌 일종의 간청을 나타내는 문언(a precatory language)으로 보아 단순한 기대 내지는 바람으로 해석하는 경우도 있다.

의 발생으로 해제조건이 충족될 경우 복귀가능권(the possibility of reverter)이나 환수권(the right of reentry)과 같이 원 소유자(the grantor) 자신이 되찾아야 할 뿐 제3자에 대한 양도는 어려웠다.390) 하지만 1536년 "The Statute of Uses"라는 법이 제정되면서 양도인의 제3자에 대한 양도가 가능하게 되었다.391)

그리하여 위에서 언급한 '자동복귀형 해제조건부 단순부동산권'(A)과 '권리행사형 해제조건부 단순부동산권'(B)에서 사용되는 것과 같은 한정적 문언들을 통해 제3자에게 양도할 수 있게 되었고, 이것이 미발생 장래권부 제3자를 위한 단순부동산권(fee simple subject to executory limitation or a fee simple on executory limitation)이며, 이에 따라 제3자에게 주어지는 미래부동산권이 미발생 장래권(executory interest)이라고 할 수 있다.392)

즉, '미발생 장래권부 제3자를 위한 단순부동산권'이란 일정한 어떤 사건의 발생시 그 부동산권을 양도 내지 수여한 사람(grantor)이나 그의 상속인(his heirs) 이외의 제3자에게 자동적으로(automatically) 이전될 가능성이 있는 부동산권을 말한다.393) 여기서 '장래권의 한정 내지 미발생 장래권의 제한'(executory limitation)이란 유언이나 날인증서를 통해 '미래권 내지 장래권'(future interest)을 제한하는 것이다.394)

예를 들면 원소유자가 부동산권을 양도하면서 A와 그의 상속인에게, 하지만 A가 살아있는 자식이 없이 사망한다면 B와 그의 상속인에게("to A and his heirs, BUT IF A shall die leaving no children him surviving, then to B and his heirs")라는 문언이 담긴 증서(deed)로 양도(pass)하는 경우를 들 수 있다.395)

다른 사람(a third party)에게 이전하게(shifting) 되는 미발생 장래권이라는 점에서 이전 점유자의 부동산권이 소멸되면서 원래의 양도자인 소유자(grantor)에게 복귀되는 '권리행사형 해제조건부 단순부동산권'(fee simple subject to condition subsequent)과 구별된다.

하지만 일반적으로 미발생 장래권부 제3자를 위한 단순부동산권은 장기 미확정 금지의 원칙(RAP, Rule Against Perpetuities)에 위반되는 경우가 많으므로 주의해야 할 것이다.

---

390) Id.
391) Id.
392) Id.; Jesse Dukeminier 외, supra note 32, at 225.
393) 박홍규, supra note 23, at 31.
394) 임홍근 외, supra note 22, at 729.
395) 박홍규, supra note 23, at 32.

(2) 특징

이 권리에 대해서는 상속될(descendible) 수 있고, 양도가능(alienable)하며 유증될(devisable) 수 있지만 언제나 조건이 붙어 있는 상태로 상속 내지는 이전될 것이다.

6. 생애부동산권(The Life Estate)

6.1. 의의

생애부동산권(the life estate)은 '자유토지부동산권'(freehold estate) 가운데에서 가장 오래된 형태로서 어떤 부동산의 권리자나 제3자가 생존하는 동안 그 부동산을 소유할 수 있는 권리를 갖는 것을 말한다.[396] 즉, 생애부동산권은 특정 부동산에 대한 양수인의 생존기간 동안 또는 양수인이 아닌 양도인 등과 같은 제3자의 생존기간 동안(*pur autre vie*) 지속되는 부동산권을 말한다.[397]

이때 생애부동산권을 갖는 자를 생애부동산권자(life tenant)라고 하며, 생애부동산권자는 소위 "Seisin"(봉건법상의 점유)을 갖는다.[398]

이와 같이 일반적으로 부동산권 양도인의 생애부동산권은 ① A에게 A의 생존기간 동안 보유하도록 하기 위해("to A to have and to hold during his natural life"), ② A에게 A의 생존기간 동안 독점적 사용·수익을 위해("to A for his sole use and benefit during his natural his death"), ③ A에게 그가 사망할 때까지(to A "until his death") 등의 문언이 기록된 증서를 통해 수여된다.[399]

---

396) Barlow Burke and Joseph Snoe, *supra* note 1, at 111; 사법연수원, *supra* note 19, at 254-255.
397) *Collins* v. *Held*, 369 N.E.2d 641(Ind. App. 1977); *White* v. *Brown* 559 S.W.2d 938(Tenn.1977); *Baker* v. *Weedon*, 262 So. 2d 641(Miss. 1972); Jesse Dukeminier 외, *supra* note 32, at 202; 임홍근 외, *supra* note 22, at 1529-1530면; 박홍규, *supra* note 23, at 36.
398) 자유토지부동산권에서 점유(possession of a freehold estate)는 "Seisin"(pronounced "seez-in")이라는 의미를 갖는다(Barlow Burke and Joseph Snoe, *supra* note 1, at 109, 111).
399) 박홍규, *supra* note 23, at 36-37.

6.2. 특징

이러한 생애부동산권은 부동산 권리자의 생존 동안 보유하게 되므로 그가 생존하는 동안 상속할 수 없으나 제3자의 생존기간 동안 생애부동산권을 보유하고 있을 경우 만일 권리자가 그 제3자보다 먼저 사망시 그 권리는 상속가능하다.[400] 하지만 생애부동산권의 경우 생애부동산권자의 사망으로 그 부동산은 소멸하기에 유언에 의해 부동산권을 증여할 수는 없다("the life estate is neither devisable nor descendible").[401] 물론 만일 다른 사람의 생애를 기준으로 하는 생애기준의 주체가 다를 경우 그 기준이 되는 특정인이 생존하는 한 유증할 수 있으며, 유증하지 않은 경우 법에 정한 방법에 따라 상속된다.[402]

또한 생애부동산권은 양도할 수 있지만 그 권리의 양수자도 특정된 자의 생존기간만 그 권리를 행사할 수 있게 되는 특징을 갖는다.[403] 즉, 생애부동산권은 자유롭게 양도, 증여, 저당권(mortgage)이나 지역권 등을 설정할 수 있지만,[404] 생애부동산권보다 내용면에서 더 많은 부동산권을 설정하거나, 기간 면에서 생애부동산권에서 정한 기간보다 길게 수여(grant)할 수는 없다.

하지만 실제에 있어서 대출자(a lender) 입장에서는 생애부동산권자("A")에게 금전 등을 대출해 줄 경우 A가 사망하면 채권의 회수가 이루어지기 전에 A가 사망할 수 있으므로 생애부동산권을 담보(security)로 하여 자금 대출을 주저하게 될 것이다. 거래적합성, 즉, 시장성을 갖기 어렵다는 말이다(marketability problems).[405]

한편, 생애부동산권자는 해당 부동산에 대해 미래 부동산권자나 제3자로부터 한 점유를 침해받아 손해를 입은 경우 점유회복을 소송이나 손해배상을 위한 소송을 제기할 수 있다.[406]

하지만 생애부동산권자는 해당 부동산(토지)로부터 모든 임대료(rents)나 이익(profits)을 얻을 수 있다.[407] 물론 아래에서 설명하는 것과 같은 미래부동산권의 사용을 위해 해

400) 사법연수원, *supra* note 19, at 255.
401) Barlow Burke and Joseph Snoe, *supra* note 1, at 111.
402) 박홍규, *supra* note 23, at 37-38.
403) 사법연수원, *supra* note 19, at 255.
404) 박홍규, *supra* note 23, at 37.
405) Barlow Burke and Joseph Snoe, *supra* note 1, at 114.
406) 박홍규, *supra* note 23, at 36.
407) Barlow Burke and Joseph Snoe, *supra* note 1, at 111.

당 부동산을 훼손해서는 안 될 의무를 부담 역시 갖게 된다.408)

6.3. 생애부동산권자(Life Tenant)의 권리와 의무

(1) 훼손의 법리(Doctrine of Waste)

생애부동산권을 보유한 자를 생애보유권자 내지는 생애부동산권자(life tenant)라고 앞에서 설명한 바와 있다. 이러한 생애부동산권자는 자신이 점유를 갖게 될 당시의 상태대로 그 부동산을 인도할 의무를 갖는다.409) 즉, 생애부동산권자는 언젠가는 권리를 잃도록 되어 있으므로 소유권자라기 보다는 용익물권자에 가까운 지위라고 할 수 있다.

이러한 점에서 생애부동산권자는 한편으로 그 부동산에 대한 일반적인 사용과 수익의 권리를 갖지만 다른 한편으로 부동산의 장래권을 행사할 수 있는 자(a remainderman)나 복귀부동산권으로 권리를 가지는 자(a reversioner)와 같은 장래부동산권의 권리자(a future interest holder)에 대한 보존, 관리 등의 의무가 부담된다(훼손의 법리, doctrine of waste).410)

'훼손의 법리'에 따른 훼손(waste)과 관련해서는 크게 적극적 훼손(voluntary or affirmative waste)과 소극적 훼손(permissive waste) 그리고 개량적 훼손(ameliorative waste)으로 구분된다.

미국 부동산법상 이러한 '훼손의 법리'는 임대인과 임차인의 관계(Landlord-Tenant relationship)와 저당권자와 저당권설정자와의 관계(Mortgagor and Mortgagee relationship)에서 사용되고 있다.411)

1) 적극적 훼손(Voluntary or Affirmative Waste)

a) 의의　　　적극적 훼손(affirmative waste)이란 울타리를 무너뜨리거나, 목재를 벌채하거나 광물을 채취하는 등 해당 부동산에 대한 어떤 적극적(affirmative or voluntary) 행위를 통해 그 가치가 감소되는 것을 말한다.412)

b) 원칙　　　생애부동산권자는 용익물권자에 가까운 지위라고 할 수 있기에 만일

---

408) 박홍규, *supra* note 23, at 36.
409) Barlow Burke and Snoe, *supra* note 1, at 118.
410) Jesse Dukeminier 외, *supra* note 32, at 217-218.
411) Barlow Burke and Snoe, *supra* note, at 118 foot note 5.
412) *Id.* at 119.

위와 같은 행위를 행하였다면 장래부동산권자(the remainderman)는 이를 이유로 한 손해배상(damages)이나 금지명령(injunction)을 신청할 수 있다.

c) 예외　　하지만 위와 같은 행위를 하는 것이 허용되었다고 볼 수 있는 일정한 경우에는 예외로서 이용할 수 있다. 이러한 예외로는 ① 이미 사용 중인 경우(prior use), ② 부동산의 보수와 유지를 위해 합리적인 필요성이 있는 경우(reasonable repairs), ③ 양도인으로부터 허용하는 별도의 명시적인 의사표시가 있는 경우, ④ 해당 부동산이 이용만의 목적에 적합한 경우(exploitation)를 들 수 있다.

부동산권자가 양도하기 이전에 이미 그 부동산이 개발되어(exploit) 사용 중인 예로는 어떤 광물을 채굴하려 할 때 이미 광구가 개발되어 있는 경우를 예로 들 수 있는 데 그 이유는 소유자가 생애부동산권자의 계속 사용을 용인하였을 것이라는 것을 미루어 짐작할 수 있기 때문이다. 하지만 이 경우에 개발된 그 범위에서만 계속 이용할 수 있고 그 범위를 벗어나거나 새로운(new) 곳을 개발하여 이용할 수 없다(open mines doctrine). 이러한 'open mines doctrine'은 자연적 원료 특히 광물에 적용된다고 할 수 있다.[413]

2) 소극적 훼손으로서 유지의무(Permissive Waste)

a) 의의　　부작위에 의한 부동산 훼손 또는 소극적 훼손(permissive waste)이란 부동산 소유자가 임차인에게 기대하고 있는 해당 부동산에 필요한 합리적인 유지 내지 수리를 소홀히 하여 해당 부동산에 손해를 가하는 경우를 말한다.[414]

이는 목적물을 유지하기 위해 사용이 허용된다는 점에서 '허용된 훼손'(permissive waste)이라고도 하는 데 이 의무는 본질적으로 해당 부동산에 대한 합리적 주의의무를 다하지 못한 과실("negligence")의 문제라고 할 수 있다.[415]

잔디나 나무 등에 물을 제대로 공급하지 않아 잔디나 나무가 말라 죽거나[416] 지붕에 비가 새거나 싱크대에 물이 새고 있음을 알고 있음에도 생애부동산권자가 이를 방치함으로 인해 발생하는 손해에 대한 것이 그 예이다. 그렇다고 해당 재산(토지)을 개량하거

413) *Id.*
414) 임홍근 외, *supra* note 22, at 1413.
415) *Woodrick* v. *Wood*, 1994 Ohio App. LEXIS 2258, 1994 WL 236287; Jesse Dukeminier 외, *supra* note 32, at 218.
416) Barlow Burke and Joseph Snoe, *supra* note 1, at 119.

나(improve) 폭풍이나 지진, 화재 등의 원인에 의해 입게 된 특별한 손해를 보수할 의무까지 부담하는 것은 아니다.[417]

　　b) 적용　　　생애부동산권자가 일정한 유지의무를 행하더라도 그 생애부동산권자가 그 부동산으로부터 얻게 될 어떤 이익(profit) 등을 얻는 한도에서 임차료, 이자(interest), 또는 세금(taxes)을 부담한다.[418]

　　그러므로 만일 해당 부동산으로부터 아무런 수익 내지는 이익이 없다면 그 부동산의 임차로부터 얻게 되는 임차료(rental fee)에 상당하는 정도의 일반적인 세금을 납부하면 될 것이다. 이자(interest)만 부담하면 되고 저당권 부분(mortgage), 해당 부동산에 대한 보험료나 원금(principal)에 대한 지급의무는 없으므로 그 부동산의 잔여권(remainder)을[419] 행사할 수 있는 자(a remainderman)로서는 장래 자신의 권리를 지키려면 이를 변제해야 할 것이다.

　　만일 유언으로 생애부동산권(life estate)을 받고, 그 부동산에 대한 점유(occupancy)나 임대(rent)나 이익(profits)이 없다면 보수(repair)나 세금(taxes) 납부의무 역시 부담하지 않게 된다.

3) 개량적 훼손(Ameliorative Waste)

　　a) 의의　　　'개량적 훼손 내지 현상변경'(ameliorating or ameliorating waste) 또는 '잔여권자의 권리에 편익(benefits)을 주는 훼손'이란 사실상의 현상변경 내지 개량(waste in fact)으로 인해 비록 해당 부동산 가치의 증가(enhancement of the property's value)를 가져온다고 해도 실제로는 부동산 보유자의 권한 없는 행위(an unauthorized act)를 말한다.[420]

　　b) 적용　　　이러한 '개량적 훼손 내지 현상변경'의 경우 원칙적으로 장래의 이익 내지 기대권을 가진 자들(future interest holders)이 알고 있거나 그들 전부의 동의가 없는 한 비록 해당 부동산의 가치가 증가되더라도 이러한 행위를 해서는 안 된다.

---

417) *Id.* at 115.
418) *Id.*
419) 어떤 하나의 기대권(an expectancy)이 당사자에 의해 설정되는 경우를 잔여권(殘餘權, remainder)이라고 하고, 당사자가 아닌 법의 효력에 의해 설정되는 경우를 복귀권(復歸權, reversion)이라고 한다. 잔여권이 잔존물(殘存物)로서의 의미를 갖게 될 경우 생애부동산권과 같은 바로 앞의 부동산권이 종료시에 잔존하여 원래의 양도인(the original grantor) 또는 그의 상속인에게 복귀되지 않은 부동산권의 일부분을 의미한다(임홍근 외, *supra* note 22, at 1606).
420) Barlow Burke and Joseph Snoe, *supra* note 1, at 119; 임홍근 외, *Id.* at 105.

그러므로 비록 부동산 주변 환경의 변화로 집값이 상승하는 등 어느 정도 매각의 필요성이 있어도 장래 이익을 가진자들의 반대가 있다면 개량적 현상변경행위는 금지된다.

물론 이들이 반대하지 않고 개량으로 인해 장래이익의 시장가치(market value)가 감소되지 않는 경우라면 허용될 수 있을 것이다.

4) 경제적 훼손(Economic Waste)

'경제적 훼손'(economic waste)이란 해당 부동산으로부터 얻는 수입이 부동산세, 보통의 유지비용, 저당권 설정에 따른 이자 등 생애부동산권자가 지불해야 할 비용보다 부족한 경우를 의미한다.[421] 이러한 경제적 훼손이 발생한 경우 주(state)에 따라서는 생애부동산권자나 잔여권자가 부동산 매도를 위한 소송을 제기할 수도 있다.[422]

III. 미래 부동산권(Future Estates)

1. 서설

'미래 재산권' 내지 '미래 부동산권'(future interests or estates)이란 장래에 그 재산권의 소지자(a holder)에게 점유할 권리를 부여하는 것을 말한다.[423] 이는 미래의 어떤 시점에 점유할 수 있는 권리이지만 현재적인 것으로서 법적으로 보호받을 수 있는 권리이기도 하다.[424] 즉, '미래 재산권'은 어떤 시점이 되면 점유할 수 있는 비점유권리이긴 하지만 현재 존재하는 것으로서 법적으로 보호해 주는 권리를 말한다.[425]

이러한 것은 ① 단순부동산권자인 A가 B에게 생애부동산권(life estate)을 양도한 경우

---

421) Barlow Burke and Joseph Snoe, *Id,* at 120.
422) *Id.*
423) 미래 부동산권도 앞에서 설명한 바와 같이 그 용어의 사용에 있어서 학자에 따라 보는 시각에 따라 유형의 분류에 따라 다르지만 그 내용은 거의 같다고 할 수 있다. 그러므로 본 교재에서는 용어나 분류가 다소 다르더라도 내용에 대한 학습의 이해에 초점을 두고 설명하고자 한다. 앞에서 언급한 바와 같이 미래 재산권에 관한 내용은 주로 부동산에 대한 것이라는 점에서 특별한 설명이 없는 한 '미래 재산권' 내지 '미래 부동산권'이란 용어로 혼용하여 설명하기로 한다.
424) 박홍규, *supra* note 23, at 42.
425) *Id,* at 44.

A는 미래부동산권으로서 복귀권(reversion)을 갖는 경우와 같이, 미래 부동산권을 보유한 사람이 자신이 갖고 있는 부동산에 대한 권리보다 적은 부분의 부동산권을 양도하는 경우, 또는 ② 단순부동권자인 A가 B에게 B가 살아있는 자녀 없이 사망하는 것을 조건으로 하는 해제조건부 단순부동산권을 양도한 후 C에게 미래 부동산권으로서 미확정권리 (executory Interest)를 양도한 경우와 일정한 조건이 성취될 때 소멸되거나 소멸권이 부여되는 부동산권을 양도하는 경우 등에서 나타난다.426)

그러므로 일정한 조건이 성취될 경우 소멸되거나 소멸할 수 있는 권리가 부여되는 그러한 부동산권을 양도할 경우에 발생하게 되고, 따라서 부동산권을 갖고 있는 자가 완전한 권리를 양도하는 경우라면 위와 같은 권리는 발생하지 않을 것이다.427)

2. 유형

미래 재산권은 일단 양도된 부동산권이 양도인을 위해 성립하는가 아니면 제3자를 위해 성립하는가의 여부에 따라 양도인을 중심으로 (양도인게 복귀되는) 복귀형 미래재산권 (reversionary future estates/interestes)과 미복귀형 미래재산권(non-reversionary future estates/interests) 으로 구분할 수 있다. 즉, 양도인(a grantor)과 양도인 이외의 제3자인 양수인(a transferee) 가운데 누가 미래 부동산권을 보유하는지의 여부에 따라 아래 〈표〉와 같이 여섯 가지로 구분될 수 있다.

━━ 미래부동산권(Future Interest)428)

양도인(grantor/transferor)을 위하여 발생하는 경우	복귀권(Reversion)
	복귀가능권(Possibility of Reverter, "POR")
	환수권(Right of Entry, "ROE" also known as Power of Termination)
양수인(grantees/transferees) 을 위하여 발생하는 경우	확정적 잔여권(Vested Remainder)
	미확정적 잔여권(Contingent Remainder)
	미발생 장래권(Executory Interest)

---

426) *Id,* at 42-43.
427) *Id,* at 42.
428) Jesse Dukeminier 외, *supra* note 32, at 254.

이와 같이 미래 부동산권을 분류하는 이유는 여러 가지가 있겠지만 우선 뒤에서 살펴 볼 장기 미확정 금지의 원칙(RAP)의 적용을 받는지의 여부와도 관련이 있다. 이 원칙의 적용을 받으면 사안에 따라서 해당 미래 부동산권이 무효화 될 수 있기 때문이다.

이하에서는 이러한 내용을 중심으로 양도인을 위한 경우와 양수인 측을 위한 경우로 구분하여 살펴보기로 한다.[429]

3. 미래부동산권이 양도인(grantor)을 위하여 발생하는 경우

미래부동산권이 양도인의 위해 성립 내지 발생하는 경우로서 복귀권(Reversion), 복귀가능권(Possibility of Reverter, POR), 환수권(Right of Entry, ROE)의 세 가지를 들 수 있으며, 이에 관한 구체적 내용에 대해서는 아래에서 살펴보기로 한다.

이 부분에서 중점을 두고 학습해야 할 사항은 우선 관련된 기본적인 용어와 예들(examples)을 익히는 것이다. 이와 관련하여서는 뒤에서 살펴 볼 '장기 미확정 금지의 원칙'(Rule Against Perpetuities, "RAP")의 적용을 받는지, '소멸 가능한 단순부동산권'(fee simple determinable, FSD) 또는 '권리행사형 해제조건부 단순부동산권'(fee simple subject to a condition subsequent)은 어느 것과 연결되는지, 양도인이 일정한 목적을 정하여 양도하였지만 양도받은 사람이 그 목적 이외의 용도로 사용하여 조건 등을 위반할 경우 그 부동산은 자동적으로(automatically) 양도인에게 복귀하게 되는 것인지 등이 주요 쟁점이 된다.

3.1. 복귀권(Reversion)

(1) 의의

'복귀권' 또는 '재산의 복귀'(reversion)는 부동산의 형식적 양도는 있지만 실제로 양도인(a grantor)에게 복귀하게 되는(revert, "come back") 권리를 말한다.[430] 즉, 복귀권은 주로

---

429) 특히, 미국 로스쿨이나 미국 변호사 자격취득 준비 등 심화된 학습을 위한 독자들은 어떤 사례가 어디에 포함되는지를 정확히 숙지하여 혼동하지 않도록 해야 할 것이다. 다만 실제 MBE 등 사례를 통해 학습하다보면 상대적으로 시간이 많이 소요될 수 있는 등을 고려 어느 정도 이해에 필요한 시간을 확보하고 어렵거나 혼동되는 부분이 많다면 일단 전 범위를 정독한 뒤 나중에 다시 깊이 생각해 보는 것도 하나의 방법이라고 생각한다.

430) Jesse Dukeminier 외, *supra* note 32, at 255.

양도인 자신이 보유한 부동산권보다 적은 권리를 양도할 때 양도인에게 남아있는 미래부동산권을 말한다.[431] '적은 권리(a lesser interest)를 양도한다는 의미'는 남게 되는 권리가 있다는 의미가 되며 남아있는 권리 즉, 잔존 권리 역시 양도인에게 또는 만일 양도인이 사망한 경우라면 그 상속인에게 복귀권의 형태로 보유하게 된다는 것이다.

예를 들어 절대적 단순부동산권자(a fee simple absolute)인 갑이 양도인으로서 ① A에게 생존부동산권("to A for life")을 양도한 경우, ② A에게 일정기간 동안("to A for 일정기간")을 양도한 경우, ③ A에게 생존부동산권("to A for life")을, B에게 일정기간 동안("to A for 일정기간")을 양도한 경우 양도인은 복귀권을 갖는다. 왜냐하면 ①②③ 모두 A와 B의 생애부동산권이 소멸하거나 일정기간이 종료한 경우 양도인은 다시 절대적 단순부동산권을 갖게 되기 때문이다.[432]

이와 같이 복귀권은 생애부동산권(생애부동산권자 사망시)과 한사부동산권(fee tail, 양수인 가계의 혈통이 소멸될시) 그리고 정기부동산권(term of years, 지정된 기간이 종료될시)과 같이 자연적으로(naturally) 소멸될 수 있는 권리와 관련이 있다고 할 수 있다.

(2) 특징

이러한 복귀권이 갖는 특징은 살아있는 동안 이전가능하고(transferable or assignable), 유언이 있다면 그 유언에 따라 상속가능하며(devisable by will), 유언이 없다면 법에서 정한 상속순위에 의해 양도가 가능하다(descendible or inheritable).[433]

이러한 복귀권은 정지조건(condition precedent)의 요건 충족을 위한 어떤 사건의 발생 또는 불발생에 의존하지 않는다는 점에서, 정지조건과 관련 있는 아래에서 살펴 볼 복귀가능권(possibility of reverter, POR)과 환수권(right of entry, ROE)과 구별된다.[434]

---

431) Barlow Burke and Joseph Snoe, *supra* note 1, at 135; 박홍규, *supra* note 23, at 44.
432) 박홍규, *Id*, at 44.
433) Barlow Burke and Joseph Snoe, *supra* note 1, at 136.
434) *Id*, at 135.

3.2. 복귀가능권(Possibility of Reverter)

(1) 의의

복귀가능권(possibility of reverter)이란 어떤 특정 사건이 발생하거나 특정 행위가 장래에 이행될 경우 그 부동산이 설정자 내지 양도인에게 복귀할 가능성을 의미한다.[435] 이러한 복귀가능권은 단순부동산권자가 '자동복귀형 해제조건부 단순부동산권'(fee simple determinable)의 경우에 주로 발생한다.[436]

예를 들어 절대적 단순부동산권자 갑이 A에게 부동산권을 양도함에 있어서 '교육목적용으로만' 사용을 허락한 경우(to A so long as the premise is used 'only for the educational purpose'), A는 해제조건부 단순부동산권을 얻게 되고 양도인은 복귀가능권을 취득하게 되는 것이다. 이 경우 특정 사건의 발생, 즉 A가 교육목적 이외의 용도로 사용할 경우 자동적으로(automatically) 그 부동산은 양도인에게 복귀하게 된다.

(2) 특징

이러한 복귀가능권이 갖는 특징은 주(州)에 따라 견해에 따라 차이는 있지만[437] 살아있는 동안 이전가능하고(transferable), 유언이 있다면 그 유언에 따라 상속가능하며(devisable by will), 유언이 없다면 법에서 정한 상속순위에 의해 양도가 가능할 것이다(descendible).[438]

3.3. 환수권(Right of Entry)

(1) 의의

환수권(right of entry/re-entry or power of termination)이란 '권리행사형 해제조건부 단순부동산권'(fee simple subject to a condition subsequent)과 같이 일정한 조건이 성취될 경우 양

---

435) 임홍근 외, *supra* note 22, at 1449.
436) Jesse Dukeminier 외, *supra* note 32, at 256; Barlow Burke and Joseph Snoe, *supra* note 1, at 135; 박홍규, *supra* note 23, at 44.
437) Jesse Dukeminier 외, *Id.* at 232[(생존시에는 재산(a "thing")에 대한 권리(a property interest)를 이전하는 것이 아니라 단순한 재산권이 될 가능성("mere possibility of becoming an estate")을 이전할 수 있기 때문에 생존시에는 이전될 수 없다)].
438) Barlow Burke and Joseph Snoe, *supra* note 1, at 136.

도인이나 그 권리의 승계인에게 환수권이나 소멸권을 부여, 평화적으로 부동산을 회복하는 권리를 말한다.[439]

　　단순부동산권자 갑이 A에게 해당 부동산을 '주거용'이란 조건을 붙여 양도하고, 그 조건에 위반시 소멸시켜 환수하는 경우("to A on condition that if the premise is not used for residential purpose, the owner shall have the right to re-enter and retake the premise.")가 그 예로서 소멸권(power of termination) 또는 조건 위반에 의한 환수권(right to entry for breach of condition)이라고도 한다.[440]

(2) 특징

　　이러한 환수권은 복귀가능권과는 달리 즉, A가 '교육목적' 이외의 용도로 사용할 경우 자동적으로 그 부동산은 양도인에게 복귀하게 되는 것이 아니라, 양도인 자신이 환수권을 행사해야 한다(not automatically).[441]

　　또한 주(州)에 따라 견해에 따라 원칙적으로 복귀가능권은 살아있는 동안 이전이 어려울 수 있지만(not transferable), 유언이 있다면 그 유언에 따라 상속가능하며, 유언이 없다면 법에서 정한 상속순위에 의해 양도가 가능할 것이다.[442]

4. 미래부동산권이 양수인측(transferees)을 위하여 발생하는 경우

사 례 연습 ───

　　부동산 소유자인 양도인 갑이 "아들 A에게 생애부동산권을, A가 채무불이행 상태가 아닌 상태에서 사망할 경우 A의 자녀들에게, A가 채무불이행 상태가 된 경우 갑의 딸 D에게, D가 사망할 경우 D의 자녀들에게"("to A for life, and upon A's death to the children of A, except that if A is in default, to D, then to the children of D, upon D's death")라는 내용을 담은 증서로 양도

───

439) Id. at 135; Jesse Dukeminier 외, *supra* note 32, at 257; 임홍근 외, *supra* note 22, at 1653; 박홍규, *supra* note 23, at 45.
440) 박홍규, *Id.*
441) Jesse Dukeminier 외, *supra* note 32, at 232.
442) Barlow Burke and Joseph Snoe, *supra* note 1, at 136; Jesse Dukeminier 외, *Id.* at 232(복귀가능권과 환수권은 모두 생전에 이전할 수 없고 그러한 권리 소유자가 사망시에 상속인에게 이전된다).

하길 원한다고 하자.

이때 양도 당시 갑은 살아있고, A도 채무불이행 상태도 아니고 두 자녀(M과 W)가 있다고 할 경우 M과 W가 취득하게 될 이익은?

(1) 쟁점

1. 변동 가능한 확정적 잔여권(a vested remainder subject to open)
2. 양도 후 해제조건에 의존하는 확정적 잔여권(a vested remainder subject to total divestment)
3. 미확정 잔여권(a contingent remainder)
4. 미발생 장래권(an executory interest)

미래부동산권이 양도인이 아닌 양수인측을 위해 성립 내지 발생하는 경우(future interest in transferees)로서 크게 확정적 잔여권(vested remainders), 미확정 잔여권(contingent remainders), 미발생 장래권(executory interests)의 세 가지를 들 수 있으며, 이에 관한 구체적 내용에 대해서는 아래에서 살펴보기로 한다.[443]

이 부분에서 중점을 두고 학습해야 할 사항은 관련된 기본적인 용어와 사례들을 익힌 후에 잔여권(remainder)권 미발생 장래권(executory interest)의 차이, 확정적 잔여권(vested remainder)과 미확정 잔여권(contingent remainder)의 구별, 장기 미확정 금지의 원칙(Rule Against Perpetuities, RAP)의 적용여부 등에 관한 것이다.

또한 각각의 권리들에 대한 양도가능성(alienability)과 관련하여서는 미래부동산권이 양도인(grantor)을 위하여 발생하는 경우와는 달리 원칙적으로 모두 양도가 가능한 것으로 이해하면 될 것이라고 생각한다.

4.1. 잔여권(Remainders)

(1) 의의

미래부동산권으로서 '잔여권'(remainders)은 단순부동산권(a fee simple interest)보다는 더 적은 현재의 부동산을 양도하면서 성립되며, 그 이전에 성립된 모든 권리들이 소멸함과

---

443) Jesse Dukeminier 외, *Id.* at 258, 291; 여기서 '양수인'이 아닌 '양수인측'이라는 용어를 사용한 이유는 직접의 양수인만이 아닌 양수인 이외의 모든 사람을 포함하는 개념으로 이해하는 것이 정확하다고 생각하였기 때문이다(Barlow Burke and Joseph Snoe, *Id,* at 137).

동시에(immediately) 현재 부동산권으로 되는 것이라고 할 수 있다.[444]

잔여권(殘餘權, remainder)은 생애부동산권(a life estate)이나 정기부동산권(an estate for a term of years)의 종료시에 잔존하여("remains") 원래의 양도인 또는 양도인의 상속인들에게 복귀되지 않고 제3자(third party transferees)가 취득하는 것을 내용으로 하는 부동산권을 의미한다.[445] 또한 잔여권은 취득원인에 있어서 이전에 성립된 어떤 권리의 무효 등을 통해 취득하게 되는 것이 아니라는 점에서 미발생 장래권(executory interests)과 구별된다.[446] 왜냐하면 잔여권이 갖는 특징은 현재나 미래에 있어서 어떤 제한이 없는 소유권을 갖기 때문이다.

(2) 종류

부동산상의 권리가 어떤 집단(a class) 등을 포함하는 특정한 사람(ascertained person)에게 주어지고 그리고("AND"), 정지조건(condition precedent)이 붙어있지 않는 경우를 확정적 잔여권(a vested remainder)라고 한다.[447] 이러한 점에서 그 대상자가 특정되지 않았거나("OR"), 어떤 정지조건(condition precedent)이 붙어 있거나("OR") 아니면 특정되지도 않으면서 조건이 붙어있는 경우를 의미하는 미확정 잔여권(contingent remainder)과 구별된다.[448] '확정적 잔여권'과 '미확정 잔여권' 사이의 해석에 있어 법원은 잔여권(a remainder)으로의 해석을 선호하는 경향이 있다.[449] 예를 들어 양도권자 갑이 A에게 생애부동산권을, 그리고 B와 B의 상속인들에게("to A for life, then to B and his heirs")라고 기재된 증서로 양도하였을 경우 이때 B는 잔여권(remainder)을 갖게 된다. 이러한 잔여권을 행사할 수 있는 자를 잔여권자(殘餘權者, a remainderman)라고 하고, 보통 생애부동산권(a life estate)이나 정기부동산권(an estate for a term of years)과 밀접한 관련을 갖고 있다.

이때 주의해야 할 것은 어떤 기간 중의 단절(a gap)이 없어야 된다는 점이다. 즉, 갑이 A에게 생애부동산권을, 그리고 B에게, 그리고 나서 B의 사망 후 일주일 뒤에 B의 상속인들에게("to A for life and then to B and his heirs one week after A's death")라는 예에서 B는

---

444) Id.; 박홍규, supra note 23, at 45; 서철원, supra note 27, at 126.
445) 임홍근 외, supra note 22, at 1606.
446) 박홍규, supra note 23, at 44.
447) Barlow Burke and Joseph Snoe, supra note 1, at 143.
448) Id.; Jesse Dukeminier 외, supra note 32, at 259.
449) Barlow Burke and Joseph Snoe, Id, at 149.

잔여권을 취득할 수 없게 된다.[450] 왜냐하면 "사망 후 일주일"이란 기간의 단절이 있기 때문이다.

(3) 확정적 잔여권(Vested Remainders)

1) 의의　　앞에서 언급한 바와 같이 부동산상의 권리가 어떤 집단(a class) 등을 포함하는 특정한 사람에게 주어지고 '그리고' 정지조건이 붙어있지 않는 경우를 확정적 잔여권(a vested remainder)이라고 한다.[451] 여기서 '확정적'(vested)이란 것은 '권리취득'이 확정적(vested in interest)이란 의미로서 '권리취득이 확정적'(vested in interest)이란 미래부동 산권이 사람의 사망이나 기간의 경과 등 시간의 경과만으로 현재 점유권의 취득이 확정 되는(vested in possession) 것이 아니라 현재 점유할 수 있는 권리(present possessory interest) 로서의 취득이 확실한 경우라고 할 수 있다.

2) 종류　　이러한 확정적 잔여권(a Vested Remainder)의 종류에는 양도인 이외의 제3자가 토지상 이익 취득의 확실성 여부, 지분의 변동 여부 등 그 내용에 따라 무효화 할 수 없는 확정적 잔여권(indefeasibly vested remainder), 변동가능한 확정적 잔여권(vested remainder subject to open), 양도 후 해제조건에 의존하는 확정적 잔여권(vested remainder subject to complete defeasance or total divestment, contingent remainders)으로 구분할 수 있다.[452]

a) 무효화 할 수 없는 확정적 잔여권(Undefeasibly Vested Remainder)　　무효화 할 수 없는 확정적 잔여권(remainders indefeasibly vested, or indefeasibly vested remainders)이란 해 제조건(condition subsequent)이 붙어있지 않고 변동이 가능한 단체 증여(a class gift)가 아니 어서 변동 가능성이 없는 경우를 의미한다.[453]

예를 들어 소유자 내지 양도인 갑이 A에게 생애부동산권을, B에게 잔여권으로 양도하 고(to A for life, remainder to B), A와 B 모두 생존하고 있다고 하자. 이때 A는 생애부동산권(a life estate)을, B는 '무효화 할 수 없는 확정적 잔여권'을 갖게 된다. B로 특정되어 있고 B가 취득하게 될 권리에 어떠한 조건이 붙어 있어 박탈되거나 어떤 단체 내지 그룹에 대한 증여

---

450) 이 경우에는 그러므로 미발생 장래권(executory interest)을 얻게 되는 것이다.
451) Barlow Burke and Joseph Snoe, *supra* note 1, at 143.
452) 서철원, *supra* note 27, at 126.
453) Barlow Burke and Joseph Snoe, *supra* note 1, at 150; 박홍규, *supra* note 23, at 46; 임홍근 외, *supra* note 22, at 978, 1606.

가 없어 지분에 대한 변동을 가져오지 않아 B가 잔여권자로 되는 것이 확실하기 때문이다.

b) **변동 가능한 확정적 잔여권**(Vested Remainders subject to Open)   변동 가능한 확정적 잔여권(a vested remainder subject to open or remainders vested subject to partial defeasance/ divestment)이란 특정 부동산에 대한 장래의 이익 취득여부는 확정되었으나, 한 사람 이상에게 수여되어(a class gift) 그 지분 내지 규모가 변동가능한 잔여권을 의미한다.[454]

예를 들어 양도인 갑이 A에게 생애부동산권을, A가 사망할 경우 A의 자녀들에게("A for life, on A's death to A's children")라고 양도하고 양도 당시 A에게 아이(C)가 있다고 생각해 보자.[455] 이때 C가 이 부동산권을 취득하기 위해 어떤 다른 조건의 충족 등이 요구되지 않으므로 권리는 확정되었다고 할 수 있다. 하지만 A가 여전히 생존하고 있다면 A에게는 또 다른 자녀들이 태어날 수 있으므로 만일 실제 태어나는 경우 아이의 수에 따라 B가 취득하게 될 이익의 규모 내지 지분은 변동될 수 있다.

c) **양도 후 해제조건에 의존하는 확정적 잔여권**(Vested Remainder subject to Complete Defeasnace or Total Divestment)   앞에서 언급한 대로 '확정적 잔여권'과 '미확정 잔여권' 사이의 해석에 있어 법원은 가능한 한 확정적 잔여권으로의 해석을 선호하는 경향이 있다.[456] 하지만 이러한 해석을 통해 확정적 잔여권이라고 해도 박탈될 수 있는 경우도 있는 데 이러한 잔여권을 양도 후 해제조건에 의존하는 확정적 잔여권(vested remainder subject to complete defeasnace or total divestment)이라고 한다.[457]

즉, '양도 후 해제조건에 의존하는 확정적 잔여권'이란 잔여권 취득은 확정되었으나 양도 후 어떤 사유의 발생으로 권리가 박탈될 수 있는, 말하자면 해제조건(condition subsequent)에 종속하는 잔여권을 말한다.[458]

예를 들어 양도인 갑이 A에게 생애부동산권을, A의 사망시 B에게, 하지만 B가 먼저 사망할 경우 C에게 양도하기로 하는 경우("A for life, on A's death to B, but if B predeceases A, then to C")를 생각해 보자.[459] 이때 B는 다른 조건의 성취여부와 상관없이 A의 생애부동

454) Barlow Burke and Joseph Snoe, *Id.* 152; 박홍규, *Id.*; 서철원, *supra* note 27, at 126.
455) 박홍규, *Id.* at 47; 서철원, *Id.* at 126.
456) Barlow Burke and Joseph Snoe, *supra* note 1, at 150.
457) *Id.*
458) 서철원, *supra* note 27, at 127.
459) *Id.*

산권을 승계 받게 되므로 그 권리는 확정적이라고 할 수 있다. 하지만 B가 A보다 먼저 사망할 경우라는 해제조건이 성취될 경우 확정적이었던 B의 권리는 박탈된다.

이때 이러한 잔여권과 미확정 잔여권(contingent remainder)을 구별하는 중요한 기준은 그 제한하는 조건(a determinative condition)에 있어서 전자가 해제조건(condition subsequent)과 관련이 있다면 후자는 정지조건(condition precedent)과 관련되어 있다는 점이라고 할 수 있다.[460]

(4) 미확정 잔여권(Contingent Remainder)

이에 비해 미확정 잔여권(contingent remainder)이란 그 대상자가 특정되지 않았거나("OR"), 어떤 정지조건(condition precedent)이 붙어 있거나("OR") 아니면 특정되지도 않으면서 조건이 붙어있는 경우를 의미한다.[461] 즉, 현재 존재하지 않거나, 확인되지 않거나, 확실하지 않은 사람을 기준으로 한다든지, 혹은 확실한 사람을 기준으로 하지만 어떤 부동산에 대한 그의 권리가 장래의 어떤 불확실한 사건에 의존하게 되는 잔여권을 말한다(불확정적 내지 정지조건부 잔여권).[462]

예를 들면 양도권자 갑이 양수인 A에게 양도하면서 B가 장학금 취득시 B에게("to A for life, then to B if B wins a scholarship")라는 식으로 증서에 표기하여 교부하였다면 B에게로(to B) 특정은 되었어도 장학금 취득(if B wins a scholarship)이라는 조건이 붙어 있어 이에 종속하게 되고 따라서 조건부 잔여권이 되는 것이다. 주의할 것은 본 사안에서 만일 A의 생존시에 B가 실제 장학금을 취득하게 되었다면 B의 불확정적 잔여권은 자동적으로(automatically) 확정적 잔여권(an indefeasibly vested remainder)으로 변환되는 것이다.

양도권자 갑이 양수인 A에게 양도하면서 A가 C보다 먼저 사망할 경우 C에게 잔여권을("to A for life, remainer to C if C survives A")라고 하는 증서로 양도할 경우에도 불확정적 내지 조건부 잔여권이 되는 것이다.[463] 왜냐하면 C의 잔여권이 현재 부동산권으로 성립되기 위해서는 A가 C보다 먼저 사망해야 하는 데 이러한 조건의 충족여부는 불확실하기 때문이다.

---

460) Barlow Burke and Joseph Snoe, *supra* note 1, at 150.
461) *Id.* at 143.
462) 임홍근 외, *supra* note 22, at 1606; 박홍규, *supra* note 23, at 47; 서철원, *supra* note 27, at 1273.
463) 박홍규, *Id.*

4.2. 미발생 장래권(Executory Interests)

(1) 의의 및 종류

'미발생 장래권'(Executory Interests)이란 어떤 장래 기일 또는 우연한 사건이 발생한 때에 현실적으로 성립될 수 있는 장래권을 말한다.464) 즉, 미발생 장래권은 해제조건의 성취로 인해 이전의 권리가 박탈되거나 단절될 때 제3가 갖게 되는 미래부동산권이라고 할 수 있다.465)

이러한 권리는 앞에서 살펴 본 '복귀가능권'(a possibility of reverter)이나 '환수권'(a right of entry)과 유사하다고 볼 수 있으나 일단 해당 부동산권이 양도인이 아닌 제3자에게 이전될 경우 소멸할 수 있는 '단순부동산권'(a defeasible fee)이라는 점에서 차이가 있다.

이러한 미발생 장래권에는 아래에서와 같이 '이전적'(移轉的)인 경우(shifting executory interests)와 '발생적'(發生的)인 경우(springing executory interests)로 구분될 수 있다.

(2) 잔여권과의 구별

현재의 점유권이 종료되고 원래의 양도인이 아닌 양수인에게 그 토지의 점유가 이전되는 것을 내용을 하는 재산권에는 미발생 장래권(executory interests)과 잔여권(remainders)이라는 두 가지를 생각해 볼 수 있다. 미발생 장래권(executory interests)이 다른 사람이 갖고 있던 현재의 점유권을 박탈하여(divest) 제3자인 양수인에게 토지의 점유권을 귀속시키는 것이라면, 잔여권(remainders)은 다른 사람이 갖고 있던 현재의 점유권이 종료함에 따라 자연스럽게(the natural termination) 제3자인 양수인에게 그 토지의 점유권이 귀속하는 것이라는 점에서 구별된다.466)

즉, 미발생 장래권(executory interests)과 잔여권(remainders)을 구별함에 있어서 현재의 점유권이 종료하여 점유권이 제3자에게 이전되는 경우 보통 생애부동산권(a life estate)이나 기한부 임대차(tenancy for years) 등을 따르는 것이 잔여권이고, 그 나머지의 경우는 미발생 장래권(executory interests)이라고 이해하면 좋을 것이다.467) 이러한 점에서 미발생

464) 임홍근 외, *supra* note 22, at 729.
465) Barlow Burke and Joseph Snoe, *supra* note 1, at 139.
466) 서철원, *supra* note 27, at 122-123.
467) *Id.* at 122.

장래권(executory interests)과 잔여권(remainders)은 상호 배타적인 미래부동산권이라고 할 수 있다.468)

(3) 이전적(移轉的) 미발생 장래권(shifting executory interests)

이전적 미발생 장래권(shifting executory interests)이란 이전 증서(conveying document) 등에서 정한 해제 조건(a condition subsequent)의 성취로 인해 제3자의 권리가 박탈되어 (divested) 현재 부동산권이 될 수 있는 미래부동산권을 말한다.469)

예를 들어 양도인 갑이 A에게 양도하지만 A가 '살아있는 자녀'가 없이 사망할 경우에는 B에게 양도한다("to A, but if A dies without children him surviving, then to B")라는 내용을 담은 증서를 양도하였다고 하자. 이 경우 A는 '제3자를 위한 미발생 장래권부 단순부동산권'(fee simple subject to executory limitation)을 갖게 되고, B는 '이전적 미발생 장래권' (shifting executory interests)을 갖게 된다.470) 이때 만일 A가 생존 자녀 없이 사망할 경우 A의 권리는 빼앗기게 되고, 이제 B의 권리는 현재 부동산권으로 양도된다고 할 수 있다.

양도인 갑이 A와 그의 상속인들에게, 하지만 만일 B가 '내년' 언젠가 서울에서 돌아오면 B와 B의 상속인에게("to A and his heirs, but if B returns from Seoul sometime next year, to B and B' heirs")라고 양도하려는 경우에도 B는 '이전적 미발생 장래권'을 갖게 된다. 이때 A는 B를 위한 '이전적 미발생 장래권에 종속하는 단순부동산권'(a fee simple subject to B's shifting executory interest/limitation)을 취득하게 된다. 이때 B의 권한은 '내년'이라는 조건 내지 시간적 제한을 갖고 있기에 장기 미확정 금지의 원칙(Rule Against Perpetuities) 위반은 문제되지 않는다.

이러한 내용은 양도인 갑이 A에게 앞으로 '15년' 동안 언제든 비교육용 목적으로 해당 부동산을 사용한다면 B에게("to A, but if A uses land for non－educational purpose at any time during the next 15 years, then to B")라는 내용을 담아 양도하려 하는 경우에도 마찬가지이다. 만일 이때 '15년'이라는 조건이 없다면 '장기 미확정 금지의 원칙' 위반이 문제될 것이다.

이와 같이 이전적 미발생 장래권(shifting executory interests)은 잔여권(remainder)과는 달리471) '소멸가능한 단순부동산권'(defesible fee) 또는 '미발생 장래권부 제3자를 위한 단순

---

468) Barlow Burke and Joseph Snoe, *supra* note 1, at 140.
469) *Id*; "변동 미확정 권리"(shifting executory interests)라고도 불린다(박홍규, *supra* note 23, at 48).
470) 박홍규, *Id*.
471) 잔여권(remainder)은 소멸가능한 단순부동산권(defeasible fees)과 친하지 않아 함께하는 경우가 없다고 할

부동산권'(a fee simple subject to executory limitation)과 함께한다고 볼 수 있다.

(4) 발생적(發生的) 미발생 장래권(Springing Executory Interests)

발생적 장래권(springing interest)은 설정자 내지 양도인(grantor)이 소유하고 있는 현재의 부동산권에서 발생하는 것으로서 특정한 조건의 성취나 기한의 도래에 따라 양도인이 현재 갖는 그 부동산권이 중도에 소멸되어 제3자에게 현실의 권리가 되는 장래권을 말한다.[472]

즉, 발생적(發生的) 미발생 장래권(springing executory interests)은 'O가 O의 사망 후 1년 후에 A에게'("to A one year after O's death")의 경우처럼 어떤 시간의 차이(a gap in time)가 있는 경우에 주로 사용된다고 할 수 있다.[473] 이때 A가 O의 사망으로 인한 이전 권리(a prior interest)의 자연적 소멸과 동시에(immediately) 권리를 취득하는 것이 아니라는 점에서 '잔여권'(remainder)은 성립되지 않는다.[474]

예를 들어 양도인 갑이 A에게, A가 C와 '결혼한 경우' 그 때로부터 A에게 양도한다 ("to A, from and after C's marriage to A")라는 내용을 담아 양도하고 A가 미혼인 상태인 경우를 생각해 보자. 이때 양도인은 제3자인 C를 위한 '미확정 장래권부 단순 부동산권'(fee simple subject to an executory limitation)을 갖게 되고, C와 A가 결혼하여야 확정된 권리를 갖게 된다. 사례에서 양도 당시는 미혼으로 미확정 상태이므로 A는 '발생적 미발생 장래 권'(a springing executory interest)을 갖게 되고,[475] 양도인 갑은 'A의 발생적 미발생 장래권에 종속된 단순부동산권'(a fee simple subject to A's springing executory interest)을 취득하게 된다.

이러한 예는 양도인 갑이 A가 '뉴욕주 변호사가 될 때 A에게 양도한다'("to A, if and when he becomes an attorney at law in the State of New York")라는 경우도 마찬가지가 된다. 이 사안에서 A는 발생적 미발생 장래권(a springing executory interest)을 갖게 되고, 양도인 갑은 'A의 발생적 미발생 장래권에 종속된 단순부동산권'을 취득하게 된다.

이때 '결혼을 하거나' 또는 '뉴욕주 변호사가 되거나'라는 조건의 충족여부는 A의 생애가 끝날 때까지는 알게 될 것이므로 장기미확정 금지의 원칙(Rule Against Perpetuities,

---

수 있다.

472) 임홍근 외, *supra* note 22, at 1781; "생성 미확정 권리"(springing executory interests)라고도 불린다(박홍규, *supra* note 23, at 48).
473) Barlow Burke and Joseph Snoe, *supra* note 1, at 140.
474) *Id.*
475) 박홍규, *supra* note 23, at 48.

"RAP") 위반은 문제되지 않을 것이다.

이와 같이 살펴보면, '이전적' 미발생 장래권(shifting executory interests)이 '이전 증서' (conveying document) 등에서 정한 해제 조건(a condition subsequent)의 성취로 인해 제3자의 권리가 박탈되는 경우에 해당한다면 '발생적' 미발생 장래권(springing executory interests)은 '이전 증서'에서 정한 조건의 성취 등으로 양도인의 권리가 중도에 소멸되어 권리가 제3 자에게 이전하는 경우가 이다. 말하자면, '제3자인 양수인'(a third party transferee)의 권리가 박탈되는 미래 재산권이 '이전형'(shifting)이고, '양도인'(the grantor)의 권리가 박탈되는 미 래 재산권이 '발생형'(springing)이라고 할 수 있다.[476]

정리하자면,[477] ① 양도인 O가 자신의 토지(Blackacre)를 농업용으로 사용하는 한 그 후 자신에게("to A as long as Blackacre is used for farming, then it reverts to O.")라고 양도한 경 우, A는 '자동복귀형 해제조건부 단순부동산권'(fee simple determinable)이란 현재 부동산권 을 갖고, O는 '복귀가능권'(a possibility of reverter)이란 미래부동산권을 갖는다.

② 양도인 O가 자신의 토지(Blackacre)를 농업용으로 사용하는 한, 그 후, B와 그 상속인에게("to A as long as Blackacre is used for farming, then to B and his heirs.")라고 양도한 경우, A는 B를 위한 '미확정 장래권부 단순부동권'(a fee simple subject to an executory limitation)이란 현재 부동산권을 갖고, B는 '이전적' 미발생 장래권(shifting executory interests) 이란 미래부동산권을 갖는다.

③ 양도인 O가 자신의 토지(Blackacre)를 B가 농업용으로 사용하거나 사용하는 것에 동의할 때 B에게 효력을 갖는("to B to take effect if and when B agrees to farm Blackacre") 것으 로 하여 양도한 경우, O는 B를 위한 '미확정 장래권부 단순부동권'이란 현재 부동산권을 갖고, B는 '발생적' 미발생 장래권(springing executory interests)이란 미래부동산권을 갖는다.

지금까지 살펴본 현재와 미래의 부동산권에 관한 내용을 종합하면 아래와 같은 〈표〉로 설명될 수 있을 것이다.

— The System of Estates and Future Interests[478)]

Possessory Estates		Possible Combinations of Future Interests	
		Reversionary	Non-reversionary
절대적 단순부동산권 (Fee Simple absolute)		None	None
소멸가능한 단순부동산권 (Defeasible Fee Simple):	Fee Simple Determinable	Possibility Of Reverter (POR)	None
	Fee Simple Subject to a Condition Subsequent	Right Of Entry (ROE) (power of termination)	None
	Fee Simple Subject to an Executory Limitation	None	Executory Interest
한사부동산권(Fee Tail)		Same as with Life Estate	Same as with Life Estate
생애부동산권 (Life Estate)		Reversion [indefeasibly vested] (when no remainder created)	
		Reversion [vested subject to defeasance] (when contingent remainder(s) created)	Contingent remainder(s)
		Possibility Of Reverter (if any)	Remainder vested subject to divestment
			Executory interest (if any)
		Reversion [vested subject to defeasance or indefeasibly vested]	Remainder vested subject to limitational defeasance
		None	Remainder vested subject to open
			Executory interests in unborn class members
		None	Indefeaibly vested remainder
정기 부동산권 (Term of Years)		Same as with Life Estate	Same as with Life Estate

478) Jess Dukeminier 외, *supra* note 32, at 274.

사례의 분석 ―――――――――――――――――――――――――――

사안에서 A의 두 자녀, 즉 M과 W가 취득하게 될 이익은 그 취득할 <u>이익의 규모가 변동될 수 있는 확정적 잔여권</u>(a vested remainder subject to open)과 A의 채무불이행이라는 해제조건이 붙어있는 <u>해제조건(condition subsequent)에 의존하는 확정적 잔여권</u>(a vested remainder subject to total divestment)의 지위 역시 갖게 된다.

사안에서 자녀들은 A가 사망할 경우 A의 생애부동산권을 자연스럽게 소멸되어 자녀들이 점유권을 가질 수 있기에 <u>잔여권</u>(a remainder)을 취득하게 된다. 사례를 보면 어떤 조건도 붙어 있지 않으며, 수익자(beneficiaries)도 문언(word)으로 명백히 표시하였으므로 특정될 수 있다. 미발생 장래권(an executory interest)이 다른 사람이 갖고 있던 현재의 점유권을 박탈하여(divest) 제3자인 양수인에게 토지의 점유권을 귀속시키는 것이라면, 잔여권(a remainder)은 다른 사람이 갖고 있던 현재의 점유권이 종료함에 따라 자연스럽게 제3자인 양수인에게 그 토지의 점유권이 귀속하는 것이라는 점에서 구별된다. 그러므로 M과 W는 '미발생 장래권'이 아닌 '잔여권'을 취득하게 된다.

이때 A의 자녀들은 미확정 잔여권(a contingent remainders)이 아닌 <u>확정적 잔여권(a vested remainder)</u>을 취득하게 된다. 왜냐하면 '미확정 잔여권'이란 앞에서 살펴보았다시피 그 대상자가 특정되지 않았거나, 어떤 조건(condition precedent)이 붙어 있거나, 아니면 특정되지도 않으면서 조건이 붙어있는 경우를 의미하기 때문이다. 즉, 현재 존재하지 않거나, 확인되지 않거나, 확실하지 않은 사람을 기준으로 한다든지, 혹은 확실한 사람을 기준으로 하지만 어떤 부동산에 대한 그의 권리가 장래의 어떤 불확실한 사건에 의존하게 되는 잔여권이 불확정적 내지 조건부 잔여권이기 때문이다.

여기서의 확정적 잔여권이라고 해도 A가 살아있고 자녀가 더 태어날 수 있으므로 그 이익의 지분은 변동될 수 있다. 그러므로 A의 자녀들 즉, W와 M은 취득할 <u>이익의 규모가 '변동될 수 있는 확정적 잔여권'</u>(a vested remainder subject to open)을 갖게 된다. 변동 가능한 확정적 잔여권이란 위에서 살펴본 바와 같이 특정 부동산에 대한 장래의 이익 취득여부는 확정되었으나, 그 지분 내지 규모가 변동가능한 잔여권을 말한다. 예를 들어 양도인 갑이 A에게 생애부동산권을, A가 사망할 경우 A의 자녀들에게("A for life, on A's death to A's children")라고 양도하고 양도당시 A에게 아이(C)가 있다고 생각해 보자. 이때 C가 이 부동산권을 취득하기 위해 어떤 다른 조건의 충족 등이 요구되지 않으므로 권리는 확정되었다고 할 수 있다. 하지만 A가 여전히 생존하고 있다면 A는 또 다른 자녀들이 태어날 수 있으므로 만일 실제 태어나는 경우 아이의 수에 따라 B가 취득하게 될 이익의 규모 내지 지분은 축소될 수 있다.

한편으로 A의 두 자녀들은 자신의 권리에 대한 지분 규모가 줄어들 수 있다고 해도 A가 채무불이행 상태가 되면 이러한 권리를 빼앗길 수 있다. 왜냐하면 A의 채무불이행은 해제조건(condition subsequent)이 되고, 이러한 조건에 따른 사건의 발생(즉, A의 채무불이행)으로 인해 두 자녀의 이익은 박탈될 수 있기 때문이다. 그러므로 두 자녀는 <u>해제조건에 종속된 확정적 잔여권</u>(a vested remainder subject to total divestment)의 지위 역시 갖게 된다. 위에서 언급하였듯이

'해제조건에 종속된 확정적 잔여권'이란 양도 후 조건에 종속하는 잔여권으로서 잔여권 취득은 확정되었으나 양도 후 어떤 사유의 발생으로 권리가 박탈될 수 있는 즉, 해제조건(condition subsequent)에 의존하게 되는 잔여권을 의미하기 때문이다.

결국, A의 두 자녀 M과 W가 취득하게 될 권리 내지 이익은 <u>변동 가능한 확정적 잔여권</u> (a vested remainder subject to open)과 <u>해제조건(condition subsequent)에 의존하는 확정적 잔여권</u> (a vested remainder subject to total divestment)의 지위를 갖게 된다.

5. 해석과 관련한 특별한 법리(Special Rules of Construction)

부동산의 '소유'에 대한 통제(control) 보다는 '양도'(alienability of property)를 통한 시장성(marketability)을 촉진시키기 하기 위해, 영국에서부터 오래 전에 발달된 법이나 해석에 의한 몇몇 법리들이 있다.[479] 미확정 잔여권에 대한 소멸가능성의 법리(the rule of destructibility of contingent remainders), 혼동이론(merger rule),[480] 가치 있는 권원이론 내지 상속권 우선의 법리(the doctrine of worthier title or worthier title rule), 셸리사건의 원칙(the rule in Shelley's case) 등이 그것이다. 이에 대해 구체적으로 살펴보면 다음과 같다.

5.1. 미확정 잔여권에 대한 소멸가능성의 법리(the Rule of Destructibility of Contingent Remainders)

미확정 잔여권에 대한 소멸가능성의 법리(the Rule of Destructibility of Contingent Remainders) 는 이전의 생애부동산권(the prior life estate)이 종료되거나 종료되기 이전에 미확정 잔여권이 확정되지 않고, 여전히 그 권리가 조건부 등으로 남게 되어 아무도 점유권을 갖지 못하는 경우가 발생될 경우 그러한 미확정 잔여권(contingent remainder)은 소멸될 수 있도록 해야 한다는 법리를 말한다.[481]

---

479) Barlow Burke and Joseph Snoe, *supra* note 1, at 165.

480) *Id.* at 168(어떤 부동산에 대해 확정적 생애부동산권을 보유한 사람이 동일 부동산에 확정적 잔여권을 얻게 된 경우나 확정적 잔여권을 취득한 사람이 후에 이전의 확정적 생애부동산을 얻게 된 경우 두 개의 권리는 혼동의 법리(merger rule)에 의해 하나로 흡수되는 경우가 그 예(example)가 될 것이다).

481) *Id.* at 166; Jesse Dukeminier 외, *supra* note 32, at 281("A legal remainder in land is destroyed if it does not vest at or before the termination of the preceding freehold estate").

예를 들어 양도권자 갑이 생애부동산권을 A에게, 그리고 만일 B가 21세가 되면 B에게 한다("to A for life and if B has reached the age of 21, to B")라는 내용을 증서에 의해 양도하였다고 하자. 이제 A가 사망할 경우 B가 남게 되지만 B는 A가 사망시 19세에 불과하였다고 할 경우 보통법(common law)에 따를 경우 이전의 부동산권자(여기서는 A)의 권리가 종료될 당시(즉, 사망시) 여전히 조건을 충족하지 못한 상태가 된다. 이 경우(즉, B의 21세가 되지 않은 경우) 미확정 잔여권은 소멸된 것으로 취급하자는 것이다. 그 결과 위 부동산권은 결국 소유자나 소유자가 사망시 그의 상속인이 완전한 단순부동권(Fee Simple Absolute)을 취득하게 된다.

하지만 이러한 법리는 오늘날 몇몇 주를 제외한 대부분의 주에서 폐지하였다.482) 이렇게 되면 B는 자신의 권리를 잃지 않게 되어 발생적 미발생 장래권(springing executory interests)을 취득하고, 소유자는 B의 '발생적 미발생 장래권'이 붙어있는 권리를 보유하게 되어 B가 21세 되면 소유자로부터 되찾게 되는(divest) 구도가 될 것이다.

5.2. 복귀권(reversion) 우선의 법리(the doctrine of worthier title, DOWT)

가치 있는 권원이론 내지 복귀권 우선의 법리(the doctrine of worthier title or worthier title rule)란 양도인이나 유언자의 상속인을 위한 미확정 잔여권(contingent remainder)의 성립을 금지시키는 것을 의미한다.483)

예를 들어 양도인인 갑이 A에게 생애부동산권을 양도하고, 갑의 상속인에게 잔여권을 양도한 경우("to A for life, remainder to 갑's heirs")를 생각해 보자. 이때 양도인의 상속인들은 미확정적 잔여권을 취득하게 되고, 이러한 미확정 잔여권의 성립을 금지시키는 결과 이러한 잔여권은 무효로 되어 결국 양도인이 완전한 복귀권(indefeasibly vested reversion in fee simple)을 갖게 되는 것이다.484)

한마디로 이는 양도인의 복귀권(the reversion)을 잔여권(a remainder)보다 우선("worthier") 시키는 것이라고 할 수 있다.485) 이렇게 복귀권을 우선 시키려는 이유는 확정된 권리(vested interests)를 선호하는 하나의 예로서 부동산의 양도(the alienability of property)를 촉진

482) Barlow Burke and Joseph Snoe, Id.
483) 임홍근 외, supra note 22, at 2048; 박홍규, supra note 23, at 48-49.
484) 박홍규, Id. at 49.
485) Barlow Burke and Joseph Snoe, supra note 1, at 174.

시키며,[486] 보통법상(at common law) 유언이 없는 부동산 상속(descent or inheritance)이 유언에 의한 증여(a devise)보다 우선시 되었기 때문이다.[487] 오늘날 생각해 보면 이치에 맞지 않지만 상속은 납세항목(a taxable event)이었기에 보통법상으로 보면 나름대로 타당성이 있다고 할 수 있다.[488]

이 법리는 법의 지배(a rule of law)에 따르는 법리로 출발, 동산(personal property)에는 적용되지 않고 부동산에만 적용되었지만 오늘날 이를 인정하는 관할에서는 법의 원리가 아닌 양도인의 의도(intent)를 확인하기 위한 해석의 법리(a rule of construction)로서 부동산 뿐만 아니라 동산에도 적용되고 있다.[489]

즉, 뒤의 셸리사건의 원칙(the rule in Shelley's case)과 같이 법리(a rule of law)에 따르는 것이 아닌 해석의 법리(a rule of construction)에 따르게 되므로 당사자의 명백한 의사에 대한 확인을 통해 상속인을 위한 미확정적인 잔여권을 성립시킬 수 있다. 이러한 해석의 법리(a rule of construction)는 법은 아니지만 증거에 의해 번복될 수 있는 용인된 추정(accepted suppositions)이라고 할 수 있다.[490]

한편, 이러한 '복귀권 우선의 법리'는 양도인의 자식들(heirs)에게 적용되는 것을 제외하고 '셸리사건의 법리'(the rule in Shelley's case)와 유사하다고 할 수 있다.[491] 이 법리는 O "to A for life, then to O's heirs"과 같이 소유권이 "O's heirs"로부터 "O"에게로 바뀌게 된다.[492]

두 원리는 재산권의 자유롭고 효율적인 이전의 보장을 위해 그 이전을 저해하는 것들을 해결하기 위한 방편이라고 할 수 있다. 상속자의 유언에도 불구하고 잔여권자(remaider)의 권리를 인정하지 않는 것인데 이렇게 되면 거래의 적합성, 즉 시장성을 갖기가 어렵기 때문이다.

이 법리는 현재 미국에서 법이나 판례를 통해 뉴욕주를 포함한 많은 주에서 폐지되었다.[493] 이렇게 되면 부동산 소유자(O)가 "to A for life, then to O'heirs"라는 문언으로

---

486) Jesse Dukeminier 외, *supra* note 32, at 284.
487) Barlow Burke and Joseph Snoe, *supra* note 1, at 174.
488) *Id.*
489) *Id.; Doctor v. Hughes,* 122 N.E. 221(N.Y. 1919); Jesse Dukeminier 외, *supra* note 32, at 284.
490) Barlow Burke and Joseph Snoe, *supra* note 1, *Id.* at 116.
491) *Id.* at 174.
492) *Id.*
493) *Id.;* Jesse Dukeminier 외, *supra* note 32, at 284; 박홍규, *supra* note 23, at 49.

유증(a devise)할 경우 그 문언대로(as written) 강제력을 갖게 될 것이다.494)

오늘날 이러한 법리를 인정하는 주(州)에서도 보통 유언이 아닌 생존 중의 이전의 경우에만(only to inter vivos transactions) 적용되고 있다.495)

5.3. 셸리사건의 법리(the rule in Shelley's Case)

셸리사건의 법리(the rule in Shelley's case)는 유증 등의 증서에 의해 특정인(B)에게 자유토지부동산권(a freehold estate) 중의 하나(보통 생애부동산권)를 이전하고, 동시에 같은 증서에 의해 같은 사람(B)의 상속인에게 잔여권(a remainder)을 이전하는 경우를 말한다.496)

예를 들어 소유자 갑이 B에게 자유토지부동산권(a freehold estate)의 하나인 생애부동산권을 양도하고 그 후 B의 상속인에게 잔여권을 양도하는 경우("to B for life, remainder to B'heirs")를 생각해 보자. 이때 이 법리에 따르면 '법의 작용'에 의해(by operation of law) B는 자신의 생애부동산권(the life estate)과 자신의 상속인이 갖는 잔여권(the remainder), 즉 현재와 미래부동산권 모두를 병합(merge)하여 하나의 완전한 단순부동산권(fee simple absolute)을 취득하게 되고, 결국 B의 상속인은 아무것도 갖지 못하게 된다(get nothing).497)

그러므로 위 사례에서 "remainder to B'heirs"라는 문언은 권리의 '범위'를 나타내는 '한정문언'(words of limitation)으로 해석하고,498) 권리의 '부여'를 의미하는 양수인 지정문언(words of purchase)으로 해석하는 것은 아니라고 볼 수 있다.

여기서 비록 자식들은(children) 법정 상속인("heirs")에 포함되는 것이라고 해도 이 법리는 "상속인(heirs)"에게만 적용되고 자식들이나 자손을 나타내는 "children"이나 "issue"의 경우에는 적용되지 않는다.499) 그러므로 만일 양도인이 "O conveyed Whiteacre to A for life, and on A's death, to A's children"라고 양도한 경우 '셸리사건의 법리'는 적용되지 않는다고 할 수 있다.500)

이러한 법리는 양도성(alienability)을 증진시키기 위한 것으로서 단순한 해석의 원리가

---

494) Barlow Burke and Joseph Snoe, *supra* note 1, at 174.
495) *Id.* at 174.
496) *Id.* at 171.
497) *Id.*; 임홍근 외, *supra* note 22, at 1732.
498) Barlow Burke and Joseph Snoe, *supra* note 1, at 171.
499) *Id.* at 176–177.
500) *Id.*

아닌 법에 의한 원리(a rule of law)에 따른 것으로서501) 부동산의 이전에 대해서만 적용되고, 동산에 대해서는 대개 적용되지 않는다.502)

이러한 원칙은 당사자의 의사에 반할 수 있는 등 문제점으로 인해 오늘날 미국 대부분의 주에서 법에 의해 폐지되었다.503) 그렇게 되면 위의 사례에서 아직 미확정 상태의 B의 상속인은 미확정적 내지 조건부 잔여권(a contingent remainder)을 취득하게 되고, 소유자 갑은 B가 사망하고, 사망시 상속인이 존재하지 않을 경우 복귀권(a reversion)을 갖게 될 것이다.504)

6. 단체 증여(Class gifts)

6.1. 의의

집단 내지 단체증여(Class gifts)에서 그룹 내지 집단(class)이란 자식들이나 조카들 등의 경우처럼 같은 특성을 가진 사람들의 집단(a group of persons)을 의미하고, 이러한 특정 그룹에 속하는 자들에 대한 증여를 '집단증여' 또는 '단체증여'라고 한다.505)

이러한 단체증여는 뒤에서 살펴 볼 '장기미확정 금지의 법리'(RAP)에 따른 특수한 경우로서,506) 단체 증여를 받게 될 모든 구성원들은 이 법리에서 요구하는 기준을 통과할 것을 요구하고 있다("all-or-nothing rule").507)

단체증여와 미래부동산권의 잔여권과 관련하여, 미확정 잔여권(contingent remainders)과 변동 가능한 확정적 잔여권(a vested remainders subject to open)과의 관계가 문제될 수 있다. 이에 대해서는 자식들과 같이 단체 구성원이 실제로 존재하고 어떠한 조건도 없을 경우 그 단체구성원(existing class members)들은 그 구성원의 수에 따라 줄어들 수 있는 '변동 가능한 확정적 잔여권'을 갖게 되지만, 실제로 단체 구성원들이 존재하고 있더라도

---

501) Id. at 171; Jesse Dukeminier 외, *supra* note 32, at 283.
502) Barlow Burke and Joseph Snoe, *supra* note 1, at 172.
503) Id.; Jesse Dukeminier 외, *supra* note 32, at 283; 박홍규, *supra* note 23, at 49.
504) Barlow Burke and Joseph Snoe, Id. at 171.
505) 임홍근 외, *supra* note 22, at 328; 서철원, *supra* note 27, at 130.
506) Jesse Dukeminier 외, *supra* note 32, at 288.
507) Id.; Barlow Burke and Joseph Snoe, *supra* note 1, at 197.

생존을 조건으로 하는 등 어떤 정지조건(condition precedent)이 붙어 있는 경우라면 잔여권자의 권리확정을 어렵게 하므로 미확정 잔여권(contingent remainders)의 지위를 갖게 될 것이라고 말할 수 있다.

6.2. 집단이 폐쇄되는 시점

이러한 집단증여에서 증여를 받는 구성원(수증자)의 수는 수시로 변할 수 있고, 따라서 이들에게 어떤 이익을 제공할 경우 수증자 각자의 몫 또한 달라질 수 있기에 이익을 배분할 경우 대상자 확정을 위해 그 집단을 폐쇄(close)할 필요가 있게 된다.[508] 그러므로 언제 이러한 집단을 폐쇄하여 구성원을 확정시킬 것인지가 문제된다.

이러한 집단의 폐쇄(class closing)에 대해서는 물리적 혹은 자연적(physiologically or naturally) 폐쇄의 법리와 증여자의 의사추정에 따른 해석의 법리(the rule of convenience)에 따른 폐쇄로 구분할 수 있다.[509] 전자는 생물학적으로 더 이상 그 집단에 어떤 다른 자식이 태어날 수 없는 경우를 말하고, 후자는 단체의 구성원이 지분의 분배나 점유의 의사를 명확히 표시하여 요청한 경우를 말한다.[510]

예를 들어 어떤 토지 소유자(O)가 유언으로 자신의 토지를 갑의 자식들(갑'children)에게 상속하기로 하였고, 유언 당시 갑은 두 명의 자식(F와 W)을 두고 있었던 경우를 생각해 보자. 그런데 유언을 한 후 토지소유자의 사망과 갑의 사망시까지 갑은 두 명의 자식(S와 G)을 더 낳게 되었다.

이때 '갑의 자식들'이라는 하나의 집단(class)으로 특정이 되었고, 이제 언제 이 집단이 폐쇄되는지가 문제된다. 왜냐하면 그 폐쇄시점이 언제인가에 따라 위의 F, W, S, G가 각각 수증자로서 받을 지위에 있는지의 여부, 받게 된다면 각자가 받게 될 몫, 즉 재산배분이 달라질 것이기 때문이다.

이에 대해서는 "증여자의 의사추정에 따른 해석규칙"(the Rule of Convenience)이 적용될 수 있다(Class Closing Rule).[511] 즉, 단체의 구성원이 다른 시점에 폐쇄하도록 의사를 명

---

508) 임홍근 외, *supra* note 22, at 328; 서철원, *supra* note 27, at 130.
509) Barlow Burke and Joseph Snoe, *supra* note 1, at 152−153.
510) Barlow Burke and Joseph Snoe, *Id.*; Restatement (Third) of Property, Wills and Other Donative Transfers § 15.1(2004)("on the distribution date if a beneficiary of the class gift is then entitled to distribution"); Jesse Dukeminier 외, *supra* note 32, at 289.
511) Jesse Dukeminier 외, *Id.*

확히 표시하여 요청한 경우라면 그 의사에 따른다고 보는 것이 원칙이다.512) 만일 이러한 명확한 의사표시가 없다면 증여자의 재산이 분배될 수 있는 조건이 성숙한 최초의 시점에서 단체를 폐쇄한다고 볼 수 있다.513)

위에서 예로 제시한 사례의 경우 유언의 효력은 유언자의 사망으로 효력이 발생한다는 측면에서 '유언자의 사망시'에 그 집단은 폐쇄될 것이다. 그런데 위 사례에서 '갑의 자식들'에게 증여되는 것이므로 만일 유언자의 사망당시 갑에게 자식이 없는 경우가 문제될 수 있다. 하지만 이 경우에도 갑이 사망하기 이전까지는 갑이 자식이 출생될 수 있으므로, 즉 갑이 사망하기 이전까지는 단체가 폐쇄된 것이 아니므로 갑의 사망시에 확정될 수 있을 것이다.

만일 "to S for life, then to such of S'children who attain age 21"의 경우와 같이 단체의 구성원이 일정한 나이에 이른 시점에 재산을 분배하도록 하는 증여가 있었다면 그 구성원 가운데 1인이 그 지정된 나이에 도달한 시점에 이르러 단체는 폐쇄될 것이다.

이와 관련하여 단체가 폐쇄할 시점에 그 단체의 구성원이 생존해야만 재산의 분배를 받을 것인지(survivorship), 생존을 조건으로 한다면 그 조건은 명시적으로(express condition) 규정해야 하는지가 문제된다.514) 원칙적으로 생존을 조건으로 하지 않는 한 사망한 구성원의 경우에도 그의 상속인을 통해 분배에 참가할 수 있을 것이다.515) 조건의 명시적 규정 여부와 관련해서는 그 단체가 자식(children)인 경우라면 생존이 묵시적으로 해석되지 않으므로 명시적으로 생존이 조건으로 규정되어 있어야 할 것이다.516) 하지만 이 이외에 어떤 재산의 소유자가 유언 없이 사망할 경우 그 상속인이 되는 'heirs'와 'widow', 'issue', 'next of kin'(최근친, 살아있는 가장 가까운 친척)이라고 하였다면 이는 묵시적인 조건으로 해석될 수 있으므로 반드시 명시적일 필요는 없을 것이다.517)

---

512) "그 구성원 중의 누구라도 단체증여의 분배를 요구할 수 있는 시점에 단체는 폐쇄된다"라는 내용이 "증여자의 의사추정에 따른 해석규칙"의 예가 된다(서철원, *supra* note 27, at 130).
513) 서철원, *Id.*
514) 생존을 명시적 조건으로 하는 예로서는 "to C for life and then to his surviving children"의 경우가 그 예가 될 것이다.
515) 서철원, *supra* note 27, at 131.
516) *Id.*
517) *Id.*

7. 장기미확정 금지와 양도제한의 법리

계약자유의 원칙에 따라 권리나 이익의 자유로운 거래를 제한하는 것을 막기 위한 것으로 장기미확정 금지와 양도제한의 원칙이 있다.

7.1. 장기미확정 금지의 원칙(Rule Against Perpetuities, "RAP")

사 례 연습 ─────────────────────────────────────

양도인 갑은 어떤 부동산에 대해 'A에게 생애부동산권을, A의 자녀들이 23세가 되면 그 자녀들에게, 그 후 B가 뉴욕 플러싱(Flushing in New York)에 거주하고 있을 경우 B의 장남에게 양도할 것을 유언으로 남겼다("to A for life, then to A's children until they become 23 years old, and then to B's eldest son if he lives in Flushing, New York"). 갑이 유언할 당시 A는 M과 W 두 자녀가 있었고, 다시 유언 후 사망사이에 F라는 자녀가 출생하였다.

이 경우 A, M, W, F 각각은 어떤 이익 내지는 권리를 갖는지를 장기미확정 금지의 법리(RAP)에 따라 생각해 보시오.[518]

• 쟁점

1. 장기미확정 금지 내지 영구 금지의 법리(Rule Against Perpetuities, "RAP")

───

(1) 의의

위에서 살펴 본 여러 가지 미래부동산권 내지 이익들은 많은 기간 동안 그 권리 내지 이익의 귀속이 확정되지 않은 상태로 남게 되어 부동산의 효율적 이용과 장기간 장래 혹은 미래의 부동산권자의 불안정한 지위의 불안정 등의 문제점을 낳게 된다. 그리하여 재산의 양도를 활성화 시키는 등 이러한 점을 해소하기 위해 보통법(common law)상 인정하고 있는 것이 소위 장기미확정 금지 내지 영구 금지의 법리(Rule Against Perpetuities, "RAP")이다.[519]

이 법리는 "Duke of Norfolk's 사건"에서 출발한 것으로서,[520] 양수인을 위해 만들

───

518) 서철원, *Id.* at 133 사례 변형.
519) Barlow Burke and Joseph Snoe, *supra* note 1, at 179; 서철원, *Id.* at 132.
520) 22 Eng. Rep. 931(Ch. 1681); Jesse Dukeminier 외, *supra* note 32, at 285.

어지는 미래부동산권인 잔여권(remainders)과 미발생 장래권(executory interests)으로 구분되는 소위 '미복귀 미래재산권'(non‐reversionary future estates)의 성립을 제한하는 역할을 하는 것이다.521)

그러므로 이 법리는 부동산권을 대대로 이전해 주고 싶은 토지소유자측과 자유롭게 양도하기를 바라는 상인이나 법관, 미래세대 구성원들 사이의 어떤 긴장관계에 대한 균형을 유지하기 위한 하나의 기제(mechanism)로서의 역할을 한다고 볼 수 있다.522)

이러한 측면에서 1682년과 1833년 일련의 사례를 통해 법원은 RAP의 법리를 끌어들여 토지소유자가 제한된 기간 동안만 소유할 수 있도록 한 것이다.523) 즉, 특정 기간 안에("not later than twenty‐one years after some life in being at the creation of the interest") 미래부동산에 대한 권리가 확정("vesting")될 것을 요구하고, 만일 확정을 위한 시간이 너무 떨어져 있을 경우("vest too remotely") 이를 무효화하도록 한 것이다.524)

여기서 '확정된 권리'(vested interest)란 부동산 소유권자로 될 사람을 확실히 알 수 있고 어떠한 정지조건도 붙어있지 않은 권리를 말한다. 만일 부동산권을 소유할 사람이 누구인지 확실히 알 수 없거나 정지조건이 붙어 있다면 이는 '미확정 장래권' 내지 '조건부 권리'(contingent interest)가 될 것이다.525)

결국, 장기 미확정 금지의 원칙이란 미래의 어떤 이익 내지 권리가 성립될 당시, 즉 권리 발생시를 기준으로 관련 있는 생존자(RAP 적용을 위한 기준이 되는 생존자, lives in being, measuring life)가 모두 사망한 후 21년 이내에도 그 취득여부가 확정되지 않거나 명확하지 않아 이익 내지 권리가 귀속되지 않을 가능성이 조금만 있어도 그 이익(future interests)은 성립당시부터 무효(void)가 되는 것이라고 할 수 있다.526)

미국 로스쿨이나 미국 변호사 자격취득을 준비하는 독자라면 이 부분에서는 내용에 대한 해석을 하기 이전에 어떤 용어가 사용되어 있는지를 우선 면밀하게 살핀 후 문제에 접근하면 도움이 될 것이다. 특히, 이 부분에 대한 학습은 앞부분에서 살펴 본 현재 부동산권과 미래 부동산권 등에 관한 사항들을 기초로 하여 많은 예들(examples)에 대한 연습

---

521) 박홍규, *supra* note 23, at 50.
522) Jesse Dukeminier 외, *supra* note 32, at 285; Barlow Burke and Joseph Snoe, *supra* note 1, at 179.
523) Barlow Burke and Joseph Snoe, *Id.*
524) Barlow Burke and Joseph Snoe, *Id.* at 179.
525) *Id.* at 180.
526) 서철원, *supra* note 27, at 132("No interest in property is valid unless it must vest, if at all, no later than 21 years after one or more lives in being at the creation of the interest"); 박홍규, *supra* note 23, at 50.

을 통해 정확한 내용을 숙지할 필요가 있을 것이다.

(2) 적용범위

이러한 법리는 원칙적으로 제3자에게 주어지는 장래의 이익, 즉 미확정 잔여권(contingent remainder), 미발생 장래권(executory interest), 변동 가능한 확정적 잔여권(vested remainder subject to open)의 경우에 적용된다.

하지만 ① '양도인'에게 유보되는 장래이익(all future interest), 즉 복귀가능권(possibility of reverter), 환수권(right of entry), 복귀권(reversion)과 ② '제3자'에게 즉시 효력을 가질 수 있는 현재 부동산권 내지 현재의 점유권, 즉 생애부동산권(a life estate), 한사 부동산권(fee tail), 정기 부동산 임차권(term of years), 절대적 단순부동산권(fee simple absolute), 권리행사형 해제조건부 단순부동산권(fee simple subject to a condition subsequent), 자동복귀형 해제조건부 단순부동산권이나 미확정 장래권부 제3자를 위한 단순부동산권(fee simple determinable, or fee simple subject to an executory limitation to a third party) 등은 성립당시에 확정될 수 있으므로 RAP 법리 아래서도 유효(good)할 것이다.[527)]

완전한 확정적 잔여권(indefeasibly vested remainder), 해제조건에 의존하는 확정적 잔여권(vested remainder subject to complete defeasance) 등에는 RAP의 법리가 적용되지 않는다.[528)]

이러한 내용들을 간략하게 아래의 〈표〉와 같이 정리할 수 있을 것이다.

___ RAP 적용을 받는 경우와 받지 않는 경우[529)]

RAP 적용을 받는 경우 (Subject to RAP)	RAP 적용을 받지 않는 경우 (Not Subject to RAP)
• 미확정 잔여권(contingent remainder) • 미발생 장래권(executory interest) • 변동 가능한 확정적 잔여권 　(vested remainder subject to open)	• 복귀권(reversion) • 복귀가능권(possibility of reverter) • 환수권(right of entry) • 완전한 확정적 잔여권 　(indefeasibly vested remainder) • 해제조건에 의존하는 확정적 잔여권(vested remainder subject to complete defeasance)

527) Barlow Burke and Joseph Snoe, *supra* note 1, at 181.
528) 서철원, *supra* note 27, at 133.
529) Barlow Burke and Joseph Snoe, *supra* note 1, at 181.

(3) 적용여부의 접근방법

장기 미확정 금지의 법리를 적용하기 위해서는 이익 내지 권리가 언제 창설되는지, 확정(vesting)과 점유(possession) 중 어디에 중점을 두어야 하는지 등의 기본적 사항들을 살펴본 후 접근방식을 설명하기로 한다.

1) 적용을 위한 기본적 사항(Preliminary Points)

a) 이익 내지 권리가 창설되는 시기   언제 권리가 창설되지 성립("created")되는지 하는 이익 내지는 권리(interest)가 발생되는 시점이 문제된다. 왜냐하면 RAP의 법리에 있어서 문제시되는 권리가 창설될 때의 생존자(lives in being)를 결정할 수 있는 시점이기도 하여 중요한 부분이라고 할 수 있기 때문이다.

구체적으로 이에 대해서는 양도인의 양도의 의사를 유언으로 남긴다면 유언자(the testator, grantor)의 사망시, 철회 가능한 신탁의 경우(revocable trust)라면 신탁 철회가 불가능하게 된 시점, 철회할 수 없는 신탁(irrevocable trust)의 경우 신탁의 성립시점, 부동산 양도증서(deed)가 교부된 경우라면 소유권(title)을 양도할 의사로서 그 증서가 전달된 시점이 될 것이다.[530]

b) 확정(vesting)과 점유(possession)   또한 '장기 미확정 금지의 원칙'(RAP)의 적용과 관련하여 '확정'(vesting)과 '점유'(possession) 중 어디에 중점을 두어야 하는지가 문제된다. 그러나 장기 미확정 금지의 법리는 '확정'(vesting)여부가 그 중요 관심사이며 '점유'(possession)가 아니라는 점이다.[531] 그러므로 100년 이상 점유하지 않은 권리라도 확정되어 있으면 여전히 유효한 것이 된다.[532]

c) 자선단체(charitable organizations)   주(州)에 따라서는 자선단체(charitable organizations)와 주(the State) 등 공익기구가 갖는 조건부 권리(contingent interests)는 자선적인 기부를 권장하기 위하여 '장기미확정 금지의 법리'를 적용시키지 않는다.[533] 이러한 자선단체에 대한 증여는 영구미확정 금지 법리의 목적에도 반하지 않는다고 할 수 있다.[534]

---

530) Id. at 182; 서철원, *supra* note 27, at 134.
531) Barlow Burke and Joseph Snoe, Id. at 183.
532) Id.
533) Id.
534) Robert L. Mennell, Sherri L. Burr 저, 임채웅 역, 『미국 신탁법』(박영사, 2011), 237면.

2) **분석적 접근**535)   장기미확정 금지 내지 영구 금지의 원칙(Rule Against Perpetuities, "RAP")의 적용여부에 대한 해결순서는 우선 ① 양도인의 양도로 인해 창설되는 권리가 어떤 미래부동산권(future interests)인지를 파악한 후 ② 미래부동산권 취득과 관련한 어떤 조건이 붙어 있는지를 확인하여, 그 '조건부 권리'가 확정되기 전에 어떤 일(the vesting event)이 발생해야 하는지를 확인하고, ③ RAP 적용을 위한 기준이 되는 생존자(measuring life)를 찾으며, 누구의 생존과 사망이 그 조건의 발생과 관련되어 있는지를 살펴보고, ④ 그 생존자(measuring life)가 사망 이후 21년 이내 확실하게 미래부동산권 보유자가 그 권리를 취득하는지의 여부 등을 확인해야 할 것이다.536)

예를 들어 양도인 갑이 A에게 생애부동산권을, 그런 후 그의 첫째 자녀(B)가 나이 30세에 달하였을 경우 그 자녀에게 양도하기로 하였다고 하자. 양도 당시 A가 69세이고, 독자 아들을 두고 있고 그 아들이 29세라면 ① 양도인의 양도로 인해 첫째 자녀(B)에게 창설될 수 있는 미래부동산권(future interests)은 미확정 잔여권(a contingent remainder)이 된다. ② 미래부동산권 취득과 관련한 어떤 조건이 붙어 있는지를 확인해 보면, A가 사망해야 하고 그 첫째 자녀가 30세에 달하여야 한다. 하지만 A는 생존해 있고 첫째 자녀는 아직 30세가 되지 않았다. ③ 여기서 RAP 적용을 위한 기준이 되는 사람(the measuring life)은 A가 된다. ④ 이제 A가 사망한 이후 21년 이내 확실하게 미래부동산권 보유자가 그 권리를 취득하는지의 여부, 다시 말하면 사안에서 A가 사망 후에 21년 이내에도 30살이 된 자녀를 갖지 못하게 될 가능성이 있는지를 파악해야 한다.

보통법(common law)상 여성은 나이와 관계없이 아이를 낳을 수 있고(Fertile Octogenarian Rule), 모든 것이 가능하다고 보므로 가능성이 있다고 볼 수 있다. 왜냐하면 자녀가 내일이라도 사망할 수 있고, A가 새로운 자녀를 낳을 수도 있으므로 결국 A가 사망한 후 21년 이내에 자녀가 30세에 이르지 못할 가능성이 있기 때문이다.

이런 경우에 장기미확정 금지 내지 영구 금지의 원칙(Rule Against Perpetuities, "RAP")이 적용되어 사안에서의 미래부동산권에 대한 양도는 무효가 된다. B의 미래부동산권이 무효가 됨으로써 A는 생애부동산권(life estate)을 양도인 갑은 복귀권(a reversion)을 각각 갖게 된다.

---

535) 이와 관련해서는 견해에 따라 다양한 접근방법이 있으므로 이미 로스쿨 등에서 학습하여 다른 방법으로 숙지한 독자라면 그렇게 이해하면 될 것이다.

536) Jesse Dukeminier 외, *supra* note 32, at 285−288; Barlow Burke and Joseph Snoe, *supra* note 1, at 186−189.

(4) 우선 매수 선택권(a right of the first refusal)

1) 의의   그런데 문제는 어떤 부동권의 양도나 이전의 절대적 금지 내지 제한 (absolute restraints)은 공공정책(public policy)에 반하는 것으로 무효(void)가 될 수 있다는 점 이다. 이와 관련하여 특히 '우선 매수청구권' 내지는 '우선적 선택권'(rights of first refusal) 과 '장기미확정 금지의 원칙'과의 관계가 문제된다.

초기의 '장기미확정 금지의 법리'(RAP)는 주로 세대간의 이전(intergenerational transfers) 에 중점을 두어왔지만, 오늘날에는 종종 우선 매수선택권(options and rights of first refusal, options to purchase, a right of the first refusal)에 대한 것이 쟁점이 되고 있다.537)

RAP의 법리는 너무 오래 지속되어 권리가 무효로 되는 것이 아니라 권리가 확정되 기에 시간이 너무 많이 떨어져 있어서 무효가 되는 법리("RAP is not a rule that voids interests that last too long, but instead voids interests that vest too remotely")라고 할 수 있다.538)

그럼에도 불구하고 많은 경우의 법원은 이러한 우선 매수청구권을 발생적 혹은 이전적 인 미발생 장래권(a springing or shifting executory interest)과 유사한 부동산권으로 보아, 만일 어 떤 만기일 내지 유효기한(expiration date)이 없는 경우 이러한 권리는 무효로 취급하고 있다.539)

2) 상업적인 우선매수권의 경우   그런데 일반적인 RAP의 법리는 상업적인 경 우(commercial options)에는 적용되지 않고, 한편으로 일정한 기간을 넘어서는 장기간 동안 행사할 권리를 부여할 수 없었다.540)

예를 들어 어떤 토지소유자가 자신의 부동산에 대해 매수인과 부동산매매계약을 체 결하면서 만일 그 부동산을 다른 제3자에게 매도할 경우 먼저 원래의 매도인에게 그 3자 가 제공하는 가격으로 그 부동산을 다시 살 수 있는 권리를 갖는 특약을 맺었을 때 그 매도인이 갖는 권리(위에서의 우선매수권, a right of first refusal)의 경우를 생각해 보자.541)

이때 적어도 21년 이내에 RAP 적용을 위한 기준이 되는 사람(lives in being)이 사망할 때까지 어떤 매수인도 찾지 못할 경우 문제가 된다.542) 이러한 경우 법원은 그 기간을

---

537) Barlow Burke and Joseph Snoe, *Id.* at 202.
538) *Id.* at 203–204.
539) *Id.* at 204.
540) Jesse Dukeminier 외, *supra* note 32, at 296.
541) Barlow Burke and Joseph Snoe, *supra* note 1, at 203.
542) *Id.*

적용함에 있어서 계약서상에 정한 합리적 기간(a reasonable time)이 아니라 RAP에 따른 21년의 기간을 따르게 된다.543)

3) 부동산 임대차의 경우   이러한 논리에 따를 경우 부동산 임대차(Leasehold)와 관련된 우선 매수 선택 내지 요구권은 RAP에 반하지 않는다고 할 수 있다. 왜냐하면 보통의 부동산 임대차는 기간이 정해져 있기 때문이다.

즉, 임대차 조항(lease provisions)이 포함되어 있는 부동산 매매 계약상에 우선매수권이 붙어있는 경우 임대차 기간이 만료된 경우 우선매수권은 행사할 수 없게 된다.544)

이러한 논리에 따를 경우 '우선 매수 선택권'을 가진 임차권자가 이러한 '우선매수 선택권'만을 다른 사람에게 양도할 경우 즉, 부종하는 것이 아닌 '독립적인' 우선매수권(purchase options in gross)이라면 계약 당시 원래의 당사자의 의사에 따라 RAP에 걸릴 수도 있을 것이다.

사 례 분석 ————————————————————

• 사안에서 권리가 창설될 때 존재하는 자(lives in being)로서 결정되는 기준은 갑이 사망한 시점이다. 따라서 'lives in being'은 A, B의 장남, M, W, F이 된다. 이제 이들 각각의 이익 내지는 권리가 "RAP"에 의해 무효가 되는 것은 아닌지가 문제된다.

• A의 경우

A는 생애부동산권(life estate)을 취득한다. 그러므로 RAP의 법리가 적용되지 않는다.

• A 자녀의 경우

A의 자녀 M과 W 그리고 F는 축소 가능한 확정적 잔여권(vested remainder subject to open)을 갖는다. 그러므로 비록 그 이익의 취득이 확정적이라고 할 수 있어도 그 지분 내지는 규모가 미확정적(open) 상태이므로 원칙적으로 RAP의 법리가 적용된다. 하지만 A의 자녀들이 갖게 될 지분이나 규모는 A가 사망하는 시점에서 결정될 수 있으므로 무효가 되는 것은 아니다.

---

543) *Id.* at 204; Jesse Dukeminier 외, *supra* note 32, at 296.
544) 이것은 일종의 부동산임대차에 '부종하는' 우선매수권("options 'appendant' or 'appurtenant' to leases")의 형태를 갖는다고 할 수 있다; *The Symphony Space, Inc. v. Pergola Properties, Inc.* 669 N.Y N.E.2d 799 (1996); Jesse Dukeminier 외, *supra* note 32, at 298-299.

• B 장남의 경우

B의 장남은 미확정 잔여권(contingent remainder)이라는 미래부동산권을 취득하므로 장기
미확정 금지의 법리(RAP)가 적용된다. 특히, 권리가 창설될 때 존재하는 자(lives in being) 모두
가 사망한 후 21년 이내에 미확정일 가능성이 있으므로 그렇다면 RAP의 법리에 따라 무효가
된다.

예를 들어 만일 갑과 M, W, F가 A보다 먼저 사망한 후 S라는 자녀를 새로 두게 되었다
고 하자. A가 사망하게 되면 'living in being'은 모두 존재하지 않게 된다. 이제 S가 출생하
자마자 A가 사망하였다면 S는 이때로부터 23세가 되는, 즉 최대 23년간 그 부동산에 대한
이용권을 갖는다. 이때로부터 B의 장남이 뉴욕주 플러싱에 거주하고 있는지의 여부가 결정
되기에 B의 장남의 이익 내지 권리는 'lives in being'이 모두 사망한 후 21년 이내에 확정
되기 어렵다.

물론 M,W,F,가 모두 A보다 먼저 사망할 가능성은 거의 없지만 RAP의 법리상 'lives in
being'이 모두 사망한 후 21년 이내에 확정되지 않을 가능성이 조금이라도 있으면 무효가 된
다. 그러므로 장기미확정 금지 내지 영구 금지의 법리(Rule Against Perpetuities, "RAP")에 따라
무효가 된다.

7.2. 양도제한의 법리(Rule Against Restraints on Alienation)

(1) 의의

계약자유의 원칙상 그 내용의 하나로서 양도도 자유로워야 하는 것이 원칙이다. 하
지만 어떤 부동산에 대한 이익 내지는 권리를 양도하면서 해당 부동산의 양도와 관련된
법적 권리를 박탈하거나(disabling restraints),[545] 양도할 경우 주어진 권리를 몰수하거나
(forfeiture restraints), 양도 제한 위반시 그에 대한 책임을 부담하게 하는(promissory restraints)
등 부동산의 자유로운 거래를 저해할 우려가 있어 보통법(common law)상 이러한 불합리
함을 막기 위한 것이 양도제한의 원칙 내지는 양도제한의 법리(Rule Against Restraints on
Alienation)라고 할 수 있다.[546]

---

545) 이러한 양도제한의 법리는 법적인 권리(legal interests)에만 적용되며, 수익자의 신탁 재산 낭비를 막고, 신탁
   수익자들의 채권자들로부터 신탁자산에 대한 압류를 막기 위해 신탁증서(trust instrument)상의 신탁재산의
   이전을 금지하는 낭비자 조항(spendthrift clauses) 등 형평법상의 권리에는 적용되지 않는다. 따라서 그 효력
   이 인정된다.
546) 서철원, *supra* note 27, at 136.

그러므로 단순부동산권(fee simple estates)에 대한 절대적 제한(absolute restraints)이나, 모든 법적 권리(legal interest)를 박탈하려는 제한은 무효가 된다. 즉, 양수인(grantee)은 자유롭게 다시 양도할 수 있다. 하지만 생애부동산권(life estates)이나 상업적 거래에서의 합리적인 제한, 우선 매수청구권(rights of first refusal), 부동산의 양도(assignment)나 전대차(sublease)의 경우 집주인(임대인)으로부터 동의를 얻게 하는 것 등 단순부동산권이 아닌 다른 권리나 이익에 대해서는 그 내용이 권한을 박탈하려는 경우가 아니라면, 즉, 제한의 목적이나 방법, 시기 등 제한의 내용을 종합적으로 판단해 볼 때 제한된 기간에 합리적인 경우라면 그 효력을 인정할 수 있다.[547]

Notes, Questions, and Problems

■ 장기 미확정 금지의 원칙(Rule Against Perpetuities, "RAP")이 적용여부와 관련된 사례[548]

- "To A for life, then to A's children for life, then to A's grandchildren"의 사례에서, 이제 자식은 두 명이 있는데 아직 손자들은 없는 경우
  → 여기서 두 명의 lives in being(LIB)이 사망한 뒤 새로운 아이가 태어나서 또 자식을 낳을 수 있기 때문에 RAP에 걸려 무효가 된다. 왜냐하면 두 명이 사망한 후 21년이 지날 수 있기 때문이다.
- "To A for life, then to A's children for life, then to A's grandchildren if any, otherwise to my school"의 경우
  → 이때 학교 역시 손자와 운명을 같이하기 때문에 RAP 위반으로 무효가 된다. 즉, 손자가 있으면 손자에게 주고 손자가 없으면 학교에게 주는 것이므로 21년이 지난 뒤 손자가 없어 교회가 부여 받을 이론상의 가능성이 있으므로 손자와 같이 RAP 위반으로 무효가 되는 것이다.
- "To A, heirs and assignee so long as the property is used for educational purpose, then to B"의 경우
  → 전체에 대해 제한을 가했기 때문에 B의 경우는 무효가 된다. 만약 A에게만 교육용의 제한을 가했다면 B는 RAP 위반이 아닐 것이다.

---

547) Id.
548) 장기미확정 금지의 원칙(Rule Against Perpetuities, "RAP")의 구체적 내용은 미래의 어떤 이익이 성립될 당시 존재하는 자(lives in being, measuring life, "LIB")가 모두 사망한 후 21년 이내에도 그 취득여부가 확정되지 않거나 명확하지 않으면, 즉 이익 내지 권리가 귀속되지 않을 가능성이 조금만 있어도 그 이익(future interests)은 성립당시부터 무효(void)가 되는 것을 말한다. RAP 관련 사례는 조금 문장이 길어지면 혼란을 줄 수 있으므로 특정 사례에만 집중하지 말고, 나중에 어느 정도 정리가 될 경우 다시 정독해 보는 것도 하나의 방법일 것이다.

- "A for life, and then to his widow for her life, remainder to his children then alive" 의 사례에서 현재 아내가 'LIB'로서 생존한 경우
  → 아내가 사망하고, 다시 결혼하여 새로운 아내에서 다시 자식이 출생하면, 현재 아내가 사망할 때를 기준으로 21년이 지난 후 새로운 자식에게 권리가 부여될 수 있어서 RAP 위반이 된다.
- "For life, remainder to all of my grandchildren who ever attain the age of 25"의 경우
  → 변동 가능한 집단(open class)에서 21살 이상 생존할 것을 요구하는 경우도 RAP 위반이 된다. 현재 살아 있는 손자들이 'LIB'가 되는 데, 그 자식들마저 모두 사망하고, 새로 태어나는 자식이 25살이 되려면 21년이 경과할 수도 있기 때문이다.
- "By will, my widow for life, then to my children for life, then to my grandchildren for life, then to my great−grandchildren"의 사례로서 당시에 아내, 아들, 딸, 3명의 손자, 2명의 증손자가 있는 경우
  → 증손자부터 RAP에 걸린다고 할 수 있다. 여기서 남편이 사망한 상황이 되므로 아내는 사망 당시 확정되고 자식이 새로 태어날 확률은 거의 불가능하다고 할 수 있다. 왜냐하면 유언에 의한 경우로서 편의상 임신한 자식을 고려하지 않는 것을 전제로 하여, 아들, 딸 이외에 자녀가 추가될 수 없다. 따라서 그 세대에 새로운 자식이 추가되지 않을 것이므로 후(後) 세대는 RAP에 걸리지 않게 된다. 따라서 여기서 손자(grandchildren) 부분은 유효하게 된다. 하지만, 증손자(great−grandchildren)의 경우 선대인 손자(grandchildren)는 여전히 추가될 가능성이 있음을 고려해야 할 것이다. 왜냐하면, 아들, 딸이 자식, 즉 손자를 또 출산할 수 있기 때문이다. 그러므로 후대인 증손자는 RAP에 걸리게 되는 것이다.
    * 위와 같은 내용을 살펴보면 RAP를 검토하는 기준 세대의 직전 세대에 추가되는 새로운 사람이 생길 수 있으면, RAP 검토 세대는 RAP에 걸리지 않는다고 할 수 있다. 즉, 앞 세대의 집단이 폐쇄(class close)될 수 있는가가 핵심이다. 만일 앞 세대의 집단이 폐쇄(class close)될 수 없으면 RAP 검토 세대는 RAP에 걸릴 것이다.
    결국 제시되는 사안에 따라 다르겠지만, 일반적으로 (i) 유언(Will)에 의한 경우 증손자에서부터 RAP에 걸리고, (ii) 생전 처분으로서 부동산 양도증서의 전달(deed delivery)인 경우에는 손자 세대에서 RAP에 걸릴 가능성이 높다고 할 수 있다.
- "By will, to my surviving widow for life, remainder to such of my children as shall live to reach the age of 30 years; but if any child dies under the age of 29 years, such children shall take and receive the share which his parent would have received" 의 사례로서 유언자가 사망할 당시 자식이 둘 있는 경우
  → 이 경우 사망할 당시의 자식 둘이 미래의 어떤 이익이 성립될 당시 존재하는 자, 즉, RAP 적용을 위한 기준이 되는 사람(lives in being, measuring life, LIB)이 된다. 만약 유언자가 사망할 당시에 과부에게 임신한 아이가 있었던 경우 임신한 아이 역시 RAP에

서는 LIB로 본다.549)

또한 집단(class) 구성원의 사망으로 폐쇄(close)되고, 더 이상 변동가능한 집단(open class)이 되지 않으면서 권리는 LIB를 기준으로 산정하므로 RAP 위반이 생길 수 없을 것이다. 그러므로 그 권리(Interest)는 모두 유효하게 될 것이다. 유언(will)에 의해 넘기는 경우임을 숙지해야 할 것이다.

- 다시 말하면, 유언으로 "아들, 손자, 증손자"까지 가는 구도라면 RAP를 생각해야 하고, 증손자가 특정되지 않은 경우 증손자는 RAP 위반으로 생각하고, 복귀권(reversion)을 양도인의 상속인들이 가져가는 것으로 숙지하는 것도 하나의 방법일 것이다.

- "Son for life, then eldest child for life, remainder to great grand children"의 경우
  → 장남(eldest child)이라고 기재한 경우도 특정되지 않은 것이다. 따라서 장남의 자녀는 RAP에 걸릴 가능성이 높을 것이다. 왜냐하면 새로운 자녀가 추가될 수 있고 그렇게 되면 21년을 초과할 수 있기 때문이다. 그러므로 어떤 사례에서 중간단계가 특정될 수 없게 되면, 그 다음단계에 새로운 자식이 끼어들 수 있으므로, 그러한 도식이 성립하는지 살펴보는 것이 좋을 것이다.

- 우선 매수청구권(right of first refusal)과 관련하여 그 권리의 행사자가 부동산 소유자(landowner) 혹은 그 아내로만 기재되면 RAP에 걸리지 않는다. 하지만 그 권리 행사자가 소유자(landowner) 이외에 "heirs, and assigns"라고 기재되어 있다면 행사자는 무제한이 되므로 RAP에 걸린다. 그러므로 이러한 경우에는 우선 행사자를 특정했는지부터 확인해야 할 것이다.

- "So long as + 위반시 교회...."라는 식으로 이전하는 구도에서는 교회 RAP위반＋자동복귀형 해제조건부 단순부동산권(Fee Simple Determinable, "FSD")의 소유자를 찾아야 할 것이다.

- "To A, but if A uses land for non educational purpose, then to B"의 경우는 RAP 위반이 아니다. 여기서 A가 미래의 어떤 이익이 성립될 당시 RAP 적용을 위한 기준이 되는 생존자(lives in being, measuring life, LIB)이기 때문이다.

- 하지만 "To A and heirs, so long as the property is used for educational purpose, then to B"의 경우는 A뿐만 아니라 그 후손까지 무한대로 미치게 되어 B의 이전적 미발생 장래권(shifting executory interest)은 장기미확정 금지의 원칙의 위반이 된다.

- "To A for life, then to B's children"의 경우 A가 사망하면 집단은 폐쇄된다. 이때 B의 경우 자궁에 있는 아이까지 인정한다(womb rule).

- 부동산 양도증서상에 붙어 있는 매수 선택청구권(purchase option in deed')의 경우에도 RAP

---

549) 신탁(Trust)에서 신탁을 취소할 수 있는 권한을 갖고 있는지 여부에서는 임신한 아이는 취소권이 없는 것으로 봄과 구별해야 할 것이다

가 적용된다. 하지만 부동산 임대차(리스)상에 붙어 있는 매수선택권의 경우 RAP 위반은 아니다. 이때 'Lease'에서의 option은 분리될 수 있고, 만일 분리된 경우라면 독자적 option 이 되므로 RAP에 걸릴 수 있다.

- 'Unborn widow'는 *inter vivos*에서 문제되는 것이다. 유언(will)으로 넘기게 되면 'unborn widow'가 아니라 'widow'가 특정되므로 문제되지 않는다.

- "By his will, to my surviving wife for life, remainder to my children"이라면 새로운 아내를 통해 새로운 아들이 생길 수 없으므로 RAP 위반이 아니다.

- "To A and his heirs, [but if the land ceases to be used for farm purpose, to B and his heirs]의 경우를 생각해 보자. 여기서 B는 이전적 발생적 장래권(shifting executory interest) 이다. 그러므로 RAP 위반이 되고 소멸하게 된다. 하지만 'To B and his heirs'만 지우면 문장이 문법적으로 성립되지 않는다. 결국 'If 문장 전체'를 삭제해야 한다. 그렇게 되면 'To A and his heirs'만 남게 되고 결국 A는 소멸조건부 또는 반환가능한 단순부동산권 (Fee Simple Determinable, "FSD")이 아니라 절대적 단순부동산권(a fee simple absolute)을 갖게 된다. 문장 자체에서 'so long as', 'during', 'until' 등의 용어가 없으므로 RAP를 위반하였다고 해서 "FSD"가 될 수도 없는 것이다.

- "To A and his heirs so long as the land is used for farm purpose, [and if the land ceases to be so used, to B and his heirs]"의 경우에서 B의 권리 내지 이익(interest)은 RAP 위반이 된다. 여기에서 A는 "FSD"가 되고, O가 복귀권(reversion)을 가지게 되는 형태를 갖게 된다.

- "For the purpose of...."만 기재되면, 이것은 동기(motive)에 불과하고, FSD가 아니다.

- "Shall use ~purpose only...." 역시 FSD가 아니다.

- 그런데 "so long as the property is used for ranch purpose, then to my niece and her heirs"로 되어 있으면 FSD이고, 조카는 이전적 발생적 장래권(shifting executory interest)을 갖게 되는데 이는 RAP 위반이 되므로 복귀가능권(POR)을 양도인이 가져가게 된다.

- "To A for life, remainder to B, if B dies under 25 then to C"의 사례에서 B는 해제조건에 의존하는 확정적 잔여권(vested remainder subject to complete defeasance)이 되어 RAP가 적용되지 않는다. 이미 확정되었기(vested) 때문이다. 확정된 잔여권(vested remainder)을 조건 없이 일단 받고, 나중에 뺏기게 되면 해제조건 종속형 확정적 잔여권(subject to complete defeasance)이 된다.

- "To A for life, if B has reached the age of 25, to B"의 사례에서 B는 미확정 잔여권 (contingent remainder)을 갖는다. 미확정 잔여권은 RAP 적용을 받지만 여기에서 B는 LIB이 므로 B에게 RAP 위반은 없다고 볼 수 있다.

- "If used for any purpose during her life time, then to the Esq.Cho's Foundation"의 경우 생존기간(lifetime) 한도에서의 제한이므로, RAP에 위반되지 않는다.

- 'Unborn widow'의 경우 그 새로운 아내를 통해 새로운 아들이 태어나서 권리를 취득할

가능성이 현재 'lives in being' 사후 21년 이후에도 발생할 수 있으므로, RAP에 걸리게 된다. 하지만, 'unborn husband' 문제는 발생하지 않을 것이다. 아내 없는 남편이 새로운 아이를 잉태하기란 쉽지 않기 때문이다. "to my daughter, but if my daughter dies survived by husband, then to her husband during the lifetime, remainder to my daughter's children"는 RAP에 걸리지 않는 적법한 권리설정이라고 할 수 있다.

- 우선 매수청구권(right to purchase)을 살아있는 동안에만 부여하는 경우에는 RAP도 걸리지 않고, 양도(alienation) 위반도 아니다.
- 어떤 부동산(토지)과 함께 이전하는(run with a land) 제한적 부동산 특약(restrictive covenant) 은 후속매수인을 구속하므로 장기미확정 금지의 원칙(RAP)에 걸리지 않을 것이다.
- "Joint tenants with right of survivorship, but if they ever attempt to sell the property during their life times, a right of first refusal is hereby granted"라는 경우를 생각해 보자. 이 때 합유 부동산권자(JT)의 지분을 매각시 우선 매수청구권이 행사되도록 하는 경우 위 우선 매도청구권(a right of first refusal)은 합유 부동산권자의 생애(life time) 내에 행사되게 되어 있으므로 RAP에 걸리지 않는다.

제5장
공동 부동산권

(Concurrent Estates)

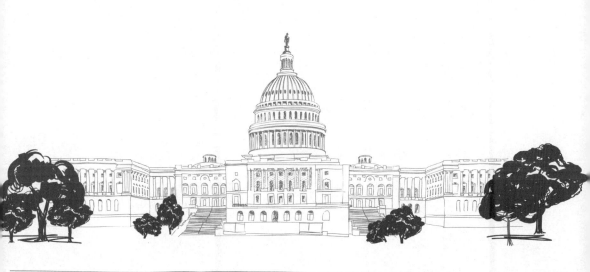

제5장 공동 부동산권
(Concurrent Estates)

사 례 연습 ──────────────────────────

[사실관계]

원고측(P)인 Masako Sawada(A)와 Helen Sawada(B)는 피고인 Kokichi Endo("D")가 운전하는 차에 치여 상해를 입었다.

사고 당시(2015. 11. 30) 피고인 Kokichi Endo와 그의 부인 Ume Endo는 부부 공동소유 부동산권(Tenancy by the Entirety, TBE)의 형태로서 한 구획의 토지(a parcel of land, Hawai 소재)를 소유하고 있었다.

피고와 그 부인은 그 부동산을 자식들(S)에게 어떤 대가(consideration)없이 부동산 양도증서를 교부하였고(2016. 7. 26), 이 증서는 등록되었다(2016. 12. 17). 피고와 그 배우자는 계속 그 부동산위에 거주하고 있었고, 양도 당시 자식들은 아버지인 D가 사고에 연루되어 있고, 책임보험(liability insurance)도 가입하지 않았음을 알았다.

이후 먼저 원고측인 B와 A가 각각 D를 상대로 소송을 제기하여 금전 지급 승소판결(a money judgment)을 받아 각각 $8,846.46과 $16,199.28의 손해액을 인정받았다(2017.1.19). 원고측은 피고측으로부터의 채권회수가 어렵게 되자 피고를 상대로 위의 부부 공동소유 부동산권(Tenancy by the Entirety, TBE)으로 되어 있는 부동산을 자식들에 이전한 것은 부정한 사기적 행위(fraudulent)라는 이유로 양도의 무효를 주장하는 소송을 제기하였다. 이에 대해 원심법원은 부동산을 자식에게 이전한 행위는 무효가 아니라고 보았고 이에 원고는 다시 상소하였다.

이 경우 부부 공동소유 부동산권(Tenancy by the Entirety, TBE)으로 되어 있는 부동산을 부부가 자식들에게 이전한 것이 사기적 행위(fraudulent)에 해당하여 무효가 되는지를 다음과 같은 쟁점과 관련하여 생각해 보자.

1. 쟁점

- 부부 공동소유 부동산권(Tenancy by the Entirety, TBE)을 가진 부부 가운데 1인에 의한 저당권 설정행위에 대해 채권자는 위 부동산에 대한 저당권 실행을 통해 자신의 채권을 만족할 수 있는가?
- '부부 공동소유 부동산권'으로 되어 있는 부동산을 부부가 자식들에게 이전한 것이 사기

적 행위(fraudulent)에 해당하는가?

2. 관련 판례

• *Sawada v. Endo*, 57 Haw. 608, 561 P.2d 1291, Haw.(1977).

Ⅰ. 개설

이 장에서는 공동 부동산권의 유형을 알고, 유형 각각의 개념, 특징(예를 들어 합유 부동산권(Joint Tenancy)에서 A, B, C 세 명의 권리자 중 1인인 A가 자신의 지분을 D에게 이전시 나머지 둘 A와 B 사이는 여전히 합유 부동산권자라는 것 등), 이전가능 여부 등이 주요 쟁점이 된다. 특히 미국 로스쿨이나 미국 변호사 자격 취득 그리고 실무 등에 독자라면 이 부분은 중요한 영역이므로 비교 학습을 통해 정확히 숙지해야 할 것이다.

1. 의의

때에 따라서는 어떤 특정 부동산에 대한 권리 내지 이익을 두 사람 이상이 동시에 보유하고 있는 경우가 있는 데 이를 공동 부동산권 내지는 공동 소유권(Concurrent Estates or ownership)이라고 한다.

이러한 '공동 부동산권'은 캘리포니아주 등에서 적용되는 혼인 중의 남편과 아내의 권리와 의무를 규율하는 제도라 할 수 있는 '부부 공유재산권'(Community Property)과 다르다.[550] 즉, '부부 공유재산'인 경우에는 '공유 부동산권'과 '합유 부동산권'과 달리 단지 남편과 아내만이 가능하고, 어떤 배우자도 부부 공유재산 가운데서의 분리되지 않은 반(undivided one-half share)을 이전할 수 없는 등 차이가 있다.[551] 특히, 루지애나(Louisiana)

---

550) Jesse Dukeminier 외, *supra* note 32, at 389; 임홍근 외, *supra* note 22, at 389.
551) Jesse Dukeminier 외, *Id.*; 임홍근 외, *Id.*

주와 미국 서부 지역의 주에서는 부부간의 공동 소유형태를 부부 공유재산권(community property)으로 분류하고 있는 데 이와 관련된 내용은 대륙법계의 부부 공동재산 소유형태와 비슷하다.[552]

2. 용어의 사용

용어의 사용과 관련하여 공동소유권, 공동소유재산권 등으로 설명하기도 한다. 그런데 보통법(common law)에서는 어떤 재산 자체를 소유 내지 점유하는 것으로 보기 보다는 특정 부동산에 대한 권리(estate in land)를 점유하거나 소유하는 것으로 보았다는 점,[553] 재산권은 부동산권과 동산권 모두를 의미한다는 점, 앞에서 현재 부동산권과 미래 부동산권 등과의 연속성이라는 측면에서 본 교재에서는 '공동 부동산권'이라고 부르기로 한다.[554]

3. 유형

공동부동산권은 보통법(common law)상으로 상속재산공유권(coparceny)[555]과 일반 파트너십 보유재산권(Tenancy in partnership)[556] 등 여러 가지를 들 수 있으나 일반적으로 영국에서부터 발달되고 이를 미국에서 받아들여 인정하고 있는 다음과 같은 주요 세 가지 공동부동산권을 생각할 수 있다. 즉, 합유 부동산권(Joint Tenancy, JT), 부부공동소유 부동산권(Tenancy by the Entirety, TBE), 공유 부동산권(Tenancy in Common, TIC)이 그것이다.[557]

---

552) 사법연수원, *supra* note 19, at 261.
553) 박홍규, *supra* note 23, at 58.
554) 하지만 일반적으로 몇몇 교재들이 '공동소유' 등의 형태로 사용되는 점, 내용에 있어서 우리나라 민법과는 용어와 함께 유사한 점이 있지만 실제에 있어서는 다른 점이 있다는 것을 주의해야 할 것이다.
555) 상속재산공유권(coparceny or coparcenary)은 공유 부동산권(tenancy in common)과 유사한 것으로서 남자 상속인이 없을 경우 공통의 조상으로부터 상속받는 둘 이상의 재산을 말한다(Jesse Dukeminier 외, *supra* note 32, at 319; 임홍근 외, *supra* note 22, at 445).
556) 일반 파트너십 보유재산권(Tenancy in partnership)이란 일반적으로 파트너십이 보유하는 재산을 의미하며 오늘날에는 대개 통일파트너십법(Uniform Partnership Act) 등 관련 법에 의한다(Jesse Dukeminier 외, *Id.*; 임홍근 외, *Id.* at 1954).
557) Barlow Burke and Joseph Snoe, *supra* note 1, at 217.

━ 공동부동산권 유형별 이전 가능여부

	Joint Tenancy	Tenancy by the Entirety	Tenancy in Common
생전이전 가능(alienable)	O	X	O
유언에 의한 이전 가능(devisable)	X	X	O
유언이 없는 경우 이전가능(descendible)	X	X	O

II. 합유 부동산권(Joint Tenancy, JT)

1. 의의 및 특징

합유 부동산권(Joint Tenancy, JT)이란 공동 부동산권자 각자가 개인적 지분(fractional interest)을 보유하고 있음에도 하나의 부동산을 하나의 단위로 합유하고 있는 형태로 보유하는 부동산권을 말한다.[558) A와 B가 결혼 후 부동산을 공동 명의로 취득한 뒤, 합유 부동산권의 형태로 보유시 AB 가운데 누구 먼저 사망하든 사망시 남아있는 자가 단독소유가 되는 것이 그 좋은 예이다.[559)

즉, 어떤 공동 소유 부동산에 대해 어느 한 당사자가 사망시 사망자가 갖고 있던 규모 내지 지분을 남아있는 부동산권자가 자동적으로(automatically) 취득하게 되는 부동산권을 말한다. 이러한 권리 내지 이익을 '생존자취득권'(right of survivorship)이라고 하며, 생존자취득권리의 특성상 권리의 이전은 생전이전만 가능하다(alienable).

그러므로 합유 부동산권(Joint Tenancy)의 두드러진 특징은 생존자취득권 내지는 생존자재산권에 있다고 할 수 있고, 이러한 의미에서 합유 부동산권은 종종 유언의 대체물(a will substitute)이라고 할 수 있다.[560) 즉, 위의 예에서 1인이 사망시 생존 배우자가 자동적으로 그 부동산권을 취득하게 되어 비용의 절약과 함께 별도의 유언 등의 절차없이도 이

---

558) Jesse Dukeminier 외, *supra* note 32, at 320; 박홍규, *supra* note 23, at 63.
559) Barlow Burke and Joseph Snoe, *supra* note 1, at 218–219.
560) *Id.* at 219.

전될 수 있다는 장점이 있다.

따라서 AB 중 1인이 비록 생존 중의 이전이 아닌 유언에 의한 증여(유증)의 형태로 이전하였다고 해도 그 유증자의 사망시 수증자가 그 사망자의 지분을 취득하는 것이 아니라 생존자가 취득하게 되는 것이다.

물론 AB 중 1인이 그 상대방에게 신체적 위해를 가해 사망에 이르렀다면 비록 잔존 합유 부동산권자로서 지분 모두를 취득하는 것이 원칙이지만 이 경우마저 잔존 배우자에게 그 권리를 취득하게 하는 것은 심히 부당하다고 할 수 있으므로 이때는 단순히 자신의 지분만을 보유하게 된다.561)

특히 이 부분은 미국 로스쿨이나 미국 변호사 자격 취득을 준비하거나 실무에 종사하는 독자라면 정확히 숙지해야 할 것이다.

2. 성립

합유 부동산권은 부동산 양도증서(a deed)나 유언(a will)에 의해 성립되며, 법정 상속(intestate succession)을 통해 성립될 수 없다.562) 이러한 합유 부동산권은 우선 당사자간 합의의 의사에 의해 합유 부동산권임을 명확하게 표시해야 한다. 표시하지 않으면 법원에서는 공유부동산권(Tenancy in Common, TIC)으로 추정하기 때문이다.563) 이러한 내용은 합유 부동산권은 어떤 특별한 신분관계에 따른 자동승계가 아니라 당사자 합의를 통해 이루어지는 법률관계라는 의미를 갖는다.564)

합유 부동산권의 성립과 관련해서는 구체적으로 동일한 시간에 권리를 취득하고(시간의 일체성, unity of time), 부동산 양도증서(deed)나 유언(will) 등 동일한 취득수단(title)에 의하여야 하며(권원의 일체성, unity of title), 합유 부동산권자 각자가 갖는 지분이 양이나 질적인 면에서 동일하여야 할뿐만 아니라(권리의 일체성, unity of interest), 각자는 점유나 사용에 있어서 동일한 권리를 보유해야 한다(점유의 일체성, unity of possession).565)

---

561) 박홍규, *supra* note 23, at 65.
562) Barlow Burke and Joseph Snoe, *supra* note 1, at 220.
563) 박홍규, *supra* note 23, at 65.
564) 서철원, *supra* note 27, at 137.
565) *Riddle* v. *Harmon*, 162 Cal. Rptr. 530(1980); Jesse Dukeminier 외, *supra* note 32, at 320, 325; Barlow Burke and Joseph Snoe, *supra* note 1, at 219.

이 가운데 권원의 동일성(unity of title) 요건은 어떤 중재자(a straw man or straw)를 통해 우회적으로 갖출 수 있게 된 이후로 일부 주(州)를 제외한 대부분의 주에서는 입법이나 판례를 통해 폐지되었다.566) 이때 '중재자'(a straw man)라고 함은 해당 부동산을 자신의 양도인에게 다시 되돌려 줄 목적으로 일시적으로 법적인 권원(legal title)을 갖는 사람으로서 보통 법률사무소 내의 직원 등 믿을 수 있는 어떤 사람을 의미한다.567)

예를 들어 A가 어떤 부동산을 절대적 단순부동산권(fee simple absolute)을 보유하고 있고, 이제 A는 이 부동산권을 B와 함께 합유 부동산권으로서 권리를 보유하길 원한다고 생각해 보자. 이때 A는 권원의 동일성(unity of title)을 갖추기 위해 먼저 어떤 가공 인물(a straw man) C에게 그 부동산을 이전한 후, C가 다시 A와 B에게 생애부동산권이 붙어있는 합유부동산권으로 이전해야 하는 2단계 절차를 거쳐야 한다는 의미를 갖는 것이다.

3. 종료

주(州)에 따라서는 위에서 언급한 합유 부동산권이 되기 위한 네 가지 요건 중 하나 이상 그 요건을 충족시키지 못할 경우 합유 부동산권은 공유 부동산권(Tenancy in Common, TIC)으로 되는 데 이를 분리("severance")라고 한다.568)

즉, 분리("severance")란 분리된 권리(the severed interest)와 남아있는 합유 부동산권자들(the remaining joint tenants) 사이의 공유 부동산권으로 전환되는 한 형태라고 할 수 있다.569)

또한 합유 부동산권은 부동산권자 각자 자신의 보유하던 권리를 다른 부동산권자의 동의나 승낙 없이도 이전할 수 있는 것이 원칙이다(alienable).570) 그러므로 양도(sale, transfer, convey)하거나, 분할 또는 설정된 저당권의 실행, 파산절차(bankruptcy proceedings)에 따른 매매 등에 의해 합유관계가 자발적 또는 비자발적으로 분리 내지 종료(severance)될 수 있다. 이러한 내용들을 구체적으로 살펴보면 다음과 같다.

---

566) Barlow Burke and Joseph Snoe, Id.
567) Id.
568) Id. at 221.
569) Id.
570) Riddle v. Harmon, 162 Cal. Rptr. 530(1980); Jesse Dukeminier 외, supra note 32, at 325.

3.1. 매매(Sale)와 분할(Partition)

사적자치의 원칙에 따라 합유 부동산권자 1인은 자신의 지분을 매매(sale) 등의 형태로 다른 합유 부동산권자의 동의나 허락 없이도 매매나 이전을 할 수 있다. 다만 합유 부동 산권에서는 위에서 언급한 대로 생존자취득권 내지는 생존자재산권(right of survivorship)의 특징을 갖기에 자신의 지분을 생전에 양도(*inter vivos* conveyance)한 경우에 종료된다. 이러 한 양도는 생전 양도이면 되므로 그 이전의 형태가 자발적 이전과 비자발적 이전 모두가 가능하다.

만일 합유 부동산권자의 수가 A, B, C 등 3인 이상이고 그 가운데 1인인 A가 자신 의 지분을 D에게 양도한 경우 나머지 부동산권자 B와 C의 공동소유관계 형태가 문제되 는 데 이 경우는 잔존 부동산권자들(즉, B와 C) 사이에 합유 부동산권(joint tenancy)의 관계 가 그대로 유지된다. 이때 잔존 부동산권자 BC와 D 사이 관계는 공유 부동산권(Tenancy in Common, TIC) 형태를 갖는다.

매매와 관련하여서는 소위 '형평법상의 부동산 권원의 이전'이 문제된다. 형평법상 부동산 권원의 이전(Equitable Conversion)이란 형평(equity)은 행할 것은 행해진 것("equity regards as done what ought be done")으로 간주하므로 계약 당사자들이 일단 어떤 부동산에 대해 강제력을 갖는 매매계약을 체결하였다면 서명을 한 때로부터 그 부동산에 대한 형 평법상 권원(equitable title)은 매수인에게 이전되고 매도인은 매매 대금의 잔액을 지급받기 위한 담보로서의 법적 권원(legal title)을 보유하는 법리를 말한다.571)

이러한 법리를 합유 부동산권의 내용과 관련지어 설명하면 합유 부동산권자 A와 B 가운데 1인인 A가 다른 제3자 C와 자신의 지분을 이전하는 매매계약을 2017년 9월 1일 체결하고 잔금지급일을 12월 1일로 할 경우, 형평법상 부동산 권원 이전(Equitable Conversion) 의 법리에 따를 경우 합유 부동산권이 종료 내지 분리가 되는 시기는 계약 체결시점, 즉 계약서에 서명한 시점인 9월 1일부터 합유 부동산권은 분리(severed) 내지 종료되고, 제3 자인 매수인 C의 소유로 되는 것이다.

---

571) Jesse Dukeminier 외, *Id.* at 552-553.

3.2. 분할(Partition)

합유 부동산권에서 부동산권자 1인이 자신의 지분에 대한 분할(partition)에 의해서도 합유 부동산권은 종료된다.572) 이때 분할은 당사자간의 자발적이고도 평화적인 방법으로 모든 당사자(부동산권자)에게 이익이 되는 방향으로 이루어져야 한다. 분할방법과 관련하여서는 무엇이 모든 당사자에게 이익이 되는지의 여부에 따라 현물분할(partition in kind)을 하거나 일단 매매(forced sale) 후 그 매매대금을 지분비율로 배분하는 현금분할의 형태를 띠게 된다.

3.3. 임대(Lease)

합유 부동산권자 A와 B 중 1인 A가 자신의 지분을 임대한 경우 합유 부동산권자로서 다른 부동산권자의 동의가 없어도 그 효력은 유효하다고 할 수 있다. 다만 이러한 경우 합유 부동산권의 권리도 분리되는지가 문제되는 데 이에 대해서는 견해의 대립이 있다. 만일 임대 자체만으로는 분리되지 않는 것으로 보는 입장을 취할 경우 임대기간 중 임대인 A의 사망시 생존자재산권 내지 생존자취득권에 따라 B가 A의 지분을 취득하게 되므로 A의 임대차도 종료하게 된다.573)

하지만 일반적으로 합유 부동산권자 중 1인의 단기 임대차(a short-term lease)의 경우에는 합유 부동산권은 분리되지 않는다.574)

3.4. 판결 리엔(Judgment Lien)과 저당권의 설정(Mortgage)

(1) 일반적인 경우

만일 위의 사례에서 A가 자신의 지분상의 권리 내지 이익은 보유하면서 모두가 아닌 일부분만을 D에게 양도한 경우라면 합유 부동산권자로서의 권리가 종료되지 않는다. 이와 관련하여서는 판결에 따른 우선취득권(Judgment Lien)과 저당권 설정(Mortgage)의 경우

---

572) *Delfino* v. *Vealencis*, 181 Conn. 533, 436 A.2d 27, 1980 Conn.; Jesse Dukeminier 외, *Id.* at 338.
573) 서철원, *supra* note 27, at 138; 박홍규, *supra* note 23, at 67.
574) Barlow Burke and Joseph Snoe, *supra* note 1, at 222.

가 문제된다.

판결 리엔 내지 판결에 따른 우선취득권(Judgment Lien)이란 법원으로부터 손해배상 판결을 받으면 그 판결을 판결의 일람표(docket)에 등재하도록 함으로써 승소한 원고가 피고의 재산에 대해 갖는 담보권이라고 할 수 있다.575) 이러한 판결 리엔으로 인해 그 리엔을 받은 합유 부동사권자의 지분의 양도된 것이 아니므로 합유 부동산권자의 권리는 그대로 유지된다. 하지만 판결 리엔을 갖고 있는 자가 그 담보권을 실행함으로써 경매가 이루어진 경우 지분의 양도가 수반되므로 결국 합유 부동산권자의 권리는 종료된다.

(2) 담보권 실행 이전에 합유 부동산권자 중 1인이 사망한 경우의 효력

저당권 내지 판결 리엔에 따른 담보권이 실행(foreclosure)되기 이전에 합유 부동산권 자의 1인인 피고인이 사망한 경우 저당권 내지 판결 리엔의 효력이 문제된다. 위에서 설명하였듯이 합유 부동산권자의 특징은 합유 부동산권자 AB 가운데 1인 A가 사망하면 잔존 부동산권자 B가 A의 지분을 취득하게 되므로 판결 리엔은 존재하지 않았던 것으로 된다(wiped out).576) 반대로 판결 리엔에 따른 담보권이 실행(foreclosure)되고 C가 경매에 따른 경락을 받게 된 후에 합유 부동산권자의 1인인 피고인 A가 사망한 경우라면 이미 담보권의 실행으로 합유 부동산권자의 권리는 소멸되었고, 따라서 A가 보유하고 있던 지분이 이미 이전된 상태가 되므로 판결 리엔에 따른 담보권 실행은 유효하게 된다. 이때 위에서 설명한 대로 B와 C의 공동소유 관계는 공유 부동산권(Tenancy in Common, TIC) 형태를 갖는다. 이러한 법리적 흐름은 저당권(Mortgage) 설정의 경우에도 견해의 대립은 있지만 동일하게 적용된다.577)

(3) 합유 부동산권의 분리에 관한 입법주의

합유 부동산권의 분리와 관련하여 주(州)에 따라 '권원'(title)에 중점을 두거나(Title theory states) '리엔'에 중점을 두고 있다(Lien theory states).

1) '권원'(title)에 중점을 두는 경우   이때 '권원'(title)에 중점을 두는 입장(Title

---

575) 서철원, *supra* note 27, at 137−138; 임홍근 외, *supra* note 22, at 1077.

576) *Harms v. Sprague*, 105 Ill. 2d 215, 473 N.E.2d 930, 1984 Ill. 85 Ill. Dec. 331; Jesse Dukeminier 외, *supra* note 32, at 330.

577) 서철원, *supra* note 27, at 138; 박홍규, *supra* note 23, at 67.

theory states)이란 리엔 내지 저당권 설정은 채권자에게 법적 권원(legal title)을 이전시키는 행위로 보는 것이다.578) 이에 따를 경우 '판결 리엔이나 저당권을 설정한 때' 합유 부동산권이 분리(sever)된다고 볼 수 있다.

2) '리엔'(lien)에 중점을 두는 경우   하지만 '리엔'에 중점을 두는 입장(Lien theory states)이란 리엔 내지 저당권 설정은 어떤 대출을 위한 담보를 제공하는 행위라고 보는 것이다.579) 이에 따를 경우 단순히 리엔의 설정만으로 안 되고 담보로서 설정된 '판결 리엘이나 저당권이 경매를 통한 실행절차(foreclosure proceedings)가 완전히 종료되었을 때' 합유 부동산권이 분리될 것이다.

이러한 내용은 특히 로스쿨이나 미국 변호사 자격취득 준비 그리고 실무에 종사하는 독자들이라면 자주 쟁점이 되는 영역의 하나가 될 수 있으므로 뒤에서 살펴 볼 저당권 부분에 관한 내용의 이해와 함께 정확한 학습을 요한다.

3.5. 동시사망의 경우

만일 합유 부동산권자 A와 B가 동시에 사망한 경우가 문제되는 데 이 경우 법원은 각자가 마치 그 상대방보다 더 오랫동안 생존한 것처럼 취급하여 공유 부동산권(Tenancy in Common, TIC)의 소유형태를 갖게 한다.580)

Ⅲ. 부부 공동소유 부동산권(Tenancy by the Entirety, TBE)

1. 의의 및 특징

부부 공동소유 부동산권(Tenancy by the Entirety, TBE)이란 부부 공동의 명의로 된 부동산에 인정되는 하나의 법적 소유권(a single legal ownership)으로서 남편과 아내라는 부부에

---

578) Barlow Burke and Joseph Snoe, *supra* note 1, at 223.
579) *Id.*
580) *Id.* at 220.

의해 성립되는 것을 의미한다.581)

위에서 살펴본 합유 부동산권과 같이 생존자취득권 내지 생애부동산권(right of survivor-ship)을 갖으며 특히 보통법(common law)상 부부를 하나의 법인격으로 간주하는 데 그 특징이 있다.582) 그리하여 생존 중에 이전은 가능하지만 부부 모두의 동의가 있어야 하고, 유언이나 상속으로 이전할 수 없다. 만일 부부 가운데 1인이 사망한 경우라면 그 지분이 상속되는 것이 아니라 남아있는 배우자에게 이전된다.

부부 공동소유 부동산권에서 법적으로 혼인상태에 있으면서 배우자로서 함께 사는 동안 공공정책상의 이유에 의해 부부 가운데 1인에 대한 권리는 부부 각각의 채권자들로부터 어떤 청구를 받거나 압류당하지 않는다.583)

2. 성립

부부 공동소유 부동산권은 법적으로 혼인상태에 있으면서 생애부동산권(right of survivor-ship)을 공유하는 부부에게만 성립한다. 그러므로 법적으로 미혼인 상태의 부부(unmarried persons)에게 어떤 특정 부동산이 이전된다면 이전 받은 부부는 비록 부부관계라고 불리더라도 양도된다면 공동소유 부동산권(TBE)이 성립되는 것이 아니라 합유 부동산권(Joint Tenancy)이 성립된다. 즉, 부부 공동소유 부동산권은 부부 중 일방이 자신의 권리를 양도할 수 없는 확고한 생애부동산권 내지 생존자취득권(right of survivorship)을 갖는다. 또한 채권자들의 채권 청구로부터도 폭넓은 책임면제가 인정된다고 할 수 있다.584)

3. 종료

부부 공동소유 부동산권은 합유 부동산권과 달리 공동 부동산권자 1인이 지분의 분

---

581) *Sawada* v. *Endo*, 57 Haw. 608, 561 P.2d 1291(1977); "부부 전부 부동산보유권"이라고도 불린다(사법연수원, *supra* note 19, at 261).
582) 서철원, *supra* note 27, at 140.
583) *Sawada* v. *Endo*, 57 Haw. 608, 561 P.2d 1291(1977).
584) *Id.*

할을 청구하거나 양도 등의 이전을 통해 종료되는 것이 아니다. 부부 일방의 권리를 그 상대방에게 양도하거나, 부부 공동으로 양도하거나, 부부관계가 해소되는 등 사유에 의해 종료된다. 이혼을 하거나 혼인의 취소 등의 사유가 있게 되면 '부부 공동소유 부동산권'은 '공유 부동산권'(Tenancy in Common, TIC)으로 전환하게 된다.585)

그러므로 부부 공동소유 부동산권자 가운데 1인이 사망하거나, 상호 합의를 하거나 (mutual agreement), 부부 공동명의의 채무에 대한 채권자의 담보권을 실행하는 경우 등이 아니면 종료되지 않는다. 즉, 부부 어느 일방의 양도(unilateral conveyance)나 부부 쌍방의 합의가 없는 일방의 분할청구(involuntary partition), 저당권의 설정 등은 인정되지 않으며, 부부 1인에 의한 저당권 설정행위에 대해 그 채권자는 저당권 실행을 통해 자신의 채권을 만족할 수 없다.

Sawada v. *Endo* 사건에서586) 부부 공동소유 부동산권(Tenancy by the Entirety, TBE)을 가진 부부 가운데 1인에 의한 저당권 설정행위에 대해 채권자는 위 부동산에 대한 저당권 실행을 통해 자신의 채권을 만족시킬 수 없다고 보았다.

본 사안에서 원고측(P)인 Masako Sawada(A)와 Helen Sawada(B)는 피고인 Kokichi Endo("D")가 운전하는 차에 치여 상해를 입었다. 사고 당시 피고인 Kokichi Endo와 그의 부인 Ume Endo는 부부 공동소유 부동산권(Tenancy by the Entirety, TBE)의 형태로서 한 구획의 토지를 소유하고 있었다. 피고와 그 부인은 그 부동산을 자식들(S)에게 어떤 대가 없이 부동산 양도증서를 교부하였고, 이 증서는 등록되었다.

피고와 그 배우자는 계속 그 부동산위에 거주하고 있었고, 양도 당시 자식들은 아버지인 D가 사고에 연루되어 있고, 책임보험도 가입하지 않았음을 알았다. 이후 원고측은 피고측으로부터의 채권회수가 어렵게 되자 피고를 상대로 위의 부부 공동소유 부동산권 (Tenancy by the Entirety, TBE)으로 되어 있는 부동산을 자식들에 이전한 것은 부정한 사기적 행위(fraudulent)로서 양도의 무효를 주장하는 소송을 제기하였다.

이에 대해 법원은 '부부 공동소유 부동산권'으로 되어 있는 부동산을 부부가 자식들에게 이전한 것이 사기적 행위(fraudulent)에 해당하지 않는다고 판단하였다.

---

585) 박홍규, *supra* note 23, at 72.
586) *Sawada* v. *Endo*, 57 Haw. 608, 561 P.2d 1291(1977).

Ⅳ. 공유 부동산권(Tenancy in Common, TIC)

1. 의의 및 특징

공유 부동산권(Tenancy in Common, TIC)은 부동산권을 갖는 각 당사자가 분할되지 않은(undivided) 상태의 권리 내지 이익을 소유하고 사망하게 되면 그 상속인에게 상속·이전되는 공유관계를 의미하는 것으로서 공동 소유 부동산권의 가장 일반적인 형태라고 볼 수 있다.[587]

즉, 이러한 '공유 부동산권'은 생전에 양도할 수 있으며(alienable), 유언이 있을 경우 유증될 수 있고(devisable), 유언이 없을 경우에도 자유롭게 상속될 수 있다(descendible).[588]

2. 성립

공동 부동산권의 유형에 대해 다른 특별한 사정이나 언급이 없으면 일반적으로 공유 부동산권을 취득하게 된다.

3. 종료

공유 부동산권은 위의 합유 부동산권이나 부부 공동 부동산권과는 달리 생존자취득권 내지 생존자재산권(right to survivorship)이 인정되지 않아 당사자는 자신의 지분을 생전양도(inter vivos transfer)이든, 유언에 의한 양도이든(devisable), 상속에 의한 것이든(descendible) 언제든지 자유롭게 이전할 수 있다. 당사자간 어떤 특별관계가 없이 단순히 특정 부동산만에 대해 권리 내지 이익을 공동으로 보유하고 있을 경우 이러한 부동산은 원칙적으로 공유 부동산권이 된다.[589]

---

587) Jesse Dukeminier 외, *supra* note 32, at 319; Barlow Burke and Joseph Snoe, *supra* note 1, at 181; 임홍근 외, *supra* note 22, at 1875.
588) Barlow Burke and Joseph Snoe, *Id.* 218.
589) 공동상속의 경우라고 해도 공동 상속인은 공유부동산권을 취득하는 것이며 합유 부동산권을 취득하는 것은

V. 공동 부동산권자의 권리와 의무

공동 부동산권자(합유 부동산권자, 부부공동소유 부동산권자, 공유부동산권자) 각자(each co-tenant)는 해당 부동산에 대한 점유·사용할 권리, 이익을 분배받을 권리 등이 있는 한편으로 비용분담 등의 의무를 부담한다.590)

1. 공동 부동산권자의 권리

(1) 점유·사용권

공동 부동산권자는 그 부동산 전체(all portions of property)를 점유하며 향유할 권리를 갖는다.591) 즉, 공동 부동산권자 중 1인의 점유·사용권은 다른 공동 부동산권자의 점유·사용 내지 향유(enjoy)하지 못하게 하거나 축출하지 않는 한 불법이거나 악의로 취급되지 않는다.592)

하지만 그렇다고 공동 부동산권자 중 1인이 그 부동산 중 특정부분 또는 전체를 다른 부동산권자가 사용하지 못하도록 하면서 독점적, 배타적으로 점유(exclusive possession)할 수는 없다.593) 만일 그 1인이 다른 공동 부동산권자의 점유·사용을 방해하거나 거절한 경우 배제(exclusion)나 점유박탈(ouster)을 당할 수도 있다.594) 점유박탈 내지 침탈("ouster")은 공동 부동산권자 중 점유자가(the occupying tenant) 잠금장치를 바꾸는 등 다른 공동 부동산권자(co-tenant)의 부동산 사용을 방해할 때 발생한다.595) 만일 점유박탈을 당한 부동산권자(the ousted tenant)가 이러한 사유를 근거로 소송을 제기하려면, 소의 제기 이전에 그 점유자에게 해당 부동산의 사용을 요구하고 거절당한 경우라야 한다.596)

아니다(박홍규, *supra* note 23, at 66).
590) *Spiller* v. *Mackereth*, 334 So. 2d 859(Ala. 1976); Jesse Dukeminier 외, *supra* note 32, at 347.
591) Barlow Burke and Joseph Snoe, *supra* note 1, at 218.
592) 박홍규, *supra* note 23, at 75.
593) 서철원, *supra* note 27, at 141.
594) 박홍규, *supra* note 23, at 75[(citing *Zaslow* v. *Kronert*, 29 Cal. 2d 541, 176 P.2D 1(1946)].
595) Barlow Burke and Joseph Snoe, *supra* note 1, at 227.
596) *Id.*

(2) 이익 분배권

원칙적으로 공동 부동산권자 AB는 다른 약정이 없는 한 각 부동산권자 스스로 사용하여 얻은 이익을 다른 부동산권자와 분배할 필요가 없지만 부동산권자 1인 A가 그 부동산을 제3자 C에게 임대를 통해 어떤 이익을 얻었다면 그 다른 공동 부동산권자와 공정하게 그 이익을 분배하여야 한다.[597] 공동 부동산권자가 보유하는 부동산 위의 나무를 벌목하거나 광물을 채취하는 등 그 부동산을 사용하여 얻은 이익 또한 마찬가지이다.

하지만 다른 공동 부동산권자 B 스스로가 자발적으로(voluntarily) 사용하지 않기로 한 기간이 있었다면 그 기간 동안은 비록 그 1인(A)이 독점적 점유를 하였어도 B는 이에 대한 배분을 요구할 수 없다. B 자신이 취할 수 있는 권리행사를 포기하였기 때문이다.

(3) 분할(partition) 청구권

공동 부동산권 중 합유 부동산권(joint tenant)과 공유 부동산권(tenant in common)의 경우에 부동산권자 각자는 분할을 요청할 수 있다(right to demand partition).[598] 하지만 앞에서 언급한 대로 부부 공동 부동산권(tenancy by the entirety)의 경우에는 부부 모두의 동의가 있지 않는 한 부부 일방만의 청구에 의한 분할은 허용되지 않는다.

분할의 방법과 관련해서는 현물분할(partition in kind or physical partition/division)과 현금분할(partition by sale)이 있다. 현물분할은 법원이 해당 부동산을 동일 가치(equal value)가 있는 토지로서 나누어 부동산권자는 각각 분할된 부분을 할당받는 방법이다.[599]

만일 분할로 인해 부동산(토지) 일부가 쓸모없게 될 경우라면 현물분할은 허용되지 않고, 현금분할이 이용된다. 현금분할은 해당 부동산의 매매를 통해 얻은 대금을 배분하여 분할하는 형태로 할당받는 방법이다.[600]

공동 부동산권자 중 1인의 부동산에 대한 개량적 행위(improvements)로 인해 그 부동산에 대한 가치가 증가하였다면 이에 상응하는 대가를 받을 수 있고, 만일 그 가치가 감소하였다면 이에 대한 모든 책임을 지게 될 것이다.

---

597) *Id.* at 218; 서철원, *supra* note 27, at 141.
598) Barlow Burke and Joseph Snoe, *Id.* at 232.
599) *Id.*
600) *Id.*

2. 공동 부동산권자의 의무

(1) 필요비 분담의무

만일 공동 부동산권자 AB 중 A가 세금을 납부하거나 저당권(mortgage) 설정에 따른 이자를 지급하는 등 그 부동산을 관리, 유지에 필요한 비용(carrying cost or charges)을 지출하였다면 다른 공동 부동산권자들로부터 각자의 지분에 따른 비용분담을 요구할 수 있고, 요구받은 부동산권자는 공동비용 분담의무를 갖는다.[601] 만일 공동 부동산권자 1인 A가 자신의 분담해야 할 금액보다 더 많은 지출을 할 경우 그 상대방 B에게 구상권을 행사하여 초과분을 상환받을 수 있다(right to contribution). 만일 이러한 청구를 받은 부동산권자(a co-tenant)가 임의적으로 거절시 이를 이유로 한 소송을 통해 구제받을 수 있다.[602]

주의할 것은 이러한 비용분담의무는 유지·관리·보수행위에 한정되고 미리 그 상대방에게 통지(notice)해야 한다. 또한 공동 부동산권자들 사이에 미리 약정하지 않는 한 개량행위의 경우에는 적용되지 않기에 개량비용(improvements)을 청구할 수 없다. 왜냐하면 공동 부동산권자가 그 부동산을 개량할 의무(duty to improve)는 없기 때문이다.

(2) 보존·관리 의무

앞에서 설명한 바와 같이 공동 부동산권자는 그 부동산에 대한 일반적인 사용과 수익(ordinary uses and profits)의 권리를 갖지만 다른 한편으로 장래 그 부동산권에 대한 보존, 관리 등의 의무가 부담된다(doctrine of waste). 즉, 특정 부동산의 권리 내지 이익에 대한 적극적 훼손(voluntary or affirmative waste), 소극적 훼손(permissive waste), 개량적 훼손(ameliorative waste) 등 어떠한 훼손도 해서는 안 될 의무를 부담한다.

만일 훼손의무 위반이 있을 경우 그 상대방은 자신이 살고 있는 동안 분할(partition) 청구를 하지 않고도 훼손의무 위반을 이유로 소송을 제기하여 구제받을 수 있다.

---

601) *Id.* at 228.
602) *Id.*

VI. 공유 및 합유 부동산권자의 지분권의 양도

공동 부동산권자가 소유한 지분권의 양도와 관련하여 합유 부동산권자나 공유 부동산권자는 자신의 지분권을 자유롭게 양도할 수 있다. 합유 부동산권자 AB 가운데 A가 자신의 지분권을 C에게 양도한 경우 자신의 지분권은 합유 부동산권자로부터 분리된다.

이때 합유 부동산권자 혹은 공유 부동산권자가 자신의 지분권을 양도시 양수인은 이전의 양수인이 보유하던 점유하고 사용할 권리를 갖게 된다.603)

만일 합유 부동산권자나 공유 부동산권자가 해당 부동산의 특정 일부분만을 양도하거나 임대할 경우에는 양도인과 양수인 또는 임대인과 임차인 사이에만 효력을 갖고, 다른 공동 부동권자를 구속할 수 없다.604)

또한 합유 부동산권자나 공유 부동산권자가 다른 공동 부동산권자의 허락 없이 원칙적으로 유효한 지역권을 부여할 수 없다. 하지만 이 경우 양도인에 대해서는 효력을 갖게 되므로 후에 어떠한 이유로 양도인이 그 지역권의 해당 부분을 단독 소유하게 될 경우 금반언의 법리(estoppel)에 따라 그 지역권은 유효하게 된다.605)

한편, 부부 공동소유 부동산권자 각자는 자신의 지분권만을 제3자에게 양도할 수 없다.

VII. 공동 부동산권자 1인의 시효취득(adverse possession)

공동 부동산권자 AB 가운데 A가 다른 공동 부동산권자 B로부터 시효취득(adverse possession)을 할 수 있는지가 문제된다. 특별한 경우, 즉 적대적인 축출(wrongful ouster)인 경우가 아닌 한 시효취득은 인정되지 않는다고 볼 수 있다.606) 이러한 취득시효 내지 시효취득이 성립하기 위해서는 계속적(continuous)으로 공공연하게(open) 적대적으로(hostile)

---

603) 박홍규, *supra* note 23, at 73.
604) *Id.* at 74.
605) *Id.* at 74−75[citing *White* v. *Manhattan Railway Co.*, 139 N.Y. 19, 34 N.E. 887(1893); *Keller* v. *Hartman*, 175 W. Va. 418, 333 S.E.2d 89(1985)].
606) *Swartzbaugh* v. *Sampson*, 11 Cal. App. 2d 451, 54 P.2d 73, 1936 Cal. App.; Jesse Dukeminier 외, *supra* note 32, at 354−355; 이 경우 적대적인 축출 내지 점유박탈 만의 이유로는 불충분하고 상대방에게 통지를 주었다고 볼만 한 정도의 행위가 있어야 한다(Barlow Burke and Joseph Snoe, *supra* note 1, at 228).

실제(actual)적인 점유가 있어야 하는 데 이 경우에는 '적대적'이라고 할 수 없기 때문이다. 하지만 시효취득을 위해서는 반드시 불법적인 점유에 대한 사실을 그 상대방에게 통지해야 한다.[607]

사례의 분석 _____

[쟁점, Issue]

- 부부 공동소유 부동산권을 가진 부부 가운데 1인에 의한 저당권 설정행위에 대해 그 저당권자인 채권자는 저당권 실행을 통해 자신의 채권을 만족할 수 있는지의 여부이다. (The issue is whether the interest of one spouse in real property, held in tenancy by the entireties, can be reached by his or her individual creditors).

[근거, Reasoning]

- 부부 공동소유 부동산권(Tenancy by the Entirety, TBE)이란 하나의 법적 소유권(a single legal ownership)으로서 남편과 아내라는 부부에 의해 성립된다. (A tenancy by the entirety is held by the husband and wife in a single legal ownership).
- 부부 공동소유 부동산권은 부부 중 일방이 자신의 권리를 양도할 수 없는 확고한 생애 부동산권 내지 생존자취득권(right of survivorship)을 갖는다. 또한 채권자들의 채권 청구로부터도 폭넓은 책임면제가 인정된다. (The tenancy by entirety has an indestructible right of survivorship, which will not allow one spouse to alienate his interest. It also has a broad immunity from the claims of creditors).
- 부부 공동소유 부동산권에서 법적으로 혼인상태에 있으면서 배우자로서 함께 사는 동안 공공정책상의 이유에 의해 부부 가운데 1인에 대한 권리는 부부 각각의 채권자들로부터 어떤 청구를 받거나 압류당하지 않는다. (In a tenancy by the entirety, the interest of a spouse is not subject to the claims of creditors during the joint lives of the spouses and is not subject to attachment or levy by their respective individual creditors for reasons of public policy).

[적용, Application]

- 본 사안에서 사고의 발생당시, Kokichi Endo와 그의 부인 Ume Endo는 부부 공동소유 부동산권(Tenancy by the Entirety, TBE)의 형태로서 한 구획의 토지(a parcel of land, Hawaii

---

607) Barlow Burke and Joseph Snoe, *Id*. at 232.

소재)를 소유하면서, 그 부동산위에 계속 거주하고 있었다.

(On the date of the accident in this case, Kokichi Endo was the owner, as a tenant by the entirety with his wife, Ume Endo, of a parcel of real property situate at Hawaii and continued to reside on the premises).

[결론, Conclusion]

- 그러므로 본 사건의 사실관계와 이유들을 근거로

① 부부 공동소유 부동산권(Tenancy by the Entirety, TBE)을 가진 부부 가운데 1인에 의한 저당권 설정행위에 대해 채권자는 위 부동산에 대한 저당권 실행을 통해 자신의 채권을 만족시킬 수 없다.

② 부부가 그들의 자식들에게 부동산을 이전한 것은 원고에 대한 부당한 사기적 행위에 해당하지 않는다.

(Under the facts and reasons in this case, thus,

① the interest of one spouse in real property, held in tenancy by the entireties, cannot be reached by his or her individual creditors.

② the conveyance of the property to their sons was not in fraud of plaintiffs).

Sawada v. Endo [608] ─────────────────────────

Masako SAWADA and Helen Sawada, Plaintiffs-Appellants, v. Kokichi ENDO et al., Defendants-Appellees.

Supreme Court of Hawaii. March 29, 1977.

MENOR, Justice. This is a civil action brought by the plaintiffs—appellants, Masako Sawada and Helen Sawada, in aid of execution of money judgments in their favor, seeking to set aside a conveyance of real property from judgment debtor Kokichi Endo to Samuel H. Endo and Toru Endo, defendants—appellees herein, on the ground that the conveyance as to the Sawadas was fraudulent.

On November 30, 1968, the Sawadas were injured when struck by a motor vehicle operated by Kokichi Endo. On June 17, 1969, Helen Sawada filed her complaint for

---

608) *Sawada v. Endo*, 57 Haw. 608, 561 P.2d 1291, Haw.(1977); Jesse Dukeminier 외, *supra* note 32, at 361-366을 참고하여 일부분은 생략하고, 필요하다고 생각하는 부분에 대해서는 밑줄을 그어 강조함.

damages against Kokichi Endo. Masako Sawada filed her suit against him on August 13, 1969. The complaint and summons in each case was served on Kokichi Endo on October 29, 1969.

On the date of the accident, Kokichi Endo was the owner, as a tenant by the entirety with his wife, Ume Endo, of a parcel of real property situate at Wahiawa, Oahu, Hawaii. By deed, dated July 26, 1969, Kokichi Endo and his wife conveyed the property to their sons, Samuel H. Endo and Toru Endo. This document was recorded in the Bureau of Conveyances on December 17, 1969. No consideration was paid by the grantees for the conveyance. Both were aware at the time of the conveyance that their father had been involved in an accident, and that he carried no liability insurance. Kokichi Endo and Ume Endo, while reserving no life interests therein, continued to reside on the premises.

On January 19, 1971, after a consolidated trial on the merits, judgment was entered in favor of Helen Sawada and against Kokichi Endo in the sum of $8,846.46. At the same time, Masako Sawada was awarded judgment on her complaint in the amount of $16,199.28. Ume Endo, wife of Kokichi Endo, died on January 29, 1971. She was survived by her husband, Kokichi. Subsequently, after being frustrated in their attempts to obtain satisfaction of judgment from the personal property of Kokichi Endo, the Sawadas brought suit to set aside the conveyance which is the subject matter of this controversy. The trial court refused to set aside the conveyance, and the Sawadas appeal.

The determinative question in this case is, whether the interest of one spouse in real property, held in tenancy by the entireties, is subject to levy and execution by his or her individual creditors. This issue is one of first impression in this jurisdiction.

A brief review of the present state of the tenancy by the entirety might be helpful. Dean Phipps, writing in 1951, pointed out that only nineteen states and the District of Columbia continued to recognize it as a valid and subsisting institution in the field of property law. Phipps divided these jurisdictions into four groups. He made no mention of Alaska and Hawaii, both of which were then territories of the United States.

In the Group I states (Massachusetts, Michigan, and North Carolina) the estate is essentially the common law tenancy by the entireties, unaffected by the Married Women's Property Acts. As at common law, the possession and profits of the estate are subject to the husband's exclusive dominion and control. Pineo v. White, 320 Mass. 487, 70 N.E.2d 294(1946); Speier v. Opfer, 73 Mich. 35, 40 N.W. 909(1888); Johnson v. Leavitt, 188 N.C. 682, 125 S.E. 490(1924). In all three states, as at common law, the husband may convey the entire estate subject only to the possibility that the wife may become entitled to the whole estate upon surviving him....

As at common law, the obverse as to the wife does not hold true. Only in Massachusetts, however, is the estate in its entirety subject to levy by the husband's creditors....In both Michigan and North Carolina, the use and income from the estate is not subject to levy during the marriage for the separate debts of either spouse....

In the Group II states (Alaska, Arkansas, New Jersey, New York, and Oregon) the interest of the debtor spouse in the estate may be sold or levied upon for his or her separate debts, subject to the other spouse's contingent right of survivorship. ....Alaska, which has been added to this group, has provided by statute that the interest of a debtor spouse in any type of estate, except a homestead as defined and held in tenancy by the entirety, shall be subject to his or her separate debts....

In the Group III jurisdictions (Delaware, District of Columbia, Florida, Indiana, Maryland, Missouri, Pennsylvania, Rhode Island, Vermont, Virginia, and Wyoming) an attempted conveyance by either spouse is wholly void, and the estate may not be subjected to the separate debts of one spouse only....

In Group IV, the two states of Kentucky and Tennessee hold that the contingent right of survivorship appertaining to either spouse is separately alienable by him and attachable by his creditors during the marriage....The use and profits, however, may neither be alienated nor attached during coverture.

It appears, therefore, that Hawaii is the only jurisdiction still to be heard from on the question. Today we join that group of states and the District of Columbia which hold that under the Married Women's Property Acts the interest of a husband or a wife in an estate by the entireties is not subject to the claims of his or her individual creditors during the joint lives of the spouses. In so doing, we are placing our stamp of approval upon what is apparently the prevailing view of the lower courts of this jurisdiction.

Hawaii has long recognized and continues to recognize the tenancy in common, the joint tenancy, and the tenancy by the entirety, as separate and distinct estates. See Paahana v. Bila, 3 Haw. 725(1876). That the Married Women's Property Act of 1888 was not intended to abolish the tenancy by the entirety was made clear by the language of Act 19 of the Session Laws of Hawaii, 1903(now HRS § 509–1). See also HRS § 509–2. The tenancy by the entirety is predicated upon the legal unity of husband and wife, and the estate is held by them in single ownership. They do not take by moieties, but both and each are seized of the whole estate. Lang v. Commissioner of Internal Revenue, 289 U.S. 109, 53 S. Ct. 534, 77 L. Ed. 1066(1933).

A joint tenant has a specific, albeit undivided, interest in the property, and if he survives his cotenant he becomes the owner of a larger interest than he had prior to the death of the other joint tenant. But tenants by the entirety are each deemed to be seized of the entirety from the time of the creation of the estate. At common law, this taking of the "whole estate" did not have the real significance that it does today, insofar as the rights of the wife in the property were concerned. For all practical purposes, the wife had no right during coverture to the use and enjoyment and exercise of ownership in the marital estate. All she possessed was her contingent right of survivorship.

The effect of the Married Women's Property Acts was to abrogate the husband's common law dominance over the marital estate and to place the wife on a level of equality with him as regards the exercise of ownership over the whole estate. The tenancy was and still is predicated upon the legal unity of husband and wife, but the Acts converted it into a unity of equals and not of unequals as at common law....No longer could the husband convey, lease, mortgage or otherwise encumber the property without her consent. The Acts confirmed her right to the use and enjoyment of the whole estate, and all the privileges that ownership of property confers, including the right to convey the property in its entirety, jointly with her husband, during the marriage relation. Jordan v. Reynolds, 105 Md. 288, 66 A. 37(1907); Hurd v. Hughes, 12 Del. Ch. 188, 109 A. 418 (1920); Vasilion v. Vasilion, supra; Frost v. Frost, 200 Mo. 474, 98 S.W. 527(1906). They also had the effect of insulating the wife's interest in the estate from the separate debts of her husband. Jordan v. Reynolds, supra.

Neither husband nor wife has a separate divisible interest in the property held by the entirety that can be conveyed or reached by execution. Fairclaw v. Forrest, 76 U.S.App.D.C. 197, 130 F.2d 829(1942). A joint tenancy may be destroyed by voluntary alienation, or by levy and execution, or by compulsory partition, but a tenancy by the entirety may not. The indivisibility of the estate, except by joint action of the spouses, is an indispensable feature of the tenancy by the entirety. Ashbaugh v. Ashbaugh, 273 Mo. 353, 201 S.W. 72 (1918); Newman v. Equitable Life Assur. Soc., 119 Fla. 641, 160 So. 745(1935); Lang v. Commissioner of Internal Revenue, supra.

In Jordan v. Reynolds, supra, the Maryland court held that no lien could attach against entirety property for the separate debts of the husband, for that would be in derogation of the entirety of title in the spouses and would be tantamount to a conversion of the tenancy into a joint tenancy or tenancy in common. In holding that the spouses could jointly convey the property, free of any judgment liens against the husband, the court said:

> "To hold the judgment to be a lien at all against this property, and the right of execution suspended during the life of the wife, and to be enforced on the death of

the wife, would, we think, likewise encumber her estate, and be in contravention of the constitutional provision heretofore mentioned, protecting the wife's property from the husband's debts. It is clear, we think, if the judgment here is declared a lien, but suspended during the life of the wife, and not enforceable until her death, if the husband should survive the wife, it will defeat the sale here made by the husband and wife to the purchaser, and thereby make the wife's property liable for the debts of her husband." [105 Md. at 295, 296, 66 A. at 39.]

In Hurd v. Hughes, supra, the Delaware court, recognizing the peculiar nature of an estate by the entirety, in that the husband and wife are the owners, not merely of equal interests but of the whole estate, stated:

"The estate [by the entireties] can be acquired or held only by a man and woman while married. Each spouse owns the whole while both live; neither can sell any interest except with the other's consent, and by their joint act; and at the death of either the other continues to own the whole, and does not acquire any new interest from the other. There can be no partition between them. From this is deduced the indivisibility and unseverability of the estate into two interests, and hence that the creditors of either spouse cannot during their joint lives reach by execution any interest which the debtor had in land so held.... . One may have doubts as to whether the holding of land by entireties is advisable or in harmony with the spirit of the legislation in favor of married women; but when such an estate is created due effect must be given to its peculiar characteristics." [12 Del. Ch. at 190, 109 A. at 419.]...

We are not persuaded by the argument that it would be unfair to the creditors of either spouse to hold that the estate by the entirety may not, without the consent of both spouses, be levied upon for the separate debts of either spouse. No unfairness to the creditor in involved here. We agree with the court in Hurd v. Hughes, supra:
"But creditors are not entitled to special consideration. If the debt arose prior to the creation of the estate, the property was not a basis of credit, and if the debt arose subsequently the creditor presumably had notice of the characteristics of the estate which limited his right to reach the property." 12 Del. Ch. at 193, 109 A. at 420.
We might also add that there is obviously nothing to prevent the creditor from insisting upon the subjection of property held in tenancy by the entirety as a condition precedent to the extension of credit. Further, the creation of a tenancy by the entirety may not be used as a device to defraud existing creditors. In re Estate of Wall, 142 U.S.App.D.C. 187,

440 F.2d 215(1971).

Were we to view the matter strictly from the standpoint of public policy, we would still be constrained to hold as we have done here today. In Fairclaw v. Forrest, supra, the court makes this observation:

"The interest in family solidarity retains some influence upon the institution [of tenancy by the entirety]. It is available only to husband and wife. It is a convenient mode of protecting a surviving spouse from inconvenient administration of the decedent's estate and from the other's improvident debts. It is in that protection the estate finds its peculiar and justifiable function." 130 F.2d at 833.

It is a matter of common knowledge that the demand for single－family residential lots has increased rapidly in recent years, and the magnitude of the problem is emphasized by the concentration of the bulk of fee simple land in the hands of a few. The shortage of single－family residential fee simple property is critical and government has seen fit to attempt to alleviate the problem through legislation. When a family can afford to own real property, it becomes their single most important asset. Encumbered as it usually is by a first mortgage, the fact remains that so long as it remains whole during the joint lives of the spouses, it is always available in its entirety for the benefit and use of the entire family. Loans for education and other emergency expenses, for example, may be obtained on the security of the marital estate. This would not be possible where a third party has become a tenant in common or a joint tenant with one of the spouses, or where the ownership of the contingent right of survivorship of one of the spouses in a third party has cast a cloud upon the title of the marital estate, making it virtually impossible to utilize the estate for these purposes.

If we were to select between a public policy favoring the creditors of one of the spouses and one favoring the interests of the family unit, we would not hesitate to choose the latter. But we need not make this choice for, as we pointed out earlier, by the very nature of the estate by the entirety as we view it, and as other courts of our sister jurisdictions have viewed it, "[a] unilaterally indestructible right of survivorship, an inability of one spouse to alienate his interest, and, importantly for this case, a broad immunity from claims of separate creditors remain among its vital incidents." In re Estate of Wall, supra, 440 F.2d at 218.

Having determined that an estate by the entirety is not subject to the claims of the creditors of one of the spouses during their joint lives, we now hold that the conveyance of the marital property by Kokichi Endo and Ume Endo, husband and wife, to their sons, Samuel H. Endo and Toru Endo, was not in fraud of Kokichi Endo's judgment creditors. Cf. Jordan v. Reynolds, supra.

Affirmed.

KIDWELL, Justice, dissenting....

The majority reaches its conclusion by holding that the effect of the Married Women's Act was to equalize the positions of the spouses by taking from the husband his common law right to transfer his interest, rather than by elevating the wife's right of alienation of her interest to place it on a position of equality with the husband's. I disagree. I believe that a better interpretation of the Married Women's Acts is that offered by the Supreme Court of New Jersey in King v. Greene, 30 N.J. 395, 412, 153 A.2d 49, 60(1959):

> It is clear that the Married Women's Act created an equality between the spouses in New Jersey, insofar as tenancies by the entirety are concerned. If, as we have previously concluded, the husband could alienate his right of survivorship at common law, the wife, by virtue of the act, can alienate her right of survivorship. And it follows, that if the wife takes equal rights with the husband in the estate, she must take equal disabilities. Such are the dictates of common equality. Thus, the judgment creditors of either spouse may levy and execute upon their separate rights of survivorship.

One may speculate whether the courts which first chose the path to equality now followed by the majority might have felt an unexpressed aversion to entrusting a wife with as much control over her interest as had previously been granted to the husband with respect to his interest. Whatever may be the historical explanation for these decisions, I feel that the resultant restriction upon the freedom of the spouses to deal independently with their respective interests is both illogical and unnecessarily at odds with present policy trends. Accordingly, I would hold that the separate interest of the husband in entireties property, at least to the extent of his right of survivorship, is alienable by him and subject to attachment by his separate creditors, so that a voluntary conveyance of the husband's interest should be set aside where it is fraudulent as to such creditors, under applicable principles of the law of fraudulent conveyances.

Notes, Questions, and Problems ────────────────────────────────

- 특정되지 않은 토지(Undesignated parcel)인 경우에는 계약상의 특약(rcovenant)에 따른 효과를 받는지가 불분명하기 때문에 거래 적합성, 즉 시장성이 있다고 할 수 없다(unmarketable).

- 집주인 자신의 사용을 위한 맞춤형 유리창(window)이고 이를 할부로 매도인으로부터 구입한 경우 집주인이 산 맞춤형이라는 점에 비추어 토지·건물에 부속한 정착물(fixture)로 취급한다.

- 토지·건물에 부속한 정착물(fixture)에 대하여는 설치 후 20일 내 종물로서 등록(filing)을 한 경우에만 물건의 구입대금을 제공한 자가 갖는 담보권(Purchase Money Security Interests, PMSI)에 대하여 대항할 수 있기 때문에 사례에서 '토지·건물에 부속한 정착물 '등록'에 대한 언급이 없으면 상인은 은행의 일반저당에 대항할 수 없다.

- A가 부동산소유자인데, B가 소유권 없는 상태에서 C에게 넘기고, C가 등록하고, A가 부동산을 B에게 넘기자, B가 이번에는 D에게 넘긴 경우 D가 등록을 한 경우의 처리방법에 대하여 생각해 보자.

  ① D가 선의의 매수인(BFP)이라면 부동산등록법(recording act)에 의해 보호된다.

  ② D가 선의의 매수인이 아니라면, C가 우선한다. → B가 적법하게 소유권을 받았을 때 C가 다시 한번 새롭게 등록을 해서 권원의 연속(chain of title)을 만들었다면 기록에 의한 통지 내지 인지(record notice)를 줄 수 있으므로 D는 BFP가 아니게 된다.

  만일 D스스로 이미 C에게 부동산이 넘어간 사실을 실제로 알고 있었다면(actual notice) BFP로 인정받을 수 없다.

  결국 C와 D의 우선순위는 D가 실제로 알지 못했다면(no actual knowledge), C가 새로이 등록을 해서 권원의 연속(chain of title)이 이어지느냐 여부에 따라 달라지게 될 것이다.

- 'Soaking pool'은 토지에 유익이 되는 토지의 부속물(accessory)로 본다. 즉, 토지·건물에 부속한 정착물(fixture)가 되어 땅 거래시 매수인에게 넘어간다는 의미이다.

- 합유 부동산권자(Joint Tenancy)와 저당권(mortgage)이 나오면 저당권에 관하여 '권원'(title)에 중점을 두는 입장(title theory states)에 관한 내용이 있는지 반드시 확인해 보아야 한다. 이에 따를 경우 '판결 리엔이나 저당권을 설정한 때' 점유가 채권자에게 분리(sever), 이전된다고 볼 수 있기 때문이다.

- 분명한 기간에 관한 표현(Clear durational language)이 없이 단순히 어떤 목적만("~purpose only")이라는 표현이 나오면 'FSDPOR', 즉 소멸조건부 또는 반환가능한 단순부동산권/복귀가능권(Fee Simple Determinable, FSD/Possibility of Reverter, POR)이 아닌 것이다.

- 제1매수인이 등록을 하지 않은 상태에서 제2매수인이 증서(deed)에 등록은 했지만, 부동산매매대금 10만불 중 4만불을 지급한 경우의 처리방법을 생각해 보자.

  ① 제2매수인은 대금을 납부한 부분에 대해서만 부동산등록법(recording act)에 의해 보호하는 것이 일반적이다.

  ② 이 경우 제1매수인과 대금을 일부 납부한 범위에서의 제2매수인을 공유부동산권자(tenancy in common, TIC)로 보는 방법, 제1매수인에게 부동산 전체를 주고 제2매수인이

　　기납부한 4만불은 반환시키는 방법, 제2매수인에게 전체 소유권 인정해주되, 잔금도 모
　　두 납부하도록 하는 세 가지 방법이 있을 수 있다. 이때 어느 경우든 돈을 일부 밖에 내
　　지 않은 제2매수인을 전체 부동산에 대해 보호하고, 제1매수인은 아무런 보상이 없게 하
　　는 것은 법원이 인정하지 않는다.

- 부동산을 점유에 의한 취득시효(Adverse Possession, AP)로 취득한 사람이 친구와 임대차계약
  을 해서 친구가 사용하더라도, 부동산의 소유자는 여전히 취득시효 취득자이지 친구가 아니
  다. 친구는 단순히 허락(permission)을 얻은 것이기 때문이다.
- 변동 가능한 확정적 잔여권(vested remainder subject to open)은 비자발적 이전에 의한 현재
  주어진 권리(interest)로서 채권자의 강제집행 대상이 된다.
- 합유 부동산권(Joint Tenancy)관계에서 공동소유자인 A, B가 땅을 팔기로 계약한 후 A가 사
  망하게 되면, B가 전체 땅 소유자의 지위에서 매수인에게 땅을 팔게 되므로, B가 땅 판매대
  금 전부를 갖고, 부동산 양도증서(deed)에 대한 서명도 B만 하면 된다.
- 동쪽 땅을 팔면서 서쪽 땅에서 사냥과 낚시(Hunting and fishing)를 할 수 있는 권한을 부동산
  양도증서(deed)를 통해 수여한 경우 그것은 '사용허가'(license)가 아니라 동쪽 땅에 부종하는
  채취권(이익권)(profit appurtenant to Eastern land)이 된다. 그 경우 동쪽 땅을 팔 때 어떤 채취
  권 내지 이익권(profit)도 함께 팔리는 것이지 이 채취권만 별도로 팔 수는 없고, 팔리지도 않
  는다. 따라서 채취권(여기에서는 사냥과 낚시, profit)만 양수했다고 주장하는 양수인은 그 이익
  의 권리를 주장할 수 없게 된다.
- 공동 부동산권 가운데 '공유 부동산권'(Tenancy in common, TIC)에 대한 표기는 '특정 토지의
  미분리된 1/2'("undivided"one-half interest in the land")라는 식으로 표시해야 한다. "one-half
  interest in the land"라고만 기재하는 것은 정확하지 않은 표현이다.
- 임차인이 계약 만료되어 땅을 불법점유하고 있더라도, 실제로 점유권(actual possession)은 갖
  고 있는 상태이므로, 집 주인이라도 임차인이 사용하는 도로에 눈을 부어 버리면 부동산에
  대한 불법침해(trespass to land)가 되는 점을 유의해야 한다.

제6장
부동산 임대차

(Leasehold Estates)

제6장 부동산 임대차
(Leasehold Estates)

[사실관계]

Minnesota주 Osseo란 곳에 부동산을 소유하고 있는 임대인이자 이 사건의 피고인(Wiley Enterprises, Inc., "Wiley")인 Wiley는 레스토랑 운영을 하는 임차인인 원고(A Family Affair Restaurant, Inc., "Berg")와 임대차 계약을 체결하였다.

이때의 임대차 계약상의 내용은 임대차 기간 5년에, 임차인이 수리나 리모델링 등을 포함하는 모든 비용을 부담하며, 문서에 의한 임대인의 사전 승인 없이는 건물의 구조를 변경할 수 없으며, 레스토랑을 운영함에 있어 법에 위반하지 않으며 사려 깊게 운영하도록 하고 만일 이러한 조건들을 충족시키지 못할 경우 임대인이 동 시설에 대한 재점유권을 갖도록 하였다.[609]

임대차 계약 후 약 3년이 지나 임차인은 임대인으로부터의 서면 동의 없이 레스토랑을 리모델링하였고, 보건법을 위반(violation of health regulations, 위반사항: 불결한 주방운영)하는 등 임대차 계약에 위반하는 행위를 하였다.

이에 피고는 리모델링한 부분들을 2주내에 주(州)의 보건법 등에 맞도록 고쳐서 완성시키고 만일 그렇지 않을 경우 임대차 계약 내용에 따라 동 시설물을 임대인이 되찾아(retake) 점유할 것임을 알리는 내용의 서신을 발송하였다.

임차인은 이와 관계없이 영업을 계속했으며 2주일이 되는 마지막 날 종업원을 해고하고, 레스토랑의 문을 닫으면서 동 레스토랑의 창문에 "리모델링을 위해 폐점함"(closed for remodeling)이라는 표시판을 부착하였다.

그 다음 주에 이르러 임대인은 임차인을 레스토랑 현장에 참여시키거나 임차인에게 알리지 않은 상태로 경찰관과 잠금장치 전문가와 함께 위 레스토랑의 잠금장치를 교체하였다. 그 후 임대인은 아직 임대차 기간이 남아있음에도 동 시설을 새로운 임차인에게 재임대(relet)하였다.

---

609) "make no changes in the building structure" without prior written authorization from Wiley, and to "operate the restaurant in a lawful and prudent manner." Wiley also reserved the right "at his option to retake possession" of the premises "should the Lessee fail to meet the conditions of this Lease".

이에 임차인인 원고는 피고의 잠금장치 교체로 부당하게 퇴거조치(wrongful eviction)를 당했다는 이유로 새로운 임차인과 임대인 등을 피고로 하여 손실된 이익(lost profits), 동산의 훼손(damage to chattels), 고의에 기한 정신적 가혹행위(intentional infliction of emotional distress, "IIED")[610] 등을 원인으로 하는 소송을 제기하였다.

이에 대해 원심 법원은 임대인의 위 시설에 대한 부동산 재점유 내지 점유회복(reentry)은 임대차계약 위반의 문제와 상관없이 법적 측면에서 볼 때 강제적(forcible)이었다고 판단하였다.

관련하여 배심원은 구체적으로 원고가 제기한 소송내용에 대해 고의에 기한 정신적 가혹행위("IIED")에 대해서는 인정하지 않았지만, 피고의 원고에 대한 부당한 퇴거 조치를 통해 원고가 입은 피해액으로서 손실된 이익 $31,000, 동산에 대한 손해 $3,540의 손해배상을 인정하였다. 또한 배심원은 이러한 손해배상과 함께, 임차인은 리모델링의 목적으로 위 레스토랑의 영업을 중지한 것이고, 동 시설을 포기한 것은 아니라고 보았다.

이에 대해 피고는 상소하였다.

(1) 임차인이 임대한 부동산을 포기하지 않았다고 본 배심원의 판단은 이를 뒷받침한 충분할 증거가 있는가?
(2) 임대인이 자물쇠를 교체함으로써 임차인이 해당 부동산에 들어갈 수 없도록 한 자력구제 방식의 임대 부동산에 대한 재점유는 법적인 측면에서 볼 때 강제적이고 불법적이지 않는가?

1. 쟁점

• 임차인의 부동산 임대차의 포기(abandonment)
• 부동산 임대인의 부동산 재점유(repossession)를 위한 자력구제(self-help)의 방법
• 위 자력구제 방법이 요건을 갖추지 못한 경우의 효력

2. 관련 판례

• *Berg* v. *Wiley*, 64 264 N.W.2d 145(Minn. 1978).

---

[610] 불법행위자가 다른 사람에게 고의 또는 부주의하게 심한 정신적 고통을 야기한 경우 이 정신적 고통에 대한 책임을 지고, 만일 그로 인해 어떤 신체적 손해가 발생한 경우 이 손해에 대해서 책임을 진다. 고의의 불법행위에 의한 정신적 고통(Intentional Infliction of Emotional Distress, IIED)은 만일의 경우에 대응할 수 있는 수단이다(a fall back tort). 이것이 성립되기 위해서는 ① 극단적이고 추악한(extreme and outrageous) 행위에 달할 정도의 피고의 행위가 있고, ② 고의나 부주의(recklessness)가 있으며, ③ 인과관계, ④ 결과로서 심각한 정신적 고통(severe emotional distress)이 있어야 한다(이와 관련한 보다 자세한 내용은 조국현, *supra* note 30, at 55-59 참조).

Ⅰ. 개설

우리가 흔히 사용하는 리스 내지 리스계약은 앞의 제4장에서 언급한 비자유토지부동산
권(nonfreehold estate)으로서 미국법상으로는 부동산법(real property law) 특히, 임대인과 임차인
간에 발생하는 문제를 해결하기 위한 법(landlord and tenant law)으로서 취급되고 있다. 이러
한 점은 임대차 계약을 채권편에서 계약의 한 유형으로 다루는 우리 민법과 차이가 있다.

오늘날 미국 재산법상 리스 내지 부동산 임대차법(landlord-tenant law)은 원래 비자유
토지부동산권의 이전(conveyances)으로서 고려되었고 여전히 적용되는 면도 있지만 도
시화 등의 변화에 따라 부동산권의 내용도 수정되어 오늘날에는 계약법으로부터 많은 영
향을 받았다.611) 특히, 부동산 임대차관계는 그 내용에 따라 미국 불법행위법과도 연관이
있고, 정부도 규제를 확대하는 등612) 우리나라의 경우처럼 그 중요성이 크다고 할 수 있다.

이번 장에서는 이러한 미국의 부동산 임차권 내지 임대차 관계를 다룬다. 구체적으로
이는 그 유형, 부동산 임대차의 성립, 임대인과 임차인의 권리와 의무, 임대인의 퇴거조치
와 임차인의 항변, 부동산 임차권의 양도와 전대, 임대인의 부동산에 대한 책임, 부동산
임차권의 종료 등이다. 아래에서는 이러한 내용을 중심으로 차례로 살펴보기로 한다.

1. 의의

임차권은 하나의 재산권으로서 어떤 부동산(토지)을 점유하여 이용할 수 있는 권리자체
를 의미하고(tenancies, leaseholds, or nonfreeholds), 이러한 권리를 성립시키는 계약이 임대차
계약이다.613) 미국 부동산법에 있어서 부동산 임차권도 재산권의 하나로서 임차인은 현재
의 점유이익을, 임대인은 복귀권(reversion)을 갖게 된다.614) 이는 부동산의 소유자나 임대인
(lessor)이 보통 일정기간동안 임차인 등에게 그 재산의 사용과 점유의 배타적 권리를 인정하
고 이에 대해 임료 등의 일정한 대가를 지급받는 형식을 띠는 계약을 의미하기도 한다.615)

---

611) Barlow Burke and Joseph Snoe, *supra* note 1, at 261-262.
612) *Id.*
613) 서철원, *supra* note 27, at 142.
614) *Id.* at 128.
615) 임홍근 외, *supra* note 22, at 1124.

2. 부동산 임차권의 유형

부동산 임차권에는 확정형 부동산 임차권(the Tenancy for Years), 자동 연장형 정기 부동산 임차권(the Periodic Tenancy), 임의형 부동산 임차권(the Tenancy at Will), 묵인형 부동산 임차권(the Tenancy at Sufferance)의 네 가지가 있다. 아래에서는 이들에 대해 각각 살펴보기로 한다.

2.1. 확정형 부동산 임차권(Tenancy for Years)

(1) 의의

'정기 내지 확정 부동산 임차권'(a Tenancy for years, Fixed Term Tenancy, or Term of Years)이란 임대차 기간이 세기(centuries), 3,000년, 10년(decades), 연, 월, 일 등과 같이 확정적으로 정해져 있고, 그 기간 동안 임차인에게 점유할 권리를 수여하는 것을 말한다.[616] 만일 2017년 9월 25일부터 1년 기한으로 약정하였다면 그 임대차 존속기간이 종료됨과 동시에 이러한 임차권은 별도의 종료 통지가 없어도 당연 소멸하는 효력을 갖는다.

그러므로 이러한 유형의 임차권이 성립되기 위해서는 존속기간이 끝나는 시점이 확실한지 여부를 확인하는 것이 중요하다. 왜냐하면 임대차 기간의 종료시점이 불명확하다면 이는 확정형 부동산 임차권이라고 할 수 없기 때문이다.

(2) 특징

이러한 '확정형 부동산 임차권'은 양도할 수 있고(alienable), 상속할 수 있으며(inheritable), 유증될 수 있다(devisable).[617]

만일 임대 기간이 종료한 후에 다시 양도인이 그 권리를 소유한다면 양도인은 미래 부동산권으로서 복귀권(reversion)을 갖게 되고, 제3자가 점유를 획득한다면 잔여권(remainder)을 갖게 될 것이다.[618]

---

616) Jesse Dukeminier 외, *supra* note 32, at 421; Barlow Burke and Joseph Snoe, *supra* note 1, at 118; 박홍규, *supra* note 23, at 97; 서철원, *supra* note 27, at 128.
617) Barlow Burke and Joseph Snoe, *Id.* at 118.
618) *Id.*; 임대인은 정해진 임대 기간 중에 어떤 특정 사유에 따라 복귀가능권(possibility of reverter)이나 환수권(right of entry)을 갖는 경우도 있지만 임대차 기간은 확정되어 있어야 한다(서철원, *supra* note 27, at 128).

2.2. 자동 연장형 정기 부동산 임차권(Periodic Tenancy)

(1) 의의 및 성립

'자동 연장형 정기 부동산 임차권'(Periodic Tenancy)은 표현 그대로 일정한 기간 예를 들면 1년, 2개월, 3주 등과 같이 그 기간이 진행되어 종료되고, 별도의 임차권 종료의 의사표시가 없는 한 자동적으로 그 기간이 연장되는 경우의 임차권을 말한다.619) 이러한 유형의 임차권 성립은 보통 임대인과 임대인 사이의 약정에 의한다.

만일 임대차 계약이 어떤 사유로 인해 무효가 되었고, 그럼에도 불구하고 임차인이 문제의 부동산에 대한 점유를 계속하고 정기적으로 임차료를 지급한 경우라면 이러한 유형의 임차권으로 전환(convert)될 수 있다.620)

(2) 유형

자동 연장형 정기 부동산 임차권은 그 방식에 있어 '월'을 기준으로 하거나(month-to month), '년'을 기준으로 하는(year to year) 등 명시적인 방법(express periodic tenancy) 이외에도 묵시적인 방법(implied periodic tenancy)이 있다.

묵시적인 방법은 구체적으로 ① 별도의 임대기간을 표시함이 없이 임대료 지급 날짜만 정해놓은 경우, 즉 시작일은 있으나 별도의 임대차 기간의 정함이 없이 매달 임차료를 지급하는 경우, ② 사기방지법(Statute of Frauds) 법리에 따라 서면성을 요구하는 임대차 계약임에도 이를 위반한, 즉 전화 등에 의한 구두에 의한 의사표시를 통해 계약을 체결한 후 임차인이 임차료에 상당한 금액을 수표로 보내고, 임대인이 이를 수령한 경우, ③ 임대차 기간이 종료 후 임차인이 해당 부동산을 계속 악의적으로(wrongfully) 점유하고 있는 경우에(holdover), 임차인이 수표의 형식으로 지급한 임차료를 임대인이 현금화 한 경우로 세분화 할 수 있다.

이들의 경우 공통적으로 '월'을 기준으로한 묵시적 자동 연장형 임차권(an implied month to month periodic tenant)이라고 할 수 있다. 다만 ③의 경우 주거용이 아닌 상업용이고 그 기간이 1년 이상이라면 '년'을 기준으로 한 임차권("year to year periodic tenancy")이 될 것이다.

---

619) Jesse Dukeminier 외, *supra* note 32, at 422; Barlow Burke and Joseph Snoe, *supra* note 1, at 264; 박홍규, *supra* note 23, at 97; 서철원, *Id.*
620) 서철원, *Id.* at 129.

(3) 종료 및 기간의 계산

이러한 임차권은 그 임대차 존속기간이 종료됨과 동시에 별도의 종료 통지가 없어도 당연 소멸하는 효력을 갖는다.

이와 같이 자동 연장형 정기 부동산 임차권은 언제 해당 부동산의 임차권이 종료되는가 하는 종료시기가 중요하고, 이 경우 보통 종료시점 이전에 일정한 기간을 정해 통고(notice)를 요구하도록 하며 종료를 원하는 당사자는 통지를 해야만 효력이 발생한다는 점이 반드시 숙지해야 할 사항의 하나이다. 보통 통지를 해야 하는 기간은 보통법(common law)에 의할 경우 임차료 납부기간의 간격과 같은, 예를 들면 매달 임차료를 지급할 경우(a month to month periodic tenancy) 1개월 전, 매주 임차료를 지급할 경우 1주일 전에 통지하도록 하는 것이다.

구체적으로 실제 많이 이용되는 사례로서 우리나라의 유학생이나 연구자들이 유학이나 연구 등을 목적으로 미국에 체류하기 위해 아파트를 렌트할 경우 보통 1년으로 계약을 하게 되는 경우를 생각해 보자. 이때 보통 임대인(landlord)은 1년의 계약기간으로 매달 얼마의 임차료를 지급하고, 1개월 이내에 임대차의 종료를 원할 경우 임차인으로 하여금 1개월 이전에 임대인에게 통지하도록 요구하고 있다. 이때 임차인이 임대차 종료 1개월 이전에 종료의 의사표시를 담은 의사통지를 하지 않으면 자동으로 그 부동산의 임차권이 갱신되도록 하는 경우가 그 예이다.

'자동 연장형 정기 부동산 임차권'에 있어서 계약기간의 종료일을 정할 때 보통 '역'(歷)에 의해 계산한다. 즉, '월'(month)을 기준으로 한 경우 그 해당 달의 첫째 날부터 마지막 날까지로 기간은 만료한다. 예를 들어 만일 2017년 8월 1일, 월(month)을 기준으로 한 달씩 연장하는 계약(a month to month periodic tenancy)을 체결하였다고 하자. 같은 해 10월 15일 임차인이 더 이상 계약을 유지할 필요가 없어 임대인에게 계약 종료의 의사표시를 담은 서면통지를 하였다. 이때 임차인은 11월 30일까지 임대차 계약에 구속을 받는다. 즉, 10월 15일 통지를 했다면 11월 1일 한 것으로 간주되어 11월 30일까지 효력을 갖는다는 의미를 갖는다.

만일 주(week)를 기준으로 한 일주일씩 연장하는 계약은 일주일 이전에 통지가 필요하다. 그러므로 만일 수요일에 통지를 하였다면, 그 다음 주 수요일이 아니라, 토요일이 지난 일요일 기점으로 한 주기가 끝나는 그 주 토요일까지 리스가 유효함을 유의해야 할 것이다. 결국 수요일에 통지시 그 주(week)를 보장하고, 그 다음 주 역시 보장된 다음 종료되는 것이 된다. 일주일 통지라고 해서 7일 뒤에 곧바로 효력이 발생하는 것이 아니라 주중(during the week)에 통지를 하였으므로 총 10일이 지난 뒤 효력이 발생하는 것이다.

그러나 예외적으로 년(year)을 단위로 한 자동 연장형 정기 부동산 임차권(a year to year periodic tenancy)의 경우에 6개월 정도의 통지기간을 부여하고 있고, 보통법상 계약자유의 원칙에 따라 상대방의 동의를 통해 통지기간을 늘리거나 줄일 수도 있다.

다시 말하면, 통지를 요구하는 기간은 보통 2주일, 1개월, 1년 등 그 임차권의 내용에 따라 다르며, 일반적으로 단기간의 임차권의 경우 그 통고기간도 짧은 기간, 장기간의 임차권이나 농업용 임차권의 경우 비교적 장기간의 통지기간을 요구한다.[621]

2.3. 임의형 부동산 임차권(Tenancy at Will)

(1) 의의 및 특징

'임의형 부동산 임차권'(a tenancy at will)은 계약 당사자 일방의 해지를 알리는 의사표시로서 확정된 임대차 기간이 없이 언제든지 종료시킬 수 있는 권리를 말한다.[622] 이러한 유형의 부동산 임차권은 한 친구가 다른 친구에게 자신의 집에 머물러 있을 수 있도록 하는 경우와 같이 주로 임대인과 임차인의 관계가 불편하지 않은 비형식적인(informal) 경우에 주로 이용된다고 할 수 있다.[623]

또한 '임의형 부동산 임차권'은 그 내용상 일반적으로 상속되거나 유증될 수 없다 (not inheritable or devisable).[624]

(2) 성립

'임의형 부동산 임차권'도 그 내용에 따라 '명시적'이나 '묵시적'으로 이루어질 수 있다.[625] 하지만 묵시적인 추정과 관련해서, 만일 임대인만이 해지권을 갖는 약정을 한 경우 임차인도 해지권을 행사할 수 있는 것으로 묵시적으로 추정하지만, 임차인만이 해지권을 갖는 것으로 합의한 경우에는 임대인도 해지권을 갖는 것으로 묵시적인 추정을 부

---

621) 박홍규, *supra* note 23, at 97.
622) *Garner* v. *Gerrish*, 63 N.Y.2d 575, 483 N.Y.S.2d 973, 473 N.E.2d 223(1984); Jesse Dukeminier 외, *supra* note 32, at 422.
623) Barlow Burke and Joseph Snoe, *supra* note 1, at 265.
624) *Id.*
625) *Id.*

여하지 않는다.626)

이러한 유형의 임차권은 당사자 상호간의 합의에 의해 성립하기 보다는 임차인이 기간에 대한 어떤 정함이 없이 세금 납부와 해당 부동산의 보수 등에 관해서만 합의하고 점유하는 경우 또는 양도인이 양도 후에도 양수인의 승낙을 얻어 점유하고 있는 경우에 주로 적용된다.627)

(3) 종료

임의형 부동산 임차권은 당사자 어느 한쪽의 사망이나, 임차인이 해당 부동산을 훼손하거나, 임차인의 임대인의 동의 없이 임의로 임차권을 양도하려는 경우, 임대인이 제3자에게 임대한 경우, 임대인이 해당 부동산에 대한 권리를 양도한 경우 등의 사유가 발생시 종료한 것으로 취급된다.628)

이러한 임차권은 별도의 계약 종료의 사전 통지가 없이도 종료시킬 수 있는 것이 원칙이나 주(州)에 따라서는 '30일 통지'(30day's notice)를 법적으로 요구하는 경우도 있다.629) 어떤 형태로든 해당 부동산을 비워줄 것을 알리는 합리적인 요구가 필요하다고 볼 수 있다.630)

2.4. 묵인형 부동산 임차권(Tenancy at Sufferance)

(1) 의의 및 특징

'묵인형 부동산 임차권'(tenancy at sufferance)은 진정한 의미의 부동산 임차권이 아니라 불법점유(wrongful occupancy)의 한 형태라고 할 수 있다.631)

묵인형 내지 용인용 부동산 임차권(tenancy at sufferance)은 위의 세 가지 부동산 임차권 즉, 확정형 부동산 임차권(tenancy for years), 자동 연장형 정기 부동산 임차권(periodic tenancy), 임의형 부동산 임차권(tenancy at will)과 관련된 유효한 임차 권리를 갖고 있는 임

626) 서철원, *supra* note 27, at 129.
627) 박홍규, *supra* note 23, at 98.
628) 서철원, *supra* note 27, at 129.
629) Jesse Dukeminier 외, *supra* note 32, at 423; Barlow Burke and Joseph Snoe, *supra* note 1, at 265.
630) 서철원, *supra* note 27, at 129.
631) Barlow Burke and Joseph Snoe, *supra* note 1, at 265.

차인이 임차기간이 종료되었음에도 점유를 계속하는 경우(holdover)에 발생한다.[632]

이러한 임차권은 '법으로 의제된 임차권'이라고 할 수 있는 데 계약상의 임대차 기간이 종료하였음에도 임차인이 불법적으로 계속 점유할 경우 임차인에게 임대료 지급의무를 부과하기 위한 것이다.[633]

이 경우 임대차 기간 종료 후의 점유라는 점에서 불법점유자로 취급할 수도 있으나 그렇게 되면 악의적 점유(hostile or adverse)로 취급되어 취득시효(adverse possession)가 성립될 우려가 있기에 이러한 권리를 인정하는 것이기도 하다.[634]

(2) 임대인이 갖는 수단

이때 부동산 임대인은 임차인을 불법 점유자 또는 자동 연장형 정기 임차권자 가운데 어느 하나를 선택할 수 있고,[635] 이러한 선택권의 행사는 합리적이 기간 이내에 행사하여야 한다.[636] 만일 임대인이 임차인을 불법점유자로서의 취급을 원한다면 임차권 종료를 위한 해지의 의사표시를 담은 통고는 별도로 필요하지 않다. 또한 임차인이 불법적인 점유를 계속할 경우 임대인은 추방 내지 퇴거(eviction) 소송을 통해 쫓아낼 수 있지만 자력구제 형식에 의한 추방 내지 퇴거조치는 금지된다.[637]

임대인이 이러한 임차권자(묵인형 임차권자)로부터 그럼에도 불구하고 임차인은 임차료를 지급하고, 임대인은 그 임대료를 수령한다면 그때 새로운 임차권이 성립된 것으로 취급할 수 있다.[638] 주(州)에 따라서는 이러한 불법점유의 임차인에 대해 두 배(double rent)의 임차료를 요구할 수 있도록 하고 있다.[639]

(3) 임대차 시작일에 제3자의 점유로 인해 임차인이 입주하지 못하게 된 경우

여기서 임대인과 임차인이 부동산 임대차 계약을 한 후 임차인이 계약에서 정한 날짜에 입주하려는 날에 임대인으로부터 임차를 받은 이전의 임차인이 계속 거주하고 있어

---

632) Jesse Dukeminier 외, *supra* note 32, at 427; Barlow Burke and Joseph Snoe, *Id.*
633) 서철원, *supra* note 27, at 129.
634) 박홍규, *supra* note 23, at 98.
635) Jesse Dukeminier 외, *supra* note 32, at 427.
636) 박홍규, *supra* note 23, at 99.
637) 서철원, *supra* note 27, at 129.
638) 박홍규, *supra* note 23, at 99.
639) Jesse Dukeminier 외, *supra* note 32, at 427.

점유를 할 수 없는 경우 임차인의 구제수단이 문제된다.[640]

Hannan v. Dusch 사건에서[641] 임차인 원고와 임대인 피고는 15년간의 기간을 정해 부동산 임차계약을 맺었다. 계약에서 정한 입주 날짜에 임차인이 이사를 들어가려 하자 이전의 임차인이 계속 거주하고 있었다. 임대인과 임차인은 임대차계약을 맺으면서 점유의 인도의무 등에 관한 명시적 조항은 두지 않았다. 이에 대해 피고인 임대인은 이전의 임차인에 대한 퇴거조치를 하지 않았고 그렇게 해야 할 의무도 없다고 보았다. 그러자 임차인은 임대인에 대해 계약위반을 이유로 한 손해배상을 청구하였다.

이 사건의 쟁점 중의 하나는 불법점유자에 대한 퇴거조치가 임대인의 의무인지의 여부이었다. 이에 대해 법원은 '영국식 법리'(English Rule)와 '미국식 법리'(American Rule)에 대해 설명하면서 후자를 적용하여 임대인에게는 점유의 이전을 해야 할 의무는 없으며, 임차인에게 점유권한이 있다고 보았다. 전자의 입장은 임대인은 임차인에게 점유를 이전해야 할 묵시적인 특약(a covenant)이 있는 것으로 보는 반면(English Rule), 후자는 임차인에게 점유권한이 있고 임대인에게는 점유 이전의 의무가 없다고 보는 입장이다(American Rule).

이러한 의미에서 임대인과 임차인의 부동산 임대차 계약을 체결한 후 정해진 날짜에 임차인이 입주하려 하자 제3자가 점유해서 임차인의 입주가 어렵게 된 경우 '영국식'의 입장을 따르면 물리적 법적 점유(physical and legal possession) 권한을 제공해야 하고, '미국식'의 입장을 따르면 법적 점유(legal possession) 권한을 제공해야 할 것으로 이해된다.

그런데 이때 임대인은 임차인에 대해 '목적물에 대한 평온한 권리행사의 약속'(quiet enjoyment)을 위반한 것이 아니라 점유를 이전해 줄 의무(duty to deliver possession)의 위반이 되는 것이다. 즉, 임대차를 시작할 때 그 해당 부동산에 입주하지 못하는 경우는 점유의 이전(delivery)과 관련된 위반이고, 일단 입주는 하였는데 퇴거조치를 당하는 것이 '목적물에 대한 평온한 권리행사의 약속' 위반이라고 할 수 있다.

3. 우리 민법상의 임대차

우리 민법은 임대차 계약과 관련하여 앞에서 언급한 것처럼 채권각론 편에서 여러

---

640) *Hannan* v. *Dusch*, 154 Va. 356, 153 S.E. 824, 1930 Va. 70 A.L.R. 141; Jesse Dukeminier 외, *Id*. at 428.
641) *Hannan* v. *Dusch*, *Id*.

계약 중의 하나로 소개하고 있음에 비해 미국의 부동산임대차 관계는 본 교재에서 설명하는 것처럼 부동산법에서 다루고 있다는 점에서 차이가 있다고 할 수 있다.

우리나라의 임대차는 당사자 일방이 그 상대방에게 목적물을 사용·수익하게 할 것을 약정하고, 그 상대방은 이에 대해 차임을 지급할 것을 약정함으로써 성립하는 계약을 의미한다.[642] 따라서 임대차의 대상은 '물건'이 되고 임차인이 그 물건을 사용·수익한 후 임차물 자체를 반환하는 것이므로 민법 제98조상의 물건이라고 해도 전기 기타 관리할 수 있는 자연력은 그 성질상 임대차 대상이 될 수 없다.[643]

II. 부동산 임대차권의 성립

1. 당사자간의 합의

부동산 임대차권이 성립되기 위해서는 오늘날 일반적으로 다른 계약에서와 같이 당사자, 즉 임대인과 임차인 사이의 합의 내지 약정이 있어야 한다. 물론 계약도 법률행위의 하나이므로 법률행위 능력을 갖추어야 한다.

2. 목적물의 명칭과 임대차 기간 그리고 임대료

임대차 당사자간의 목적물인 부동산의 표시는 당사자 사이에서 의도한 그 목적물을 식별할 수 있는 정도이면 되므로 거리의 주소나 건물의 다른 명칭 등도 가능하다.[644]

임대차 계약에 있어서 그 기간은 명시적 방법 등으로 나타내야 하고, 관련 부동산에 건축물을 완성하여 사용할 경우 그 미래의 불확실한 사건에 의존하여 시작일로 정하는

---

642) 민법 제618조(임대차의 의의) 임대차는 당사자 일방이 상대방에게 목적물을 사용, 수익하게 할 것을 약정하고 상대방이 이에 대하여 차임을 지급할 것을 약정함으로써 그 효력이 생긴다; 송덕수, *supra* note 21, at 1427.
643) 김준호, *supra* note 20, at 1531.
644) 박홍규, *supra* note 23, at 96.

것도 가능하다.[645] 임대료(rent)의 책정은 그 내용이 무상 임대차가 아닌 한 임대료를 구
체적으로 적시하여야 한다.

3. 서면성(書面性, Statute of Frauds)의 요구

미국 계약법의 사기방지법(Statute of Frauds)상 일정한 경우 서면성을 갖추어야 한다.
즉, 1년 이상(more than 1 year)의 임대차와 관련된 계약들은 문서화를 필요로 한다.[646]

주의할 것은 계약의 서면성 중 1년 이상의 임대차와 관련하여 1년 이상(more than 1
year)의 경우에만 해당되며 1년 또는 그 이하(1 year or less)는 해당되지 않으며 따라서 계
약의 문서화(writing)는 요구되지 않는다.[647]

하지만 임대인이 임차인에게 해당 부동산의 점유를 허락하여 이미 임차인이 점유한
상태에서 임대료를 지불하는 경우 등 일정한 경우에는 서면성을 갖추지 않더라도 부동산
임차권으로서 성립할 수 있다.[648]

III. 임대인과 임차인의 권리와 의무

임대차 계약도 계약의 하나이므로 그 권리와 의무는 기본적으로 계약에서 정한 내용
에 따른다. 즉, 임대차 계약(lease agreement) 속에 임대인(landlord)과 임차인(tenant) 사이의
권리와 의무에 관한 내용이 작성되어 권리와 의무를 규율하는 기준이 되는 것이다.

---

645) *Id.*
646) 명순구, *supra* note 24, at 105.
647) 조국현, *supra* note 29, at 237.
648) 박홍규, *supra* note 23, at 96.

1. 임대인의 권리와 의무

1.1. 임대인의 권리

(1) 부동산 점유회복(ejectment)

부동산 임대인은 임차인이 계약을 위반하였거나 임대차 기간이 종료하였음에도 계속 점유하고 있는 경우 그 임차인을 축출하기 위해 부동산 점유회복의 소송(a suit in ejectment)을 제기할 수 있다.[649]

(2) 자력구제(self-help)

자력구제(self-help)에 의한 임대인의 임차인에 대한 퇴거조치는 임대인이 사법적 절차(the judicial process)를 따르지 않고 임대차 계약을 위반한 임차인을 퇴거시키는 것을 말한다.[650] 임대인은 자신이 임대한 임차인 점유 부동산에 대한 재점유(retake)를 위해 부당한 퇴거조치(wrongful eviction)라는 책임을 부담함이 없이 다음의 두 가지 요건을 갖춘 경우 적법한 자력구제(self-help)로서 행사할 수 있다. 즉, ① 임차인이 임차기간이 끝났음에도 불법점유를 계속하거나 임대인의 재점유조항(a reentry clause)이 포함되어 있는 임대차 계약을 위반한 경우로서, ② 임대인이 위 부동산을 재점유함에 있어 그 수단이 평화로워야 한다는 것이다.[651] 이러한 자력구제는 이론적으로 가능할지 몰라도 실제적으로 바람직한 대안으로서 작용하기 어려울 것이다.[652]

Berg v. Wiley[653] 사안에서 법원은 임대인이 자물쇠를 교체함으로써 임차인이 해당 부동산에 들어갈 수 없도록 하는 자력구제의 방식으로 행한 임대인의 부동산 점유회복은 법적인 측면에서 볼 때 강제적이고 불법적이라고 보았다. 왜냐하면 임대인이 사용한 부동산 점유회복의 수단은 보통법(common law)상 평화적인 방법이라고 할 수 없기 때문이다.

본 사안에서 쟁점은 ① 임차인이 임대한 부동산을 포기하지 않았다고 본 배심원의 판단은 이를 뒷받침할 충분한 증거가 있다고 할 수 있는지의 여부와 ② 임대인이 자물쇠

---

649) Barlow Burke and Joseph Snoe, *supra* note 1, at 303.
650) *Id.* at 302.
651) *Id.*; *Berg* v. *Wiley*, 64 264 N.W.2d 145(Minn. 1978).
652) Jesse Dukeminier 외, *supra* note 32, at 465.
653) *Berg* v. *Wiley*, 64 264 N.W.2d 145(Minn. 1978).

를 교체함으로써 임차인이 해당 부동산에 들어갈 수 없도록 하는 자력구제의 방식으로 임대 부동산에 대한 재점유 내지 부동산 점유 회복은 법적인 시각(as a matter of law)에서 볼 때 강제적이고 불법적이지는 않는지 등에 관한 내용이었다.

이 사안의 사실관계는 임대인과 자신의 부동산을 동 시설에서 레스토랑 운영을 하는 임차인과 임대차 계약과 관련된 내용이다. 그 임대차 계약상의 내용은 임대차 기간 5년에, 임차인이 수리나 리모델링 등을 포함하는 모든 비용을 부담하며, 문서에 의한 임대인의 사전 승인 없이는 건물의 구조를 변경할 수 없으며, 레스토랑을 운영함에 있어 법에 위반하지 않으며 사려 깊게 운영하도록 하고 만일 이러한 조건들을 충족시키지 못할 경우 임대인이 동 시설에 대한 재점유권을 갖도록 한 것이다.

임대차 계약 후 약 3년이 지나 임차인은 임대인으로부터의 서면 동의 없이 레스토랑을 리모델링하였고, 보건법을 위반하는 등 임대차 계약에 위반하는 행위를 하였다. 이에 대해 임대인은 임차인을 레스토랑 현장에 참여시키거나 임차인에게 알리지 않은 상태로 경찰관과 잠금장치 전문가를 대동하여 위 레스토랑의 잠금장치를 교체하였고, 아직 임대차 기간이 남아있음에도 동 시설을 새로운 임차인에게 재임대(relet)한 것이다.

이에 임차인인 원고는 잠금장치를 교체함으로써 부당하게 퇴거조치(wrongful eviction)를 당했다는 이유로 새로운 임차인과 임대인 등을 피고로 하여 소송을 제기한 사안이다.

1.2. 임대인의 의무

임대인은 다른 특별한 사항이 없는 한 임차인이 해당 부동산의 현재 상태("as is")대로 점유의 이전을 받게 되므로 원칙적으로 해당 부동산에 대한 의무가 없다고 할 수 있다.[654] 이와 관련한 임대인의 의무를 살펴보면 아래와 같다.

(1) 점유의 이전의무

임대인은 임차인에게 해당 임차부동산에 대한 실질적인 점유(actual physical possession)의 이전의무를 갖는다. 그러므로 임대인이 임차인에게 실질적 점유 이전을 할 수 없다면 이에 따른 손해배상책임을 부담한다. 예를 들어 앞에서 언급하였듯이 임대인과 임차인과

---

654) Jesse Dukeminier 외, *supra* note 32, at 482.

의 부동산 임대차 계약을 통해 임대차 기간이 시작되었음에도 이전의 임차인(a hold—over tenant)이 해당 부동산에 계속 거주하고 있어 실질적인 점유를 할 수 없다면 임대인은 임대차 계약위반 책임을 부담하고 이에 따른 손해를 임차인에게 배상해야 한다.

(2) 목적물에 대한 평온한 권리행사의 약속

이는 부동산 임대차 계약을 통해 임차인이 해당 부동산을 점유하면서 평온하게 향유(quiet enjoyment)할 수 있도록 임대인이나 임차인에 우선하는 권리나 이익을 가진 제3자로부터 방해받지 않도록 임대인이 임차인에게 보장해 주는 것을 내용으로 하는 묵시적인 약속(implied covenant)을 의미한다.[655]

이러한 평온한 향유를 보장하는 묵시적 약속에는 실질적으로 완전한 퇴거 내지 추방(actual total eviction), 실질적으로 부분적인 퇴거 내지 추방(actual partial eviction), 의제적(擬制的) 퇴거 내지 추방(constructive eviction)으로부터 간섭받지 않을 것을 포함한다.[656]

(3) 거주 적합성에 대한 묵시적 담보책임(Implied Warranty of Habitability)

1) 의의   임차인의 입장에서 보면 의제적(擬制的) 퇴거조치(constructive eviction)를 통한 구제는 임차인이 스스로가 해당 부동산을 비우고 나가야 한다는 점에서 어려운 점이 있다. 특히 임차인이 가난해서 다른 집을 구할 경제적 여유가 없을 경우 더욱 그러할 것이다. 그러므로 이런 경우 특히, 거주용 주택인 경우 법의 특별한 보호가 필요하다고 할 수 있다.

그리하여 많은 법원은 임대인으로 하여금 임대된 거주지에 대한 안전과 임차인이 거주하기 적합한 물리적 상태를 유지하도록 요구하게 되었는데 이것이 '거주 적합성에 대한 묵시적 담보내지 보증책임'(implied warranty of habitability)이라고 할 수 있다.[657]

이러한 책임의 부과는 임대차 계약서상에 명시되었는지 여부와 관계없이 적용되는 것으로서, 지방정부에서 제정한 빌딩이나 주택에 대해 일정한 기준을 갖추도록 한 어떤 규정들(codes)을 준수하도록 해야 한다는 계획과도 부합하는 면이 있다.[658] 그러므로 지방정부에서 정한 주택에 관한 어떤 규정(the housing code)에 대한 중대한 위반을 하였다면

---

655) 서철원, *supra* note 27, at 145.
656) *Id*; *Reste Realty Corp.* v. *Cooper*, 53 N.J. 444, 251 A.2d 268, 1969 N.J. 33 A.L.R.3d 1341; Jesse Dukeminier 외, *supra* note 32, at 489.
657) Jesse Dukeminier 외, *Id.* at 499; *Hilder* v. *St. Peter*, 144 Vt. 150, 478 A.2d 202, 1984 Vt.; Barlow Burke and Joseph Snoe, *supra* note 1, at 322.
658) Barlow Burke and Joseph Snoe, *supra* note 1, at 322.

이는 또한 보증책임의 위반이 될 것이다.659)

2) 특성　　　이러한 점에서 '보증책임'과 '부동산 특약'이란 이중의 특성을 갖고 있다고 할 수 있다. 즉, 임대인은 한편으로는 임차된 거주지에 대한 안전과 임차인이 거주하기 적합한 '물리적 상태'(physical condition)를 유지하도록 '거주 적합성에 대한 묵시적 담보책임'을 부담하면서, 다른 한편으로는 임대인의 해당 부동산의 관리와 보수의무 등 임대차 계약서에서 정한 내용대로 이행해야 하는 '부동산 특약'(covenants)상의 의무도 이행해야 하는 것이다.660)

그러므로 '거주성에 대한 묵시적 담보 내지 보증책임'은 '의제적 퇴거조치 내지 추방'과 유사한 면이 있지만 묵시적 담보책임의 경우가 임차인이 해당 부동산을 비워야 할 필요가 없다는 점에서 임차인의 입장에서 보면 유리하다고 할 수 있다.661)

3) 적용대상　　　이러한 보증책임은 미국의 40개 이상의 주에서 입법이나 판례에 의해 인정되고 있으며, 일부에서는 상업용 시설에도 적용하는 경우가 있으나,662) 대부분의 법원은 해당 부동산이 주거용인 경우에만(only to residential premises) 적용시킨다.663) 주거용 임차의 경우 거주 적합성 내지 가능성이 중요한 부분이라는 점에서 이러한 묵시적 담보책임은 원칙적으로 포기할 수 없다(non-waivable).664) 왜냐하면 그러한 포기, 즉 묵시적 거주 적합성에 대한 보증책임을 무효화시킨다는 것은 공공정책에 반할 우려가 있기 때문이고 따라서 공공정책에 반하지 않는 한도에서는 가능하다고 볼 수 있다.665)

4) 결정 기준　　　거주 적합성에 대한 묵시적 담보책임 내지 보증의 이행여부를 결정하는 기준은 기본적으로 사람이 거주하기에 합리적으로 보아 적합한 상태(basic human residence or habitation)를 제공하였는지의 여부이다("adequate standard of habitability").666) 이러

659) *Id.* at 323.
660) *Id.* at 322.
661) 서철원, *supra* note 27, at 146.
662) *Davidow v. Inwood North Professional Group*, 747 S.W.2d 373(Tex. 1988); Barlow Burke and Joseph Snoe, *supra* note 1, at 324.
663) Barlow Burke and Joseph Snoe, *supra* note 1, at 322-324; 서철원, *supra* note 27, at 146-147; 임대인의 "묵시적 거주적합성에 대한 보증"은 재산법상의 원리가 아닌 상품 매매와 같이 임대인과 임차인간의 상호 의존적인 계약법상의 법리에 의해 설명 가능하다(박홍규, *supra* note 23, at 114).
664) 박홍규, *Id.* at 116.
665) *Id*; Restatement (Second) of Property § 5.6(1977).
666) Jesse Dukeminier 외, *supra* note 32, at 500; 서철원, *supra* note 27, at 147.

한 내용은 목적물 소재지 관할 주택 관련 법령(housing code) 등에 의해 확인될 것이다. 실제에 있어서 건강과 안전과 관련된 실질적 위협으로 인한 주택법령의 위반은 묵시적 거주적합성에 따른 보증책임 위반이 되지만, 실질적인 위협이 아닌 일부 주택법령에 대한 위반은 위의 보증책임 위반은 아니라고 볼 수 있다.667) 하지만 비록 주택관련 법령위반은 없더라도 건강과 안전에 대한 위협을 미쳐 사람이 거주하기 어려울 정도라면 위의 보증책임 위반이 될 것이다.668)

  5) 위반시의 효과   임차인이 임대인에 대해 '주거성에 대한 묵시적 보증책임'의 위반을 이유로 한 승소의 소송원인을 갖기 위해서는 ① 임대인이 하자있는 상태에 대해 통지를 받았어야 하고,669) ② 그러한 하자는 주택관련 법령에 위반이 될 정도로서 임차인의 건강이나 안전과 관계되는 중대한 것이어야 하며, ③ 임대인에게 그 하자를 보수할 만한 합리적인 시간을 주었음에도 불구하고 이행하지 않았어야 한다.670)

  임대인이 이러한 보증 의무를 위반할 경우 주(州)에 따라 차이는 있지만 계약의 해지, 수정, 손해배상 등 일반적인 계약위반시의 구제수단과 함께 임차인은 다음과 같은 구제책을 고려할 수 있을 것이다.671) 즉, ① 임차인이 이사를 간 후 그 임대차 계약을 종료시키거나, ② 임차인 자신의 비용으로 수리하고 그 비용을 임차료에서 차감토록 하거나,672) ③ 임대인이 하자 부분에 대한 보수를 완료할 때까지 임차료 지급을 보류하거나, 해당 부동산에 대한 주거에 부적합한 정도, 즉 하자에 상응한 만큼 법원이 그 구체적인 액수를 결정할 때까지 임차료 지급을 유보하여 결정된 액수로부터 임차료를 차감(差減)하거나,673) ④ 점유를 계속하고 모든 임차료를 지불하면서 별도의 소송에 의해 손해배상을 청구할 수 있을 것이다.674)

---

667) 박홍규, *supra* note 23, at 115.
668) *Id.*
669) *Hilder* v. *St. Peter*, 144 Vt. 150, 478 A.2d 202, 1984 Vt.; *King* v. *Moorehead*, 495 S.W.2d [65, 76(Mo. App. 1973)].
670) Barlow Burke and Joseph Snoe, *supra* note 1, at 324.
671) Jesse Dukeminier 외, *supra* note 32, at 500−501.
672) *Hilder* v. *St. Peter*, 144 Vt. 150, 478 A.2d 202, 1984 Vt.; *Marini* v. *Ireland*, 56 N.J. 130, 146, 265 A.2d 526, 535(1970).
673) 이 경우에는 임차인 자신이 선의(good faith)임을 보여주기 위해 에스크로 계좌 내지 조건부 제3자 예탁증서(escrow account) 등의 방법을 통해 임차인이 지급을 보류하는 임차료에 맞는 금액을 맡겨야 할 것이다. 여기서 에스크로 계좌 내지 조건부 제3자 예탁증서(Escrow account)란 유효한 계약을 체결한 계약 당사자간의 합의로 임시적인 조치로서 중립적인 제3자에게 예탁된 날인증서와 유사한 서면증서를 의미한다(임홍근 외, *supra* note 22, at 697); 서철원, *supra* note 27, at 147.
674) 이때 임차인의 계약상의 손해배상액 청구는 실제 보증된 경우의 공정한 임대료와 하자로 인해 보수하지 않은 상태에서의 공정한 가치의 비교 등을 통한 차이에 해당하는 금액("difference money")을 산정하는 방식에

(4) 임차인의 정당한 권리행사에 대한 보복적 퇴거조치의 금지

1) 의의   '주거성에 대한 묵시적 보증책임'이나 그 '결정 기준'은 많은 경우에
주택관련 법령(a housing or building code)을 근거로 하기에 임차인은 그러한 위반이나 하자
에 대해 관청에 신고를 하거나 불평을 제기함으로써 임대인으로 하여금 주의를 환기시키
고 수리를 받을 수도 있다.

이러한 신고 등을 당한 임대인은 이에 대한 보복으로 임차인을 퇴거시키려고 할 수
도 있고(보복적인 퇴거조치, retaliatory eviction), 임차인이 갖는 정당한 권리행사에 대해 임차
료를 인상한다든지, 임대차 계약을 해지한다든지, 임대차 기간 연장을 거절한다든지 등
의 불이익적 조치를 할 수도 있다. 이러한 임대인의 행위를 보복적 행위("retaliatory")라고
하고 주(州)에 따라 이러한 임대인의 보복적 퇴거조치나 기타 보복행위로부터 법을 통해
임차인을 보호하고 있다.675)

의할 수 있다(Barlow Burke and Joseph Snoe, *supra* note 1, at 324).

675) Jesse Dukeminier 외, *supra* note 32, at 503; California Civil Code Section 1942.5.; California Tenants: A
Guide to Residential Tenants and Landlord's Rights and Responsibilities(Revised July 2012), at 79.
[참고] California Civil Code Section 1942.5

(a) If the lessor retaliates against the lessee because of the exercise by the lessee of his or her rights
under this chapter or because of his complaint to an appropriate agency as to tenantability of a
dwelling, and if the lessee of a dwelling is not in default as to the payment of his or her rent, the
lessor may not recover possession of a dwelling in any action or proceeding, cause the lessee to
quit involuntarily, increase the rent, or decrease any services within 180 days of any of the following:

(1) After the date upon which the lessee, in good faith, has given notice pursuant to Section 1942,
has provided notice of a suspected bed bug infestation, or has made an oral complaint to the
lessor regarding tenantability.

(2) After the date upon which the lessee, in good faith, has filed a written complaint, or an oral
complaint which is registered or otherwise recorded in writing, with an appropriate agency, of
which the lessor has notice, for the purpose of obtaining correction of a condition relating to
tenantability.

(3) After the date of an inspection or issuance of a citation, resulting from a complaint described in
paragraph (2) of which the lessor did not have notice.

(4) After the filing of appropriate documents commencing a judicial or arbitration proceeding
involving the issue of tenantability.

(5) After entry of judgment or the signing of an arbitration award, if any, when in the judicial
proceeding or arbitration the issue of tenantability is determined adversely to the lessor.
In each instance, the 180−day period shall run from the latest applicable date referred to in
paragraphs (1) to (5), inclusive.

(b) A lessee may not invoke subdivision (a) more than once in any 12−month period.

(c) Notwithstanding subdivision (a), it is unlawful for a lessor to increase rent, decrease services, cause
a lessee to quit involuntarily, bring an action to recover possession, or threaten to do any of those
acts, for the purpose of retaliating against the lessee because he or she has lawfully organized or
participated in a lessees' association or an organization advocating lessees' rights or has lawfully and

특히, 캘리포니아주의 경우 임차인이 ① 보수 이후 보수한 금액에 대한 임차료 공제 권한의 행사 또는 임대인에게 보수 이후 공제 권한을 행사할 것이라고 미리 통보하거나, ② 임대인에게 임대 부동산의 하자 내지 흠에 대하여 관련 행정관청에 민원을 제기하거나, ③ 임대 부동산의 실태에 대하여 소송 내지 중재를 신청하거나, ④ 관련 행정관청이 임대 부동산을 점검하게 하는 등의 권한을 행사한 이후 그로부터 6개월 이내에 임대인이 임차인을 퇴거하려고 하는 경우, 법은 임대인이 보복 퇴거를 의도하는 것으로 추정하고 있다.[676)

2) 요건   이러한 보복적 퇴거조치의 법리(a retaliatory eviction doctrine)가 성립되기 위해서는 ① 해당 지역에 적용되는 주거관련 법령(housing code statute or ordinance)이 제정되어 있고, ② 임대인은 주택 임대에 관한 사업을 하고 있으며, ③ 위 법령위반에 대한 제보시 임차인에게 어떤 잘못이 없고, ④ 임대인이 퇴거조치를 하려는 주된 동기가 임차인의 제보에 의한 것이며, ⑤ 이때 임차인의 제보는 선의(good faith)에 의한 것으로서 정

peaceably exercised any rights under the law. In an action brought by or against the lessee pursuant to this subdivision, the lessee shall bear the burden of producing evidence that the lessor's conduct was, in fact, retaliatory.

(d) Nothing in this section shall be construed as limiting in any way the exercise by the lessor of his or her rights under any lease or agreement or any law pertaining to the hiring of property or his or her right to do any of the acts described in subdivision (a) or (c) for any lawful cause. Any waiver by a lessee of his or her rights under this section is void as contrary to public policy.

(e) Notwithstanding subdivisions (a) to (d), inclusive, a lessor may recover possession of a dwelling and do any of the other acts described in subdivision (a) within the period or periods prescribed therein, or within subdivision (c), if the notice of termination, rent increase, or other act, and any pleading or statement of issues in an arbitration, if any, states the ground upon which the lessor, in good faith, seeks to recover possession, increase rent, or do any of the other acts described in subdivision (a) or (c). If the statement is controverted, the lessor shall establish its truth at the trial or other hearing.

(f) Any lessor or agent of a lessor who violates this section shall be liable to the lessee in a civil action for all of the following:
   (1) The actual damages sustained by the lessee.
   (2) Punitive damages in an amount of not less than one hundred dollars ($100) nor more than two thousand dollars ($2,000) for each retaliatory act where the lessor or agent has been guilty of fraud, oppression, or malice with respect to that act.

(g) In any action brought for damages for retaliatory eviction, the court shall award reasonable attorney's fees to the prevailing party if either party requests attorney's fees upon the initiation of the action.

(h) The remedies provided by this section shall be in addition to any other remedies provided by statutory or decisional law.
   (Amended by Stats. 2016, Ch. 703, Sec. 2.5. Effective January 1, 2017.)
   (http://leginfo.legislature.ca.gov/faces/codes_displaySection.xhtml?lawCode=CIV&sectionNum=1942.5. (최종 방문일시: 2017.8.13).

676) California Civil Code Section 1942.5.

당한 이유(with cause)가 있어야 한다.[677]

원칙적으로 임대인이 임차인을 상대로 적법한 강제 명도 이전 소송 절차(the Eviction Process, Unlawful Detainer Lawsuit)에 따라 법원에 소송을 제기할 경우 이러한 명도 이전 소송은 약식절차 내지 임대부동산 명도 간이절차(summary procedure)에 따르게 된다.[678]

이러한 소송에 대해 임차인은 임대인의 소송이 보복적 목적에 의한 소송임을 입증하여 항변할 수 있다. *Edwards* v. *Habib* 사건에서[679] 법원은 위의 임대부동산 명도 간이절차(summary procedure)에 의한 소송은 임대인의 보복적 의도(a retaliatory intent)로 갖는 행위에 대해서는 사용될 수 없다고 보았다. 본 사안은 임차인이 임차한 부동산에 대한 위생법규 위반에 대해 해당 행정관청에 제보를 했고 이것이 동기가 되어 임차인을 퇴거조치하려고 한 내용이다. 이 사안을 통해 앞에서 언급한 대로 임대인이 보복적인 의도로 소송을 제기하였다는 사실을 입증할 경우 임차인은 이러한 퇴거조치 소송에 대한 방어수단(a defense)으로 활용할 수 있음을 알 수 있다.

(5) 임차부동산이 공용수용된 경우 보상의무

임차부동산이 공권력에 의해 공용수용된 경우(公用收用, condemnation of leasehold) 먼저 임차인과 임대인간의 어떤 합의가 있으면 그 합의에 의한다. 그러한 합의가 없을 경우 그 해당 부동산 전체가 공용수용된 경우 임차인의 임차료 지급의무는 면제된다. 하지만 전체가 아닌 일부분이나 일시적인 경우라면 임차인의 임차료 지급의무는 계속되며, 공용수용된 부분에 한해서는 보상을 받게 될 것이다.[680]

---

677) Barlow Burke and Joseph Snoe, *supra* note 1, at 326; 캘리포니아주의 경우 임대인이 임차인을 퇴거시키려고 하는 것이 보복 퇴거임을 입증하기 위해서는 임차인은 그로부터 6개월 이전에 위 명시된 권리 행사를 하였고, 체납된 임대료가 없으며, 임차인이 임대인의 보복행위에 대해 지난 12개월간 이내에 1회 이상 항변한 사실이 없음을 입증해야 한다. 만일 임차인이 이러한 내용을 입증하면, 임대인은 퇴거가 보복 퇴거가 아님을 입증하여야 한다[("[I]n order for the tenant to defend against eviction on the basis of retaliation, the tenant must prove that he or she exercised one or more of these rights within the six-month period, that the tenant's rent is current, and that the tenant has not used the defense of retaliation more than once in the past 12 months. if the tenant produces all of this evidence, then the landlord must produce evidence that he or she did not have a retaliatory motive". California Civil Code Section 1942.5.; California Tenants: A Guide to Residential Tenants and Landlord's Rights and Responsibilities(Revised July 2012), 80면)].

678) 이러한 절차는 통상의 과정과는 달리 소송이 단기간에 이행되고 임차인이 대응할 수 있는 시간이 아주 짧은 것을 의미하고, 'summary proceedings', 'summary ejectment', 'forcible entry and detainer'(FED), 'summary possession'라고 부르기도 한다(Barlow Burke and Joseph Snoe, *supra* note 1, at 303).

679) *Edwards* v. *Habib*, 397 F.2d 687(D.C. Cir. 1968).

680) 서철원, *supra* note 27, at 147.

2. 임차인의 권리와 의무

2.1. 임차인의 권리

(1) 해당 부동산을 점유하면서 평온하게 향유할 권리

임대인과 임차인사이에 부동산 임대차 계약을 체결함에 있어서 임대인은 임대 부동산에 대한 임차인의 법적인 점유에 대해 임대인을 포함한 어떤 사람도 방해하지 않을 것을 약속하게 된다. 이러한 것은 거주용이든 상업용이든, 문서에 의하든 구두에 의하든 그 용도나 형식에 관계없이 모든 부동산 임대차에 묵시적으로 포함되어 있는 것으로서 이를 임차인에 대한 평온한 점유를 향유할 권리에 대한 특약("the covenant of quiet enjoyment")이라고 한다.[681] 즉, 임차인은 해당 부동산을 점유하면서 임대인으로부터 어떤 간섭도 없이 평온하게 향유할 권리를 갖는다는 의미이다.

이러한 '특약의 범위'는 계약에서 정한 바에 의한다. 예를 들어 계약서상에 뜨거운 물이 공급될 수 있는 조항을 두었는데 제대로 온수가 공급되지 않을 경우 본 특약의 위반이 된다.[682]

임대인의 임차인에 대한 평온한 점유를 향유할 권리 내지 특약("the covenant of quiet enjoyment")의 위반은 아래에서 살펴 볼 '퇴거조치'(evictions)와 관련이 있다.

(2) 임대인의 퇴거조치(evictions)에 대한 임차인의 항변

보통법상, ① 임대인이 점유할 권리를 갖지 않음에도 퇴거조치를 하거나 ② 강제적인 방법으로 임차인을 퇴거시키거나, 또는 ①② 모두의 경우와 같은 임대인의 부당한 퇴거조치에 대해 임차인은 손해배상을 통해 구제받을 수 있다.[683]

이때 임차인의 임차료 지급의무와 관련하여 '실질적으로 "완전한 퇴거조치" 상태'인 경우에는 임차료 지급의무가 없게 되고, '실질적으로 "부분적인" 퇴거조치 상태인 경우' 그 원인이 임대인에 의한 것이라면 임차료 전부에 대한 지급의무가 종료되지만, 제3자에 의한 경우로서 임차인이 나머지 부분을 계속 점유·사용한다면 그 사용부분 만큼의 부분

681) Barlow Burke and Joseph Snoe, *supra* note 1, at 317.
682) *Id.* at 321.
683) *Berg* v. *Wiley*, 64 264 N.W.2d 145(Minn. 1978).

적 임차료를 부담하게 된다.684)

　여기서 '실질적으로 완전한 퇴거조치'(total actual eviction)란 임대인 또는 우선적 권리나 이익을 가진 어떤 제3자가 잠금장치(a lock or padlock)를 하는 등으로 임차인의 점유를 완전히(전부) 할 수 없게 된 경우를 말하고, '실질적으로 부분적인 퇴거조치'(actual partial eviction)는 위에 같은 사정이나 건물의 리모델링 등으로 해당 임차 부동산의 일부를 점유할 수 없게 된 경우를 의미한다.685)

　이에 대해 '의제적 퇴거조치'(constructive eviction)는 특히, 임대인의 임차인에 대한 평온한 점유를 향유할 권리 내지 특약("the covenant of quiet enjoyment")의 위반에 그 기초를 두고 있다.686) 즉, 비록 위와 같은 '실질적인 퇴거조치'의 정도에 이르지는 않더라도, 비가 내릴 때마다 해당 부동산으로 물이 들어오는 등 비록 임대인이 임차부동산을 임차인에게 점유하도록 이전하였으나 그 목적물의 이용에 불가결한 서비스 등을 제공하지 않아 임차인이 거주하기에 상당한 방해를 받는 경우(substantial interference)를 말한다.687)

　이러한 '의제적 퇴거조치 내지 추방'(constructive eviction)으로 인정되기 위해서는 구체적으로 ① 임대인이 임차인에 대해 부담하는 의무를 위반한 임대인의 고의적인 행위에 의해 임차인이 해당 임차 부동산에 거주하기 적합하지 않아야 하고, ② 겨울 날씨에 난방기가 작동하지 않는 경우와 같이 임대인의 행위로 임차인의 목적물 점유·향유에 심각한 지장(substantial interference)을 초래해야 하며, ③ 임차인은 임대인의 행위 이후 이러한 내용을 합리적인 기간 안에 알리고(notice) 난 후, 그럼에도 불구하고 임대인이 어떤 조치를 않을 경우, 임차인이 계속적인 점유와 사용을 한다면 주거 부적합함에도 이를 포기하고 거주한다는 의미가 되므로 ④ 합리적 기간 내에 해당 목적물을 비워서(vacate) 주거로 부적합하다는 것을 보여주어야 한다.688) 이러한 점에서 '의제적 퇴거조치'는 말하자면 임차인 입장에서의 자기구제(self-help)로서 임대인에 대한 항변사유(an affirmative defense)가 된다고 할 수 있다.689) 물론 의제적 퇴거조치의 경우 임차인은 임대차 계약을 해지하고 손해배상을 청구할 수도 있다.

---

684) 서철원, *supra* note 27, at 145-146.
685) Barlow Burke and Joseph Snoe, *supra* note 1, at 317.
686) *Id.* at 319.
687) *Id.* at 318; 서철원, *supra* note 27, at 146.
688) Barlow Burke and Joseph Snoe, *Id.* at 318.
689) *Id.*

2.2. 임차인의 의무

임차인은 임차인으로서 임차료를 지급해야 하고, 수리가 필요로 할 경우 수리도 해야 하며, 제3자에 대해서도 일정한 의무를 부담한다.

(1) 임차료 지급의무

임차인은 계약상 부동산 임차에 따른 임차료를 지급해야 한다(duty to pay rent). 만일 임차인이 임차료를 지급하지 않을 경우 임대인은 계약을 해지할 수 있다. 우리나라의 경우와 같이 보통 계약서상에 임차료를 몇 회 이상 지급하지 않으면 해지할 수 있다는 내용을 적시해 둔다. 이때 다음과 같은 경우가 문제된다.

1) 임차료 연체와 함께 임대차 기간 중 점유의 계속이 '있는' 경우　　만일 임차인이 임차료를 지급하지 않으면서 점유를 계속한다면 임대인은 일정한 절차에 따라 해당 부동산을 비워줄 것을 요구하는 소송을 제기하거나(eviction action), 계속 임대차 관계를 유지하면서 임차인에 대해 임차료 지급소송을 제기할 수 있다.

주의해야 할 것은 비록 해당 부동산의 소유자로서 임대인이라고 해도, 임차인이 임차료를 지급하지 않고 계속 점유시 자력구제(self-help) 행사를 통해 점유를 회복할 수 없다. 즉, 임차인 소유 물품을 치운다든지, 자물쇠를 교체한다든지, 임차인을 물리적으로 쫓아낸다든지 해서는 안 된다는 것이다. 임차인의 초기 점유는 합법적이기 때문이다.

2) 임차료 연체와 함께 임대차 기간 중 점유의 계속이 '없는' 경우　　만일 임차인이 임차료를 지급하지 않은 채 계약상의 임대차 기간이 남아 있음에도 해당 임차 부동산에 대한 임차권을 포기하고 떠난 경우(abandonment), 즉 계속적인 점유를 하지 않게 된 경우가 문제된다. 독신 대학생이 결혼을 앞두고 아파트를 임대 계약을 체결하였는 데 그 후에 예정된 결혼이 어렵게 된 경우 대학생으로서 그 아파트 임대료를 지불할 능력이 없게 되므로 계약한 임차인인 대학생은 그 임대 계약에서부터 벗어나려고 하는 것이 그 예이다.[690] 이때 임차인이 할 수 있는 대안으로서 임차한 부동산을 다른 사람에게 양도하거나 전대를 하는 방법, 임차권을 포기하고 임대인에게 부동산을 돌려주는 방법, 임대인

---

690) *Sommer* v. *Kridel*, 74 N.J. 446(1977); Jesse Dukeminier 외, *supra* note 32, at 476; Barlow Burke and Joseph Snoe, *Id.* at 306.

에게 알리거나 알리지 않고 그 부동산을 포기하는 방법 등이 있을 것이다.

이 경우 임대인은 ① 이러한 임차인의 임차권 포기에 대한 임차인의 주장을 받아들이거나(surrender),[691] ② 임대인은 임차인이 더 이상 임대차 관계를 유지하지 않겠다는 주장을 무시하고, 미지급된 임차료에 대한 책임을 묻거나(ignore), ③ 문제의 임차인을 대신하여 다시 새로운 임차인을 구해 임차료를 받고, 모자라는 부분(deficiency)이 있을 경우 그 부분만큼 이전의 임차인에게 책임을 물을 수 있다.

특히 ①의 경우는 임대차 계약이 끝나지 않았지만 임대인과 임차인간의 새로운 합의를 통해 계약을 종료시키는 것, 즉 임차인으로부터의 계약종료의 청약과 임대인의 승낙을 통한 재점유(repossession)의 형식을 의미한다. 이렇게 되면 임차인은 앞으로 임대인에게 부담해야 할 임차료 지급의무로부터 벗어나게 된다.[692] 이때 만일 원래의 부동산 임대차 계약을 체결함에 있어서 서면에 의한 경우, 사기방지법(statute of fraud)상 역시 문서에 의해 이루어져야 한다.[693]

또한 ③의 경우에는 미국 계약법상의 손해 최소화 의무 내지 경감의무(avoidable damages, a duty to mitigate, or mitigation)와 같이[694] 일단 임차인이 임차권을 포기하게 되면 임대인은 임차료를 받지 못하는 손실을 그대로 방치할 것이 아니라 새로운 임차인을 찾아 다시 임대를 놓는(relet) 등 손실을 줄일 수 있도록 합리적 노력(diligent efforts)을 다하여야 한다는 의미를 갖는다.

만일 임차인이 자발적으로 동 부동산을 포기하지 않는 것으로 간주되는 경우라면 임대인이 동 임차인으로부터 부동산의 점유회복을 위한 유일한 법적 수단은, 사법절차에 따르는 것이라고 할 수 있다.[695]

---

691) "Surrender"는 "here, I give up"의 의미이다(Jesse Dukeminier 외, Id.). 물론 이 경우 남아 있는 임대차기간이 1년 이상(more than 1 year)이라면 사기방지법(statute of frauds)에 따라 서면성(in writing)이 요구된다.

692) Barlow Burke and Joseph Snoe, supra note 1, at 306; 서철원, supra note 27, at 145.

693) Barlow Burke and Joseph Snoe, Id.

694) 계약위반의 상대방(a nonbreaching party or an injured party)은 일정한 경우 손해를 최소화시켜야 할 의무가 있다(duty to mitigate damages). 즉, 계약위반을 당한 당사자는 자신이 합리적인 노력을 다하였다면 손해를 줄일 수 있었음에도 그런 노력을 하지 않아 손해가 발생한 경우 그 손해에 대해서는 배상받을 수 없다는 것이다. 예를 들어 AB간 바나나 20kg 매매계약을 하였는데 매수인인 B가 계약의 이행을 거절할 경우 A는 다른 매수인에게 매도하고 AB간에 맺었던 원래 계약의 가격과의 차액이 있을 경우 이에 대한 손해배상을 청구해야 하며 아무런 노력 없이 창고에 두어 부패하게 한다면 그 손해에 대해서는 배상받을 수 없는 것이다. 이러한 손해 경감의무 내지 최소화 의무는 ① 합리적으로 방지할 수 있었던 손해에 대해서는 계약위반의 상대방에게 손해배상이 인정되지 않고, ② 손해를 회피하려는 노력이 합리적이었다면 설사 그 결과가 성공적이지 않더라도 손해배상이 인정된다는 의미를 갖고 있다. 회피 가능한 결과의 법칙(avoidable consequence rule)이라고 한다(조국현, supra note 29, at 447–448 재인용).

695) Berg v. Wiley, 64 264 N.W.2d 145(Minn. 1978).

(2) 임차부동산의 보존·관리·이용의무

임차인은 임대차 기간 동안 해당 임차부동산에 대한 보존·이용의무를 부담한다. 즉, 임차인은 임차권이라는 현재 부동산권자(present possessory estate)로서의 지위를 갖고, 따라서 임대차 기간의 종료 후 임대인에게 점유를 반환해야 하는 임대인의 복귀권(reversion)이 침해되지 않도록 보존해야 한다. 말하자면, 해당 부동산을 멸실하거나 상당한 구조변경을 가져오는 등 임대인의 재산권에 손상(waste)을 입히는 행위 등을 해서는 안 된다는 의미이다.696)

즉, 앞부분의 생애부동산권자(life tenant)의 의무에서 설명한 바와 같이 임차인은 언젠가는 권리를 잃도록 되어 있으므로 소유권자라기보다는 용익물권자에 가까운 지위라고 할 수 있다. 이러한 점에서 임차인은 한편으로 그 부동산에 대한 일반적인 사용과 수익(ordinary uses and profits)의 권리를 갖지만 다른 한편으로 해당 부동산을 멸실·훼손하거나, 개조(alteration)하거나 잘못 사용(misuse)하지 않는 등 장래 그 부동산권의 권리자에 대한 보존, 관리의 의무가 부담된다(훼손의 법리, doctrine of waste).697)

이러한 훼손 내지 손상의 법리는 그 유형으로서 적극적 훼손(voluntary or affirmative waste), 소극적 훼손으로 유지의무(permissive waste), 개량적 훼손(ameliorative waste)이 있다.698)

1) **적극적 훼손**(Affirmative Waste)   적극적 훼손(voluntary or affirmative waste)이란 울타리를 무너뜨리거나, 목재를 벌채하거나 광물을 채취하는 등 직접적이고 의도적으로 해당 부동산에 대한 실제 어떤 행위(overt harmful acts)를 통해 그 가치가 감소되는 것을 말한다.699)

임차인은 위에서 언급한 대로 용익물권자에 가까운 지위라고 할 수 있기에 만일 위와 같은 행위를 행하였다면 임대인은 계약의 해지와 원상복구 및 손해배상(damages) 등을 청구할 수 있다.700)

하지만 위와 같은 행위를 하는 것이 허용되었다고 볼 수 있는 일정한 경우에는 예외

---

696) Barlow Burke and Joseph Snoe, *supra* note 1, at 291.
697) *Id.;* Jesse Dukeminier 외, *supra* note 32, at 505.
698) 앞부분의 생애부동산권자(life tenant)의 의무에서 설명한 내용과 중복될 수 있으나 내용의 이해를 위해 가능하면 그대로 설명하기로 한다.
699) Barlow Burke and Joseph Snoe, *supra* note 1, at 291.
700) *Id.*

로서 이용할 수 있을 것이다. 이러한 예외로는 이미 그러한 용도로 사용 중이거나(prior use), 해당 부동산의 보수와 유지를 위해 합리적인 필요성이 있거나(reasonable repairs), 임대인으로부터 허용하는 별도의 명시적인(expressly) 의사표시가 있는 경우 등을 들 수 있다.

특히, 광물(minerals)의 채취와 관련하여 임대인이 임대하기 이전에 이미 광물을 채취하여 이용(exploit) 중인 경우였다면 임차인이 개발된 광갱(mine)을 그 범위에서만 이용하여 계속하여 채취하는 것은 적극적 훼손에 해당하지 않으나 그 범위를 벗어나거나 새로운(new) 곳을 개발하여 손해를 발생케 하는 이용은 훼손에 해당한다(open mines doctrine).[701]

2) 소극적 훼손으로 유지의무(Permissive Waste)   소극적 훼손(permissive waste)이란 날씨 변화로 인해 비나 눈이 오거나 구조물이 썩어 들어감에도 이를 방치하는 등 임차인이 해당 부동산에 대한 관리를 제대로 하지 않아, 즉 관리에 필요한 합리적인 유지 내지 수리(reasonable repairs)를 소홀히 하여 해당 부동산이 손상(injury)을 입는 경우를 말한다.[702] 특히 임차인은 보통법상 해당 부동산에 대한 실질적 보수를 해야 할 의무는 부담하지 않지만 해당 부동산의 방치로 인해 손해가 확대되어서는 안 되므로 이를 방지해야할 의무는 부담한다.[703] 위에서 언급한 이외에 지붕에 비가 새거나 싱크대에 물이 새고 있음을 알고 있음에도 임차인이 이를 방치(neglect)함으로 인해 발생하는 손해에 대한 것이 그 예라고 할 수 있다.

이와 같이 목적물을 유지하기 위해 사용이 허용된다는 점에서 'permissive waste'라고 하는 데 실제 유지의무(maintenance obligation)의 의미를 갖는다고 할 수 있다.

3) 개량적 훼손(Ameliorative Waste)   개량적 훼손 내지 현상변경(Ameliorative Waste)이란 사실상의 현상변경 내지 개량(waste in fact or alternation)으로 인해 비록 해당 부동산 가치의 증가(enhancement of the property's value)를 가져온다고 해도 실제로는 부동산 보유자의 권한 없는 행위(an unauthorized act)로서 점유하는 부동산의 현상적 구조를 변경하게 되는 경우를 말한다.[704] 즉, 임차인은 부동산 임차권이 종료되면 임대인에게 그대로 반환해야 되므로 임차인의 현상변경으로 실제 그 가치가 증가되었다고 해도 원상회복 내지

---

701) 박홍규, *supra* note 23, at 100.

702) Barlow Burke and Joseph Snoe, *supra* note 1, at 291; 임홍근 외, *supra* note 22, at 1413; 서철원, *supra* note 27, at 143.

703) 서철원, *Id.*

704) 임홍근 외, *supra* note 22, at 105.

원상회복 비용을 부담할 의무를 갖는다는 것이다.[705]

하지만 시간이 경과되어 해당 부동산의 가치가 상당히 떨어졌고, 개량적 훼손을 하는 임차인 장기적 임차권자이고, 주위의 변화를 반영한 개인적 훼손으로서 그 훼손을 통해 재산적 가치가 증가한 경우 등의 조건이 충족된 경우 개량적 훼손을 허용하는 경우도 있다.[706]

보존의무는 해당 임차부동산을 불법적으로 이용(illegal use)해서는 안 되는 의무를 포함한다. 만일 이러한 의무를 위반하고 그러한 행위가 계속되는 한 임대인은 이러한 이유를 들어 임대차 계약을 종료시키거나, 그러한 행위를 금지시키는 금지명령(injunctive relief)을 법원에 청구할 수 있다.[707] 또한 임차인은 해당 부동산을 이용하면서 임대인은 물론 이웃 다른 부동산권자들에게도 생활방해(nuisance)[708] 등을 일으켜서는 안 된다.[709]

4) 토지·건물에 부속한 정착물(Fixture)과의 관계　부동산에 정착된 정착물(fixture)에 대해 부동산 임대차의 경우 임차인은 임대차 기간이 종료 후 분리해서 가지고 가는 것인지 아니면 임대인에게 이전·귀속되는지가 문제된다. 이때 이에 관한 어떤 명시적인 합의(express agreement)가 있다면 이에 따르면 된다. 하지만 그렇지 않을 경우라면 그러한 정착물의 제거로 인해 해당 부동산에 심각한 피해(substantial damage)를 주지 않는 한 임차인은 분리해서 가져갈 수 있다.

이 경우 부착된 정착물은 임대차 기간이 종료 전에 임차인이 제거해야 하고, 종료 후라면 임대인에 귀속되므로 제거할 수 없다. 하지만 진열장 등과 같이 그 정착물이 상업용 등으로 이용되었다면(trade or business fixture) 그 정착물이 해당 부동산의 중요 부분

---

705) 서철원, *supra* note 27, at 143.

706) *Id.* at 143.

707) *Id.* at 144.

708) 생활방해(nuisance)란 타인이 그들 자신의 재산을 사용하거나 향유할 권리를 부당하게 침해하는 방식으로 재산을 사용할 경우 책임을 지게 되는 보통법(common law)상의 개념이다. 불법침해(trespass)가 원고의 재산에 관한 배타적 소유(exclusive possession)에 대한 침해를 의미한다면, 사적인 생활방해(private nuisance)는 원고 소유 토지의 사용(use)이나 향유(enjoyment)에 대한 방해를 의미한다는 점에서 구별된다. 다시 말하면 원고 소유의 토지에 직접 들어가는 것은 불법침해이지만 그 토지 옆집의 돼지사육장에서 발생하는 악취는 이웃주민들이 누릴 수 있는 권리를 불법적으로 방해한다는 말이다. 피고가 자신의 토지위에 있는 나무를 절단하였는데 그 나무가 피고소유 토지의 경계를 넘어 원고(이웃집) 소유 토지로 넘어간 경우는 불법침해의 문제이며 피고가 자신소유의 토지위에 24시간 가동하는 공장을 지어 원고(이웃집)들이 밤에 잠을 제대로 잘 수 없게 되는 경우는 생활방해 내지 불법방해의 문제인 것이다(보다 자세한 것은 조국현, *supra* note 30, at 233 이하 참조).

709) 박홍규, *supra* note 23, at 101.

이 아니고 그 제거로 인한 어떤 손해가 있을 경우 그 손해에 대한 배상을 한 때 임대차 기간 종료 전 제거할 수 있다.[710]

부동산에 부속한 정착물인 동산(Fixture)

1. 개설

미국 로스쿨이나 변호사 자격취득을 준비하거나 실무에 있는 독자라면 이 부분과 관련해서 해당 부동산을 처분하는 경우나 해당 부동산에 대한 임대차 기간이 종료시 이 정착물도 함께 이전하는지의 여부와 그 예들을 아는 것이 중요하다.

즉, 난방장치(heating system), 조명시설(lightning installation), 그 부동산에 맞게 제작한 특수 방풍창(custom made storm windows), 벽난로(furnace), 파이프 오르간과 이에 딸린 특수 의자 (pipe organ and special chair) 등에 대한 이해이다. 위의 예에서 파이프 오르간과 이에 딸린 특수 의자의 경우 그 부동산의 주요 구성부분(an integral part)으로 취급된다면 분리해서 가져갈 수 없을 것이다. 주방안에 설치된 식기세척기(a dishwasher) 또한 마찬가지이다.[711]

이러한 정착물(fixture)에 관한 학습은 위에서 언급한 훼손방지 의무와 연결시켜 이해하는 것이 필요하다.

2. 의의 및 쟁점

토지·건물에 부속한 정착물인 동산(a chattel)의 형태를 "fixture"라고 한다. 즉, 부동산 위의 곡식, 나무, 광물 등과 같이 동산이 부동산에 밀접히 첨부(annexation)되어 있어서 부동산의 일부(a part of the realty)로 취급되는 것을 의미한다.[712] 말하자면, 한때는 동산(movable chattel, personal property)이었지만 부동산의 일부분으로서 첨부되어 부동산 특성을 갖게 된 물건이라고 할 수 있다.[713]

이러한 '정착물'(fixture)과 관련한 쟁점은 어떤 부동산 소유 부동산을 처분할 경우 그 부동산에 부속한 정착물도 함께 이전하는지의 여부에 관한 문제이다. 예를 들면 부동산인 주택을 매매함에 있어서 천장이나 벽 등의 레일에 달아 이동시키는 방식인 트랙 조명장치(track lightning systems)나 주택 내에 벽난로(a furnace)가 있었다면 이들은 매도인과 매수인 중 누구의 소유로

---

710) 서철원, *supra* note 27, at 198.

711) Barlow Burke and Joseph Snoe, *supra* note 1, at 15.

712) *Id.* at 15, 71, 292-293; 'Fixture'가 첨부된 물품이 부동산의 일부로서 취급될 정도로 부착되어 있다는 법적 결과를 의미하는 데 반해 'Accession'은 동산이 다른 동산에 첨부되는 것 말한다는 점에서 다르다(서철원, *supra* note 27, at 196, 341).

713) U.C.C. § 9-102 (41) "Fixtures" means goods that have become so related to particular real property that an interest in them arises under real property law; 임홍근 외, *supra* note 22, at 806.

볼 것인가에 대한 문제이다. 이때 이들을 건물에 부속한 정착물로 본다면 부동산과 함께 이전하게 되므로 매수인의 소유로 귀속될 것이다.

이러한 것은 문제되는 동산과 부동산이 동일한 소유자에게 속하는 경우(common ownership)와 그렇지 않은 경우(divided ownership), 그리고 그 동산이나 부동산에 대해 제3자의 담보권이 설정되어 있는 경우 등으로 나누어 설명할 수 있다.

(1) 동산과 부동산이 동일한 소유자에게 '속하는' 경우

부동산을 매도하는 것과 같이 부착된 동산과 부동산이 동일한 소유자에게 속하는 경우에는 그 정착물이 누구에게 속하는지는 우선 당사자간에 어떤 합의가 있다면 이에 따른다.

하지만 당사자간에 이에 대해 특별히 정한 바가 없으면 부착한(annexed) 자, 즉 매도인의 객관적 의도(objective intention)가 해결의 기준이 된다.[714] 다시 말하면, 부동산의 정착물(fixture)인지의 판단은 그 해당 물건의 상태가 아닌 부착자의 해당 부동산의 가치를 높이려는 의도로서 객관적으로 판단한다는 것이다.

(2) 동산과 부동산이 동일한 소유자에게 '속하지 않는' 경우

동산과 부동산이 동일한 소유자에게 속하지 않은 경우(divided ownership)에는 임대인과 임차인간, 사용허가(license)를 허락한 자(landlord)와 받은 자(licensee)간, 주인과 불법침입자간, 생애부동산권자(life tenant)와 부동산의 장래권을 행사할 수 있는 자(잔여권자, a remainderman)간의 관계에서 임차인, 사용허가를 받은 자, 불법침입자, 잔여권자 등이 부착한 정착물의 귀속에 관한 문제가 된다.

이때 주인과 불법침입자간의 관계에서 불법침입자가 부착한 정착물은 주인에게 귀속하는 것 이외에는 위에서 언급한 바와 같이 당사자간에 이에 대해 특별히 정한 바가 없으면 부착한 자의 객관적 의도가 해결의 기준이 된다.[715] 정착물을 분리하여 제거하던 도중에 만일 임대인 내지 주인에게 어떤 손해를 입혔다면 이를 배상해야 할 것이다.[716]

(3) 동산이나 부동산에 대해 제3자의 담보권(third party lien)이 설정되어 있는 경우

이는 ① 어떤 부동산 소유자(A)가 저당권이 설정된 자신의 부동산을 타인(B)에게 임차한 경우 제3자인 저당권자(C)는 임차인이 부착한 정착물에 대해서도 소유권을 취득하는가의 문제, ② 제3자의 담보권이 대상이 되는 물건이 저당권이 설정되어 있는 부동산에 붙어있는 경우

---

714) 서철원, *supra* note 27, at 197.

715) *Id.* at 198.

716) *Id.*

(chattel affixed to land) 물건의 담보권자와 저당권자 중 누가 우선하는지의 문제와 관련이 있다.

여기서 ①의 경우에는 앞에서 살펴 본 임대인과 임차인간의 관계에서와 같이 부착한 자의 객관적 의도가 해결의 기준이 된다.[717]

②의 경우는 누구의 담보권이 먼저 등록(filing)하였느냐의 여부에 따라 그 귀속이 결정되는 것이 일반적이다. 하지만 여기에는 예외가 있는 데 '물건의 구입대금을 제공한 자가 갖는 담보권'(Purchase Money Security Interests, "PMSI")에 관한 것이다. "PMSI"란 어떤 사람(A, 금전 대여자)이 다른 사람(B, 금전 차용자)에게 물건을 구입하도록 금전을 대여해 주고, B가 빌린 금전으로 물건을 구입할 경우 그 물건 위에 A가 담보권을 갖는 것이라고 할 수 있다.

이때 PMSI를 가진 자가 그 물건이 부동산에 첨부된 다음, 담보물의 설명과 그 정착물이 부착되어 있는 부동산에 대한 설명 등 담보권을 기재한 문서(financing statement)를 일정한 기일 (20일) 이내에 정착물로서 등록(fixture filing)을 하면 이전에 그 부동산에 붙어있던 다른 담보권자보다 우선하는 지위를 갖게 된다.[718] PMSI를 가진 자에 대해 이러한 우선적 지위를 인정하는 이유는 'PMSI'가 없었다면 그 담보물품을 구입할 수 없었을 것이므로 이에 대해 우선적 권리를 인정하더라도 다른 기존의 완성된 담보권자들에게 손해가 없다고 할 수 있기 때문이다.[719]

위의 어떤 경우이든 정착물을 분리하여 제거하던 도중에 만일 저당권자에게 어떤 손해를 입혔거나 보수가 필요하다면 이를 배상해야 할 것이다.

---

717) Id. at 199.
718) U.C.C. § 9−324(Priority of Purchase−Money Security Interests) (a) [General rule: purchase−money priority.] Except as otherwise provided in subsection (g), a perfected purchase−money security interest in goods other than inventory or livestock has priority over a conflicting security interest in the same goods, and, except as otherwise provided in Section 9−327, a perfected security interest in its identifiable proceeds also has priority, if the purchase−money security interest is perfected when the debtor receives possession of the collateral or within 20 days thereafter.
U.C.C. 9−334(d) [Fixtures purchase−money priority] Except as otherwise provided in subsection (h), a perfected security interest in fixtures has priority over a conflicting interest of an encumbrancer or owner of the real property if the debtor has an interest of record in or is in possession of the real property and: (1) the security interest is a purchase−money security interest; (2) the interest of the encumbrancer or owner arises before the goods become fixtures; and (3) the security interest is perfected by a fixture filing before the goods become fixtures or within 20 days thereafter.
719) 서철원, supra note 27, at 345, 351.

IV. 부동산 임차권의 양도(assignment)와 전대(轉貸, sublease)

1. 개설

기본적으로 임대인이든 임차인이든 자신의 권리를 자유롭게 양도하거나 전대할 수 있다. 즉, 특별히 명시적인 규정이 없는 한 자유롭게 전대나 양도가 가능하고, 비록 전대(sublease) 금지 조항이 명문으로 있다고 해도 양도(assignment)는 가능한 것으로 엄격히 해석하는 것이 원칙이다.

이와 관련하여 아래에서는 '임차인에 의한 부동산 임차권의 양도'와 '임대인에 의한 부동산 임차권의 양도' 등을 중심으로 살펴보기로 한다.

2. 임차인에 의한 부동산 임차권의 양도

2.1. 의의

부동산 임차권의 양도(assignment)란 임차인이 임대차 계약상 남아있는 임대차기간(the whole of the unexpired term) 동안 임차권의 전부를 점유권을 제3자인 양수인에게 양도하는 것을 의미한다.720)

2.2. 부동산 임차권의 양도에 따른 법률관계

부동산 임차권의 양도로 인해 양수인(assignee)은 양도인(assigner)의 지위를 갖게 된다. 이러한 관계와 관련되어 소위 양수인과 임대인간의 직접적인 '견련관계' 내지 '당사자 관계' 또는 '부동산권의 상호관계'(privity) 문제가 발생한다.

이러한 견련관계는 두 가지, 즉 '계약상의 견련관계'(privity in contract)와 '재산상의 견련관계'(privity in estate)가 있다.

---

720) Jesse Dukeminier 외, *supra* note 32, at 447; Barlow Burke and Joseph Snoe, *supra* note 1, at 277; 서철원, *supra* note 27, at 147-148; 박홍규, *supra* note 23, at 126.

'계약상의 견련관계'는 '계약상의 당사자관계'로서 계약에서의 두 당사자 사이에 존재하는 관계이다.[721] 부동산임대차 역시 하나의 계약이고, 따라서 부동산임대차 관계에서의 계약상 견련관계는 계약상 당사자인 부동산 임대인과 임차인 사이에서 발생한다.[722] 이러한 것은 임대인과 임차인간의 관계가 아닌 양수인(a tenant's assignee)관계나 전차인(a sublessee)관계에서는 발생할 수 없다는 의미를 갖는다.[723]

하지만 만일 임차인이 임차권을 제3자인 양수인에게 양도할 경우, 임대인과 양수인 사이는 원래의 계약당사자가 아니므로 임대인 양수인으로부터 임대료를 받기 원할 경우 계약관계가 없기에 문제가 발생한다. 이러한 문제를 해결하고자 법원이 만든 또 하나의 견련관계 유형이 소위 '재산상의 견련관계'(privity in estate)이다.[724] 즉, 부동산 임대인과 임차인은 재산상의 견련관계를 갖는다는 것이다. 왜냐하면 임대인과 임차인은 서로(mutual), 즉시(immediate) 그리고 동시에(simultaneous) 임차인은 임대차 기간 동안 점유권을 갖게 되고, 임대인은 임대차 기간 종료 후 해당 부동산에 대한 복귀권(the reversion)을 갖게 되기 때문이다.[725]

이러한 내용은 임대인과 임차인과의 관계뿐만 아니라 임대인과 양수인과의 관계에서도 발생할 수 있다.[726] 즉, 이와 같은 견련관계는 비록 임대인과 양수인 사이에 직접적인 계약관계가 없더라도 '재산상의 견련관계'로 인해 임대인은 양수인으로부터 임대료를 받을 수 있게 된다.[727] 하지만 역시 임대인과 전차인간의 재산상 견련관계가 발생할 수 없고, 따라서 임대인은 전차인을 상대로 이러한 견련관계를 이유로 소송을 제기할 수 없다.[728]

그러므로 부동산 임차권의 양도에 따른 법률관계에서의 당사자 관계는 '계약상의 견련관계'(privity in contract)뿐만 아니라 '재산상의 견련관계'(privity in estate)와도 관련되어 있다고 할 수 있다.

다시 말하면, '재산상의 견련 관계 내지 당사자 관계'는 양도인은 임차권의 양도로 인해 임차인에게 부담하고 있던 해당 부동산상의 이행의무의 약속 내지 특약("covenants

721) Barlow Burke and Joseph Snoe, *supra* note 1, at 277.
722) *Id.* at 279.
723) *Id.*
724) *Id.* at 277.
725) *Id.*; Restatement, Second, Property, § 16.1(1977).
726) Barlow Burke and Joseph Snoe, *supra* note 1, *Id.* at 279.
727) *Id.* at 277.
728) *Id.* at 279.

running with the land")으로부터 벗어나고 이제 양수인이 직접 그 의무를 부담한다는 의미이다.[729] 그러므로 부동산 임대차에 있어서의 특약(lease covenants)이 만일 뒤에서 살펴볼 부동산 특약(a real covenant)에서 요구하는 요건들을 갖추지 못한 경우, 그 특약은 단순히 계약자만을 구속하고 그 승계인 등을 구속하지 못하는 개인적 특약(personal covenant)에 불과하다고 할 수 있다.[730]

토지의 이전과 함께하는 특약("Covenants running with the Land")

토지의 이전과 함께하는 특약(covenants or promises running with the land)이란 토지와 함께 이전하는 이행의무의 약속 내지 특약을 말한다. 즉, 양도인과 양수인간에 체결한 당사자들과 그 이후의 소유자들(subsequent owners)을 구속하는 일종의 미이행 계약(an executory promise)을 의미한다.[731]

다시 말하면 '토지의 이전과 함께하는 특약'은 원래의 계약당사자들이 계약을 체결하면서 승계인을 구속하려는 의사(intent)와 함께 토지 자체의 이용에 관한 내용(touch and concern)에 대해 이행하기로 어떤 약속하였다면 그러한 약속은 토지와 함께 이전하는 특별한 약속('특약')이라고 할 수 있다. 이때 토지의 이용에 관한 내용(touch and concern)이란 어떤 부동산상의 이익 내지 권리에 관해 당사자 일방이 그 상대방에게 이익을 주거나 부담을 주는 경우를 말한다.

일반적으로 A가 B에게 토지를 양도하면서, A가 소유하고 있는 그 인접토지에는 건축물을 짓지 않기로 하거나, 임차료를 지불하거나, 페인트 칠을 하거나, 뜨거운 햇빛을 가리거나 내리는 비를 막기 위해 처마 끝에 덧붙이는 차양을 설치하거나, 일정한 부분의 수리를 하거나, 세금을 내도록 하는 등의 내용을 담은 약관 내지 약속이 그 예라고 할 수 있다.

2.3. 부동산 임차권의 재양도(Reassignment)

이러한 논리는 양수인이 이제 그 임차권을 재양도하는 경우에도 마찬가지로 적용된다. 즉, 부동산 임차권의 재양도가 일어난 경우 원래의 양수인(재양도인, reassignor)은 재산상의 당사자관계에서 벗어나고 이제 재양수인(reassignee)이 직접적인 관계를 부담하게 된다는 의미이다.

---

729) 서철원, *supra* note 27, at 148.
730) Barlow Burke and Joseph Snoe, *supra* note 1, at 281.
731) 임홍근 외, *supra* note 22, at 476.

이러한 재산상 견련관계로 인해 양도인이 갖는 의무는 그 해당 목적물에 대해 어떤 행위를 하거나 하지 않을 의무, 임대료 지급의무, 임대차의 기간 등 토지의 이용과 직접적으로 연관된 특약(covenant)의 준수의무 등을 포함한다.732) 그러므로 임대인은 양수인에게 재산상의 견련관계를 근거로 임차료를 자신에게 직접 지급해 줄 것을 청구할 수 있다. 다시 말하면, 양수인과 임대인과의 재산상의 견련관계 내지 부동산권의 상호관계로 인해 해당 부동산과 함께 이전할 때 존재하는 어떤 특약(real covenant)이나 형평법상의 역권(equitable servitude)과 관련하여 임차료 지급 등 임차인의 모든 의무를 이제 양수인이 이행해야 할 책임을 지고 임대인에게도 원래의 임차인이 갖던 권리를 주장할 수 있게 된다.733)

물론 원래의 임대인과 임차인간의 계약상의 법률관계는 이러한 임대차 계약상의 권리의무가 함께 양도되지 않는 한 양도인은 계약상의 권리의무는 계속 부담하게 된다.734) 즉, 계약상의 견련관계(privity in contract)는 여전히 남아 있다는 의미이다. 그러므로 원래의 임차인은 임대인에 대한 자신의 의무를 이행해야 한다. 이와 같이 임차인과 양수인 사이의 관계에서 양수인이 제1차적 의무자이고 임차인이 제2차적 의무자라는 점에서 보증관계(suretyship)에 있다고 볼 수 있다.735)

3. 임차인에 의한 부동산 임차권의 전대

사 례 연습 ―――――――――――――――――――――――――――――――――――

[사실관계]

임차인이 ① 임대인에 대해 본래 자신이 부담하는 채무가 500달러 있었고, ② 임차인이 자신의 임대차를 임대인의 동의 없이 전차인에게 양도한 후 이제 전차인이 900달러의 임대료를 지급하지 않았다고 생각해 보자.

이 경우 임차인과 전차인은 임대인에게 각각 얼마를 지급해야 하는가?

---

732) 서철원, *supra* note 27, at 149.
733) 박홍규, *supra* note 23, at 127.
734) 서철원, *supra* note 27, at 148-149.
735) 박홍규, *supra* note 23, at 127.

1. 쟁점

• 부동산 임대차에 있어서 임대인과 임차인 그리고 전차인과의 관계

3.1. 의의 및 특징

부동산 임차권의 전대(sublease)는 임차인이 제3자인 전차인(sublessee)에게 임대차 계약상의 남아있는 기간보다 더 적은 기간 동안(less than the full remaining term) 해당 부동산의 일부나 전부에 대한 점유권을 이전시키는 것을 말한다.736) 즉, 임차인이 자신이 보유하고 있는 임차권을 제3자에게 새롭게 임대하는 것으로서 이때 임대인과 전차인 사이에 어떤 법적 관계를 갖지 않는 특징을 갖는다.737) 임차인은 자신이 해당 부동산에 갖고 있던 권리 이상을 양도할 수 없고, 원래의 임대차 관계가 중도 해제되는 등 소멸되거나 종료될 경우 전대차 관계도 함께 소멸되거나 종료되고, 이에 따른 손해배상 문제는 전대차 계약에 따르는 특징을 갖는다.738)

3.2. 부동산 임차권 전대에 따른 법률관계

부동산 임차권의 전대(轉貸, sublease)에 관한 법률관계는 부동산 임차권의 양도의 그 것과 달리 임대인과 부동산 전차인 사이의 어떤 재산상의 견련관계 내지 당사자관계 또는 부동산권의 상호관계가 발생하지 않는다. 단순히 전차인과 임차인 사이의 임대차관계가 성립할 뿐이다.

그러므로 전차인은 임대인에 대해 임차료 지급 등 부동산 임차권과 관련된 직접적인 의무를 부담하지 않는다.

하지만 만일 해당 부동산을 전대차하면서 임차인과 전차인 사이에 원래 임대차 계약의 임차료를 지불할 의무를 인수(assumption)하였다면 임대인은 전차인에게 임차료 지급을 직접 청구할 수 있는 데 이때 그 근거는 전대차에 따른 결과가 아닌 인수계약에 따른 것

---

736) Jesse Dukeminier 외, *supra* note 32, at 447; Barlow Burke and Joseph Snoe, *supra* note 1, at 278; 박홍규, *supra* note 23, at 126.
737) 서철원, *supra* note 27, at 149.
738) *Id.*

으로서 임대인은 이 경우 일종의 제3수익자적 지위에 있다고 할 수 있다.739)

사 례의 분석 ─────────────────────────────

① 500달러에 대해서는 임차인이 임대인에 대해 단독으로 책임을 부담하고, ② 900달러에 대해서는 임차인과 전차인이 각각 연대하여 임대인에게 책임을 부담한다(jointly and severally liable).

이러한 사례에 대해서는 누가 제1차적인 책임(primarily liable)을 부담하고, 누가 제2차적인 책임(secondary liable)을 부담하는지, 부진정연대채무는 어떻게 적용될 수 있는지 등이 주요 쟁점이 될 것이다.

---

4. 임대인에 의한 부동산 임차권의 양도

위에서 언급하였듯이 임대인 역시 계약자유의 원칙에 따라 자신의 부동산을 처분하는 등의 법률행위를 통해 부동산 임차권을 양도할 수 있다. 즉, 임대인은 임대차 계약이 종료되면 재산을 복귀받을 수 있는 권리(복귀권, reversion)와 함께 임대차 계약상의 권리의무를 제3자에게 양도할 수 있다.740) 이러한 권리의무를 양도를 받은 양수인은 이제 양도인인 임대인의 지위에 서게 되고 따라서 임차인과의 재산상의 견련관계(privity in estate)를 갖게 되며, 임대인이 해당 부동산에 부담하고 있던 권리의무도 함께 부담하게 된다. 물론 이러한 경우에도 원래의 임대인과 임차인간의 계약상 권리의무 관계는 여전히 유지된다.741)

5. 부동산 임차권의 양도나 전대의 제한

임대인이 임차인과 부동산 임대차 계약을 체결하면서 임차권의 양도 또는 전대를 제한하거나 이 경우 임대인의 동의를 요구하는 조항을 두는 경우가 종종 있다.742) 이 경우 그 효력이 문제되는 데 보통 임차권의 양도 제한 조항을 두었어도 전대는 가능한 것으로

---

739) Id.

740) Id. at 149-150; 박홍규, supra note 23, at 129.

741) 서철원, Id. 150.

742) Ernst v. Conditt, 54 Tenn. App. 328, 390 S.W.2d 703, 1964 Tenn. App.

보거나,743) 전대차 제한 조항을 둔 경우 임차권의 양도를 제한하는 것으로 해석한다.744)

실무상으로는 만일 임차인이 임대인의 동의 없이 임차권을 양도하거나 전대할 경우 임대차 계약의 종료사유로 하여 임대인은 계약해지권을 갖는 것이 보통이다. 만일 임차인이 임차권을 양도하거나 전대하는 등 이러한 제한사항을 위반한 경우 그 임차권의 양도나 전대는 유효하고, 다만 임대인은 이에 따른 손해배상을 임차인에게 받을 수 있다.745)

하지만 위와 같은 임대인의 동의조항을 두고, 임대인이 거절할 수 있다고 하더라도 제안된 양도나 전대차에 대해 주(州)에 따라서 상업적으로 보아 어떤 합리적인 근거 (a commercially reasonable basis)가 아닌 임대인의 임의적인 개인적 사정(a personal reason) 등에 의한 거절은 특별한 사정이 없는 한 법원은 쉽게 거절을 인정하지 않는다.746)

Kendall v. *Ernest Pestana, Inc.*, 사안에서747) "there shall be no sublease or assignment without the landlord's consent"라는 계약서 조항의 해석과 관련하여 법원은 리스에 대한 공공 정책상의 고려와 공정한 거래를 위해 비합리적인 동의 유보(unreasonable withholding of consent)를 인정하지 않았다.748)

만일 임대차 계약에서 이전에 관해 아무 규정이 없으면 법원은 임대인의 동의 없이도 이전이 가능한 것으로 해석한다.749) 또한 부동산 임대차 계약에 있어서 임대인의 동의 없이 양도를 금지하는 조항(a no-assignment-without consent provision)이 있는 부동산 임대차 계약에 있어서, 일단 임대인이 앞으로 있을 양도에 대한 동의권을 보류함이 없이 처음의 양도에 동의하였다면 이를 미래의 동의권에 대한 포기로 보아, 임대차의 자유로운 양도를 촉진시킬 목적으로 그 이후의 임대차 양도는 임대인의 동의 없이도 양도할 수 있는 경우가 있다(the Rule of Dumpor's case).750)

---

743) Restatement (Second) of Property 15.2, Reporter's Note 5(1977); 박홍규, *supra* note 23, at 128.
744) 박홍규, *Id.*
745) *Id.*
746) Barlow Burke and Joseph Snoe, *supra* note 1, at 282.
747) *Kendall* v. *Ernest Pestana, Inc.*, 709 P.2d 837(Cal. 1985).
748) *Kendall* v. *Ernest Pestana, Inc.*, *Id.*; Jesse Dukeminier 외, *supra* note 32, at 456-457; Barlow Burke and Joseph Snoe, *Id.*
749) Barlow Burke and Joseph Snoe, *Id.*
750) 76 Eng. Rep. 1110(K.B. 1578); arlow Burke and Joseph Snoe, *Id.* 284.

V. 임대인의 부동산에 대한 책임(liability)

일반적으로 부동산의 소유자 또는 점유자가 주의의무를 부담하는 정도는 손해가 발생한 장소와 원고가 갖는 지위(status)에 따라 다르다. 이는 구체적으로 원고(타인)가 문제의 부동산의 외부에 있는 자(those off premise)와 내부에 있는 자(those on premise)로서 구분하여 설명할 수 있다.

여기서의 원고가 갖고 있는 지위에 대해서는 크게 세 가지로 구분할 수 있는 데 ① 소유자나 점유자로부터의 명시적 또는 암묵적으로 초대받는 경우(by the invitation), ② 소유자나 점유자로부터 허락이나 허가를 받은 경우(with the leave and license), ③ 불법침입의 경우가 그것이다.751) 이러한 내용은 역사적으로 부동산과 관련된 특수한 주의의무로 취급되어 특히, 세 가지 유형의 원고 즉, 불법침입자(trespassers)와 출입이 허락된 자(licensees) 그리고 출입이 가능한 피초청자(invitees)로 구분하여 설명되고 있는 것이다.752)

이와 관련하여 부동산 임대차 기간 중 임차인이나 제3자의 불법행위 또는 범죄행위로 인해 손해를 끼친 경우 이에 대해서도 임대인은 책임을 부담해야 하는지가 문제된다.753)

1. 원칙

원칙적으로 보통법(common law)상 "임차인으로 하여금 주의하도록 하라(let the lessee be aware)"라는 "Caveat lessee"의 법리에 따라754) 임대인은 해당 부동산의 임차인을 위한 안전의무를 부담하지 않는다(no duty for safety rule). 즉, 일단 임차 부동산이 임차인(a lessee, 을)에게 인도되면 임대인(a lessor, 갑)의 부동산에 대한 유지 내지 관리의무(duty to maintain)를 임차인이 부담하는 것이 원칙이다.755)

또한 임대인은 임차인이나 다른 사람이 제3자의 범죄행위로 인해 신체적 손상이나 재산상 손해를 입은 경우 주(州)에 따라 차이는 있으나 예견가능성(foreseeability)이나 계약

---

751) Richard A. Epstein, *supra* note 269 at 585[citing *Robert Addie & Sons(Collieries), Ltd.* v. *Dumbreck* [1929] A.C. 358].
752) 구체적인 내용은 조국현, *supra* note 30, at 136.
753) 이와 관련하여서는 조국현, *Id.* at 146-147.
754) 임홍근 외, *supra* note 22, at 289.
755) Barlow Burke and Joseph Snoe, *supra* note 1, at 339.

서에 별도로 규정하는 등 특별한 경우를 제외하고는 임대인은 책임지지 않는다.[756]

2. 예외

하지만 일정한 경우 임대인은 예외적으로 불법행위 책임을 부담하는 경우가 있다. 이러한 예외로서는 해당 부동산의 공용부분(common areas)에 대한 유지·보수를 해야 하거나, 알고 있거나, 알만한 어떤 잠복적인 내지 숨겨진 하자(latent defects)에 대해 임차인에게 알려야(warn) 하는 경우이다.

또한 임대인은 어떤 사고가 발생시 ① 임차인이 모르지만 임대인은 알고 있는 어떤 숨겨진 하자 내지 위험(latent defects or hidden dangers)이 있는 경우, ② 공공지역이나 공용부분(pubic use or common areas)으로 임차한 부분, ③ 임대인의 지배(control) 아래에 있는 부분, ④ 임대인이 과실로(negligently) 수리한 경우 등은 임대인은 그 사고에 대해 책임을 부담한다.[757]

만일 임차인의 손님(a guest of a tenant)이 다친 경우라면 임대인은 그 부동산의 소유자로서 책임을 부담함과 함께 임차인 역시 해당 부동산의 점유자로서 책임을 각각 부담한다. 마찬가지로 부동산 매도인의 경우도 계약상의 부동산과 관련하여 매수인이 합리적 조사(reasonable inspection)를 해도 발견될 수 없는 어떤 숨겨진 위험이나 상당한 위해를 가져올 위험에 대해서는 알고 있거나 알고 있어야 할 경우 매도인은 이를 고지해야 하고,[758] 이러한 의무위반을 통해 피해가 발생한 경우 매도인이 그 피해에 대한 책임을 진다.[759]

다시 말하면, 임대인이 ① 회의실, 박물관, 레스토랑, 숙박업소, 개인 사무실, 상가 등 불특정 다수인의 출입이 빈번한 곳을 임대하였는데 여기에 존재하는 하자로 인해 방문객 등이 상해를 입은 경우,[760] ② 복도나 계단, 출입구 등의 부동산의 공유부분을 제

---

756) Id. at 341; 박홍규, *supra* note 23, at 125.
757) Barlow Burke and Joseph Snoe, Id. at 339−340; Richard A. Epstein, *supra* note 269, at 600[quoting *Sargent* v. *Ross*, 308 A.2d 528, 531(N.H.1973)].
758) 이 경우 알리거나 경고를 하면 충분하고 그 하자에 대해 보수할 의무는 없다. 왜냐하면 보통 손님(a guest)의 경우는 소위 "licensee"의 지위를 갖기 때문이다. 자세한 사항은 조국현, *supra* note 30, at 146−147 참조.
759) 서철원, *supra* note 27, at 85.
760) Restatement of (Second) Property (1977) § 17.2; 박홍규, *supra* note 23, at 123.

대로 관리하지 못해 임차인이나 제3자가 이로 인해 상해를 입게 된 경우,[761] ③ 임대인이 어떤 하자에 대해 보수하기로 하였음에도 이행하지 않거나,[762] ④ 이행 도중에 주의의무를 소홀히 하여 타인이 상해를 입게 된 경우,[763] ⑤ 수리해야 할 의무가 없음에도 수리를 하였지만 합리적인 주의의무를 다하지 못한 경우(assumption of repairs), ⑥ 모든 집기나 가구가 설비된 주택(furnished dwelling)에 단기로 임대하였는데 그 주택에 존재하던 하자로 인해 손해를 입은 경우,[764] ⑦ 주택임대차 관련 법령상의 거주 적합성 요건을 충족시키지 못한 임대인의 주의의무 소홀로 임차인이나 타인이 상해를 입은 경우[765] 등은 임대인이 책임을 진다.

3. 면책조항(exculpatory clauses)의 유효성 여부

만일 임대인과 임차인이 부동산 임대차계약을 하면서 임대차 목적물과 관련하여 발생한 어떤 상해에 대한 책임을 임차인은 임대인에게 주장하지 않겠다는 면책조항(an exculpatory clause or indemnification clause)이 있는 경우 이의 유효성 여부가 문제된다.

계약체결 및 내용에 관한 자유의 원칙 아래 이러한 조항은 유효할 수도 있으나 최근 주택임대차의 경우 이러한 조항은 무효이거나 엄격한 제한을 받는다.[766] 상업용 건물인 경우 종종 구속력이 있지만 주거용인 경우 공공정책의 문제로서 무효로 보는 추세이다.[767] 이러한 것은 특히 임대인과 임차인 사이의 협상력 내지 교섭력(bargaining power)이 대등하지 않을 경우 법(statutes)의 제정을 통해 이러한 조항의 사용을 엄격히 제한하고 있다.[768]

---

761) Restatement of (Second) Property (1977) § 17.3; 박홍규, *Id.* at 122.
762) Restatement of (Second) Property (1977) § 17.5; 박홍규, *Id.* at 123.
763) Restatement of (Second) Property (1977) § 17.7; 박홍규, *Id.*
764) 왜냐하면 이런 경우는 보통 임차인이 해당 주택에 어떤 하자를 발견하거나 수리할 시간적 여유가 없을 수 있기 때문이다.
765) *Newton* v. *Magill*, 872 P.2d 1213(Alaska 1994); 박홍규, *supra* note 23, at 123.
766) 박홍규, *Id.* at 125.
767) Barlow Burke and Joseph Snoe, *supra* note 1, at 343.
768) *Id.*

VI. 부동산 임대차 기간의 갱신과 연장

부동산 임대차 기간도 임대인과 임차인간의 합의로 갱신(renewals)하거나 연장(extensions)할 수 있다. 이때 부동산 임대차 기간의 갱신은 새로운 부동산 임차권의 실행이고, 그 연장은 원래의 부동산 임차권 기간의 일부라고 할 수 있는 데 이 양자의 차이는 당사자의 권리에 미치는 영향은 거의 없다고 할 수 있다.[769]

원칙적으로 부동산 임대차 기간의 갱신이나 연장은 임차인이 선택권을 갖고, 이에 관한 어떤 특별한 합의나 조항 등이 없는 한 그 갱신이나 연장은 허용되지 않는다.[770]

앞에서 설명한 부동산 임차권의 유형 가운데 확정형 부동산 임차권(tenancy or lease for years)의 경우 임차인에게 원래의 임대기간을 1회나 그 이상, 갱신하거나 연장할 수 있도록 권한을 부여하는 것이 보통이다.[771]

VII. 부동산 임차권의 종료

부동산 임차권도 일정한 원인이 발생할 경우 소멸 내지 종료한다. 당사자간의 합의로 소멸시키는 이외에 일방 당사자의 사망, 해당 목적물의 멸실(destruction), 공용수용(eminent domain) 등이 그 예이다. 이외에도 부동산 임차권의 종류, 부동산 임대차계약상 자동적 소멸조항이 있는지의 여부, 계약상의 의무불이행시 그 상대방은 계약을 종료시킬 수 있는 조항이 있는지의 여부, 쌍방 당사자 모두 의무위반의 경우, 혼동(merge)의 경우 등은 내용에 따라 부동산 임차권의 소멸 내지 종료사유가 된다.

보통법상 임차인은 임차기간 동안 임차부동산과 관련된 모든 손해에 대한 책임을 부담하는 것이 원칙이다. 하지만 자연 재해 등 임차인의 책임없는 사유로 해당 부동산이 멸실·훼손된 경우 임차인은 임대차를 종료시킬 수 있다.

---

769) 박홍규, *supra* note 23, at 126.
770) *Id.*
771) *Id*, at 125–126.

사례의 분석 _____

[쟁점, Issue]

본 사안에서의 쟁점은

(1) 임차인이 임대한 부동산을 포기하지 않았다고 본 배심원의 판단은 이를 뒷받침할 충분한 증거가 있다고 할 수 있는지의 여부와

(Whether there was the evidence sufficient to support the jury's finding that the tenant did not abandon or surrender the premises)

(2) 임대인이 자물쇠를 교체함으로써 임차인이 해당 부동산에 들어갈 수 없도록 하는 자력구제의 방식으로 임대 부동산에 대한 재점유 내지 부동산 점유 회복은 법적인 시각(as a matter of law)에서 볼 때 강제적이고 불법적이지는 않는지의 여부이다.

(Whether the landlord's self-help repossession of the premises by locking out the tenant was forcible and wrongful as a matter of law).

[근거, Reasoning]

• 임차인이 자발적으로 동 부동산을 포기하지 않는 한, 임대인이 동 임차인으로부터 부동산의 점유회복을 위한 유일한 법적 수단은, 사법절차에 따르는 것이다.

(The only lawful means to dispossess a tenant who has neither abandoned nor voluntarily surrendered is by resort to judicial process).

• 임대인은 자신이 임대한 임차인 점유 부동산에 대한 재점유(retake)를 위해 부당한 퇴거조치(wrongful eviction)라는 책임을 부담함이 없이 다음의 두 가지 요건을 갖춘 경우 적법한 자력구제(self-help)로서 행사할 수 있다. 즉, ① 임차인이 임차기간이 끝났음에도 불법점유를 계속하거나 임대인의 재점유조항(a reentry clause)이 포함되어 있는 임대차계약을 위반한 경우로서, ② 임대인이 위 부동산을 재점유함에 있어 그 수단이 평화로워야 한다는 것이다.

(A landlord may rightfully use self-help to retake leased premises from a tenant in possession without incurring liability for wrongful eviction provided two conditions are met. That is to say, ① the landlord is legally entitled to possession, such as where a tenant holds over after the lease term or where a tenant breaches a lease containing a reentry clause; and ② the landlord's means of reentry are peaceable).

• 보통법상 ① 임대인이 점유할 권리를 갖지 않음에도 퇴거조치를 하거나 ② 강제적인 방법으로 임차인을 퇴거시키거나, 또는 ①② 모두의 경우와 같은 임대인의 부당한 퇴거조치에 대해 임차인은 손해배상을 통해 구제받을 수 있다.

(Under the common-law rule, a tenant who is evicted by his landlord may recover damages for wrongful eviction where the landlord either had no right to possession or where the means used to remove the tenant were forcible, or both).

[적용, Application]

- 본 사안에서 임차인의 진술 그리고 이를 뒷받침하는 정황증거로 미루어 볼 때, 임차인의 의도는 해당 시설물에 대한 리모델링을 하기 위해 일시적으로 폐업을 한 것이고 동 시설을 계속 점유하기 위한 것이었다. 이와 같이 볼 때, 임대인의 시설물 폐쇄는 임차인이 자신의 임차권을 포기했다는 것을 뒷받침하는 정당한 근거가 될 수 없다.
  (Based on the tenant(Berg)'s testimony and supporting circumstantial evidence in this case, she intended to retain possession, closing temporarily to remodel. Thus, the lockout cannot be excused on ground that the tenant(Berg) abandoned or surrendered the leasehold).
- 임대인의 시설물 폐쇄 행위는 법적 측면에서 볼 때 불법적인 것이다. 왜냐하면 그 행위가 평화적인 방법에 의해 이루어지지 않았고, 이러한 행위는 보통법상 정당화 될 수 없기 때문이다.
  (The landlord' lockout was wrongful as a matter of law because it was not accomplished in a peaceable manner and therefore could not be justified under the common-law rule).
- 임대인은 불법 점유를 하고 있는 임차인에 대한 법적 구제를 받기 위해서는 반드시 재판 소송절차에 따라야 한다. 하지만 피고로서 임대인은 이러한 사법절차를 따르지 않았다.
  (The landlord must always resort to the judicial process to enforce his statutory remedy against a tenant wrongfully in possession. The the landlord as the defendant, however, failed to resort to the judicial process).

[결론, Conclusion]

(1) 위의 사실관계와 진술 그리고 이를 뒷받침하는 정황증거로 미루어 볼 때 임차인이 임대한 부동산을 포기하지 않았다고 본 배심원의 판단은 이를 뒷받침한 충분할 증거가 있다.
  (Under the facts, testimony and supporting circumstantial evidence, there was the evidence sufficient to support the jury's finding that the tenant did not abandon or surrender the premises).

(2) 본 사안에서 임대인이 자물쇠를 교체함으로써 임차인이 해당 부동산에 들어갈 수 없도록 하는 자력구제의 방식으로 행한 임대인의 부동산 점유회복은 법적인 측면에서 볼 때 강제적이고 불법적이다. 왜냐하면 임대인이 사용한 부동산 점유회복의 수단은 보통법(common law)상 평화적인 방법이라 할 수 없기 때문이다.
  (In this case, the landlord's self-help repossession of the premises by locking out the tenant was forcible and wrongful as a matter of law. This is because we cannot find the landlord's means of reentry peaceable under the common-law rule).

Berg v. Wiley[772] ───

Kathleen BERG, et al., Respondents, v. Rodney A. WILEY, et al., Appellants, Bonnie Osterberg, et al., Defendants.

Supreme Court of Minnesota.March 17, 1978.

ROGOSHESKE, Justice. Defendant landlord, Wiley Enterprises, Inc., and defendant Rodney A. Wiley (hereafter collectively referred to as Wiley) appeal from a judgment upon a jury verdict awarding plaintiff tenant, A Family Affair Restaurant, Inc., damages for wrongful eviction from its leased premises. The issues for review are whether the evidence was sufficient to support the jury's finding that the tenant did not abandon or surrender the premises and whether the trial court erred in finding Wiley's reentry forcible and wrongful as a matter of law. We hold that the jury's verdict is supported by sufficient evidence and that the trial court's determination of unlawful entry was correct as a matter of law, and affirm the judgment.

On November 11, 1970, Wiley, as lessor and tenant's predecessor in interest as lessee, executed a written lease agreement letting land and a building in Osseo, Minnesota, for use as a restaurant. The lease provided a 5−year term beginning December 1, 1970, and specified that the tenant agreed to bear all costs of repairs and remodeling, to "make no changes in the building structure" without prior written authorization from Wiley, and to "operate the restaurant in a lawful and prudent manner." Wiley also reserved the right "at [his] option [to] retake possession" of the premises "[s]hould the Lessee fail to meet the conditions of this Lease."[773] In early 1971, plaintiff Kathleen Berg took assignment of the lease from the prior lessee, and on May 1, 1971, she opened "A Family Affair Restaurant" on the premises. In January 1973, Berg incorporated the restaurant and assigned her interest in the lease to "A Family Affair Restaurant, Inc." As sole shareholder of the corporation,

---

772) *Berg v. Wiley*, 64 264 N.W.2d 145(Minn. 1978) 및 Jesse Dukeminier 외, *supra* note 32, at 460−465를 참고하여 일부분은 생략하고, 필요하다고 생각하는 부분에 대해서는 밑줄을 그어 강조함.

773) The provisions of the lease pertinent to this case provide:
"Item # 5 The Lessee will make no changes to the building structure without first receiving written authorization from the Lessor. The Lessor will promptly reply in writing to each request and will cooperate with the Lessee on any reasonable request.
"Item # 6 The Lessee agrees to operate the restaurant in a lawful and prudent manner during the lease period.
"Item # 7 Should the Lessee fail to meet the conditions of this Lease the Lessor may at their option retake possession of said premises. In any such event such act will not relieve Lessee from liability for payment the rental herein provided or from the conditions or obligations of this lease."

she alone continued to act for the tenant.

The present dispute has arisen out of Wiley's objection to Berg's continued remodeling of the restaurant without procuring written permission and her consequent operation of the restaurant in a state of disrepair with alleged health code violations. Strained relations between the parties came to a head in June and July 1973. In a letter dated June 29, 1973, Wiley's attorney charged Berg with having breached lease items 5 and 6 by making changes in the building structure without written authorization and by operating an unclean kitchen in violation of health regulations. The letter demanded that a list of eight remodeling items be completed within 2 weeks from the date of the letter, by Friday, July 13, 1973, or Wiley would retake possession of the premises under lease item 7. Also, a June 13 inspection of the restaurant by the Minnesota Department of Health had produced an order that certain listed changes be completed within specified time limits in order to comply with the health code. The major items on the inspector's list, similar to those listed by Wiley's attorney, were to be completed by July 15, 1973.

During the 2-week deadline set by both Wiley and the health department, Berg continued to operate the restaurant without closing to complete the required items of remodeling. The evidence is in dispute as to whether she intended to permanently close the restaurant and vacate the premises at the end of the 2 weeks or simply close for about 1 month in order to remodel to comply with the health code. At the close of business on Friday, July 13, 1973, the last day of the 2-week period, Berg dismissed her employees, closed the restaurant, and placed a sign in the window saying "Closed for Remodeling." Earlier that day, Berg testified, Wiley came to the premises in her absence and attempted to change the locks. When she returned and asserted her right to continue in possession, he complied with her request to leave the locks unchanged. Berg also testified that at about 9:30 p. m. that evening, while she and four of her friends were in the restaurant, she observed Wiley hanging from the awning peering into the window. Shortly thereafter, she heard Wiley pounding on the back door demanding admittance. Berg called the county sheriff to come and preserve order. Wiley testified that he observed Berg and a group of her friends in the restaurant removing paneling from a wall. Allegedly fearing destruction of his property, Wiley called the city police, who, with the sheriff, mediated an agreement between the parties to preserve the status quo until each could consult with legal counsel on Monday, July 16, 1973.

Wiley testified that his then attorney advised him to take possession of the premises and lock the tenant out. Accompanied by a police officer and a locksmith, Wiley entered the premises in Berg's absence and without her knowledge on Monday, July 16, 1973, and changed the locks. Later in the day, Berg found herself locked out. The lease term was not due to expire until December 1, 1975. The premises were re−let to another tenant on or about August 1, 1973. Berg brought this damage action against Wiley and three other named defendants, including the new tenant, on July 27, 1973. A second amended complaint sought damages for lost profits, damage to chattels, intentional infliction of emotional distress, and other tort damages based upon claims in wrongful eviction, contract, and tort. Wiley answered with an affirmative defense of abandonment and surrender and counterclaimed for damage to the premises and indemnification on mechanics lien liability incurred because of Berg's remodeling. At the close of Berg's case, all defendants other than Rodney A. Wiley and Wiley Enterprises, Inc., were dismissed from the action. Only Berg's action for wrongful eviction and intentional infliction of emotional distress and Wiley's affirmative defense of abandonment and his counterclaim for damage to the premises were submitted by special verdict to the jury. With respect to the wrongful eviction claim, the trial court found as a matter of law that Wiley did in fact lock the tenant out, and that the lockout was wrongful.

The jury, by answers to the questions submitted, found no liability on Berg's claim for intentional infliction of emotional distress and no liability on Wiley's counterclaim for damages to the premises, but awarded Berg $31,000 for lost profits and $3,540 for loss of chattels resulting from the wrongful lockout. The jury also specifically found that Berg neither abandoned nor surrendered the premises....(중간생략)

On this appeal, Wiley seeks an outright reversal of the damages award for wrongful eviction, claiming insufficient evidence to support the jury's finding of no abandonment or surrender and claiming error in the trial court's finding of wrongful eviction as a matter of law.

The first issue before us concerns the sufficiency of evidence to support the jury's finding that Berg had not abandoned or surrendered the leasehold before being locked out by Wiley. Viewing the evidence to support the jury's special verdict in the light most favorable to Berg, as we must, we hold it amply supports the jury's finding of no abandonment or surrender of the premises. While the evidence bearing upon Berg's intent was strongly contradictory, the jury could reasonably have concluded, based on Berg's testimony and supporting circumstantial evidence, that she intended to retain possession, closing temporarily to remodel. Thus, the lockout cannot be excused on ground that Berg abandoned or surrendered the leasehold.

The second and more difficult issue is whether Wiley's self−help repossession of the premises by locking out Berg was correctly held wrongful as a matter of law.

Minnesota has historically followed the common—law rule that a landlord may rightfully use self—help to retake leased premises from a tenant in possession without incurring liability for wrongful eviction provided two conditions are met: (1) The landlord is legally entitled to possession, such as where a tenant holds over after the lease term or where a tenant breaches a lease containing a reentry clause; and (2) the landlord's means of reentry are peaceable. Mercil v. Broulette, 66 Minn. 416, 69 N.W. 218 (1896). Under the common—law rule, a tenant who is evicted by his landlord may recover damages for wrongful eviction where the landlord either had no right to possession or where the means used to remove the tenant were forcible, or both.

Wiley contends that Berg had breached the provisions of the lease, thereby entitling Wiley, under the terms of the lease, to retake possession, and that his repossession by changing the locks in Berg's absence was accomplished in a peaceful manner. In a memorandum accompanying the post—trial order, the trial court stated two grounds for finding the lockout wrongful as a matter of law: (1) It was not accomplished in a peaceable manner and therefore could not be justified under the common—law rule, and (2) any self—help reentry against a tenant in possession is wrongful under the growing modern doctrine that a landlord must always resort to the judicial process to enforce his statutory remedy against a tenant wrongfully in possession. Whether Berg had in fact breached the lease and whether Wiley was hence entitled to possession was not judicially determined. That issue became irrelevant upon the trial court's finding that Wiley's reentry was forcible as a matter of law because even if Berg had breached the lease, this could not excuse Wiley's nonpeaceable reentry. The finding that Wiley's reentry was forcible as a matter of law provided a sufficient ground for damages, and the issue of breach was not submitted to the jury.

In each of our previous cases upholding an award of damages for wrongful eviction, the landlord had in fact been found to have no legal right to possession. In applying the common—law rule, we have not before had occasion to decide what means of self—help used to dispossess a tenant in his absence will constitute a nonpeaceable entry, giving a right to damages without regard to who holds the legal right to possession. Wiley argues that only actual or threatened violence used against a tenant should give rise to damages where the landlord had the right to possession. We cannot agree.

It has long been the policy of our law to discourage landlords from taking the law into their own hands, and our decisions and statutory law have looked with disfavor upon any use of self—help to dispossess a tenant in circumstances which are likely to result in breaches of the peace. We gave early recognition to this policy in Lobdell v. Keene, 85

Minn. 90, 101, 88 N.W. 426, 430 (1901), where we said:

> "The object and purpose of the legislature in the enactment of the forcible entry
> and unlawful detainer statute was to prevent those claiming a right of entry or
> possession of lands from redressing their own wrongs by entering into possession in
> a violent and forcible manner. All such acts tend to a breach of the peace, and
> encourage high—handed oppression. The law does not permit the owner of land, be
> his title ever so good, to be the judge of his own rights with respect to a possession
> adversely held, but puts him to his remedy under the statutes."

To facilitate a resort to judicial process, the legislature has provided a summary
procedure in Minn.St. 566.02 to 566.17 whereby a landlord may recover possession of
leased premises upon proper notice and showing in court in as little as 3 to 10 days. As
we recognized in Mutual Trust Life Ins. Co. v. Berg, 187 Minn. 503, 505, 246 N.W. 9, 10
(1932), "[t]he forcible entry and unlawful detainer statutes were intended to prevent parties
from taking the law into their own hands when going into possession of lands and
tenements...." To further discourage self—help, our legislature has provided treble damages
for forcible evictions, §§ 557.08 and 557.09, and has provided additional criminal penalties
for intentional and unlawful exclusion of a tenant. § 504.25. In Sweeney v. Meyers, supra,
we allowed a business tenant not only damages for lost profits but also punitive damages
against a landlord who, like Wiley, entered in the tenant's absence and locked the tenant
out.

In the present case, as in Sweeney, the tenant was in possession, claiming a right to
continue in possession adverse to the landlord's claim of breach of the lease, and had
neither abandoned nor surrendered the premises. Wiley, well aware that Berg was asserting
her right to possession, retook possession in her absence by picking the locks and locking
her out. The record shows a history of vigorous dispute and keen animosity between the
parties. Upon this record, we can only conclude that the singular reason why actual violence
did not erupt at the moment of Wiley's changing of the locks was Berg's absence and her
subsequent self—restraint and resort to judicial process. Upon these facts, we cannot find
Wiley's means of reentry peaceable under the common—law rule. Our long—standing
policy to discourage self—help which tends to cause a breach of the peace compels us to
disapprove the means used to dispossess Berg. To approve this lockout, as urged by
Wiley, merely because in Berg's absence no actual violence erupted while the locks were
being changed, would be to encourage all future tenants, in order to protect their
possession, to be vigilant and thereby set the stage for the very kind of public disturbance

which it must be our policy to discourage...(중간생략)

We recognize that the growing modern trend departs completely from the common—law rule to hold that self—help is never available to dispossess a tenant who is in possession and has not abandoned or voluntarily surrendered the premises. Annotation, 6 A.L.R.3d 177, 186; 76 Dickinson L.Rev. 215, 227. This growing rule is founded on the recognition that the potential for violent breach of peace inheres in any situation where a landlord attempts by his own means to remove a tenant who is claiming possession adversely to the landlord. Courts adopting the rule reason that there is no cause to sanction such potentially disruptive self—help where adequate and speedy means are provided for removing a tenant peacefully through judicial process. At least 16 states have adopted this modern rule, holding that judicial proceedings, including the summary procedures provided in those states' unlawful detainer statutes, are the exclusive remedy by which a landlord may remove a tenant claiming possession....(중간생략)

Applying our holding to the facts of this case, <u>we conclude, as did the trial court, that because Wiley failed to resort to judicial remedies against Berg's holding possession adversely to Wiley's claim of breach of the lease, his lockout of Berg was wrongful as a matter of law.</u> The rule we adopt in this decision is fairly applied against Wiley, for it is clear that, applying the older common—law rule to the facts and circumstances peculiar to this case, we would be compelled to find the lockout nonpeaceable for the reasons previously stated. The jury found that the lockout caused Berg damage and, as between Berg and Wiley, equity dictates that Wiley, who himself performed the act causing the damage, must bear the loss.

Affirmed.

Notes, Questions, and Problems

- 삼촌이 부동산 양도증서(deed)를 주겠다고 하고서는 살아 있는 동안 증서를 양도하지 않고, 땅도 계속 삼촌이 쓰면 그 증서는 이전되지 않은 것이다.
- 공로에 접한 부분이 없는 토지, 즉 맹지(盲地)라는 것이 밝혀져 물리적으로 출입하지 못하게 된 경우 일반 보증 양도증서("general warranty deed") 위반이라고 할 수 없다.
- 주소를 기재함에 있어서 "315 water st"라고만 하고 도시를 기재하지 않은 경우 구두증거배제법칙(parol evidence)의 예외에 의해 보충 가능하므로 그러한 양도증서(deed)는 유효하다고 볼 수 있다.
- 증서(deed)에 없는 구두(oral)로 "if you survive me"라고 한 경우는 구두에 의한 조건(oral condition)으로서 무효이다. 왜냐하면 보통 계약에서 구두증거배제법칙(parol evidence rule)의

예외로서 구두에 의한 조건이 인정될 여지가 있지만 부동산 양도증서는 더 중요한 부동산문서이기 때문이다.

- 권리포기 양도증서(quitclaim deed)는 묵시적으로 시장성(marketability)만 보증하고, 이 이외에 다른 어떤 특약(covenant)이 있다고 볼 수 없다.
- 어떤 부동산의 소유가 부동산 점유에 의한 취득시효(adverse possession)에 의해 이루어졌다면 시장성이 있다고 할 수 없다(unmarketable). 이때 만일 동 부동산을 시효완성에 의해 취득한 사실을 고지하지 않았다고 해서 사기가 성립되는 것은 아니다.
- 21살이 되면 그 때 부동산 양도증서를 주겠다고 했는데 19살인 조카가 동 증서를 가지고 B에게 넘긴 경우를 생각해 보자. 유효한 증서가 없는 조카가 B에게 이전한 경우 B가 선의의 매수인(BFP)이라고 해도 B는 소유자로서의 소유권을 주장하지 못한다. 증서가 유효하게 교부·전달되지 않는 한 조카는 B에게 이전할 수 없고, 그 경우 B가 등록(record)한 경우에도 이는 무효이다.
- 일반 보증 양도 증서(general warranty deed)의 경우
  ① '현재의 특약 내지 보증'(present covenants or warranties), 즉 양도인이 양도하려는 부동산 상에 어떤 재산상의 권리나 이익이 있고(the covenant of seisin), 양도인이 해당 부동산에 어떤 일시적인 양도의 제한(temporary restraint on alienation) 없는 상태로서 권리 내지 이익을 양도할 권한이 있으며(right to convey), 양도되는 해당 부동산상에 역권이나 우선적으로 취득할 수 있는 권리(servitudes or liens) 등 어떤 부담도 설정되어 있지 않으며(covenant or warranty against encumbrances)의 경우는 양수인을 상대로 한 것이지 장래의 다른 소유자에 대한 것이 아니다.
  ② '장래의 특약 내지 보증'(future covenants or warranties), 즉 양수인은 자신이 부동산을 향유할 권리를 갖고 다른 제3자로부터 자신의 권리 주장 등에 간섭받지 않으며(the covenant of warranty and quiet enjoyment), 만일 다른 제3자가 나타나 자신이 적법한 권리자임을 주장할 경우(eviction or disturbance 등), 이에 대한 보호뿐만 아니라 그로 인해 양수인이 손해를 입게 될 경우 그 손해 역시 배상하겠으며(warranty), 양수인에게 이전된 증서에 어떤 하자나 부담이 있을 경우 이를 치유하는 데 필요한 행위를 할 것을 보증한다(the covenant of further assurances)는 내용은 계속적이므로, 반대의 주장(adverse claim)이 제기될 때마다 계속 위반이 된다. 이와 관련한 소송에서 매수인이 승소하면 매도인은 정당하게 팔았다는 것이므로 매도인의 증서 보증 위반이 아니다. 따라서 소송비용을 부담할 이유가 없는 것이다.
- 특별 담보증서(statutory special warranty deed)는 ① 이중매매를 하지 않았고, ② 매도인이 행한 어떤 부담(encumbrance)이 없음을 보증하는 것이다.
- 부동산 양도증서에 수신자를 기재하지 않았어도 법원이 추정(presume)할 수 있으므로 유효하다.
- 판결에 의한 물적담보권(judgment lien)을 등록(filing) 당시 채무자의 부동산 소유권이 이미 다른 사람에게 이전되었다면, 그 담보권(judgment lien)의 효과는 발생하지 않는다.

- 집 사기 전에 단지 집 주변을 운전해서 지나가기만 했다면 매수인으로서 부동산 조사의무(duty to inspect)를 다했다고 볼 수 없고, 정황적 인지 내지 통지(inquiry notice)를 받았다고 할 수 있으므로 부동산 등록법(recoding act)상 '선의 우선형'이나 '등록에 의한 선의 우선형'에 의할 경우 보호 받을 수 없다.
- 부동산 등록제도(Recoding system)는 등록함으로써 후속매수인에게 대항할 수 있는 제도이지, 매도인(vendor)에 대한 권리를 설정하는 것이 아님에 유의해야 할 것이다.
- 등록된 지역권(Recorded easement)은 매수자에게 통지(notice)를 주게 된다.
- 상업지역에 있는 지역권(easement)이 자신이 운영하는 가게 앞으로 나있는 경우 이것은 이익을 주는 지역권(beneficial easement)이기에 양도증서의 보증책임(warranty) 위반이 아니다.
- 지역권을 등록하지 않은 지역권 소유자(easement holder)에 대해, 해당 지역권을 설정해 준 소유자를 상대로 한 저당권을 가진 은행이 선의의 매수인(BFP)이라면 그 지역권은 소멸시켜야 한다. 하지만 그 은행이 지역권 소유자에게 우선하지 못한다면 그 이유는 은행 입장에서 자기가 저당을 가진 땅이 다른 사람에게 편익을 주는 토지인 승역지(servient tenement)라는 것에 대해 정황적 통지(inquiry notice)를 받았던 경우라고 할 수 있다.
- 이미 부동산이 팔렸다는 사실을 들었음에도 매도인이 이중매매를 할 리 없다고 생각하고 해당 부동산을 매수한 경우 매수인에게는 실제적 인지 내지 통지(actual notice)가 있다고 볼 수 있으므로 선의의 매수인(BFP)이 될 수 없다.
- 부동산 등록법상의 세 가지 유형을 정확하게 구분하여 숙지해야 할 것이다.
  ① '등록에 의한 선의 우선형'(race notice system)은 "without notice, record first", ② '선의 우선형'(notice system)은 "without notice", ③ '등록 우선형'(race system)은 통지(notice)에 대한 내용은 아예 언급이 없고, 등록 우선(record first)이라는 기본적 사실에 관한 내용이다.
- 토지에 대한 5년의 분할납부계약 내지 할부매매계약을 맺은 경우 1년차에 지역권(easement)을 발견했다고 해도, 5년 만기가 되어 이행이 완료될(closing) 당시에 부담으로서의 지역권이 없으면 되므로 1년차 발견시 계약위반을 이유로 상대방에 대한 채무를 불이행할 수 없다. 그러므로 이 경우에는 이행의 완료일, 즉 언제 'closing'일인지를 잘 살펴야 할 것이다.
- '부동산 양도증서에 의한 금반언'(estoppel by deed or after-acquired title)의 법리에 따르면 매도인이 당초 토지에 대한 소유권이 없었음에도 매각 후에 토지를 적법히 취득한 경우, 제1매수인이 등록을 하지 않았더라도, 그 매수인은 매도인 및 악의의 후속매수인에 대해 권리 주장을 할 수 있다. 결국 '부동산 양도증서에 의한 금반언'의 법리는 후속매수인이 선의의 매수인(BFP)만 아니라면, 정정 등록을 안한 제1매수인이 유효하게 주장할 수 있는 공격방법이 될 것이다.
- 부동산의 이전과 관련된 사례의 경우 항상 정황적 인지 내지 통지(inquiry notice)로 볼 수 있는 사실이 있는지의 여부를 염두에 두어 학습해야 할 것이다.
  예를 들어 제1매수인(A)이 무권리자(O)로부터 땅을 사서 그 위에 집을 짓고 계속 살고 있었다고 생각해 보자. 그 후 매도인(O)이 적법하게 상속을 받아 권리자가 된 뒤 그 땅을 다시 제2매수인(B)에게 팔았는데, 제2매수인(B)은 부동산 양도증서(deed)를 받기 전에 권원에 대한 검색 내지 확인(title search)을 하지 않았다. 이때 제2매수인(B)에게 정황적 통지(inquiry notice)의 논리에 따라 제1매수인이 집을 짓고 사는 것을 파악하지 않은 책임이 인정된다. 즉, 제2매수인은 선의의 매수인(BFP)이 아니라는 의미이다. 결국은 제1매수인 A가 B보다 우선하게 된다.

• 주거용 목적(residential purpose)임을 효율적으로 주장하는 방안으로서 부동산 특약(covenant)과 지역권을 생각해 볼 수 있는 데 특약의 주장이 지역권보다 보다 효율적이라고 할 수 있다.

• 위조된 부동산 양도증서(deed)의 경우 아버지의 허락을 얻었어도 여전히 무효이다.

• 어떤 토지에서 토지의 이전과 함께 이전하는(run with the land) 사냥, 낚시 등을 할 수 있는 것은 일종의 채취권 내지 이익권(profit)으로 볼 것이다.

제7장
부동산에 대한 비점유적
권리로서 지역권(Easement)

제7장 부동산에 대한 비점유적 권리로서 지역권
(Easement)

사 례 연습774) ———————————————————————

다음은 역권(servitudes)에 대한 설명이다. (1)~(5)는 적극적 혹은 소극적 지역권(easements), 이익 내지 채취권(profits), 보통법상 특약(real covenants), 형평법상의 역권(equitable servitudes) 가운데 어떤 권리에 해당되는지 생각해 보시오.

(1) A는 B의 토지에 들어갈 수 있는 권리를 부여받았다.
(2) A는 B의 토지에 들어가서 그 토지에 부착되어 있는 어떤 것을 채취할 수 있는 권리를 부여받았다.
(3) A는 B토지 사용에 관해 어떤 제한을 할 수 있는 권리를 부여받았다.
(4) A는 B토지에서 B로 하여금 어떤 행위를 하도록 요구할 수 있는 권리를 부여받았다.
(5) A는 B로하여금 특별한 시설물의 보유를 위해서는 일정한 금액을 지불할 것을 요구할 수 있는 권리를 부여받았다.

I. 개설

부동산과 관련된 권리는 이를 점유하는 점유적 권리 내지 이익과 점유는 하지 않으면서 이용만 하는 비점유적 권리 내지 이익이 있다. 이를 부동산에 대한 비점유적(非占有的) 권리 내지 이익(non-possessory property interests)이라고 한다.

미국 재산법상 부동산에 대한 비점유적 권리와 관련해서는 지역권(easement), 이익(profit),

---

774) Jesse Dukeminier 외, *supra* note 32, at 763.

해당 부동산에 붙어 있는 어떤 의무이행의 약속 내지 특약(real covenant), 역권(servitudes) 등을 살펴 볼 수 있다. 이러한 내용들이 갖는 공통점은 일반적으로 문서성(in writing)을 요구한다는 것이다. 이번 장에서는 지역권에 대한 내용을 중심으로 살펴보기로 한다.

II. 지역권(Easement)

1. 의의

일반적으로 지역권(地役權)은 당사자간에 정한 일정한 목적을 위해 타인의 토지를 자신의 토지의 편익에 이용하는 물권을 말한다.[775] 우리나라 민법상 지역권에 대해서는 제291조(지역권의 내용), 제292조(부종성), 제293조(공유관계, 일부양도와 불가분성), 제294조(지역권취득기간), 제295조(취득과 불가분성), 제296조(소멸시효의 중단, 정지와 불가분성), 제297조(용수지역권), 제298조(승역지소유자의 의무와 승계), 제300조(공작물의 공동사용) 등을 통해 설명하고 있다.[776]

---

775) 민법 제291조(지역권의 내용) 지역권자는 일정한 목적을 위하여 타인의 토지를 자기토지의 편익에 이용하는 권리가 있다; 송덕수, *supra* note 21, at 732.
776) 제291조(지역권의 내용) 지역권자는 일정한 목적을 위하여 타인의 토지를 자기토지의 편익에 이용하는 권리가 있다.
제292조(부종성) ① 지역권은 요역지소유권에 부종하여 이전하며 또는 요역지에 대한 소유권이외의 권리의 목적이 된다. 그러나 다른 약정이 있는 때에는 그 약정에 의한다. ② 지역권은 요역지와 분리하여 양도하거나 다른 권리의 목적으로 하지 못한다.
제293조(공유관계, 일부양도와 불가분성) ① 토지공유자의 1인은 지분에 관하여 그 토지를 위한 지역권 또는 그 토지가 부담한 지역권을 소멸하게 하지 못한다. ② 토지의 분할이나 토지의 일부양도의 경우에는 지역권은 요역지의 각 부분을 위하여 또는 그 승역지의 각 부분에 존속한다. 그러나 지역권이 토지의 일부분에만 관한 것인 때에는 다른 부분에 대하여는 그러하지 아니하다.
제294조(지역권취득기간) 지역권은 계속되고 표현된 것에 한하여 제245조의 규정을 준용한다.
제295조(취득과 불가분성) ① 공유자의 1인이 지역권을 취득한 때에는 다른 공유자도 이를 취득한다. ② 점유로 인한 지역권취득기간의 중단은 지역권을 행사하는 모든 공유자에 대한 사유가 아니면 그 효력이 없다.
제296조(소멸시효의 중단, 정지와 불가분성) 요역지가 수인의 공유인 경우에 그 1인에 의한 지역권소멸시효의 중단 또는 정지는 다른 공유자를 위하여 효력이 있다.
제297조(용수지역권) ① 용수승역지의 수량이 요역지 및 승역지의 수요에 부족한 때에는 그 수요정도에 의하여 먼저 가용에 공급하고 다른 용도에 공급하여야 한다. 그러나 설정행위에 다른 약정이 있는 때에는 그 약정에 의한다. ② 승역지에 수개의 용수지역권이 설정된 때에는 후순위의 지역권자는 선순위의 지역권자의 용수를 방해하지 못한다.
제298조(승역지소유자의 의무와 승계) 계약에 의하여 승역지소유자가 자기의 비용으로 지역권의 행사를 위하여 공작물의 설치 또는 수선의 의무를 부담한 때에는 승역지소유자의 특별승계인도 그 의무를 부담한다.

미국 재산법상 지역권(地役權, easement)이란 비점유적 부동산 권리(nonpossessory interest)의 하나로서 어떤 특정 목적을 위해 다른 사람의 토지를 점유하지 않으면서도 그 토지를 이용 내지 향유(use or enjoyment)하는 권리 내지 이익이라고 할 수 있다.[777] 즉, 지역권은 타인의 토지에 대한 통행권(rights of way) 등을 위해 명시적 또는 묵시적 약정에 의해 설정되는 타인의 재산을 사용하는 비점유적 부동산 권리(a non-possessory right)이다.[778]

2. 부동산 특약과 형평법상의 역권과의 구별

지역권은 특정인에게 다른 사람의 특정토지에 대한 사용권을 부여하는 기능을 갖는데 비해, 부동산 특약과 형평법상의 역권은 원칙적으로 특정 토지상에서 작위나 부작위 이행의무의 약속(특약)이다. 이러한 것은 구체적으로 아래 〈표〉에서와 같이 구별할 수 있을 것이다.

___ 지역권과 부동산 특약/형평법상의 특권

구분	지역권(easement)	부동산 특약(real covenant)/형평법상의 역권(equitable servitude)
의미	특정인에게 다른 사람의 특정토지에 대한 사용권을 부여	특정 토지상에서 작위나 부작위 이행의무의 약속(특약)
문서성	원칙적으로 필요하나 예외(1년 이상이 아닌 지역권인 경우, 묵시적인 경우, 필요성에 의한 경우, 취득시효에 의한 경우) 있음	원칙적으로 문서성이 필요하나 예외도 있음(형평법상의 역권의 경우 지역/지구단지 개발을 위한 종합계획, common scheme/plan에 의할 때는 묵시적으로도 인정됨)
종료	필요성의 종료, 혼합, 포기, 금반언, 취득시효, 자연적 소멸, 공용수용 등(목적 외 사용/오용은 종료사유 아님)	특약상의 규정, 혼합, 폐지, 포기, 묵시적 승낙, 금반언, 오염된 손, 권리행사의 해태 등

제299조(위기에 의한 부담면제) 승역지의 소유자는 지역권에 필요한 부분의 토지소유권을 지역권자에게 위기하여 전조의 부담을 면할 수 있다.
제300조(공작물의 공동사용) ① 승역지의 소유자는 지역권의 행사를 방해하지 아니하는 범위내에서 지역권자가 지역권의 행사를 위하여 승역지에 설치한 공작물을 사용할 수 있다. ② 전항의 경우에 승역지의 소유자는 수익정도의 비율로 공작물의 설치, 보존의 비용을 분담하여야 한다.
제301조(준용규정) 제214조의 규정은 지역권에 준용한다.
제302조(특수지역권) 어느 지역의 주민이 집합체의 관계로 각자가 타인의 토지에서 초목, 야생물 및 토사의 채취, 방목 기타의 수익을 하는 권리가 있는 경우에는 관습에 의하는 외에 본장의 규정을 준용한다.
777) Barlow Burke and Joseph Snoe, *supra* note 1, at 471; 서철원, *supra* note 27, at 152.
778) 임홍근 외, *supra* note 22, at 643.

3. 용어(Terminology)

위에서 언급한 것처럼 지역권은 다른 사람의 토지에 대한 이용권이라고 할 수 있다. 지역권은 구획된 두 토지의 존재를 그 전제로 하여, 그 중 편익을 받는 토지를 요역지(要役地), 편익을 주는 토지를 승역지(承役地)라고 하는 데 이때 이들 토지는 반드시 인접하고 있을 필요는 없다.779)

여기서의 편익은 통행을 하거나 물을 끌어들이거나(引水), 전망을 위해 건축을 금지하는 등 그 종류에 제한이 없다.780) 하지만 이때 편익을 받는 것은 토지만이므로 동물학자의 곤충채집과 같이 요역지에 거주하는 자의 개인적 이익을 위해서 지역권을 설정할 수는 없다.781) 왜냐하면 특정인을 위해 어떤 편익을 제공하는 권리는 인역권(人役權)이라고 할 수 있기 때문이다.

미국 재산법상 지역권의 접근도 위의 설명과 유사하다. 다른 사람에게 편익을 주는 토지를 승역지(servient tenement)라고 하고, 그 이용권을 갖는 권리자의 토지를 요역지(dominant tenement)라고 한다. 즉, 승역지(承役地, servient tenement or estate)는 일정한 편익을 위해 부담(burden)을 받는 토지로서 요역지(要役地, dominant tenement) 소유자에 의해 어떤 방식으로 사용되는 토지를 말한다.782) 이에 비해 요역지(要役地, dominant tenement or estate)는 지역권에 의해 일정한 편익(benefits)을 얻는 토지를 말한다.783)

예를 들어 갑이 을에게 자신의 땅을 가로질러 통행할 수 있는 통행권(a right of way)을 주었다고 하자. 통행권을 얻은 을은 자신의 땅을 쉽게 이용할 수 있어 을의 땅은 이러한 지역권을 통해 이익을 얻게 되었다고 할 수 있다. 이를 지역권과 관련시켜 설명하면 을의 토지는 갑의 토지를 통해 편익을 얻게 되는 점에서 요역지(dominant tenement)가 된다. 이에 비해 갑의 토지는 을의 지역권을 위해 그 편익제공이라는 부담을 안게 된다는 점에서 갑의 토지는 승역지(承役地, servient tenement or estate)가 되는 것이다.

779) 송덕수, *supra* note 21, at 732.
780) *Id.*
781) *Id.*
782) Barlow Burke and Joseph Snoe, *supra* note 1, at 473.
783) *Id.*

4. 유형

4.1. 적극적 지역권(affirmative easement)과 소극적 지역권(negative easement)

승역지 이용자는 그 승역지가 요역지의 편익에 제공되는 범위 내에서 일정한 의무를 부담하게 되는 데 그 내용은 지역권자의 적극적 행위를 허락하는 경우도 있고, 승역지의 일정한 이용을 제한할 수도 있다. 이와 관련한 논의가 미국 재산법상 적극적 지역권(affirmative easement)과 소극적 지역권(negative easement)에 관한 것으로[784] 적극적 지역권은 적극 지역권 내지 작위(作爲) 지역권으로, 소극적 지역권은 소극 지역권 내지 부작위(不作爲) 지역권으로 설명할 수 있을 것이다.[785]

적극적 지역권(affirmative easement)은 상수도나 도시가스 관(pipe)을 매설하거나 통로로 이용하는 등 타인의 토지를 적극적으로 이용할 수 있는 지역권을 말한다.[786]

소극적 지역권(negative easement)은 소유자의 부동산(토지)과 관련해서 또는 그 토지 위에 토지소유자가 어떤 행위를 하는 것을 제한하는 것을 말한다.[787] 즉, 소음을 발생하는 시설의 설치를 금지시키는 등 토지의 점유권자로 하여금 그 토지상에서 어떤 특정 행위에 대한 제한을 가함으로써 반사적 이익을 얻는 지역권이라고 할 수 있다.[788]

4.2. 부종적 지역권(Easement Appurtenant)과 인역권(人役權, Easement in Gross)

다른 사람의 토지의 이용이 지역권 권리자의 토지의 소유와 서로 종속적인가 아니면 독립적인가의 여부에 따라 부종적 또는 부속 지역권(an easement appurtenant)과 독립적 지역권 또는 대인 지역권 내지 인역권(an easement in gross)으로 구분할 수 있다.[789]

---

784) *Id.* at 474.
785) 송덕수, *supra* note 21, at 733.
786) Jesse Dukeminier 외, *supra* note 32, at 842; Barlow Burke and Joseph Snoe, *supra* note 1, at 474.
787) Barlow Burke and Joseph Snoe, *Id.*; 임홍근 외, *supra* note 22, at 644.
788) 서철원, *supra* note 27, at 152.
789) Jesse Dukeminier 외, *supra* note 32, at 767; Barlow Burke and Joseph Snoe, *supra* note 1, at 472.

(1) 의의

1) 부속 지역권 내지 부종적 지역권(an easement appurtenant)　　부속 지역권 내지 부종적 지역권(an easement appurtenant)이란 갑이 을에게 자신의 토지에 통행권을 허용하였을 경우 이를 통해 을이 고속도로를 이용할 수 있을 때 이 통행권은 을의 토지에 대한 부속적 지역권이 된다.790)

즉, 부종적 또는 부속 지역권(an easement appurtenant)은 요역지(dominant tenement)의 사용을 위해 승역지(servient tenement)에 대한 지역권이 요청되는 경우로서 두 개의 구획된 토지(two parcels of land)가 필요하다.

한편, '요역지'(要役地, dominant tenement or estate)는 '부종적 지역권'을 설명할 때만 관계가 있고, 아래에서 살펴 볼 '독립적 지역권'과는 관계가 없다고 할 수 있다.791) 왜냐하면 전자는 특정 부동산의 소유자에 대해 편익을 주는 것에 비해, 후자는 어떤 특정인(a specific person)에 대해 편익을 주는 것이기 때문이다.

2) 독립적 지역권(an easement in gross)　　이에 비해 독립적 지역권 내지 대인 지역권(an easement in gross)은 다른 사람의 토지를 이용할 수 있는 어떤 개인적 특권(privilege)을 말하며,792) 인역권(personal right)이라고도 한다.793)

즉, 어떤 전기회사가 다른 사람의 토지 위에 전봇대(utility poles)를 세우거나 전신줄(power lines)을 매설하는 지역권을 취득한 경우 이는 전기회사가 실제 어떤 토지를 소유하고 있는지의 여부와 상관없이 지역권을 취득하게 되고 따라서 독립적 지역권이 되는 것이다.794)

이러한 것은 다른 사람 토지 위의 연못에서 낚시를 하거나, 다른 사람 소유 수영장에서 수영을 하거나, 다른 사람의 토지 위에 커다란 옥외 게시판(a billboard)을 세우는 등의 예에서 종종 찾아볼 수 있다.

특히, 요역지가 아닌 개인의 필요를 위해 승역지를 사용하는 경우로서 한 개의 구획된 토지만(only one parcel) 있으면 충분하다는 점에서 부종적 지역권과 구별된다.

---

790) 임홍근 외, *supra* note 22, at 643.
791) Barlow Burke and Joseph Snoe, *supra* note 1, at 473.
792) 임홍근 외, *supra* note 22, at 643.
793) Barlow Burke and Joseph Snoe, *supra* note 1, at 472.
794) 서철원, *supra* note 27, at 152.

5. 지역권의 성립

지역권은 그 권리를 상대방에게 수여 내지 부여(grant)함에 있어서 명시적인 방법, 묵시적인 방법으로 창설될 수 있고, 명시적 유보나 시효에 의한 지역권 취득에 의해서도 성립한다.[795]

5.1. 명백한 의사표시에 의한 성립

지역권은 승역지(servient tenement)의 소유자가 그 상대방에게 명백한 의사표시로 그 권리를 수여함으로써 성립할 수 있다. 대부분의 경우가 여기에 해당하며 이때 지역권을 나타내는 서면을 부동산 양도증서 내지 날인증서(deed)라고 한다. 이러한 증서에 양도(assign)라고 표현하면 이는 다른 의미가 되므로 지역권을 수여(grant)한다는 내용이 포함되어야 한다(express grant or express reservation).[796] 다만 이때 지역권의 성립은 보통의 부동산 양도와 같이 당사자간 지역권 설정 계약과 날인증서의 전달(delivery)을 통해 이루어지고, 필요시 등록(recording)을 함으로써 타인에 대한 우선권을 가질 수 있다.[797]

지역권도 부동산의 권리 내지 이익에 해당하므로 지역권의 수여기간이 1년 이상(more than 1 year)일 경우 미국 계약법상의 사기방지법(statute of fraud)의 법리에 따라 문서성(in writing)을 갖추어야 한다. 물론 앞의 임대차 부분에서 언급한 것처럼 주의할 것은 계약의 서면성 중 1년 이상의 요건과 관련하여 1년 이상(more than 1 year)의 경우에만 해당하고, 1년 또는 그 이하(1 year or less)는 해당되지 않으며 따라서 계약의 문서화(writing)는 요구되지 않는다는 점이다.[798]

5.2. 묵시적 의사표시에 의한 성립

묵시적 의사표시에 의한 지역권 성립은 승역지의 소유자가 명시적으로 지역권을 수

---

795) Jesse Dukeminier 외, *supra* note 32, at 768; *Willard* v. *First Church of Christ, Scientist, Pacifica* 7 Cal. 3d 473, 498 P.2d 987, 102 Cal. Rptr. 739, 1972 Cal.

796) Barlow Burke and Joseph Snoe, *supra* note 1, at 476; 박홍규, *supra* note 23, at 149.

797) 서철원, *supra* note 27, at 153.

798) 조국현, *supra* note 29, at 237.

여하는 의사표시를 하지 않았어도 일정한 경우에는 수여의 의사표시가 있는 것으로 보아 지역권이 성립하게 된다(implied or non-express easement).[799]

이러한 묵시적 지역권의 성립에는 ① 이전부터 계속적인 지역권의 사용(prior use or existing use)에 의한 경우, ② 이전부터 이러한 사용은 없지만 지역권 설정의 필요성이 있는 경우(by necessity), 그리고 ③ 토지분할 계획에 따른 경우 등이 있다. 이하에서는 이러한 내용에 대해 구체적으로 각각 살펴보기로 한다.

(1) 이전부터 계속적인 지역권의 사용(Prior Use or Existing Use)에 의한 경우

이전부터 계속적인 지역권의 사용(prior use or existing use)에 의한 경우란 해당 토지가 분할하기 이전부터 계속적으로 명백하게 사용되어 왔거나, 분할한 후에도 그러한 사용이 계속될 것이라는 당사자간 합리적인 믿음이 있는 상황을 의미하며, 이러한 때 묵시적인 지역권을 인정하는 것이다(easements implied from prior use or a quasi-easements).[800] 예를 들어 어떤 회사가 지역권을 계약을 통해 설정을 받은 후 비록 31년간 사용하지 않았다고 하더라도 그 지역권은 계속 유효한 것이다.

즉, 당사자간 지역권 수여에 관한 명시적인 합의가 없더라도 토지 소유자 갑이 소유하던 토지를 분할하면서, 분할된 토지의 일부(요역지, dominant tenement)를 사용함에 있어서 다른 토지(승역지, servient tenement)를 향유하는 것에 대한 합리적 필요성을 갖고, 요역지를 위해 승역지가 이용된다는 것이 명백한 경우 이를 인정할 수 있다.[801] 이때 명백하다(visible or apparent)는 것은 이러한 이용이 있음을 매수인이 알았거나 알 수 있었다는 의미로서 어떤 시설물이 지상에 있거나 지하에 어떤 시설물이 매설되어 있어도 그것이 일부 지상에 노출되어 있으면 이는 명백한 경우라고 할 수 있다.[802]

(2) 지역권 설정의 필요성이 있는 경우(easements implied by necessity)

1) 의의   필요성에 의한 지역권(easements implied by necessity, a way of necessity)은 토지 소유자가 자신의 토지 일부를 매도하였는데 매도한 토지에 어떤 공공도로와 연결될

---

799) Jesse Dukeminier 외, *supra* note 32, at 785; Barlow Burke and Joseph Snoe, *supra* note 1, at 480; *Othen* v. *Rosier*, 148 Tex. 485, 226 S.W.2d 622, 1950 Tex.

800) Jesse Dukeminier 외, *Id.*; Barlow Burke and Joseph Snoe, *Id.*

801) Barlow Burke and Joseph Snoe, *Id.*; 서철원, *supra* note 27, at 153.

802) Barlow Burke and Joseph Snoe, *Id.*; 서철원, *Id.* at 154-155.

수 있는 통로가 없을 경우(with no means access out)에 성립된다.803) 즉, 토지 소유자가 자신의 토지를 타인에게 매도하였음에도 매수인이 공로(public road)를 이용할 출구(outlet)가 없을 경우에는 필요에 의해 공공도로의 통행권을 위한 묵시적 지역권이 설정되었다고 보는 것이다.

다시 말하면, 필요성에 의한 지역권 설정(easement by necessity)은 토지 소유자가 자신 소유의 땅(a single land)을 분할하여 이전한 경우 그 분할된 땅(a portion of land)이 매도인의 남아있는 땅을 이용하지 않으면 공용도로에 통할 수 없게 된 경우 그 막힌(landlocked) 땅의 매수인에게 인정되는 법정 지역권이라고 할 수 있다.

그러므로 다른 길이 있다면 비록 그 이용이 번거롭다고 하더라도 필요성에 의한 묵시적 지역권은 부정된다. 즉, 묵시적 필요성에 의한 지역권은 진입과 출입을 위해 지역권이 반드시 절대적으로 필요하여야 하며(strict or ly absolute necessity) 그렇지 않는 한 인정될 수 없을 것이다.804)

2) 요건   이와 같이 필요성에 의한 지역권이 설정(easement by necessity)되기 위해서는 해당 부동산의 양도가 있고, 그 양도된 부동산은 양도한 사람의 토지 일부이어야 하며, 부동산이 분리된 이후에 하나의 부동산이 공공도로를 진입과 출입(ingress and egress)을 위해서는 다른 부동산을 통과해야 하는 등 필요성이 있어야 한다.805)

이때 '필요성(necessity)' 요건은 원칙적으로 해당 토지가 분리할 당시(at the time of the severance)에 존재해야 한다.806)

5.3. 취득시효에 따른 성립

(1) 의의

소유권에 의한 취득시효(adverse possession)와 같이 일정한 요건을 충족할 경우 지역권 역시 시효취득에 의해 성립될 수 있다(easements by adverse possession or prescriptive easements).807)

---

803) Jesse Dukeminier 외, *supra* note 32, at 785; Barlow Burke and Joseph Snoe, *Id*, at 482; 서철원, *Id*, 154.
804) Barlow Burke and Joseph Snoe, *Id*, at 483.
805) *Id*, at 480; 박홍규, *supra* note 23, at 153.
806) Barlow Burke and Joseph Snoe, *supra* note 1, at 483; 박홍규, *Id*.
807) Jesse Dukeminier 외, *supra* note 32, at 794.

(2) 요건

취득시효에 의한 지역권이 성립되기 위해서는 ① 일정한 시효기간(statutory period) 동안808) 계속적, 배타적으로 이용하여야 하고(continuous and exclusive use),809) ② 그 사용은 공개적이면서도 잘 알려져야 하는 즉, 공연성을 갖추어야 하며(open and notorious), ③ 그 사용은 적대적 내지 악의적(hostile or adverse) 즉, 토지 소유자의 의사에 반하여야 하며, ④ 실제로 그 토지를 사용하여야(actual use) 한다.810)

여기서 ①의 '계속적' 이용은 지역권의 정상적 이용을 의미하기에 매순간 승역지를 중단없이 이용해야 하는 것이 아닌 지속적 사용(constant use)의 의미를 갖는다. 특히, 이용기간의 계산에 있어서 그전 이용자의 기간을 새로운 이용자의 기간에 합산할 수도 있다(tacking).811)

②의 공연성 요건은 그 토지의 이용이 해당 토지의 권리자에게 통지되거나 통지될 수 있는 상태로서 실제적 통지(actual notice)뿐만 아니라 상하수, 전력, 가스 등의 공급 처리를 위한 배관과 케이블과 같은 눈에 보일 수 있는 것에 의한 의제적 통지(constructive notice)를 포함한다.812) 통행지역권 등과 같은 것은 보통 공연성을 갖춘 것이라고 볼 수 있지만, 땅속에 매설된 가스관이나 하수도관 등을 위한 사용이나 야간에의 사용(nighttime use)은 공연성을 갖춘 것이라고 할 수 없을 것이다.813)

그렇기에 시효취득에 의한 지역권은 작위 지역권에만 성립하고, 부작위 지역권의 경우에는 성립하기 어렵다. 왜냐하면 부작위 지역권의 존재를 이웃 토지 소유자가 쉽게 알 수 없기 때문이다.814)

③의 요건에서의 '적대적'은 어떤 개인적 적대심(personal hostility)을 요구하는 것이 아니다.815) 특히, 토지의 일부에 대해서만 허락을 얻은 경우가 문제되는 데 이 경우 그 허

---

808) 일반적으로 점유에 의한 취득시효(adverse possession)의 시효기간과 같다(Barlow Burke and Joseph Snoe, *supra* note 1, at 487).

809) 여기서 '배타적'(exclusive) 이용은 '독립적'(independent)이라는 의미도 갖는 데 대부분의 경우에는 이러한 배타적 이용을 요건으로 하지 않는다(Barlow Burke and Joseph Snoe, *supra* note 1, at 487).

810) *Id.* at 484; 박홍규, *supra* note 23, at 155; 서철원, *supra* note 27, at 154-155.

811) 그러므로 목초지가 만일 그 대상 토지라면 목초가 자라는 시기에 주기적으로 방목하는 것도 본 요건을 충족할 수 있다(서철원, *supra* note 27, at 155); 박홍규, *supra* note 23, at 157.

812) Barlow Burke and Joseph Snoe, *supra* note 1, at 485.

813) *Id.*; 박홍규, *supra* note 23, at 155.

814) *Id.*

815) Barlow Burke and Joseph Snoe, *supra* note 1, at 485.

락의 범위를 넘어 사용한 경우라면 그 넘어서는 부분에 대해서는 소유자의 의사에 반하는(adverse) 것으로 보아야 한다.[816]

④의 실제적 토지 사용(actual use)의 요건은 적극적 지역권(affirmative easements)의 경우에만 가능하며 소극적 지역권(negative easements)으로 취득할 수 없다.[817]

(3) 점유취득시효(adverse possession)와의 비교

시효에 의한 지역권의 취득과 점유취득시효는 그 이용기간의 계산에 있어서 그전 이용자의 기간을 새로운 이용자의 기간에 합산할 수 있다는 점에서 유사하다(tacking, 전 점유자의 점유기간의 가산).

하지만 시효에 의한 지역권의 취득과 점유취득시효는 몇 가지 점에서 구별된다. 즉, 시효에 의한 지역권의 취득은 일정기간 동안 타인의 부동산을 사용·향유(use and enjoy of the land)하는 것인 반면, 점유취득시효는 일정기간 동안 타인의 부동산을 점유(possession)하는 것이다.[818]

이때 사용인지 점유인지 불분명한 경우가 있을 수 있는 데 이러한 경우에는 타인의 점유나 이용을 배제하고 있는지의 여부에 따라 결정되어, 이용자의 이용이 다른 사람의 이용을 배제한다면 점유이고, 배제하고 있지 않다면 사용이라고 볼 수 있다.[819]

또한 시효에 의한 지역권의 취득이 요건을 충족시키면 지역권(easement)을 취득하게 되지만 점유취득시효는 그 요건을 충족시킬 경우 부동산권(estate)을 취득한다.[820]

5.4. 토지분할 계획에 따른 성립

어떤 토지의 개발을 위해 계획된 분할된 토지를 매수한 사람은 공원, 운동장, 골목, 거리 등의 사용을 위한 묵시적인 지역권을 갖는다.[821] 이러한 토지분할 계획에 따른 묵시적 지역권 성립은 어떤 토지를 여러 필지로 분할하여 매도하면서 그 매수인에게 토지

---

816) 서철원, *supra* note 27, at 154.
817) Barlow Burke and Joseph Snoe, *supra* note 1, at 484–485.
818) *Id.* at 484.
819) 박홍규, *supra* note 23, at 158.
820) *Id.* at 158.
821) *Id.* at 154.

분할계획에 따른 내용(도로 개설이나 가스관 매설 등의 표시가 되어 있는)에 대한 통지를 한 경우가[822] 포함된다.

5.5. 금반언(Easements by Estoppel) 또는 일부이행(Part Performance)에 의한 지역권의 성립

금반언의 법리에 의하거나 일부이행애 의해서도 지역권은 성립할 수 있다.[823] 이러한 지역권은 취소할 수 없는 사용허가권이나 형평법상 강제할 수 없는 구두계약으로도 불린다. 예를 들어 구두(oral)로 어떤 사람(수여자)이 지역권 수여 의사표시를 하고 이러한 의사표시를 받은 사람(피수여자)은 그 표시를 신뢰하고 일정한 투자나 비용을 투입할 수 있다. 이러한 시간과 비용이 들어간 이후 수여자가 수여한 지역권을 부정한다면 이는 금반언의 원칙상 인정될 수 없다는 것이다. 마찬가지로 피수여자가 지역권을 소유하고 있는 것처럼 일부이행 등의 어떤 행위가 있었다면 일부이행의 법리에 따라 지역권은 성립될 수 있는 것이다.

6. 지역권의 이용범위(Scope of an Easement)

6.1. 의의

지역권의 이용범위(the scope of an easement)란 지역권을 갖고 있는 자(a holder)가 그 권리에 따라 승역지를 이용할 수 있는 범위를 말한다.[824] 이러한 범위는 보통 장소(location), 이용의 정도(intensity of use), 이용 방식(manner of the use) 등을 가리킨다.[825]

지역권으로서 이용할 수 있는 범위는 원칙적으로 당사자간 명백히 합의된 내용이나 조건을 담은 날인증서(deed) 등에 의하거나(명시적 지역권 수여의 경우), 지역권이 성립할 당시의 상황(묵시적인 지역권의 취득이나 시효취득의 경우)에 의해 결정된다.[826]

---

822) *Id.*

823) 박홍규, *supra* note 23, at 158−159.

824) Barlow Burke and Joseph Snoe, *supra* note 1, at 498.

825) *Id.*

826) *Brown* v. *Voss*, 105 Wn.2d 366, 715 P.2d 514, 1986 Wash.; 박홍규, *supra* note 23, at 159.

만일 당사자간 지역권의 범위에 대한 합의가 없다면 합리적 이용(reasonable use)에 적합한 범위에 한정하여 이용할 수 있을 것이고,827) 무엇이 합리적인지의 여부는 사법적인 문제로서 쌍방 당사자가 동의하지 않을 경우 결국 법원이 결정하게 될 것이다.828)

세월이 흐름에 따라 상황이 변할 수 있고 이때 원래 정해진 지역권 이용의 범위가 상황의 변화에 의해 합의한 내용이 달라진 경우가 문제될 수 있는 데 이 경우 역시 그 상황의 변화가 합리적이라면 그 변화된 상황에 맞는 이용범위가 원래의 지역권 범위에 포함될 것이지만, 비합리적일 경우에는 포함되어서는 안 될 것이다.829)

6.2. 지역권의 이용 범위를 벗어난 경우의 효력

지역권자의 지역권의 이용은 그 범위를 초과하여 사용할 수 없다.830) 즉, 토지 소유자가 도로 사용을 위한 지역권을 허락하였는데 허락받은 지역권자가 전기선 설치를 위한 지역권을 권리로서 요구할 수 없는 것이다.

하지만 지역권을 사용하면서 당초 당사자간에 정한 지역권의 범위를 벗어난 경우(surcharge, overuse, or misuse)가 있을 수 있고 그럴 경우 그 효력이 문제된다. 이때 원래의 토지 소유자는 지역권의 범위를 벗어난 이용을 이유로 이용의 금지명령(injunction)을 신청하거나 이에 따른 손해배상을 청구할 수 있다.

하지만 이를 이유로 지역권을 소멸시킬 수는 없으며 이러한 점이 뒤에서 살펴 볼 이익권 내지 채취권(profit)과 차이가 있다고 할 수 있다.831)

7. 지역권의 양도

대부분의 지역권은 매매, 증여, 유증, 상속 등의 형태로 양도할 수 있다. 이러한 지

---

827) 서철원, *supra* note 27, at 155.
828) 박홍규, *supra* note 23, at 159.
829) 예를 들어 원래 지역권의 범위가 마차가 다닐 수 있는 정도이었지만 자동차의 이용이 이동수단으로 보편화됨에 따라 마차가 다닐 수 있는 지역권의 범위가 자동차가 통행할 수 있는 지역권의 범위로 보는 것은 합리적 변화에 따른 지역권의 범위라고 할 수 있다(서철원, *supra* note 27, at 155).
830) Barlow Burke and Joseph Snoe, *supra* note 1, at 498.
831) 서철원, *supra* note 27, at 155.

역권의 양도성(assignability of easements)에 관한 법리는 여러 가지 요소들에 의해 작용하지만 그 가운데 중요한 요소는 그 지역권의 성격이 부종적 지역권(an easement appurtenant)인지 아니면 독립적 지역권(an easement in gross)인지 여부이다.832) 즉, 부종적 지역권(an easement appurtenant)과 독립적 지역권(an easement in gross)의 형태에 따라 지역권의 양도는 차이점을 갖는다. 아래에서는 이러한 내용을 중심으로 살펴보기로 한다.

7.1. 부종적 지역권(an easement appurtenant)의 양도

부속 내지 부종적 지역권은 요역지의 소유권에 부속된(appurtenant) 권리로서 요역지의 권리가 양도시 부속 지역권의 양도와 부속되어 토지와 함께 양도되기에 독립된 부속 지역권의 양도가 불가능하다.833) 즉, 부동산과 함께 이전하는 특약(Real Covenant) 부분에서 다루는 '토지이전과 함께 토지에 붙어있던 부담'(여기서는 지역권)이 함께 이전(run with the land)한다는 의미가 담겨 있다고 할 수 있다.

주의할 것은 그러므로 요역지(dominant tenement)의 권리가 양도될 경우 부종적 지역권도 양도에 관한 조항이 증서(deed) 안에 있는지의 여부와 상관없이 자동적, 묵시적으로 양도되는 것이다.834) 이러한 이유는 이행의무의 약속 내지 특약(covenant)의 양도가 갖는 채권적 권리와는 달리 지역권이 갖는 물권적 권리에서 비롯된 것이기 때문이라고 할 수 있다.

다시 말하면 지역권은 특별한 정함이 없으면 영원히 지속되는 것으로 추정되므로, 당사자간의 별도 의사표시가 없는 한 승역지(servient tenement)의 승계인에게 그 지역권이 갖는 부담(burden)을 지우는 게 원칙이다. 따라서 지역권이 붙어 있는 부동산의 승계시에 비록 그 지역권에 대해 아무런 언급이 없어도 이전에 이미 지역권이 설정되어 있고 등록되어 있었다면 그 지역권은 유효한 것이다.

---

832) Barlow Burke and Joseph Snoe, *supra* note 1, at 495.
833) Jesse Dukeminier 외, *supra* note 32, at 812; *Miller* v. *Lutheran Conference & Camp Association*, 331 Pa. 241, 200 A. 646, 1938 Pa. 130 A.L.R. 1245.
834) Jesse Dukeminier 외, *Id.*; Barlow Burke and Joseph Snoe, *supra* note 1, at 495.

7.2. 독립적 지역권(an easement in gross)의 양도

'대인' 내지 '독립적' 지역권은 어떤 특정인 자신이 특정 토지를 소유하고 있는지의 여부와 상관없이 이익을 얻는 경우를 말한다.835) 이러한 지역권(an easement in gross)의 양도와 관련된 법리는 그 목적이 상업적인지의 여부 등에 따라 다르게 적용해 왔다.

철도, 전기, 수도, 가스, 배관시설을 위한 사용, 낚시를 위한 호수의 사용, 토지의 목재의 벌목이나 지하자원의 채굴을 위한 사용(profits a prendre or profit) 등과 같이 수익을 목적으로 하는 상업용(commercial easements in gross)이라면 특별히 제한해야 할 사정이 없는 한 요역지의 양도와 상관없이 독립적으로 양도할 수 있다.836)

하지만 비상업용이거나 개인용일 경우(non-commercial easements in gross or personal easements)에는 특별히 증서를 통해 명시적으로 이전이 가능함을 나타내거나 어떤 특별한 사정이 없는 한 양도할 수 없는 것으로 보는 것이 다수의 입장(the majority rule)이다.837)

즉, 상업적 목적을 위한 독립적 지역권의 경우 소유자의 동의 없이 양도성이 인정되고, 비상업용이나 개인적 목적을 위한 경우에는 원칙적으로 양도할 수 없지만 지역권 수여자의 의사 등 특별한 사정이 있는 경우에는 양도가 가능하다는 의미이다.838)

예를 들어 갑 토지 위에 커다란 옥외 광고판을 설치할 수 있는 권리를 을에게 부여하였는데 이 권리를 을이 제3자에게 자유롭게 양도할 수 있는지의 문제를 생각해 보자. 우선 ① 본 사안은 하나의 구획된 토지(one parcel)와 관련되어 있다는 점에서 독립적 내지 대인 지역권(an easement in gross)이다. ② 이때 이 지역권을 양도할 수 있는지의 문제와 관련해서 원칙적으로 이러한 지역권리가 자동적으로 묵시적인 양도가 될 수는 없을 것이다. 왜냐하면 을에게 광고 게시판 설치권리를 준 것은 단순히 을에 대한 개인적 특권(personal privilege)에 불과한 것이기 때문이다. 따라서 갑이 명백한 양도허락의 의사표시를 하였다면 양도할 수 있고 그렇지 않다면 양도할 수 없을 것이다.

---

835) Barlow Burke and Joseph Snoe, *Id*.
836) *Id*. at 495-496; 부종적 또는 부속 지역권(an easement appurtenant)인지 독립적 지역권 또는 인역권인지 애매한 경우 법원은 부종적 지역권으로 해석하기를 선호한다고 한다(서철원, *supra* note 27, at 153).
837) Barlow Burke and Joseph Snoe, *supra* note 1, at 496.
838) 박홍규, *supra* note 23, at 162.

8. 지역권의 분리와 분할(Divisibility and Apportionment)

지역권의 분리 내지 분할(divisibility or apportionment)과 관련하여 '부종적' 지역권은 양도가 가능하므로 따라서 요역지가 분리나 분할이 되면 분리나 분할된 지역을 위하여 분리 또는 분할이 될 수 있다.[839]

하지만 '독립적' 지역권의 경우 원칙적으로 양도할 수 없으므로 비상업적인 목적의 독립적 지역권인 경우 지역권 역시 원칙적으로 분리 내지 분할될 수 없다고 보아야 할 것이다.[840] 상업용 목적인 경우의 분리와 분할 가능여부가 문제되는데 이는 그 내용이 배타적 내지 독점적(exclusive)인지 비배타적 내지 비독점적인지의 여부에 따라 달라질 수 있다. 전자, 즉 지역권을 단독으로 사용할 수 있는 경우에는 지역권 수여자가 분리와 분할로 인해 어떤 추가적인 부담을 갖는 것이 아니므로 지역권자가 여러 명에게 지역권을 분리와 분할을 할 수 있지만 후자, 즉 여러 사람이 갖는 통행지역권과 같은 비배타적인 경우에는 수여자의 의사에 따라 분리와 분할 여부가 결정된다고 할 수 있다.[841]

9. 지역권의 종료(Termination)

지역권은 원칙적으로 그것이 명시적이든 묵시적이든 잠재적으로는 영원히 지속한다고 볼 수 있다.[842] 하지만 이러한 특성을 갖는 지역권도 일정한 사유가 발생할 경우 소멸되거나 종료될 수 있다.

이러한 사유로는 당사자의 합의에 의한 종료, 금반언(estoppel)에 의한 종료, 해제조건이 붙어있는 경우 그 조건의 성취에 따른 종료, 정해진 기한의 경과에 따른 종료 등을 들 수 있다. 아래에서는 이러한 내용을 중심으로 살펴보기로 한다.

---

839) *Id.*; Barlow Burke and Joseph Snoe, *supra* note 1, at 496-497.
840) Barlow Burke and Joseph Snoe, *Id.*
841) *Id.*; 박홍규, *supra* note 23, at 162.
842) Barlow Burke and Joseph Snoe, *Id.* at 502.

9.1. 당사자간의 합의에 따른 종료

당사자간의 합의로 지역권을 종료시킬 수 있는 데 이 경우 지역권의 목적물이 된 해당 토지를 승역지 소유자에게 반환하는 의미를 갖는다. 이러한 양 당사자간 합의에 의한 지역권의 종료는 부동산권을 양도할 때 필요한 부동산 양도 증서 내지 날인증서와 같은 증서(deed)에 의해 이루어지는 것이 보통이다(termination by the terms of the grant).[843]

9.2. 금반언에 의한 지역권의 종료

일반적으로 금반언(禁反言, estoppel)이라 함은 일단 표시한 사실에 반하는 주장을 금지하는 원칙을 의미한다. 즉 일방 당사자 어떤 행위를 하고 그 상대방은 그 행위에 의존하여 상당한 입장의 변화를 가져온 경우 그 상대방에게 손해가 되는 권리를 주장하지 못하는 것을 말한다.[844]

이러한 측면에서 금반언에 의한 지역권의 종료는 형평법상(in equity) 인정되는 것으로서 승역지 소유자가 지역권 보유자로부터 더 이상 지역권에 대한 권리를 행사하지 않겠다는 의사를 표명하고 승역지 소유자는 이에 대한 합리적 신뢰를 갖고 자신의 입장에 대한 상당한 변화를 가져오는 등 앞의 금반언에 의한 지역권(easements by estoppel)의 성립 부분에서 설명한 일정한 요건들을 갖추어야 구속력을 갖게 될 것이다.[845]

9.3. 필요성의 소멸에 따른 종료

지역권을 창설할 당시 필요성에 의한 것(easement by necessity)이었는데 그 필요성이 종료(end of necessity)됨에 따라 지역권도 자동적으로(automatically) 종료되는 경우를 말한다.[846] 하지만 필요성에 의한 지역권이라고 해도 지역권에 대한 문서성을 갖춘 명시적 수여가 있었다면 이때는 자동적으로 소멸되는 것이 아니고 지역권은 그대로 남아있게 된다. 이러한 논리는 문서성을 갖춘 묵시적인 지역권이 성립된 경우에도 마찬가지이다.

---

843) *Id*; 박홍규, *supra* note 23, at 163.
844) 임홍근 외, *supra* note 22, at 703.
845) Barlow Burke and Joseph Snoe, *supra* note 1, at 503.
846) *Id*, at 502; 서철원, *supra* note 27, at 156.

9.4. 승역지의 멸실에 따른 종료

승역지(servient land)가 승역지 소유자의 비자발적인(involuntary) 자연적 어떤 현상에 의해 파괴 내지 멸실된 경우에도 지역권은 소멸한다. 이때 승역지 소유자가 새로운 건물을 짓기 위해 기존의 건물을 무너뜨리는 것과 같은 자발적인 행위(voluntary conduct)에 의한 경우에는 적용되지 않고 이때 지역권은 여전히 존재한다.

9.5. 정부의 공용수용에 따른 종료

승역지가 연방이나 주(州) 정부 또는 지방 행정관청의 공권력의 행사에 따라 강제적으로 공용수용(eminent domain or condemnation)된 경우 지역권은 소멸한다. 이때 정부는 재산권인 지역권을 수용했으므로 지역권자에게 정당한 보상을 해야 한다.[847]

9.6. 승역지의 반환에 따른 종료

승역지의 반환에 따른 종료는 요역지 소유자가 승역지 소유자에게 지역권을 반환하겠다는 서면에 의한 의사표시를 한 경우가 해당되는 데 일종의 권리의 포기(release)라고도 할 수 있다. 사기방지법(statue of fraud)상 이러한 이전을 서면성(in writing)을 갖추어야 한다.[848]

9.7. 지역권의 포기(abandonment)에 따른 종료

지역권을 갖는 자, 즉 요역지 소유자가 어떤 물리적 행위(physical action)에 의해 더 이상 지역권 행사를 하지 않겠다는 명백한 의사표시를 한 경우 등은 그 지역권은 포기(abandonment)에 의한 것으로 보아 더 이상 지역권은 존재하지 않게 된다.[849]

포기에 의한 지역권이 소멸 내지 종료되기 위해서는 자동차 통행을 위한 지역권을

---

847) Barlow Burke and Joseph Snoe, *supra* note 1, at 504.
848) *Id.* at 503.
849) *Preseault* v. *United States*, 100 F.3d 1525, 1996 U.S. App. 27 ELR 20349.

보유하였는데 이제 새로운 자동차 도로가 생기면서 기존의 지역권 행사를 하던 도로를 더 이상 이용하지 못하도록 구조물을 세우는 것과 같이 포기의 의사와 이후 사용하지 않 겠다는 어떤 물리적 행위(physical action)가 있어야 한다.[850]

그러므로 단순히 구두에 의하거나(words), 사용하지 않거나(nonuse), 취득시효 기간 중의 사용중단 등의 사실만으로는 포기에 의한 지역권의 소멸원인이 되는 것은 아니다.

9.8. 지역권자의 승역지 소유권 취득에 따른 종료

지역권자, 즉 요역지 소유자가 승역지 소유자로부터 소유권을 취득하여 승역지 및 요역지가 모두 동일한 사람에게 귀속된 경우 그 지역권은 혼동의 법리(unity of ownership or merger doctrine)에 따라 종료하게 된다.[851] 왜냐하면 지역권은 원칙적으로 다른 사람의 토지를 이용하는 권리이기 때문이다. 혼동을 원인으로 지역권이 소멸된 경우 그 후 다시 부동산권을 잃게 되는 상황이 있더라도 계약에서 달리 정하지 않는 한 소멸된 지역권이 자동적으로 다시 부활되는 것은 아니다.[852]

9.9. 취득시효 완성에 따른 종료

일정한 요건하에 앞에서 설명한 승역지 소유자나 제3자의 취득시효 완성에 따라 부 동산권의 점유취득(adverse possession)이나 지역권에 의한 취득시효(prescription)가 완성된 경우 그 지역권은 종료될 수 있다.[853]

이와 같이 취득시효 완성에 따라 지역권이 발생하기도 하고 소멸하기도 한다.[854] 특 히, 지역권에 대한 취득시효는 앞에서 설명한 일정한 취득시효 요건을 갖춘 후 그 해당 하는 주(州)에 정한 시효기간이 경과하여야 하고, 단순히 지역권을 사용하지 않는 것만으 로는 아무리 오랜 기간이 지나도 지역권은 소멸되지 않는다.

---

850) Barlow Burke and Joseph Snoe, *supra* note 1, at 503; 서철원, *supra* note 27, at 156.
851) *Id.*
852) *Id.*; 박홍규, *supra* note 23, at 164.
853) 박홍규, *Id.*
854) Barlow Burke and Joseph Snoe, *supra* note 1, at 503.

9.10. 부동산등록법에 따른 종료

재산권으로서의 지역권은 주(州)의 부동산등록법(recording acts)과도 연관되어 있다. 그러므로 원칙적으로 후속 매수인이 선의(a subsequent bona fide purchaser, BFP)인 경우 부동산상에 붙어있는 지역권에 구속되지 않는다.[855]

마찬가지로 명시적 지역권(an express easement)이 등록되기 이전에 저당권 설정 등록을 한 채권자는 부동산등록법에 의해 보호되므로 해당 부동산에 대한 저당권 실행을 통해 매도할 수도 있다. 이때 이러한 경매를 통해 해당 부동산을 취득하게 된 매수인은 그 부동산에 붙어있던 지역권에 구속되지 않는다.[856]

하지만 반대로 지역권이 저당권보다 먼저 등록된 경우라면 지역권자는 채권자보다 우선 순위를 갖게 되고 따라서 저당권 실행을 통해 해당 부동산을 취득한 매수인은 지역권이 붙어있는 부동산을 취득하게 된다.[857]

9.11. 지역권의 이용범위를 벗어난 경우

앞에서 살펴본 대로 지역권을 사용하면서 당초 당사자간에 정한 지역권의 범위를 벗어나거나 잘못 이용할 경우(surcharge, overuse, or misuse) 이러한 이유만으로 지역권을 소멸시킬 수는 없으며 이 점이 이익권 내지 채취권(profit)과 다르다.[858] 이때 원래의 토지 소유자는 지역권의 범위를 벗어난 이용을 이유로 이용의 금지명령(injunction)을 신청하거나 이에 따른 손해배상을 청구할 수 있고, 그 상황에 따라서는 법원에 의해 지역권의 종료를 선언할 수도 있을 것이다(forfeiture for misuse).[859]

---

855) *Id.* at 504.
856) *Id.*
857) *Id.*
858) 서철원, *supra* note 27, at 155.
859) Barlow Burke and Joseph Snoe, *supra* note 1, at 503; 박홍규, *supra* note 23, at 164.

Ⅲ. 사용허가(Licenses)

1. 의의

사용허가 내지 허락(license)은 다른 사람의 토지에 출입할 수 있는 권리 내지 특권을 말한다.860)

만일 허가받은 자(licensee)가 사용허가의 계속에 대한 합리적 믿음을 갖고 상당한 금액이나 노동을 투자했다면 금반언에 의한 지역권의 법리에 따라 사용허가를 취소할 수 없게 된다(easements by estoppel and irrevocable licenses). 즉, 사기방지법에 따른 서면화된 증서에 의해 지역권을 수여하지 않았거나, 당사자들이 처음부터 문서화하지 않은 경우 명시적 지역권(express easement)을 수여하였다고 할 수 없어 그 효력을 인정할 수 없을 것이다.861)

만일 승역지 소유자가 요역지 소유자에게 특정 목적을 위해 부담을 갖고 있는 토지의 사용을 허락한다면 이는 그 토지의 사용을 허락(사용허가, a license)한 것이라고 볼 수 있다.

원칙적으로 '사용허가'는 그 특성상 언제든지 법적으로도(at law) 취소할 수 있다.862) 즉, 특정 목적을 위해 다른 사람의 토지에 들어갈 수 있는 특권의 하나일 뿐이므로 원칙적으로 허가자(licensor)는 언제든지(at any time) 취소할 수(revocable) 있는 것이다.

하지만 형평법 법원(a court of equity)은 일정한 경우 이러한 '사용허가'도 어떤 권리와 결합하여 존재하는 경우나863) 금반언에 의한 지역권(easements by estoppel)864) 등은 취소할 수 없는 사용허가(irrevocable licenses)로 보아 그 구속력을 인정하려 하고 있다.

어느 것이든 이러한 구속력을 갖기 위해서는 ① 승역지 소유자가 요역지 소유자에게 승역지의 사용에 동의하고, ② 만일 승역지 소유자가 허락한 승역지의 사용을 취소하지 않을 것이라고 믿어, 만일 취소할 경우 요역지 소유자의 입장에 상당한 변화(material change)를 가져올 것이라는 것을 승역지 소유자가 알거나 알 수 있어야 하며, ③ 요역지 소유자는 계속해서 사용허가를 받을 것이라는 합리적인 믿음 하에 이러한 사용을 위해 투자를 하는 등 그 입장에 상당한 변화를 가져와야 한다.865)

---

860) 임홍근 외, *supra* note 22, at 1146.
861) Barlow Burke and Joseph Snoe, *supra* note 1, at 478.
862) *Id.*
863) Jesse Dukeminier 외, *supra* note 32, at 774.
864) Id.; *Holbrook* v. *Taylor*, 532 S.W.2d 763, 1976 Ky.
865) Barlow Burke and Joseph Snoe, *supra* note 1, at 478.

2. 지역권과의 비교

사용허가(license)는 타인의 부동산에 들어가거나 어떤 것을 행할 수 있는 권리를 갖는다는 점에서 지역권과 같으나 사용허가 수여자가 임의로 취소가 가능하고, 사기방지법(statute of fraud)의 적용대상이 아니어서 구두에 의할 수 있으며, 부동산에 대한 권리가 아니라는 점에서 지역권과 다르다고 할 수 있다.866)

Ⅳ. 채취권(Profit)

1. 의의

채취권(採取權) 내지 이익권(profit)은 타인의 토지에 들어가 어떤 물질을 채취할 수 있는 권리를 말한다.867) 즉, 미국 부동산법에서 의미하는 채취권이란 타인의 토지에 들어가 모래와 자갈을 채취하거나 토지 안의 목재나 광물 등과 같은 어떤 물질을 타인의 부동산에 들어가 물건을 이동할(remove) 수 있는 권리를 의미한다.868)

2. 종류

이러한 채취권(採取權, Profit)도 지역권과 같이 부종적 채취권(profit appurtenant)과 독립적 채취권(profit in gross)으로 구분될 수 있고, 그 성립, 채취의 범위, 종료 등의 내용 역시 지역권과 유사한 면이 있다.869) 독립적 채취권(profit in gross)도 양도할 수 있다.

866) 박홍규, *supra* note 23, at 158-159.
867) Jesse Dukeminier 외, *supra* note 32, at 765.
868) 임홍근 외, *supra* note 22, at 1497.
869) 서철원, *supra* note 27, at 157.

3. 지역권과의 차이

채취권이 부종적 채취권(profit appurtenant)에 해당하는 것인지, 독립적 채취권(profit in gross)에 해당하는 것인지 애매한 경우에는 독립적인 채취권으로 해석되고, 채취권에 대한 목적 이외의 사용이나 잘못된 사용(misuse of profit)의 경우에도 채취권의 종료사유가 될 수 있지만, 잘못된 사용(misuse of easement)이나 범위를 넘어선 사용(excess use or surcharge)의 경우에도 소멸되지 않는 적극적 지역권(affirmative easement)과 구별된다.[870]

지역권과 채취권

	지역권	채취권(이익권, Profit)
주목적	주로 인접토지에 대한 편의 부여	경제적 이익
문서성	원칙적으로 필요하나 예외(1년 이상이 아닌 지역권인 경우, 묵시적인 경우, 필요성에 의한 경우, 취득시효에 의한 경우) 있음	필요함
법원의 해석상 선호	인접토지와의 부종적 해석	인접토지와의 독립적 해석
종료사유	필요성의 종료, 혼합, 포기, 금반언, 취득시효, 자연적 소멸, 공용수용 등(목적외 사용/오용은 종료사유 아님)	기본적으로 지역권과 유사하나 오용(misuse)의 경우 종료사유가 됨

사 례 의 분석[871]

(1)의 경우('A는 B의 토지에 들어갈 수 있는 권리를 부여받았다')에 대한 권리는 지역권(an easement)이다.

(2)의 경우('A는 B의 토지에 들어가서 그 토지에 부착되어 있는 어떤 것을 채취할 수 있는 권리를 부여받았다')에 대한 권리는 채취권 내지 이익권(a profit)이다.

(3)의 경우('A는 B토지 사용에 관해 어떤 제한을 할 수 있는 권리를 부여받았다')와 관련해서 (1)이 적극적 지역권(an affirmative easement)이라면 이 경우는 소극적 지역권(a negative easement)이다. 이에 대한 위반시 피해자가 어떤 구제수단을 선택하느냐에 따라 보통법상의 부동산 특약(real covenant, 손해배상을 구하는 경우) 또는 형평법상의 역권(an equitable servitude, 금지명령을 구하는 경우)이 될 수 있다.

(4)('A는 B토지에서 B로 하여금 어떤 행위를 하도록 요구할 수 있는 권리를 부여받았다')와 (5)('A

---

870) *Id.*

는 B로 하여금 특별한 시설물의 보유를 위해서는 일정한 금액을 지불할 것을 요구할 수 있는 권리를 부여받았다')의 경우는 피해자가 어떤 구제수단을 선택하느냐에 따라 보통법상의 부동산 특약(real covenant) 또는 형평법상의 역권(an equitable servitude)이 될 수 있다.

Notes, Questions, and Problems

- "소유자가 임대해 줄 수 없다"는 부동산 계약상의 특약(covenant)이 있는 경우 전면적 양도제한이 아닌 일부 제한(partial enforcement on alienation)이므로 허용된다.
- 강제적으로 유언(will)을 작성하게 해서 부동산 양도증서(deed)를 받은 경우 그러한 증서는 취소 가능한 것이긴 하지만, 무효인 상태는 아니다. 따라서 그 증서에 근거하여 선의의 매수인이 부동산 취득시 부동산을 찾아올 수 없다.
  이러한 것은 위조(forgery), 전달되지 않은 증서(undelivered deed), 실행에서의 기망(fraud in factum/execution)의 경우는 무효인 증서라서 선의의 매수인(a bona fide purchaser, BFP)가 소유권을 취득하지 못하는 것과 구분해야 할 것이다.
- ① 엄마가 아들에게 부동산 양도증서(deed)를 교부한 후 1주일 뒤에 아들이 자기가 받아서는 안 된다고 생각하고 엄마에게 돌려주어 엄마가 아들과 딸에게 땅을 배분한 경우를 생각해보자. 이 경우 땅 소유자는 여전히 아들이 됨을 주의해야 할 것이다. 비록 1주일 뒤에 돌려주었다고 해도 그러한 반환은 아무런 거절의 효력이 없다. 아들에게 증서를 교부할 당시 아들이 거절했어야 하기 때문이다.
  ② 삼촌이 조카에게 부동산 양도증서(deed)를 교부하자 조카가 즉시(immediately) 나는 원하지 않는다고 거절한 경우 증서 인도의 효력은 발생하지 않는다.
- 생애부동산권자(Life tenant) "A"가 설치한 다리가 10년이 경과되어 더 이상 안전하지 않은 상태가 되었어도, A가 최초에 점유할 때 해당 재산권에 그러한 다리가 없었다면, 잔여권자(remainder)가 요구하더라도 다리를 보수할 의무를 A는 부담하지 않는다.
- 부동산에 저당권이 설정되어 있는 상태에서 집주인("O")이 임대해 준 경우 저당권 경매 실행시 임차인("T")의 임차권은 소멸하게 된다. 이 경우 임차인 T는 자신이 부동산을 향유할 권리를 갖고 다른 제3자의 자신의 권리 주장 등에 간섭받지 않을 것이라는 보증(the covenant for quiet enjoyment)의 위반을 이유로 한 손해배상을 청구할 수 있을 것이다.
- ① 목적물에 대한 평온한 권리행사의 약속(Quiet enjoyment)은 주거용이든 상가용이든 퇴거조치(eviction)시 적용된다. 의제적 추방(constructive eviction)은 임대인이 자신의 의무를 위반했을 때로 한정된다.
  ② 주거성 내지 주거적합성(Habitability)은 주거용임대차에 국한되고, 이 경우 제3자의 잘못

871) Jesse Dukeminier 외, *supra* note 32, at 764.

으로 생긴 하자에 대해서도 책임을 진다.

- "만약 비기독교인에게 부동산을 매도할 경우 복귀권을 행사하여 다시 찾아오겠다(right of entry)"라고 한 경우 이는 비기독교인을 차별하는 해제조건(condition subsequent)이기에 무효이다. 또한 공정주택법(Fair Housing Act)에도 위반되는 사항이다.

- 부동산 특약(covenant)이 있는 땅을 점유에 의한 시효완성으로 취득하는 경우(Adverse Possession) 그 취득자는 어떤 부동산 계약상의 특약과는 상관없이(free of covenant) 마음대로 집을 지을 수 있다.

- 땅에 통행지역권(easement for drive way)이 부착되어 있는데 매수인이 땅을 조사해보지 않은 경우라면 매수인은 선의의 매수인(BFP)이 아니므로 그러한 지역권(easement)의 제거를 주장할 수 없다. 만일 어떤 사례에서 인접 도로에서 집의 차고까지의 진입로라는 의미로 'Drive Way'라는 표현이 있을 경우 매수인에게 정황적 통지(inquiry notice)를 부여하는 것으로 이해하는 것도 하나의 해결방법이다.

- 물과 관련된 상린관계에서 선우선권주의(Prior appropriation doctrine)에 따르면 물을 첫 번째로 사용하는 사람(first beneficial user of water)에게 우선권이 있다. 이러한 것은 그가 강의 주변에 사는 사람이든 아니든 상관없다.

- 지역(지구단지) 개발을 위한 '종합계획'(common development scheme)은 그 지역을 기준으로 지역 안에 모두 효과 발생하는 데 비해. 일반 계약상의 특약(covenant)은 그 특약을 맺은 당사자와 그 승계인들에게 미치는 점에서 구분된다.

- 일반 보증 담보증서(General warranty deed)에서의 양수인은 자신이 부동산을 향유할 권리를 갖고 다른 제3자로부터 자신의 권리 주장 등에 간섭받지 않으며(the covenant of warranty and quiet enjoyment), 만일 다른 제3자가 나타나 자신이 적법한 권리자임을 주장할 경우(eviction or disturbance 등), 이에 대한 보호뿐만 아니라 그로 인해 양수인이 입게 될 경우 그 손해 역시 배상하겠으며(warranty), 양수인에게 필요한 서류의 제공하거나 양수인에게 이전된 증서에 어떤 하자나 부담이 있을 경우 이를 치유하는 데 필요한 행위를 할 것을 보증한다는(the covenant of further assurances) 내용을 포함하고 이는 직접 거래상대방 뿐 아니라 후속매수인에게도 보장되는 것이다.

- 권리포기 양도증서(quit claim deed)는 후속매수인을 보호하지 않는다. 따라서 A가 B에게 $10,000에 일반 보증 담보증서(general warranty deed)를 교부했는데, B가 C에게 $12,000에 권리포기 양도증서(quitclaim deed)로 팔았고, 그 땅을 결국 소송에서 뺏기게 되면 C는 A를 상대로 '일반 보증 담보증서'에 근거해서 $10,000에 대해 손해배상의 청구가 가능하다. C는 B를 상대로 $12,000의 손해배상을 청구할 수 없다.

- 지역권이 설정된 땅과 일정한 편익(benefits)을 얻는 토지인 요역지(要役地, dominant tenement)를 같이 소유하게 되면 지역권은 혼합(merger)으로 소멸한다.

- 생애부동산권자 A가 임대차계약 체결해서 임차인이 살고 있던 중 A가 사망하게 되면 잔여권자(remainder)에게 소유권 완전히 넘어가므로 임차인은 그 즉시 임차된 집을 비워줘야 할

것이다. 잔여권자의 권리가 임차인의 권리보다 우월하기 때문이다.

• 최초의 지역권(easement)설정 당시 등록(record)된 경우, 지역권의 내용이 땅속에 있는 수도관에 관한 것이라고 해도 후속매수인은 권원의 검색 내지 조사(title search)를 통해 지역권의 존재여부를 알 수 있었으므로, 그 지역권에 기속된다.

• 점유에 의한 취득시효(Adverse Possession)로 일부 땅을 취득하였다면 이는 시장성 있는 소유권(marketable title)이 아니므로 매수인은 계약의 이행을 거절할 수 있다.

• 생애부동산권자가 땅에서 충분히 이득을 취하고 있으면 세금을 납부해야 할 의무가 있다(personally liable for the taxes). 만일 세금을 납부하지 않을 경우 정부의 경매(a tax sale)로 인해 잔여권자(remainder)의 이익이 없어지므로, 결국 잔여권자(remainder)도 실질적으로는 세금을 납부할 수밖에 없을 것이다.

• 부동산 양도증서(deed)는 반드시 물리적으로 전달되지 않더라도 어떤 행위(conduct)에 의해서도 전달된 것으로 판단될 수 있다. 그러므로 증서에 서명하고, 공증한 것은 증서 자체를 직접 조카에게 주지 않더라도 당장 소유권을 이전하려는 의사가 있다는 점을 드러낸 것이라고 할 수 있다. 소유권을 이전하기로 해놓고 부동산 양도증서를 계속 보관하고 있는 경우라면 증서의 전달이 없는 것으로 추정하지만, 이와 같이 공증까지 한 경우라면 그 증서가 전달된 것으로 보는 것이다.

• 지역권도 일단 등록이 되면 그 뒤로 계속 효력을 갖는다. 후속매수인도 이 지역권에 기속된다. 만일 등록이 안 된 경우라면 인접 도로에서 집의 차고까지의 진입로(drive way) 같은 경우 정황적 통지 내지 인지(inquiry notice)를 부여하는 방법으로 해서 후속매수인이 지역권을 제거하지 못하도록 하므로, 사실상 영속적이라고 할 수 있다.

• 지역권과 관련된 사례와 부동산 특약에 관한 사례를 섞어 놓고 사안에 적합한 내용을 선택하라는 질문이 있을 수 있고, 그럴 경우 실제 혼동될 수 있으므로 이에 대한 대비를 해야 할 것이다.

• 시장성에 대한 묵시적 보증책임(Implied warranty of marketability)은 부동산계약상 이행의 완료(closing) 시까지만 주장할 수 있는 것이고, 부동산이 양도된 이후에는 계약이 부동산 양도증서에 흡수되므로, 증서를 기준으로 권리, 의무관계가 설정된다.

따라서 증서가 교부된 상태에서 그 소유권을 진정한 제3자에게 빼앗기게 되면, 시장성(marketability)에 대한 보증책임 위반이 아니라 그 증서가 일반 보증 양도증서(general warranty deed)라면 그 증서의 위반으로 매도인을 상대로 청구해야 하는 것이다.

제8장
토지의 이전과 함께하는
부동산 특약(Real Covenants)과
형평법상의 역권(Equitable Servitudes)

제8장 토지의 이전과 함께하는 부동산 특약(Real Covenants)과 형평법상의 역권(Equitable Servitudes)

[사실관계]

캘리포니아주 LA카운티 Culver시의 행정구역내에는 Lakeside Village라고 하는 하나의 대규모 콘도단지가 있었다. 이 콘도단지는 3층짜리 건물 12개동에 530세대가 거주하고 있었고, 입주민들은 현관이나 계단, 세탁이나 쓰레기 처리시설 등을 공유하고 있었다.

본 콘도단지를 조성과 관련한 개발자(developer)는 콘도와 관련된 여러 가지 내용을 문서화하여 등록하였다(recorded declaration). 이렇게 등록된 문서의 내용에는 콘도의 사용이나 관리 등 세부적인 사항이 담긴 '특약, 조건과 제한사항'("CC&R")이 포함되어 있었다.

"CC&R"의 제한사항 가운데에는 애완동물에 관한 것(pet restriction)도 있었고 그 내용은 집에서 키우는 물고기와 새들(domestic fish and birds)은 사육이 허용되지만 이들을 제외한 개와 고양이, 가축, 파충류, 야생조류들에 대한 사육은 금지된다는 것이었다.[872]

원고 Nahrstedt는 'Lakeside Village'콘도 하나를 구입하여 3마리의 고양이와 함께 이사를 왔다. 후에 콘도연합회(Lakeside Village Condominium Association)에서 이러한 사실을 알고 원고에게 고양이를 더 이상 키우지 말 것과 위 애완동물에 제한(pet restriction) 위반을 이유로 한 위약금을 산정하여 통지하였다.

이에 원고는 고양이는 소음을 일으키지 않고 다른 사람의 재산을 향유하는 데 어떤 부당한 생활방해도 일으키지 않는다고 생각하고 위 Lakeside Village콘도연합회, 관리자 등을 상대로 소송을 제기하였다. 이때의 주요 소송원인(cause of action)은 자신은 동 콘도를 매수할 당시 이러한 제한 규정을 알지 못했고 동 제한 규정은 비합리적이라는 것 등이었다. 이에 대해 피고는 이의제기를 하였고 원심법원은 피고의 이의제기를 받아들여 원고의 청구를 기각하였다. 이에 원고는 상소하였다.

이와 관련해서

---

872) "No animals(which shall mean dogs and cats), livestock, reptiles or poultry shall be kept in any unit".

(1) '특약, 조건과 제한사항'("CC&Rs")과 같은 어떤 합의된 제한규정이 비합리적이지 않다면 그 규정은 강제력을 가질 수 있는가?

(2) 다른 애완동물들을 집에서 키우는 것을 허용하면서도 고양이나 개들을 키우는 것을 제한하는 규정이 합리적이라고 볼 수 있는가?

1. 쟁점

- 형평법상 역권(equitable servitudes)의 의미
- '특약, 조건과 제한사항'(Covenants, Conditions, and Restrictions, "CC&Rs")의 의미 및 효력
- 어떤 합의된 제한규정(agreed-to use restrictions)이 있고, 그 규정이 비합리적이지 않을 경우 그 규정의 위반자에 대한 강제력 행사의 가능성 여부
- 콘도의 사용제한과 관련된 합리성 여부의 판단기준
- '개발 공동소유권' 내지 '공동관심 주거단지'(the Common Interest Development)의 의미
- 다른 애완동물들은 집에서 사육을 허용하면서도 고양이나 개들은 제외시킬 경우의 효력

2. 관련 판례

- *Nahrstedt* v. *Lakeside Village Condominium Assoc., Inc*, 878 P.2d 1275(1994).

Ⅰ. 개설

사인간 둘 이상의 토지 이용에 대한 내용은 뒤에서 살펴 볼 '정부의 공적규제에 의한' 토지사용의 제한이 아닌 '사적' 토지사용의 제한과 연관된 사적인 약속(private agreement)과 관련된다. 이러한 약속의 효과는 반드시 그렇지 않지만 보통 한쪽 토지에 이익(benefit)을 주기 위해 다른 토지에 부담(burden)을 주게 된다. 특히, 특정 토지 전체(all lots)에 대한 재분할(a subdivision)을 하면서 주거용 목적으로만 제한하는 것처럼 부담과 이익에 대한 약속은 종종 서로 상호적(reciprocal)이라고 할 수 있다.[873] 이때의 약속은 계약당사자뿐만 아니라 후속 매수인을 구속하게 되는 토지내의 일종의 권리로서 취급되는 데 이러한 권리 내지 이익(interests)을 보통 역권(servitudes)이라고 한다.[874] 역권법은 기능상으로는 같은

---

873) Jesse Dukeminier 외, *supra* note 32, at 763.
874) *Id.*

권리(the same functional interest)이지만 학리상 명칭(doctrinal labels)과 요건의 상이함 등으로 인해 복잡성을 띠고 있다.875) 이에 대해서는 아래에서 좀더 구체적으로 살펴보기로 한다.

한편으로 미국 재산법 중 부동산법과 관련하여 이웃의 부동산간의 관계를 조정하기 위한 법리, 즉 상린관계에 관한 법(law of neighbors)을 생각해 볼 수 있다. 여기에는 앞에서 살펴 본 지역권(easement), 생활방해(nuisance) 등의 법리와 함께 부동산권에 붙어있는 특약(covenant)에 대한 법리도 포함된다. 이들이 갖고 있는 각각의 목적은 거의 유사하지만 그 용어의 사용이나 내용과 요건 그리고 효과적인 측면에서 다소 차이가 있다.

이번 장에서는 이러한 배경을 기초로 우선 학습에 필요한 개념에 대해 간략하게 살펴본 후 특약(covenants)과 부동산 특약(real covenants), 토지의 이전과 함께하는 특약(covenants that run with the land), 형평법상의 역권(equitable servitudes), 개발을 위한 종합계획(common plans) 등에 대한 내용을 살펴보기로 한다.

1. 개념에 대한 기초적 이해876)

1.1 역권(Servitudes)

(1) 의의

역권(役權, servitudes)이란 법률상으로 특정한 목적을 위하여 다른 사람의 물건이나 토지를 이용하는 권리라고 할 수 있다. 로마법에서 인정된 '역권'은 크게 지역권과 인역권으로 구분할 수 있다. 이 두 가지 개념은 ① 그 편익을 받는 대상이 전자가 '특정 토지'인데 비해 후자는 '특정인'이고, ② 양도와 상속과 관련해서 전자는 양도가능하지만 후자는 그렇지 않다. 또한 ③ 역권의 목적, 즉 편익을 제공하는 물건과 관련해서 전자가 토지에 한정되는 것이라면 후자는 부동산 또는 동산이라는 점에서 차이가 있다.877)

우리 민법은 지역권만을 인정하고 있지만 제235조의 공용수의 용수권과878) 제302조

---

875) Id.
876) 이번 장에서 설명되고 사용되는 용어는 입장에 따라 다양한 견해가 있어 본 교재에서는 용어 하나하나를 선택함에 있어 무엇보다 내용의 충실에 중점을 두었다. 기존에 다른 용어나 개념을 통해 학습을 해 온 독자입장에서는 새로울 수 있으므로 기존의 학습 방법에 따를 것을 권한다.
877) 김준호, *supra* note 20, at 745-746.
878) 제235조(공용수의 용수권) 상린자는 그 공용에 속하는 원천이나 수도를 각 수요의 정도에 응하여 타인의 용

의 특수지역권의 경우는[879] 그 편익을 받는 주체가 토지가 아니라 사람이라는 점에서 인역권의 성격을 갖는다고 할 수 있다.[880]

이러한 논리는 미국 재산법상 역권에서도 유사하게 적용된다고 할 수 있다. 즉, 미국 재산법상 역권(servitudes)은[881] 앞에서 살펴 본 지역권(easement), 부동산과 함께 이전하는 특약 내지 약관(real covenants), 형평법상의 역권(equitable survitudes), 수익권 내지 채취권(profit), 사용허가(licence)라는 내용과 관련되어 있다.[882]

이러한 내용은 때로는 역권, 지역권, 형평법상의 역권 그리고 특약과 부동산 특약 등 용어사용에 있어 혼동을 가져올 우려가 있다. 그러므로 이하에서 설명하는 부동산 특약은 '특약'을, 형평법상의 지역권 내지 역권은 '역권'(servitudes)으로 함께 사용하기로 한다.

(2) 접근방법

역권은 그 개념의 복잡성과 함께 그 접근 방법 또한 여러 가지이다. 이 가운데에서 특히 ① 이분법적 접근, ② 부동산의 비점유적 사용권에 따른 접근과 ③ 역권의 세분화를 통한 접근을 생각해 볼 수 있다.

①과 관련해서 전통적으로 역권법은 그 접근방법에 있어서 크게 지역권(easements)과 특약(covenants)이라는 이분법적 접근(a dichotomy)을 취하는 것과 관련이 있다.[883] 여기서 특약은 다시 보통법상 강제력을 갖는 특약(covenants at law, "real covenants")과, 형평법상 강제력을 갖는 형평법상의 역권("equitable servitudes")으로 구분될 수 있다.[884] 하지만 이 두 가지는 여러 가지로 기능적으로 중복되는(functional overlap) 면이 있어 혼동을 가져온다. 이러한 학리상 분류를 가져오게 된 원인은 어떤 정책(policy)의 측면이 아니라 보통법계에서 역사적인 시간의 흐름에 따른 결과라고 할 수 있다.[885]

②는 부동산에 설정될 수 있는 이익으로서 채권담보를 위해 타인의 부동산에 대해

수를 방해하지 아니하는 범위 내에서 각각 용수할 권리가 있다.
879) 제302조(특수지역권) 어느 지역의 주민이 집합체의 관계로 각자가 타인의 토지에서 초목, 야생물 및 토사의 채취, 방목 기타의 수익을 하는 권리가 있는 경우에는 관습에 의하는 외에 본장의 규정을 준용한다.
880) 김준호, *supra* note 20, at 745-746.
881) 역권(survitudes)이 사용이나 이용(use)에 관한 권리라는 점에서 점유(possession)에 관한 권리인 부동산권과 다르다고 할 수 있다(박홍규, *supra* note 23, at 145).
882) *Id.*
883) Jesse Dukeminier 외, *supra* note 32, at 763.
884) 형평법상의 역권은 제한적 특약(restrictive covenants)이라고도 알려져 있다(Jesse Dukeminier 외, *Id.* at 763-764).
885) Jesse Dukeminier 외, *supra* note 32, at 764.

갖는 담보권과886) 타인의 부동산을 소유하지 않고 사용만하는 비점유적 사용권(non-possessory use interest)의 내용과 관련이 있다. 비점유적 사용권으로서 지역권(easement), 채취권(이익권, profit), 부동산 특약(covenant), 그리고 역권(servitude)을 들 수 있다.887)

　③은 미국 재산법상 역권(servitudes)을 (ⅰ) 지역권, (ⅱ) 부동산과 함께 이전하는 특약, 그리고 (ⅲ) 형평법상 역권을 의미하는 것으로 정의하고, 채취권(이익권)과 사용허가(license)를 함께 역권의 부분에서 설명하고 있다.888) 구체적으로 (ⅰ) 지역권은 가장 오래된 것으로서 단순한 계약이 아닌 증서(deed)에 의해 성립한다.889) (ⅱ) 부동산과 함께 이전하는 특약은 대부분 부동산 권리의 양도에 포함되어 발생하지만 그 본질은 계약의 한 형태이다.890) 이러한 형태의 특약이 발달된 배경은 20세기 들어 미국의 산업화에 따른 유연한 부동산 이용방법이 필요하였고, 계약자유의 시대라 할 수 있는 당시 상황하에서 '계약'이 사회의 통제장치로서 가장 높게 취급되었다.891) (ⅲ) 형평법상 역권은 20세기 이후 (ⅰ)과 (ⅱ)의 요건을 갖추지 못했으나 특별한 부담이 있음을 알고 매수한 매수인에게 그러한 약속을 강제하는 것이 형평에 부합된다고 판단할 경우 법원에 의해 적용되는 경우이다.892) 앞에서 살펴본 작위(적극적) 지역권은 자기 소유부동산에 대해서는 성립하지 않고, 부작위(소극적)지역권은 전통적으로 그 성립이 제한되어 있었기에 이러한 역할을 대신하기 위한 것으로 (ⅱ)(ⅲ)의 발달을 가져왔다고 할 수 있다.893)

　역권과 관련한 주요 내용은 아래 〈표〉와 같이 설명할 수 있을 것이다.

__ 역권(servitudes)의 주요 형태

구분	지역권 (easements)	특약(covenants)		
		보통법상의 부동산 특약 (real covenants)	형평법상의 역권(equitable servitudes)	
			형평법상의 역권	'종합계획'(common plan)에 의한 묵시적 형평법상의 역권
특징	특정인에게 다른 사람의 특정 토지에 대	특정 토지상에서 작위나 부작위 이행의무의	특정 토지상에서 작위나 부작위 이행의	특정 토지상에서 작위가 아닌 부작위 이

---

886) 이에 대해서는 '부동산 금융과 부동산 담보권' 부분에서 상세히 설명하기로 한다.
887) 서철원, *supra* note 27, at 151.
888) 박홍규, *supra* note 23, at 145-146.
889) *Id,* at 145.
890) *Id,* at 145-146.
891) *Id.*
892) *Id.*
893) *Id,* at foot note 4.

구분	지역권 (easements)	특약(covenants)		
		보통법상의 부동산 특약 (real covenants)	형평법상의 역권(equitable servitudes)	
			형평법상의 역권	'종합계획'(common plan)에 의한 묵시적 형평상의 역권
	한 특정 행위(사용권에 한정, 소극적 지역권의 경우 조망권이나 인접 토지, 수로 등과 관련)	약속 토지이용 제한이 종류와 관계없이 인정	무의 약속, 특정부동산에 영향을 미치는 어떤 의무를 후속매수인에게 준수하도록 확대	행의무의 약속894)
성립	계약 등 명시적 방법 이외에 금반언이나 묵시적 취득시효 등에 의해 성립 가능	원칙적으로 계약에 의함. 금반언이나 묵시적 취득시효에 의한 성립 불가	특약과 유사하나 계약 이외의 다른 형태로서 보통 증서(deed)속에 제한내용이 포함	증서 등 계약 이외의 다른 형태로도 성립(개발을 위한 '종합계획'과 역권에 대한 통지)
효과	계약당사자와 그 승계인에게 특약의 효과 발생	계약 당사자와 그 승계인에게 특약의 효과 발생	계약 당사자와 그 승계인에게 특약의 효과 발생	'종합계획'의 적용을 받는 지역 안의 모든 소유자에게 효과발생
통지와 견련 관계	통지(notice) 불필요, 견련관계(privity) 필요	견련관계(privity) 필요, 통지 불필요, 단, 부동산등록법(re-cording act)상 보호 받는 경우 있음	승계인에게 통지(no-tice) 필요, 견련관계(privity) 불필요	원칙적으로 통지필요하나 '종합계획'에 따른 외관자체만으로도 통지효과 발생가능

1.2. 특약(covenants)과 부동산 특약(real covenants)

부동산 소유자가 자신의 토지 사용에 대해 다른 사람에게 약속을 한 경우 그 상대방이나 승계인은 그 약속을 한 소유자뿐만 아니라 그 승계인에 대해서도 그 약속의 이행을 청구할 수 있는 권리가 발생하는 데 이러한 내용을 'Covenants'라고 하며 권원보장약정(權原保障約定)895) 내지 약관 등으로 불리는 데 일종의 당사자간의 '특약'이라고 할 수 있다.

특히, 특정한 토지상에서 어떤 행위를 하거나, 어떤 행위를 하지 못하게 하는 서면에 의한 약속을 하는 경우가 있는 이를 '부동산 특약' 내지 '부동산 권원보장약정'(real covenant)이라고 한다. 이와 관련해서 이 역시 부동산에 관한 일종의 특약으로 보아 설명의 편의를 위해 '부동산 특약' 또는 '특약'으로 혼용하여 사용하기로 한다.

---

894) 이러한 점이 일반적 의미의 특약(covenant)과 구별되고 그러므로 묵시적 형평상의 역권과 소극적 특약(negative covenant)은 유사하게 쓰일 수 있을 것이다.

895) 사법연수원, *supra* note 19, at 259.

이러한 '부동산 특약'과 '형평법상의 역권'(equitable servitudes)의 법리가 주로 필요로 하는 경우는 당초 합의한 당사자로부터 그 지위를 승계한 자가 나타난 때라고 할 수 있다.

1.3. 토지의 이전과 함께하는 특약(covenants that run with the land)

토지와 함께 이전하는 특약 내지 약관(covenant)은 '이 토지는 주택용이므로 거주용 목적의 건물이외에는 건축할 수 없다'라는 예와 같이 어떤 제한을 토지에 부과하기 위해 사용된다. 이러한 제한은 당사자간 합의를 통해 이루어지고 그런 한도 내에서는 계약을 체결하는 것과 거의 같은 의미를 갖는다.

이러한 점에서 특정 토지에 대해 어떤 부담(burden)이나 이익(benefit)이 붙어있는 경우 후속 매수인도 그 토지의 이전과 함께 그 제한에 구속된다는 면에서 부동산에 대한 특별한 약속('특약')이라고 할 수 있고(covenants that "run" with the land),[896] 이러한 특약을 인정하기 위해 보통법상의 법원(courts of law)은 일정한 요건(elements)을 갖출 것을 요구하고 있다.[897]

1.4. 형평법상의 역권

또한 형평법상의 법원(courts of equity)은 형평법상의 역권(equitable servitudes)이라는 개념을 통해 특정 부동산에 영향을 미치는 어떤 의무(부담 또는 이익)를 후속 매수인들에게도 영향을 미치도록 확대하였다. 여기서의 "Equitable Servitudes"는 '형평법상의 지역권'이나 '형평법상의 역권' 등으로 개념지울 수도 있다. 하지만 '지역권'(easement)이라는 용어는 실제 앞에서 설명한 바가 있고, 역권(servitudes)이라는 용어도 실제로는 '인역권'과 '지역권'을 함께 하는 의미를 갖고 있어 우리에게는 다소 익숙하지 않은 용어로서 혼동을 가져올 수 있다.

그렇기 때문에 이러한 보통법상의 '부동산 특약'(real covenant)과 형평법상의 '역권'(equitable servitude)이라는 용어는 우리 민법상 다소 생소하고 견해에 따라 다양한 입장이 있을 수 있다.

---

896) *Id.*
897) Barlow Burke and Joseph Snoe, *supra* note 1, at 513.

이러한 배경적 지식을 기초로 설명의 편의와 독자의 이해를 위해 본 교재에서는 그 취지 등을 반영하여 위에서 언급한 것처럼 "Real Covenants"는 '부동산권과 함께 이전하는 특약' 내지 '약관'이라는 점에서 보통법상의 구제수단을 갖는 '부동산 특약' 또는 '특약'이라는 용어를, "Equitable Servitudes"는 역권 가운데 지역권을 의미하는 측면에서 형평법상의 구제수단을 갖는 '형평법상의 역권'이라는 용어를 사용하기로 한다.

이 부분에서는 특히 로스쿨이나 미국 변호사 자격취득 그리고 실무 등에 있는 독자라면 ① 언제 이러한 "부동산 특약"과 "형평법상의 특권"이 그 승계인을 구속하는가? 즉, 토지의 이전과 함께 "부담"이 이전하기 위한 부담하는 측(a burden side)의 요건과 토지의 이전과 함께 "이익"이 이전하기 위한 이익을 받는 측(a benefit side)의 요건이 무엇인가? ② 이를 위반한 때의 구제수단은 어떤 것이고 그 이유는 무엇인가?[898] 등에 대한 내용을 정확하게 숙지하는 것이 포인트가 될 것이다. 이에 대해서는 아래에서 구체적으로 살펴보기로 한다.

1.5. 종합계획(Common Plan)

형평법상의 역권(Equitable Servitudes)과 그 성립 등에 있어서 유사한 묵시적인 형평법상의 역권이라 할 수 있는 지역(지구)개발을 위한 '종합계획'(공동개발계획, 공통계획, common plan or scheme)이 있다.[899]

여기서의 '종합계획'(common scheme or plan)이란 개념은 주로 토지 구획으로 분할된 모든 소유자들에게 종합계획상의 '이익'을 주장함에 있어 당사자 적격 내지 원고 적격(standing)을 부여하도록 하는 등 어떤 법적 장애를 극복하기 위해 사용된 개념이라고 할 수 있다.[900]

---

898) 우선 "Real Covenant"를 위반할 경우 금전적 배상으로서 손해배상(damages)과 연결되고, "Equitable Servitude"를 위반할 경우 금지명령(injunction)과 연결된다는 점을 숙지하고 자세한 내용을 살펴보는 것도 한 방법일 것이다.

899) 서철원, *supra* note 27, at 161.

900) Barlow Burke and Joseph Snoe, *supra* note 1, at 537.

II. 토지의 이전과 함께하는 보통법상의 부동산 특약

사 례 연습 ─────────────────────────

A는 인접하는 갑 토지와 을 토지가 붙어있는 절대적 부동산권(fee simple absolute)을 보유하고 있다고 하자. 이때 A는 자신의 주거환경을 보유하기 위해 을(乙) 토지를 B에게 이전하면서 "을 토지에는 상업시설을 건축할 수 없다"는 조항이 포함되어 있는 '특약'과 함께 양도하였다.

① 이때 만일 B가 을 토지에 상업시설을 지어서 영업을 시작한 경우 A가 B에 대해 위 특약 위반을 주장할 수 있는가? 주장할 수 있다면 그 주장근거가 되는 소송원인(a cause of action)은 무엇인가?

② 이제 B가 을 토지를 D에게 양도하고, D가 을 토지에 상업시설을 건축하여 영업을 개시하려 할 경우 A는 D에 대해 위 특약의 위반을 주장할 수 있는가?

③ A가 갑 토지를 C에게 양도하고 그 후에 B는 을 토지에 상업시설을 지어 영업을 개시하려 할 경우 C는 B에게 특약의 위반을 주장할 수 있는가?

④ A가 갑 토지를 C에게 양도하고 B가 을 토지를 D에게 양도한 후, D가 을 토지에 상업시설을 건축해서 영업을 개시하려 할 경우 C는 D에게 위 특약의 위반을 주장할 수 있는가?

1. 의의

위에서 언급한 바와 같이 "부동산 특약"(부동산 약관, a real covenant)이란 특정한 토지 상에 울타리를 설치하는 것처럼 어떤 행위를 하거나, 해당 토지상에 다가구 주택을 건축해서는 안 된다거나 혹은 상업용 목적으로 사용해서는 안 된다는 것처럼 어떤 행위를 하지 못하게 하는 서면에 의한 약속(a written promise)을 말한다.

2. 지역권과의 구별

이러한 부동산 특약은 위에서 언급한 대로 상린관계를 규율하는 하나의 형태로서 부동산과 함께 이전할 때 보통법상의 구제를 청구할 때 주로 이용되며 보통 부동산 양도증서(deed) 안에서 확인할 수 있다는 점에서 증서(deed)에 규정된 약속이라고 할 수 있다.

이러한 점에서 단순한 계약상의 어떤 제한이나 부동산 임대차 계약은 여기서 말하는 특약(covenant)이라고 할 수 없으며, 부동산 특약(real covenant)을 통해 갖는 권리가 원칙적으로 채권적 권리라는 점에서 물권적 권리(property right or interest)인 지역권과 다르다.

또한 지역권 부분에서 언급한 '소극적 지역권'(negative easement)의 경우는 그 제한에 있어서 빛이나 공기, 인접한 토지나 하부 토지에 의한 부동산의 지지(lateral or subjacent support), 수로의 자연적 흐름에 대한 방해 등 특정 행위에 한정되는 데 반해, '부동산 특약'에서의 토지 이용 제한은 그 종류와 관계없이 인정된다는 점에서 구별된다.901)

3. 성립

부동산 특약은 특약자(the covenantor)의 사기방지법상 서명이 있는 문서로 된 증서에 의해 당사자간의 합의로 성립된다.902) 만일 부동산 특약이 부동산 양도증서(deed)에 의한 경우라면 양도인만에 의한 서명이 필요하고, 양수인은 이러한 증서를 수령함으로써 그 증서에 담긴 특약에 구속된다.903) 이러한 부동산 특약은 지역권과 달리 금반언(estoppel)이나 묵시적이나 취득시효에 의해 창설될 수 없다.904) 부동산 특약과 유사하게 형평법상의 역권도 토지상 하나의 권리로서 취득시효에 의해 취득할 수 없다. 하지만 부동산 특약과는 달리 어떤 제한된 환경하에서는 형평상 묵시적으로도 창설될 수 있다.905)

이러한 부동산 특약이 성립된 경우 그 해당 토지를 승계한 자(subsequent owners, purchasers, remote purchasers, owners, assigns, or successors in interest)에게 '특약' 속의 "부담"(burden)을 따르게 하는 등 어떤 구속력을 갖게 하는데 이를 보통 '법적으로 토지와 함께 이전한다'("run with the land at law")라는 표현이 사용된다.906) 즉, 토지가 이전됨에 따라 그 승계인은 이러한 부동산 특약에 의해 구속을 받게 되는 데 그 구속되는 내용은 '부담'일 수도 있고 '이익'일 수도 있으며, 이때 요구되는 구체적인 요건은 서로 다르다.907)

---

901) 서철원, *supra* note 27, at 159.
902) Jesse Dukeminier 외, *supra* note 32, at 859; *Sanborn v. McLean*, 233 Mich. 227, 206 N.W. 496, 1925 Mich. 60 A.L.R. 1212.
903) Jesse Dukeminier 외, *Id.*
904) *Id.*
905) *Id.*
906) 서철원, *supra* note 27, at 157.
907) *Id.*

4. 요건

　부동산 특약에 의한 토지의 이용에 제약을 받는 측을 '부담측'(burden side, 負担側)이라 하고 특약에 의해 이익을 받는 측은 '이익측'(benefit side, 利益側)이라고 하여 구별하고 있다.

　앞에서 제시한 사례와 연결하면 B와 D가 부담을 받는 측이 되고, A와 C가 이익을 얻는 측이 된다. 부담하는 쪽인지 이익을 받는 쪽인지 여부에 따라 약관에 따른 법적 구속력을 갖기 위한 요건은 서로 다르다.

(1) 토지의 이전과 함께 "부담"이 이전되기 위한 부담측(a burden side)의 요건

　여기서의 부담은 '토지를 효율적으로 관리하겠다'는 식의 적극적인 의미의 부담이 있는 반면, '해당 토지위에 게임방을 운영하지 않겠다'는, 즉 이용을 제한하는 소극적인 부담도 있을 수 있다. 이러한 특약을 통해 토지의 이용을 제한하는 행위는 그 종류와 관계 없이, 즉 제한 없이 인정된다.908)

　토지의 이전과 함께 승계인이 부담하는 측(앞의 예에서 "B")의 부동산권을 승계한 경우, 그 부담이 토지의 양도와 함께 이전되기 위해서는 다음과 같은 요건을 만족시켜야 한다.909)

　즉, ① 원래의 특약(covenants)은 서면성(Writing)을 갖추어야 하고, ② 그 특약을 작성한 원래의 당사자는 토지의 이전과 함께 부담도 이전하여 승계인을 구속한다는 의도가 있어야 하며(Intent), ③ 그 특약의 내용이 토지 자체의 이용에 관한 것이어야 하며(Touch and Concern), ④ 원래의 특약을 작성할 당시의 당사자들 사이에는 수평적 견련관계가 존재하고(Horizontal Privity), ⑤ 해당 토지의 양도인과 양수인 사이에는 수직적 견련관계도 존재하며(Vertical Privity), ⑥ 후에 그 토지를 취득한 승계인이 토지의 이전과 함께 부담도 이전한다는 내용의 통지를 수령하였어야 한다(Notice).

　이러한 부동산 특약에 관한 법리는 승계인이 당초의 계약 당사자(original parties)가 아님에도 불구하고 그 내용(약관)에 구속당하는 결과가 되는 미국 계약법적 측면에서 보면 특이한 경우가 된다. 그렇다고 승계인을 구속하는 원래 당사자간 합의의 효력이 너무 광

908) *Id.* at 159.
909) *Id.* at 157-159.

범위하면 토지의 이용에 제한을 부당한 제약이 될 수 있으므로 일정한 경우에 한해 특약
상의 내용을 집행하는 등 그 요건을 엄격히 인정할 필요가 있다. 이제 위에서 제시한 요
건들을 구체적으로 하나하나씩 살펴보기로 하자.

1) **서면성**　　　　서면성(in writing) 요건은 사기방지법(詐欺防止法, the Statute of Frauds)에
따른 것으로서 이 법에 의한 서면성이 요구되는 계약 유형 중에 "부동산의 권리나 이익
의 이전을 포함하는 계약"에 해당한다고 볼 수 있다. 또한 토지이용에 관한 내용을 담은
특약은 아래에서의 통지(notice) 요건을 충족시킬 목적도 있기에 양도증서 내지 날인증서
(deed) 상에 기재되는 경우가 많아 이 요건에 관한 문제는 거의 없다고 할 수 있다.

2) **당사자의 의도**(Intent)　　　　토지의 이전과 함께 승계인이 부담하는 측(앞의 예에서
"B")의 부동산권을 승계하는 경우 부동산 특약을 체결한 원래의 당사자는 토지의 이전과
함께 부담도 이전하여 승계인을 구속한다는 의도가 있어야 한다. 토지의 이전과 함께 부
담도 이전한다는 당사자간의 의도(intent)는 부동산 양도증서 내지 날인증서 등의 증서
(deed)를 통하거나 상황증거에 의해서 확인될 수 있다.910)

즉, 여기서 당사자의 의도는 앞의 예에서 A와 C가 을 토지의 승계인 D를 구속시킬
의도를 갖고 그러한 내용을 특약 속에 담아야 한다는 의미이다. 다시 말하면, 이때의 의도
는 특약상의 부담과 이익, 부담 또는 이익에 대해 후속매수인을 구속시키려는 것이고, 단
순히 원래의 계약당사자들 사이의 개인적 계약을 체결하려는 의도가 아니라는 것이다.911)

이와 같은 의도가 없다면 승계인을 구속시킬 필요가 없으므로 이러한 요건은 당연한
것이라고 할 수 있다. 이러한 의도는 반드시 특약의 내용에 명시되지 않더라도 그 내용
으로 미루어보건대 의도를 추론할 수 있다면 의도가 있다고 볼 수 있다. 부동산 특약에
서의 의도는 증서(deed)를 통해 확인될 수 있어야 하므로 보통 간단하게 "this covenant
shall run with the land"라는 문장을 삽입함으로써 당사자의 의도를 나타내기도 한다.912)

3) **토지 자체와의 관련성**(Touch and Concern)　　　　토지의 이전과 함께 승계인이 부
담하는 측(앞의 예에서 "B")의 부동산권을 승계한 경우, 그 부담이 토지의 양도와 함께 이
전되기 위해서는 당사자간 맺은 특약의 내용이 토지자체의 이용에 관한 것이어야 한다

---

910) *Id.* at 158.
911) Barlow Burke and Joseph Snoe, *supra* note 1, at 516.
912) *Id.*

(touch and concern). 부담이 토지와 함께 이전하기 위한 요건으로서 '해당 토지자체와 관련된'의 의미는 이러한 약속으로 인해 해당 토지 이용이 제한을 받는다는 것이다.[913] 이러한 요건은 부동산 특약뿐만 아니라 형평법상의 역권에도 적용된다.[914]

즉, '토지자체와의 관련성'(touch and concern)이란 특약의 내용이 토지의 이용에 관한 것이어야 함을 의미한다. 이러한 점에서 단순히 계약에서 정한 어떤 이행의무와 구별된다. 위의 예에서와 같이 을 토지에 대해 건축을 제한하거나 집을 건축할 때 단독주택용으로만 짓게 하는 식으로 건축을 제한하는 등 그 특약의 내용은 원칙적으로 물리적으로 토지의 이용과 관련성이 있어야 한다는 것이다.[915]

그러므로 "을 토지에 거주하는 주민은 연 2회 열리는 지역 바자회에 반드시 참가할 것"이라고 하는 내용이나 해당 토지가 아닌 "일반적인 의미에서 세탁소 사업을 하지 않겠다"는 특약이 있었다면 이는 단순한 계약상의 의무로서 토지의 이용과 관련성이 있다고 할 수 없다.

하지만 해당 토지의 소유자가 "주택조합 등에 회비(a homeowner's association fee)나 공용지에 대한 관리비를 납부해야 한다"라는 "부담"은 비록 토지 이용의 물리적인 제한은 아니더라도 토지 이용을 위한 경제적인 부담으로서 토지 자체와 관련된 것이라고 할 수 있다.[916]

이러한 내용은 만일 발전소(electrical power)가 부동산 특약상에 제한으로 되어있는 경우 승계인이 이러한 제한을 원하지 않을 경우 그 승계인은 그 특약은 '토지 자체의 이용에 관한 것이 아니라는 것'을 주장하여 그 제한을 배제할 수 있음을 함축적으로 보여주고 있다.

4) 견련관계   토지의 이전과 함께 승계인이 부담하는 측(앞의 예에서 "B")의 부동산권을 승계한 경우, 그 부담이 토지의 양도와 함께 이전되기 위해서는 원래의 특약을 작성할 당시의 당사자들 사이에는 수평적 견련관계가 존재하고(horizontal privity), 해당 토지의 양도인과 양수인 사이에는 수직적 견련관계(vertical privity)도 있어야 한다.

보통 부동산 임대인과 임차인 사이에는 부동산상의 견련관계(privity of estate)가 있고,

---

913) 서철원, *supra* note 27, at 158.
914) Barlow Burke and Joseph Snoe, *supra* note 1, at 517.
915) *Id.*
916) *Id.*

임대차 계약상의 대부분의 특약(covenants)은 부동산의 이전과 함께하는(run with the land) 특징을 지니고 있다.[917] 부동산상의 견련관계는 위에서 언급한 바와 같이 수평적 견련관계와 수직적 견련관계가 있다.[918]

a) **수평적 견련관계**(Horizontal Privity)　　　수평적 견련관계(horizontal privity)에 관한 요건은 해당 토지가 토지와 함께 이전한다는 '부동산 특약'을 맺은 원래 계약 당사자 사이의 관계를 의미하는 데, 그 판단시점은 처음 부동산 매매 계약을 맺으면서 특약(covenant)을 정할 당시를 기준으로 한다.[919]

원래 계약 당사자들은 계약상의 견련관계(privity of contract)에 따라 부담이나 이익을 갖게 할 수 있으므로 이러한 견련관계는 반드시 원래의 계약 당사자들(original parties)에 의해 강제되어야 하는 것은 아니다.[920]

수평적(水平的) 견련관계 내지 당사자 관계 또는 상호관계(horizontal privity)가 필요하다는 요건을 충족시키는 사안은 그렇게 많지 않을 것이다. 앞의 사례에서 당초의 계약 당사자인 A와 B 사이에 수평적 견련관계에 있을 필요가 있다. 원래 수평적 견련관계는 임대인과 임차인 관계를 주로 의미하였으나 토지의 양도인과 양수인 관계, 지역권이 설정된 경우 요역지 소유자와 승역지 소유자와의 관계에도 수평적 견련관계를 인정할 수 있을 것이다.

여기서 양도인과 양수인간의 관계가 수직적(垂直的) 견련관계인지에 대한 의문이 있을 수 있으나 당초 특약에 합의한 당사자임을 주목하여 그 당사자간 무엇인가의 상호성 내지 견련성(privity)이 있다는 점에서 양도인과 양수인간의 관계에 있더라도 당초 특약에서 합의한 당사자들이라면 수평적 관계를 인정할 수 있을 것이다.

b) **수직적 견련관계**(Vertical Privity)　　　수직적 견련관계(vertical privity, 垂直的牽連関係)라 함은 위의 사례에서 B에서부터 D에게로 권리가 승계가 있었을 때를 의미한다. 즉, '부담'이 토지와 함께 이전되기 위한 요건으로서 수직적 견련관계는 원래의 계약당사자

---

917) Jesse Dukeminier 외, *supra* note 32, at 848–849.
918) *Id.* at 850.
919) Barlow Burke and Joseph Snoe, *supra* note 1, at 523.
920) 이러한 수평적 견련관계는 보통 즉시적 견련관계(instantaneous privity)이나 상호적 견련관계(mutual privity)를 갖는다. 즉시적 견련관계는 원래의 당사자가 자신의 부동산에 대한 권리가 즉시 이전될 수 있는 경우에 발생한다. 즉, 단순부동산권인 경우 양도증서속의 양도인과 양수인 관계이거나 임대차인 경우 임대인과 임차인의 관계에 있어야 한다는 의미이다. 이에 대한 보다 자세한 사항은 *Id.* at 523–524.

들과 후속 매수인 사이의 관계에서 발생한다.921) 이때 그 이전의 사람이 소유하고 있던 기간에 관한 이익 전부를 취득해야 한다.922) 그러므로 단순부동산권(fee simple)을 소유한 자에게 단순히 생애부동산권(estate of life)만 양수하는 것은 이러한 요건을 충족시킬 수 없을 것이다.923)

이러한 수직적 관계는 당사자간의 계약이나, 유언, 상속 등의 비적대적(non-hostile) 거래관계에서 주로 발생하고, 적대적인 관계가 아니어야 한다.924) 그러므로 점유취득시효(adverse possession)에 의한 경우에는 적대적인 관계로서 수직적 견련관계가 성립될 수 없다.

5) 통지(notice)　　토지의 이전과 함께 승계인이 부담하는 측(앞의 예에서 "B")의 부동산권을 승계한 경우, 그 부담이 토지의 양도와 함께 이전되기 위해서는 후에 그 토지를 취득한 승계인이 토지의 이전과 함께 부담도 이전한다는 내용을 알았어야, 즉 통지를 받았어야 한다.

후에 그 토지를 취득한 승계인이 토지의 이전과 함께 부담도 이전한다는 내용의 통지를 받아야 하는 통지요건은 직접 그러한 사실을 알게 된 경우뿐만 아니라 직접은 아니더라도 그러한 내용을 담고 있는 부동산 양도증서와 같은 증서(deed)가 등록되어 있을 경우 의제적 통지(constructive notice)가 있는 것으로 보아 이 요건을 충족하게 된다.925) 통지에 대한 구체적 내용은 선의의 매수인(a bona fide purchaser, BFP) 부분에서 다시 살펴보기로 한다.

이러한 통지(notice) 요건은 등록제도(recording system)의 존재를 전제로 하여 사실상 부동산 특약(real covenant)의 집행을 위해 필요한 요건이기도 하다. 위의 예에서 D가 B로부터 증여(gift)의 형식으로 권리를 승계 받은 경우에는 선의로서 유상으로 취득한 자(bona fide purchaser)가 아니므로 통지할 필요가 없게 된다.

(2) 토지의 이전과 함께 "이익"이 이전되기 위한 이익측(a benefit side)의 요건

토지의 이전과 함께 승계인이 "이익"을 받는 측(앞의 예에서 "C")의 부동산권을 승계한

---

921) Jesse Dukeminier 외, *supra* note 32, at 852.
922) Barlow Burke and Joseph Snoe, *supra* note 1, at 524, 526; 서철원, *supra* note 27, at 158.
923) 서철원, *Id*.
924) Barlow Burke and Joseph Snoe, *supra* note 1, at 524, 526.
925) 서철원, *supra* note 27, at 158.

경우, 그 부담이 토지의 이전과 함께 이전되기 위해서는 다음과 같은 요건을 만족시켜야
한다.926)

　　즉, ① 원래의 특약(covenants)은 서면성(Writing)을 갖추어야 하고, ② 그 특약을 작성
한 원래의 당사자는 토지의 이전과 함께 부담도 이전하여 승계인을 구속한다는 의도가
있어야 하며(Intent), ③ 그 특약의 내용이 '토지 자체의 이용'에 관한 것이어야 하며(Touch
and Concern), ④ 해당 토지의 양도인과 양수인 사이에 수직적 견련관계도 존재하여야 한다.

　　위와 같이 부담하는 측이 필요로 하는 요건과는 달리 수평적 견련관계(水平的 牽聯關係,
horizontal privity)와 통지(notice)의 요건은 포함되지 않는다. 이것은 부담하는 측의 승계인
에 대한 집행은 엄격해야 한다는 측면을 보여주고 있다.

　　여기에서 ① ② ③ 요건에 대한 내용은 부담하는 측의 요건에 대한 설명과 같다고
할 수 있다. 즉, 토지의 이전과 함께 "이익"도 이전한다는 당사자간의 의도(intent)는 부동
산 양도증서 등의 증서(deed)를 통하거나 상황증거에 의해서 확인될 수 있다.

　　"이익"이 토지와 함께 이전하기 위한 요건으로서 해당 토지 자체와 관련된(Touch and
Concern)의 의미는 부동산 특약의 내용이 토지의 이용에 관한 것으로서 이로 인해 해당
토지의 이용이 도움을 받는다는 점이다. 이와 같이 "이익"이 토지와 함께 이전하기 위한
요건은 위에서 살펴 본 "부담"이 토지와 함께 이전하기 위한 요건과 별개의 요건으로서
분석되어야 한다.927)

　　즉, "이익"이 토지와 함께 이전되는 경우의 특약은 부담(the burden)이 약속자에게는
개인적인(personal) 것이든 그 부담이 부담을 받는 토지(burdened property)와 함께 이전하는
부동산 특약이나 형평법상의 역권에 따르는 것이든 이와 상관없이 이익을 받는 토지(the
benefitted property) 자체와 관련되어 있어야 한다는 것이다.928)

　　여기서 부담을 갖는 토지에 부과되는 부담이면 그 내용이 직접 다른 토지의 이용에
이익에 되는지의 여부와 상관없이 인정되는 반면에, 이익이 토지와 함께 이전되는 경우
의 '해당 토지 자체와의 관련성'(touch and concern)이 갖는 의미는 해당 토지의 활용에 도
움이 되는 것을 의미한다는 점에서 차이가 있다.929)

　　④의 수직적 견련관계(Vertical Privity)와 관련해서는 위의 예에서 이익을 받는 측인 A

---

926) *Id.* at 159－160.
927) Barlow Burke and Joseph Snoe, *supra* note 1, at 519.
928) *Id.*
929) 서철원, *supra* note 27, at 159.

로부터 C로의 승계가 이루어진 것을 의미한다. 즉, ④의 경우는 이익을 받는 쪽의 승계인이 부담을 받는 쪽의 승계인에게 청구를 하게 되므로 부담하는 측에서의 요건과 이익을 받는 측의 요건 모두를 충족시켜야 한다는 의미가 된다.

이와 관련하여 앞에서 언급한 "부담"이 토지와 함께 이전되기 위한 요건으로서 수직적 견련관계는 해당 토지의 승계인이 그 이전의 사람이 소유하고 있던 기간에 관한 이익 전부를 취득해야 한다는 의미를 갖는 반면에, "이익"이 토지와 함께 이전되기 위한 요건으로서 수직적 견련관계는 토지의 승계인이 이전의 사람이 소유하고 있던 원래의 재산권을 그대로 양수받거나 더 적은 재산권을 양수받은 경우에도 이 요건을 만족시킬 수 있다.[930]

5. 효과: 위반시의 구제수단

부동산 특약(real covenants)은 보통법(common law)상의 법리이므로 이에 위반시 그 구제수단은 주로 손해배상 청구에 의한다. 이때 금지명령(injunction) 같은 구제수단은 아래에서 설명하는 형평법상의 역권(equitable servitude)에서 이용될 수 있다. 금지명령(injunction)은 형평법상으로 인정되는 구제수단의 하나이기 때문이다.

III. 토지의 이전과 함께하는 형평법상의 역권(Equitable Servitude)

1. 의의 및 특징

형평법상의 역권(Equitable Servitudes)이란 형평법상 토지 소유자들간에서 발생하는 강제로 이행될 수 있는 건물과 토지 이용에 관계가 있는 제한을 말한다.[931] 즉, 형평법에 의해 어떤 계약 등 당사자관계가 없음에도 그 승계인(a successor)이 인지하거나 통지를 받았다고 볼 수 있는 경우 이 효력을 인정하려는 것이다.

---

930) 서철원, *supra* note 27, at 158-159.
931) 임홍근 외, *supra* note 22, at 690.

다시 말하면, 어떤 특약(a covenant)을 통해 그 해당 토지를 승계한 자(subsequent owners)
에게 "부담"(burden)을 갖게 하는 등 일정한 구속력을 갖게 하는 것("run with the land at
law")과 관계 없이 일정한 제한을 갖는 특약, 즉 "제한적 특약"(restrictive covenant)으로서
형평상의 입장에서 그러한 내용을 통지받은 승계인(the assignee or the subsequent owner)에
게 그 부담을 강제하는 효력을 갖게 하는 경우를 말한다.

여기에서 "제한적 특약"이란 앞부분에서 언급한 대로 최초로 부동산을 매수한 당사
자뿐만 아니라 그 후에 매수한 당사자에게도 구속력을 미치는 토지의 사용과 관련된 사
적인 제한(a private restriction)을 의미한다.932)

또한 '형평법상의 역권'은 직접적으로(actually) 혹은 의제적으로(constructively) 통지를
받은 모든 후속 매수인에 대해 토지의 양도와 함께 이전되는 어떤 제한(restrictions)에 대
한 구속력을 갖게 하는 '역권이론'(the theory of servitudes)에 그 기초를 두고 있기에 증서
(deed)상에 "and assigns"이라는 특별한 문언을 사용할 필요가 없다.933)

이러한 '형평법상의 역권의 법리'가 필요한 이유는 위에서 설명한 '부동산 특약'의
법리에 따를 경우 그 요건 충족 특히, 수평적 관계 요건을 충족시키는 것이 쉽지 않아
구제가 필요함에도 실제 구제를 받기 어렵기 때문이다.

이와 같이 형평법상(in equity)의 접근에 의하는 형평법상의 역권(equitable servitudes)은
그 요건이 '부동산 특약'의 법리보다 그 요건이 완화되어 있는 데 특히 형평법상의 역권
은 수평적, 수직적 견련관계를 특별히 요구하지 않는다는 점에 특징이 있다(no privity is
required). 이와 같이 형평법상의 역권이 견련관계를 요구하지 않는 이유는 그 대신에 후
속 매수인에게 통지의 효과를 갖게 하거나 증서(deed) 속의 어떤 특약(covenant)에 대한 내
용이 제대로 등록되지 않을 경우의 후속매수인을 보호하기 위해 사기방지법(statute of
frauds)에 따른 문서성을 요구하고, 부동산등록법(recording acts)을 따르게 함으로써 같은 목
적을 달성시킬 수 있기 때문이라고도 할 수 있다.934)

또한 당사자가 어떤 제한된 내용에 대해 위반할 경우의 피해자가 자신의 구제수단으
로서 손해배상청구보다는 그러한 행위를 금지시키는 금지명령(injunction) 신청을 원할 경우
가 있는 데 이때 역시 이러한 형평법상의 역권 내지 역권의 요건을 충족시켜야 한다.935)

---

932) 임흥근 외, *Id.* at 1635.
933) *Thodds* v. *Shirk*, 79 N.W.2d 737(1956).
934) Barlow Burke and Joseph Snoe, *supra* note 1, at 527.
935) Jesse Dukeminier 외, *supra* note 32, at 857; *Tulk* v. *Moxhay*, 2 Phillips 774, 41 Eng. Rep. 1143.

2. 유형

'형평법상의 역권'(Equitable Servitudes)에는 앞의 '부동산 특약'의 경우처럼 어떤 행위를 하거나(to do something, positive/affirmative equitable servitude), 어떤 행위를 하지 못하게 하는(not to do something, negative/restrictive equitable servitude) 것으로 형평법상의 적극적 역권과 소극적 역권으로 구분될 수 있다.

3. 요건

형평법상의 역권(Equitable Servitudes)도 앞에서 설명한 부동산 특약(real covenant)과 같이 '부담'하는 측과 '이익'을 받는 측에서의 요건은 다소 차이가 있다.

3.1. '부담'을 받는 측(Burden Sides)의 요건

부담을 받는 측으로부터 부동산권을 승계받은 경우, 즉 위의 예에서 D가 원래 체결된 특약에 구속될 수 있는 요건은 다음과 같다.936)

즉, ① 원래의 약관은 서면성(Writing)을 갖추어야 하고, ② 원래의 당사자는 승계인을 구속할 의도가 있어야 하며(Intent), ③ 그 약관의 내용이 토지의 이용에 관한 것이어야 하며(Touch and Concern), ④ 승계인에게 통지를 하여야 한다(Notice).

이러한 네 가지의 요건 가운데 형평법상의 역권에 있어서 중요한 것은 ④의 통지(notice) 요건이라고 할 수 있다. 형평법에서는 일반적으로 어떤 지켜야 할 사실을 알고 있음에도 그러한 사실에 반하는 행위를 한 경우는 형평에 어긋난 것으로 보아 그 상대방에 대한 구제를 허용하려 한다. 즉, 토지에 붙어있는 어떤 제한된 사항들을 알고 있으면서 승계인이 그럼에도 불구하고 그러한 제약에 반하는 행위를 했을 경우 그 상대방에 대한 구제의 근거로 작용하는 것이다.

다시 말하면, 형평법상의 역권이 수평적 견련관계나 수직적 견련관계를 요구하지 않

---

936) Jesse Dukeminier 외, *Id.* at 864; *Neponsit Property Owner's Association, Inc.* v. *Emigrant Industrial Savings Bank*, 278 N.Y. 248, 15 N.E.2d 793, 1938 N.Y. 118 A.L.R. 973.

는 것은 보통법상으로는 구제받기 어려운 경우에 통지(notice)의 요건을 충족하였다면 형
평법상의 관점으로 보아 구제해 주어도 충분하다는 의미를 내포하고 있다.

즉, 승계인에게 이전될 때의 증서(deed)에는 어떤 제한적 특약(restrictive covenant)에 관
한 언급이 없더라도 그 증서의 '권원의 연속'(chain of title) 속에 존재하고 있는 이전의 증
서(deed) 안에 언급되어 있거나 혹은 그 토지 일대의 개발계획이 널리 알려져 등록(record)
되어 있는 등의 경우에는 상대방이 알고 있는 것으로 보아(constructive notice) 형평법상의
역권을 인정할 수 있다는 것이다. 이러한 점에서 '부동산 특약(real covenants)과 재산상의
견련관계(privity of estate)'와 연결되고, '형평법상의 제한적 지역권(equitable servitudes)과 통
지(notice)'와 연결되는 형태를 갖는다고 볼 수 있다.

이때의 통지 요건은 해당 토지가 '부담'과 함께 이전하는 경우에만 적용되고 '이익'
이 함께 이전되는 경우에는 적용되지 않는다.[937] 이익받는 측의 소유자는 후속매수인을
구속시키려는 의도(intent)와 토지 자체에 대한 관련성(touches and concerns)요건을 갖추고
있는 한, 후속 매수인은 자신이 매수했을 때 부동산 특약상의 내용을 통지(고지)받았는지
의 여부와 상관없이 형평법상의 역권에 따라 강제할 수 있다.[938]

위의 요건 중 ① ② ③ 요건은 부동산 특약의 경우와 기본적으로 같지만 다른 것이
하나 있다면 지역(지구단이) 개발을 위한 '종합계획'(common plan)과 관련된 사안의 경우이
다. 이 경우 토지의 이용을 제한하는 특약의 존재가 묵시적으로 추인될 수 있을 때에는
서면성을 요구하지 않는다. "종합계획"에 따른 토지의 양도와 그에 수반되는 분양을 함
에 있어서 넓은 토지를 소유한 개발업자(a developer)는 일반적으로 토지를 1가구씩 구획
을 나눠 분양하는 식으로 해당 토지구역 내의 통일성을 갖추기 위해 건축제한 등 일정한
제한을 부가하는 경우가 많다. 이러한 내용은 보통 부동산 양도증서(deed) 상의 기재를
통해 표시되기도 한다. 하지만 만일 누군가에 의해 착오로 인해 그 양도증서 상의 기재
가 누락된 경우가 발생한 경우 뒤에서 자세하게 살펴 볼 '종합계획'을 통해 분양의 경위
나 주변의 상황 등을 알 수 있다면 비록 서면성을 갖추지 않아도 법적 구속력을 갖도록
하고 있다.

937) Barlow Burke and Joseph Snoe, *supra* note 1, at 527.
938) *Id.*

3.2. '이익'을 받는 측(Benefit Sides)의 요건

이익을 받는 측으로부터 부동산권의 승계가 이루어진 경우, 즉 앞의 예에서 C가 원래 약관에 기초하여 청구를 하기 위한 요건은 다음과 같다.

즉, ① 원래의 특약은 서면성(Writing)을 갖추어야 하고, ② 원래의 당사자는 승계인을 구속할 의도가 있어야 하며(Intent), ③ 그 특약의 내용은 토지의 이용에 관한 것이어야(Touch and Concern) 한다. 이러한 것들이 갖는 의미와 내용에 대해서는 앞에서 설명한 부동산 특약의 그것과 같다고 할 수 있다.

4. 효과: 위반시의 구제수단

앞에서 살펴본 대로 형평법상의 역권(Equitable Servitudes)은 형평법상(in equity)의 법리이므로 이에 위반시 형평법상의 구제수단인 금지명령(injunction) 등을 구할 수 있다. 물론 이에 대해 형평법상의 구제에 대한 항변사유인 사정변경의 법리(doctrine of changed conditions/circumstances)나[939] 권리행사의 해태(laches), 혹은 오염된 손(unclean hands) 등의 법리를 이용하여 항변할 수도 있을 것이다.

이때 만일 손해배상(damages)을 청구하여 구제받기 원한다면 위에서 살펴 본 '부동산 특약'의 법리에 따라야 할 것이다. 손해배상(damages)과 같은 구제수단은 보통법(common law)상으로 인정되는 구제수단의 하나이기 때문이다.

5. 관련 문제

5.1. 형평법상의 부동산 권원의 이전("Equitable Conversion")과의 관계

앞의 합유부동산권 부분에서 살펴보았듯이 형평법상 부동산 권원의 이전(equitable

---

939) 당초에는 해당 토지가 주거지역이었던 것이 후에 갑작스럽게 상업용지로 변경되면서 이제 주거용 목적의 용지로 제한된다는 내용을 더 이상 주장하지 못하는 경우를 말한다.

conversion)이란 형평(equity)은 행할 것은 행해진 것("equity regards as done what ought be done")
으로 간주하므로 계약 당사자들이 일단 어떤 부동산에 대해 강제력을 갖는 매매계약을
체결하였다면 서명한 때로부터 그 부동산에 대한 형평법상 권원(equitable title)은 매수인에
게 이전되고 매도인은 매매 대금의 잔액을 지급받기 위한 담보로서의 법적 권원(legal title)
을 보유하는 법리를 말한다.940)

형평법상의 역권(equitable servitudes)은 당사자간 계약체결을 위한 서명을 한 이후 부
동산 양도증서를 교부(delivery of the deed)하기 이전에 화재 등으로 인해 계약목적물이 멸
실된 경우 '누가 위험부담을 하는가?'의 문제와 관련이 있다. 이때 원칙적으로 매수인(a
buyer)이 그 위험에 대한 책임을 부담한다.

5.2. 토지용도의 지정과 관련된 규정("Zoning Regulation")과의 관계

'주택을 건축할 경우 인도(the side walk)에서부터 최소 50feet 안으로 들어가서 지어
야 한다'는 예와 같이 제한된 부동산 특약(Restrictive covenant)으로서의941) 형평법상의 역
권과 토지용도의 지정(Local Zoning)과 관련된 법령과의 관계가 문제된다.

원칙적으로 두 개념은 완전히 분리된 별개의 것으로 이해하여야 할 것이다. 즉, 토
지용도의 지정과 관련된 규정(zoning regulations/ordinances)들이 사적인 부동산 특약(a private
restrictive covenant)보다 우월하거나 중요한 의미를 갖는 것은 아니라는 것이다.

6. 'Restatement'에서의 규정

The Restatement (Third) of Property에서는 부동산의 이전과 함께하는 지역권(easement)
과 특약(real covenant) 그리고 형평법상의 역권(equitable servitudes)을 '토지 위의 역권'(servitude

---

940) 앞의 합유 부동산권에서 설명하였듯이 합유 부동산권자 A와 B 가운데 1인 A가 다른 제3자 C와 자신의 지분
을 이전하는 매매계약을 2017년 9월 1일 체결하고 잔금지급일을 12월 1일로 할 경우, 형평법상 부동산 권원
이전(Equitable Conversion)의 법리에 따를 경우 합유 부동산권이 종료 내지 분리가 되는 시기는 계약 체결
시점, 즉 계약서에 서명한 시점인 9월 1일부터 합유 부동산권은 분리(severed) 내지 종료되고, 제3자인 매수
인 C의 소유로 되는 것이다.

941) 제한적 특약("Restrictive Covenant")이란 앞부분에서 언급한 대로 최초로 부동산을 매수한 당사자뿐만 아니
라 그 후에 매수한 당사자에게도 구속력을 미치는 토지의 사용과 관련된 사적인 제한(a private restriction)을
말한다(임홍근 외, *supra* note 22, at 1635).

on land)이라는 하나의 용어(a single term)로 단일화하였다(a unified approach).[942]

이러한 접근방법은 기존의 법리에 어떤 영향을 미칠지는 확실하지 않지만 역사적 의미를 담고 있는 제한적 특약(restrictive covenants), 적극적 내지 작위 특약(affirmative covenants), 부동산 특약(real covenants), 형평법상의 역권(equitable servitudes), 소극적 지역권(negative easements) 등의 개념들을 폐기하고 특약(covenants)과 역권(servitudes)에 관한 법으로 단순화시키려는 시도라고 할 수 있다.[943]

또한 앞에서 설명한 수직적(vertical), 수평적(horizontal) 견련관계(privity)의 요건, 부종적(appurtenant)과 독립적(in gross)이라는 개념, 토지 자체와의 관련성(the touch and concern) 요건 역시 삭제되었다.

여기에서 '토지자체와의 관련성' 요건이 기술상으로는(technically) 삭제되었다고 해도 Restatement는 이와 기능상으로는 동일한 개념(functionally equivalent concept)을 사용하고 있다. 즉 사기방지법(statute of frauds)상 서면성(a writing)을 갖추고, 수익자들(beneficiaries)은 반대 당사자에 의해 이익을 얻게 될 것이란 의사(intent)가 있으며, 그 역권의 내용이 위헌적이거나 위법하거나 공공 정책에 반하지 않는 한 역권을 성립시키려는 어떠한 특약(any covenant)도 법원은 존중하게 될 것이다.[944]

한편, 특약(covenants)은 당사자의 의사를 기초로 해석되기에, 모든 역권들은 어떤 명시적인 반대 의사가 없는 한 양도할 수 있는(assignable or divisible) 것으로 추정된다.[945]

보통법상의 특약이나 형평법상의 역권이 하나의 '역권'이란 개념에 포함됨으로써 손해배상청구나 금지명령 등 보통법상 또는 형평법상 모두를 구제수단으로서 행사할 수 있게 되었다.

---

942) Barlow Burke and Joseph Snoe, *supra* note 1, at 527.
943) *Id.*
944) Restatement (Third) of Property: Servitudes § 2.1, 3.1; Barlow Burke and Joseph Snoe, *supra* note 1, at 528.
945) *Id.*

Ⅳ. 토지의 이전과 함께하는 보통법상의 부동산 특약(Real Covenant)과 형평법상의 역권(Equitable Servitude)의 비교

위에서 살펴본 바와 같이 부동산과 함께 이전하는 특약(real covenant)이 있고 형평법상 역권(equitable servitude)이라는 법리가 있다. 이 두 가지 법리는 서로 중복되는 부분도 있지만 구별되는 개념이다.946) 이에 대한 이해의 편의를 위해 보통법상의 부동산 특약(real covenant)과 형평법상의 역권(equitable servitude)을 내용적인 측면, 요건적인 측면, 구제 수단적인 측면 등을 중심으로 비교하여 설명하면 다음과 같다.

1. 내용상

부동산 특약(covenants)도 적극적인 경우(affirmative)와 소극적인 경우(negative)가 있고,947) 이들 특약은 토지 소유자를 구속하는 일종의 부담(burden)이다. 즉, 전자가 부담을 갖는 부동산(the burdened estate or property)에 대해 벽이나 댐을 유지하는 의무를 포함하는 어떤 행위를 하도록 요구하는 것이라면, 후자는 부담을 갖는 부동산에 대해 단독 주택용(single-family residences)으로 사용하게 하거나 주류 판매나 가축 사육을 금지하는 것과 같이 제한하거나 금지하는 것이다.

물론 적극적 특약과 소극적 특약 모두 부동산 특약과 형평법상의 제한적 지역권에서 각각 그 요건이 입증될 경우 구속력을 갖는다고 할 수 있다.948)

2. 요건상의 비교

후속매수인을 구속할 의도(intent to bind successors)와 토지 자체와의 관련성(touch and concern)과 관련된 요건은 위 두 법리에 공통으로 요구되는 요건이다.949)

---

946) Barlow Burke and Joseph Snoe, *supra* note 1, at 514.
947) 보통 '제한적' 특약(restrictive covenants)이라고도 한다(Barlow Burke and Joseph Snoe, *supra* note 1, at 514).
948) *Id.* at 515.
949) *Id.* at 516.

형평법상의 역권(Equitable servitude)에서의 통지(notice)는 토지의 이전과 함께 "부담"(the burden)이 이전하기 위한 부담을 받는 측(a benefit side)의 후속 매수인이 특약에 대해 '인지' 내지 '고지'를 받는 요건이다. 이러한 통지는 실제로 직접 알게 되거나(actual notice), 정황상(inquiry notice) 또는 기록 등을 통해 의제적으로(constructive notice) 알게 될 수 있기에 비교적 용이하게 요건을 충족할 수 있다고 할 수 있다.950)

'부동산 특약'에서 요구하는 견련관계(privity)의 요건을 충족시킨 경우 이는 특히, 부동산등록법(recording acts)과 결합하여 '형평법상의 역권'에서 요구하는 통지(notice)의 요건을 충족시켰다고 볼 수 있다.951) 하지만 반대의 경우는 반드시 그렇지 않다. 즉, 부동산등록법(recording acts)과 결합하여 '형평법상의 역권'에서 요구하는 통지(notice)의 요건을 충족시켰다고 해서 부동산과 함께 하는(running with the land) '부동산 특약'에서 요구하는 견련관계(privity) 요건 역시 충족시킨다고는 할 수 없을 것이다.952)

주의할 것은 만일 두 가지 법리 중 어느 하나 성립에 필요한 요건을 충족하지 못한 경우라고 해도 원래 계약에 합의한 것('특약')을 근거로 여전히 원래의 계약당사자들을 구속하여 강제할 수 있다는 점이다. 원래의 특약을 작성할 당시의 당사자들 사이에 수평적 견련관계(horizontal privity)나 해당 토지의 양도인과 양수인 사이에 수직적 견련관계(vertical privity)가 형평법상의 역권(equitable servitude)에서는 요구되지 않기 때문이다.

이러한 점에서 '토지의 이전과 함께 한다'(running with the land)라는 내용이 함축하고 있는 목적은 그 부동산 특약을 원래의 계약당사자들 사이에 유효한 계약으로 볼 수 있는지의 여부에 있는 것이 아니라, 후속 매수인이 그 부동산 특약을 근거로 강제할 수 있는지와 그 특약을 준수해야 하는지의 여부에 있다고 할 수 있다.953)

3. 목적상

한편으로 '부동산 특약'과 '형평법상의 특권'은 단순히 특정 부동산을 취득했다는 이

---

950) Id.
951) Id. 특히 통지(notice)는 공통적으로 등록제도(recording system)를 전제로 하는 현재에서 실질적으로 같은 의미를 갖고 있다고 할 수 있다.
952) Id.
953) Id.

유만으로 그 부동산의 후속매수인들에게 어떤 부담을 지우거나 이익을 부여하는 계약 내지 약속 또는 양도증서의 조항들이라고도 할 수 있다.[954] 앞에서 언급하였듯이 이 두 가지 법리 모두 후속매수인들에게 부담이나 이익을 줄 수 있다는 점에서 'run with the land'라고 한다.[955] 그러나 보다 정확한 의미로는 전자가 부동산(토지) 그 자체가 아닌 부동산상의 권리(estates)에 대해 부담을 지운다면, 후자는 후속매수인을 구속하는 것으로 이해할 수 있을 것이다.[956]

이와 같이 목적면에서 이 두 가지 법리는 원래의 당사자들(promisors or promisees)만에 대해 부담이나 이익을 주는 의미에서의 특약(covenants)이 아니라 후속매수인들에 대해 부담이나 이익을 준다는 의미에서 구별된다고도 볼 수 있다.[957]

4. 구제수단과의 비교

앞에서 언급한 바 있지만 부동산 특약이나 형평법상의 역권에 대한 구분은 당사자들이 이에 대한 위반시 그 구제수단과 관련하여 특히 문제가 된다. 즉, 전자의 경우 위반시의 구제수단으로 손해배상을 이용할 수 있지만, 후자의 경우에는 원칙적으로 금지명령만을 이용할 수 있다. 대부분의 원고들은 금전에 의한 손해배상보다는 단지 피고의 허용되지 않는 사용이나 행위에 대한 금지에만 관심이 있다고 볼 경우에 이러한 목적 달성을 위해서는 입증이 더 용이한 후자를 이용할 것이다.[958]

양자는 보통법과 형평법의 다른 법체계 속에 발전되어 온 것이다. 즉, 구제수단으로서 손해배상청구를 원한다면 보통법상의 법리를 따라야 하고, 그렇지 않고 금지명령(injunction)과 같은 청구를 하고 싶다면 형평법상의 법리를 따라야 한다.

이와 같이 설명한 내용을 바탕으로 아래 〈표〉와 같이 정리할 수 있을 것이다.

---

954) Barlow Burke and Joseph Snoe, *supra* note 1, at 514.
955) *Id.*
956) *Id.*
957) *Id.*
958) *Id.* at 516.

부동산 특약과 형평법상의 역권과의 비교[959]

구 분	부동산 특약 (real covenant)		형평법상의 역권 (Equitable Servitudes)	
	부담[960] (Burdens)	이익 (Benefits)	부담 (Burdens)	이익 (Benefits)
근 거	당사자간 약속이나 증서(deed)에 규정된 부동산 이용과 관련된 일정한 이행의무의 약속		부동산 특약상의 요건 충족이 어려운 경우나 종합계획(common plan)에 따른 형평상의 고려	
당사자간의 서면(Writing)	○	○	○[961]	○
후속매수인을 구속할 의도 (Intent to bind successors)	○	○	○	○
토지 자체와의 관련성 (Touch and Concern)	○	○	○	○
통지(Notice)	○[962]	×	○	×
주요 구제수단(Remedy)	손해배상(damages)		금지명령(injunction)	
재산상의 견련관계 (Privity in Estate) 수평적 견련관계 (Horizontal Privity)	○	×	×	×
수직적 견련관계 (Vertical Privity)	○	○	×	×

959) Id. at 515의 내용을 수정하여 인용.

960) 이와 관련된 사례를 분석할 때는 먼저, 토지의 이전과 함께 "부담"이 이전되기 위한 부담하는 측(a burden side)의 요건을 언급하고, 토지의 이전과 함께 "이익"이 이전되기 위한 이익을 받는 측(a benefit side)의 요건을 설명하는 것이 좋을 것이다. 토지의 이전과 함께 "부담"이 이전되기 위한 부담하는 측에 대한 요건 충족이 보다 어렵기 때문이다.

961) '종합계획'과 '사기방지법'상의 문서성과 관련해서는 주(州)에 따라 다소 상이한 면이 있지만 공동 소유자들은 해당 토지가 사용 등에 있어서 제한을 받는다는 내용을 토지 매수인들에게 구두로든 문서로든 구획된 토지(a plat)를 보여줌으로써, 그 매수인들로 하여금 그 단지내의 종합적인 계획(the common scheme)에 대해 알게 한다. 이러한 입장을 따르면 사기방지법의 예외로서 문서성을 갖추지 않아도 된다는 의미가 된다. 한편으로 만일 모든 동일한 토지에 대한 증서들(deeds) 가운데 어떤 증서에는 제한되는 특약이 포함되어 있지 않고, 또 어떤 증서에는 특약이 포함되어 있긴 하지만 그 제한되는 내용이 다른 경우에 문제된다. 이것이 소위 '묵시적 상호 제한 특약'(implied reciprocal negative/restrictive easement or covenants)이라고 알려진 '묵시적인 부담과 이익'에 관한 문제이다. 이와 같이 토지에 대한 어떤 묵시적 권리를 인정하려는 이유 중의 하나는 이 토지와 관련된 증서(deed)를 수령함으로써 비록 문서화된 어떤 부동산 특약이 없더라도 '종합계획(a common scheme)'상의 내용을 받아들이는 일종의 추정력을 부여하겠다는 의미로 해석할 수 있다.

962) 부동산등록법(recording statutes)에 의하면 법원이 후속 매수인에게 부담을 지우기 전에 의한 일정한 대가를 주고 구입한 선의의 매수인으로 하여금 부담에 대한 통지를 통해 알고 있을 것을 요구하고, 형평법상의 역권이 성립되기 위해서도 일정한 요건을 충족시켜야 하기 때문이다.

사례의 분석 ────────────────────────────

①의 경우는 주장할 수 있다. 이때 만일 B가 을 토지에 상업시설을 지어서 영업을 개시하려 할 경우 A가 B에게 법적인 조치를 할 수 있는지도 문제될 수 있지만 A와 B는 원래 양도하면서 약관을 붙일 당시의 원래의 당사자 관계이었으므로 양도시의 계약을 소송원인으로 하여 청구할 수 있으므로 부동산 특약(real covenant)이나 형평법상의 역권(equitable servitude)에 관한 문제는 발생하지 않는다.

② ③ ④의 경우는 부동산 특약 또는 형평법상의 역권이 성립하기 위한 요건을 구비하였다면 주장할 수 있을 것이다.

여기서 문제 해결의 출발점은 '원래의 계약당사자간에 맺어진 특약(의무이행의 약속)이 어떻게 그 승계인에도 주장할 수 있는가'라고 볼 수 있다.

이와 관련하여 앞에서 언급한 바와 같은 보통법(common law)상 인정되는 부동산 특약(real covenant)과 형평법상으로 인정되는 경우인 형평법상의 역권(equitable servitude)에 관한 법리를 이해할 필요가 있다. 부동산 특약이든 형평법상의 역권이든 원래의 당사자간 부동산권에 관한 합의가 있음을 그 전제로 하고 있다. 즉, 그 합의가 승계인과의 관계에서 문제될 경우, 보통법상 구제와 형평법상 구제 가운데 어떤 방법을 취하느냐에 따라 그 요건은 다르게 됨이 그 전제이다. 이를 위해 양자의 차이를 아는 것이 중요할 것이다. 특히, 형평법상의 역권의 경우에는 다음에서 살펴 볼 종합계획(common plan)과 관련된 사안에서도 암묵적인 합의가 인정될 수 있는 경우도 있으므로 이에 대한 부분도 숙지해야 할 필요가 있다.

V. 지역(지구 단지)개발 '종합계획'(Common Plan)

1. 개설

일단 어떤 주택이나 콘도 단지 등의 시설을 조성하게 되면 이러한 건물에 대한 사용 및 제한사항 등과 관련한 지침적인 내용을 필요로 한다. 이러한 여러 가지 제한사항들은 동 건축물 개발업자(developer)나 지역의 관련 규정에 의해 토지 구획을 재분할한 공동 소유자들이 해당 지방정부(카운티)에의 등록을 통해 공식문서화 되기도 한다.

여기에는 일종의 선언("declaration")이란 문서가 있어 해당 콘도단지의 위치, 규모, 건물의 크기와 넓이, 전유지와 공유지, 소유 지분 등 해당 건물에 대한 상세한 기본적 내용 및 동 단지를 조성하기 위한 프로젝트가 일정한 법과 절차를 준수하고 만들어졌다는 것을 알리는 역할을 하기도 한다. 이러한 선언 속에는 건물에 대한 세부적인 사항을 문서로 별도로 작성해 놓은 것이 있는 데 이것이 앞의 사례에서 언급된 '특약, 조건과 제한사항'(CC&R)이다. '특약, 조건과 제한사항'(CC&R)이란 주택이나 콘도 단지의 소유자 협회(Home Owner Associations, HOA)에서 합의의 형태로 해당 부동산(건물과 대지)의 보수·사용·관리 등에 있어서 준수해야 할 사항, 위반시 조치사항 등 특약이나 조건 또는 제한사항을 담은 건물내 자체 규정집의 형태로 상세하게 기술한 것을 말한다.

　미국 도시지역에서의 대규모 콘도단지나 도시 외곽지역에서의 토지구획의 재분할을 통해 조성한 단지에 거주하는 주민들은 대부분 주택이나 콘도단지의 소유자 협의회(Home Owner Associations, HOA) 등에서 정한 이러한 '특약, 조건과 제한사항'(Covenants, Conditions, and Restrictions, CC&Rs)에 대한 일반적 계획(a common scheme)에 구속을 받는다고 할 수 있다.963)

　이러한 것은 주택이나 콘도 등을 계획하고 조성할 때 그 지역의 환경과 미관 등 공공의 이익(common interest)을 고려하여 소유자라고 하더라도 그 사용 등에 제한을 받도록 하는 것이다. 그러므로 실제로 새롭게 주택이나 콘도 등의 시설을 구입하고자 할 때, 매수인은 이러한 제한사항을 검토한 후 어떤 권리와 의무 내지 제약이 있는지, 매수인의 사용하고자 하는 목적과 용도에 맞는지를 살펴볼 필요가 있다. 왜냐하면 이러한 제한 사항들은 그 내용이 비합리적이지 않는 한 매수인을 구속하기 때문이다.

　특히, 위의 내용이 난해하고 양도 많지만 해당 건축물 단지내 거주민들이 공동으로 평화롭고 안전하며 평온한 공간을 향유하는 한편 부동산의 가치도 높이려는 목적으로 만들어 개발업자 등이 부동산 양도 증서(deed) 안에 이러한 내용을 부동산 특약(covenants)의 형태로 포함시키기도 한다.964)

　이러한 중요성에도 불구하고 실제 매수인으로서는 영어로 많은 양의 내용을 직접 읽어보기가 쉽지 않고, 읽어보더라고 종종 사용되는 언어의 법적 용어나 많은 내용 등으로 인해 이를 간과하는 경우가 많다. 만일 매수인이나 사용자가 이러한 내용을 자세히 모르고 임의로 주택이나 콘도시설을 증·개축하거나 울타리 높이를 조절하거나, 시설 내부에 동물을 키우는 등 제한규정을 위반한 경우 손해배상이나 중지명령 등을 받게 될 우려가 있다.

---

963) 이러한 환경들을 때때로 해당 단지를 소유주 협의회 뿐만 아니라 구성원이 함께 활동한다는 의미에서 '공동의 이해를 함께하는 커뮤니티'(common interest community)라고 한다(Id. at 535 foot note 1).

964) Id. at 536.

이러한 문제가 발생하기 쉬운 이유는 경우에 따라 부동산 특약(covenants)이 부동산 양도증서(deed)에 제대로 반영되지 않았거나 반영되었어도 증서마다 다르거나, 개발업자가 보유하고 있던 토지들을 상업용 등 기존에 조성된 단지의 사용 목적(주거용)과 다르게 매도되는 경우가 있기 때문이고, 이러한 문제에 대처하기 위한 것이 형평법상의 역권이라고 할 수 있다.965) 그리하여 법원은 일정한 지역(지구)단위의 개발을 위한 '종합계획'(a common scheme or plan) 내지 '일반 개발계획'(a general plan of development)에 따라 역권(servitudes)을 강제시키고 일정한 부담을 부과하기 위한 법리를 개발해 왔다.966)

이와 같은 배경을 중심으로 아래에서는 '종합계획'에 대해 구체적으로 살펴보기로 한다.

2. '종합계획'과 당사자 적격(Common Scheme and Standing to enforce a Servitude)

'종합계획'이란 주로 토지 구획으로 분할된 모든 소유자들에게 종합계획상의 '이익'을 주장함에 있어 당사자 적격 내지 원고 적격(standing)을 부여하도록 하는 등 어떤 법적 장애를 극복하기 위해 사용된 개념이다.967)

예를 들어 제한적 특약(restrictive covenants)의 내용을 담은 종합계획을 수립한 개발자(developer)가 토지구획을 B, C, F 등에게 재분할한 형태로 분양하면서 모든 증서(deed) 속의 특약(covenant)을 통해 단독주택으로만 사용하도록 하였다고 하자.968) A가 마지막 부분을 매수하였고 여기에 주유소 건물을 지으려고 하였다. 그런데 개발자는 위의 단독주택의 제한을 A에 한해 문서를 통해 적용시키지 않거나(waive) 구두(oral)로 주유소 건물의 신축을 보장하였다. 그러나 먼저 취득하고 거주하고 있는 다른 입주민들이 주유소 건물 신축을 원하지 않았다. 여기서 문제는 전통적인 입장에서 보면 이들에게 주유소 건물을 짓지 못하도록 주장할 당사자 적격이 없다는 것이다.

Halderman v. *Teicholz* 사안에서969) 생애부동산권(a life estate)을 갖는 원고가 일정

---

965) *Id.*
966) *Id.*
967) *Id.* at 537.
968) *Id.*
969) *Halderman* v. *Teicholz*, 611, N.Y.S. 2d 669(N.Y.App.Dvi. 1994).

한 토지를 매입하여 토지구획을 세 군데로 재분할하여 매도하였다. 이때의 부동산 양도 증서(deed)에는 분할된 토지의 소유자들의 이익을 위한 몇 가지 제한 사항들이 있었고 그 효력은 20년간 유효하되 그 소유자들이 폐지할 때까지 자동적으로 10년까지 연장이 가능하다는 내용도 있었다. 이와 관련하여 법원은 원고는 해당 토지를 매각했고 따라서 소유자라 할 수 없고 그 제한은 소유자의 이익을 위한 것이므로 당사자적격이 없다고 보았다.

한편, *Jones* v. *Herald* 사안에서[970] 개발업자는 더 이상 매각한 토지에 대한 권리가 없지만 개발업자가 처음 종합계획을 수립할 당시 포함된 특약(covenants)을 통해 어떤 용도나 제한(사안에서는 지붕방수재료의 사용, roof materials restriction)을 포기 내지 면제(waive) 시킬 수 있는 권리를 보유할 수 있다고 보았다. 특약 속에 그러한 내용이 포함되어 있었다면 이는 말하자면 개발업자 개인(personal)을 위한 독립적("in gross") 권리라고 볼 수 있다는 것이다.

이러한 내용을 '종합계획'의 법리를 통해 설명해 보면, 일단 종합계획으로 인정될 경우 재분할된 토지의 모든 부분과 관련된 이익은 단순히 개발업자 '개인을' 위한 것이 아니라 모든 매수인을 위한 부종적인 이익(benefit appurtenant)이 된다는 의미를 갖게 된다.[971]

즉, 일단 법원이 '종합계획'이라고 확인을 하면 공동 소유자나 개발자는 그 계획을 수립할 당시부터 개발되는 지역 안에 있는 모든 토지들에 대해서는 동일한 부동산 특약을 적용시키려는 의도가 있었다고 볼 수 있다는 것이다.[972]

일반적으로 토지 회사와 같은 개발자가 종합계획 안에 포함되어 있는 토지(lots)를 매도하면서 그 토지가 갖는 이익에 대해 상호성을 갖게 할 의도였고 양도인과 양수인 모두 종합계획(a general scheme)에 의해 구속된다는 의도가 있었다면 토지의 이전과 함께 하는 제한 내지 특약으로서의 효력을 부여한다.[973]

특히 형평상 토지의 양도와 함께 부담도 이전되는지 여부에 대한 판단에 있어서 주요한 기준의 하나는 현재의 소유자들에 대한 개인적 약속(a personal promise)과는 구별되는 토지에 역권을 부과하려는 당사자들간의 의도(the intention)이다.[974] 당사자들간의 의도는 증서(instrument)상에 사용된 문언(language)이나 주위의 상황을 통해 확인하거나 알 수 있다.[975]

---

970) *Jones* v. *Herald*, 881 P.2d 116(Okla. Ct. App. 1994).
971) Barlow Burke and Joseph Snoe, *supra* note 1, at 537.
972) *Id.*
973) *Thodds* v. *Shirk*, 79 N.W.2d 736(1956).
974) *Id.*
975) *Id.*

이러한 종합계획과 관련하여 중요한 점은 그 계획 자체가 어떤 부동산 특약상의 제한(a restriction)이나 부담(burden)이 되는 것이 아니라 부동산 특약상의 이익을 주장하는 원고가 부담을 갖고 있는 소유자를 상대로 소송을 제기할 당사자 적격이 있는지의 여부에 있다고 할 수 있다.976)

만일 구획된 단지내의 모든 토지가 이익과 부담을 함께 받는다면 각 소유자는 이익을 향유하며 다른 소유자들에 대한 일반적 역권(common servitude)을 강제할 당사자 적격을 갖게 되는 것이다.977)

그렇게 되면 나아가 해당 토지를 매수한 모든 사람들은 '그 순서와 관계없이'978) 종합계획이 붙어 있는 부동산 소유자가 어떤 제한되는 행위를 하였을 때 '종합계획'에 따를 것을 강제할 권리를 갖게 되고 따라서 위의 사안에서 다른 입주민들은 부동산 특약상의 개발업자에 대한 특례 규정이 없는 한 주유소 건축을 반대할 당사자적격을 갖게 된다고 할 수 있다.

그리하여 이제 이러한 계획속의 구획된 토지들은 공동 소유자가 자신의 부분을 매도하자마자 그 토지는 후속매수인에게 부담이나 이익을 갖게 하는 토지가 되는 것이다.979) 그러므로 이러한 '종합계획'(the common scheme)은 금지명령(an injunction)과 같은 형평법상의 구제수단을 마련하기 위해 만들어 낸 하나의 방책(device)이라고 할 수 있다.980)

Nahrstedt v. *Lakeside Village Condominium Assoc., Inc,*981) 사례에서 '특약, 조건과 제한사항'(Covenants, Conditions, and Restrictions, CC&Rs) 가운데 애완동물 사육에 대한 제한규정의 비합리성 여부가 문제되었다.

이에 대한 구체적 내용은 콘도 단지 내에서 물고기와 새들(domestic fish and birds)의 사육이 허용되지만 이들을 제외한 개와 고양이, 가축, 파충류, 야생조류들에 대한 사육은 금지된다는 것이었다.

이와 관련하여 캘리포니아주 대법원은 '특약, 조건과 제한사항'("CC&R")과 같은 어떤 합의된 제한규정이 있고, 그 규정이 비합리적이지 않다면 그 규정은 강제력을 가질 수 있다고 보았다. 또한 다른 애완동물들을 집에서 키우는 것은 허용하면서도 고양이나 개

---

976) Barlow Burke and Joseph Snoe, *supra* note 1, at 537.
977) *Id.*
978) *Id.*
979) *Id.*
980) *Id.* at 536.
981) *Nahrstedt* v. *Lakeside Village Condominium Assoc., Inc,* 878 P.2d 1275(1994).

들을 키우는 것은 금지하는 내용을 담은 애완동물과 관련된 Lakeside Village 콘도단지의 등록된 내용은 법적 측면에서 볼 때 임의적 내지는 독단적인 것이라 할 수 없으며 합리적이라고 판단하였다.

3. '종합계획'인지 여부의 판단

종합계획은 뒤에서 언급할 소위 '묵시적 상호 제한 특약'(implied reciprocal negative/restrictive easement or covenants)의 존재여부를 확인하기 위해 사용될 수 있다. 그러므로 실제로 어떤 토지들이 여기서 의미하는 '종합계획'이라고 볼 수 있는지가 문제된다.

Sanborn v. *McLean* 사건에서[982] 공동 소유자가 이전한 같은 도로위의 전체 91개 부지 가운데 53개가 주거용으로만 사용되도록 제한되어 있었고, 명시적으로 단독주택용이라고 제한되어 있지 않은 38개 부지를 포함한 같은 도로위의 모든 부지들이 단독주택들이었다. 이러한 사안의 경우라면 '묵시적 상호 제한 특약'을 적용시킬 수 있는 '종합계획'이 수립되어 있다고 볼 수 있다.

Thodds v. *Shirk* 사안에서는 일반적으로 형평법상의 법원(courts of equity)은 당사자들의 의사가 분명하고 그 제한이 합리적이라면 부동산 이전과 관련된 제한적 특약에 (restrictive covenants) 대한 강제력을 갖는 것으로 보았다.[983]

즉, 법원마다 다소 차이는 있지만 대부분의 경우 '종합계획'으로 인정받기 위해서는 명시적으로 부담을 받는 토지가 개발되는 해당 지역내 전체 부지 가운데 반(1/2) 이상이 포함될 것을 요구하고 있다.[984]

또한 *Thodds* v. *Shirk* 사안의 경우처럼 어떤 토지에 대해 통일시켜서 재분할(a uniform subdivision)을 하려는 계획이 외관상 누가 봐도 알 수 있는 명백한 경우인 한, 제한(restrictions)과 관련된 내용이 모든 증서(deed)상에 반드시 일치해야 할 필요는 없을 것이다.[985]

---

982) *Sanborn* v. *McLean*, 206 M.W. 496(Mich. 1925); Barlow Burke and Joseph Snoe, *supra* note 1, at 541.
983) *Thodds* v. *Shirk*, 79 N.W.2d 736(1956).
984) Barlow Burke and Joseph Snoe, *supra* note 1, at 541.
985) *Thodds* v. *Shirk*, 79 N.W.2d 738(1956).

4. '종합계획' 효력의 발생시점

'종합계획'에 따른 개발이 완료되기 이전에 토지 소유자들에 의해 해당 부지가 매매될 수도 있다. 이때 그러면 확인된 종합계획이 언제부터 효력이 발생하는지, 즉 그 효력의 발생시점이 문제된다. 효력이 발생하기 이전에 해당 부지가 이전될 경우 비록 종합계획의 내용속에 어떤 부담을 갖는 특약이 있더라도 그러한 특약의 적용을 받지 않을 수 있기 때문이다. 그러므로 '종합계획'의 효력은 원칙적으로 특약이 증서에 포함되어 있고 계획된 개발이 완료된 후 발생한다고 할 수 있다.

결국 자신들의 증서(deed)에 포함되지 않은 특약은 그 특약이 수반된다고 할 수도 없고 그 후 종합계획에 의해 부담을 갖는 토지에 대해 어떤 법적인 조치를 행할 당사자적격도 갖지 못할 것이다.986)

5. '종합계획'이 적용되는 지리적 범위

또 하나의 쟁점으로 '종합계획'의 적용을 받는 지리적 범위 내지 경계(geographic boun-daries)가 문제된다. 개발자는 개발되는 단지내에 많은 부지들을 소유할 수 있고 소유한 부지 전체를 하나로 취급하거나 별도로 취급할 수도 있을 것이다.

공동 소유자들 또한 하나의 부지를 소유하면서도 '종합계획'의 적용을 받는 곳은 일부 지역으로 한정할 수도 있다. 예를 들면 지역 안에 있는 단지별로 평형을 달리하거나 상가로 구분하는 식으로 제한을 달리 할 수 있다는 말이다. 이러한 경우 그 구분된 용도에 따라 부담을 갖게하면 그러한 특약이 포함된 '종합계획'이 성립되고 그 포함된 지리적 범위 안에서 그 계획의 효력이 미친다. 물론 법원이 이러한 내용을 판단할 때는 실제의 내용과 환경 등을 종합적으로 고려한다.987)

986) Barlow Burke and Joseph Snoe, *supra* note 1, at 541.
987) *Id.* at 542.

6. '종합 계획'과 '부동산등록법'에 따른 '통지' 그리고 '형평법상의 역권'

대부분의 법원은 일단 어떤 지역 내지 지구의 개발을 위한 종합 계획(a common scheme)이 존재함을 확인하면 그 계획안의 모든 토지에 대해 부담(the burden)을 지운다.988)

하지만 이러한 부담은 부동산등록법이나 형평법상의 역권의 법리상 자동적으로 부과되는 것이 아니다. 부동산등록법(recording statutes)에 의하면 법원이 후속 매수인에게 부담을 지우기 전에 의한 일정한 대가를 주고 구입한 선의의 매수인으로 하여금 부담에 대한 통지를 통해 알고 있을 것을 요구하고, 형평법상의 역권이 성립되기 위해서도 일정한 요건을 충족시켜야 하기 때문에 법원은 이러한 점을 고려해야 할 것이기 때문이다.989)

예를 들어 위 주유소 건축 사안과 관련하여 개발업자가 증서(deed)에 의해 해당 토지를 "B", "C", "J" 등에게 양도하였다고 생각해 보자. 그런데 어떤 알 수 없는 이유로 어떤 부담이 있는지를 알지 못하고(without notice) 일정한 대가를 주고 구입한 선의의 매수인(a bona fide purchaser, BFP)인 "J"에게 교부한 증서속에 해당 토지가 제한을 받는다는 조항 담긴 특약(covenant)부분이 누락되었다.990)

이와 같이 특약이 누락된 증서를 통해 "J"는 후에 다시 자신의 토지를 이러한 사실을 모르는 "R"에 양도하였고, R은 등록하였다. 이때 R이 자신이나 자신의 토지에 부담이 되는 특약을 위반하는 어떤 행위를 하려고 할 때 개발업자를 포함하는 B, C 등 다른 소유자들이 R에 대해 그 특약을 준수하라고 강제할 수 있는지가 문제된다.

여기서의 쟁점은 이제 앞에서 설명한 개발업자나 다른 소유자들에게 '당사자적격'이 있는지의 문제가 아니다. 이때의 문제는 과연 R이 해당 토지를 소유하고 사용함에 있어 모든 토지에 포함된 '제한된 특약'을 따라야 하는지의 여부가 된다.

매수인 등 권원을 확인해보려는 사람은 해당 증서의 등록 기록들(deed records)을 검색할 것이고 검색한 결과 개발업자 → J → R로 이어지는 소유권 이전내용을 담은 증서에는 어떤 제한된 특약이 없음을 확인할 수 있을 것이다.

"J"의 증서에는 제한된 특약에 대한 어떤 언급도 없으므로 선의의 매수인인 R은 뒤에서 자세하게 살펴 볼 등록제도의 입법주의 유형 중 '선의 우선형 부동산등록법'(notice

---

988) *Id.* at 538.
989) *Id.*
990) *Id.*

statute)이나 '등록에 의한 선의 우선형'(race-notice statute)에 따르면 "R"이 우선할 것이다. 왜냐하면 "R"은 매수인으로서 선의이고 등록을 마쳤기 때문이다. 그러므로 "R"이 어떤 식으로든 '종합계획'상의 제한을 알지 못하는 한 부동산등록법상 보호받을 것이다.

이러한 내용은 '형평법상의 역권'에 따른 구속력의 여부와도 유사하게 적용된다고 할 수 있다. 왜냐하면 형평법상의 역권이 성립하기 위해서는 위에서와 마찬가지로 어떤 식으로든 "R"이 알았어야 즉, 통지를 받았어야 하기 때문이다.

한편, 이때 만일 모든 동일한 토지에 대한 증서들(deeds) 가운데 어떤 증서에는 제한되는 특약이 포함되어 있지 않고, 또 어떤 증서에는 특약이 포함되어 있긴 하지만 그 제한되는 내용이 다른 경우에 문제된다. 이것이 소위 '묵시적 상호 제한 특약'(implied reciprocal negative/restrictive easement or covenants)이라고 알려진 '묵시적인 부담과 이익'에 관한 문제이다.991) 이와 같이 토지에 대한 어떤 묵시적 권리를 인정하려는 이유 중의 하나는 이 토지와 관련된 증서(deed)를 수령함으로써 '종합계획(a common scheme)'상의 내용을 받아들이는, 즉 일종의 추정력을 부여하겠다는 의미로 해석할 수 있다.992)

7. 종합계획과 사기방지법

7.1. 개설

'역권'(servitudes)도 원칙적으로 어떤 토지에 대한 권리이기에 사기방지법(the Statute of Frauds)의 충족을 위해 문서에 의해 창설되어야 한다.993) 여기서 '종합계획'에 의해 만들어진 어떤 부동산 특약(a covenant) 역시 문서성을 갖추어야 하는지가 문제된다.

위에서 언급한대로 형평법상의 역권(Equitable Servitudes)은 부동산과 함께 이전하는 특약(real covenant) 이외에 역권의 묵시적 성립사유라고 할 수 있는 '종합계획'(common plan or scheme)에 의해 성립될 수도 있다.

---

991) 이때 지역권('easement')은 부적절한 용어(a misnomer)라고 할 수 있고(*Id.* at 539), 상호간의 묵시적인 소극적 내지 제한적 지역권 또는 특약이라고도 할 수 있으나 여기에서는 그 의미를 포함하면서도 이해의 편의를 위해 '묵시적 상호 제한 특약'이라는 용어를 사용하기로 한다.

992) *Id.*

993) *Id.* at 540.

부동산 특약(real covenants)이 사기방지법(statute of frauds)을 만족시키기 위해 서면성(in writing)을 갖추어야 하는 데 비해, 위와 같은 형평법상의 역권은 이러한 서면성의 예외로서 작용하기도 한다. 그리하여 묵시적 형평법상의 역권(implied equitable servitude), 일반 공통계획의 법리(general/common scheme/plan doctrine), 상호 소극적 역권(reciprocal negative servitude)994)이라고 불리기도 한다.

대부분의 형평법상 역권은 주거지역으로 제한된 토지를 재분할(subdivision)하여 매도하면서 그 토지를 재분할 하는 사람(subdividers)에 의해 삽입된 특약(covenants)에 의해 성립된다.995) 이러한 특약이 들어있는 증서(deed)는 약속자로서의 양도인이나 재분할자만의 서명이 있는 단독 날인증서(deed polls)처럼 보아 그 증서를 수령하게 되면 그 수령한 사실로서 양수인은 양도인 등의 서명을 인정하고 수령인 자신도 서명한 것과 마찬가지로 취급하게 된다.996) 결국 이렇게 되면 사기방지법(statute of frauds)상의 서면성의 요건을 갖춘 것으로 볼 수 있게 된다.997)

위와 같이 택지를 조성하면서 '주거용' 목적으로만 이용하는 것으로 하고 상업용 등 그 외의 목적으로는 토지를 이용하지 못하게 하는 것처럼 어떤 토지의 개발을 위해 일정한 '종합계획'(common scheme) 아래 여러 필지(several parcels)로 구획(subdivides)을 하여 분양할 경우 그 분양을 받은 자(승계인)가 받게 되는 부담과 관련된다.

'종합계획'과 '사기방지법'상의 문서성과 관련해서는 주(州)에 따라 다소 상이한 면이 있지만 공동 소유자들은 해당 토지가 사용 등에 있어서 제한을 받는다는 내용을 토지 매수인들에게 구두로든 문서로든 구획된 토지(a plat)를 보여줌으로써, 그 매수인들로 하여금 그 단지내의 종합적인 계획(the common scheme)에 대해 알게 한다. 이는 결국 통지(notice)를 함으로써 그 후 해당 토지를 취득한 매수인이 후에 이러한 제한을 부정하지 못하도록 하는 효과를 얻을 수 있다. 왜냐하면 그렇게 할 경우 이는 금반언(estoppel)의 법리에 반하기 때문이다.998)

---

994) 상호 소극적 역권(reciprocal negative survitudes)은 토지의 양도인이 후의 부동산 양도증서 등 증서(deed)에서 승계인에 대해 부담을 주는 어떤 제한내용을 삽입하지 못한 경우 양도인 또는 그의 승계인의 보유토지에 대해 형평법상 제기할 수 있는 묵시적인 약관 내지 의무이행의 약속이라고 할 수 있다(임홍근 외, *supra* note 22, at 1572 참조).

995) *Thodds* v. *Shirk*, 79 N.W.2d 737(1956).

996) *Id.*

997) *Id.*

998) Barlow Burke and Joseph Snoe, *supra* note 1, at 540.

이러한 입장을 따르면 역시 사기방지법의 여러 예외 중의 하나로 문서성을 갖추지 않아도 된다는 의미가 된다. 이 경우 해당 부동산에 대한 증서상의 규정(provisions)뿐만 아니라 마케팅을 위한 소책자(marketing pamphlets)와 같은 홍보물이나 광고물들이 문서성에 대한 하나의 증거로서 작용할 것이다.999)

7.2. 요건

종합계획(common plan)에 의한 형평법상의 역권(equitable servitude), 즉 묵시적 형평법상의 역권(implied equitable servitude)이 성립되기 위해서는 ① 지역 내지 지구단지 개발을 위한 일정한 '종합계획'(common scheme)이 있고, ② 역권(servitude)에 대해 알 수 있도록 충분한 통지가 있어야 한다.1000)

구체적으로 ①의 요건과 관련하여 그 계획이 토지가 매각 내지 분양되기 이전에 마련되어 있어야 하며, 그 토지의 일부라도 그 계획이 마련되기 전에 매도 등의 형식으로 양도된 경우 이전에 이전된 토지는 이에 따른 역권의 구속력에 영향을 미치지 않는다.1001) 그러므로 당초 개발 건설계획에 포함되지 않았던 주변 토지를 개발계획이 마련된 이후에 양도한 경우라면 비록 동일한 토지 소유자로부터 이전받은 것이라고 해도 '묵시적 형평법상의 역권'(implied equitable servitude)은 인정되지 않는다.

② 역권(servitude)에 대한 통지 요건과 관련해서는 그 방법으로 ⅰ) 실질적 통지(actual notice), ⅱ) 정황적 통지(inquiry notice), ⅲ) 기록적 통지(record notice), ⅳ) ⅱ)와 ⅲ)을 포함하는 의제적 내지 추정적 통지(constructive notice)를 생각할 수 있다. 즉, 실제적인 통지(actual notice)뿐만 아니라 주변상황을 볼 때 어떤 공통적인 제한(common restrictions)이 있음을 알 수 있는 경우에 적용되는 정황적 인지(inquiry notice)에 의해서도 충족될 수 있다는 것이다.

여기서의 ⅰ) 실질적/직접적 통지 내지 인지(actual notice)는 명시적이고 현실적으로 하는 통지로 이전의 부동산 양도증서 내지 날인증서 등의 증서(deed)를 통해 실제 알게 된 경우와 같이 당사자에게 직접 들었거나 목격하는 것을 말한다.1002)

 999) Id.
1000) 서철원, *supra* note 27, at 161.
1001) Id.
1002) 임홍근 외, *supra* note 22, at 46.

　　이에 대해 ⅱ) 정황적 통지(inquiry notice)는 정상의 보통사람이라면 주변 이웃들의 상
황을 통해 어떤 제한(예를 들면 주거지역 등)이 있음을 유추해 볼 수 있는 경우를 말한다. 이
러한 것은 비록 일부 증서(deed)에 역권(servitudes)에 대한 언급이 없더라도 매수인이나 분
양을 받길 원하는 사람들은 해당 토지를 현장에 가서 실제적으로 조사를 해 보면 알 수
있으므로 이때도 정황적 통지를 인정할 수 있을 것이다.1003) ⅲ) 등록에 의한 통지(record
notice)는 공적으로 기록된 문서 자체에 근거를 두고 매수인에게 부과하는 것을 말한다.
ⅳ) 의제적 통지 내지 인지(constructive notice)는 승계인에게 이전될 때의 증서(deed)에는
어떤 제한적 부동산 약관(restrictive covenant)에 관한 언급이 없더라도 권원의 연속(chain of
title) 여부에 대한 등록된 문서의 검색(title search)을 통해서 알 수 있는 경우와 관련이 있
다.1004) 이때 이전의 증서(deed)에 언급되어 있거나 혹은 그 토지 일대의 개발계획이 널
리 알려져 등록(record)되어 있는 경우 등은 통지의 요건을 만족시키는 보아 형평법상의
역권(equitable servitude)을 인정하는 것이다.

　　말하자면, 의제적 통지는 설사 직접적인 통지 내지 인지는 없었어도, 부동산 등록
등의 문서 및 기록들을 통하여 매매사실을 간접적으로 알 수 있었다고 판단하는 경우로
서 법률상으로 수령하였다고 추정(presumption by law)하는 것이다.

　　결국 통지와 관련해서는 그것이 부동산의 이전과 함께하는 특약(covenant)이든 형평
법상의 역권(equitable servitudes)이든 묵시적 형평법상의 역권(implied equitable servitudes)이든
모두 승계인에게 부담을 지우기 위해서는 그 승계인에게 통지를 해야 한다는 것이다. 다
만 묵시적 형평법상의 역권(implied equitable servitudes)의 경우에는 다른 경우와는 달리 반
드시 부동산 양도증서 등의 증서(deed) 속에 포함되어 있지 않더라도 주위 이웃의 종합계
획(common scheme/plan) 내지 일반적 제한 사항(common restrictions)에 따르고 있다는 어떤
외관 그 자체만으로도 정황적 통지(inquiry notice)로서의 효과가 발생할 수 있다는 점이다.

1003) 서철원, *supra* note 27, at 161.
1004) *Id.* at 162-163)("Title search"는 일종의 등록부 열람이라고 할 수 있다. 즉, 자신에게 부동산을 양도한 자
　　를 매수인으로 하여 양수한 색인 확인을 통해 당시의 deed를 찾아 확인하는 식으로 되풀이 하면 최초의 소
　　유자인 양도인까지 조사가 가능할 것이다. 이렇게 조사 내지 타이틀 검색이 위에서부터 단계적으로 내려오면
　　서 확인해서 알아내는 거래내용을 일종의 연결고리로 보아 chain of title이라고 한다).

7.3. 효과

위와 같은 요건을 갖추게 되면 구획된 필지를 매수하거나 분양받은 승계인들 사이에는 형평법상의 역권(equitable servitudes)이 인정된다. 결국 구획된 필지로 인해 승계인들 각자는 서로 부담을 받아야 한다는 의미의 '상호 형평법상의 역권' 내지 '상호 소극적 특약'(reciprocal negative covenant)의 법리가 적용된다고 할 수 있다.[1005]

종합계획(general scheme)에 의한 묵시적 형평법상의 역권(implied equitable servitude)의 경우는 어차피 해당 필지를 둘러싼 지역 주민 모두에게 영향을 주는 계획을 보호하기 위한 취지이므로 특별한 금지행위가 없는 한 지역주민도 계획(general design or layout)에서 설정한 내용에 대한 준수를 강제할 수 있도록 한 것이라고 이해할 수 있다.

또한 이러한 묵시적 형평법상의 역권(implied equitable servitudes)은 그 성립에 있어 무엇인가를 해서는 안 된다는 소극적 내지 제한적인 경우에만 인정되고, 무엇을 해야 한다는 적극적인 경우에는 그 성립사유로서 인정될 수 없다.[1006] 이러한 점이 일반적 의미의 특약(covenant)과 구별되고 그러므로 묵시적 형평법상의 역권과 소극적 특약(negative covenant)은 유사하게 쓰일 수도 있을 것이다.

VI. 부동산 특약과 형평법상 역권의 종료

부동산 특약(a real covenant)과 형평법상 역권(servitudes)의 종료도 부동산 권리에 대한 일반적인 논리가 적용되어 아래와 같이 여러 방식에 의해 종료될 수 있다.[1007]

1005) *Id.* at 161.
1006) *Id.*
1007) Jesse Dukeminier 외, *supra* note 32, at 882; *Western Land Co.* v. *Truskolaski*, 88 Nev. 200, 495 P.2d 624, 1972 Nev.

1. 부동산 특약상의 규정(Terms by the Covenant)

만일 부동산 특약에 어떤 특정한 내용을 규정해 놓은 경우 그 규정에 정한 종료사유에 도달한 경우 그러한 조건이나 내용에 따라 종료된다. 특별히 존속기간을 정해 두거나 어떤 사건의 발생을 조건으로 하는 경우가 그 예이다.

보통 이러한 특약은 증서(deed)나 주택이나 콘도 단지의 소유자 협의회(Home Owner Associations, HOA)에서 정한 '특약, 조건과 제한사항'(Covenants, Conditions, and Restrictions, CC&Rs)에 관한 내용에 포함되어 있고, 그러한 내용에서 정한 어떤 조건이 완성되면 자동적으로 종료된다고 할 수 있다.1008)

2. 혼합(Merger)

부동산 특약이나 형평법상 지역권은 토지 소유자들 사이의 권리와 의무에 대한 내용을 갖고 있기에 만일 공유 소유자(a common owner)가 부담을 받는 토지와 이익을 받는 토지 모두를 취득하게 될 경우 그 부동산 특약이나 형평법상 지역권은 혼동으로 인해 소멸된다.1009)

3. 이익받는 토지로부터의 권리포기(Release)

부동산 특약과 형평법상 지역권 역시 부동산상 하나의 권리이다. 그러므로 이익을 받는 토지 소유자가 부담을 받는 토지소유자에게 문서에 의해 자신의 권리에 대한 포기의 의사표시를 할 수 있을 것이다.1010) 이 경우 다른 부동산권의 이전과 마찬가지로 사기방지법(statue of fraud)상 이러한 권리의 행사는 서면성(in writing)을 갖추어야 하고 토지등록부상에 등록되어야(recorded) 한다.1011)

1008) Barlow Burke and Joseph Snoe, *supra* note 1, at 543.
1009) *Id.; Thodds* v. *Shirk*, 79 N.W.2d 739(1956); Jesse Dukeminier 외, *supra* note 32, at 882.
1010) *Thodds* v. *Shirk*, 79 N.W.2d 739(1956).
1011) Jesse Dukeminier 외, *supra* note 32, at 882; Barlow Burke and Joseph Snoe, *supra* note 1, at 544.

4. 폐지(rescission)

토지소유자들은 해당 부동산상의 특약을 문서에 의해 폐지할 수 있으며 이때 종전에 적용을 받던 모든 토지들은 이제 이전의 특약에 더 이상 제한을 받지 않게 된다.1012)

5. 중대한 사정의 변경(Changed Conditions)

만일 특정 지역의 토지가 재분할 되고 그 재분할된 토지에 어떤 부담이 되는 부동산 특약이 있지만 그 특약을 강제하기에는 적합하지 않을 정도의 어떤 중대한 사정의 변경 이 생긴 경우 그 특약은 원래의 목적에 부합하지 않게 된다.1013) 그러므로 만일 해당 특약에서 정한 특정한 제한을 위반하였어도 이에 대해 형평법상의 구제수단인 금지명령 (injunction)을 신청할 수 없게 된다.1014) 이러한 중대한 사정 변경에 대해 대다수의 법원들은 해당 단지내의 분할된 내에서 발생한 사정변경만을 고려한다.1015)

6. 묵시적 승낙(Acquiescence)

묵시적 승낙이란 부동산 특약상의 어떤 위반행위를 알고서도 의도적으로 이를 묵인

1012) Barlow Burke and Joseph Snoe, *Id.* at 544.

1013) *Thodds* v. *Shirk*, 79 N.W.2d 742(1956).

1014) Barlow Burke and Joseph Snoe, *supra* note 1, at 545; Restatement (Third) of Property, Servitudes (2000) § 7.10 (Modification and Termination of a Servitude Because of Changed Conditions) (1) When a change has taken place since the creation of a servitude that makes it impossible as a practical matter to accomplish the purpose for which the servitude was created, a court may modify the servitude to permit the purpose to be accomplished. If modification is not practicable, or would not be effective, a court may terminate the servitude. Compensation for resulting harm to the beneficiaries may be awarded as a condition of modifying or terminating the servitude. (2) If the purpose of a servitude can be accomplished, but because of changed conditions the servient estate is no longer suitable for uses permitted by the servitude, a court may modify the servitude to permit other uses under conditions designed to preserve the benefits of the original servitude. (3) The rules stated in § 7.11 govern modification or termination of conservation servitudes held by public bodies and conservation organizations, which are not subject to this section.

1015) Barlow Burke and Joseph Snoe, *Id.*

하는 것이다.1016) 하지만 위반된 하나의 특약에 대해 묵인하였다고 해서 다른 특약의 위반이 발견될 경우 그 특약마저 묵인한 것은 아니며 따라서 해당 특약에 따를 것을 강제할 수 있다.1017)

7. 포기(Abandonment)

부동산 특약과 형평법상 지역권은 포기를 통해 종료된다. 이때의 포기가 인정되기 위해서는 이익을 얻는 토지 소유자에 의한 포기하려는 포기의사(intent)와 포기행위가 있어야 한다.1018)

포기는 개개의 '특약'에서 뿐만 아니라 '종합계획'에 의해서도 포기될 수 있다.1019) 종합계획의 적용을 받는 아주 많은 소유자들이 공동으로 지켜야 할 특약(a common covenant)을 위반하여 이익을 받는 측의 소유자들이 그 특약의 준수를 강제할 수 없게 된 경우가 후자의 좋은 예이다.1020)

8. 정부의 공용수용(Eminent Domain)

연방 정부나 주(州) 정부 또는 지방 행정관청의 공권력의 행사에 따라 부담을 받는 토지가 강제적으로 공용수용(eminent domain or condemnation)된 경우 그 부담을 주는 토지 위의 특약(the covenant)은 소멸한다.1021) 이때 수용을 하는 정부가 이익을 받는 토지소유자에게 보상을 해야 하는지가 문제된다. 이에 대해 이익(the benefit)을 재산상의 권리로 보는 대다수 법원의 입장을 따른다면 정부가 재산상의 권리인 이익을 수용("taking")하였으므로 이익을 토지소유자에게 정당한 보상을 해야 할 것이다.1022)

1016) *Thodds* v. *Shirk*, 79 N.W.2d 740(1956); Barlow Burke and Joseph Snoe, *Id.* at 544.
1017) *Id.*
1018) *Thodds* v. *Shirk*, 79 N.W.2d 739(1956); Jesse Dukeminier 외, *supra* note 32, at 882; Barlow Burke and Joseph Snoe, *Id.*
1019) Barlow Burke and Joseph Snoe, *Id.*
1020) *Id.*
1021) *Id.* at 546.
1022) *Id.* at 547.

9. 금반언에 의한 종료(Estoppel)

일반적으로 금반언(禁反言, estoppel)은 앞의 지역권의 종료 부분에서 언급하였지만 일단 표시한 사실에 반하는 주장을 금지하는 것을 의미한다. 즉 일방 당사자가 어떤 행위를 하고 그 상대방은 그 행위에 의존하여 상당한 입장의 변화를 가져온 경우 그 상대방에게 손해가 되는 권리를 주장하지 못하는 것을 말한다.[1023)

이러한 측면에서 금반언에 의한 부동산의 특약과 형평상 지역권의 종료는 이익을 받는 토지소유자(A)가 더 이상 자신의 권리를 행사하지 않겠다고 하였고, 그로 인해 상대방인 부담을 받는 토지소유자(B)가 이에 대한 합리적 신뢰를 갖고 자신의 입장에 대한 상당한 변화를 가져와서 A가 새삼스럽게 권리를 다시 행사할 경우 B가 상당한 손해를 입게 되는 경우 금반언의 법리에 따라 A의 행위는 효력을 갖지 않게 될 것이다.[1024)

10. 오염된 손(Unclean Hands)

여기서 오염된 손의 원리(clean hand doctrine)란 신의성실의 원칙(good faith)과 같은 형평법상의 제원리(equitable principles)에 반할 경우 그 행위를 한 당사자에게 형평법상의 구제나 항변을 인정하지 않겠다는 원칙을 말한다.[1025) 이는 형평법상의 구제를 받고 싶으면 더럽혀지지 않은 손으로 임하여야 한다("one who comes into equity must come with clean hands")라는 표현처럼 비록 행위자(원고)의 행위가 불법(illegality)의 정도에 이르지 않았어도 반형평적인(inequitable) 경우라면 형평법상의 구제수단인 금지명령(injunction) 등의 청구를 인정하지 않겠다는 의미이다.[1026)

그러므로 원고가 이러한 행위(unclean hands)를 하였다면 부동산상의 어떤 특약을 강제할 수 없게 된다.[1027)

1023) Jesse Dukeminier 외, *supra* note 32, at 882; 임홍근 외, *supra* note 22, at 703.
1024) Barlow Burke and Joseph Snoe, *supra* note 1, at 545.
1025) Jesse Dukeminier 외, *supra* note 32, at 882.
1026) 平野 晋, *supra* note 5, at 194; 조국현, *supra* note 29, at 503.
1027) Barlow Burke and Joseph Snoe, *supra* note 1, at 544.

11. 권리행사의 해태(懈怠, latches)

피고는 형평법상으로 권리행사의 해태(懈怠, latches) 내지는 청구의 지연 등을 이유로 원고에게 항변할 수 있다.[1028] 여기서 권리행사의 해태(懈怠, latches)란 이익을 받는 토지 소유자가 부동산 특약의 위반에 따라 이의를 제기할 수 있었음에도 이를 너무 오랫동안 지연 내지 해태하여 부담을 받는 토지 소유자가 그러한 비합리적인 해태 혹은 지체로부터 부당한 결과를 야기한 경우를 말한다.[1029]

실제로 이러한 권리행사의 해태로 인해 부동산 특약이나 형평법상의 역권이 종료되기 보다는, 단순히 부동산 특약에서 정한 특정 위반사항에 대해 그 특약을 준수할 것을 강제할 수 없게 될 것이다.[1030]

이러한 권리행사의 해태는 형평법상의 권리행사를 함에 있어서 비합리적으로(unreasonable) 지연되어 상대방에 불이익을 줄 정도의 상태에 이르러야 하고, 이러한 의미에서 일종의 형평법상의 시효제도라고 할 수 있다.[1031] 말하자면 "권리위에 잠자는 자는 보호되지 않는다"("sleeping rights")는 법언이 적용되는 경우라고 할 수 있다.[1032]

권리행사가 지연되었는지를 판단함에 있어서 법원은 원칙적으로 소멸시효 내지는 출소제한법(Statute of Limitation)을 존중하면서도, 특히 이러한 사유로 구제를 인정할 경우 상대방에 가혹한 결과를 초래하지 않는지 등 여러 형평법상의 요소도 고려하여 결정하게 될 것이다.[1033]

사례의 분석 ────────────────────────

[쟁점, Issue]

(1) 'Covenants, Conditions, and Restrictions'(CC&Rs)와 같은 어떤 합의된 제한규정이 비합리적이지 않다면 그 규정은 강제력을 가질 수 있는지의 여부이다.

(The issue is whether 'Agreed−to use restrictions' such as 'covenants, conditions, and

---

1028) *Thodds* v. *Shirk*, 79 N.W.2d 741(1956); Jesse Dukeminier 외, *supra* note 32, at 882.
1029) *Id.*
1030) Barlow Burke and Joseph Snoe, *supra* note 1, at 545.
1031) *Id.*
1032) *Id.*
1033) *Id.*

restrictions'(CC&Rs) will be enforced unless they are unreasonable).

(2) 다른 동물들을 집에서 키우는 것은 허용하면서도 고양이나 개들을 키우는 것은 금지하는 내용을 담은 등록된 Lakeside Village 콘도단지의 동물제한 규정이 합리적인지의 여부이다.

(The issue is whether the recorded pet restriction of the Lakeside Village condominium development prohibiting cats or dogs but allowing some other pets is rational).

[근거, Reasoning]

- 캘리포니아주법 1354조(a)에 따라 이러한 사용제한은 그것이 비합리적이 않는 한 원칙적으로 강제력을 갖는 형평법상의 역권 내지 역권에 해당한다.

(Under California Civ. Code § 1354(a), such use restrictions are enforceable equitable servi-tudes unless they are unreasonable).

- 캘리포니아법상 등록된 사용 제한규정(recorded use restrictions)은 그것이 합리적인 한 구속력을 갖는다.

(Under California law, recorded use restrictions will be enforced so long as they are reasonable).

- 콘도의 사용제한과 관련된 합리성 여부의 판단은 반대하는 특정 소유자가 아닌 전체로서의 '개발 공동소유권' 내지 '공동관심 주거단지'의 틀에서 이루어져야 한다.

(The reasonableness or unreasonableness of a condominium use restriction is to be determined not by reference to facts that are specific to the objecting homeowner, but by reference to the common interest development[1034] as a whole).

- 개발지에서의 본 제한규정은 전체로서 건강, 안전, 위생과 소음문제와 합리적으로 관련되어 있다. 따라서 본 규정은 합리적인 것으로서 구속력을 가져야 한다.

(The pet restriction in this case was rationally related to health, safety, sanitation and noise concerns of the development as a whole. It was, therefore, reasonable and must be enforced).

[적용, Application]

- 본 사안에서의 제한규정은 3층짜리 건물 12개동에 530세대가 거주하는 Lakeside Village

[1034] '개발 공동소유권' 또는 '공동관심 주거단지'(Common Interest Development, CID)는 개인이 전용으로 소유하는 단독주택(a single family house)과 달리, 단지 안에서 하나의 세대(unit)에 대한 소유권을 보유하며 세대별 독립된 생활을 하면서도 건강, 취미 등 입주민들과 함께 커뮤니티센터 공간 등을 통해 공동의 이해와 관심을 공유하는 것을 말한다. 우리가 흔히 말하는 콘도, 아파트 단지 등 입주민이 소유자 연합회 내지 입주민협의회에 관리비 등의 형태로 일정한 비용을 부담하면서 자신들의 주거 공간을 멤버십 형태로 활용하는 것이다.

와 같이 밀도가 높은 콘도단지내 입주민들을 위한 정당성을 갖는 건강과 위생 그리고 소음문제에 관한 것으로 합리적 관련성이 있다.

(The restriction clause in this case is rationally related to health, sanitation and noise concerns legitimately held by residents of a high-density condominium project such as Lakeside Village, which includes 530 units in 12 separate 3-story buildings).

- 동 제한 규정이 그 단지의 목적과 어떤 합리적인 관계도 없고 공공정책에 반한다고 할 수 없다.

(We could not find that the pet restrictions in this case had no rational relationship for the purpose of the development and they violated public policy.

- 원고 Nahrstedt는 본 제한규정에 대한 부담이 제한으로 인한 이익과 비교해 볼 때 너무 부당한 것이기에 비합리적이고 따라서 시행되어서는 안 된다는 근거를 제시하지 못하였다.

(The plaintiff, Nahrstedt did not show the grounds that the burden of the restriction is so disproportionate to its benefit that the restriction is unreasonable and should not be enforced).

- 원고가 자신의 집에서 고양이를 키우는 것은 같은 단지내의 다른 입주민들이 그들의 재산을 통해 평화롭고 평온하게 향유하며 생활할 권리를 방해할 수 있다. 그러므로 Lakeside Village Condominium Assoc., Inc.는 동 제한규정을 강제할 수 있다.

(The plaintiff's cats would be likely to interfere with the right of other owners to use their property with peaceful and quiet enjoyment. Thus, Lakeside Village Condominium Assoc., Inc. could enforce a pet restriction).

[결론, Conclusion]

- 다른 애완동물들을 집에서 키우는 것은 허용하면서도 고양이나 개들을 키우는 것은 금지하는 내용을 담은 애완동물과 관련된 Lakeside Village 콘도단지의 등록된 내용은 법적 측면에서 볼 때 임의적 내지는 독단적인 것이라 할 수 없으며 합리적이다.

(As a matter of law, the recorded pet restriction of the Lakeside Village condominium development prohibiting cats or dogs but allowing some other pets is not arbitrary and rational).

- 'Covenants, Conditions, and Restrictions'(CC&Rs)와 같은 어떤 합의된 제한규정이 있고, 그 규정이 비합리적이지 않다면 그 규정은 강제력을 가질 수 있다.

('Agreed-to use restrictions' such as 'Covenants, Conditions, and Restrictions'(CC&Rs) will be enforced unless they are unreasonable).

Nahrstedt v. Lakeside Village Condominium Assoc., Inc.[1035] _____

Natore A. NAHRSTEDT, Plaintiff and Appellant, v. LAKESIDE VILLAGE CONDOMINIUM ASSOCIATION, INC., et al., Defendants and Respondents.

KENNARD, J. A homeowner in a 530-unit condominium complex sued to prevent the homeowners association from enforcing a restriction against keeping cats, dogs, and other animals in the condominium development. The owner asserted that the restriction, which was contained in the project's declaration[1036] recorded by the condominium project's developer, was "unreasonable" as applied to her because she kept her three cats indoors and because her cats were "noiseless" and "created no nuisance." Agreeing with the premise underlying the owner's complaint, the Court of Appeal concluded that the homeowners association could enforce the restriction only upon proof that plaintiff's cats would be likely to interfere with the right of other homeowners "to the peaceful and quiet enjoyment of their property."

Those of us who have cats or dogs can attest to their wonderful companionship and affection. Not surprisingly, studies have confirmed this effect.... But the issue before us is not whether in the abstract pets can have a beneficial effect on humans. Rather, the narrow issue here is whether a pet restriction that is contained in the recorded declaration of a condominium complex is enforceable against the challenge of a homeowner. As we shall explain, the Legislature, in Civil Code section 1354, has required that courts enforce the covenants, conditions and restrictions contained in the recorded declaration of a common interest development "unless unreasonable."

Because a stable and predictable living environment is crucial to the success of condominiums and other common interest residential developments, and because recorded use restrictions are a primary means of ensuring this stability and predictability, the Legislature in section 1354 has afforded such restrictions a presumption of validity and has required of challengers that they demonstrate the restriction's "unreasonableness" by the deferential standard applicable to equitable servitudes. Under this standard established by the Legislature, enforcement of a restriction does not depend upon the conduct of a

---

1035) 878 P.2d 1275(1994) 및 Jesse Dukeminier 외, *supra* note 32, at 900-910을 참고하여 일부분은 생략하고, 필요하다고 생각하는 부분에 대해서는 밑줄을 그어 강조함.

1036) The declaration is the operative document for a common interest development, setting forth, among other things, the restrictions on the use or enjoyment of any portion of the development. (Civ.Code, §§ 1351, 1353.) In some states, the declaration is also referred to as the "master deed."

particular condominium owner. Rather, the restriction must be uniformly enforced in the condominium development to which it was intended to apply unless the plaintiff owner can show that the burdens it imposes on affected properties so substantially outweigh the benefits of the restriction that it should not be enforced against any owner. Here, the Court of Appeal did not apply this standard in deciding that plaintiff had stated a claim for declaratory relief. Accordingly, we reverse the judgment of the Court of Appeal and remand for further proceedings consistent with the views expressed in this opinion.

I.

Lakeside Village is a large condominium development in Culver City, Los Angeles County. It consists of 530 units spread throughout 12 separate 3-story buildings. The residents share common lobbies and hallways, in addition to laundry and trash facilities.

The Lakeside Village project is subject to certain covenants, conditions and restrictions (hereafter CC&R's) that were included in the developer's declaration recorded with the Los Angeles County Recorder on April 17, 1978, at the inception of the development project. Ownership of a unit includes membership in the project's homeowners association, the Lakeside Village Condominium Association(hereafter Association), the body that enforces the project's CC&R's, including the pet restriction, which provides in relevant part: "No animals (which shall mean dogs and cats), livestock, reptiles or poultry shall be kept in any unit."[1037)

In January 1988, plaintiff Natore Nahrstedt purchased a Lakeside Village condominium and moved in with her three cats. When the Association learned of the cats' presence, it demanded their removal and assessed fines against Nahrstedt for each successive month that she remained in violation of the condominium project's pet restriction.

Nahrstedt then brought this lawsuit against the Association, its officers, and two of its employees,4 asking the trial court to invalidate the assessments, to enjoin future assessments to award damages for violation of her privacy when the Association "peered" into her condominium unit, to award damages for infliction of emotional distress, and to declare the pet restriction "unreasonable" as applied to indoor cats (such as hers) that are not allowed free run of the project's common areas. Nahrstedt also alleged she did not know of the pet restriction when she bought her condominium. The complaint incorporated by reference the grant deed, the declaration of CC&R's, and the condominium plan for the Lakeside

---

1037) The CC&R's permit residents to keep "domestic fish and birds."

Village condominium project.

The Association demurred to the complaint. In its supporting points and authorities, the Association argued that the pet restriction furthers the collective "health, happiness and peace of mind" of persons living in close proximity within the Lakeside Village con－dominium development, and therefore is reasonable as a matter of law. The trial court sustained the demurrer as to each cause of action and dismissed Nahrstedt's complaint. Nahrstedt appealed.

A divided Court of Appeal reversed the trial court's judgment of dismissal. In the majority's view, the complaint stated a claim for declaratory relief based on its allegations that Nahrstedt's three cats are kept inside her condominium unit and do not bother her neighbors. According to the majority, whether a condominium use restriction is "unreasonable," as that term is used in section 1354, hinges on the facts of a particular homeowner's case. Thus, the majority reasoned, Nahrstedt would be entitled to declaratory relief if application of the pet restriction in her case would not be reasonable.... The Court of Appeal also revived Nahrstedt's causes of action for invasion of privacy, invalidation of the assessments, and injunctive relief, as well as her action for emotional distress based on a theory of negligence....

On the Association's petition, we granted review to decide when a condominium owner can prevent enforcement of a use restriction that the project's developer has included in the recorded declaration of CC&R's....

Ⅱ.

Today, condominiums, cooperatives, and planned－unit developments with homeowners associations have become a widely accepted form of real property ownership. These ownership arrangements are known as "common interest" developments.

...[S]ubordination of individual property rights to the collective judgment of the owners association together with restrictions on the use of real property comprise the chief attributes of owning property in a common interest development. As the Florida District Court of Appeal observed in Hidden Harbour Estates, Inc. v. Norman (Fla.Dist.Ct.App.1975) 309 So.2d 180, a decision frequently cited in condominium cases: "[I]nherent in the condominium concept is the principle that to promote the health, happiness, and peace of mind of the majority of the unit owners since they are living in such close proximity and using facilities in common, each unit owner must give up a certain degree of freedom of choice which he [or she] might otherwise enjoy in separate, privately owned property. Condominium unit owners comprise a little democratic sub－society of necessity more restrictive as it pertains to use of condominium property than may be existent outside the condominium organization."...

One significant factor in the continued popularity of the common interest form of property ownership is the ability of homeowners to enforce restrictive CC&R's against other owners (including future purchasers) of project units. (Natelson, Law of Property Owners Associations, supra, § 1.3.2.1, p. 19....) Generally, however, such enforcement is possible only if the restriction that is sought to be enforced meets the requirements of equitable servitudes or of covenants running with the land....

When restrictions limiting the use of property within a common interest development satisfy the requirements of covenants running with the land or of equitable servitudes, what standard or test governs their enforceability? In California, as we explained at the outset, our Legislature has made common interest development use restrictions contained in a project's recorded declaration "enforceable...unless unreasonable."(Civil Code, §1354, subd. (a))

In states lacking such legislative guidance, some courts have adopted a standard under which a common interest development's recorded use restrictions will be enforced so long as they are "reasonable." (See Riley v. Stoves (1974) 22 Ariz.App. 223, 228, 526 P.2d 747, 752 [asking whether the challenged restriction provided "a reasonable means to accomplish the private objective"])....Others would limit the "reasonableness" standard only to those restrictions adopted by majority vote of the homeowners or enacted under the rulemaking power of an association's governing board, and would not apply this test to restrictions included in a planned development project's recorded declaration or master deed. Because such restrictions are presumptively valid, these authorities would enforce them regardless of reasonableness. The first court to articulate this view was the Florida Fourth District Court of Appeal.

In Hidden Harbour Estates v. Basso (Fla.Dist.Ct.App.1981) 393 So.2d 637, the Florida court distinguished two categories of use restrictions: use restrictions set forth in the declaration or master deed of the condominium project itself, and rules promulgated by the governing board of the condominium owners association or the board's interpretation of a rule. The latter category of use restrictions, the court said, should be subject to a "reasonableness" test, so as to "somewhat fetter the discretion of the board of directors." Such a standard, the court explained, best assures that governing boards will "enact rules and make decisions that are reasonably related to the promotion of the health, happiness and peace of mind" of the project owners, considered collectively.

By contrast, restrictions contained in the declaration or master deed of the condominium complex, the Florida court concluded, should not be evaluated under a "reasonableness" standard. Rather, such use restrictions are "clothed with a very strong presumption of validity" and should be upheld even if they exhibit some degree of unreasonableness. Nonenforcement would be proper only if such restrictions were arbitrary or in violation of public policy or some fundamental constitutional right. The Florida court's decision was cited with approval recently by a Massachusetts appellate court in Noble v. Murphy, supra, 612 N.E.2d 266.

In *Noble*, managers of a condominium development sought to enforce against the owners of one unit a pet restriction contained in the project's master deed. The Massachusetts court upheld the validity of the restriction. The court stated that "[a] condominium use restriction appearing in originating documents which predate the purchase of individual units" was entitled to greater judicial deference than restrictions "promulgated after units have been individually acquired." (Noble v. Murphy, supra, 612 N.E.2d at p. 270.) The court reasoned that "properly—enacted and evenly—enforced use restrictions contained in a master deed or original bylaws of a condominium" should be insulated against attack "except on constitutional or public policy grounds." This standard, the court explained, best "serves the interest of the majority of owners [within a project] who may be presumed to have chosen not to alter or rescind such restrictions," and it spares overcrowded courts "the burden and expense of highly particularized and lengthy litigation."

Indeed, giving deference to use restrictions contained in a condominium project's originating documents protects the general expectations of condominium owners "that restrictions in place at the time they purchase their units will be enforceable." (Note, Judicial Review of Condominium Rulemaking, supra, 94 Harv.L.Rev. 647, 653; Ellickson, Cities and Homeowners' Associations (1982) 130 U.Pa.L.Rev. 1519, 1526-1527 [stating that association members "unanimously consent to the provisions in the association's original documents" and courts therefore should not scrutinize such documents for "reasonableness."].) This in turn encourages the development of shared ownership housing— generally a less costly alternative to single—dwelling ownership—by attracting buyers who prefer a stable, planned environment. It also protects buyers who have paid a premium for condominium units in reliance on a particular restrictive scheme....

Ⅲ.

...Thus, when enforcing equitable servitudes, courts are generally disinclined to question the wisdom of agreed—to restrictions.... This rule does not apply, however, when the restriction does not comport with public policy. Equity will not enforce any restrictive covenant that violates public policy. (See Shelley v. Kraemer (1948) 334 U.S. 1, 68

S.Ct. 836, 92 L.Ed. 1161 [racial restriction unenforceable]; § 53, subd. (b) [voiding property use restrictions based on "sex, race, color, religion, ancestry, national origin, or disability"].) Nor will courts enforce as equitable servitudes those restrictions that are arbitrary, that is, bearing no rational relationship to the protection, preservation, operation or purpose of the affected land. (See Laguna Royale Owners Assn. v. Darger, supra, 119 Cal.App.3d 670, 684, 174 Cal.Rptr. 136.)

These limitations on the equitable enforcement of restrictive servitudes that are either arbitrary or violate fundamental public policy are specific applications of the general rule that courts will not enforce a restrictive covenant when "the harm caused by the restriction is so disproportionate to the benefit produced" by its enforcement that the restriction "ought not to be enforced." (Rest., Property, § 539, com. f, pp. 3229-3230; see also 4 Witkin, Summary of Cal.Law (9th ed. 1987) Real Property, § 494, pp. 671-672; Note, Covenants and Equitable Servitudes in California, supra, 29 Hastings L.J. at pp. 575-576.) When a use restriction bears no relationship to the land it burdens, or violates a fundamental policy inuring to the public at large, the resulting harm will always be disproportionate to any benefit....

With these principles of equitable servitude law to guide us, we now turn to section 1354. As mentioned earlier, under subdivision (a) of section 1354 the use restrictions for a common interest development that are set forth in the recorded declaration are "enforceable equitable servitudes, unless unreasonable." In other words, such restrictions should be enforced unless they are wholly arbitrary, violate a fundamental public policy, or impose a burden on the use of affected land that far outweighs any benefit.

This interpretation of section 1354 is consistent with the views of legal commentators as well as judicial decisions in other jurisdictions that have applied a presumption of validity to the recorded land use restrictions of a common interest development. (Noble v. Murphy, supra, 612 N.E.2d 266, 270; Hidden Harbour Estates v. Basso, supra, 393 So.2d 637, 639-640; Note, Judicial Review of Condominium Rulemaking, supra, 94 Harv.L.Rev. 647, 653.) As these authorities point out, and as we discussed previously, recorded CC&R's are the primary means of achieving the stability and predictability so essential to the success of a shared ownership housing development....

When courts accord a presumption of validity to all such recorded use restrictions and measure them against deferential standards of equitable servitude law, it discourages lawsuits by owners of individual units seeking personal exemptions from the restrictions. This also promotes stability and predictability in two ways. It provides substantial assurance to prospective condominium purchasers that they may rely with confidence on the promises embodied in the project's recorded CC&R's. And it protects all owners in the planned development from unanticipated increases in association fees to fund the defense of legal challenges to recorded restrictions.

How courts enforce recorded use restrictions affects not only those who have made their homes in planned developments, but also the owners associations charged with the fiduciary obligation to enforce those restrictions. (See Posey v. Leavitt (1991) 229 Cal.App.3d 1236, 1247, 280 Cal.Rptr. 568; Advising Cal.Condominium and Homeowner Associations, supra, § 6.11, pp. 259-261.) When courts treat recorded use restrictions as presumptively valid, and place on the challenger the burden of proving the restriction "unreasonable" under the deferential standards applicable to equitable servitudes, associations can proceed to enforce reasonable restrictive covenants without fear that their actions will embroil them in costly and prolonged legal proceedings. Of course, <u>when an association determines that a unit owner has violated a use restriction, the association must do so in good faith, not in an arbitrary or capricious manner, and its enforcement procedures must be fair and applied uniformly</u>....

There is an additional beneficiary of legal rules that are protective of recorded use restrictions: the judicial system. Fewer lawsuits challenging such restrictions will be brought, and those that are filed may be disposed of more expeditiously, if the rules courts use in evaluating such restrictions are clear, simple, and not subject to exceptions based on the peculiar circumstances or hardships of individual residents in condominiums and other shared—ownership developments.

Contrary to the dissent's accusations that the majority's decision "fray[s]" the "social fabric," we are of the view that our social fabric is best preserved if courts uphold and enforce solemn written instruments that embody the expectations of the parties rather than treat them as "worthless paper" as the dissent would. Our social fabric is founded on the stability of expectation and obligation that arises from the consistent enforcement of the terms of deeds, contracts, wills, statutes, and other writings. To allow one person to escape obligations under a written instrument upsets the expectations of all the other parties governed by that instrument (here, the owners of the other 529 units) that the instrument will be uniformly and predictably enforced....

Refusing to enforce the CC&R's contained in a recorded declaration, or enforcing them only after protracted litigation that would require justification of their application on a case—by—case basis, would impose great strain on the social fabric of the common interest development. It would frustrate owners who had purchased their units in reliance on the CC&R's. It would put the owners and the homeowners association in the difficult and divisive position of deciding whether particular CC&R's should be applied to a particular owner. Here, for example, deciding whether a particular animal is "confined to an owner's unit and create[s] no noise, odor, or nuisance" is a fact—intensive determination that can only be made by examining in detail the behavior of the particular animal and the behavior of the particular owner. Homeowners associations are ill—equipped to make such investigations, and any decision they might make in a particular case could be divisive or subject to claims of partiality.

Enforcing the CC&R's contained in a recorded declaration only after protracted case—by—case litigation would impose substantial litigation costs on the owners through their homeowners association, which would have to defend not only against owners contesting the application of the CC&R's to them, but also against owners contesting any case—by—case exceptions the homeowners association might make. In short, it is difficult to imagine what could more disrupt the harmony of a common interest development than the course proposed by the dissent.

Ⅳ.

Here, the Court of Appeal failed to consider the rules governing equitable servitudes in holding that Nahrstedt's complaint challenging the Lakeside Village restriction against the keeping of cats in condominium units stated a cause of action for declaratory relief. Instead, the court concluded that factual allegations by Nahrstedt that her cats are kept inside her condominium unit and do not bother her neighbors were sufficient to have the trial court decide whether enforcement of the restriction against Nahrstedt would be reasonable. For this conclusion, the court relied on two Court of Appeal decisions, Bernardo Villas Management Corp. v. Black (1987) 190 Cal.App.3d 153, 235 Cal.Rptr. 509 and Portola Hills Community Assn. v. James (1992) 4 Cal.App.4th 289, 5 Cal.Rptr.2d 580, both of which had invalidated recorded restrictions covered by section 1354.

In *Bernardo Villas*, the manager of a condominium project sued two condominium residents to enforce a restriction that prohibited them from keeping any "truck, camper, trailer, boat... or other form of recreational vehicle" in the carports. In holding that the restriction was unreasonable as applied to the clean new pickup truck with camper shell that the defendants used for personal transportation, the Court of Appeal observed that parking the truck in the development's carport would "not interfere with other owners' use or enjoyment of their property."

Thereafter, a different division of the same district Court of Appeal used a similar analysis in Portola Hills. There, the court refused to enforce a planned community's landscape restriction banning satellite dishes against a homeowner who had installed a satellite dish in his backyard. After expressing the view that "[a] homeowner is allowed to prove a particular restriction is unreasonable as applied to his property," the court observed that the defendant's satellite dish was not visible to other project residents or the public, leading the court to conclude that the ban promoted no legitimate goal of the homeowners association.

At issue in both Bernardo Villas Management Corp. v. Black, supra, 190 Cal.App.3d 153, 235 Cal.Rptr. 509, and Portola Hills Community Assn. v. James, supra, 4 Cal.App.4th 289, 5 Cal.Rptr.2d 580, were recorded use restrictions contained in a common interest development's declaration that had been recorded with the county recorder. Accordingly, the use restrictions involved in these two cases were covered by section 1354, rendering them presumptively reasonable and enforceable under the rules governing equitable servitudes. As we have explained, courts will enforce an equitable servitude unless it violates a fundamental public policy, it bears no rational relationship to the protection, preservation, operation or purpose of the affected land, or its harmful effects on land use are otherwise so disproportionate to its benefits to affected homeowners that it should not be enforced. In determining whether a restriction is "unreasonable" under section 1354, and thus not enforceable, the focus is on the restriction's effect on the project as a whole, not on the individual homeowner. Although purporting to evaluate the use restrictions in accord with section 1354, both Bernardo Villas and Portola Hills failed to apply the deferential standards of equitable servitude law just mentioned. Accordingly, to the extent they differ from the views expressed in this opinion, we disapprove *Bernardo Villas* and *Portola Hills*.

V.

Under the holding we adopt today, the reasonableness or unreasonableness of a condominium use restriction that the Legislature has made subject to section 1354 is to be determined not by reference to facts that are specific to the objecting homeowner, but by reference to the common interest development as a whole. As we have explained, when, as here, a restriction is contained in the declaration of the common interest development and is recorded with the county recorder, the restriction is presumed to be reasonable and will be enforced uniformly against all residents of the common interest development unless the restriction is arbitrary, imposes burdens on the use of lands it affects that substantially outweigh the restriction's benefits to the development's residents, or violates a fundamental public policy....

Accordingly, here Nahrstedt could prevent enforcement of the Lakeside Village pet restriction by proving that the restriction is arbitrary, that it is substantially more burdensome than beneficial to the affected properties, or that it violates a fundamental public policy. For the reasons set forth below, Nahrstedt's complaint fails to adequately allege any of these three grounds of unreasonableness.

We conclude, as a matter of law, that the recorded pet restriction of the Lakeside Village condominium development prohibiting cats or dogs but allowing some other pets is not arbitrary, but is rationally related to health, sanitation and noise concerns legitimately held by residents of a high—density condominium project such as Lakeside Village, which includes 530 units in 12 separate 3-story buildings.

Nahrstedt's complaint alleges no facts that could possibly support a finding that the burden of the restriction on the affected property is so disproportionate to its benefit that the restriction is unreasonable and should not be enforced.

...[W]e discern no fundamental public policy that would favor the keeping of pets in a condominium project. There is no federal or state constitutional provision or any California statute that confers a general right to keep household pets in condominiums or other common interest developments.

...Our conclusion that Nahrstedt's complaint states no claim entitling her to declaratory relief disposes of her primary cause of action challenging enforcement of the Lakeside Village condominium project's pet restriction, but does not address other causes of action (for invasion of privacy, invalidation of assessments, injunctive relief, and seeking damages for emotional distress) revived by the Court of Appeal. Because the Court of Appeal's decision regarding those other causes of action may have been influenced by its conclusion that Nahrstedt had stated a claim for declaratory relief, we remand this case to the Court of Appeal so it can reconsider whether Nahrstedt's complaint is sufficient to state those other causes of action.

CONCLUSION

In section 1354, the Legislature has specifically addressed the subject of the enforcement of use restrictions that, like the one in this case prohibiting the keeping of certain animals, are recorded in the declaration of a condominium or other common interest development. The Legislature has mandated judicial enforcement of those restrictions unless they are shown to be unreasonable when applied to the development as a whole....

In this case, the pet restriction was contained in the project's declaration or governing document, which was recorded with the county recorder before any of the 530 units was sold. For many owners, the pet restriction may have been an important inducement to purchase into the development. Because the homeowners collectively have the power to repeal the pet restriction, its continued existence reflects their desire to retain it.

...We reverse the judgment of the Court of Appeal, and remand for further proceedings consistent with the views expressed in this opinion.

ARABIAN,J., dissenting

"There are two means of refuge from the misery of life: music and cats."[1038]

I respectfully dissent. While technical merit may commend the majority's analysis, its application to the facts presented reflects a narrow, indeed chary, view of the law that eschews the human spirit in favor of arbitrary efficiency. In my view, the resolution of this case well illustrates the conventional wisdom, and fundamental truth, of the Spanish proverb, "It is better to be a mouse in a cat's mouth than a man in a lawyer's hands."

I find the provision known as the "pet restriction" contained in the covenants, conditions, and restrictions (CC&R's) governing the Lakeside Village project patently arbitrary and unreasonable within the meaning of Civil Code section 1354. Beyond dispute, human beings have long enjoyed an abiding and cherished association with their household animals. Given the substantial benefits derived from pet ownership, the undue burden on the use of property imposed on condominium owners who can maintain pets within the confines of their units without creating a nuisance or disturbing the quiet enjoyment of others substantially outweighs whatever meager utility the restriction may serve in the abstract. It certainly does not promote "health, happiness [or] peace of mind" commensurate with its tariff on the quality of life for those who value the companionship of animals. Worse, it contributes to the fraying of our social fabric....

From the statement of the facts through the conclusion, the majority's analysis... simply takes refuge behind the "presumption of validity" now accorded all CC & R's irrespective of subject matter. They never objectively scrutinize defendants' blandishments of protecting "health and happiness" or realistically assess the substantial impact on affected unit owners and their use of their property....

Here, such inquiry should start with an evaluation of the interest that will suffer upon enforcement of the pet restriction. In determining the "burden on the use of land," due recognition must be given to the fact that this particular "use" transcends the impersonal and mundane matters typically regulated by condominium CC&R's, such as whether someone can place a doormat in the hallway or hang a towel on the patio rail or have food in the pool area, and reaches the very quality of life of hundreds of owners and residents. Nonetheless, the majority accept uncritically the proffered justification of preserving "health and happiness" and essentially consider only one criterion to determine enforceability:

1038) Albert Schweitzer(인생의 고통으로부터 벗어나게 해 주는 두 가지 방식은 음악과 고양이이다).

was the restriction recorded in the original declaration? If so, it is "presumptively valid," unless in violation of public policy.

Given the application of the law to the facts alleged and by an inversion of relative interests, it is difficult to hypothesize any CC&R's that would not pass muster. Such sanctity has not been afforded any writing save the commandments delivered to Moses on Mount Sinai, and they were set in stone, not upon worthless paper.

Moreover, unlike most conduct controlled by CC & R's, the activity at issue here is strictly confined to the owner's interior space; it does not in any manner invade other units or the common areas. Owning a home of one's own has always epitomized the American dream. More than simply embodying the notion of having "one's castle," it represents the sense of freedom and self—determination emblematic of our national character. Granted, those who live in multi—unit developments cannot exercise this freedom to the same extent possible on a large estate. But owning pets that do not disturb the quiet enjoyment of others does not reasonably come within this compromise. Nevertheless, with no demonstrated or discernible benefit, the majority arbitrarily sacrifice the dream to the tyranny of the "commonality."

...[T]he majority's view, shorn of grace and guiding philosophy, is devoid of the humanity that must temper the interpretation and application of all laws, for in a civilized society that is the source of their authority. As judicial architects of the rules of life, we better serve when we construct halls of harmony rather than walls of wrath.

I would affirm the judgment of the Court of Appeal.

Notes, Questions, and Problems

- 생애부동산권자(life estate)가 광물을 채취하거나 나무를 벌채하는 것은 원칙적으로 금지되지만, 생애부동산권이 부여되기 이전에 이미 광물을 채취해서 파는 사업이 이루어지고 있었다면, 생애부동산권자 역시 광물이나 자갈을 채취해서 파는 것은 허용된다. 즉, 훼손(waste)에 해당하지 않는다는 의미이다. 하지만 나무를 벌채해서 파는 것이 이전에 없었다면 특별한 경우가 아닌 한 생애부동산권자가 새롭게 나무를 벌채해서 파는 것은 금지된다.
- 일반적으로 법적 결혼 이전 취득한 재산에 대한 부부 공동소유 재산권(tenancy by entirety)은 합유 부동산권(joint tenancy)에 불과하고, 따라서 양도 가능하다.
- 임대인이 하자를 알았거나 알 수 있었을 때, 모든 집기나 가구가 설비된 주택(furnished dwelling)에 단기로 임대한 경우에는 임대인이 임차인에게 책임을 부담한다.
- 임대차 기간이 종료 후 임차인이 해당 부동산을 계속 점유하고 있는 경우에(holdover tenant), 임대인이 임차료를 인상하겠다고 임대차 기간 만료 전에 통지한 경우라면 상가임대차의 경

우 'year to year'에 따른 증가된 임차료를, 주택임대차의 경우 'month to month'에 따른 인상된 임차료를 지급해야 한다. 만일 이 경우 임대차 기간 만료 전에 임차료 인상여부에 통지가 없었다면 임차료는 인상되지 않는다.

- 일반적으로 시효에 의한 지역권 취득(easement prescription)에서 독점적 사용(exclusive use)은 요건이 아니고 점유권에 의한 취득시효(adverse possession)에서의 요건임을 주의해야 할 것이다.
- 부동산매매계약에서 서쪽인데 동쪽으로 쓰는 등 매매 목적물인 부동산의 주소를 잘못 기재한 경우, 그 오기(誤記)가 명백하게 원래의 뜻을 알 수 있는 경우라면 특정이행(specific performance)의 청구가 가능하다.
- 차단의 법리(shelter rule)에 따르면 제2매수인의 후속매수인이 제1매수인의 거래사실 알거나 등록(record)를 하지 않았더라도, 제2매수인(종전 매수인)이 선의의 매수인(a bona fide purchaser)이라면 그에 따라 같이 보호된다.
- 2순위 저당권이 실행(foreclosure)되면 후속 저당권은 모두 소멸하지만, 1순위 저당권은 여전히 남아서 경락부동산에 존속한다. 자주 언급되지만 그만큼 중요하다고 할 수 있으므로 정확히 숙지해야 할 것이다.
- 불법점유에 의한 취득시효(adverse possession)를 통해 소유권을 취득했어도 권원의 확인(quiet title)을 갖기 위한 어떤 사법적 조치(judicial action)가 없는 동안, 즉 권원확인소송(an action to quiet title) 등의 사법적 절차를 통해 권원확인을 받지 않는 한 그 소유권(title)에 대한 거래 적합성(시장성)은 인정할 수 없을 것이다(unmarketable).
- 계속적인 점유(continuous possession) 없이 다른 곳에서 정규직(full time job)으로 근무하기 위해 해당 농장에 살지 않았다면, 점유에 의한 취득시효(adverse possession)는 인정할 수 없다.
- 생애 재산권(life estate)을 받으면 그 기간 안에서만 사용할 수 있다. 세금은 생애 재산권 기간 안에 생애부동산권자(life tenant)가 납부하는 것이다.
- 임대인의 동의 없이는 임대차 양도를 금지하는 '임대차 양도금지규정'(without consent, non-assignment clause)이 있는 경우 이에 위반하여 양도시, 원래의 임대인에게 손해배상청구와 함께 새로운 양수인을 퇴거시킬 수 있다(may evict).
- 자동 연장형 정기 부동산 임차권(periodic tenancy)의 경우 'week to week notice', 'month to month notice', '6개월 notice' 등의 일정한 통지가 필요한데, 그 효력발생일은 한 기간(period)이 끝난 후 정해진 기간(periodic term)이 도과된 때이다. 따라서 일주일씩 연장하는 계약은 일주일 이전에 통지가 필요하다. 그러므로 만일 수요일에 통지를 하였다면, 그 다음 주 수요일이 아니라, 토요일이 지난 일요일 기점으로 한 주기가 끝나는 그 주 토요일까지 리스가 유효함을 유의해야 할 것이다. 결국 수요일에 통지시 그 주(week)를 보장하고, 그 다음 주 역시 보장된 다음 종료되는 것이 된다. 일주일 통지라고 해서 7일 뒤에 곧바로 효력이 발생하는 것이 아니라 주중(during the week)에 통지를 하였으므로 총 10일이 지난 뒤 효력이 발생하는 것이다.
- 지역권(Easement)은 사용하지 않았어도 소멸하지 않는 것이 원칙이다.

- 점유에 의한 취득시효(adverse possession)는 땅을 다른 사람에 임대해 준 기간도 시효취득의 계속적이고 공개적이며 실제로 점유(continuous, notorious, actual possession)를 한 것으로 보게 된다. 왜냐하면 진정한 소유자라면 임대도 해줄 수 있기 때문이다.

- 부동산 양도증서 중 일반 보증 양도증서(general warranty deed)를 교부하였다면, 담보리엔 (judgment lien)이 붙어있을 경우 양도인이 일반 보증증서의 보증내용에 따라 책임을 진다.

- 공동소유자 사이에 분쟁이 계속될 경우 법원이 기본적으로 고려하는 것은 분할(partition)의 방법이다. 즉, 당사자 쌍방이 자신들 땅에 사냥을 허가할 것인지를 놓고 분쟁이 계속될 경우 오히려 땅을 분할하는 것으로 문제를 해결하는 것이다.

- 부동산등록법상 선의에 의한 등록 우선형(race notice system)임에도 아무도 등록을 하지 않았 다면 먼저 소유권을 취득한 사람이 우선하게 된다.

- 매매에 있어서 의무조항(Due on sale)이란 저당권설정자가 설정된 저당권 위의 토지를 저당 권자의 동의 없이 매도한 경우 저당권보유자인 저당권자는 곧바로 저당채무의 이행을 청구 하고 강제집행을 할 수 있는 규정을 둔 경우로서 이는 양도의 제한으로도 볼 수 있다. 즉, 매매에 있어서 의무조항은 '매각에 의한 기한도래'의 의미로서 저당권의 목적물이 그 저당권 설정자에 의해 매각된 경우에 그 목적물에 붙어 있는 피담보채무의 기한이 도래한 것으로 보아 은행 등 채권자는 그 재산권에 대해 실행(foreclose)을 할 수 있는 것이다.

- 저당권의 제한이 있는 부동산을 매수한 매수인이 '저당권이 붙어 있는 것을 조건으로'(subject to mortgage)가 아닌 '저당권을 인수'(assume the mortgage)한 경우라면 담보가 부족시 매수인 은 '담보부족금액의 판결'(a deficiency judgment)에 따라 개인적인 책임을 지게 된다.

- 저당권 실행과 관련한 사례를 접할 경우 저당권을 실행(foreclosure)한 측이 누구인지, 관련하 여 후순위 당사자에게 통지(notice)했는지 여부를 반드시 확인해야 할 것이다. 특히 만일 통 지가 없었다면 후속 저당권이 존속한다는 것을 유의해야 할 것이다.

- 형평법상의 역권(equitable servitude)은 통지(notice)를 필요로 하지만 견련관계 내지 당사자관 계(privity)는 필요로 하지 않는다.

- 부동산 계약상 특약(covenant)은 견련관계(privity)가 요구되지만 통지는 필요 없고, 다만 부동 산등록법(recording act)으로 보호받는 경우가 생길 뿐이다.

- 부동산 계약상 묵시적 특약(implied covenant)은 애초 어떤 토지를 20개의 구획(lot)으로 재분 할(subdivision)하였는데, 1~19에만 주거용(residential)으로 기재하고, 20번째에는 부동산 양도 증서(deed)에 아무런 기재가 없는 경우를 생각해 보자. 여기서 20번째로 구획된 부분을 매수 한 매수인이 이러한 주거용지로 제한을 받는지가 문제된다. 이때 20번째로 구획된 부분 (lot20)의 후속매수인도 주거용으로 사용할 의무가 있다.

  이때 세분화된 1에서부터 19까지의 구획지를 통해 20번째 구획지도 정황적 통지(inquiry notice)를 받은 것이 되기 때문이다. 주의할 것은 이러한 토지구획의 재분할(subdivision) 당시 에 그러한 의사(intent)가 있어야 하므로 사후에 생긴 의사로는 종전 당사자를 구속할 수 없 다는 것이다.

- 안테나 제한(restriction)이 있는 부동산의 경우는 외관상 불분명할 수 있어서 정황적 통지 (inquiry notice)를 인정하기 어려울 것이다.
- 어떤 부동산상의 이익 내지 권리에 관해 당사자 일방이 그 상대방에게 이익을 주거나 부담을 주는 경우인 '토지 자체의 이용에 관한 내용'(touch and concern)에 관한 것인지의 여부와 관련하여 전기시설 구입의무나 쓰레기재활용의무는 이와 관련이 없지만 토지소유자연합회에 연간비용을 내는 것은 관련이 있다.
- 저당권이 설정된 이후 토지·건물에 부속한 정착물(fixture)로 된 것은 저당권 실행의 대상에 포함된다.
- 불법침입자(a trespasser)가 부착한 물건은 토지소유자에게 귀속된다.
- 임대차 계약을 했는데 제3자가 점유해서 임차인이 입주하지 못하게 된 경우를 생각해 보자. 이때 임대인은 임차인에 대해 '목적물에 대한 평온한 권리행사의 약속'(quiet enjoyment)를 위반한 것이 아님에 유의해야 할 것이다. 점유를 이전시켜 줄 의무(duty to deliver possession)의 위반이 되는 것이다. 즉, 임대차를 시작할 때 그 해당 부동산에 못 들어가는 것은 점유의 이전(delivery)과 관련된 위반이고, 일단 들어갔는데 쫓겨나는 것이 '목적물에 대한 평온한 권리행사의 약속' 위반이라고 할 수 있다.
- 임대차 계약을 했는데 제3자가 점유해서 임차인이 입주하지 못하게 된 경우 "English Rule"을 따르면 임대인은 물리적 법적 점유(physical and legal possession)권한을 제공해야 하고, "American rule"의 입장을 따를 경우 법적 점유권한(legal possession)을 제공해야 할 것이다.
- 목적물에 대한 평온한 권리행사의 약속(quiet enjoyment)은 주거용과 상업용에 모두 적용된다.

제9장
점유로 인한 부동산 소유권의 취득
(Adversary Possession)

제9장 점유로 인한 부동산 소유권의 취득
(Adversary Possession)

[사례 1]

　T(갑 토지 소유자)가 소재한 주(state)에서의 점유에 의한 취득시효에 필요한 기간은 20년이다 (a 20-year statute of limitations). A는 Blackacre(갑 토지)에 들어가 적대적으로 점유하기 시작하였 다. 19년 뒤, 불법침입자(a trespasser) B가 위 갑 토지에 무단으로 들어와 토지상에 자라고 있던 농작물(crops)에 피해를 주었다. 이때 A가 점유 취득시효를 위해 필요한 기간을 충족하였다. 갑 토지의 등기상 원래의 소유자(the true owner, T)는 불법침입자 B에 대해 손해배상을 청구하였다.

　T는 승소할 수 있는가?

[사례 2]

　T(갑 토지 소유자)는 A에게 구두(oral)로 A가 자신의 갑 토지를 필요로 하는 동안 머무를 수 있게("stay as long as you need a place") 하였고, A는 갑 토지에 거주하였다. 점유를 위한 취득 시효기간이 완성되자 A는 T를 상대로 이러한 원인을 이유로 소송을 제기하였다.

　A는 승소할 수 있는가?

[사례 3]

　T(갑 토지 소유자)가 소재한 주(state)에서의 점유에 의한 취득시효에 필요한 기간은 20년이 다. A는 점유에 의한 시효취득에 필요한 모든 요건을 만족시킨 상태로 위 갑 토지를 점유하면 서 10년을 보냈다. 그런 후 그 지역을 떠나 다른 지역으로 이사하였다 이 소식을 들은 C가 위 갑 토지에 들어와서 적대적으로 15년을 거주하였다.

　이제 T가 C를 상대로 자신이 갑 토지의 소유자이고, C는 불법침입자(a trespasser)라는 사유 를 들어 부동산 점유회복 소송을 제기하였다.

1039) 본 사례의 연습과 분석내용은 Barlow Burke and Joseph Snoe, *supra* note 1, at 88-102를 참고로 하여 작성함.

T는 승소할 수 있는가?

[사례 4]

T는 20년 전 갑 토지를 떠났다. A는 이웃의 두 사람(M과 N)에게 자신이 새로운 갑 토지의 소유자이고 20년 동안 점유 시효취득을 위해 적대적으로 위 토지를 점유하였다고 말하였다. 그 후 위 M과 N은 사망하였다. 이제 T가 돌아와 A를 상대로 부동산 점유 회복소송을 제기하였고, A는 이에 대해 점유에 의한 시효취득을 이유로 항변하였다. 이때 이 지역관할에서의 점유에 의한 시효취득을 위해 요구되는 기간은 20년이다.

T는 승소할 수 있는가?

1. 쟁점

(1) 점유에 의한 취득시효(Adverse Possession)에 필요한 기간과 소유권의 취득시기
(2) 점유에 의한 취득시효를 위한 요건
(3) 점유에 의한 취득시효에 있어서 기간의 계산과 점유의 승계(tacking)
(4) 점유에 의한 취득시효에 있어서 적대성(hostility) 판단의 기준

I. 의의

앞의 제3장 동산부분에서 언급하였듯이 일반적으로 토지 소유자는 자신 소유의 토지위에 불법침입자(a trespasser)가 침입할 경우 그 부동산으로부터 퇴거시킬 수 있다(ejectment).[1040]

하지만 일정한 시효기간 동안 어떤 불법침입자가 소유자의 의사에 반하여 공공연하게 토지 소유자의 토지를 사용하는 등 일정한 요건을 충족한 경우 비록 진정한 소유자가 법적으로 혹은 등기된 소유권(title)을 갖고 있더라도 소유권을 취득하게 할 수 있는 데 이를 '점유에 의한 부동산 소유권의 취득' 내지 '점유취득시효'(adverse possession)이라고 한다.[1041]

즉, 어떤 부동산에 대해 정당한 권리자의 허락없이 일정기간 동안 불법적으로 점유하고 있음에도 토지 소유자(권리자)가 자신의 재산을 지키려는 행위를 하지 않아 결국 불

1040) Barlow Burke and Joseph Snoe, *Id.* at 75.
1041) *Id.*; 적대적 점유(敵對的 占有) 혹은 무권원(無權原) 점유라고도 불린다(사법연수원, *supra* note 19, at 253).

법점유자가 정당한 권리자로서 행사하였음을 법적으로 인정하고 점유권을 취득하는 것으로 간주하는 것이 점유에 의한 시효취득이다.[1042]

이러한 취득시효를 인정하는 이유 중의 하나는 진정한 소유자(true owner)라고 하더라도 '늦장부리면 기회 없다'("You Snooze, You Lose")라는 표현과 같이 어떤 주의를 기울이지 않거나 제때에 하지 않으면 기회를 잃게 하는 일종의 처분(punishment)을 하는 것이다.[1043]

이와 관련해서 앞의 지역권(easement)의 성립부분에서 이미 간략하게 설명한 바 있지만 여기에서는 보다 구체적으로 살펴보기로 한다.

II. 요건

점유에 의한 취득시효(adverse possession)가 성립되기 위해서는 일정한 요건을 충족해야 한다. 즉, 점유에 의한 시효취득이 성립하기 위해서는 ① 일정한 시효기간(statutory period) 동안 계속적 사용(continuous use)을 통한 시효기간이 경과하고, ② 그 점유는 공개적이어야 하며(open and notorious), ③ 그 점유는 적대적(hostile or adverse) 즉, 토지 소유자의 의사에 반하여야 하며, ④ 실질적, 배타적으로 그 토지를 점유하여야(actual and exclusive use) 한다.[1044]

이외에도 일부 법원은 보통법(common law)이나 주법(state law)에 따라 ⑤ 권리의 주장(claim of title or right), ⑥ 선의 또는 악의(good faith or bad faith), ⑦ 개량(improvement), 경작(cultivation), 울타리 같은 경계선 설치(enclosure), ⑧ 재산세의 납부(payment of property taxes)의 요건을 추가로 요구하는 경우도 있다.[1045]

여기서 ①의 '계속적 점유'는 1일 24시간 또는 매일과 같이 늘 부동산에 머물면서 점유하여 중단 없이 이용해야 하는 것이 아니다.[1046] 적어도 토지 소유자에게 해당 토지를 점유하고 있음을 인식시켜 줄 정도면 충분할 것이다. 하지만 단지 해당 토지에 땔감

1042) 서철원, *supra* note 27, at 165.
1043) Barlow Burke and Joseph Snoe, *supra* note 1, at 76.
1044) *Id.* at 77−78; 박홍규, *supra* note 23, at 155; 서철원, *supra* note 27, at 154−155.
1045) Barlow Burke and Joseph Snoe, *supra* note 1, at 78.
1046) *Id.* at 83.

을 구하기 위해 일시적으로 들어가는 정도만으로는 부족하다.

점유에 의한 취득시효가 성립되기 위해서는 일정한 시효기간(statute of limitations period, the limitations period, or the statutory period, 예를 들어 40년, 20년, 10년 등)이 경과해야 한다.1047) 이때 취득시효에 필요한 모든 기간은 동일 점유자가 계속 점유할 필요는 없으며, 양도인과 양수인 등 당사자 사이에 어떤 견련관계가 있다면 다음에서 살펴볼 합산(tacking)을 통해서 알 수 있듯이 합산할 수 있다.

또한 어떤 권리자가 토지를 적대적 점유를 시작할 때 미성년자 등 법적 장애(a legal disability)가 있을 경우 그 장애가 제거될 때까지 즉, 여기에서는 그 권리자가 성년자가 된 시점까지 시효기간의 기산은 정지(tolling)된다.1048)

장래의 이익(future interests)에 대한 취득시효는 장래의 권리자가 점유를 시작할 수 있는 때부터 기산된다. 즉, 복귀가능권(possibility of reverter)의 경우 복귀(reverter)할 수 있는 사유가 발생시부터, 복귀권(right of entry)의 경우 그에 해당하는 사유가 발생하고 미래의 권리자가 복귀(reversion)하겠다는 의사를 표시한 시점부터 시작된다.1049)

②의 '공개적인 점유' 요건은 비밀스러운 점유가 아닌 누가 보아도 알아볼 수 있을 정도가 요구된다. 건물을 세우거나 울타리를 설치하거나 곡물을 경작하거나, 또는 동물을 키우는 것 등이 그 예가 될 것이다.1050)

③의 '적대적 점유'는 토지 소유자의 허락 없이 점유하는 것을 말한다(the majority or objective view). 이때 점유를 위한 점유자의 주관적 의사와는 관계가 없다.1051) 나아가 점유자가 다른 사람의 토지임을 알고 점유하든, 모르고 점유하든, 점유자 자신의 토지인 것으로 잘못알고 착오를 일으켜 점유하든 점유하게 된 원인은 고려요소가 아니다. 오직 토지사유자의 승낙여부에 따라 적대적 점유가 결정된다고 할 수 있다.

④의 토지에 대한 '실질적(actual), 배타적(exclusive) 점유' 요건은 실제 사용하여야 하며,

1047) 예를 들어 IOWA주의 경우 외견상으로는 흠이 없는 것처럼 보이나(valid) 실제로는 하자있는 증서(a faulty deed)를 소유하는 등 법적으로 결함이 있는(legally defective) 외견상의 소유권(color of title)을 갖고 있을 때는 10년, 그렇지 않을 때는 40년, Texas주는 외견상의 소유권(Color of Title)을 갖고 있을 때는 3년, 그렇지 않을 때는 10년 등을 요구하고 있다(*Id*. at 76).

1048) *Id*. at 84.

1049) 서철원, *supra* note 27, at 168.

1050) Barlow Burke and Joseph Snoe, *supra* note 1, at 81.

1051) *Id*, at 82(적대적 점유에 대해서는 ① 객관적 기준(다수의 입장), ② 주관적 기준(bad faith, 소수의 입장), ③ '선의'(good faith) 기준 등 세 가지가 있다. 주관적 기준에 의할 경우 점유자의 주관적 의사가 있었는지 여부에 따라 결정된다).

원칙적으로 두 사람 이상의 적대적 점유자가 해당 부동산을 공유하면서 각각의 소유로서 점유하는 것은 여기에 해당하지 않는다.1052) 물론 우리 민법과 같이 간접점유에 의한 시효취득도 가능하다. 이와 같이 실제적인 점유를 요구하는 목적의 하나는 진정한 소유자뿐만 아니라 해당 부동산을 이용하려는 다른 사람들에게 적대적 점유자(adverse possessor)로서 사용하고 있음을 알리는 일종의 통지(notice) 역할을 보여주기 위한 것이라고 할 수 있다.1053)

Ⅲ. 기간의 합산(Tacking)

취득시효 기간의 합산(the uniting of the periods)은 점유자의 점유기간을 계산함에 있어서 그전 점유자의 점유기간을 새로운 점유자의 점유기간으로 합산(合算) 내지 가산(加算)할 수 있는가의 문제이다. 즉, 적대적 점유에 의해 권원(title)의 취득에 필요한 기간을 보충하기 위해서 적대적인 점유를 이전 점유자로부터 승계한 자(a successive adverse possessor/the second possessor, "A")가 이전 점유자(the first possessor, "B")의 점유기간을 승계인의 점유기간에 가산시키는 것이다(tacking).1054)

이때 A와 B 사이는 혈연관계나 계약, 유증, 상속, 증서(deed) 등의 비적대적(non-hostile)인 결합에 따른 일정한 견련관계(privity)가 있어야 한다.1055) 여기서의 당사자관계 내지 견련관계(privity)란 기간 합산을 위해 필요한 관계를 말한다.1056)

그러므로 점유기간의 합산을 함에 있어서 B가 A를 쫓아내고(ouster) 점유하거나, A가 점유를 포기한 후에 B가 새롭게 점유를 시작하거나, B가 A로부터 효력을 갖추지 못한 부동산 양도증서 내지 날인 증서 등의 증서(ineffective deed)를 이전 받은 경우 등은 견련관계를 인정할 수 없어 취득시효 기간으로 합산되지 않는다.

1052) *Id.* at 81.
1053) *Id.* at 78.
1054) *Id.* at 83.
1055) *Id.* at 84.
1056) *Id.* at 83.

Ⅳ. 지역권의 취득시효와의 비교

'시효에 의한 지역권의 취득'에서 언급한 것처럼 점유에 의한 취득시효와 지역권의 취득시효는 그 이용기간의 계산에 있어서 그전 이용자의 기간을 새로운 이용자의 기간에 합산할 수 있다(tacking, 전 점유자의 점유기간의 가산)는 점에서 유사하다.

하지만 시효에 의한 지역권의 취득과 점유취득시효는 몇 가지 점에서 구별된다. 즉, 시효에 의한 지역권의 취득은 일정기간 동안 타인의 부동산을 사용·향유(use and enjoy of the land)하는 것인 반면, 점유취득시효는 일정기간 동안 타인의 부동산을 점유(possession)하는 것이다. 이때 사용인지 점유인지 불분명한 경우가 있을 수 있는 데 이때는 타인의 점유나 이용을 배제하고 있는지의 배제여부에 따라 결정하여, 이용자의 이용이 다른 사람의 이용을 배제한다면 점유이고, 배제하고 있지 않다면 이용이라고 볼 수 있다.[1057]

또한 시효에 의한 지역권의 취득이 요건을 충족시키면 지역권을 취득하게 되지만 점유취득시효는 그 요건 충족시 부동산권(estate)을 취득한다.[1058]

Ⅴ. 효과

위와 같은 취득시효를 위한 요건을 충족하면 점유자는 부동산권(estate)을 취득한다.

사 례 의 분석 ─────────────────────────────────

[사례 1]

이 경우 주(state)에 따라서는 실제 소유자가 소송을 제기할 수도 있다.

일단 갑 토지가 점유취득시효에 필요한 기간의 완성으로 A에게 그 소유권이 이전되면 등록상 소유자 T는 A를 상대로 점유권과 소유권(title)을 회복하기 위한 권리를 더 이상 행사할 수 없다. 하지만 이는 반드시 취득에 필요한 기간의 완료 이전에 발생한 불법침입자 B에 대한 권

1057) 박홍규, *supra* note 23, at 158.
1058) *Id.*

리까지 소멸하는 것을 의미하는 것은 아니다.

주에 따라서는 일단 취득시효 완성으로 소유권을 취득하면 점유가 시작한 처음 시점으로 소급하여 소유권을 취득하게 된다. 이 경우에 T는 B에 대한 어떤 소송도 제기할 권리가 없게 된다.

[사례 2]

A는 승소할 수 없다. 왜냐하면 점유에 의한 취득시효 완성으로 소유권을 취득하기 위해서는 그 요건의 하나로서 T의 소유권에 대해 적대적(hostile and adverse)이어야 하기 때문이다. 사안은 T가 갑 토지에 머무를 수 있게 허락하였으므로 적대적이라고 할 수 없다.

[사례 3]

T는 승소할 수 있다. 왜냐하면 C는 A와 어떤 견련관계(privity)도 없다. 그러므로 C는 A가 점유한 기간을 승계(tacking) 받을 수 없다. C의 점유에 의한 취득을 위한 시효의 기간은 C가 점유를 시작한 때로부터 기산하게 된다.

[사례 4]

이 사안은 점유에 의한 시효취득을 위한 요건 중 적대성(hostility) 판단기준과 관련하여 문제된다. 즉, 적대성 판단을 함에 있어서 객관적 기준(objective view)을 채택하는 주(state)라면 A가 승소하게 되고, 주관적(subjective) 기준(good faith)을 채택하는 주라면 T가 승소하게 될 것이다.

종종 점유에 의한 시효취득과 관련된 사안은 법적 측면에서 시효로 취득되었음을 주장하는 자의 입증이 문제된다. 본 사안에서 A는 언제 갑 토지를 점유하였는지, 그 점유가 적대적이었는지를 쉽게 입증할 수 없을 것이다. 왜냐하면 주요 증인인 M과 N이 사망하였기 때문에 이들이 진술을 할 수가 없기 때문이다. 그러므로 A로서는 적어도 갑 토지에 대한 점유를 시작한 때와 시효가 완성된 때에 대한 내용이 정리된 위 증인들로부터의 진술서(affidavits)를 미리 받아두고, 시효취득에 필요한 기간 동안 점유하였음을 입증하는 기록들을 정리 보관해 두어야 할 것이다.

Notes, Questions, and Problems

- 묵시적 지역권(implied easement), 필요성에 따른 지역권(necessity)은 그 자체가 서면(writing)으로 될 수 없는 것이다.
- 'Escrow'란 조건부 제3자 예탁증서로서 일단 유효한 계약을 체결한 후에 계약 당사자간의 합의로 잠정적으로 중립적 위치에 있는 제3자에게 맡기는 것을 말한다. 이때 그 효력의 발생시기는 다른 특별한 사정이 없는 한 원칙적으로 제3자가 매수인에게 그 증서를 전달한 때가

아니라 제3자에게 전달한 시점에 권원(title)이 이전된다(소급효, relation-back doctrine).

- 조건부 제3자 예탁증서(Escrow)에 의한 경우 소급효는 있지만, 합유 부동산권(joint tenancy)의 관계라면 생존자가 취득하게 되고, 조건부 제3자 예탁증서에 따른 제3자는 이에 대항할 수 없다.

- 생애부동산권자(life estate)가 잔여권자(remainder)와 상의 없이, 새롭게 저당권을 설정한 경우 그 생애부동산권자가 원금과 이자를 납부해야 한다.

- 임대인은 임대료 채권을 자유롭게 양도하거나 담보로 제공할 수 있다.

- 정기 내지 확정 부동산 임차권(Tenancy for years, Fixed Term Tenancy, or Term of Years)이란 임대차 기간이 확정적으로 정해져 있고, 그 기간 동안 임차인에게 점유할 권리를 수여하는 것으로서, 1일 기한의 임대차(lease)라도 여기에 속하게 된다. 용어 정의와 관련하여 혼동될 수 있으므로 정확하게 숙지해야 할 것이다.

- '정기부동산 임차권'의 기간이 1년을 초과해서 사기방지법(statute of fraud)에 걸리게 되어 문서성(writing)을 갖추어야 함에도 구두(oral)로 행해졌고, 매월 임대료를 지급하였다면 이는 묵시적 자동 연장형 정기 부동산 임차권(implied periodic tenancy)이 된다고 볼 수 있다.

- '정기부동산 임차권'으로 계약 후 기간만료 전에 임대료를 인상하여 통지한 경우 설사 임차인이 이러한 인상에 반대하더라도 인상된 임료 기준에 따른 자동 연장형 정기 부동산 임차권(periodic tenancy)이 된다. 이때 상업용이라면 'year to year', 거주용이라면 'month to month'가 될 것이다.

- '자동 연장형 정기 부동산 임차권'의 종료와 관련하여 그 통지는 원칙적으로 1주일(week to week lease)/1달(month to month)/6개월 전 통지(year to year)임을 상기해야 할 것이다.

- 임의형 부동산 임차권(tenancy at will)은 문자 그대로 계약 당사자 일방의 해지를 알리는 의사표시로서 확정된 임대차 기간이 없이 언제든지 종료시킬 수 있는 권리이지만 합리적인 기간(1달)의 통지가 요구된다.

- 주거용 임대차(residential lease)에서는 임대인이 주거성 내지 주거적합성(habitability) 위반이 있는 경우에야 그 계약이 종료(termination)되거나 임대료 상계(rent offset)가 가능한 것이고, 이러한 주거적합성의 위반이 아니라면 임대료의 납부의무는 여전히 존속한다는 점을 유의해야 할 것이다.

- 임차인이 거주를 계속하면서 계약의 종료(termination)를 요구할 수 있는 사유는 주거성(habitability) 위반만이라고 할 수 있다. 이와 비교하여 의제적 추방 내지 퇴거조치(constructive eviction)는 합리적 기간 내에 해당 목적물을 비워서(vacate) 주거로 부적합하다는 것을 보여주어야 하므로 계속 거주하면서 종료를 요구할 수 있는 사유가 되지 않는다. 즉, 임차인이 살고 있으면서 '의제적 퇴거조치'를 주장할 수 없음에 유의해야 할 것이다.

- 부동산 임대차 양도(assignment)를 금지하는 조항이 전대차(sublease)를 금지하는 조항은 아니고 전대차를 금지하는 조항이 임대차 양도를 금지하는 것도 아니다.

- 임대차 양도제한규정을 포기(waiver)하는 것은 구두(oral)로 해도 무방하다.

- 새로운 소유주의 승인(Attornment)이란 임차인이 새로 바뀐 집주인을 새로운 권리자로 인정하는 행위를 말한다.
- 집주인이 바뀐 경우 집 매도인인 전소유자는 임대차 계약관계, 즉 계약상의 견련관계(privity of contract)로, 현 소유자는 부동산상의 견련관계(privity of estate)로 인하여 집 수리비를 부담할 의무가 있다.
- 임대차의 양도의 경우 임대차에 붙어있는 어떤 특약(covenant)은 양수인이 그러한 특약(covenant)의 존재여부를 알고 있는지와 관계없이 그 특약에 따를 의무를 부담한다(covenant runs with land). 임대료 지급(pay rent), 수리(repair), 재산세(property tax)는 임대차 양수인도 특약에 따라 부담하게 된다.
- 부동산 임대차에서 하루라도 임대기간이 남은 상태에서 다른 사람에게 넘기면 전대차(sublease)가 되는 것이지 부동산 임대차의 양도(assignment)가 되는 것이 아니다. 만일 잔여기간 전체를 넘긴 경우라면 이때는 양도(assignment)가 되고, 양수인은 임대인에 대해 부동산상의 견련관계(privity of estate)에 따른 책임을 부담하게 된다.
- 임대인은 공용사용부분은 수리해야 할 의무가 있지만, 일반적 하자에 대해 수리의무는 원칙적으로 없다. 다만, 수리를 임대인이 약속했다면 수리를 해야 한다.
- 모든 집기나 가구가 설비된 주택(furnished dwelling)에 대한 단기 임대차에서는 임대인에게 수리의무가 있다.
- 지역권(easement)이 제대로 등록 내지 등기되지 않은 경우 후속매수인에 대항할 수 없지만, 당초의 설정자와의 관계에서는 여전히 유효한 지역권을 주장할 수 있다. 하지만, 지역권이 등록되지 않았어도, 제3자가 문제의 지역권이 인접 도로에서 집의 차고까지의 진입로(driveway)로 사용되는 것이라서 그 지역권의 존재를 정황적 통지(inquiry notice)의 형태로 알 수 있었던 경우 부동산등록법(recording act)으로는 보호될 수 없음에 유의해야 할 것이다.
- 지역권이 제대로 등록이 되어 있으면 승역지 소유자(servient tenement)가 다른 사람에게 넘어가고 그 부동산 양도증서(deed)상에 지역권에 대한 기재가 없어도 여전히 지역권은 유효하다.
- 지역권은 그 기간에 대해 특별한 기재가 없으면 영속적인 것으로 추정한다. 문서에 의한 것(written release)이 아닌 구두로(orally) "더 이상 사용하지 않는다"라는 표시를 한 것만으로 지역권이 소멸되지 않는다.
- 부여된 지역권의 범위를 초과하여 사용하거나 정해진 목적에 부합하지 않은 사용이라고 해도 지역권은 소멸(termination)되지 않음에 또한 유의해야 할 것이다. 설사 30년 동안 지역권을 사용하지 않더라도 다시 그 지역권의 사용을 주장할 수 있는 것이다.
- 어떤 공동 소유 부동산에 대해 어느 한 당사자가 사망시 사망자가 갖고 있던 규모 내지 지분을 남아있는 부동산권자가 자동적으로(automatically) 취득하게 되는 부동산권이라 할 수 있는 '생존자취득권'(right of survivorship)은 서면으로 이루어져야 한다. 그렇지 않으면 공유부동산권(tenancy in common)에 불과하다.
- 생애부동산권자(life tenant)가 광물을 채취하는 것에 대해 만약 잔여권자(remainder)가 다투지

못한다면 이에 대한 설득력이 있는 논리는 무엇인지 생각해 보자. 좋은 방법 중의 하나는 광물을 채취할 수 있는 권리는 소멸가능한 단순부동산권(defeasible fees)에 부수한 것에 불과하다는 것이라고 할 수 있다. 즉, 생애부동산권(life tenant)이 아니라는 것이다.

• 비가 내릴 때마다 해당 부동산으로 물이 들어오는 등 비록 임대인이 임차부동산을 임차인에게 점유하도록 이전하였으나 그 목적물의 이용에 불가결한 서비스 등을 제공하지 않아 거주하기에 부적합한 사유로 인한 의제적 퇴거조치 내지 추방(constructive eviction)의 경우에는 임차인이 임대인에게 통지 후 임대인이 이행을 하지 않을 경우 임차인은 그 부동산을 비워야, 즉 나가야 한다. 단순히 임대인이 약속을 지키지 않은 것만으로는 부족하다. 이러한 것은 임대인의 의무 위반에 의한 경우에 한하며, 이웃집이나 제3자(strangers)의 행위만으로는 인정할 수 없다.

제10장
부동산권의 이전
(The Land Transaction)

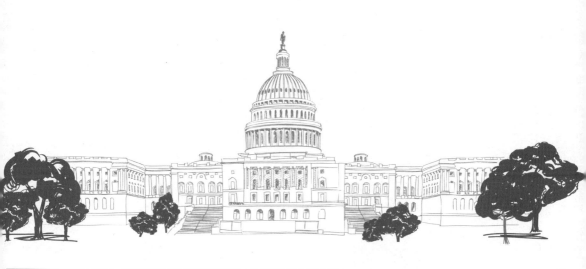

제10장 부동산권의 이전
(The Land Transaction)

I. 서설

이번 장에서 부동산의 이전에 관한 부분을 다룬다. 일반적으로 자신의 부동산을 매도하려는 부동산 소유주(매도인)는 부동산 중개인과 함께 자신의 부동산을 매매목록에 올림으로써 잠재적 매수인 등 부동산 매매시장에 알리게 된다. 이때의 부동산 중개인 또는 보조자들(brokers or agents or salespersons)은 보통 매도인의 대리인으로서 각각의 역할이 다르지만[1059] 매도인과 중개인 사이의 계약(a listing agreement)을 통해 이루어진다.[1060]

보통 부동산 매매계약은 계약체결 이후 계약 체결시와 체결 완료시인 "Closing"단계 사이에 매수인이 권원에 대한 검색(title search)을 통한 확인 등 계약 체결을 위한 서명과 동시에 소유권 이전이 이루어지는 것이 아니라는 점에서 '미완성' 내지 '미이행'(executory) 계약이라고 할 수 있다.[1061]

특히, 부동산 매매계약도 계약의 하나이기에 계약법에 의해 규율되고 따라서 일반적인 계약의 성립요건을 갖추어야 한다.

또한 매도인은 부동산을 매도하기 전에 해당 부동산이 거래에 적당함, 즉 시장성이 있음을(marketable) 보여주어야 한다. 해당 부동산의 소유자가 소유권(title)을 가지고 있는지의 확인도 필요하며 이러한 확인을 위해 권원 내지 소유권 보험(title insurance)[1062] 회사

1059) 예를 들면 특정한 의미의 부동산 대리인들(real estate agents)은 매도인과 중개인 사이의 계약(a listing agreement)에 서명해서는 안 되고 중개인(a broker)의 감독아래 업무를 수행하여야 한다(Barlow Burke and Joseph Snoe, *supra* note 1, at 351).
1060) *Id.* at 349.
1061) Jesse Dukeminier 외, *supra* note 32, at 519.
1062) '권원 보험' 내지 '소유권 보험'이란 해당 부동산에 대한 권원이 리엔 등 담보가 설정되어 있어 소유권 권리 보장에 자유롭지 못한 경우 그 매수인이 입게 될 손실로부터 보호하기 위해 매수인이 구입하는 보험을 말한다(임홍근 외, *supra* note 22, at 1895).

를 통해 조사하기도 한다.[1063]

이와 같이 우리나라에서의 주택 구입과 미국에서의 주택 구입은 그 내용면에서 여러 차이가 있지만 그 가운데에서 중요한 것 하나가 이러한 '권원 보험', 말하자면 '주택의 소유권과 관련된 보험'(Title Insurance)을 구매해야 한다는 것이다.

'권원 검색부'("Title Plants")라고 불리는 검색부를 통해 부동산에 대한 기록을 유지·관리하고 있는 'Title Insurance' 회사에서는 관련된 보험증서를 발급하기 전에 매수인이 원하는 주택에 저당권 등 어떤 담보권이 설정이 되어 있는지, 현재 주택 소유자의 은행 대출은 얼마 남아 있는지, 부동산 세금이 체납된 것은 없는지 등을 조사하여 매수인이나 채권자가 참고할 수 있도록 '권원에 대한 사전 보고서' 내지 '예비적 권원보고서'(preliminary title report)를 발급하기도 한다.[1064]

이러한 보험이 발전된 것은 주택의 소유권 등에 관한 문서상의 문제가 생길 수 있는 것은 없는지의 여부에 대한 조사를 통해 혹시 발생될지도 모를 분쟁으로부터 매수인을 보호하기 위해 공공기록(public records)의 불충분함 등의 이유 때문이라고 할 수 있다.[1065]

만일 해당 부동산에 대한 하자를 발견하지 못하는 등 보험회사의 잘못으로 보험가입 자가 손해를 입은 경우에는 보험회사는 보험가입자와 체결한 보험내용에 따른 금액을 한 도로 부담하는 등 일정한 책임을 지게 된다.[1066]

II. 부동산 매매계약

1. 개요

일반적으로 매도인과 매수인간의 부동산 매매에 관한 가격 등에 관한 협상을 통해 매매 계약을 체결하게 되고 서명하기 이전에 계약 내용에 대해 변호사에 의한 검토가

1063) Jesse Dukeminier 외, *supra* note 32, at 714, 721.
1064) Barlow Burke and Joseph Snoe, *supra* note 1, at 443.
1065) Jesse Dukeminier 외, *supra* note 32, at 714면.
1066) Jesse Dukeminier 외, *Id.* at 721; *Walker Rogge, Inc.* v. *Chelsea Title & Guaranty Co.*, 116 N.J. 517, 562 A.2d 208, 1989 N.J.; Barlow Burke and Joseph Snoe, *supra* note 1, at 444.

이루어진다. 주거용 부동산 매매 등 일정한 경우에는 아래 〈표〉의 "MULTI-BOARD RESIDENTIAL REAL ESTATE CONTRACT"와 같은 미리 준비된 표준매매계약서(a preprinted, standard form contract)에 의하기도 한다.

이렇게 체결된 부동산 거래는 부동산 매매의 최종절차인 클로징("closing")을 통해 거래가 종료된다. 매도인은 해당 부동산을 매수인에게 인도함과 함께 소유권이 있음을 보여주는 부동산 양도증서 내지 집문서에 해당하는 증서(deed)를 넘겨주고, 매수인은 매매대금을 지급하여야 한다.

이와 같이 미국 재산법에 있어서 부동산권의 이전(매매, the sale of land)은 우선 부동산 이전을 위한 계약의 체결과 체결된 계약의 이행이 완료될 때까지의 과정(closing)이 포함된다. 이러한 매매 내지 이전은 부동산권에 대한 권리나 이익의 양도라고 할 수 있고, 이는 계약의 체결에서부터 시작된다.

계약이 체결되면 위에서 언급한 대로 매도인은 해당 부동산과 함께 부동산 양도증서(집문서)와 같은 증서(deed)를 인도해주고 매수인은 매매대금을 지급함과 동시에 이를 수령하게 된다. 이러한 과정에서 우리나라의 경우와 같이 이중매매가 있을 수 있고 이에 대한 선의의 매수인에 대한 보호수단이 부동산 등록제도(recording system)와 함께 논의된다.

아래의 〈자료〉를 통해서 제시되는 여러 계약서 조항들은 실제 미국 부동산에 관한 실무를 함에 있어서도 다룰 수 있는 중요한 부분이다. 이 교재에서 설명되는 내용과 함께 비교해 보면서 확인하는 학습을 하면, 내용에 대한 보다 정확한 이해로 로스쿨이나 미국 변호사 자격취득 대비 그리고 실무 등에 있어서도 많은 도움이 될 것이다.

MULTIBOARD RESIDENTIAL REAL ESTATE CONTRACT[1067] ─────────

1. **THE PARTIES:** Buyer and Seller are hereinafter referred to as the "Parties".
Buyer(s) _____ Seller(s) _____
　(Please Print)　　　　　　　　　　　(Please Print)
2. **THE REAL ESTATE:** Real Estate shall be defined to include the Real Estate and all improvements thereon. Seller agrees to convey to Buyer or to Buyer's designated grantee,

---

1067) 본 자료는 Jesse Dukeminier 외, *Id.* at 520-528에서 제시한 "MULTI-BOARD RESIDENTIAL REAL ESTATE CONTRACT 3.0"의 내용이다. 하나의 '표준 부동산 계약서' 형태를 소개함으로써 학습의 이해를 높이기 위한 참고자료로 제시하였다. 실제에 있어서는 "MULTI-BOARD RESIDENTIAL REAL ESTATE CONTRACT 6.1" 등의 형태로 수정(change)·갱신(update)되어 사용될 수 있다.

the Real Estate with the approximate lot size or acreage of commonly known as:

_____

Address   City   State   Zip

County Unit # (if applicable) Permanent Index Number(s) of Real Estate Condo/Coop/ Townhome Parking Space Included: (check type) deeded space; _____ limited common element; _____ assigned; Parking space # _____ (insert number)

3. **FIXTURES AND PERSONAL PROPERTY:** All of the fixtures and personal property stated herein are owned by Seller and to Seller's knowledge are in operating condition on the Date of Acceptance, unless otherwise stated herein.

Seller agrees to transfer to Buyer all fixtures, all heating, electrical, plumbing and well systems together with the following items of personal property by Bill of Sale at Closing: [Check or enumerate applicable items]

_____Refrigerator_____All Tacked Down Carpeting_____Fireplace Screen(s)/Door(s)/Grate(s)_____Central Air Conditioning_____Oven/Range/Stove _____All Window Treatments & Hardware_____Fireplace Gas Logs Electronic or Media Air Filter_____Microwave_____Built-in or Attached Shelving_____Existing Storms & Screens____Central Humidifier_____Dishwasher_____Smoke Detector(s)_____Security System(s) (owned)_____Sump Pump(s)_____Garbage Disposal____Ceiling Fan(s) ___Intercom System_____Water Softener (owned) _____ Trash Compactor_____TV Antenna System _____Central Vac & Equipment_____ Outdoor Shed ___Washer____Window Air Conditioner(s)_____Electronic Garage Door Opener(s)_____Attached Gas Grill___Dryer ____All Planted Vegetation with _____ Transmitter(s)_____Light Fixtures, as they exist _____Satellite Dish and System_____ Invisible Fence System, Collar(s) and Box_____Home Warranty $ _____Other items in- cluded:

_____

Items NOT included:

_____

Seller warrants to Buyer that all fixtures, systems and personal property included in this Contract shall be in operating condition at possession, except:

_____

A system or item shall be deemed to be in operating condition if it performs the function for which it is intended, regardless of age, and does not constitute a threat to health or safety.

4. **PURCHASE PRICE:** Purchase Price of $____shall be paid as follows: Initial earnest

money of $_____by (check), (cash), or (note due on _____, 20_____.) to be increased to a total of $ _____by_____, 20_____. The earnest money and the original of this Contract shall be held by the Listing Company, as "Escrowee", in trust for the mutual benefit of the Parties. The balance of the Purchase Price, as adjusted by prorations, shall be paid at Closing by wire transfer of funds, or by certified, cashier's, mortgage lender's or title company's check(provided that the title company's check is guaranteed by a licensed title insurance company).

5. **MORTGAGE CONTINGENCY:** This Contract is contingent upon Buyer obtaining an unconditional written mortgage commitment (except for matters of title and survey or matters totally within Buyer's control) on or before _____, 20_____for a (type) loan of $_____ or such lesser amount as Buyer elects to take, plus private mortgage insurance (PMI), if required. The interest rate (initial rate, if applicable) shall not exceed _____% per annum, amortized over not less than years. Buyer shall pay loan origination fee and/or discount points not to exceed_____% of the loan amount. Seller shall pay loan origination fee and/or discount points not to exceed_____% of the loan amount. Those fees/points committed to by Buyer shall be applied first. Buyer shall pay the cost of application, usual and customary processing fees and Closing costs charged by lender. (If FHA/VA, refer to Paragraph #36 for additional provisions.) Buyer shall make written loan application within five (5) business days after the Date of Acceptance. Failure to do so shall constitute an act of default under this Contract. If Buyer, having applied for the loan specified above, is unable to obtain a loan commitment and serves written notice to Seller within the time specified, this Contract shall be null and void and earnest money refunded to Buyer upon written direction of the Parties to Escrowee. If written notice is not served within the time specified, Buyer shall be deemed to have waived this contingency and this Contract shall remain in full force and effect. Unless otherwise provided herein, this Contract shall not be contingent upon the sale and/or closing of Buyer's existing real estate. A condition in the mortgage commitment requiring sale and/or closing of existing real estate shall not render the mortgage commitment conditional for the purpose of this paragraph. If Seller at Seller's option and expense, within thirty (30) days after Buyer's notice, procures for Buyer such commitment or notifies Buyer that Seller will accept a purchase money mortgage upon the same terms, this Contract shall remain in full force and effect. In such event, Seller shall notify Buyer within five (5) business days after Buyer's notice of Seller's election to provide or obtain such financing, and Buyer shall furnish to Seller or lender all requested information and shall sign all papers necessary to obtain the mortgage commitment and to close the loan.

6. **CLOSING:** Closing or escrow payout shall be on _____, 20_____, or at such time

as mutually agreed upon by the Parties in writing. Closing shall take place at the title company escrow office situated geographically nearest the Real Estate, or as shall be agreed mutually by the Parties.

7. **POSSESSION:** Possession shall be deemed to have been delivered when Seller has vacated Real Estate and delivered keys to Real Estate to Buyer or to Listing Office. Seller shall deliver possession to Buyer at the time of Closing.

8. **RESIDENTIAL REAL ESTATE AND LEAD-BASED PAINT DISCLOSURES:** If applicable, prior to signing this Contract, Buyer [check one] □ has □ has not received a completed Illinois Residential Real Property Disclosure Report; [check one] □ has □ has not received the EPA Pamphlet, "Protect Your Family From Lead in Your Home";

[check one] □ has □ has not received a Lead−Based Paint Disclosure.

9. **PRORATIONS:** Proratable items shall include, without limitation, rents and deposits (if any) from tenants, utilities, water and sewer, and homeowner or condominium association fees. Seller represents that as of the Date of Acceptance Homeowner Association/ Condominium fees are $ _____pe_____. Seller agrees to pay prior to or at Closing any special assessments (governmental or association) confirmed prior to Date of Acceptance. The general Real Estate taxes shall be prorated as of the date of Closing based on_____% of the most recent ascertainable full year tax bill. All prorations shall be final as of Closing, except as provided in paragraph 17. If the amount of the most recent ascertainable tax bill reflects a homeowner, senior citizen or other exemption, Seller has submitted or will submit in a timely manner all necessary documentation to the Assessor's Office, before or after Closing, to preserve said exemption(s). Accumulated reserves of a Homeowner/ Condominium Association are not a proratable item.

10. **OTHER PROVISIONS:** This Contract is also subject to those OPTIONAL PROVISIONS selected for use and initialed by the Parties which are contained on the succeeding pages and the following attachments, if any:_____

11. **PROFESSIONAL INSPECTIONS:** Buyer may secure at Buyer's expense (unless otherwise provided by governmental regulations) a home, radon, environmental, lead−based paint and/or lead−based paint hazards(unless separately waived), and/or wood insect in− festation inspection(s) of said Real Estate by one or more licensed or certified inspection service(s). Buyer shall serve written notice upon Seller or Seller's attorney of any defects disclosed by the inspection(s) which are unacceptable to Buyer, together with a copy of the pertinent page(s) of the report(s) within five (5) business days (ten (10) calendar days for a lead−based paint and/or lead−based paint hazard inspection) after Date of Acceptance. If written notice is not served within the time specified, this provision shall be deemed

waived by Parties and this Contract shall remain in full force and effect. If within ten (10) business days after Date of Acceptance, written agreement cannot be reached by the Parties with respect to resolution of inspection issues, then either Party may terminate this Contract by written notice to the other Party and this Contract shall be null and void and earnest money refunded to Buyer upon written direction of the Parties to Escrowee. The home inspection shall cover only major components of the Real Estate, including but not limited to, central heating system(s), central cooling system(s), plumbing and well system, electrical system, roof, walls, windows, ceilings, floors, appliances and foundation. A major component shall be deemed to be in operating condition if it performs the function for which it is intended, regardless of age, and does not constitute a threat to health or safety. Buyer shall indemnify Seller and hold Seller harmless from and against any loss or damage caused by the acts or negligence of Buyer or any person performing any in—spection(s). Buyer agrees minor repairs and routing maintenance items are not a part of this contingency.

12. **ATTORNEY REVIEW**: The respective attorneys for the Parties may approve, disapprove, or make modifications to this Contract, other than stated Purchase Price, within five (5) business days after the Date of Acceptance. Disapproval or modification of this Contract shall not be based solely upon stated Purchase Price. Any notice of dis—approval or proposed modification(s) by any Party shall be in writing. If within ten (10) business days after Date of Acceptance written agreement on proposed modification(s) cannot be reached by the Parties, this Contract shall be null and void and earnest money refunded to Buyer upon written direction of the Parties to Escrowee. If written notice is not served within the time specified, this provision shall be deemed waived by the Parties and this Contract shall remain in full force and effect.

13. **PLAT OF SURVEY**: Not less than one (1) business day prior to Closing, except where the subject property is a condominium (see Paragraph 27) Seller shall, at Seller's expense, furnish to Buyer or his attorney a Plat of Survey dated not more than six (6) months prior to the date of Closing, prepared by an Illinois Professional Land Surveyor, showing any encroachments, measurements of all lot lines, all easements of record, building set back lines of record, fences, all buildings and other improvements on the Real Estate and distances therefrom to the nearest two lot lines. In addition, the survey to be provided shall be a boundary survey conforming to the current requirements of the Illinois Department of Professional Regulation. The survey shall show all corners staked and flagged or otherwise monumented. The survey shall have the following statement prominently appearing near the professional land surveyor seal and signature: "This professional service conforms to

the current Illinois minimum standards for a boundary survey." A Mortgage Inspection, as defined, is not a boundary survey, and does not satisfy the necessary requirements.

(중간 생략)

15. **THE DEED:** Seller shall convey or cause to be conveyed to Buyer or Buyer's designated grantee good and merchantable title to the Real Estate by recordable general Warranty Deed, with release of homestead rights, (or the appropriate deed if title is in trust or in an state), and with real estate transfer stamps to be paid by Seller (unless otherwise designated by local ordinance). Title when conveyed will be good and merchantable, subject only to: general real estate taxes not due and payable at the time of Closing, covenants, conditions, and restrictions of record, building lines and easements, if any, so long as they do not interfere with the current use and enjoyment of the Real Estate.

16. **TITLE:** At Seller's expense, Seller will deliver or cause to be delivered to Buyer or Buyer's attorney within customary time limitations and sufficiently in advance of Closing, as evidence of title in Seller or Grantor, a title commitment for an ALTA title insurance policy in the amount of the Purchase Price with extended coverage by a title company licensed to operate in the State of Illinois, issued on or subsequent to the Date of Acceptance of this Contract, subject only to items listed in Paragraph 15. The requirement of providing extended coverage shall not apply if the Real Estate is vacant land. The commitment for title insurance furnished by Seller will be conclusive evidence of good and merchantable title as therein shown, subject only to the exceptions therein stated. If the title commitment discloses unpermitted exceptions, or if the Plat of Survey shows any encroachments which are not acceptable to Buyer, then Seller shall have said exceptions or encroachments removed, or have the title insurer commit to insure against loss or damage that may be caused by such exceptions or encroachments. If Seller fails to have unpermitted exceptions waived or title insured over prior to Closing, Buyer may elect to take the title as it then is, with the right to deduct from the Purchase Price prior encumbrances of a definite or ascertainable amount. Seller shall furnish Buyer at Closing an Affidavit of Title covering the date of Closing, and shall sign any other customary forms required for issuance of an ALTA Insurance Policy.

17. **REAL ESTATE PROPERTY TAX ESCROW:** In the event the Real Estate is improved, but has not been previously taxed for the entire year as currently improved, the sum of three (3) percent of the Purchase Price shall be deposited in escrow with the title company with the cost of the escrow to be divided equally by Buyer and Seller and paid at Closing. When the exact amount of the taxes prorated under this Contract can be ascertained, the taxes shall be prorated by the Seller's attorney at the request of either Party, and the

Seller's share of such tax liability after reproration shall be paid to the Buyer from the escrow funds and the balance, if any, shall be paid to the Seller. If the Seller's obligation after such reproration exceeds the amount of the escrow funds, Seller agrees to pay such excess promptly upon demand.

18. **PERFORMANCE:** Time is of the essence of this Contract. In the event of default by Seller or Buyer, the Parties are free to pursue any legal remedies at law or in equity. The prevailing Party in litigation shall be entitled to collect reasonable attorney fees and costs from the losing Party as ordered by a court of competent jurisdiction. There shall be no disbursement of earnest money unless Escrowee has been provided written agreement from Seller and Buyer. Absent an agreement relative to the disbursement of earnest money within a reasonable period of time, Escrowee may deposit funds with the Clerk of the Circuit Court by the filing of an action in the nature of interpleader. Escrowee shall be reimbursed from the earnest money for all costs, including reasonable attorney fees, related to the filing of the interpleader action. Seller and Buyer shall indemnify and hold Escrowee harmless from any and all conflicting claims and demands arising under this paragraph.

19. **DAMAGE TO REAL ESTATE PRIOR TO CLOSING:** If, prior to delivery of the deed, the Real Estate shall be destroyed or materially damaged by fire or other casualty, or the Real Estate is taken by condemnation, then Buyer shall have the option of terminating this Contract and receiving a refund of earnest money or of accepting the Real Estate as damaged or destroyed, together with the proceeds of any insurance payable as a result of the destruction or damage, which proceeds Seller agrees to assign to Buyer. Seller shall not be obligated to repair or replace damaged improvements. The provisions of the Uniform Vendor and Purchaser Risk Act of the State of Illinois shall be applicable to this Contract, except as modified in this paragraph.

20. **SELLER REPRESENTATIONS:** Seller represents that he/she has not received written notice from any Governmental body or Homeowner Association of (a) zoning, building, fire or health code violations that have not been corrected; (b) any pending rezoning; or (c) a proposed or confirmed special assessment and/or special service area affecting the Real Estate. Seller further represents that Seller has no knowledge of boundary line disputes, easements or claims of easement not shown by the public records, any hazardous waste on the Real Estate or any improvements for which the required permits were not obtained. Seller represents that there have been no improvements to the Real Estate which are not included in full in the determination of the most recent real estate tax assessment, or which are eligible for home improvement tax exemption.

21. **CONDITION OF REAL ESTATE AND INSPECTION:** Seller agrees to leave the

Real Estate in broom clean condition. All refuse and personal property that is not to be conveyed to Buyer shall be removed from the Real Estate at Seller's expense before possession. Buyer shall have the right to inspect the Real Estate, fixtures and personal property prior to possession to verify that the Real Estate, improvements and included personal property are in substantially the same condition as of the Date of Acceptance of this Contract, normal wear and tear excepted.

22. **GOVERNMENTAL COMPLIANCE:** Parties agree to comply with the reporting requirements of the applicable sections of the Internal Revenue Code and the Real Estate Settlement Procedures Act of 1974, as amended.

23. **ESCROW CLOSING:** At the election of either Party, not less than five (5) business days prior to the Closing, this sale shall be closed through an escrow with the lending institution or the title company in accordance with the provisions of the usual form of Deed and Money Escrow Agreement, as agreed upon between the Parties, with provisions inserted in the Escrow Agreement as may be required to conform with this Contract. The cost of the escrow shall be paid by the Party requesting the escrow.

24. **FLOOD INSURANCE:** Buyer shall obtain flood insurance if required by Buyer's lender.

25. **FACSIMILE:** Facsimile signatures shall be sufficient for purposes of executing, negotiating, and finalizing this Contract.

26. **BUSINESS DAYS:** Business days are defined as Monday through Friday, excluding Federal holidays.

27. **CONDOMINIUMS:** (If applicable) The Parties agree that the terms contained in this paragraph, which may be contrary to other terms of this Contract, shall supersede any conflicting terms.

(a) Title when conveyed shall be good and merchantable, subject to terms, provisions, covenants and conditions of the Declaration of Condominium and all amendments public and utility easements including any easements established by or implied from the Declaration of Condominium or amendments thereto; party wall rights and agreements; limitations and conditions imposed by the Condominium Property Act; installments due after the date of Closing of general assessments established pursuant to the Declaration of Condominium.

(b) Seller shall be responsible for all regular assessments due and levied prior to Closing and for all special assessments confirmed prior to the Date of Acceptance.

(c) Buyer has, within five (5) business days from the Date of Acceptance of this Contract, the right to demand from Seller items as stipulated by the Illinois Condominium

Property Act. The Contract is subject to the condition that Seller be able to procure and provide to Buyer, a release or waiver of any option of first refusal or other pre—emptive rights of purchase created by the Declaration of Condominium within the time established by the Declaration. In the event the Condominium Association requires personal appearance of Buyer and/or additional documentation, Buyer agrees to comply with same.

(d) In the event the documents and information provided by the Seller to the Buyer disclose that the existing improvements are in violation of existing rules, regulations or other restrictions or that the terms and conditions contained within the documents would unreasonably restrict Buyer's use of the premises or would increase the financial considerations which Buyer would have to extend in connection with the owning of the condominium, then Buyer may declare this Contract null and void by giving Seller written notice within five (5) business days after the receipt of the documents and information required by Paragraph 27 (c), listing those deficiencies which are unacceptable to Buyer, and thereupon all earnest money deposited by Buyer shall be returned to Buyer upon written direction of Parties to escrowee. If written notice is not served within the time specified, Buyer shall be deemed to have waived this contingency, and this Contract shall remain in full force and effect.

(e) Seller shall not be obligated to provide a condominium survey.

(f) Seller shall provide a certificate of insurance showing Buyer (and Buyer's mortgagee) as insured.

28. CHOICE OF LAW/GOOD FAITH: All terms and provisions of this Contract including, but not limited to, the Attorney Review and Professional Inspection paragraphs, shall be governed by the laws of the State of Illinois and are subject to the covenant of good faith and fair dealing implied in all Illinois contracts.

(중간 생략)

33. WELL AND/OR SEPTIC/SANITARY INSPECTIONS: Seller shall obtain, at Seller's expense, a well water test (including nitrates test) and/or a septic/sanitary report from the applicable governmental authority or qualified inspection service, each dated not more than ninety (90) days prior to Closing, stating that the well and the water supplied therefrom and the septic/sanitary system are in compliance with applicable health regulations. Seller shall deliver a copy of the report to Buyer not less than fourteen (14) days prior to Closing. If either system is found not to be in compliance with applicable health regulations, and in the event that within five (5) business days after receipt of such report(s), written agreement cannot be reached by the Parties with respect to the resolution of well and/or septic/sanitary issues, then either Party may terminate this Contract by written notice to the other Party and this Contract shall be null and void and earnest money refunded to Buyer upon written direction of the Parties to Escrowee.

34. **CONFIRMATION OF DUAL AGENCY:** The Parties confirm that they have previously consented to_____(Licensee) acting as a Dual Agent in providing brokerage services on their behalf and specifically consent to Licensee acting as a Dual Agent with regard to the transaction referred to in this Contract.

35. **"AS IS" CONDITION:** This Contract is for the sale and purchase of the Real Estate and personal property in its "As Is" condition as of the Date of Offer. Buyer acknowledges that no representations, warranties or guarantees with respect to the condition of the Real Estate and personal property have been made by Seller or Seller's Agent other than those known defects, if any, disclosed by Seller. Buyer may conduct an inspection at Buyer's expense. In that event, Seller shall make the property available to Buyer's inspector at reasonable times. Buyer shall indemnify Seller and hold Seller harmless from and against any loss or damage caused by the acts or negligence of Buyer or any person performing any inspection(s). In the event the inspection reveals that the condition of the improvements, fixtures or personal property to be conveyed or transferred is unacceptable to Buyer and Buyer so notifies Seller within five (5) business days after the Date of Acceptance, this Contract shall be null and void and earnest money shall be refunded to Buyer upon the written direction of the Parties to Escrowee. Failure of Buyer to notify Seller or to conduct said inspection operates as a waiver of Buyer's right to terminate this Contract under this paragraph and this Contract shall remain in full force and effect. Buyer acknowledges the provisions of Paragraph 11 and the warranty provisions of Paragraph 3 do not apply to this Contract.

(중간 생략)

37. **INTERIM FINANCING:** This Contract is contingent upon Buyer obtaining a written commitment for interim financing on or before_____, 20___, in the amount of $_____. If Buyer is unable to secure the interim financing commitment and gives written notice to Seller within the time specified, this Contract shall be null and void and earnest money refunded to Buyer upon written direction of the Parties to Escrowee. If written notice is not served within the time specified, this provision shall be deemed waived by the Parties and this Contract shall remain in full force and effect.

THIS DOCUMENT WILL BECOME A LEGALLY BINDING CONTRACT WHEN SIGNED BY ALL PARTIES AND DELIVERED.

2. 성립

2.1. 의의

부동산 매매계약이 성립하기 위해서는 일반적인 미국 계약법과 마찬가지로 청약과 승낙 그리고 대가 내지 약인(consideration), 그리고 어떤 항변사유(defenses)가 없어야 한다.

2.2. 문서성의 요청

(1) 원칙

일반적으로 계약은 구두로 체결할 수 있으므로 원칙적으로 특별한 요식을 요하지 않는다. 하지만 특정한 약정의 경우에는 구두(oral) 그 이상의 서면(writing) 등을 통한 특별한 증명(special proof)을 갖추어야 이행의 강제를 할 수 있으므로,[1068] 일정한 경우에는 구속될 당사자의 서명과 함께 문서성(in writing)을 갖추어야 한다.[1069]

이러한 요구는 증거위조 등을 통해 계약의 내용에 관한 사기(fraud) 및 위조(perjury) 등을 사전에 방지하기 위해 1677년 "An Act for the Prevention of Frauds and Perjuries"라는 이름하에 제정된 사기방지법(詐欺防止法, a Statute of Frauds)의 근거로 이루어지고 있다.[1070]

미국 계약법에서 요구되는 서면의 형식은 정식문서 형태일 필요는 없으며 편지나 팩스, 메모 나아가 식당에서 사용하는 냅킨(napkin)을 사용해도 서면으로 된 내용이 포함되어 있는 한 충분하다. 계약의 서면성 요건을 갖추기 위해서는 계약의 대상이 되는 목적물(subject matter), 계약의 당사자, 계약상의 어떤 조건(conditions)과 기한(terms)이 있을 경우 그 조건이나 기한, 약인 내지 대가(consideration)의 기재, 이행을 요구받게 될 당사자(a party to be charged) 또는 그 대리인의 서명 등 주요 내용들이 포함되어야 할 것이다.[1071]

즉, 이러한 문서성을 갖추기 위해서는 계약목적물, 당사자 사이에 계약이 체결되었다

1068) 미국 계약법에서도 언급하였듯이 이 부분은 미국 변호사 자격취득을 위해서 준비해야 할 중요한 부분의 하나이다. 그러므로 "orally" "told" 또는 "telephoned"라는 말이 나오면 일단 Statute of Fraud를 의심하는 것이 좋다. 자세한 것은 조국현, *supra* note 29, at 232 이하 참조.

1069) Barlow Burke and Joseph Snoe, *supra* note 1, at 357.

1070) Jesse Dukeminier 외, *supra* note 32, 541.

1071) 그러나 U.C.C.의 적용을 받을 경우 수량, 의무를 지는 당사자 또는 그 대리인의 서명, 계약의 성립을 인정하기에 충분한 어떤 문구라는 세 가지 사항이 문서에 포함되면 된다(명순구, *supra* note 24, at 103).

는 의사표시, 계약의 기본적 내용, 특히 어떤 부동산에 관한 것인지(description), 당사자는 누구인지(identification), 그 부동산의 가격과 대가로서의 약인은 얼마인지(price and consideration), 이행을 요구받은 자의 서명(signature) 등은 핵심적인 사항에 속한다고 할 수 있다.1072) 만일 계약상의 면적이 실제 면적보다 큰 경우 모자라는 부분만큼 매매가격에서 그 비율에 맞춰 제외시켜 달라는 특정이행의 신청을 하면 될 것이다.

이러한 서면성의 요구는 적용범위에 있어서 모든 계약이 아닌 특정한 계약에 한정되고 이는 주로 결혼(marriage)과 관련된 계약, 1년 이내에(within one year) 이행될 수 없는 서비스 계약(service contract), 토지의 권리 이전과 관련된 계약(land), 상속재산관리인에 의한 채무변제 계약(executor or administrator), 계약 대상 물품가격이 500달러 이상인 상품매매계약(goods for $500 or more), 보증계약(surety contract) 등과 관련된다.1073)

(2) 고려해야 할 세 가지 요소

위와 같이 부동산 특히 토지에 대한 권리 내지 이익(interest)의 이전과 관련된 계약은 서면성을 지켜야 한다. 그렇기 때문에 계약상의 주된 내용이 토지에 대한 권리가 포함되어 있는지를 판단하는 부분이 중요하게 된다.

이와 관련하여 고려해야 할 세 가지 요소가 있는데 부동산 매매계약("the contract for

1072) Jesse Dukeminier 외, *supra* note 32, at 541; 서철원, *supra* note 27, at 168−169.
1073) Restatement (Seconds) of Contract § 110 (Classes Of Contracts Covered)
   (1) The following classes of contracts are subject to a statute, commonly called the Statute of Frauds, forbidding enforcement unless there is a written memorandum or an applicable exception:
      (a) a contract of an executor or administrator to answer for a duty of his decedent (the executor−administrator provision);
      (b) a contract to answer for the duty of another(the suretyship provision);
      (c) a contract made upon consideration of marriage(the marriage provision);
      (d) a contract for the sale of an interest in land(the land contract provision);
      (e) a contract that is not to be performed within one year from the making thereof(the one−year provision).
   (2) The following classes of contracts, which were traditionally subject to the Statute of Frauds, are now governed by Statute of Frauds provisions of the Uniform Commercial Code:
      (a) a contract for the sale of goods for the price of $500 or more(Uniform Commercial Code § 2−201);
      (b) a contract for the sale of securities(Uniform Commercial Code § 8−319);
      (c) a contract for the sale of personal property not otherwise covered, to the extent of enforcement by way of action or defense beyond $5,000 in amount or value of remedy(Uniform Commercial Code § 1−206).
   (3) In addition the Uniform Commercial Code requires a writing signed by the debtor for an agreement which creates or provides for a security interest in personal property or fixtures not in the possession of the secured party.

sale") 해당 부동산권의 성격("the nature of an interest") 그리고 해당 부동산의 범위("the scope of the term land")의 의미(meaning)에 관한 내용이 그것이다.[1074]

우선 부동산 매매계약("*the contract for sale*")은 토지와 관련된 이익을 창출 내지는 설정하거나 이전하는 약속을 포함하는 모든 합의를 가리킨다.

해당 권리의 성격("The nature of an interest")과 관련해서는 어떤 권리나 권한 내지 면제 등이 포함되고, 법적이나 형평상의 이익들(legal and equitable interests), 그리고 현재나 미래의 이익들(present and future interests)이 포함된다. 즉, 사기방지법(Statute of Frauds)이 적용되는 계약은 토지의 매매 이외에도 1년 이상(more than 1 year)의 임대차(leases)나 1년 이상의 기간을 기한으로 하는 지역권(easements), 부동산의 일부로 인정되는 부합물 내지 정착물(fixtures), 매수인(buyer)에 의해 분리될 수 있는(sever) 광물들(minerals), 대부분의 유치권(liens)과 저당권(the right of a mortgage) 등 부동산 이익과 관련된 계약을 포함한다. 따라서 이들 계약들은 문서화가 요구된다. 하지만 토지에 관한 권리 내지 이익을 내용으로 하는 계약이라고 해도 부동산 매매에서의 수익배분계약이나 건물신축계약의 경우에는 사기방지법이 적용되지 않는다.

그리고 해당 부동산의 범위("*the scope of the term land*")는 상품(goods) 이외의 모든 유형(有形)재산(all tangible property)을 포함한다.

(3) 문서성 요건의 예외

이와 같이 부동산과 관련된 이익 내지 권리는 문서화하지 않으면 원칙적으로 계약의 이행을 강제할 수 없다. 하지만 형평법상 예외적으로 비록 구두에 의한 부동산 매매계약의 경우라도 다음의 경우에는 특정이행 명령을 신청할 수 있다. 즉, ① 매도인이 자신의 의무를 완전히 이행한 경우(full performance)나 ② 매수인이 (ⅰ) 매매금액의 상당한 일부의 이행이나 전부의 매매대금을 지급(이행)하고, (ⅱ) 해당 부동산을 실제로 점유(physical possession)하고 있으며, (ⅲ) 매수인이 실제 물질적 점유를 하면서 그 부동산에 대한 금전적으로 상당한 개량(substantial or valuable improvement)을 한 경우에는 비록 서면성을 갖추지 않았어도 매도인으로 하여금 권리의 이전을 청구할 수 있다(part performance doctrine).[1075]

1074) 이 부분에 관한 내용은 Farnsworth, *supra* note 35, at 377–380; 조국현, *supra* note 29, at 235–236 재인용.
1075) Jesse Dukeminier 외, *supra* note 32, at 541–542; Barlow Burke and Joseph Snoe, *supra* note 1, at 360; 명순구, *supra* note 24, at 105.

또한 구두계약이라도 그 계약이 정당성 있는 신뢰(justifiable reliance)를 통해 일방 당사자에게 상당한 입장의 변화(substantial change)를 가져와 계약이 이행되지 않으면 부당한 결과를 가져오는 경우(the equitable estoppel or equitable fraud theory)나, 법원 등의 절차에서 변론이나 증언 등을 통해 계약이 체결되었음을 당사자가 인정하는 경우(admission)에는 계약의 문서성은 요하지 않는다.1076)

(4) 사기방지법과 전자거래

앞에서 언급한 것처럼 부동산에 관한 권리의 이전을 위해서는 문서성을 갖추어야 한다. 그러나 오늘날 이메일이나 인터넷과 같은 전자매체(electronic media)에 의한 거래가 늘어남에 따라 이러한 전자거래가 사기방지법을 충족시키는지의 여부가 문제된다.

이에 대해 법원은 사안에 따라 부동산 매매 거래를 하면서 주고 받은 부동산 소재지, 매매가격, 계약금액, 계약만료일(closing date), 송신자 이름의 타이핑된 서명 등이 포함된 이메일 등 계약의 성립에 필요한 요소들을 구비한 전자적 방법에 의한 거래나 계약의 경우에는 사기방지법을 충족시키는 것으로 보고 있다.1077)

3. 형평법상 부동산 권원의 이전(Equitable Conversion)과 위험부담

3.1. 개념

앞의 합유 부동산권에서 언급하였듯이 형평법상 부동산 권원의 이전(equitable conversion)이란 법리가 있다. 형평(equity)은 행할 것은 행해진 것("equity regards as done what ought be done")으로 간주되므로 계약 당사자들이 일단 어떤 부동산에 대해 강제력을 갖는 매매계약을 체결하였다면 서명한 때로부터 그 부동산에 대한 형평법상 권원(equitable title)은 매수인에게 이전되고 매도인은 매매 대금의 잔액을 지급받기 위한 담보로서만 보통법상의 법적 권원(legal title)을 보유하는 법리를 말한다.1078)

1076) Jesse Dukeminier 외, *Id.* at 541−542; Barlow Burke and Joseph Snoe, *Id.* at 27; 명순구, *Id.* at 361.
1077) *Shattuck* v. *Klotzbach*, 14 Mass.L.Rptr. 360, 2001 WL 1839720(Mass.Super. 2001); *Rosenfeld* v. *Zerneck*, 776 N.Y.S.2d 458(Sup. Ct. 2004); Jesse Dukeminier 외, *Id.* at 546−547.
1078) 임홍근 외, *supra* note 22, at 688−689.

예를 들어 앞의 합유 부동산권 부분에서 제시한 합유 부동산권자 A와 B 가운데 A가 다른 제3자 C와 자신의 지분을 이전하는 매매계약을 2017년 9월 1일 체결하고 잔금지급일을 12월 1일로 할 경우, 형평법상 부동산 권원 이전(equitable conversion)의 법리에 따를 경우 합유 부동산권이 종료 내지 분리가 되는 시기는 계약 체결시점, 즉 계약서에 서명한 시점인 9월 1일부터 합유 부동산권은 분리(severed) 내지 종료되고, 제3자인 매수인 C의 소유로 되는 것이다.

다시 말하면, 일단 부동산에 대한 매매계약이 체결되고 계약당사자가 계약위반시의 형평상의 구제수단 중의 하나인 특정이행(specific performance)의 청구를 할 권리가 있을 경우 형평법상 매수인을 그 부동산의 소유자로 취급한다는 법리이다.[1079]

부동산의 경우만은 미국 계약법에서 설명한 대로 그 특성상 특정된 하나로서 다른 곳으로부터 대체할 수 없기에 형평법상의 구제수단인 특정이행이 일반적으로 적용된다.[1080] 이러한 특정이행이 적용되는 부동산 매매계약은 그러므로 형평법상 부동산 권원의 이전(equitable conversion)에 관한 법리가 적용되고, 따라서 매수인은 계약에 의해 형평법상의 소유권(title)을 취득하며 매도인은 이행의 완료시(closing)까지 법적인 형태의 소유권만 갖고 목적물을 점유하게 된다.[1081] 이러한 의미에서 매수인이 갖는 권리는 물적 권리(an interest in real property)라고 볼 수 있고, 매도인이 법적이나 등기상으로 소유자의 지위를 갖더라도 매도인은 갖는 권리는 더 이상 부동산상의 권리를 보유할 수 없는 인적

1079) 서철원, *supra* note 27, at 169.
1080) 미국 계약법에서 언급하였다시피 계약위반시 피해당사자가 취할 수 있는 구제수단으로서 일반적 구제수단, 보통법(common law)상의 구제수단과 상품 내지 물물매매와 관련된 U.C.C.와 관련된 구제수단, 형평법상의 구제수단, 기타 구제수단으로 구분하여 설명할 수 있다.

형평법상 구제수단으로 대표적인 것은 특정이행(specific performance)과 금지명령(injunction)이고, 그 밖에 채권자대위(Subrogation), 형평법상의 선취특권(Equitable Lien), 의제신탁(Constructive Trust), 확인판결(declaratory judgment) 등이 있다. 특정이행(specific performance) 또는 강제이행(compulsory performance)이라함은 법원의 명령을 통해 계약에서 특정한 의무의 이행을 강제하도록 하는 것을 말한다. 약속자(the promisor)에게 약속된 이행(the promised performance)을 하도록 명령함으로써, 법원은 마치 계약이 실제로 이행된 것과 거의 같은 효과를 갖도록 하려는 것이다.

특정이행을 명할 것인가의 여부는 특정이행 명령을 신청한 신청인(complaint)의 청구원인에 구속되지 않고 판사의 재량에 달려있다. 만일 계약위반을 한 당사자가 특정이행 명령을 받고도 따르지 않을 경우 명령위반이 되어 이행을 할 때까지 아래 표와 같이 법정모독죄(contempt of court)를 이유로 벌금이나 감금을 당할 수 있다. 특정이행과 금지명령과 같은 형평법상의 구제수단은 원칙적인 구제수단인 금전배상이 부적절한 경우에만 인정된다. 이러한 제한 때문에 형평법상의 구제수단은 계약의 목적물이 부동산인지 동산인지에 따라 그 이용가능 여부가 다르게 적용된다. 부동산이라면 그 특성상 특정된 하나로서 다른 곳에서 대체할 수 없기에 형평법상의 구제수단인 특정이행이 일반적으로 적용되는 반면에 동산의 경우에는 그렇기 않기에 예외적으로만 적용된다(계약의 불대체성)(조국현, *supra* note 29, at 457-463 부분적 재인용].
1081) 서철원, *supra* note 27, at 169.

권리(personal property)라고 할 수 있다.1082)

3.2. 문제되는 경우

위에서 언급한 대로 형평법상 부동산 권원의 이전 법리에 따를 경우 매수인이 계약
의 체결과 동시에 소유권을 갖게 되므로 매수인이 그 위험을 부담하게 된다. 따라서 매
수인이 체결된 계약상의 목적물이 멸실되어 인도받지 못하더라도 계약상의 매매대금을
지급해야 할 것이다.

결국 매도인은 매수인으로부터 부동산 매매대금청구권과 그 대금을 담보하기 위해
목적물에 대한 점유권도 갖게 되는 데 이때 ① 계약체결 후 법적 소유권이 매수인에게
이전되기 전에 쌍방 당사자의 과실 없이 목적물이 멸실된 경우 누가 그 위험을 부담할
것인가 하는 위험부담의 문제와 ② 계약 당사자 중 1인이 계약체결 후 이행이 완료되기
전에 사망한 경우 그 법률관계가 문제된다.

(1) 계약체결 후 이행 완료 전(前) 쌍방 과실 없이 목적물이 멸실된 경우

위에서 언급한 바와 같이 당사자 쌍방이 계약을 체결한 이후 법적인 소유권이 완전
히 이전되기 전에 쌍방의 과실 없이 목적물이 멸실된 경우 누가 그 물건의 위험을 지는
가의 문제이다. 이 경우 형평법상 부동산 권원의 이전 법리에 따를 경우 매수인이 계약
의 체결과 동시에 소유권을 갖게 되므로, 달리 계약서상에 정함이 없는 한 매도인이 실
제 멸실당시 점유하고 있었는지의 사실 여부와는 관계없이 매수인이 그 위험을 부담하게
된다. 따라서 매수인이 체결된 계약상의 목적물이 멸실되어 인도받지 못하더라도 계약상
의 매매대금을 지급해야 할 것이다.

하지만 이에 대해 매수인이 실제로 법적 소유권이나 점유권을 취득할 때까지는 여전
히 매도인이 물건의 위험을 부담하도록 하는 채택하는 「Uniform Vender and Purchaser
Risk Act」에 따르는 주(州)들도 있다.1083) 이에 따를 경우 매수인이 체결된 계약상의 목
적물이 멸실되어 인도받지 못하더라도 계약상의 매매대금을 지급할 필요가 없게 된다.

1082) Barlow Burke and Joseph Snoe, *supra* note 1, at 379−380("the seller's interest passes as personalty, the
     buyer's interest as realty").
1083) 서철원, *supra* note 27, at 170.

(2) 계약체결 후 이행 완료 전(前) 당사자 1인이 사망한 경우

보통 미국 부동산 매매계약상 실무에서는 클로징 절차를 통해 이행을 완료하게 된다고 할 수 있다. 이때 만일 체결 후 이행 완료가 되기 전에 계약당사자 1인이 사망한 경우 상속인의 지위가 문제된다.

이 경우 '형평법상 부동산 권원의 이전 법리'에 따를 경우 상속인이 계약상의 권리의무를 상속받게 된다. 따라서 ① 매도인이 사망한 한 경우 그 상속인은 법적 소유권과 부동산 매매계약 체결로 인한 매매대금을 받을 수 있는 권리(동산)를, ② 매수인이 사망한 경우 그 상속인은 형평법상의 소유권과 매매대금(동산)의 지급의무를 상속받게 된다.[1084]

이때 매도인이 사망한 후(①의 경우) 매수인이 이행의 완료를 요구할 경우 해당 토지의 법적 소유권을 상속받은 자는 점유권을 포기하고, 동산을 상속받는 자가 그 대금을 취득하게 된다. 또한 매수인이 사망한 후(②의 경우) 형평법상의 소유권을 취득한 상속인이 매매대금 지급은 동산을 상속받은 상속인 재산에서 지불하는 형태가 된다.

'형평법상 부동산 권원의 이전 법리'에 따른 결과 ① 부동산 매도인이 이행의 완료 이전에 사망한 경우 법률적으로는 그 부동산이 피상속인(사망자, the deceased seller)에게 소유권이 있지만, 유언을 집행할 때에는 그 부동산에 대해서는 부동산이라기 보다는 동산(매매대금, personal property)으로 이전되어 집행하게 되고, ② 해당 부동산 매수인이 계약을 한 후 이행 완료 이전에 사망한 경우 비록 이행을 완료하지 않은 상태라고 해도 피상속인(사망자)을 부동산 소유자인 것처럼 취급하여 상속인(heirs or devisees)은 이행완료시 그 부동산의 이전을 요구, 집행할 수 있게 된다.

1084) *Id.*

III. 부동산 매매 최종절차로서 클로징("closing")

- 어떤 부동산(Blackacre)에1085) 대해 매수인 B가 매도인 A(제1매수인)로부터 부동산을 양수받고 이와 함께 등록된 부동산 권리증서(deed)를 수령하여 등록(record)을 마쳤다고 하자. 증서를 받은 B가 확인해 보니 그 부동산에 대한 원래의 소유자 갑(A 이전의 소유자)에 대한 부분이 누락되어 있었다.

  이제 부동산 소유자 갑은 자신 소유 동일한 부동산을 다시 C(제2매수인)에 양도하였고 C는 등록을 완료하였다. 이때 C는 갑에서 A에게로, A에게서 B에게로의 거래사실에 대해 알지 못한, 즉 선의(without notice)이었다.

  이때 B와 C 가운데 누가 위 부동산의 권리를 취득하는가?

- 쟁점
  - 부동산 양도증서(deed)의 종류 및 특징
  - 권원의 연속(chains of title)과 권원의 검색(title search)
  - 불연속 부동산 양도증서(wild deed)의 의의 및 효력
  - 부동산등록법의 세 가지 유형(three types of recording acts)

1. 부동산 양도증서

계약이 체결되고 그 성립이 완성되면 이제 이행의 제공 등을 통해 이행 완료절차를 밟아야 한다. 보통 부동산 매매의 최종절차로서 클로징(closing)은 자신이 보유하고 있는 부동산에 대한 권리 내지 이익을 이전한다는 의사표시를 담은 증서(deed) 등의 인도와 상대방의 이에 대한 수령으로 이루어진다.

즉, 부동산권의 이전에 관한 가장 기본적인 방법은 날인증서나 부동산 양도증서라고 할 수 있는 일정한 증서(deed)에 의한 양도이다.1086) 이러한 증서를 양수인에게 교부함으

1085) 'Blackacre'는 우리식 표현으로 "갑"토지 등으로 표시할 수 있을 것이다. 주로 미국 로스쿨에서의 강의나 부동산법 교재상의 설명을 위해 이용되는 가설상의 부동산 한 필지(a hypothetical piece of real property)를 말한다. "갑"토지에 대응하는 말로 "을"토지는 'Whiteacre'라고 부른다(임홍근 외, *supra* note 22, at 226).

1086) 사법연수원, *supra* note 19, at 261.

로써 권리가 이전되는 것으로 보는 게 보통법상의 태도이다.[1087]

　이러한 증서에 당사자간의 합의로 하자 있는 권원으로부터 발생할 손실에 대해 양도인이 양수인에게 배상하는 조항을 넣는 것이 보통이다.[1088]

　영국의 경우 양수인이 토지와 함께 이전되어 온 최초의 증서(deed)에 대한 조사를 통해 확실한 보증을 받을 수 있었지만 미국의 경우 주(州)마다 차이가 있지만 이와 구별되는 부동산에 대한 공적 등록제도(public recording system)를 채택하여 거래의 안전을 도모하고 있다.[1089]

　위에서 언급한 대로 증서(deed)란 자신이 보유하고 있는 부동산에 대한 권리 내지 이익을 이전한다는 의사표시를 담은 문서 내지 증서(부동산 양도증서 내지 날인증서 등)를 말한다. 즉, 보통 부동산과 같은 재산에 관한 집문서와 같이 권원(title)이 양도되는 증서(a document)가 "Deed"이다.[1090]

　이러한 증서는 사기방지법(the Statute of Frauds)상 서면에 의해 작성되어야 하고, 구두로는 할 수 없으며, 이전되는 권리와 그 내용, 양도인과 양수인의 이름, 부동산을 이전한다는 의사를 표시하는 문언("words of grant"), 양도인의 서명 등 기본적 기재사항들은 반드시 포함되어야 한다.[1091] 이러한 증서(deed)의 기본적 사항들은 일반적으로 부동산 양도증서 앞 부분(冒頭部)의 기재사항("premises")으로 알려지고 있다.[1092]

　특히, 이러한 증서의 기본적 기술사항에 거래에 따른 어떤 대가 내지 약인(consideration)에 관한 내용이 포함되는지의 여부와 관련하여, 반드시 그러한 내용이 포함되어야 되는 것은 아니지만, 매수인이 선의의 매수인(a bona fide purchaser, BFP)임을 추정하게 하거나[1093] 상징적 대가("one dollar and other consideration")로서 그 내용을 기재하기도 한다.[1094]

　이전되는 권리와 그 내용에 대한 기술(記述, description or identification)에 있어서는 아래의 〈자료〉에서 제시한 '일반 보증 양도증서' 또는 '일반 담보증서'에서 표시한 것과 같은 증서의 '보유재산조항'("habendum clause") 부분에서 설명된다. '보유재산조항'("habendum

---

1087) Id.
1088) Id.
1089) Id.
1090) 임홍근 외, supra note 22, at 525.
1091) Jesse Dukeminier 외, supra note 32, at 585-586; Barlow Burke and Joseph Snoe, supra note 1, at 390.
1092) Barlow Burke and Joseph Snoe, Id.
1093) Jesse Dukeminier 외, supra note 32, at 587.
1094) Barlow Burke and Joseph Snoe, supra note 1, at 390-391.

clause")은 고대에 있어서 부동산권을 이전할 때 사용되고 "To have and to hold" 혹은 "Together with"라는 의미를 갖는 데 이는 라틴어 *habendum et tenendum*에서 기원된 것이다.1095)

2. 부동산 양도증서의 유형

일반적으로 미국에서 사용되고 있는 이러한 양도증서에는 일반 담보증서(General Warranty Deed), 특별 담보증서(Special Warranty Deed), 그리고 권리포기형 양도증서(Quitclaim Deed)로 구분할 수 있다.1096)

2.1. 일반 보증 양도증서(General Warranty Deed)

GENERAL WARRANTY DEED1097) _____

I, David Joe, grant to Nancy Kim and her heirs and assigns forever, for $10 and other good and valuable consideration. The following real estate situated in _____ County, State of _____, described as follows:

[Insert description of land]

To have and to hold1098) the premises, with all the privileges and appurtenances belonging thereunto, to the use of the grantee and her heirs and assigns forever.

The grantor, for himself and his heirs and assigns, covenants (1) that the grantor is

1095) Jesse Dukeminier 외, *supra* note 32, at 586(foot note 6); Barlow Burke and Joseph Snoe, *Id.* at 390; 임홍근 외, *supra* note 22, at 899.
1096) Jesse Dukeminier 외, *Id.* at 586; Barlow Burke and Joseph Snoe, *Id.* at 406; 이러한 증서 가운데 일반 담보증서와 권리포기형 양도증서는 그러한 내용을 표시해야 인정되므로 그 예가 드물어 증서상에 특별히 다른 언급이 없다면 그 증서는 특별 담보증서를 의미한다고 할 수 있다(서철원, *supra* note 27, at 175).
1097) 학습의 참고를 위해 Jesse Dukeminier 외, *Id.* at 586-587의 내용을 이름만을 변경하여 인용한 것으로서 실제와는 다를 수 있다.
1098) "To have and to hold"라는 의미는 앞에서 언급한 것처럼 라틴어 *havendum et tenendum*에서 기원된 것으로 '보유재산조항'을 가르킨다. 이러한 보유재산 조항은 "To have and to hold"라는 문언으로 시작하는 날인증서의 부분으로서 고대 부동산권의 이전에서 보유재산조항은 "To have and to hold"를 의미하였다(Jesse Dukeminier 외, *Id.* at 586, foot note 6); Barlow Burke and Joseph Snoe, *Id.* at 390; 임홍근 외, *supra* note 22, at 899).

lawfully seized in fee simple of the premises, (2) that he has a good right to convey the fee simple, (3) that the premises are free from all encumbrances, (4) that the grantor and his heirs and assigns will forever warrant and defend the grantee and her heirs and assigns against every person lawfully claiming the premises or any part thereof, (5) that the grantor and his heirs and assigns will guarantee the quiet enjoyment of the premises to the grantee and her heirs and assigns, and (6) that the grantor and his heirs and assigns will, on demand of the grantee or her heirs or assigns, execute any instrument necessary for the further assurance of the title to the premises that may be reasonably required.

Dated this _____ day of _____ , 20_____

_____David Joe_____

[signature of grantor]

Acknowledgement

State of_____

County of _____

I hereby certify that on this day before me, a notary public, personally appeared the above named John Doe, who acknowledged that he voluntarily signed the foregoing in— strument on the day and year therein mentioned.

In testimony whereof, I hereunto subscribe my name and affix my official seal on this _____ day of _____, 20____

[signature of notary]

Notary Public in and for

County

State of_____

My commission

expires _____

일반 담보증서(general warranty deed)란 증서 자체에 특별히 약정한 부분을 제외하고 토지 소유자인 양도인 자신과 이전의 모든 소유권자가 소유권에 하자 내지 흠이 있는 어떠한 행위도 없었음을 보증하는 증서를 말한다(위의 〈표〉 참조).[1099]

1099) Barlow Burke and Joseph Snoe, *Id.* at 406; *Brown* v. *Lober*, 22 Ill.75 Ill. 2d 547, 27 Ill. Dec. 780, 389 N.E.2d 1188(1979).

이러한 일반 담보증서는 그 권원 내지 소유권(title)과 관련하여 다음과 같은 6가지의 증서에 따른 특약(deed covenants) 내지 보증(deed warranties) 내용이 포함된다.[1100]

즉, ① 양도인이 양도하려는 부동산상에 어떤 재산상의 권리나 이익이 있고(the covenant of seisin),[1101] ② 양도인이 해당 부동산에 어떤 일시적인 양도의 제한(temporary restraint on alienation) 없는 상태로서 권리 내지 이익을 양도할 권한이 있으며(right to convey),[1102] ③ 양도되는 해당 부동산상에 역권이나 우선적으로 취득할 수 있는 권리(servitudes or liens) 등 어떤 부담도 설정되어 있지 않으며(covenant or warranty against encumbrances),[1103] ④ 양수인은 자신이 부동산을 향유할 권리를 갖고 다른 제3자로부터 자신의 권리 주장 등에 간섭받지 않으며(the covenant of warranty and quiet enjoyment),[1104] ⑤ 만일 다른 제3자가 나타나 자신이 적법한 권리자임을 주장할 경우(eviction or disturbance 등), 이에 대한 보호뿐만 아니라 그로 인해 양수인이 입게 될 경우 그 손해 역시 배상하겠으며(warranty), ⑥ 양수인에게 필요한 서류의 제공하거나 양수인에게 이전된 증서에 어떤 하자나 부담이 있을 경우 이를 치유하는 데 필요한 행위를 할 것을 보증한다는 것이다(the covenant of further assurances).[1105]

이 가운데 ① ② ③은 증서가 전달되었을 때 이미 존재하던 어떤 하자나 부담(encumbrances)에 대한 보증으로서 소멸시효 기간의 기산은 증서가 전달되었을 때로 시작되며 '현재의 특약 내지 보증'(present covenants or warranties)이라고 불린다.[1106] 이때 ①을 보장 내지 담보하기 위해서는 해당 부동산을 이전하는 양도인이 점유권과 소유권 모두를 갖고 있어야 하고, ②는 그 양도인이 재산권을 보유하고 있거나 설사 보유하고 있지는 않더라도 그 양도인이 실제 양도인의 대리인인 경우라면 가능하다.[1107]

이에 대해 ④ ⑤ ⑥ 은 '장래의 특약 내지 보증'(future covenants or warranties)이라고 불리는 데[1108] 이는 양수인은 장래의 특약사항들이 실제로 위반되지 않는 한 양도인에

1100) Jesse Dukeminier 외, *supra* note 32, at 590; Barlow Burke and Joseph Snoe, *Id.*

1101) Barlow Burke and Joseph Snoe, *Id.* at 408; *Rockafellor* v. *Gray*, 194 Iowa 1280, 191 N.W. 107, 1922 Iowa Sup.

1102) Barlow Burke and Joseph Snoe, *Id.* at 409.

1103) *Id.* at 409-410; *Frimberger* v. *Anzellotti*, 25 Conn. App. 401, 594 A.2d 1029, 1991 Conn. App.

1104) Barlow Burke and Joseph Snoe, *Id.* at 411.

1105) *Id.* at 407, 412; 서철원, *supra* note 27, at 176.

1106) Jesse Dukeminier 외, *supra* note 32, at 590; Barlow Burke and Joseph Snoe, *supra* note 1, at 407.

1107) 서철원, *supra* note 27, at 176.

1108) Jesse Dukeminier 외, *supra* note 32, at 590.

대해 소송을 제기할 수 없는 경우로서, 이에 대한 소멸시효 기간의(statute of limitations) 기산은 제3자로부터의 권리 주장이 있거나(④ ⑤의 경우), 필요한 서류의 제공을 거절한 때로부터 시작한다(⑥의 경우).1109)

이러한 점에서 보면 양수인은 증서상의 어떤 결함이나 부담이 있을 경우 '현재의 특약'과 '장래의 특약' 모두를 통해 보호받을 수 있을 것이다.1110)

2.2. 특별 담보증서(Special Warranty Deed)

이에 대해 특별 내지 특정적 담보증서(special warranty deed)란 부동산의 양도인(the grantor)은 오로지 그 양도인의 청구와 요구에 대한 권원(title)과 그 양도인과 관련하여 청구하는 모든 사람들을 보증하고 대항한다는 계약에 날인하는 증서를 말한다.1111) 즉, 특별 담보증서의 경우 이전의 소유자를 제외한 양도인 자신만이 소유권에 영향을 미치는 어떤 하자도 없음을 보증하는 증서라고 할 수 있다.1112)

이러한 특별 담보증서는 해당 부동산을 양도하기 이전에 양도인이 동일한 권리를 어떤 다른 사람에게 양도하지 않았고, 즉 이중으로 양도하지 않았으며, 해당 부동산에 양도인이 담보권을 설정하는 등 어떤 부담도 없음을 보증 내지 담보한다.1113)

2.3. 권리포기형 양도증서(Quitclaim Deed)

소유권 등 권리포기형 양도증서(quitclaim deed)란 이전의 소유권자는 물론 양도인 자신조차도 소유권에 어떤 하자가 없음을 보증하지 않고(no warranties), 다만 양도인이 양도 당시에 보유하는 부동산상의 어떤 이익이나 권리 그대로 이전함을 나타내는 증서를 말한다.1114) 즉, 이 증서는 양도인(the grantor)이 가지고 있거나 가질 수 있는 권리, 권원 또는 이익(right, title, or interest)만을 양도하는 것으로서,1115) 어떤 특약(covenants)도 포함되어 있

1109) Barlow Burke and Joseph Snoe, *supra* note 1, at 407.
1110) *Id.*
1111) *Id.* at 406; 임흥근 외, *supra* note 22, at 1773.
1112) 서철원, *supra* note 27, at 175.
1113) *Id.*
1114) *Id.*; Barlow Burke and Joseph Snoe, *supra* note 1, at 406.
1115) 임흥근 외, *supra* note 22, at 1551.

지 않을 뿐만 아니라 소유권이 유효(valid)함을 보장하지도 않는다.

3. 부동산 양도증서상의 특약 위반시의 구제수단

만일 양도인이 교부해 준 양도증서상의 특약 내지 보증 내용이 어떤 위반사실이 발견될 경우 양수인은 양도인으로부터 금전적 손해배상(monetary damages)을 통해 구제받을 수 있다.[1116] 양수인이 받게 될 손해배상액은 위에서 열거한 특약사항 중 어떤 내용에 관한 것인지의 여부에 따라 다르겠지만 양수인이 받게 될 최대 금액은 양수인이 양도인에게 해당 부동산 매입을 위해 지급한 금액을 초과해서 받을 수는 없다.[1117]

4. 권원의 연속(Chains of Title)과 양도인-양수인 색인(Grantor－Grantee Index)

4.1. 일반적인 내용

부동산의 양도가 제대로 이루어지고 각 양도시마다 양도인과 양수인이 누구인지를 검색하면 해당 부동산의 최초 양도인을 확인할 수 있을 것이다. 만일 해당 부동산에 대한 매매가 빈번하여 여러 번의 양도－양수가 이루어졌다면 양수인 색인(index)을 통해 당시의 증서(deed)를 찾아 검색하는 식으로 되풀이 하여 최초의 소유자인 양도인까지 확인이 가능할 것이다.

이렇게 조사 내지 타이틀 검색이 위에서부터 단계적으로 내려오면서 거래내용들이 서로 연결되어(linked) 있음을 확인할 수 있는데 이렇게 어떤 토지에 대한 부담이나 권리 등에 영향을 미치는 일련의 증서들(the series of documents)을 '권원의 연속'(chains of title)이라고 한다.[1118] 즉, '권원의 연속'은 기록을 통해 어떤 권원(權原, title)이 존재한다는 사실을 선의의 매수인이 쉽게 확인할 수 있도록 하는 방식으로서 소유권 등 권원에 영향을

1116) Barlow Burke and Joseph Snoe, *supra* note 1, at 413.
1117) *Id.*
1118) *Id.* at 430.

미치는 증서들로 구성된다.1119)

그리고 이렇게 연속된 권원들에 대해 단계별로 확인하는 과정을 '권원의 검색 내지 조사'(title search)"라고 한다. 이러한 권원의 검색은 등록부를 통해 확인해 볼 수 있는 데 여기에는 인명에 의한 색인부인 '양도인-양수인 색인'(Grantor-Grantee Index)과 각 필지에 따른 색인부인 필지별 색인(Track Index)이 있고, 가장 일반적인 검색방법은 전자의 경우이다.1120)

즉, 일반적으로 '권원의 검색'이라고 함은 '양도인-양수인 색인'(Grantor-Grantee Index)이라는 명부를 통한 일종의 등기부 내지 등록된 명부의 열람이라고 할 수 있다. 다시 말하면, '권원의 검색'은 자신에게 부동산을 양도한 자를 매수인으로 하여 양수한 색인 확인을 통해 당시의 증서 등을 찾아 확인하는 식으로 되풀이 하면 최초의 소유자인 양도인까지 조사가 가능하게 되고, 이렇게 조사 내지 타이틀 검색이 위에서부터 단계적으로 내려오면서 확인해서 알아내는 거래내용을 일종의 권원의 연결고리('chain of title')로 보는 것이다.1121)

'양도인-양수인 색인'(a grantor-grantee index)을 사용하여 권원을 검색("searching")할 경우 양수인 이름들이 알파벳순으로 나열되어 있는 양수인 색인들(the grantee indices)을 먼저 확인하고 나서 양도인 색인(the grantor index)을 확인하는 것이 보통이다.1122)

'양수인 색인' 검색을 통해 일단 양수인의 이름이 확인되면 부동산 양도증서(deed)나 저당권(mortgage) 또는 부동산 임대차(lease) 등과 관련된 서류들을 모두 복사해서 내용을 확인한 후 확인된 내용을 기초로 또 다시 검색해서 확인하는 과정을 반복하여 거치게 된다.1123)

'양도인 색인'을 이용한 '권원의 연속'(a chain of title)에 관한 검색은 해당 권원(title)에 대해 지역권이나 저당권 또는 부동산임대차 등의 어떤 부담(encumbrances)을 갖고 있는 증서들을 찾아내려는 것으로서 그 검색방법은 확인하는 순서를 제외하고는 '양수인 색인'을 이용하는 방법과 유사하다고 할 수 있다.1124)

하지만 이러한 등록제도에 따른 권원의 검색 내지 조사는 조사하려는 권원이 하자가

1119) 임홍근 외, *supra* note 22, at 299.
1120) Jesse Dukeminier 외, *supra* note 32, at 647.
1121) 서철원, *supra* note 27, at 162-163.
1122) Barlow Burke and Joseph Snoe, *supra* note 1, at 430; Jesse Dukeminier 외, *supra* note 32, at 648.
1123) Barlow Burke and Joseph Snoe, *Id.* at 430-431.
1124) *Id.* at 431.

있는지의 여부를 확인하기 위해서는 국가로부터 최초의 양도시까지의 소급적인 조사를
해야 함에 따른 비용과 시간에 있어서 많은 부담이 된다고 할 수 있다.

그리하여 권원의 검색을 보다 단순화할 필요가 있게 되었고, 악의의 점유에 의한 권
원의 시효취득(adverse possession), 하자치유법(curative act),[1125] 유효하지만 등록된 후 오래
된 권리 주장의 금지,[1126] 시장성이 있는, 즉 거래에 적합한 권원에 관한 법(marketable title
acts) 등은 이와 관련된 제도들이다.[1127]

'거래에 적합한 권원에 관한 법'(marketable title acts)은 부동산 권원 거래의 단순화를
위해 권원의 처음(root of title)부터 20년 내지 40년 등 어느 정도 합리적인 기간 사이에 등
록된 것만 해당 부동산에 대한 권리주장을 인정하여 줌으로써 새로운 거래마다 소급해서
기록을 검토할 필요성을 피할 수 있도록 하는 것이다.[1128] 하지만 예외적으로 연방정부
의 권리나 현재 점유자의 권리, 직접 확인 가능한 지역권, 광물권, 물에 대한 권리 등 일
정한 경우에는 이 법의 적용을 제외시키고 있다.[1129]

4.2. 권원의 연속(Chains of Title)과 관련된 문제

하지만 이러한 '권원의 연속', 특히 양도인－양수인 목록(Grantor－Grantee Index)과 관
련하여 몇 가지 문제가 있을 수 있다.[1130] 예를 들면 색인 목록상의 이름이 잘못 표기되
었거나(misspelled names), 해당 부동산에 대한 기재사항이 잘못되었거나(mistaken property
descriptions), 등기 담당자의 착오로 색인목록에서 누락되었거나 또는 소위 '불연속 부동산
양도증서'(Wild Deed)와 '부동산 양도증서에 의한 금반언'(Estoppel by Deed) 등과 관련된 문
제이다. 이하에서는 이러한 내용을 중심으로 살펴보기로 한다.

1125) '하자치유법'은 이전의 양도에 어떤 하자가 있더라도 보통 2~3년이 경과할 경우 법에서 정한 일부의 하자는
　　　치유되어 유효한 것으로 보는 것을 말한다(박홍규, *supra* note 23, at 239).
1126) *Id.* 예를 들면 20~30년 이상 지난 저당권이나 미래부동산권에 대한 권리주장을 금지하는 것처럼 유효하지만
　　　등록된 후 오래된 권리주장을 금지하도록 함으로써 권원에 대한 조사를 용이하게 하는 것이다.
1127) 박홍규, *supra* note 23, at 238－241.
1128) Jesse Dukeminier 외, *supra* note 32, at 702; 임홍근 외, *supra* note 22, at 1202; 박홍규, *supra* note 23,
　　　at 240－241.
1129) 박홍규, *Id.*
1130) *Board of Education of Minneapolis* v. *Hughes*, 118 Minn. 404, 136 N.W. 1095, 1912 Minn.; *Guillette* v.
　　　Daly Dry Wall, Inc., 367 Mass. 355, 325 N.E.2d 572, 1975 Mass.; Jesse Dukeminier 외, *supra* note 32, at
　　　677, 680.

(1) 불연속 부동산 양도증서(Wild Deed)

1) 의의　　어떤 부동산을 매수하려는 매수인은 자신이 매수하려는 부동산에 대해 권원의 확인을 필요로 할 것이다. 그러한 확인을 위해 위에서 양도인으로부터 교부받은 양도증서(deed)를 기초로 위에서 언급한 권원의 검색을 통해 해당 부동산에 대한 처음 양도인이 누구인지, 매도하려는 양도인에 관한 내용과 증서는 적절하게 등기되었는지 등의 조사를 위해 위의 목록을 위에서부터 단계적으로 내려오면서 검색하면서 확인할 것이다.

이러한 검색은 그 권원의 연속이 끊이지 않고 해당 부동산에 대한 모든 이전 내역이 기록되어 있어야 하는 것이 원칙이다. 하지만 어떤 사유로 인해 거래별 기록 내용이 단절된, 즉 양도인－양수인 목록(grantor－grantee index)에서 쉽게 찾을 수 없는 권원의 불연속한 상태가 되어 단절된 이후의 양도과정에 대해서 확인 내지 인지(notice)할 수 없는 경우가 있는 데 이를 '권원의 불연속'이라고 하고 그러한 증서를 '불연속 부동산 양도증서'(wild deed)라고 한다.[1131]

예를 들어 어떤 부동산에 대해 매수인 B가 매도인 A로부터 부동산을 양수받고 이와 함께 등록된 부동산 권리증서(deed)를 수령하여 등록을 마쳤다고 하자. 증서를 받은 B가 확인해 보니 그 부동산에 대한 원래의 소유자 갑(A 이전의 소유자)에 대한 부분이 누락되어 있었다. 즉, 증서를 기초로 권원에 대한 확인을 한 결과 권원이 하나의 연결고리로서 연속된 것이 아니라 원래의 부동산 소유자 갑에 부분이 없는, 말하자면 권원의 불연속이 생긴(unconnected) 것이다. 이러한 경우의 증서를 '불연속 부동산 양도증서'(wild deed)라고 하는 것이다.

2) 효력　　또 다른 예로 위의 사례와 연결시켜 이제 이중매매의 경우를 생각해 보자. 어떤 부동산 소유자 갑이 자신 소유 부동산을 A(제1매수인)에게 양도하였고, A는 다시 B에게 양도하였다. 후에 갑은 동일한 부동산을 다시 C(제2매수인)에 양도하였고 C는 등록(record)을 완료하였다. 이때 C는 갑에서 A에게로, A에게서 B로의 거래사실에 대해 알지 못한, 즉 선의(without notice)이었다. 이때 B와 C 중 누가 동 부동산의 권리를 취득하는지가 문제된다.

여기서 뒤에서 자세하게 살펴 볼 등록제도의 입법주의 유형 중 '선의 우선형 부동산

1131) Barlow Burke and Joseph Snoe, *supra* note 1, at 439.

등록법'(notice statute)이나 '선의에 의한 등록 우선형 부동산등록법'(race–notice statute)에 따르면 C가 우선하게 된다. 왜냐하면 C는 매수인으로서(a bona fide purchaser) 선의이고 등록을 마쳤기 때문이다.[1132]

(2) 부동산 양도증서에 의한 금반언(Estoppel by Deed)

'부동산 양도증서에 의한 금반언'(Estoppel by Deed or After–acquired Title)이란 비록 양도인이 양도당시에는 진정한 소유자가 아니어서 소유권을 보유하지 못했음에도 후에 취득할 것이라는 기대하에 해당 부동산 양도증서를 양수인에게 전달한 이후, 실제로 그 부동산을 진정한 소유자로서 취득할 경우 그 때로부터 양수인에게 그 소유권이 귀속하는 법리를 말한다.[1133] 즉, 양도당시에 양도인에게 소유권이 없었어도 이미 소유권 이전 행위를 완료시, 양도증서에 의한 금반언 법리에 따라 소유권이 없었음을 이유로 새삼스럽게 계약 당사자가 그 날인증서의 진정함(truth)을 부인하는 것을 막기 위한 것이라고 할 수 있다.

이러한 양도증서에 의한 금반언 법리는 여러 증서 가운데 권리포기형 양도증서에는 적용되지 않고, 개인적인 항변사유(personal defense)로서 상대적이며, 만일 이때 양도인으로부터 매수한 매수인이 선의인 경우(a bona fide purchaser)[1134] 그가 취득한 소유권은 이 법리에 따라 다른 매수인에 대해 우선하는 효력을 갖는다고 할 수 있다.[1135]

(3) 등기 담당관의 착오로 색인목록에서 누락된 경우

만일 부동산 양도증서에 의해 적법하게 부동산이 양도되어 등기되었음에도 등록 담당관의 실수로 인해 '양도인–양수인 색인'(Grantor–Grantee Index) 목록에서 누락되어 권원의 검색(title search)을 통해서도 확인할 수 없는 경우가 문제된다. 이 경우 두 번째 매수인이 권원의 검색을 행한 경우 그 매수인이 위험을 부담하게 되고 이에 대해 그 매수인은 해당 등록 담당관을 상대로 손해배상을 청구할 수 있을 것이다.[1136]

1132) 선의 우선형(notice statute)이나 선의에 의한 등록 우선형(race–notice statute) 등 부동산등록법의 입법주의 유형과 관련해서는 뒷부분의 해당 부분에서 자세히 설명하기로 한다.
1133) Jesse Dukeminier 외, *supra* note 32, at 605; Barlow Burke and Joseph Snoe, *supra* note 1, at 417; 서철원, *supra* note 27, at 177.
1134) 선의의 매수인(a bona fide purchaser)에 대해서는 뒤의 등록제도 부분에서 보다 자세히 설명하기로 한다.
1135) 서철원, *supra* note 27, at 177.
1136) *Id.* at 189–190.

사 례 의 분석 ─────────────────────────────────

• C가 우선한다.

   − 여기서 뒤에서 자세하게 살펴 볼 등기제도의 입법주의 유형 중 '선의 우선형 부동산등록
     법'(notice statute)이나 '등록에 의한 선의 우선형 부동산등록법'(race−notice statute)에 따
     르면 C가 우선하게 된다. 왜냐하면 C는 선의의 매수인으로서(a bona fide purchaser) 선의
     이고 등록을 마쳤기 때문이다.

   − 또한 B도 등록을 마치었기에 이 부분에 대한 논의가 쟁점이 될 수도 있지 않겠는가 하는
     의문이 있을 수 있지만 B의 등기는 단절된, 즉 불연속된 양도증서에 의한 'wild deed'로
     서 무효(nullify)이고 따라서 어떠한 효력도 미치지 않는다.

5. 부동산 증서의 인도와 수령

5.1. 의의

부동산 양도증서 내지 날인증서 등의 증서를 인도함에 있어서 그 증서는 일정한 하자
내지 보증을 담보하는 기능을 갖는 데 이를 증서의 보증성 내지 담보성(warranties in deed)
이라고 하고 그러한 증서를 보증증서 내지 담보증서(Warranty Deed)라고 할 수 있다.

이러한 증서(deed)를 수령하는 것은 그 증서상에 기재된 양도인과 양수인의 의무 내
지 특약(covenant)을 강제로 집행하는 데 필요한 요건이 된다.[1137]

부동산상의 권리 내지 이익의 이전은 양도인에 의한 적법한 인도(delivery)와 상대방
인 양수인이 수령(acceptance)을 통해 이루어진다. 이때 전달은 양도증서를 물리적인 방법
에 의한 전달이 아닌 부동산상의 권리를 이전한다는 양도인의 '현재의 의사'(present intent)
를 말한다.[1138] 그러므로 물리적인 방법에 의한 전달이 있어도 반드시 전달이 완료되었
다고 할 수 없고, 물리적인 방법에 의한 전달이 없었어도 전달이 완료되지 않았다고 할
수도 없는 것이다.[1139]

1137) *Id.* at 174.
1138) *Id.* at 178.
1139) *Id.*

부동산 양도증서(deed)의 인도가 이루어졌으면 설사 그 증서에 대한 등록(record)을 마치지 않더라도 부동산 이전의 효과에 영향을 미치지 않는다. 등록절차를 취했다는 사실은 해당 부동산권에 대한 우선순위 등에 대한 다툼이 있을 때 영향을 미치기 때문이다.

수령(acceptance)은 양수인에게 이익을 수여하는 행위로서 보통 전달이 있다면 수령도 있다고 추정한다.[1140)

5.2. 부동산 양도증서의 인도(Delivery)

(1) 부동산 양도증서의 적법한 인도

사 례 연습 _____

- **사실관계**

  - 어떤 부동산 소유자 S는 B에게 강원도 평창 봉평에 소재하는 900평의 과수원을 매도하는 부동산 매매계약을 체결하였다. 매도인 S는 자신의 변호사(Joe)에게 전달할 의사로서 매매 계약서(contract for a deed)뿐만 아니라 담보증서(a warranty deed)에 서명하였다.
    위 두 서류는 Joe변호사 책상 위에 놓여있던 많은 서류들 속에 있었고, B는 그런 문서들 가운데에서 증서(the deed)를 보고 확인한 후 자신의 서류와 함께 사무실을 나왔다. 그런 후 1년 뒤 B는 그 증서에 대한 등록을 마쳤다.
    이때 증서는 적법하게 전달되었다고 볼 수 있는가?[1141)

- **쟁점**

  - 부동산 양도증서의 적법한 인도
  - 부동산 양도증서 전달의 효력

일반적으로 양도증서는 ① 양도인이 해당 부동산상의 권리를 이전할 의사를 갖고, ② 양도인이 그 증서를 양수인에게 이전하여야 하며, ③ 양수인이 그 증서를 수령한 때 소유권이 이전되며, 전달되었음을 입증하기 위해서는 이러한 각 요소를 입증할 필요가 있다.[1142)

1140) *Id.*
1141) Barlow Burke and Joseph Snoe, *supra* note at 1, at 398.
1142) *Id.* at 391; *Sweeney* v. *Sweeney*, Conn. Sup. Ct. of Errors, 126 Conn. 391, 11 A.2d 806(1940);

이때 부동산 양도증서의 인도는 문서에 의한 것으로서 양도인(the grantor)의 서명이 있어야 하는 등 적법하게 이루어져야 한다(lawful execution and delivery).

주의할 것은 이 경우 어떤 대가 내지 약인(consideration)은 필요하지 않다는 점이다. 이러한 특징은 뒤에서 설명할 선의의 매수인(a bona fide purchaser) 부분에서 '상당한 대가'(consideration for value)의 존재가 선의의 매수인으로 인정받기 위한 하나의 요건이라는 점과 비교가 된다.

부동산 양도증서와 관련해서 교부되는 증서 자체는 모든 내용을 포섭하는 완벽한 정도는 이르지 않더라도 양수인이나 이전되는 부동산에 대한 표시는 적어도 합리적으로 명확(reasonable precise)하여야 한다. 즉, 양도인이 부동산을 양도하면서 양수인은 "모든 학교의 지도자들"(the leaders)이라고 하였다면 양수인이 정확히 누구인지 알 수 없을 것이다(inadequate identification). 마찬가지로 서울 잠실에 있는 어떤 A의 토지(some of A's land in Jamsil, Seoul)라는 표시는 너무 모호하여 명확성을 갖추었다 할 수 없을 것이다.

하지만 양도인("A")이 소유하고 있는 모든 토지(all A' land)나 강원도 평창군에 있는 A의 모든 토지(all of A'land in PyeongChang County, Kangwon Province)라고 하는 경우에는 특정할 수 있어 명확성을 충족한다고 볼 수 있다.

(2) 인도 방법

1) 양도인이 직접 또는 제3자를 통한 전달   교부는 양도인이 양수인에게 직접 전달하거나 우편을 이용하거나 대리인을 통한 전달도 가능하다. 전달은 앞에서 언급한 대로 어떤 물리적인 행위가 아닌 양도인이 부동산을 이전하려는 현재적인 의사라고 할 수 있으므로, 물리적인 방법에 의해 양수인에게 전달하였다면 이는 전달이 있었음을, 양도인이 양도증서를 전달하지 않았다면 전달되지 않았음을 추정하는 것이다.[1143] 그러므로 이러한 추정은 그 반대의 증거를 통해 번복될 수 있다.

양도인이 자신의 친구 등 제3자를 통해 증서의 전달을 부탁하면서 교부하고, 친구가 양수인에게 전달하는 것도 전달의 효력을 갖는다. 이때 친구는 양도인의 대리인(an agent)으로서의 역할을 하기 때문이다.

즉, 양도인이 양도를 통한 부동산 권리 이전의 의사를 갖고 증서를 제3자에게 교부

Rosengrant v. Rosengrant, 1981 OK CIV APP 18; 629 P.2d 800, 1981 Okla. Civ. App.
1143) 서철원, supra note 27, at 179.

하면서 양수인에게 전달하라고 한 경우 전달의 효력을 갖는다. 물론 이때 양도인이 그 증서를 양수인의 대리인이 아니라, 양도인의 변호사나 대리인 등에게 교부하였을 경우 그 대리인이 양수인에게 그 증서를 전달하였어야 한다.[1144]

2) 에스크로('Escrow') 방법을 이용한 전달

상업용이나 주거용 거래에 있어서 많은 경우 당사자들은 일단 제3자에게 증서를 교부하고 보유하게 한 뒤 양수인이 계약에서 정한 일정한 조건들을 충족한 경우에 제3자가 양수인에게 전달시키도록 하는 형태를 취할 수 있다.[1145]

여기서 에스크로('escrow')란 조건부 제3자 예탁의 형태로 일단 유효한 계약을 체결한 후에 계약 당사자간의 합의로 잠정적으로 중립적 위치에 있는 제3자에게 맡기는 서면증서를 말한다.[1146] 이때 그러한 제3자를 'an escrow agent or escrowee'라고 하고 만일 그 제3자가 은행이고 그 은행에 있는 계좌를 이용할 경우 그 계좌를 'Escrow Account'라고 한다.

만일 이러한 에스크로를 취소하지 못하도록 해 양도인이 다시 찾을 수 없게 된다면 그 증서는 양수인이 계약의 중대한 위반을 하지 않는 한 양도인이 제3자에게 교부한 때 전달된 것으로 볼 수 있다.[1147]

이때 그 효력의 발생 시기는 다른 특별한 사정이 없는 한 원칙적으로 제3자가 매수인에게 그 증서를 전달한 때가 아니라 제3자에게 전달한 시점에 권원(title)이 이전된다(소급효, the doctrine of relation back).[1148] 그러므로 이러한 제3자에게 증서가 전달된 이후 설사 양도인이 사망하거나 무능력자로 되더라도 증서에 관한 양수인의 권리에는 영향을 미치지 않는다.

'Escrow'에 의한 거래는 실제 실무에서도 자주 발생한다. 예를 들어 우리나라 국민인 A가 미국 뉴욕에 거주하여 영업 중인 B의 비즈니스를 매입하길 원한다고 생각해 보자. 이 경우 A와 B가 계약체결 후 A는 이행이 완료(closing)될 때까지는 대금지급을 주저할 것이고, B의 입장 역시 모든 대금을 수령하기 이전까지 자신이 보유하는 권리의 이전을 주저할 것이다. 왜냐하면 A는 미국 입장에서 보면 외국인이고 외국인이 미국에서 비

1144) Barlow Burke and Joseph Snoe, *supra* note 1, at 391.
1145) *Id.* at 392.
1146) 임홍근 외, *supra* note 22, at 697.
1147) Barlow Burke and Joseph Snoe, *supra* note 1, at 392.
1148) *Id.*; Jesse Dukeminier 외, *supra* note 32, at 606.

즈니스를 하려면 적법한 비자를 소지하고 미국 내에 체재해야 하기 때문이다. 실제 미국 이민법상으로 외국인 소규모 투자를 통해 비즈니스를 위해서는 소위 E-2 형태의 비영주권 비자(Non-immigration Visa)를 취득해야 한다.

하지만 A가 E-2비자 취득에 필요한 모든 서류를 미국 대사관에 제출하였음에도 예상하지 못한 사정으로 비자를 취득하지 못할 수 있다. 만일 그 이전에 A가 비즈니스 매입에 필요한 모든 자금을 송금하여 B가 수령하였다면 자금의 반환문제가 발생한다. 이러한 위험을 사전에 방지하기 위해 일단 비즈니스에 필요한 자금을 송금하되 그 송금된 자금은 위의 제3자(a third party, 예를 들면 계약체결과 함께 비자 취득에 필요한 절차를 대리하는 변호사)가 일단 수령하여 보관하게 하는 것이다. 즉, 에스크로의 대리인(the escrow agent) 역할로서 변호사가 E-2비자 취득을 조건으로 보관한 후 동 비자가 발급되어 적법하게 미국에서 비즈니스를 할 수 있다면 그때 B로부터 비즈니스 이전에 필요한 모든 서류와 함께 매입자금을 전달하는 것이다. 물론 이러한 일련의 행위는 동시이행관계에 있다고 할 수 있고 부동산 매매계약에서도 유사하게 활용되고 있는 것이다.

5.3. 부동산 양도증서 전달의 효력

(1) 양도증서 전달의 효력

일단 부동산 양도증서를 적법하게 교부하였어도 전달·수령되지 않으면 부동산 양도증서가 인도되었다고 할 수 없다. 이때 양도증서가 제대로 전달되었는지의 여부를 판단하는 것은 기본적으로 양도인이 부동산을 이전하려는 의도와 관련되어 있다. 전달 여부는 그렇기 때문에 양수인이 그 증서를 수령하기 이전에 양도인이 그 증서에 대해 여전히 영향력을 갖고 그를 다시 되찾을 수 있는지 여부와 밀접히 관련되어 있다고 할 수 있다.[1149]

1) 양도인의 양도를 위한 현재의 의사(present intent)가 '있는' 경우　　　즉, 양도인이 부동산의 양도의사로 부동산 양도증서를 일단 작성한 후에 즉시 양수인에게 직접 교부하는 것이 아니라 타인에게 맡겨놓은 경우, 설사 증서의 수령자가 타인이라고 해도 양도인의 이전의사가 있었다면 전달되었다고 할 수 있다.

주의할 것은 이때의 양도인의 증서 인도의 의사가 있으면 실제로 그 증서 자체를 교

1149) Barlow Burke and Joseph Snoe, *supra* note 1, *Id.* at 391.

부하지 않아도 전달은 유효한 것이 되고 그 교부의 의사는 현재(present intent)를 기준으로
한다는 점이다. 그러므로 부동산 소유자인 양도인이 자신의 아들에게 양도할 의사로서
그 의사를 명확히 표시하고 증서를 교부하려 하였으나 그 아들이 부재중 등의 사유로 만
나지 못해 양도인이 자신의 책상 서랍 안에 잠시 보관하는 경우, 양도인의 양도의사는
즉시 효력을 가지므로 전달의 효력을 갖게 되는 것이다(즉시효). 하지만 양도인의 양도의
사가 있음에도 양수인이 명시적으로 거절의 의사표시를 하였다면 전달로서의 효력을 인
정할 수 없을 것이다.

   2) 양도인의 양도를 위한 현재의 의사(present intent)가 '없는' 경우   하지만 양도
인이 양도증서를 작성하였다고 해도 양수인에게 인도할 의사가 없는 것으로 해석되고,
실제로 교부하지도 않았다면 유효한 인도라고 할 수 없다. 즉, 단순히 친구에게 부동산
양도증서를 양수인에게 전달하라고 구두(oral)로 알리고 실제로 그 증서는 친구에게 전달
하지 않고, 자신의 책상 서랍 안에 보관한 경우라면 이는 양도의 의사가 있다고 보기 어
려워 유효한 전달이라고 할 수 없다.

(2) 양도증서의 인도시 부가된 조건(conditions)의 효력

   한편, 양도인(A)이 양도의사로 양수인(B)에게 부동산 양도증서를 교부하면서 구두
(oral)로 "B가 21세가 되면" 등의 어떤 조건을 부여하였다면 이러한 구두에 의한 조건은
교부 후의 입증곤란 등의 문제가 있기에 입증되지 않는 구두 조건은 그 효력을 인정할
수 없으며, 따라서 전달의 효력은 유효하게 된다.
   하지만 만일 양도인이 양도의 의사로 교부한 증서의 내용 속에 양도인이 사망한 후
에 양도의 효력을 갖는다는 등 명시적으로 조건이 표시되어 있다면 그 조건은 유효하
다.1150) 이때 인도의 효력은 양도인의 사망시에 발생하고 결국 양수인은 장래의 권리 내
지 이익(future interest)을 취득하는 형태가 된다.

1150) 부동산 양도증서에 표시되지 않은 조건이 허용되는지의 여부와 관련하여 직접 '양수인'에게 전달하면서 증서
     상에 없는 조건을 붙이면 무효로서 조건 없는 증서의 전달로 다루고, '제3자'에게 증서를 전달하면서 조건을
     붙인 경우는 그 효력이 인정된다. 즉. 증서상에 표시되지 않은 조건의 효력여부는 누구에게 전달되었는지의
     여부에 따라 다르다는 것이다(서철원, *supra* note 27, at 179).

(3) 양수인에게 인도된 증서의 효력

일단 증서가 양도인으로부터 양수인에게 인도되었다면 양도인은 철회할 수 없고 양수인은 이제 장래의 권리 내지 이익(future interest)을 취득하게 된다. 그러므로 일단 양도인(A)으로부터 양수인(B)에게 인도가 완료되면 양도의 효력을 갖게 되므로 설사 A가 후에 경제적인 어려움으로 인해 B에게 양도를 취소하자고 제안하면서 전달된 증서를 파기하라고 하였고, 양수인도 이에 동의하여 실제로 그 증서를 파기하였더라도 그 부동산의 권원은 여전히 B에게 있는 것이다.

이때 양도인이 양도증서를 제3자에게 전달하면서 조건을 붙인 경우에도 철회할 수 없는지가 문제된다. 이 경우에는 그 전달이 상업적인 거래를 통해 이루어졌는지 증여적인 거래를 통해 이루어졌는지에 따라 각각 다르다. 상업적 거래의 경우 위에서 살펴본 "Escrow 거래" 즉, E-2비자를 취득하면 매입대금을 매도인에게 지급하라는 식의 조건을 붙인 경우가 그 예이다. 이 때 이러한 조건을 붙인 내용이 당사자간의 거래에 있어서 위 예와 같이 강제력을 갖는 경우라면 조건부 전달은 철회할 수 없을 것이다.[1151] 하지만 증서가 제3자와의 증여적인 거래를 통해 조건부로 전달되었다면 이미 증여는 이행되었다고 할 수 있으므로 증서의 전달을 철회할 수 없을 것이다.[1152]

사 례 의 분석[1153] —————————————————————————

• 증서(deed)는 적법하게 전달되었다고 볼 수 없다.

사안에서 일단 B의 증서 소지(possession)는 'S가 B에게 증서를 전달했다(delivered)'는 반증을 허용하는 추정력(a rebuttable presumption)을 갖는다.

하지만 이러한 추정은 본 사안에서 반증을 통해 쉽게 번복될 수 있다. 왜냐하면 S가 의도한(intended) 증서 전달의 상대방은 B가 아닌 자신의 변호사이었고 그에게 넘겨주었기 때문이다.

앞에서 살펴본 것처럼 양도인이 양도증서를 작성하였다고 해도 양수인에게 인도할 의사가 없는 것으로 해석되고, 실제로 교부하지도 않았다면 유효한 인도라고 할 수 없을 것이다.

단순히 친구나 이웃에게 부동산 양도증서를 양수인에게 전달하라고 구두(oral)로 알리기만 하고 실제로는 그 증서를 친구나 이웃에게 전달하지 않고 자신의 책상 서랍 안에 보관한 경우라

———
1151) 서철원, *Id.* at 181.
1152) *Id.*
1153) Barlow Burke and Joseph Snoe, *supra* note 1, at 400.

면 이는 양도의 의사가 있다고 보기 어려워 유효한 전달이라고 할 수 없는 것도 같은 이치이다. 이러한 결과는 사안에서와 같이 설사 B가 등록을 마쳤다고 해도 마찬가지이다.

6. 부동산 등록제도(Recording System)

사 례 연습 ─────────────────────────────────

• 다음은 미국의 어떤 주들(states)이 채택하고 있는 부동산의 등록에 관한 입법주의의 한 유형(a type)에 관한 내용이다. 부동산 등록에 관한 입법주의에 관한 세 가지 유형 중 어디에 해당하는가? 그 이유를 특징과 함께 설명하시오.

  [사례 1] No conveyance, transfer or mortgage of real property, or of any interest therein, nor any lease for a term for one year of longer, shall be good and effectual in law or equity against creditors or subsequent purchasers for a valuable consideration and without notice, unless the same be recorded according to the law.

  [사례 2] Every conveyance of real property, or an estate for years therein, other than a lease for a term not exceeding one year, is void as against any subsequent purchasers or mortgagee of the same property, or any part thereof, in good faith and for a valuable consideration, whose conveyance is first duly recorded, and as against any judgment affecting the title, unless the conveyance shall have been duly recorded prior to the record of notice of action.

6.1. 개설

(1) 부동산등록제도(Recording system)와 부동산등기제도(Torrens system)

미국의 부동산에 관한 공시방법으로서 부동산등록제도(Recording system)와 부동산등기제도(Torrens system)를 들 수 있다.[1154] 이 두 제도의 큰 차이점은 해당 토지에 대한 소

─────────
1154) Jesse Dukeminier 외, *supra* note 32, at 709−711.

유자나 소유권에 대한 제한 등 권원의 상태에 대한 등록사무소 등 국가기관의 적극적인
표시여부에 있다고 할 수 있다.1155)

즉, 부동산등록제도(Recording system)의 경우 대부분의 주(州)에서 채용하고 있는 제도
로서 부동산의 권원에 영향을 미치는 증서들에 대한 사본을 등록소에 비치하여 해당 부
동산에 관한 정보가 필요할 경우 당사자가 직접 검색을 통해 확인하거나 권원보험회사
등을 통해 확인하는 형태이다.1156) 이렇게 권원의 조사 및 확인에 소요되는 시간과 비용
이 너무 들어 이러한 문제를 해결하기 위해 앞에서 언급한 권원보험(title insurance)제도가
발달되어 있는 것이다.1157)

이에 비해 부동산등기제도(Torrens system, title registration)는 1858년 로버트 토렌스에
의해 발달된 것으로서 우리나라의 등기소처럼 등록소에 비치된 등기부에 해당 토지의 소
유자와 그 제한 등 권원확인에 필요한 내용이 표시되어 있는 형태를 말한다.1158) 하지만
해당 부동산의 소유자가 자신의 부동산을 등기할 것인지, 등록할 것인지의 여부를 자발
적으로 선택할 수 있게 하고, 수요가 줄어들 것을 원하는 않는 권원보험회사의 반대 등
으로 인해 특정 주에 한해서만 이 제도가 활용되고 있다.1159)

이러한 배경을 중심으로 아래에서는 대부분의 주(州)에서 채용하고 있는 부동산 등
록제도(Recording system)에 관해서 살펴보기로 한다.

(2) 부동산 등록제도(Recording system)의 의의

우리나라의 이중매매와 같이 양도인이 이중으로 해당 부동산을 양도한 경우(a double
dealer) 누가 그 부동산을 취득하는지가 문제된다. 만일 이전에 매매사실이 있는지의 여부
를 전혀 모르는 양수인이 시세에 맞는 대금을 지급하고 어떤 부동산을 양도인으로부터
매입하였는데 알고 보니 자신이 매입하기에 앞서 매매한 사실이 있고 자신은 두 번째로
매수한 사실을 알았다고 하자. 이때 이러한 선의의 매수인(a bona fide purchaser)1160)을 어

1155) 박홍규, *supra* note 23, at 221.
1156) *Id.*
1157) *Id.* at 221−222.
1158) Jesse Dukeminier 외, *supra* note 32, at 709; 박홍규, *Id.* at 222.
1159) *Id.* at 711; 박홍규, *Id.* at 249−251.
1160) 부동산 거래와 매수인을 "buyer"로 나타낼 수도 있지만, 부동산등록법에 있어서는 전통적으로 "purchaser"
　　　라는 용어를 사용하므로 여기에서도 "purchaser"라는 용어를 사용하기로 한다(Barlow Burke and Joseph
　　　Snoe, *supra* note 1, at 427, foot note 1).

떻게 보호해야 할 것인지가 문제된다.

위에서 언급한 부동산 등록제도(a recording system)의 도입은 이와 같이 일반적으로 선의의 매수인을 보호하기 위한 장치의 하나로서 우선적 권리(a priority of rights)의 보장과 정보 제공의 기능을 갖는다고 할 수 있다.1161) 즉, 매수인이 어떤 부동산에 대한 권리 내지 이익을 매입하기 이전에 미리 여러 가지를 확인해 볼 것이고, 확인을 통해 매수하려는 부동산에 대한 내용을 알 수 있게 될 것이며, 등록을 마친 부동산 거래는 그 후의 매수인에게 통지(그중에서도 의제적 내지 추정적 통지, constructive notice)의 효력을 갖게 함으로써 부동산 거래의 안정과 선의의 매수인을 보호할 수 있을 것이다.

이와 같이 부동산 취득자 자신이 부동산 거래를 통해 해당 부동산상의 권리 내지 이익을 취득했음을 공개적으로 알리는 것이 등록(recording)이다. 이와 같은 기록들에 대한 공개는 미국 불법행위법상의 명예훼손에 해당하지 않는다. 왜냐하면 미국 불법행위법상 명예훼손과 관련된 공적인 폭로 내지 공개(public disclosure)는 사생활과 관련된 내용(private facts)이어야 하는 데 부동산과 관련된 기록은 공적 사실(public facts)에 관한 것이기 때문이다.1162)

이러한 것은 보통 부동산의 소유권 또는 저당권(mortgage)을 증명하는 증서를 해당 관할 시청 등록사무소(the City Register)에 등록함으로써(양도증서의 등록, recording of deed) 이루어지며, 이와 관련된 법이 부동산등록법(recording acts or statutes)이라고 할 수 있다.1163)

(3) 대상

등록을 할 수 있는 것은 해당 부동산과 관련을 갖고 영향을 미치는 모든 서류이고, 따라서 부동산양도증서(deed)나 저당권 관련 증서, 그리고 토지를 이전하겠다는 내용을 담은 서면계약, 해당 부동산에 영향을 미치는 판결이나 명령, 해당 부동산에 대한 권리 내지 이익과 관련된 내용이 현재 재판에 계류 중이라는 내용(lis pendens)1164) 등이 모두 포함된다.

1161) Jesse Dukeminier 외, *supra* note 32, at 646; Barlow Burke and Joseph Snoe, *supra* note 1, at 428; 이때의 매수인은 저당권자(a lien or mortgage holder) 내지 저당채권자(mortgagee) 등 해당 부동산에 부담을 갖고 있는 권리자들(encumbrancers)를 포함하는 개념이다.
1162) 조국현, *supra* note 30, at 116-117.
1163) 임홍근 외, *supra* note 22, at 1577-1578; 본 교재에서는 설명과 이해의 편의를 위해 이와 관련법인 "a recording act"를 "부동산등록법"이라고 한다.
1164) 소송계속 중의 원리(the doctrine of *lis pendens*)는 "a pending lawsuit"이라는 의미로서 소송의 당사자로부터 해당 부동산에 관한 소송 계속(the pendency of litigation) 중에 그 부동산에 관한 권리 내지 이익(interest)을 취득한 자는 보통법 또는 형평법상의 판결에 구속되는 것을 말한다(임홍근 외, *supra* note 22, at

6.2. 부동산등록법의 유형(Types of Recording Acts)

위에서 언급한 것처럼 부동산 등록제도는 이중매매 등 부동산 소유권에 대한, 즉 해당 부동산에 대한 소유권을 누가 취득하는지의 문제에 대한 해결기제(mechanism)의 하나로서 마련된 것이라고 할 수 있다.

이러한 부동산등록법과 관련하여 그 내용에 따라 다소 차이가 있지만 모든 주(states)가 그 주의 사정에 맞게 뒤에서 살펴 볼 세 가지 관련 법 가운데 하나를 채택하여 적용하고 있다.[1165] 즉, 미국 부동산과 관련된 법은 연방법이 아닌 주법으로서 각 주는 ① 등록 우선형 부동산등록법(Race Statute), ② 선의 우선형 부동산등록법(Notice Statute), 그리고 ③ 등록에 의한 선의 우선형 부동산등록법(Race-Notice Statute)이라고 하는 세 가지 형태의 등록법 중 각 주의 실정에 맞는 입법을 채택하고 있다.[1166]

이는 구체적으로, Illinois, Massachusetts, Texas, and Virginia 등 약 절반에 가까운 주들이 선의 우선형 부동산등록법(Notice Statutes)을, Georgia, Michigan, New Jersey, and New York 등 나머지 약 반의 주들(states)이 등록에 의한 선의 우선형 부동산등록법(Race-Notice Statutes)을 채택하고 있다.[1167]

만일 이러한 부동산등록법을 통해 어떤 분쟁 중에 있는 당사자를 보호하지 못할 경우에는 보통법(common law)의 법리를 따르게 된다.[1168] 예를 들어 O가 절대적 단순부동산권(fee simple absolute)을 A에게 이전하고 다시 동 부동산권을 B에게 이전하였다고 생각해 보자.[1169] 이때 보통법의 법리에 따를 때 A가 B보다 우선적 권리를 갖는다. 왜냐하면 어떤 매도인도 자신이 갖고 있는 이상의 권리를 양도할 수 없기 때문에 O가 일단 A에게 양도하면 B에게 양도할 부동산권이 없게 된다. 이때 O가 B에게 양도한 증서(deed)의 효력은 무효이다(a nullity). 보통법에 따를 경우 말하자면 시간에 우선하는 사람이 우선적인 권리를 갖는다("first in time, first in right")고 할 수 있다.[1170]

1159). 이러한 내용에 대해 로스쿨 및 미국 변호사 자격취득 그리고 실무에 있는 독자라면 이러한 내용은 특히 민사소송 부분에서 보다 자세하게 숙지해야 할 것이다.

1165) Barlow Burke and Joseph Snoe, *supra* note 1, at 427.

1166) *Messersmith* v. *Smith*, 60 N.W.2d 276, 1953 N.D. 3 Oil & Gas Rep. 174.

1167) Jesse Dukeminier 외, *supra* note 32, at 669.

1168) Barlow Burke and Joseph Snoe, *supra* note 1, at 427.

1169) *Id.* at 427-428.

1170) *Id.* at 428.

(1) 등록 우선형 부동산등록법(Race Statutes)

등록 우선형 부동산등록법(a race Statute 내지 race recording statute)은 가장 초기 형태의 부동산 등록과 관련된 법으로서 이중매매에 있어서 해당 부동산("갑" 부동산)을 매수한 매수인(successive purchasers) 사이에서 등록을 우선한 자가 우선권을 갖는 입법주의를 말한다.[1171] 이때 주의할 것은 나중에 취득한 매수인이 이전의 부동산 거래에 대해 실제로 알고 있는지의 여부는 소유권 취득의 우선 문제와는 관련이 없다는 점이다.[1172]

아래의 (예)를 통해 설명해 보자. 즉, 어떤 부동산(Blackacre)을 소유한 O가 이 부동산을 양도증서와 함께 A에게 이전하였고 A는 부동산 양도증서에 대한 등록을 하지 않았다. 소유자 O는 동 부동산을 다시 B에게 상당한 대가를 지급받고 이전하였다. 이때 B는 실제로 양도증서가 A에게 있음을 알고 있었다. B는 O로부터 취득한 위 갑 부동산에 대해 등록을 완료하였을 경우 동 등록 우선형 부동산등록법(Race Statute)에 의할 때 B가 A보다 우선하여 갑 부동산에 대한 소유권을 취득한다.

> (예) "O, owner of Blackacre, conveys Blackacre to A, who does <u>not record</u> the deed. O subsequently conveys Blackacre to B for valuable consideration. B <u>actually knows</u> of the deed to A. B <u>records</u> the deed from O to B. Under a race statute, <u>B prevails over A, and B owns Blackacre.</u>"[1173]

(2) 선의 우선형 부동산등록법(Notice Statute)

선의 우선형 부동산등록법(Notice Statute or Notice Recording Statute)은 '등록 우선형 부동산등록법' 해석하는 사법적 결정(judicial decisions)으로부터 발전된 것이다.[1174] 앞에서 살펴 본 등록 우선형 부동산등록법(a Race Statute)은 일단 나중에 부동산을 취득한 매수인 등록을 먼저 하기만 하면(records first) 그 매수인을 보호하는 입법주의라면, 선의 우선형 부동산등록법(a notice statute)은 비록 나중의 매수인이 등록을 하지 않을지라도 이와 관계없이 이전의 매수인이 등록을 하지 않았을 경우 뒤의 매수인을 보호하는 입법주의이다.[1175]

1171) Jesse Dukeminier 외, *supra* note 32, at 667; Barlow Burke and Joseph Snoe, *Id.* at 433.
1172) Jesse Dukeminier 외, *Id.*
1173) Jesse Dukeminier 외, *Id.*(Italics and underlines, etc. are added for emphasis).
1174) *Id.*
1175) *Id.*; Barlow Burke and Joseph Snoe, *supra* note 1. at 434.

즉, '선의 우선형'은 이전의 거래에 대한 통지가 없었다면 비록 나중에 취득한 자가 등록을 완료하지 않았어도 나중의 취득자를 우선하도록 하는 것이다.[1176]

이때의 통지(notice)에는 ① 실질적 통지(actual notice), ② 정황적 통지(inquiry notice), ③ 의제적 내지 추정적 통지(constructive notice)를 포함한다.

이러한 내용을 아래의 (예)를 통해 살펴보면 다음과 같다. 즉, 어떤 부동산(Blackacre)을 소유한 O가 이 부동산을 양도증서와 함께 A에게 이전하였고 A는 부동산 양도증서에 대한 등록을 하지 않았다. 소유자 O는 동 부동산을 다시 B에게 상당한 대가를 지급받고 이전하였다. 이때 B는 실제로 양도증서가 A에게 있음을 모르고 있었다. 동 선의 우선형 부동산등록법(notice statute)에 의할 때 비록 B가 O로부터 부동산을 취득하고 나서 등록을 완료하지 않더라도 B가 A보다 우선하여 갑 부동산에 대한 소유권을 취득하게 된다.

> (예) "O, owner of Blackacre, conveys Blackacre to A, who does <u>not record</u> the deed. O subsequently conveys Blackacre to B for valuable consideration. B <u>has no knowledge</u> of A'deed. B <u>records</u> the deed from O to B. Under a notice statute, <u>B prevails over A even though B does not record the deed from O to B.</u>"[1177]

(3) 등록에 의한 선의 우선형 부동산등록법(Race-Notice Statute)

등록에 의한 선의 우선형 부동산등록법(Race-Notice Statute 내지 Race-Notice Recording Statute)은 앞의 등록 우선형 부동산등록법(a race statute)과 선의 우선형 부동산등록법(a notice statute)의 결합 형태라고 할 수 있다.[1178] 즉, '등록에 의한 선의 우선형'은 위의 내용과 달리 ① 나중에 부동산을 매수한 매수인(두 번째 매수인)이 이전의 양도에 관한 내용을 알지 못하고 그리고 ② 나중의 매수인이 이전의 매수인(첫 번째 매수인)보다 먼저 등록

1176) 실제 Notice Statute를 채택하는 Florida statute를 보면 다음과 같다.
  Notice statute, Fla. Stat. Ann. §695.01(1) (West 1994): "No conveyance, transfer or mortgage of real property, or of any interest therein, nor any lease for a term for one year of longer, shall be good and effectual in law or equity against creditors or subsequent purchasers for <u>a valuable consideration and without notice,</u> <u>unless the same be recorded</u> according to the law"(Jesse Dukeminier 외, *Id.* at 669) (Underlines are added for emphasis).
1177) Jesse Dukeminier 외, *Id.* at 668(Italics and underlines, etc. are added for emphasis).
1178) *Id.*

을 경료한 경우에 이전의 매수인 보다 우선하여 취득할 수 있는 권리를 부여하는 입법주의를 말한다.1179)

다시 말하면, '등록에 의한 선의 우선형'에 의할 경우 두 번째 매수인이 부동산의 소유권을 주장하기 위해서는, 이전 구매자의 구매사실을 "인지"하지 못했어야 하고(without notice), 첫 번째 매수인보다 먼저 소유권을 등록해야 한다는 것이다. 이 두 가지 조건을 모두 충족해야만 하고, 하나라도 충족하지 못하면 두 번째 매수인은 소유권을 주장할 수 없게 되는 것이다.1180)

이러한 내용을 아래의 (예)를 통해 살펴보면 다음과 같다. 즉, 어떤 부동산(Blackacre)을 소유한 O가 이 부동산을 양도증서와 함께 A에게 이전하였고 A는 부동산 양도증서에 대한 등록을 하지 않았다. 소유자 O는 동 부동산을 다시 B에게 이전하였다. 이때 B는 실제로 양도증서가 A에게 있음을 모르고 있었다. 그런 후에 A가 등록을 완료하였다. 이 경우 비록 B가 A의 부동산 양도증서의 내용, 즉 이전의 거래사실을 몰랐을지라도 A가 B보다 우선하여 동 부동산에 대한 소유권을 취득하게 된다. 왜냐하면 "B"가 A보다 먼저 등록을 마치지 않았기 때문이다.

(예) "O, owner of Blackacre, conveys Blackacre to A, who does <u>not record</u> the deed. O subsequently conveys Blackacre to B, who <u>does not know</u> of A's deed. Then A <u>records</u>. Then B <u>records</u>. (Under a <u>race‐notice statute</u>), A prevails over B because, even though B had no notice of A's deed, B did not record before A did."1181)

이와 관련하여 매매사실에 대한 통지 내지 인지(notice)와 관련하여 생각해 보자. 앞에서 살펴본 것처럼 세 가지의 종류의 통지를 고려해 볼 수 있다. 즉, ① 실제적 내지 직접적 통지(actual notice)는 매수인이 매수사실을 실제로 들었거나 목격하는 경우이고, ②

1179) *Id.*; Barlow Burke and Joseph Snoe, *supra* note 1, at 436.
1180) 실제 Race‐notice Statute를 채택하는 California statute를 보면 다음과 같다.
　　　Race‐Notice statute. Cal. Civ. Code §1214 (West 2007): "Every conveyance of real property, or an estate for years therein, other than a lease for a term not exceeding one year, is void as against any subsequent purchasers or mortgagee of the same property, or any part thereof, in <u>good faith and for a valuable consideration,</u> whose conveyance <u>is first duly recorded</u>, and as against any judgment affecting the title, <u>unless</u> the conveyance shall have been <u>duly recorded prior to the record of notice of action</u>"(Jesse Dukeminier 외, *supra* note 32, at 669)(Underlines are added for emphasis).
1181) Jesse Dukeminier 외, *supra* note 32, at 668(Italics and underlines, etc. are added for emphasis).

정황적 통지 내지 인지(inquiry notice)는 여러 상황을 고려하여 보통의 사려 깊은 매수인이라면 이전의 매매사실을 알 수 있다고 인정되는 경우(다른 집으로의 이사 등)이며, ③ 의제적 통지(constructive notice)는 실제적인 통지는 없었다고 하더라도, 부동산 양도증서의 등록 등의 문서 및 기록들을 통하여 매매사실을 간접적으로 알 수 있었다고 판단하는 경우를 말한다.1182) 통지와 관련된 구체적 내용은 뒤의 선의의 매수인(a bona fide purchaser, BFP)에서 다시 한번 살펴보기로 한다.

이러한 세 가지 통지유형을 통해 '등록에 의한 선의 우선형'에 적용해 보면 두 번째 매수한 매수인이 해당 부동산을 매수하기 이전에 첫 번째 매수인이 이미 등록을 마쳤다면 이때 부동산의 소유권은 첫 번째 매수인이 우선하여 취득하게 된다. 왜냐하면 기록적 통지 내지 추정적 통지 등을 통해 매매사실을 알았다고 인정할 수 있기 때문이다. 만일 두 번째 취득자가 이전의 매매사실을 알지 못하고 먼저 등록을 마쳤다면 두 번째 매수인이 해당 부동산에 대한 권리를 첫 번째 매수인에 우선하여 소유권을 취득할 것이다. 그러므로 이 경우 부동산 매매를 통한 사기(fraud)를 방지하고 싶을 경우 이행의 완료(closing) 이후 즉시 등록을 완료하는 것이 필수적일 것이다.

(4) 부동산 등록법의 유형 비교

예를 들어 2017년 7월 15일 갑 부동산 소유자 A가 자신의 부동산을 선의의 매수인 B에게 이전하였고(이때 B는 등기하지 않았음), 2017년 8월 15일 다시 동 부동산 소유자 A가 다시 그 부동산을 선의의 매수인 C에게 이전하였다(이때 C도 등기하지 않았음)고 생각해 보자. 이때 '등기 우선형'(Race Statute) 부동산등록법에 따를 경우 매수인 둘 다 등기하지 않았으므로 보통법(common law)에 따라 첫 번째 매수인 B가 우선한다. 이에 대해 '선의 우선형' 부동산등록법(Notice Statute)에 따를 경우 C가 이전받을 당시 선의였으므로 등록의 완료여부와 관계없이 두 번째 매수인 C가 우선한다.

위에서 설명한 세 가지 유형은 아래의 〈표〉와 같이 비교하여 설명할 수 있을 것이다.

1182) Barlow Burke and Joseph Snoe, *supra* note 1, at 435-436.

— 부동산등록법의 유형 비교

등록 우선형 (Race Statute)	선의 우선형 (Notice Statute)	등록에 의한 선의 우선형 (Race-Notice Statute)
• 통지(notice)여부와는 관계없이, 즉 선의·악의 불문하고 먼저 등록한 권리자가 우선(recording first) • 만일 첫 번째 매수인과 두 번째 매수인 모두 등록을 하지 않은 경우 첫 번째 매수인이 우선	• 이전 거래에 대한 통지가 없었다면(without notice) 등기 여부와는 관계없이 선의의 매수인(두 번째 매수인, BFP)이 우선 • 결국 양쪽 모두 등록하지 않으면 후순위 취득자(두 번째 매수인)가 우선	• 이전 거래에 대한 통지가 없고(without notice) 그리고 추가로 먼저 등록한 권리자가 우선(recording first) • 따라서 두 번째 매수인이 선의이더라도 등록을 하지 않을 경우 첫 번째 매수인이 우선

6.3. 부동산 등록의 효과

(1) 일반적 효과

위에서 설명한 것처럼 부동산에 거래사실을 등록하는 이유는 같은 부동산에 여러 개의 권리 내지 이익이 존재하고 있어 그 권리에 대한 우선순위에 대한 충돌이 생길 경우 이에 대한 해결을 위한 것이다. 그러므로 부동산 등록의 완료를 요구하는 것은 외부에 통지를 위한 것이며 해당 부동산의 이전 내지 양도를 위한 성립요건이 아니라고 할 수 있다.

(2) 무효인 부동산 양도증서가 등기된 경우

물론 부동산 양도증서가 무효이었고, 그 양도증서가 등록되었다면 그 양도증서가 등록되었다고 해서 유효로 되는 것은 아니며, 일단 양도증서가 등록되었다면 등기된 증서가 유효함을 반증에 의해 그 효력이 달라질 때까지 그 증서에 대한 추정력을 부여할 뿐이다.

(3) 부동산 등록에 필요한 증서가 존재하지 않는 경우

만일 해당 부동산의 취득이 일반 부동산 매매 등의 거래가 아닌 점유에 의한 취득시효(adverse possession) 등의 법에 의해 부동산의 이전이 허용되는 경우 그 등록여부 및 해당 부동산에 다른 권리자가 있을 경우 그 우선 순위가 문제된다. 이때는 등록을 위한 부동산 증서가 존재하지 않지만 법에 의해 인정되는 부동산 취득이고, 따라서 앞에서 살펴

본 부동산등록법(recording acts)은 적용되지 않는다. 이런 경우에는 보통법(common law)상의 법리에 따라 누가 먼저 해당 부동산을 취득하였느냐, 즉 부동산 취득시점이 앞선 자가 우선순위를 갖는다고 할 수 있다.[1183]

사 례 의 분석

- 사례 [1]은 '선의 우선형' 부동산등록법(Notice Statute)을, 사례 [2]는 '등록에 의한 선의 우선형' 부동산등록법(Race-Notice Statute)을 채택하고 있음을 보여준다고 할 수 있다(관련 내용 위의 설명 참조).
- 미국 부동산법 가운데 부동산의 등록과 관련하여 ① '등록 우선형' 부동산등록법(Race Statute) ② 선의 우선형 부동산등록법(Notice Statute), 그리고 ③ 등록에 의한 선의 우선형 부동산등록법(Race-Notice Statute)이라고 하는 세 가지 형태의 입법주의를 들 수 있다(Types of Recording Acts). 미국 부동산과 관련된 법률관계는 일반적으로 연방법이 아닌 주법(a state statute)의 적용을 받기에 위의 세 가지 유형 가운데 각 주는 그 주의 입법 환경에 따라 적절하게 채택하고 있다.
- 선의 우선형 부동산등록법(a notice statute)은 비록 나중의 매수인이 등록을 하지 않을지라도 이전의 매수인이 등록을 하지 않았을 경우 뒤의 매수인을 보호하는 입법주의이다. 이러한 입법주의에 따를 경우 이전의 거래에 대한 통지가 없었다면 비록 나중에 취득한 자가 등록을 완료하지 않았어도 나중의 취득자를 우선하도록 하는 입장이다.
- 이에 대해 등록에 의한 선의 우선형 부동산등록법(Race-Notice Statute)이란 ① 나중에 부동산을 매수한 매수인(두 번째 매수인)이 이전의 양도에 관한 내용을 알지 못하고 그리고 ② 나중의 매수인이 이전의 매수인(첫 번째 매수인)보다 먼저 등록을 경료한 경우에 이전의 매수인보다 우선하여 취득할 수 있는 권리를 부여하는 입법주의를 말한다.
  다시 말하면, '등록에 의한 선의 우선형'에 의할 경우 두 번째 매수인이 부동산의 소유권을 주장하기 위해서는, 이전 구매자의 구매사실을 "인지"하지 못했어야 하고(without notice), 첫 번째 매수인보다 먼저 소유권을 등록해야 한다는 것이다. 이 두 가지 조건을 모두 충족해야만 하고, 하나라도 충족하지 못하면 두 번째 매수인은 소유권을 주장할 수 없게 되는 것이다.

1183) 서철원, *supra* note 27, at 189.

7. 선의의 매수인(a bona fide purchaser, BFP)

같은 부동산에 서로 대립되는 두 개의 권리 내지 이익이 존재할 경우 누구의 이익이 우선하는지가 문제된다. 이때 일반적으로 먼저 소유권을 취득한 자("A")가 우선하지만 나중에 취득한 자("B")라고 해도 일정한 요건을 충족한 경우에는 후의 취득자("B")가 우선하는 경우가 있는 데 선의의 취득자(a bona fide purchaser, BFP)가 그 대표적인 예이다.

7.1. 의의

선의의 매수인(a bona fide purchaser, BFP)이란 이전의 어떤 거래가 있었음을 알지 못하면서 어떤 가치 있는 일정한 대가 내지 약인(consideration)을 지불하고 해당 부동산을 취득한 사람을 말한다.

선의취득자로서 보호받는 채권자(Creditors)의 범위 ─────────────────────

일반적으로 선의취득자는 저당권자(a lien or mortgage holder) 내지 저당채권자(mortgagee) 등 해당 부동산에 부담을 갖고 있는 권리자들(encumbrancers)을 포함하는 개념이라고 할 수 있다. 이때 '선의취득자'와 관련해서 그 보호받는 채권자의 범위가 문제된다.

실제 앞에서 언급한 아래의 플로리다(Florida)주 등록법과 같이 부동산등록법은 주로 등기하지 않은 부동산양도증서(unrecorded deeds)와 저당권(mortgages)에 대해 채권자(creditors)를 보호한다.[1184]

"No conveyance, transfer or mortgage of real property, or of any interest therein, nor any lease for a term for one year of longer, shall be good and effectual in law or equity against creditors or subsequent purchasers for a valuable consideration and without notice, unless the same be recorded according to the law"[1185]

그러나 법원은 이때의 보호받는 채권자의 범위와 관련하여 모든 채권자를 의미하는 것이 아니라 압류(attachment)나 판결(judgment)에 의한 경우와 같이 어떤 담보권(리엔, lien)을 갖는 자만을 의미하는 것으로 해석하고 있다.[1186]

1184) Jesse Dukeminier 외, *supra* note 32, at 692.
1185) Jesse Dukeminier 외, *Id.* at 669(Underlines are added for emphasis).
1186) 그러므로 등기 권리자(the record owner)에게 단순히 금전을 대여한 자에게는 미등기 권리자에 대해 우선순위를 부여하지 않게 된다(Jesse Dukeminie 외, *Id.* at 692).

이 경우 뒤에서 살펴 볼 '리엔 채권자'(judgment creditors)가 문제될 수 있는 데 이에 대해 몇몇 주에서는 "all persons except parties to the conveyance"라고 광의적으로 해석하여 그 보호의 범위를 확대하고 있다.[1187] 하지만 많은 주에서는 그 채권자가 소송을 제기하여 법원으로부터 받은 담보의 권리를 실행(foreclose)하거나 강제경매(execution sale)를[1188] 하기 이전까지는 여기서 보호받는 채권자로 인정하지 않고 있다.[1189]

7.2. '리엔 채권자'(Judgment Creditor)와의 관계

여기에서 위에서 언급한 채권자의 범위에 관한 논의와는 별개로서 어떤 부동산에 대해 판결에 의한 물적담보권(Judgment Lien)이라는 담보권을 취득하게 된 자(리엔 채권자, Judgment creditor)를 위에서의 선의의 매수인으로 볼 수 있는지, 부동산등록법(recording acts)상의 선의의 매수인으로 취급되어 그 보호대상이 되는지(persons protected by the recording system)가 문제된다.[1190]

'판결에 의한 물적담보권'(Judgment Lien)이란 어떤 재판상 다툼이 있고 그 재판을 통해 손해배상 판결을 받은 원고가 이러한 내용을 등록(filing)할 경우 해당 지역(a county)에 소유하고 있거나 소유할 예정인 피고인(판결 채무자)의 재산(property)에 대해 위의 판결의 만족을 얻을 수 있도록 강제 처분 등 강제집행을 할 수 있는 권한을 갖게 되는 것으로서 선취득권(先取得權) 또는 유치권(留置權)이라고도 한다.[1191] 이때 위 판결 내용의 등록(filing)을 통해서 이후의 해당 부동산에 대한 매수인으로 하여금 동 부동산에 'Judgment Lien'이란 담보권이 설정되어 있음을 알리게 하는, 즉 통지(notice)의 기능을 갖게 된다.

이러한 '리엔 채권자'(Judgment creditor)는 선의의 매수인으로 취급하지 않는 것이 보통이다.[1192] 왜냐하면, '판결에 의한 물적담보권'은 피고 소유 부동산에만 인정되고, 이미 양도하여 이전(transfer)된 부동산에는 인정되지 않기 때문이다.[1193] 그러므로 이미 양

1187) Id("lien creditors are construed to come within broad language extending protection to "all persons except parties to the conveyance").
1188) 강제경매(execution sale)란 채무자의 재산을 압류한 강제집행영장에 따라 집행관 기타 관련 공무원에 의해 매각하는 것을 말한다(임홍근 외, *supra* note 22, at 726).
1189) Jesse Dukeminier 외, *supra* note 32, at 692.
1190) 여기서 "리엔"(Lien)이란 채권자가 채무자의 재산에서 우선하여 변제를 받을 수 있는 권리를 말한다(임홍근 외, *supra* note 22, at 1148).
1191) 임홍근 외, *Id.* at 1077; 서철원, *supra* note 27, at 185.
1192) 서철원, *Id.*
1193) *Id.*

도하여 이전되지 않은, 즉 판결의 선고 시점 당시에 피고인이 소유한 재산이 '판결에 의한 물적담보권'의 대상이 된다. 이는 제1매수인의 등록여부와 관계없이 일단 피고(전 소유자, 판결채무자)의 소유에서 벗어난 재산이 있을 경우 그 재산에 대해서 '리엔 채권자'는 아무런 권리도 없게 되는 의미를 갖는다고 할 수 있다. 따라서 이 경우 '판결에 의한 물적담보권'을 갖게 된자(judgement lien holder)가 먼저 등록을 하였는지의 여부, 부동산등록법상 선의 우선형(notice statute)을 적용하든, 등록 우선형(race statute)을 적용하든 이와 관계없이 제1매수인이 우선권을 갖게 되는 것이다.

이에 비해 저당권(mortgage)의 경우는 저당권가 선의의 매수인에 해당되기에 만일 원래의 소유자가 이중으로 저당권 설정을 해 주거나 다른 사람에게 소유권을 이전한 후 그 사람이 등록을 하지 않고 있는 틈을 이용하여 저당권을 설정해 줄 경우 위에서 살펴 본 '선의 우선형' 부동산등록법(a notice statute)에 따라 보호받을 수 있다.

또한 선의의 매수인으로 인정받기 위해서는 아래의 요건에서 설명된 것처럼 상당한 금전에 의한 대가(consideration)의 지급이 있어야 하는 데 '리엔 채권자'의 경우 이러한 대가의 지급이 없고, 부동산등록법의 목적이 상당한 가치의 대가를 지불한 선의의 매수인을 보호하기 위한 것이라고 할 수 있으므로 '리엔 채권자'는 부동산등록법(recording acts)을 통해 보호받을 수 없는 것이다. 즉, 비록 '리엔 채권자'가 제2매수인 보다 먼저 등록을 마친 경우라도 제2매수인에 우선하여 권리를 취득할 수 없다는 것이다.

하지만 이러한 논리는 해당 부동산 거래상의 매수인(the buyer)에게 적용되고 다른 채권자에 대해서는 상황에 따라 자신의 권리를 주장할 수 있을 것이다. 왜냐하면 '리엔 채권자'는 그 청구권이 특정 재산(particular property)에 의해 담보가 되는 자라는 점에서 그런 담보가 없는 일반적인 의미의 채권자와 구별되기 때문이다.1194)

7.3. 요건

선의의 취득자(a bona fide purchaser, BFP)로서 취급하기 위해서는 그 취득자가 ① 이전의 어떤 거래가 있었음을 알지 못하면서(without notice), ② 가치 있는(for value), ③ 실제의 일정한 대가(real consideration)를 지불하고 부동산을 취득해야 한다.1195) 이러한 요건을

1194) 임홍근 외, *supra* note 22, at 1149.
1195) *Daniels* v. *Anderson*, 162 Ill. 2d 47, 642 N.E.2d 128, 1994 Ill. 204 Ill. Dec. 666; *Lewis* v. *Superior Court*, 30 Cal. App. 4th 1850, 37 Cal. Rptr. 2d 63, 1994 Cal. App.; Jesse Dukeminier 외, *supra* note 32, at 686.

구체적으로 설명하면 다음과 같다.

(1) 이전의 어떤 거래가 있었음을 '알지 못해야' 한다

먼저, '이전의 어떤 거래가 있었음을 알지 못해야 한다(without notice)'는 ①의 요건은 '통지'(notice)가 없어야 한다'는 의미이다. 즉, 나중에 취득한 매수인은 매수 이전의 거래에 대해 선의이어야 한다는 것으로서 이는 통지 내지 인지(認知, notice)와 관련되어 있다.

이러한 통지 내지 인지(notice)에는 ① 실질적 통지(actual notice), ② 정황적 통지(inquiry notice), ③ 기록적 통지(record notice)로 구분될 수 있다.1196) 이들 통지 가운데 어느 하나라도 인정되면 통지의 요건을 만족시키는 것이 된다. 이 가운데 정황적 통지와 기록에 의한 통지는 의제적 내지 추정적 통지(constructive notice)라고 할 수 있다.1197) 즉, 당사자가 실제로 아느냐의 여부에 관계없이 법이 일정한 경우에는 통지의 요건을 충족시키는 것으로 보는 것이다.1198) 이에 관한 구체적 내용을 살펴보면 다음과 같다.

먼저, 실질적/직접적 통지 내지 인지(actual notice)는 거래당시 당사자에게로부터 직접 들었든 실제 목격하였든(personal observations), 증서에 기록된 내용을 통해 알았든 해당 부동산을 취득한 자가 그 이전에 양도가 있었음을 실제로 알게 된 경우를 말한다.1199)

두 번째, 정황적 통지 내지 인지(inquiry notice)는 매수인이 부동산을 이전 받을 때 보통의 사려 깊은 사람이라면 소유권 등에 대한 권원에 대한 등기 열람 등의 조사를 통해 알게 될 때 매수인이나 채권자는 정황적 통지를 갖게 된다.1200) 이러한 점에서 매수하려는 사람(the prospective purchaser)에게는 해당 부동산에 대한 조사의무(duty to view property)가 있다고 할 수 있다.1201) 따라서 합리적인 조사를 통해 확인될 수 있는 사실이면 실제 조사를 하였는지 여부와는 무관하게 조사하였다고 유추하여 통지가 있는 것으로 보는 것이다. 즉, 부동산 양도증서(deed)상에 언급되어 있지만 실제로 해당 거래가 등기되지 않았거나, 양도증서는 소지하고 있더라도 실제 등기가 되지 않았거나, 실제 일부 증서상에

1196) Jesse Dukeminier 외, *Id.* at 693.

1197) *Id.*

1198) *Id.*

1199) *Id.*; Barlow Burke and Joseph Snoe, *supra* note 1, at 435; *Harper* v. *Paradise*, 233 Ga. 194, 210 S.E.2d 710, 1974 Ga.; *Waldorff Insurance and Bonding, Inc.* v. *Eglin National Bank*, 453 So. 2d 1383, 1984 Fla. App.

1200) Jesse Dukeminier 외, *Id.*; Barlow Burke and Joseph Snoe, *Id.* at 436.

1201) Barlow Burke and Joseph Snoe, *Id.*

는 언급이 없더라도 현장에 가서 실제적으로 조사를 해 보면 알 수 있는 경우라면[1202] 정황적 통지(inquiry notice)를 인정할 수 있다는 것이다.[1203]

마지막으로 기록적 통지(record notice)는 '권원의 연속(chains of title)' 속에 존재하고 있는 등기된 증서의 검색을 통해 알 수 있거나 인지할 수 있는 경우를 의미한다.[1204] 말하자면, 기록적 통지(인지)는 설사 실제적인 통지 내지 인지는 없었어도, 부동산 등기 등의 문서 및 기록들을 통하여 이전의 양도사실을 간접적으로 알 수 있었다고 판단하는 경우라고 할 수 있다.[1205]

(2) '가치 있는(for value)' 대가를 지급해야 한다

선의의 매수인이 되기 위해서는 '가치 있는(for value)' 대가를 지급해야 한다. '가치 있는 대가' 요건에서 '대가'는 '상당한'(substantial amount, or an amount "not grossly inadequate") '금전적 가치'(pecuniary value)를 갖는 대가를 의미한다.[1206]

미국 계약법상 거래된 교환 또는 당사자간의 교섭(a bargained—for exchange)이 이루어지기 위해서는 일반적으로 편무계약에서는 어떤 행위의 약속을, 쌍무계약에서는 약속이라는 어떤 무엇인가를 교환해야 한다.[1207] 이때의 교환가치(대가)는 반드시 경제적 금전일 필요가 없으며 그것이 명목적인(nominal) 것도 가능하며, 어떤 것을 교환수단으로 하여 마음의 안정(peace in mind)이나 어떤 만족감을 얻는 것(gratification), 일정한 행동을 억제(forbearance)하는 것 등이 포함된다.[1208] 이러한 점에서 미국 계약법상의 대가 내지 약인(consideration)이라는 개념과는 차이가 있다.

또한 일반적으로 미국 계약법에 있어서 보통법(common law)상으로 대가의 가치를 정함에 있어서 가치의 정도나 약인의 등가성 내지 교환가치의 적정성 여부(the adequacy or fairness)는 크게 문제되지 않는다.[1209] 계약은 사적자치에 의해 본래 당사자가 자유로이 체결할 수 있는 것이 원칙이므로 당사자가 거래한 내용의 합리성 여부에 대해 법원이 관여해

1202) Id.(실제로 정황적 통지의 가장 중요한 정보원(source)은 해당 부동산을 방문하는 경우에서 비롯된다).
1203) 서철원, *supra* note 27, at 187.
1204) Barlow Burke and Joseph Snoe, *supra* note 1, at 435.
1205) Id.
1206) Jesse Dukeminier 외, *supra* note 32, at 686.
1207) 이하 조국현, *supra* note 29, at 181—185.
1208) Restatement of (Second) Contract § 71(3).
1209) 명순구, *supra* note 22, at 62; 조국현, *supra* note 29, at 181.

서는 안 된다는 것에 그 근거를 두고 있다.1210) 그러므로 법원으로서는 약인의 등가성 내지 교환가치의 적정성 여부에 대해 판단하지 않는 것이 원칙이고,1211) 따라서 약속자는 대가가 되는 가치(the value of his or her consideration)를 입증할 필요가 없다. 그렇기에 약인 내지 대가는 아주 사소한 것이라도 가능하다는 의미에서 "후추열매의 이론(Peppercorn Theory)"이라고도 불린다.1212)

정리를 하자면, 미국 부동산법에서 선의의 매수인으로 인정받기 위한 요건으로서 '가치 있는 대가'는 실제의 시장가치(market value)나 교환가치의 적정성(the adequacy)까지는 이르지 않더라도 상당한 금전적 가치이어야 한다는 점이다. 그러므로 매수인 A가 매도인 B로부터 대가로서 1달러를 지급하고 등록(record)한 경우, 등록을 하였기에 우선순위를 가질 수 있다고 해도 이때 B의 지위는 단순한 수증자(受贈者, donee)에 불과하며, 선의의 매수인(a bona fide purchaser)은 아니다.

이외에도 이미 대가를 지불한 과거의 대가나 채무자가 부담하고 있는 과거의 어떤 채무도 여기서 의미하는 유효한 대가로 볼 수 없다.1213)

이러한 점 역시 미국 계약법의 그것과 차이가 있다. 미국 계약법에서 역시 원칙적으로는 이미 이행을 한 행위(past acts or something already done)를 대가로 한 약속(past consideration)은 대가에 필요한 당사자간 교섭(a bargained-for exchange)의 요건을 만족시킬 수 없다.1214)

하지만 여기에는 예외가 있다. 즉, 약속자의 요청에 따른 수약자(promisee)에 의해 행해진 과거의 행위라도 그 행위에 대해 다시 지불하겠다고 약속을 한 경우라면 이는 새로운 약속(a new promise)으로서 구속력을 가질 수 있다는 것이다.1215) 또한 약속자의 요청이 없더라도 약속자가 피약속자로부터 받은 과거의 이익에 대해 무엇인가를 새롭게 약속한 경우 그 약속은 정의에 반하지 않는 한 그 한도(to the extent necessary to prevent injustice)에서 구속력을 갖는다고 볼 수 있을 것이다.1216)

1210) 명순구, *Id.*
1211) *Id.*
1212) *Id.*
1213) 서철원, *supra* note 27, at 186.
1214) 예를 들면 갑이 을의 생명을 구해주었다고 하자. 이를 알게된 병이 감동하여 갑에게 500만원을 지불하겠다고 약속한 후 마음이 바뀌어 이행을 하지 않은 경우 이미 약속전에 행위가 일어난 사안이므로 과거의 대가로서 병의 약속은 법적으로 구속되지 않는다(조국현, *supra* note 29, at 181 재인용).
1215) 조국현, *supra* note 29, at 183 재인용
1216) Restatement of (Second) Contract § 86 (Promise For Benefit Received)
(1) A promise made in recognition of a benefit previously received by the promisor from the promisee is binding to the extent necessary to prevent injustice.

(3) 대가(real consideration)를 '지급하고' 부동산을 취득해야 한다

또한 '일정한 대가를 지불하고 부동산을 취득해야 한다'. 이러한 내용 속에는 대가를 지불하고 부동산을 구입한 매수인과 그렇지 않고 구입한 매수인과 구별해서 대가 없이 구입한 매수인을 보호하지 않더라도 특별히 부당하지 않다는 의미를 가지며, 여기에는 대가를 지급하고 소유권을 취득한 자 뿐만 아니라 저당권을 취득한 자도 포함된다.[1217] 따라서 일정한 대가를 지불하지 않고 취득한 단순 수증자나 상속인 그리고 유증을 받은 자 등은 선의의 매수인이 될 수 없다. 물론 이들로부터 일정한 대가를 지불하고 해당 부동산을 취득하였다면 선의의 매수인이 될 수 있을 것이다.

7.4. 효과

이때 선의의 매수인으로부터 취득한 승계인은 비록 선의의 매수인이 갖추어야 하는 위의 요건을 충족하지 못했더라도 선의의 매수인 지위를 승계하기에 여전히 선의의 매수인으로서의 자격을 갖게 된다(shelter rule).[1218] 즉, 첫 번째 매수인(A)이 부동산을 매수하면서 등기하지 않은 경우 이후의 매수인(C, D, E)이 매수하는 순간 이전에 어떤 거래가 있었다는 것을 통지를 받거나 인식(notice)할 수 없으므로 A가 등록을 하지 않음으로 인해 통지를 받지 못하게 된 책임을 A에게 묻는 취지로 B를 보호하는 것이 그 취지라고 할 수 있다. 따라서 그 이후의 매수인 C, D, E 역시 선의의 매수인이 되는 형태를 띠고 있다.

Ⅳ. 계약의 이행 및 불이행시의 구제수단

1. 계약의 이행

계약을 체결되고 다른 조건 등의 제약요인들이 없을 경우 이행의 문제를 남기게 된

1217) 서철원, *supra* note 27, at 185.
1218) *Id.* 이때 이러한 "shelter rule(차단의 법리)"을 이용하기 위해 고의로 선의의 매수인에게 양도하였다가 다시 그로부터 취득할 경우("shipping through"), 차단의 법리는 적용되지 않는다.

다. 계약의 이행과 관련하여 매도인은 목적물인도의무와 매수인은 목적물에 대한 대금지급의무를 갖게 되고 이 관계는 우리 민법처럼 동시이행의 관계에 있다. 그러므로 상대방의 채무불이행 등 계약위반시 그에 대한 책임을 지우기 위해서는 그 당사자는 이행의 제공 등 이행에 필요한 준비가 있어야 한다.

이때 부동산 매매계약서상에 이행의 만기일과 관련하여 그 시기가 본질적이다("time is essence")라는 조항 등 이행기의 중요성을 강조한 경우 이외에는 비록 이행기 이후에 이행을 하더라도 이를 이유로 계약을 해제할 수 없다.[1219] 물론 이행이 지연됨에 따른 이행지체의 효과로서 손해배상을 청구할 수는 있다.

2. 불이행시의 구제수단

부동산 매매계약에 있어서 당사자 일방이 계약을 위반한 경우 상대방은 이에 대한 구제를 받을 수 있다.[1220] 구제수단으로는 미국 계약법에서 자세히 언급한 바 있는 보상적(금전적) 손해배상으로서 손해배상(damages)을 청구할 수 있고, 별도의 손해배상액의 예정(liquidated damages) 조항을 두었다면[1221] 이에 따라 구제받을 수 있다.

1219) 서철원, *Id.* at 171.
1220) *Jones* v. *Lee*, 22 Ill.126 N.M. 467, 971 P.2d 858 (Ct. App. 1998); Jesse Dukeminier 외, *supra* note 32, at 573.
1221) 손해배상의 예정(liquidated damages)이란 계약의 한 당사자가 계약위반시 그 당사자는 상대방에게 일정한 손해배상액을 지급할 것을 미리 예정하여 약정하는 것을 말한다.
　　손해배상액 예정조항이 유효하기 위해서는 일반적으로 ① 계약위반시의 예정하려는 손해배상은 계약위반시의 배상액으로 합리적으로 예측할 수(a reasonable forecast) 있어야 하고, ② 그 예정하는 손해배상액은 계약체결시(at the time of entering the contract)에 측정하기 어려운 것이어야 한다. 합리적 예측가능하여야 하기에 만일 손해배상의 예정액이 불합리한 경우(unreasonable)로 판명된 경우 법원은 이를 처벌적인 일종의 위약벌(a penalty)로 보아 그 조항은 구속력이 없다.
　　이러한 요건이 충족되면 계약위반의 상대방은 비록 실제로 금전적 손해(actual money damages)가 없더라도 당사자가 합의한 손해배상액을 받을 수 있다. 미국 계약법상의 계약위반시의 구제책은 계약위반자를 처벌하는 문제와 완전히 별개로서 계약위반자를 벌하는 내용의 어떤 합의는 공공정책에 반하는 것으로 간주되고 있고 손해배상액의 예정이 부당하게 과다한 즉, 불합리한 경우에는 위약벌로서(as a penalty) 공공정책(public policy)상의 이유로 강제력을 갖지 않는다. 다시 말하면, 계약당사자 중 일방의 계약위반이 있을 경우에 손해배상으로 지급할 배상액수를 미리 약정하는 손해배상의 예정(liquidated damages)이다. 이러한 손해배상액 예정에 대한 약정은 그 액수가 합리적이지 않은 경우(unreasonable)가 아니면 유효한 것으로 인정된다. 하지만 손해배상 예정액이 터무니없이 엄청난 금액이라면 벌금(penalties)로 간주되고 이는 무효이다(조국현, *supra* note 29, at 432-434 재인용).
　　Restatement of Contract (second) § 356 (<u>Liquidated Damages and Penalties</u>) (1) Damages for breach by either party may be liquidated in the agreement but only at an amount that is reasonable in the light of

　　손해배상에 대해 법원은 부동산 감정비용, 변호사 비용, 세금, 공과금 등 부동산 거래를 위해 사용된 비용에 해당하는 손해배상을 인정하거나 계약 당시의 매매가격과 계약위반시의 시장가격의 차액에 따른 손해배상을 인정하기도 한다.[1222]

　　또한 손해배상을 청구하기가 법적으로 적절하지 못한 경우나 매수인이 해당 부동산의 매수를 원할 경우에는 이행완료시(at closing) 자신의 의무인 대금을 지급하고 형평법상의 구제수단인 특정이행(specific performance)을 구할 수도 있다.[1223] 특히, 부동산은 '계약의 불대체성'이란 특성상 다른 곳으로부터 대체받을 수 없기에 특정이행이 부차적이나

---

the anticipated or actual loss caused by the breach and the difficulties of proof or loss.. U.C.C.에 의하면 이외에도 다른 적절한 구제를 받기 불편하거나 실현의 곤란이 있는 경우도 포함된다. U.C.C. § 2-718 (1) (the underline is added for emphasis)... Damages may be liquidated in the agreement but only at an amount which is reasonable in the light of...the inconvenience or nonfeasibility of otherwise obtaining an adequate remedy.

1222) Barlow Burke and Joseph Snoe, *supra* note 1, at 377.

1223) *Id.*; 특정이행의 성립요건으로는 ① 계약위반시의 구제수단으로서 손해배상이 부적절하며(inadequate), ② 특정이행을 명하기 어렵거나 특정이행을 명하더라도 법원을 통한 사법적 관리가 실질적으로 곤란한 경우(the difficulty of judicial supervision)가 아니며, ③ 의무의 내용(작위나 부작위 등)의 특정이행을 명할 수 있도록 어느 정도의 확실성(certainty)을 띠고 있을 것 등이다.
　① 이에 해당되는 경우는 계약의 대상이 되는 목적물(objects)이나 특성(quality)이 독특(unique)해서 일반 거래시장에서 적절한 대체물(substitute goods)을 찾기 곤란한 경우이다. 개인서비스나 용역계약(personal service contracts)은 원칙적으로 특수한(unique) 의미를 갖고 있는 것으로 볼 수 있지만 일단 계약의 일방당사자가 계약위반을 한 후 타방 당사자가 다른 곳에서 다른 사람을 대체하여 서비스를 수행할 수 있다면 특수한 경우라 할 수 없고 따라서 특정이행은 적용이 없게 된다.
　또한 금전으로 손해를 산정하기 곤란한 경우와 손해배상액의 산정이 불가능한 경우 등을 들 수 있다. 구체적인 예로는 유명화가의 작품, 선대로부터 물려받은 귀중한 유산(heirloom), 특허, 저작권 나아가 영업양도나 M&A계약 등을 들 수 있으며 이 경우 특정이행이 가능하다. 하지만 부작위 의무를 부담하는 경업금지계약(non-compete agreement), 영업비밀 준수계약도 금전배상이 부적절한 경우에 해당된다. 물론 어떤 개인의 갖고 있는 재능이나 서비스와 관련된 계약(예를 들면 스포츠선수나 연예인이 경기출전이나 공연에 관련된 계약 등)과 관련하여 그 계약을 위반할 경우 그 위반한 피고용인(a breaching employee)으로 하여금 계속 계약의 내용을 이행하라고 강요하는 것은 미국헌법 제13조에서 정한 강제노역(involuntary servitude) 금지원칙에 반하기에 특정이행은 허용되지 않는다. 이 경우 계약상대방은 그 내용이 특수한(unique) 경우라고 해도 경쟁관계에 있는 제3자(a competitor)로 하여금 계약기간 동안 계약을 위반한 피고용인(the breaching employee)을 고용하지 말 것을 구할 수 있다(injunctive relief). 이외에도 채무자가 지불불능 상태(insolvency)에 빠진 경우를 생각할 수 있으며 이 경우는 설사 금전배상 판결을 받아도 사실상 채무의 회수가 어려우므로 금전배상판결이 적절한 경우에 해당된다.
　②는 계약이 갖고 있는 성질로 인해 특정이행을 명해도 실질적으로 법원이 관리하기 너무 곤란한 경우이다. 즉, 특정이행 명령을 내릴 경우 법원이 그 이행에 대해 기간상으로 아주 장기적인 관리를 요구할 경우, 관리대상의 범위가 너무 광범위한 경우 등이다. 그렇기에 계약에서 정한 특정 방법에 따라 장기적인 운용을 필요로 하는 철도사업운용 계약은 특정이행에 의한 강제를 명할 수 없을 것이다.
　③의 경우는 당사자가 체결한 계약내용은 특정이행을 명할 정도의 충분한 확정성을 갖고 있어야 한다는 의미이다. 이는 계약당사자로서도 무엇을 이행해야 하는 지를 확실히 알아야 할 뿐만 아니라 만일 특정이행 명령에 따르지 않으면 법정모독죄 대상이 되기 때문이다. 여기서 정확성의 판단은 정확성 요건의 유연화 경향에 따라 합리적인 확정성 기준(standard of reasonably certainty)을 충족하면 될 것이다(조국현, *supra* note 29, at 465-467 재인용).

예외적인 아닌 일반적으로 적용되고, 매도인이 부동산매매계약을 위반한 경우뿐만 아니라 매수인이 위반한 경우에도 특정이행이 인정될 수 있다.[1224]

Notes, Questions, and Problems

- '전혀 방문한 적이 없다'(never visited)라는 표현은 정황적 통지("inquiry notice")로서 선의의 매수인(Bona Fide Purchaser, BFP)으로 보호받지 못하는 전형적인 문구라고 할 수 있다.

- 차단의 법리(Shelter rule)는 선의의 매수인(BFP)과 거래한 수증자(donee)나 무자격도 보호된다. 하지만 그렇다고 수증자가 최초의 'shelter'가 될 수는 없다. 또한 무자격자가 차단의 법리에 따른 보호를 받는 자("A")와 거래한 후 다시 A로부터 소유권을 다시 받는 경우는 보호되지 않는다.

- 저당권과 관련하여 저당권이 설정된 해당 부동산의 증서(note)와 물리적 점유(physical possession)는 소유권(ownership) 취득을 위한 요건이 아니다.

- 형평법상의 저당권(Equitable mortgage)을 무단 매각해서 선의의 매수인(BFP)이 취득해 버리면 원래의 소유자는 소유권을 뺏기게 된다. 이때 원래의 소유자는 저당권자를 상대로 사기를 이유로 한 소송을 하고, 매각대금을 받을 뿐이다.

- 저당권의 인수(Assumption of the mortgage)에 원래의 저당권자 동의는 필요 없다. 단지 저당권자는 경개(novation)를 할 때만 동의하면 된다.

- 저당권 인수의 시기는 부동산 양도증서에 비록 서명을 하지 않았어도 계약서에 서명한 때 발생한다.

- 1순위 저당권, 2순위 저당권 설정 후 1순위 저당권에 대한 저당 금액이 증액된 경우 그 변경된 부분은 3순위로 처리된다.

- 후순위 저당권자가 저당권 실행의 통지(foreclosure notice)를 받지 못했다면 저당권이 해당 부동산에 존속한다. 통지를 받았는데 참여하지 않았다면 그 후순위 저당권은 말소된다.

- 2순위 저당권이 경매되면, 1순위 저당권에는 영향이 없다. 이때 2순위 저당권, 3순위 저당권을 통해 변제되고 남은 것은 채무자에게 돌아가는 것이지 1순위 저당권자가 배당 받는 것이 아니다. 이 경우 만일 3순위 저당권과 관련해서 배당금이 부족할 경우 채권자는 채무자 개인을 상대로 하는 소송을 제기하여 '부족분 지급의 판결' 내지 '담보부족금액의 판결'(a deficiency judgment)을 통해 부족한 부분에 대한 채권을 만족시킬 수 있다.

- 저당권설정자는 저당권 실행시에 필요적 채무자로 참가해야 한다. 필요적 참가자가 배당참가를 하지 않을 경우 그러한 저당권은 존속한다.

- 부동산 대금 저당권(Purchase money mortgage, PMM)은 최우선 순위를 갖는다. 왜냐하면 채권자로부터 대출을 통해 새로운 부동산을 구입한 것이므로, 기존 채권자는 해당 채권자 때문

[1224] Barlow Burke and Joseph Snoe, *supra* note 1, at 377; 조국현, *Id,* at 463, 468.

에 담보가 하나 더 늘어난 것이 되므로, 형평상 PMM을 최우선에 두는 것이 옳을 것이다.

- 성문법상 환수권(statutory redemption)은 법에 의해 경매된 토지를 찾아올 수 있도록 정하였다면, 그 법이 정한 기간 안에 경매로 매각된 금액만큼만 지급하고 부동산 되찾을 수 있다.
- 형평법상 환수권(equitable right of redemption)은 저당권 실행 이전에만 실행할 수 있고 이자를 포함하여 전액을 변제하여야 막을 수 있는 것과 구별된다.
- 환수권(Redemption right)은 미리 포기할 수 없고, 사후에 대가(consideration)를 받고 포기될 수는 있다.
- '토지의 자연증가 내지 첨가'(Accretion)는 어떤 토지가 시간의 흐름에 따라 점차적으로, 인식될 수 없이 일어나는 자연적인 힘(natural forces)으로 인해 강이 이동되어 인접 토지가 새로운 토양에 의해 퇴적됨으로써 수로의 경계선(the water boundary)도 따라서 점차로 이동되어 토지의 영역을 얻거나 잃는 것을 일컫는 말이다.[1225] 이때 토지소유권이 변동될 수 있다.
- 하천유로의 변화로 인한 '급변지'(Avulsion)는 홍수 등에 의한 갑작스럽게 토지가 정상의 위치에서 벗어나는 것(전위, 轉位)으로서 이때 토지소유권은 변동되지 않는다. 즉, 이는 두 필지의 토지 사이에 경계를 이루고 있는 물의 경로(流路)에 급격한 변화(a sudden change)가 생겨 한쪽 강기슭 소유자의 토지는 소실되고 다른 쪽 강기슭 소유자의 토지는 늘어나게 되는 현상을 의미한다.[1226]
- 강과 관련된 상린관계에서의 이용주체와 관련하여 ① 연안권주의(riparian doctrine, reasonable use theory/natural flow theory)에서는 강에 사는 사람들을, ② 우선사용권주의(appropriation doctrine)에서는 농사를 짓기 위해 물을 먼저 사용하는 사람들을 지칭한다.
- 지하수(Underground water, percolating water)와 관련된 상린관계에서 합리적 사용의 법리(reasonable use theory)에 의하면 지하수를 정원수나 수영장물로 사용하여 하류에서는 물이 거의 나오지 않는 경우라고 해도 합리적인 사용으로 본다. 악의나 오직 물의 낭비만을 목적으로 하는 것이 아니라면 지하수 상류지역에서 원하는 만큼 쓸 수 있다.
- 지표수(Surface water)의 경우 빗물을 저장할 수 있다. 만일 빗물이 흘러넘치는데 수로를 변경해서 위험을 피할 수 있는가의 여부와 관련해서 공공의 적 이론(common enemy theory)에 따를 경우에는 가능하지만, 자연적 흐름의 이론(natural flow theory)에서는 수로를 변경할 수 없다.
- 생활방해(Nuisance)에서 사람은 괜찮은데 동물만 예민한 경우라면 생활방해라고 할 수 없다.
- 생활방해가 성립하기 위해서는 피해자가 부동산의 사용과 향유를 함에 있어서 실질적이고

1225) "When natural forces gradually shift a river and cause the adjacent land to recede or to advance by the build-up of new soil, there has been an accretion." With *accretion*, "the owner of the adjacent land gains or loses land as the water boundary gradually shifts"(Jesse Dukeminier 외, *supra* note 32, at 588. foot note 8).
1226) *Id.*("If there is a sudden change in the course of a river(as after a flood), the process is called *avulsion*, not accretion, and the boundaries do not change"); 박홍규, *supra* note 23, at 181.

비합리적인 방해를 받아야 한다. 그러므로 심리적 관점에서 불편하다는 것은 이에 해당하지 않는다.

- 토지 용도지정의 적용 제외(Variance)는 토지용도의 지정에 따라 해당 토지와 관련하여 실질적 어려움(practical difficulties)이나 필요이상의 고통(unnecessary hardship)을 겪는 등 특별한 경우에 지정된 주거지역을 상업적 사용을 허락하는 등 사용이나 용적 등에 있어서 그 지정된 용도에 대한 적용을 제외 내지 면제시키는 것이라고 할 수 있다. 토지 소유자가 이러한 신청을 위해서는 위에서의 실질적 어려움(practical difficulties)이나 필요 이상의 고통(unnecessary hardship) 등에 대한 것을 입증해야 할 것이다.
- 토지의 부적합적 사용(Non conforming use)은 새로 바뀐 규제로 기존 토지이용이 위법하게 되면 경과규정을 두어야 하고, 즉시 시행되어 효력을 갖게 하려면 보상을 해주어야 한다. 그렇지 않으면 위헌적 수용(taking)에 해당한다.
- 개발이익의 강제환수(Exaction)는 시행하려는 사업과 합리적 연관관계가 있는 부관을 붙여야 하고, 그렇지 않으면 위헌이 될 수 있다.
- 토지 소유자(매도인)가 자신의 토지를 유언(will)으로 자신의 딸에게 주기로 하고, 다시 매수인에게 땅을 매각하였다. 이때 매수인이 그러한 유언의 내용을 알았거나 매수인이 매도인 딸이 땅에 살고 있다는 것을 알고 있어도, 매도인이 생전에 처분하였다면, 이 때 매수인은 선의의 매수인(BFP)이 아니더라도 딸에 우선하여 보호된다. 유언은 토지 소유자가 사망한 후에 효력이 발생하기 때문이다.
- 토지·건물에 부속한 정착물(fixture)인지는 부착자의 의도(intent)를 기준으로 누구를 위하여 설치한 것인지를 판단한다. 세탁기, 건조기는 동산(chattel)이고, 조명 장치를 천장·벽 등의 레일에 달아 이동시키는 방식인 트랙 조명장치(track lightning system)는 원칙적으로 정착물에 해당한다.
- 이혼소송 중이라고 해도 법적 부부관계에 있으므로 부부 재산이 공유 부동산권(tenancy in common, TIC)으로 바뀌지 않는다.
- "임대시설 수리약속"이 있는 상태에서 땅주인이 땅을 새로운 매수인에게 팔아버린 경우를 생각해 보자. 이때 임차인은 옛날 땅주인과는 임대차계약상의 견련관계(privity of contract)에 근거해서, 새로운 땅주인과는 부동산에 관한 견련관계(privity of estate)에 근거해서 수리비를 청구할 수 있다. 임대차계약상 의무를 인수(assume)하지 않았기 때문에 새로운 땅주인은 책임을 부담하지 않는 것이 아니다. 주의해야 할 것이다. 부동산 특약(covenant)은 토지의 이전과 함께 이전(run with the land)한다는 점에서 계약과는 관련이 없기 때문이다.
- 임대차계약에서 양수인(assignee)이 시설 사용비를 부담하지 않는 좋은 항변사유(best defense)라면 시설 사용비는 토지의 이전과 함께 이전되는(run with the land) 것이 아니라는 항변이다. "Run with the land"가 되면 양수인의 채무 등의 인수(assume)여부와 관계없이 납부해야 할 것이나, 그것이 아니라면 양수인에게 의무가 되지 않는다.
- 임대인이 독점적으로 임차인에게 자판기 시설 운영을 허가해 준 상태에서 임대인 스스로도

자판기를 들여와서 판매하게 되면 임차인이 임대료를 계속 납부해야 할 의무가 있을까? 임대료 납부의무는 여전히 존속한다. 비록 임대인의 임차인에 대한 경쟁금지의무 위반이 있다고 해도, 그 의무 위반이 의제적 퇴거 조치 내지 추방(constructive eviction) 주거 적합성 (habitability)에 대한 위반이 되지 않는 한 임차인은 임대료를 계속 내야 한다. 계약도 해제할 수 없다.

- 어떤 토지가 전부 공용수용될 경우 임대료 납부의무는 없지만, 그 토지가 일부만 수용된 경우 수용보상금은 수령하되 대신 임대료는 계속 납부해야 한다. 만일 사례에서 이러한 내용이 명확히 표시되어 있지 않다면 일부수용으로 추정하고 접근해야 할 것이다.

- 상업용 임대차의 경우 임차인은 임대차만료 이전에 자신이 설치한 재산은 전부 제거하여 갈 수 있다. 예를 들어 상업용 임대차 건물에서 댄싱클럽 영업을 한 경우라면 bar, booth, dance floor, light는 모두 임차인이 가져갈 수 있다. 임차인 자신의 재산이기 때문이다.

- 부동산개발사업자의 골프장 허가신청이 결정되기 이전까지 동 부지를 만일 인근 대학생들의 체육시설로 활용하도록 한다면 '지역권의 설정'과 '제한된 부동산 특약' 가운데 어떤 권리를 설정하는 것이 적절할까?
이때는 지역권(easement)의 설정이 적합할 것이다. 왜냐하면 은혜적으로 잠시 사용하게 하는 것은 지역권 설정이 적절하고, 뭔가 강제하여야 하는 것이라면 제한적 부동산 특약(restrict covenant)을 설정하는 방법을 사용하는 것이 적절할 것이기 때문이다.

- 땅 주인이 지역권을 설정해 주었는데 지역권자(easement holder)가 등기하지 않은 상태로 새로운 사람에게 요역지(dominant tenement)를 팔았을 경우 새로운 매수인 역시 위 지역권을 주장할 수 있다. 지역권의 존재를 등기하지 않은 것은 단지 후속 땅주인에 대한 대항요건이 될 뿐이기 때문이다.

- 철길을 위한 지역권을 부여받았는데 지역권자가 철길을 뜯어버린 경우라면 물리적 행위 (physical act)에 의한 지역권의 포기(abandonment)로 구성할 수 있다.

- 토지소유관계에 적용되는 제한적 부동산 특약(restrict covenant)의 경우 수직적 견련관계 (vertical privity)를 요구하므로, 만약 의무승계를 받는 사람이 생애부동산권(life estate)만 넘겨 준 경우에는 수직적 견련관계(당사자 관계)가 없어서 생애부동산권자(life tenant)는 위 특약의 의무에 기속되지 않는다. 생애부동산권(Life-estate)은 어떤 부동산 특약(covenant)에 구속받지 않는 것으로 우선 이해하는 것도 하나의 방법이다.

- 어떤 택지구획의 재분할 계획(a subdivision plan)을 수립할 당시에 일부를 공원으로 조성하기로 계획한 경우 나중에 시가 그러한 계획을 추진하게 되면 그 지역에 살던 사람이 공원조성을 금지하는 청구를 할 경우 기각될 것이다.

제11장
부동산 매매 계약에서의 보증책임

제11장 부동산 매매 계약에서의 보증책임

[사실관계]

　뉴햄프셔(New Hampshire)주 거주 원고 Lemke측의 전 소유권자들은(predecessors in title) 이 집의 주차시설(a garage) 건축을 위해 피고 Dagenais와 계약을 체결하였다. 위 건축물의 건축 후 6개월 뒤 원고, Elaine과 Lempke가 원래의 소유자들(the original owners)로부터 그 부동산을 매수하였다.

　그런 얼마 후에 지붕선이 맞지 않고(the roof line was uneven), 지붕틀이 밖으로 휘는(the roof trusses were bowing out) 구조적인 문제가 있음을 발견하였다. 이에 원고측은 피고를 접촉 하여 이러한 문제들은 구조의 외관상으로 알기 이전까지는 발견할 수 없는 잠재적인 하자(a latent defect)라고 주장하며 이 하자의 보수를 요구하였고 피고는 이에 대한 보수를 약속하였지 만 필요한 조치를 전혀 취하지 않았다.

　그 후 원고측은 피고측을 상대로 소송을 제기하였지만 원심법원은 원고측의 소송을 받아 들이지 않았다. 이에 대해 원고는 피고에 대해 숙련자 수준의 작업(workmanlike quality)이 이루 어지지 않은 것에 대한 묵시적 보증책임 위반(implied warranty of workmanlike quality)과 과실 (negligence) 등을 이유로 하여 상급법원에 소를 제기하였다.

　이와 관련하여

(1) 후속매수인(a subsequent purchaser)이 숙련자 수준의 작업이 이루어지지 않은 것에 대 한 잠재적 하자(latent defects)로 인한 묵시적 보증책임 위반을 이유로 건축주를 상대로 소송을 제기하기 위해서는 계약상의 견련관계가 요구되는가?

(2) 후속매수인에게 건축주에 대한 묵시적 보증책임 위반을 이유로 한 소송이 인정될 경 우 오로지 경제적 손실만을 구할 수도 있는가?

(3) 후속매수인에게 건축주에 대한 과실 위반을 이유로 한 소송을 제기할 경우 오로지 경 제적 손실만을 구할 수도 있는가?

1. 쟁점

- 부동산 건축의 잠재적 하자로 인한 묵시적 보증책임
- 건축주의 과실을 근거로 후속매수인이 경제적 손해배상만을 구할 경우 이의 인정여부
- 계약상의 견련관계
- 숙련자 수준의 작업이 이루어지지 않은 것에 대한 잠재적 하자로 인한 묵시적 보증책임 위반을 이유로 건축주를 상대로 한 후속매수인의 소송에 계약상의 견련관계가 요구되는지의 여부
- 후속매수인에게 건축주에 대한 묵시적 보증책임 위반을 이유로 한 소송이 인정될 경우 오로지 경제적 손해배상만을 구할 수도 있는지의 여부

2. 관련 판례

- *Lempke* v. *Dagenais*, 130 N.H. 782, 547 A.2d 290(1988).

I. 총설

"보증책임" 내지 "담보책임" 또는 "계약사항의 진실보증" 등이라고 불리는 이러한 책임은 미국 계약법과 미국 불법행위법 그리고 미국 재산법에서 공통적으로 설명되고 있다. 따라서 로스쿨이나 미국 변호사 자격취득, 그리고 실무 등에 임하는 독자라면 이 부분에서는 다른 과목과 어떻게 다른지를 비교하면서 학습을 통해 숙지하면 시간단축과 함께 정확한 이해에 도움이 될 것이라고 생각한다. 즉, 보증책임 내지 담보책임(warranties)에 관한 내용을 학습함에 있어서는 다른 과목과 비교하여 이해하는 것이 좋다.

다시 말하면, 미국 재산법(property law)에서의 보증책임, 미국 계약법(contracts law)에서의 보증책임, 불법행위법(torts law)에서의 보증책임과 관련하려 공통점과 차이점을 숙지하는 것이 과목간의 혼동을 방지하고 정확한 이해를 갖는 데 도움이 될 것이다. 물론 실무에 있어서도 중요한 부분의 하나이다.

여기에서는 먼저 미국 부동산법상의 보증책임을 먼저 살펴보고 비교 학습을 위해 미국 계약법상 보증책임 그리고 미국 불법행위법상의 보증책임을 각각 언급하기로 한다.

II. 미국 부동산법상의 보증책임

1. 개설

일반적으로 보증책임 내지 담보책임과 관련해서는 그 내용에 있어서 아래에서 비교학습을 위해 설명할 미국 계약법상의 보증책임의 경우와 같이 여러 가지를 생각해 볼 수 있다. 즉, 이전되는 물품의 권리(소유권)에 관한 보증책임(warranty of title)과 타인의 권리를 침해하지 않고 있음을 보증하는 책임(warranty against infringement), 명시적(express) 보증책임, 매도인이 상인인 경우 상품이 통상의 용도에 적합하다는 상품적합성(merchantability)에 관한 묵시적 보증책임, 매수인이 요구하는 특정상품의 목적에 적합하다는 특정목적 적합성(fitness for particular purpose)에 관한 묵시적 보증책임 등이 그것이다.

미국 재산법 특히 부동산매매계약과 관련한 보증책임 내지 담보책임이란 부동산 매매계약을 통해 이전받은 부동산은 시장에서 유통될 수 있는 권원 내지 소유권(title)을 보증하는 의미를 갖고 있다. 만일 부동산매매계약상에서 그 권원의 내용(quality of title)에 관해 아무런 언급이 없을 경우 시장성 있는 권원을 보증한다는 것이 함축되어 있다는 것이다. 이러한 시장성 있는 권원 내지 소유권의 보증은 주요 사실에 대한 진실 보증, 즉 허위진술(false statement)이 없다는 보증과 관련이 있다고 할 수 있다.

이하에서는 시장성 있는 권원 내지 소유권의 보증에 대한 내용과 주요 사실에 대한 진실 보증에 관한 내용을 살펴보기로 한다.

2. 시장성 있는 권원에 대한 보증책임(Warranty for Marketable Title)

2.1. 의의

미국 부동산 매매계약과 관련된 보증책임과 관련해서는 이전되는 물품의 권리(소유권)에 관한 보증책임(warranty of title)과 타인의 권리를 침해하지 않고 있음을 보증하는 책임(warranty against infringement)과 유사한 거래에 적합한, 즉 시장성 있는 권원에 대한 보증책임(marketable title)만을 인정하고 있다고 할 수 있다. 이러한 이유는 매수인이 해당 부동산에 대한 매매계약을 체결하기 이전에 해당 부동산에 대한 조사를 하여 하자가 있다면 어

디에 있는지를 알고 계약할 것이라고 보기 때문이다.1227)

　　여기서의 '시장성 있는 권원에 대한 보증책임'(the warranty for marketable title)이란 적어도 보통의 합리적인 매수인이라면 매수할 수 있는 권원을 보증하는 것이다. 그리하여 특별히 다른 기준을 정한 바가 없다면 모든 부동산 매매계약에서의 매도인은 시장성 있는 소유권("marketable or merchantable title")을 이전한다는 내용이 묵시적으로 포함되어 있다고 할 수 있다.1228)

2.2. 요건

(1) 원칙

　　우선 시장성 있는 권원(marketable title)을 갖추기 위해서는 앞에서 살펴 본 '권원의 연속'(chains of title) 등과 관련하여 어떤 흠이 없어야 하는 데 만일 소송 중이거나 소송의 위협이 있는 등 매도인이 실제로 정당한 권리자인지에 대한 합리적인 의심(reasonable doubt)이 생기는 경우라면 그 권원은 시장성을 갖추고 있다고 보기 어려울 것이다.1229)

　　그러므로 원칙적으로 해당 부동산상에 어떤 법적 부담들(legal encumbrances)이 존재하지 않아야 하고, 점유 취득시효(adverse possession)에 의한 것이 아닌 경우 등 시장성을 갖추어야 한다.

　　또한 해당 부동산이 위치해 있는 지방 행정관청에 등록된(filed, "recorded") 부동산에 영향을 미치는 부동산 양도증서(deed)나 저당권 등 담보와 관련된 증서를 둘러싼 분쟁으로 인해 소송을 가져올 어떤 결함(flaws)이 있다면 이 역시 시장성이 있는 권원이라고 할 수 없다.1230)

(2) 시장성 있는 권원의 인정여부

　　시장성 있는 권원의 인정여부와 관련하여 어떤 법적 부담(legal encumbrances)이 있는 경우와 점유에 의한 취득시효(adverse possession)의 경우 그리고 특정 목적 내지 용도로 지

1227) 서철원, *supra* note 27, at 171-172.
1228) *Lohmeyer* v. *Bower*, 170 Kan. 442, 227 P.2d 102, 1951 Kan.; Jesse Dukeminier 외, *supra* note 32, at 547; Barlow Burke and Joseph Snoe, *supra* note 1, at 370.
1229) 서철원, *supra* note 27, at 172.
1230) Barlow Burke and Joseph Snoe, *supra* note 1, at 373.

정된(zoning) 경우가 문제된다.

1) 법적 부담(legal encumbrances)이 있는 경우   예를 들어 부동산 매매계약 대상 목적물에 어떤 저당권이나 지역권, 역권 내지 용익물권(servitudes) 등 매수인의 정당한 권원의 취득에 어떤 사소하지 않은 법적 부담(legal encumbrances)이 있는 경우라면 매수인이 이를 알고 취득하지 않는 한 하자가 있는 것으로 보아 시장성이 있는 소유권으로 취급될 수 없을 것이다.[1231]

그러나 실제에 있어서 대부분의 재산 특히 부동산의 경우 어떤 부담이 있는 상태로 이전되기도 한다. 그러므로 '시장성 있는 권원 내지 소유권'의 의미는 어떤 하자나 부담이 없는 그런 권원(title)을 의미하는 것이 아니라 그러한 부담이 있음을 계약 체결시에 매도인이 고지하지 않아서(undisclosed) 계약의 일부분으로 포섭되지 않은 경우에 그때 그 권원은 시장성이 없다고 할 수 있다.[1232]

즉, 매수인의 입장에서 매도인이 해당 부동산에 대해 중대한 잠재적 결함(material latent defect)이 있음에도 이를 고지하지 않은 경우에 이른다면 계약을 취소할 수도 있지만,[1233] 위와 같은 단순한 법적 부담이 있다는 자체만으로 계약을 취소할 수 없다.

실무적으로 보통 이행의 완료(closing) 단계에서 위와 같은 저당권 등 해당 부동산에 존재하는 법적 부담을 말소시키므로 실제 양 당사자가 이러한 내용을 이해하는 한 시장성이 없는 권원을 가진 부동산이라고 할 수 없을 것이다.

2) 점유에 의한 취득시효(adverse possession)의 경우   점유에 의한 취득시효(adverse possession)의 경우에 대해서는 주(州)에 따라 그 인정여부가 다르지만,[1234] 이전의 매도인이 만일 취득시효(adverse possession)에 필요한 시효의 완성을 통해 그 권원(소유권)을 취득하였다면 당초의 소유자로부터 소유권 분쟁이 발생할 수 있는 위험이 있는 경우라면 하자가 있다고 볼 수 있다.

그러므로 이 경우 매도인은 취득시효 완성자가 진정한 소유자로 될 수 있도록 권원

1231) *Id.* at 370; 이때 어떤 택지구획의 재분할(subdivision)이나 주택 및 건물에 관한 규정을 위반한 경우는 여기서 말하는 부담이라고 할 수 없을 것이다.

1232) *Id.* at 371.

1233) *Id.* at 374; 하자 고지의무(the duty to disclose defects)에 대해서는 *Stambovsky* v. *Ackley.* 169 A.D.2d 254, 572 N.Y.S.2d 672, 1991 N.Y. App. Div.; *Johnson* v. *Davis*, 480 So. 2d 625, 1985 Fla. 10 Fla. L. Weekly 583; Jesse Dukeminier 외, *supra* note 32, at 553.

1234) Barlow Burke and Joseph Snoe, *supra* note 1, at 374.

의 연속(chains of title)과 관련된 공부(公簿, record title)를 매수인에게 교부해야 할 것이고 그렇지 못할 경우 계약에서 달리 정한 바가 없는 한 시장성 있는 권원을 갖춘 부동산이라 하기 어려울 것이다.

이러한 점유에 의한 취득시효(adverse possession)에 대한 입증은 이에 따라 취득했다는 매도인에게 입증책임이 있으며 그 입증의 정도는 증거의 우위성(a preponderance of the evidence)이나 명백하고도 확신을 가지게 할 정도의 입증(a clear and convincing evidence)을 요한다.1235)

3) 특정 목적 내지 용도로 지정된 경우   하지만 해당 부동산이 소재한 지역의 단순한 어떤 특정 목적 내지 용도(도시공장 지역, 주택지역 등) 지정된 규율(zoning regulations or ordinances) 자체만으로 하자가 있다고는 할 수 없을 것이다.1236) 이 경우 비록 목적별 지역 지정 자체는 해당 부동산의 하자로 보지 않더라도 만일 그와 같이 지정된 용도 내지 목적과 관련된 규정에 위반한다면 하자로 취급될 것이다.

또한 만일 매매 대상 목적물이 되는 토지가 이웃 토지의 경계를 불법적으로 넘어갔거나 이웃 토지가 불법적으로 대상 토지의 경계로 들어왔다면 그러한 경계선 침범이 아주 사소하거나, 그 사실이 취득시효 요건에 충족될 만큼 오래되었거나, 또는 침범사실에 대해 법적 분쟁을 일으키지 않겠다는 분명한 약속을 하지 않는 한 이러한 경우에는 하자가 있는 것으로 볼 수 있다.1237)

2.3. 시장성 있는 권원의 존재여부에 대한 판단시점

이러한 시장성 있는 권원의 존재여부에 대한 판단시기 내지 결정시점은 당사자간 계약의 이행을 완료하는 시점("closing")이다.1238)

1235) *Id.*
1236) 서철원, *supra* note 27, at 173.
1237) *Id.*
1238) *Id.*

2.4. 소유권 포기형 양도증서(Quitclaim Deed)와의 관계

소유권에 권리 내지 권원 포기형 양도증서(quitclaim deed)란 앞의 양도증서 부분에서 설명한 것처럼 이전의 소유권자는 물론 양도인 자신조차도 소유권에 어떤 하자가 없었음을 보증하지 않고, 다만 양도인이 양도당시에 보유하는 부동산상의 어떤 이익이나 권리 그대로 이전함을 나타내는 증서를 말한다.[1239]

즉, 이 증서는 양도인(the grantor)이 가지고 있거나 가질 수 있는 권리, 권원 또는 이익(right, title, or interest)만을 양도하는 것으로서,[1240] 어떤 특약(covenants)도 포함되어 있지 않을 뿐만 아니라 소유권이 유효(valid)함을 보장하지 않는다.

말하자면 이러한 양도증서에 의한 이전은 해당 부동산에 어떤 하자 내지 흠이 있다고 해도 매도인으로서는 어떤 책임도 부담하지 않겠다는 의미가 내포되어 있어, 결국 여기서 말하는 시장성이 있는 권원(소유권)을 보증하지 않는다고 볼 여지가 있지 않는지가 문제되는 것이다.

하지만 여기서의 시장성이 있는 권원의 보증은 부동산 매매계약시의 계약과 관련된 보증인 데 비하여, 양도증서는 단순히 권원의 이전에 따라 교부·전달하는 문서 형태의 증서이기에 계약과 관련되는 것이 아니다.[1241]

그러므로 만일 부동산 매매계약을 체결하면서 소유권 포기형 양도증서(quitclaim deed)로 이전할 것임을 약속하였더라도 이것이 시장성 있는 권원의 이전에 대한 보증책임에 영향을 미치지는 않는 것이다.

다시 말하면 시장성이 있는 권원에 대한 보증은 부동산 매매계약상의 보증이고, 매매계약 이행의 완료(closing)를 위해 부동산 양도증서의 일환으로 매도인이 매매대금을 받고, 그 대신에 그 증서를 교부·전달하며 그 상대방이 수령하게 되면 계약은 이행이 완료된 것이다.

1239) *Id.* at 175.
1240) 임홍근 외, *supra* note 22, at 1551.
1241) 서철원, *supra* note 27, at 173.

2.5. 효과

만일 이러한 권원 내지 소유권에 대해 흠이 있을 경우 매수인이 미리 이러한 내용을 알고 매수하지 않는 한 매수인은 매도인을 상대로 계약위반에 따른 손해배상의 청구나 취소권의 행사(rescission), 또는 하자부분에 해당하는 금액을 제외한 특정이행 내지 강제 이행(specific performance)이 가능할 것이다.[1242]

하지만 위에서 언급한 바와 같이 일단 부동산 양도증서를 매도인이 매수인에게 전달하고 매수인이 이를 수령한 경우 비록 그 후에 시장성이 없는 권원 즉, 그 권원 내지 소유권에 어떤 하자가 있음을 알았다고 해도 이러한 사정만을 가지고 계약을 무효로 하거나 어떤 손해배상을 청구할 수는 없다.

일단 부동산 양도증서의 전달과 그 수령이 완료된 경우 시장성 있는 권원에 하자 내지 흠의 존재를 이유로 구제를 받기 위해서는 그 양도증서상의 보증책임 위반을 이유로 구할 수 있으며 결국, 계약이 완료됨으로 인해 부동산 양도증서와 관련된 쟁점이 흡수(merger)되었다고 할 수 있다.[1243]

다시 말하면 이러한 내용은 부동산계약의 이행의 완료시(closing)까지만 주장할 수 있는 것이고, 부동산이 양도된 이후에는 계약이 부동산 양도증서에 흡수되므로, 증서를 기준으로 권리, 의무관계가 설정된다(시장성에 대한 묵시적 보증책임, Implied warranty of marketability). 따라서 증서가 교부된 상태에서 그 소유권을 진정한 제3자에게 빼앗기게 되면, 시장성(marketability)에 대한 보증책임 위반이 아니라 그 증서가 일반 보증 양도증서(general warranty deed)라면 그 증서의 위반을 이유로 매도인을 상대로 청구하는 것이다.

만일 이 경우 시장성 있는 권원 내지 소유권에 관한 하자 문제를 다루는 것이 아닌 어떤 기망이나 착오, 강박 등 계약상의 하자로 인한 항변사유가 존재할 경우 부동산 양도증서의 전달이나 수령과 관계없이 별도로 계약의 효력 유무를 문제 삼을 수 있을 것이다.[1244]

이러한 것은 앞에서 살펴본 부동산 양도증서 가운데 일반 보증 양도증서(general warranty deed), 즉 토지 소유자인 양도인 자신과 이전의 모든 소유권자가 소유권에 하자 내지 흠이 있는 어떠한 행위도 없었음을 보증하는 증서와 연결된다고 할 수 있다.

1242) *Id.* at 172.
1243) *Id.* at 174.
1244) *Id.*

3. 계약상 주요 사실의 진실성에 대한 보증책임

당연한 것이지만 매도인은 부동산 매매 계약상의 목적물을 양도함에 주요 사실에 대해 잘못된 진술(false statement)을 해서는 안 된다. 여기에는 매도인이 해당 부동산에 대한 어떤 잠재된 중요한 하자를 밝히지 않는 것도 포함된다. 만일 매도인이 매수인을 속이거나(fraud)나 중요한 하자를 공개하지 않은 경우, 비록 당사자간 부동산 매매계약을 체결하면서 보증책임의 배제 내지 제한하는 '계약당시의 부동산 그 상태대로(with all faults or as is) 매도한다'는 규정을 두었다고 해도 이러한 규정을 들어 매도인이 책임을 면할 수는 없다.

4. 거주성에 대한 묵시적 보증책임(Implied Warranty of Quality)

4.1. 원칙

부동산 매매계약의 보증책임과 관련하여 거주 적합성 내지 거주성(居住性)에 대해서도 묵시적인 보증책임(implied warranties of fitness, quality, or habitability)을 인정해야 하는지의 여부가 문제된다.

'거주성에 대한 묵시적 보증책임'이란 계약상의 목적물인 특정 부동산이 사람의 주거지(human habitation)로서의 용도나 목적에 적합하며 어떤 위험을 초래할 만한 것들(hazardous conditions)이 없음을 보증하는 소유자의 묵시적인 책임을 말한다.[1245]

이러한 거주성에 대한 보증책임은 보통 원칙적으로 아래와 같은 예외적인 경우 이외에는 보통 인정되지 않는게 원칙이다. 그 이유는 보통법상의 법리인 "caveat emptor"와 관련되어 있다. 여기서 "Caveat emptor"란 '매수인으로 하여금 주의하도록 하라'("let the buyer aware")는 의미로서[1246] 매수인은 해당 목적물을 구입하기 전에 조사를 한 후 구입할 것이라는 의미가 함축되어 있어 매수인의 부주의로 발생하는 위험에 대해서는 매수인이 부담하라는 것이다(채권자위험부담주의).[1247]

1245) 임홍근 외, *supra* note 22, at 2022.
1246) Barlow Burke and Joseph Snoe, *supra* note 1, at 374.
1247) 임홍근 외, *supra* note 22, at 290.

하지만 위의 원칙적인 경우와는 달리 건축 중에 있는 건물이나 건축을 예정하고 있는 건물에 대한 계약의 경우와 같이 매수인이 어떤 특정 부동산에 대해 조사할 기회를 갖지 못하는 경우 등으로 부동산의 권원(title)에 관한 보증책임(the warranty of marketable title) 이외의 다른 책임을 인정할 필요가 있다.1248)

이러한 경우에는 건축물의 설계에 대한 합리성, 건축의 적절성과 품질 등에 대한 보증책임이 인정된다고 할 수 있다.1249) 즉, 만일 건축에 하자가 있거나 건축을 하면서 숙련자 수준의 작업(a workmanlike quality)이 이루어지지 않은 경우 계약자나 개발업자 등에게 '주거성에 대한 묵시적 보증책임' 위반이란 주장을 통해 매수인은 구제받을 수 있을 것이다.1250)

만일 건축 중이 아닌 이미 건축된 건물이라면 그러한 건물을 매수한 매수인은 매도인의 부실표시(misrepresentation)나 사기(fraud) 또는 어떤 하자에 대한 적극적 은닉 등의 예외적인 경우에만 보증책임의 위반을 물을 수 있을 것이다.1251)

4.2. 예외

위에서 살펴본 대로 일반적으로 양도증서상의 보증책임이나 미국 계약법상의 보증책임들은 대부분 권원에 대한 것이거나 상품성에 대한 내용의 것이고, 주거 적합성이나 안전성 등과는 관련이 없다고 할 수 있다.

그러나 여기에 대해서 예외가 없는 것은 아니다. 즉, 원칙적으로 거주성에 대한 위험은 채권자인 매수인이 원칙적으로 부담하지만 매도인과 매수인간의 부동산 매매거래의 대상이 되는 목적물이 이미 사용된 집(a used house)이 아닌 신축(new construction)에 의한 주택(a new house)인 경우만은 해당 주택은 주거에 적합하고 숙련된 건축업자에 의해 건축되었음에 대한 묵시적 보증책임을 매도인이 부담하게 된다.

1248) 서철원, *supra* note 27, at 172.
1249) *Id.*
1250) Barlow Burke and Joseph Snoe, *supra* note 1, at 416.
1251) 서철원, *supra* note 1, at 172.

사 례 의 분석 ──────────────────────────────

[쟁점, Issue]

(1) 계약상의 견련 내지 당사자관계(privity of contract)가 없음에도 후속매수인은 숙련자 수준의 작업이 이루어지지 않은 것에 대한 잠재적 하자로 인한 묵시적 보증책임 위반을 이유로 건축주를 상대로 소송을 제기할 수 있는지의 여부이다.

(The issue is whether a subsequent purchaser of real property may sue against the builder/contractor based on the theory of implied warranty of workmanlike quality for latent defects, absent privity of contract).

(2) 후속매수인에게 건축주에 대한 묵시적 보증책임 위반을 이유로 한 소송이 인정될 경우 오로지 경제적 손실만을 구할 수도 있는지의 여부이다.

(Whether if implied warranty may be relied upon by subsequent purchasers, recovery may be had for solely economic loss).

(3) 이 사건에서 후속매수인은 과실이론에 근거하여 소송을 제기할 경우 경제적 손해에 대해 구제를 받을 수 있는지의 여부이다.

(Whether the subsequent purchaser can recover under negligence theory for economic harm).

[근거, Reasoning]

• 숙련자 수준의 작업이 이루어지지 않은 것에 대한 묵시적 보증책임은 독립적으로 존재하는 것으로 이는 공공 정책상의 문제로서 법에 의해 인정되는 것이다. 그러므로 묵시적 보증책임은 당사자간의 합의에 의해 인정되는 것이 아니고 따라서 계약상의 견련관계는 요구되지 않는다.

(The implied warranty of workmanlike quality exists independently is imposed by operation of law as a matter of public policy. Therefore, implied warranties are not created by agreement between the parties, and thus no privity of contract is required).

• 묵시적 보증책임은 공공 정책상의 이유로 1년 이내에 원래의 소유자로부터 주택을 매수한 후속매수인에게까지 인정된다. 하지만 과실을 원인으로 한 경제적 손해에 대한 구제는 인정되지 않는다.

(Implied warranty extended to subsequent purchaser for policy reason, who purchased house from original owner within first year, but no recovery in negligence for economic harm).

[적용, Application]

• 위에서 설명한 것처럼 원고인 부동산 후속 매수인이 건축업자/계약자를 상대로 동 부동산을 매수한 이후 합리적 기간 내에 하자를 발견하고 경제적 손해를 가져 온 잠재적 하자에 의한 묵시적 보증책임 위반으로 소송을 제기할 경우 계약상의 견련관계는 요구되

지 않는다.

(As explained above, privity of contract was not necessary for plaintiffs, as subsequent purchasers, to sue the builder/contractor under an implied warranty theory for latent defects which manifested themselves within a reasonable time after purchase and which caused economic harm).

• 사안에서 위 건축물(차고)의 건축 후 6개월 뒤 원고 Elaine과 Lempke가 원래의 소유자들 (the original owners)로부터 그 부동산을 매수하였다. 그런 얼마 후에 지붕선이 맞지 않고 (the roof line was uneven), 지붕틀이 밖으로 휘는(the roof trusses were bowing out) 구조적인 문제가 있음을 발견하였다. 이에 원고측은 피고를 접촉하여 이러한 문제들은 구조의 외관 상으로 알기 이전까지는 발견할 수 없는 잠재적인 하자(a latent defect)라고 주장하였다. 지붕이 무너질 것을 우려한 원고는 피고에게 하자의 보수(repair the defects)를 요구하였 다. 피고는 처음에 이에 대한 보수를 약속하였지만 필요한 조치를 전혀 취하지 않았다.

(In this case, within six months after the garage's construction, the original owners sold the property to plaintiffs, Elaine and Larry Lempke. Shortly after they purchased the property, the plaintiffs began to notice structural problems with the garage—the roof line was uneven and the roof trusses were bowing out. The plaintiffs contend that the separation of the trusses from the roof was a latent defect which could not be discovered until the separation and bowing became noticeable from the exterior of the structure.

Fearing a cave—in of the roof, the plaintiffs contacted the defendant and asked him to repair the defects. The defendant initially agreed to do so, but never completed the necessary repairs).

• 묵시적 보증책임은 공공 정책상의 이유로 후속매수인인 원고에게까지 인정된다. 왜냐하 면 원고는 합리적 기간내에 원래의 소유자로부터 주택을 매수하였고 경제적 손해를 입 었기 때문이다.

(Implied warranty extended to the plaintiff as subsequent purchaser for policy reason. The reason is becasuse the plaintiffs purchased house from original owner within a reasonable time after purchase and which caused economic harm).

• 원고는 지붕선이 맞지 않고(the roof line was uneven), 지붕틀이 밖으로 휘는(the roof trusses were bowing out) 구조적인 문제에 대해 묵시적 보증책임의 이론을 근거로 구제받 을 수 있지만, 과실을 근거로 경제적 손해에 대한 구제를 받을 수는 없다.

(The plaintiff could recover under implied warranty theory for structural problems with the garage—the roof line was uneven and the roof trusses were bowing out, but no recovery in negligence for economic harm).

[결론, Conclusion]

본 사안의 사실관계 및 이유들을 근거로(Under the facts and reasons in this case),

(1) 부동산 후속 매수인은 계약상의 견련관계가 없음에도 숙련자 수준의 작업이 이루어지지 않은 것에 대한 잠재적 하자(latent defects)로 인한 묵시적 보증책임 위반을 이유로 건축주를 상대로 소송을 제기할 수 있다.

(Privity of contract is not necessary for a subsequent purchaser to sue a builder/ contractor under the theory of implied warranty of workmanlike quality for latent defects).

(2) 후속 매수인에 대한 묵시적 보증책임이 적용된다면 단순히 경제적 손해만을 구할 수 있지만, 과실을 원인으로 한 경제적 손해에 대한 구제는 인정되지 않는다.[1252]

(Implied warranty extended to subsequent purchaser for policy reason, who purchased house from original owner within first year, but no recovery in negligence for economic harm).

Lempke v. Dagenais [1253] ─────────────────────────────

THAYER, J. This is an appeal from the Trial Court's (Gray, J.) dismissal of <u>the plaintiffs' complaint alleging breach of implied warranty of workmanlike quality and negligence.</u> The primary issue before this court is <u>whether a subsequent purchaser of real property may sue the builder/contractor on the theory of implied warranty of workmanlike quality for latent defects which cause economic loss, absent privity of contract.</u>

<u>We hold that privity of contract is not necessary for a subsequent purchaser to sue a builder or contractor under an implied warranty theory for latent defects which manifest themselves within a reasonable time after purchase and which cause economic harm.</u> Accordingly, we reverse the dismissal by the trial court, and remand.

<u>In 1977, the plaintiffs' predecessors in title contracted with the defendant, Dagenais, to build a garage. In April, 1978, within six months after the garage's construction, the original owners sold the property to plaintiffs, Elaine and Larry Lempke.</u> Shortly after <u>they purchased the property, the plaintiffs began to notice structural problems with the garage—the roof line was uneven and the roof trusses were bowing out.</u> The plaintiffs <u>contend that the separation of the trusses from the roof was a latent defect which could not be discovered until the separation and bowing became noticeable from the exterior of</u>

1252) 과실에 의한 경우 순수한 경제적 손해(economic loss)도 배상해야 하는가가 문제되고 이의 인정여부에 대한 논의가 있을 수 있지만, 인정할 경우 손해의 범위가 너무 확대될 우려가 있을 것이다.

1253) *Lempke v. Dagenais*, 130 N.H. 782, 547 A.2d 290 (1988) 및 Jesse Dukeminier 외, *supra* note 32, at 564-571을 참고하여 일부분은 생략하고, 필요하다고 생각하는 부분에 대해서는 밑줄을 그어 강조함.

the structure. Fearing a cave—in of the roof, the plaintiffs contacted the defendant and asked him to repair the defects. The defendant initially agreed to do so, but never completed the necessary repairs. The plaintiffs then brought suit against the builder. In turn, the builder filed a motion to dismiss, which the superior court granted based on our holding in Ellis v. Morris, 128 N.H. 358, 513 A.2d 951(1986). This appeal followed.

The plaintiffs set forth three claims in their brief: one for breach of implied warranty of workmanlike quality; one for negligence; and one, in the alternative, for breach of assigned contract rights. We need address only the first two claims.

We have previously denied aggrieved subsequent purchasers recovery in tort for economic loss and denied them recovery under an implied warranty theory for economic loss. See Ellis v. Morris supra. The court in Ellis acknowledged the problems a subsequent purchaser faces, but declined to follow the examples of those cases which allow recovery. 128 N.H. at 361, 513 A.2d at 952. The policy arguments relied upon in Ellis for precluding tort recovery for economic loss, in these circumstances, accurately reflect New Hampshire law and present judicial scholarship, see generally Bertschy, Negligent Performance of Service Contracts and Economic Loss, 17 J. Mar. L. Rev. 246 (1984) (hereinafter Negligent Performance) and, as such, remain controlling on the negligence claim. However, the denial of relief to subsequent purchasers on an implied warranty theory was predicated on the court's adherence to the requirement of privity in a contract action and on the fear that to allow recovery without privity would impose unlimited liability on builders and contractors. Thus we need only discuss the implied warranty issue.

Ⅰ. Privity

This case affords us an opportunity to review and reassess the issue of privity as it relates to implied warranties of workmanlike quality. In Norton v. Burleaud, 115 N.H. 435, 342 A.2d 629(1975), this court held that an implied warranty of workmanlike quality applied between the builder of a house and the first purchaser. The Norton court so held based on the facts before it, and did not explicitly or impliedly limit the benefit of implied warranties solely to the first purchaser. The question before us today is whether this implied warranty may be relied upon by subsequent purchasers and, if so, whether recovery may be had for solely economic loss.

There has been much judicial debate on the basis of implied warranty. Some courts find that it is premised on tort concepts. See, e.g., LaSara Grain v. First National Bank of Mercedes, 673 S.W.2d 558, 565 (Tex.1984) ("implied warranties are created by operation of law and are grounded more in tort than contract"); Berman v. Watergate West, Inc., 391 A.2d 1351

(D.C.App.1978).

Other courts find that implied warranty is based in contract. See, e.g., Redarowicz v. Ohlendorf, 92 Ill.2d 171, 183, 65 Ill.Dec. 411, 417, 441 N.E.2d 324, 330 (1982) (Implied warranty extended to subsequent purchaser, who purchased house from original owner within first year, for policy reason. Plaintiff could recover under implied warranty theory for cracks in basement, chimney and adjoining wall separating, water leakage in basement, but no recovery in negligence for economic harm.); Aronsohn v. Mandara, 98 N.J. 92, 484 A.2d 675 (1984) (suit for implied warranty of habitability for structurally unsound patio); Cosmopolitan Homes, Inc. v. Weller, 663 P.2d 1041 (Colo.1983) (en banc) (implied warranty arises from contractual relationship).

Other authorities find implied warranty neither a tort nor a contract concept, but "a freak hybrid born of the illicit intercourse of tort and contract.... Originally sounding in tort, yet arising out of the warrantor's consent to be bound, it later ceased necessarily to be consensual, and at the same time came to lie mainly in contract." Prosser, The Assault Upon the Citadel, 69 Yale L.J. 1099, 1126 (1960); accord Scott v. Strickland, 10 Kan.App.2d 14, 18, 691 P.2d 45, 50 (1984) (discussing first purchaser, court found implied warranty could be tort or contract); Edmeades, The Citadel Stands: The Recovery of Economic Loss in American Products Liability, 27 Case W.Res.L.Rev. 647, 662 (1977).

Regardless of whether courts have found the implied warranty to be based in contract or tort, many have found that it exists independently, imposed by operation of law, the imposition of which is a matter of public policy. See 67A Am.Jur.2d § 690 ("Implied warranties arise by operation of law and not by agreement of the parties, their purpose being to protect the buyer from loss...."); Elliott v. Lachance, 109 N.H. 481, 483, 256 A.2d 153, 155 (1969) ("Such warranties [referring to UCC merchantability] are not created by agreement ... but are said to be imposed by law on the basis of public policy."); Richards v. Powercraft Homes, Inc., 139 Ariz. 242, 678 P.2d 427 (1984) (en banc) (Warranty of workmanlike quality and habitability is imposed by law. Homeowners were entitled to recover for breach of implied warranty of workmanlike quality for damages such as cracking, separation of floors from walls, regardless of privity, so long as no substantial change occurred to structure.); Terlinde v. Neely, 275 S.C. 395, 271 S.E.2d 768 (1980) (Subsequent purchaser can rely on theories of implied warranty and negligence for cracks in structure, ill—fitting doors, etc. Court allowed recovery on both theories as a matter of public policy, holding builder to industry standards.); Barnes v. Mac Brown & Co., Inc., 264 Ind. 227, 342 N.E.2d 619 (1976) (Implied warranty extended to second purchaser for latent defects which caused economic harm. Implied warranty of fitness is to real property what implied warranty of merchantability is to personal property.); Redarowicz, 92 Ill.2d at 183, 65 Ill.Dec. at 417, 441 N.E.2d at 330 ("While the warranty of habitability has its roots in the execution of the contract ... we emphasize that it exists independently.") (Citations omitted.); Petersen v. Hubschman Const. Co., 76 Ill.2d 31, 38, 27 Ill.Dec. 746, 749, 389 N.E.2d 1154, 1157 (1979) ("implied warranty ... is a judicial innovation ... used to avoid the harshness of caveat emptor...."); George v. Veach, 67 N.C.App. 674, 677, 313 S.E.2d 920, 922 (1984) ("An implied warranty arises by operation of law...."); Woodward v. Chirco Const. Co., Inc., 141 Ariz. 514, 687 P.2d 1269 (1984) (en banc); Nastri v. Wood, 142 Ariz. 439, 690 P.2d 158 (1984).

We continue to agree with our statement in Elliott, supra at 483-84, 256 A.2d at 155, that

> "[implied] warranties are not created by an agreement ... between the parties but are said to be imposed by law on the basis of public policy. They arise by operation of law because of the relationship between the parties, the nature of the transaction, and the surrounding circumstances"

and agree with other courts that find implied warranties, in circumstances similar to those presented here, to be creatures of public policy "that ha[ve] evolved to protect purchasers of ... homes upon the discovery of latent defects." Redarowicz, 92 Ill.2d at 183, 65 Ill.Dec. at 417, 441 N.E.2d at 330, and that, regardless of their theoretical origins, "exist ndependently." Id.

There are jurisdictions which have refused to extend the implied warranty to subsequent purchasers, finding privity necessary....

However, numerous jurisdictions have now found privity of contract unnecessary for implied warranty. See, e.g., Tusch Enterprises v. Coffin, 113 Ida. 37, 740 P.2d 1022 (1987) (Subsequent purchasers who suffer purely economic damages from latent defects manifested within a reasonable time may maintain an action in implied warranty without privity, but not in negligence.); Richards v. Powercraft Homes, Inc., 139 Ariz. 242, 678 P.2d 427; Nastri v. Wood, 142 Ariz. 439, 690 P.2d 158; Reichelt v. Urban Investment & Development Co., 577 F.Supp. 971 (N.D.Ill., E.D.1984); Aronsohn v. Mandara, 98 N.J. 92, 484 A.2d 675 (Subsequent purchasers could sue, on negligence and implied warranty of habitability, for defective construction of patio and recover for economic damages.); Bridges v. Ferrell, 685 P.2d 409 (Okl.App.1984); Keyes v. Guy Baily Homes, Inc., 439 So.2d 670 (Miss.1983) (Overruling earlier Mississippi cases preventing recovery. Subsequent purchaser can now sue builder for breach of implied warranty of good workmanship for latent defects resulting in financial losses. The Court reasoned that an innocent purchaser should not suffer when the builder failed to construct the building in a workmanlike manner.); Briarcliffe West v. Wiseman Const. Co., 118 Ill.App.3d 163, 73 Ill.Dec. 503, 454 N.E.2d 363 (1983) (implied warranty extended to subsequent purchaser of vacant common lot who discovers latent defect within reasonable time); Gupta v. Ritter Homes, Inc., 646 S.W.2d 168 (Tex.1983) (implied warranty of habitability and good workmanship implicit in contract and automatically assigned to subsequent purchaser); Redarowicz v. Ohlendorf, 92 Ill.2d 171, 65 Ill.Dec. 411, 441 N.E.2d 324; Elden v. Simmons, 631 P.2d 739 (Okl.1981) (Suit for damages resulting from cracking, buckling; implied warranty of habitability and workmanlike manner does not necessarily terminate upon transfer of title. Court analogized situation similar to the UCC and reasoned that buyers were in chain of title.); Blagg v. Fred Hunt Co., 272 Ark. 185, 612 S.W.2d 321 (1981); Hermes v. Staiano, 181 N.J.Super. 424, 437 A.2d 925 (1981) (subsequent purchasers could recover for buckling foundation on theory of implied warranty and strict liability); Terlinde v. Neely, 275 S.C. 395, 271 S.E.2d 768; Wagner Construction Co., Inc. v. Noonan, 403 N.E.2d 1144 (Ind.App. 1st Dist.1980) (subsequent purchasers could maintain suit in implied warranty for damages resulting from septic system backup); Moxley v. Laramie Builders, Inc., 600 P.2d 733 (Wyo.1979) (Subsequent purchasers could sue on an implied warranty and negligence theories for latent defects in electric system.); Berman v. Watergate West, Inc., 391 A.2d 1351; Barnes v. Mac Brown & Co. Inc., 264 Ind. 227, 342 N.E.2d 619....

In keeping with judicial trends and the spirit of the law in New Hampshire, we now hold that the privity requirement should be abandoned in suits by subsequent purchasers against a builder or contractor for breach of an implied warranty of good workmanship for latent defects. "To require privity between the contractor and the home owner in such a situation would defeat the purpose of the implied warranty of good workmanship and could leave innocent homeowners without a remedy...." Aronsohn, 98 N.J. at 102, 484 A.2d at 680.

Numerous practical and policy reasons justify our holding. The essence of implied warranty is to protect innocent buyers. As such, this principle, which protects first purchasers as recognized by Norton v. Burleaud, 115 N.H. 435, 342 A.2d 629, is equally applicable to subsequent purchasers. The extension of this principle is based on "sound legal and policy considerations." Terlinde, 275 S.C. at 397, 271 S.E.2d at 769. The mitigation of caveat emptor should not be frustrated by the intervening ownership of the prior purchasers. As a general principle, "[t]he contractor should not be relieved of liability for unworkmanlike construction simply because of the fortuity that the property on which he did the construction has changed hands." Aronsohn, supra at 102, 484 A.2d at 680.... First, "[c]ommon experience teaches that latent defects in a house will not manifest themselves for a considerable period of time ... after the original purchaser has sold the property to a subsequent unsuspecting buyer." Terlinde, 275 S.C. at 398, 271 S.E.2d at 769.

Second, our society is rapidly changing.

"We are an increasingly mobile people; a builder−vendor should know that a house he builds might be resold within a relatively short period of time and should not expect that the warranty will be limited by the number of days that the original owner holds onto the property." [Redarowicz, 92 Ill.2d at 185, 65 Ill.Dec. at 417, 441 N.E.2d at 330.]

Furthermore, "the character of society has changed such that the ordinary buyer is not in a position to discover hidden defects...." Terlinde, supra at 397, 271 S.E.2d at 769; Redarowicz, supra at 184, 65 Ill.Dec. at 417, 441 N.E.2d at 330 (citation omitted).

Third, like an initial buyer, the subsequent purchaser has little opportunity to inspect and little experience and knowledge about construction. "Consumer protection demands that those who buy homes are entitled to rely on the skill of a builder and that the house is constructed so as to be reasonably fit for its intended use." Moxley, 600 P.2d at 735; accord Wagner Const. Co., Inc., 403 N.E.2d 1144, 1147.

Fourth, the builder/contractor will not be unduly taken unaware by the extension of the warranty to a subsequent purchaser. "The builder already owes a duty to construct the home in a workmanlike manner...." Keyes, 439 So.2d at 673. And extension to a subsequent purchaser, within a reasonable time, will not change this basic obligation.

Fifth, arbitrarily interposing a first purchaser as a bar to recovery "might encourage sham first sales to insulate builders from liability." Richards, 139 Ariz. at 245, 678 P.2d at 430.

Economic policies influence our decision as well. "[B]y virtue of superior knowledge, skill, and experience in the construction of houses, a builder−vendor is generally better positioned than the purchaser to ... evaluate and guard against the financial risk posed by a [latent defect]...." George v. Veach, 67 N.C.App. 674, 313 S.E.2d 920, 923 (1984), quoted in Gaito v. Auman, 70 N.C.App. 21, 318 S.E.2d 555, 559 (1984)...

As the Moxley court stated: the "purpose of [an] [implied] warranty is to protect innocent purchasers and hold builders accountable for their work ... [and] any reasoning which would arbitrarily interpose a first buyer as an obstruction to someone equally as deserving of recovery is incomprehensible." 600 P.2d at 736.

This court, as well, does not find it logical to limit protection arbitrarily to the first purchaser. Most purchasers do not have the expertise necessary to discover latent defects, and they need to rely on the skill and experience of the builder. After all, the effect of a latent defect will be equally debilitating to a subsequent purchaser as to a first owner, and the builder will be "just as unable to justify the improper or substandard work." Richards,

139 Ariz. at 245, 678 P.2d at 430; accord Gupta, 646 S.W.2d at 169.

Not only do policy and economic reasons convince us that a privity requirement in this situation is unwarranted, but analogous situations show us the soundness of this extension. Public policy has compelled a change in the law of personal property and goods, as witnessed by the adoption of the UCC. The logic which compelled this change is equally persuasive for real property....As one law review commentator said: the "[a]pplication of such a warranty is similar to that of implied warranty of fitness and merchantability under the Uniform Commercial Code." Comment, Builder's Liability for Latent Defects in Used Homes, 32 Stan.L.Rev. 607 (1980) (author urged that regardless of method employed, liability for latent defects occurring within a reasonable time should be placed on builder)....

Ⅱ. Economic Loss

Finally, we address the issue of whether we should allow recovery for purely economic harm, which generally is that loss resulting from the failure of the product to perform to the level expected by the buyer and is commonly measured by the cost of repairing or replacing the product. See Comment, Manufacturers' Liability to Remote Purchasers for "Economic Loss" Damages—Tort or Contract?, 114 U.Pa.L.Rev. 539, 541 (1966) (hereinafter Remote Purchaser); Bertschy, Negligent Performance, 17 J.Mar.L.Rev. at 264-70. Much theoretical debate has taken place on whether to allow economic recovery and whether tort or contract is the most appropriate vehicle for such recovery.

It is clear that the majority of courts do not allow economic loss recovery in tort, but that economic loss is recoverable in contract, see Remote Purchaser, 114 U.Pa.L.Rev 539; Negligent Performance, 17 J.Mar.L.Rev. 246; Note, Economic Loss in Products Liability Jurisprudence, 66 Colum.L.Rev. 917 (1966)....However, what is less clear is whether courts allow recovery for economic loss on an implied warranty theory, without privity, in situations such as ours. Some courts do not. Other courts implicitly allow recovery for economic loss, see, e.g., Moxley, 600 P.2d 733 (electrical wire defective); Terlinde, 275 S.C. 395, 271 S.E.2d 768 (ill—fitting doors, cracking); Richards, 139 Ariz. 242, 678 P.2d 427 (separation of walls); Elden, 631 P.2d 739 (faulty bricks); Nastri, 142 Ariz. 439, 690 P.2d 158; and other courts that have dealt directly with the issue of economic harm in implied warranty have found that an aggrieved party can recover...

The courts which have allowed economic loss recovery in situations similar to ours have done so basically because the line between property damage and economic loss is not always easy to draw....

We agree with the courts that allow economic recovery in implied warranty for sub—sequent purchasers, finding as they have that "the contention that a distinction should be drawn between mere 'economic loss' and personal injury is without merit."

"Why there should be a difference between an economic loss resulting from injury to property and an economic loss resulting from personal injury has not been revealed to us. When one is personally injured from a defect, he recovers mainly for his economic loss. Similarly, if a wife loses a husband because of injury resulting from a defect in construction, the measure of damages is totally economic loss. We fail to see any rational reason for such a distinction.

If there is a defect in a stairway and the purchaser repairs the defect and suffers an economic loss, should he fail to recover because he did not wait until he or some member of his family fell down the stairs and broke his neck? Does the law penalize those who are alert and prevent injury? Should it not put those who prevent personal injury on the same level as those who fail to anticipate it?"[Barnes, 264 Ind. at 230, 342 N.E.2d at 621.]

The vendee has a right to expect to receive that for which he has bargained....

Ⅲ. Limitations

We are, however, aware of the concerns that this court in Ellis raised about unlimited liability. As with any rule, there must be built—in limitations, which in this case would act as a barrier to the possibility of unlimited liability.

Therefore, our extension of the implied warranty of workmanlike quality is not unlimited; it does not force the builder to act as an insurer, in all respects, to a subsequent purchaser. Our extension is limited to latent defects "which become manifest after the subsequent owner's purchase and which were not discoverable had a reasonable inspection of the structure been made prior to the purchase." Richards, 139 Ariz. at 245, 678 P.2d at 430.

The implied warranty of workmanlike quality for latent defects is limited to a reasonable period of time. Terlinde, 275 S.C. at 398, 271 S.E.2d at 769; Redarowicz, 92 Ill.2d at 185, 65 Ill.Dec. at 418, 441 N.E.2d at 331. "The length of time for latent defects to surface, so as to place subsequent purchasers on equal footing should be controlled by the standard of reasonableness and not an arbitrary time limit created by the Court." Terlinde, supra at 398, 271 S.E.2d at 769; accord Barnes, 264 Ind. at 229, 342 N.E.2d at 621; Blagg, 272 Ariz. at 187, 612 S.W.2d at 322.

Furthermore, the plaintiff still has the burden to show that the defect was caused by the defendant's workmanship, Barnes, supra at 230, 342 N.E.2d at 621; and defenses are also available to the builder. "The builder ... can demonstrate that the defects were not attributable to him, that they are the result of age or ordinary wear and tear, or that previous owners have made substantial changes." Richards, 139 Ariz. at 245, 678 P.2d at 430.

Finally, we want to clarify that the duty inherent in an implied warranty of workmanlike quality is to perform in "a workmanlike manner and in accordance with accepted standards." Norton v. Burleaud, 115 N.H. at 436, 342 A.2d at 630. "The law recognizes an implied warranty that the contractor or builder will use the customary standard of skill and care." Kenney v. Medlin Const. & Realty Co., 68 N.C.App. 339, 343, 315 S.E.2d 311, 314 (1984); accord Nastri, 142 Ariz. at 444, 690 P.2d at 163.

In conclusion, to the extent Ellis v. Morris, 128 N.H. 358, 513 A.2d 951 (1986) suggests otherwise, we overrule it, and therefore reverse and remand this case for further proceedings. Reversed and remanded.

SOUTER, J. [now retired from the United States Supreme Court], dissenting:

Because I am not satisfied that there is an adequate justification to repudiate the rationale unanimously adopted by this court a mere two years ago in Ellis v. Robert C. Morris, Inc., 128 N.H. 358, 513 A.2d 951 (1986), I respectfully dissent.

III. 미국 계약법상의 보증책임[1254)

1. 의의

미국 계약법에 있어서 제품가치(product value)와 질(quality)과 관련된 내용은 명시적 보증책임과 묵시적 보증책임과 연관이 있으며 이에 대해서는 U.C.C.(Uniform Commercial Code) 관련조항에서 다루고 있다.[1255)

"Warranty"라는 용어에 대한 이해와 그 개념을 정의하기란 쉽지 않다. 우선 용어와

1254) 미국 계약법상의 보증책임에 관해서는 조국현, *supra* note 29, at 508−517 부분 재인용.
1255) UCC § 2−313(express warranty), § 2−314(implied warranty), § 2−315(warranty of fitness for a particular purpose).

관련해서 보증책임, 담보책임, 보증(담보)책임1256), 하자담보책임1257) 등 보증책임의 개념
에 대해서는 그것이 계약법(contract law)에 의할 경우와 앞에서 언급한 재산법(property law)
에 의할 경우 등에 따라서 다양한 논의가 가능하기 때문이다.1258)

계약법에서 "Warranty"라 함은 매도인(보증자, warrantor)이 다음 〈표〉의 예시와 같이
판매하려는 목적물(보증의 대상물, items or goods subject to the warranty)에 대해 일정한 기준
(standard)을 정해놓고 그 기준(standard)을 충족하지 못하거나 그 상품에 하자가 있을 경우
보증자(warrantor, 매도인)가 이에 대해 책임을 지게 하는 것으로 보증(warranty)을 담보한다
(will do certain things)는 의미에서 '보증책임'(保證責任, warranty)으로 이해하고,1259) 이하에서
는 주로 보증책임이라는 용어로 서술하기로 한다.

..."Finally, it is apparent that the Coal Company should not be itself charged with
lack of care for overloading the barge. A warranty is *an assurance by one party to a
contract of the existence of a fact upon which the other party may rely.* It is intended
precisely to relieve the promisee of any duty to ascertain the fact for himself; *it amounts
to a promise to indemnify the promisee for any loss if the fact warranted proves untrue,*
for obviously the promisor cannot control what is already in the past."1260)

---

2. 적용대상

보증책임은 매도인의 과실유무를 불문하고 책임을 부담하는 엄격책임(strict liability)
의 한 형태로서 소매상이나 도매상 등 판매유통망에 있는 모든 매도인(all sellers)에게 적
용된다.

1256) 平野晉, *supra* note 5, at 585.
1257) 서철원, *supra* note 27, at 95.
1258) 재산법 내지는 물권법에 의할 경우 예를 들면 집주인이 임차인에 대해 갖는 거주성(habitability)에 대한 보증
    책임(warranty of habitability)을 부담하게 된다.
1259) 平野 晉, *supra* note 5, at 585-586.
1260) *Metropolitan Coal Co.* v. *Howard*, 155 F.2d 780, 784 (2d Cir. 1946); 平野 晉, *Id.* at 585.

3. 유형

U.C.C. 제2장에 따르면 모두 5가지로 구분하고 있는 데 권원(權原)에 따라 두 가지 그리고 품질(quality)에 따라 3가지를 들고 있으므로 이를 기준으로 설명한다.

3.1. 권원(權原)에 따른 분류

권원에 따른 보증책임은 판매되는 상품에 대한 소유권(title)을 보증하고 타인의 권리를 침해(infringement)하고 있지 않다는 것에 대한 책임을 말한다. 이러한 권원에 의한 분류에는 다시 ① 이전되는 물품의 권리(소유권)에 관한 보증책임(warranty of title)과 ② 타인의 권리를 침해하지 않고 있음을 보증하는 책임(warranty against infringement)으로 구분된다.

(1) 이전되는 물품의 권리(소유권)에 관한 보증책임(Warranty of Title)

이전 또는 판매되는 물품과 관련된 매도인은(any seller)의 이전되는 권리에 문제가 없으며(good), 이전되는 상품은 정당한 것으로서(rightful), 이전되는 물품의 권리에는 계약체결시(at the time of contracting), 매수인이 알고 있는 것 이외에 어떤 부담(lien이나 encum-brances 등)1261)이 없음을 보증하는 것이다.1262)

(2) 타인의 권리를 침해하지 않고 있음을 보증하는 책임(Warranty against Infringement)

이는 상인인 매도인이 저작권이나 특허권과 같이 타인이 보유하고 있는 권리를 침해하지 않고 있음(침해의 부존재)을 보증하는 것이다.1263)

1261) 'Lien(리엔 또는 리인)'이란 채권자가 채무자의 재산에서 우선적으로 변제받을 수 있는 권리를 말하고, 'Encumbrances'(담보권 또는 부담)란 그 목적물에 어떤 재산의 가치를 감소시키는 동산이나 부동산에 대한 제3당사자의 적법한 이익 내지 권리(lawful interest)를 말한다(임흥근 외, *supra* note 22, at 669, 1148).
1262) U.C.C. § 2-312(Warranty of Title and Against Infringement; Buyer's Obligation Against Infringement) (1) Subject to subsection (2) there is in a contract for sale a warranty by the seller that (a) the title conveyed shall be good, and its transfer rightful; and (b) the goods shall be delivered free from any security interest or other lien or encumbrance of which the buyer at the time of contracting has no knowledge.
1263) U.C.C. § 2-312 (Warranty of Title and Against Infringement; Buyer's Obligation Against Infringement) (2) A warranty under subsection (1) will be excluded or modified only by specific language or by circumstances which give the buyer reason to know that the person selling does not claim title in himself or that he is purporting to sell only such right or title as he or a third person may have.

그러나 매수인이 요구한 특별한 형태나 사양(specifications) 등 매수인의 주문에 따라 매도인이 제작하여 제공한 경우 매도인은 이러한 책임을 지지 않는다(hold harmless).[1264]

(3) 권원에 의한 담보책임의 배제(Disclaimer)

U.C.C. § 2-312(3)에 의하면 별도의 합의가 없는 한 상인인 매도인은 권리침해 등에 의한 제3자의 정당한 청구와 관계없이 그 물품이 인도된 것을 보증하지만, 만일 매수인이 매도인에게 어떤 특정한 설명서 내지는 요구사항을 제시한(furnishes specifications to the sell) 그 특정사항과 관련되어서는 그 내용을 준수한 매도인에게 이의를 제기할 수 없도록 함으로서 특정 경우에 매도인으로 하여금 보증책임에서 벗어나도록 하고 있다(must hold the seller harmless).[1265]

하지만 비록 이와 같이 매도인이 권원에 의한 담보책임에서 벗어날 수 있다고 해도 실제로 계약실무에 있어서는 예외적으로 권원에 하자가 있음을 알고도 매수인이 이를 구입한다는 어떤 내용이 계약서에 담겨있는 경우 이외에는 이러한 보증책임에서 배제할 수 있는 여지는 거의 없을 것이다.[1266]

▬ 권원(title)에 따른 보증책임[1267]

구 분	내 용	관련 근거
계약대상 목적물의 대한 권원(title)에 대한 보증책임(warranty of title)	계약대상의 목적물에 매도인에게 권원이 있음을 보증	U.C.C. § 2-312(1)
타인의 권리에 대한 침해의 부존재에 대한 보증책임(warranty against infringement)	상인인 매도인이 저작권이나 특허권과 같이 타인이 보유하고 있는 권리를 침해하지 않고 있음(침해의 부존재)을 보증	U.C.C. § 2-312(2)

1264) 平野 晋, *supra* note 5, at 589.
1265) U.C.C. § 2-312 (Warranty of Title and Against Infringement; Buyer's Obligation Against Infringement) (3) Unless otherwise agreed a seller who is a merchant regularly dealing in goods of the kind warrants that the goods shall be delivered free of the rightful claim of any third person by way of infringement or the like but a buyer who furnishes specifications to the seller must hold the seller harmless against any such claim which arises out of compliance with the specifications.
1266) 平野 晋, *supra* note 5, at 589.
1267) *Id.* at 587.

3.2. 품질(quality)에 따른 분류

품질에 따른 보증책임은 명시적(express) 보증책임, 묵시적(implied) 보증책임, 매도인이 상인(merchant)인 경우 상품이 통상의 용도에 적합하다는 상품적합성(merchantability)에 관한 묵시적 보증책임, 매수인이 요구하는 특정상품의 목적에 적합하다는 특정목적 적합성(fitness for particular purpose)에 관한 묵시적 보증책임이 있다.

(1) 명시적 보증책임(Express Warranty)

1) 의의   매도인이 제시한 상품의 품질에 관한 정보가 실제와 다른 경우 매도인은 명시적 보증책임을 진다.[1268] 이때 '명시'(明示)라는 의미는 거래의 기초(basis of the bargain)가 되는 내용에 대한 것으로서 그 요건이 된다.[1269]

실제로 명시적 보증책임을 부담하게 될지의 여부는 보증하는 내용이 사실에 대한 확언(affirmation)인지, 설명이 모호(vague)하거나 일반적(general)인 것인지 아니면 구체적(specific)인지, 확정적(definitive)인지 등에 따라 결정해야 할 것이다.[1270]

[1268] U.C.C. § 2−313 (Express Warranties by Affirmation, Promise, Description, Sample) (1) Express warranties by the seller are created as follows: (a) Any affirmation of fact or promise made by the seller to the buyer which relates to the goods and becomes part of the basis of the bargain creates an express warranty that the goods shall conform to the affirmation or promise. (b) Any description of the goods which is made part of the basis of the bargain creates an express warranty that the goods shall conform to the description. (c) Any sample or model which is made part of the basis of the bargain creates an express warranty that the whole of the goods shall conform to the sample or model. (2) It is not necessary to the creation of an express warranty that the seller use formal words such as "warrant" or "guarantee" or that he have a specific intention to make a warranty, <u>but an affirmation merely of the value of the goods or a statement purporting to be merely the seller's opinion or commendation of the goods does not create a warranty</u>; 平野 晋, *supra* note 5, 591면.

[1269] 平野 晋, *supra* note 5, at 592.

[1270] U.C.C. § 2−313 (Express Warranties by Affirmation, Promise, Description, Sample) (1) Express warranties by the seller are created as follows: (a) Any affirmation of fact or promise made by the seller to the buyer which relates to the goods and becomes part of the basis of the bargain creates an express warranty that the goods shall conform to the affirmation or promise. (b) Any description of the goods which is made part of the basis of the bargain creates an express warranty that the goods shall conform to the description. (c) Any sample or model which is made part of the basis of the bargain creates an express warranty that the whole of the goods shall conform to the sample or model. (2) It is not necessary to the creation of an express warranty that the seller use <u>formal words such as "warrant" or "guarantee" or that he have a specific intention to make a warranty,</u> but an affirmation merely of the value of the goods or a statement purporting to be merely the seller's opinion or commendation of the goods does not create a warranty.

2) '명시'의 종류   이러한 명시적 보증책임은 ① 매도인이 매수인에게 어떤 구두의 표명(oral representation), 약속(promise)이나 사실(fact)에 관해 확언(確言, affirmation)을 하거나,[1271] ② 상품에 대한 묘사 내지 서술(description),[1272] ③ 견본(sample)이나 모형(model)의 제공이나 전시(exhibition)[1273] 등의 경우에 적용된다(명시적 보증의 분류).

a) 상품에 대한 묘사(description), 견본과 모형의 경우   이때 견본(sample)이란 실제 상품 여러개 가운데 하나를 의미하고, 모형(model)이란 실물이 아니라 실제의 상품이 어떠한지를 묘사해서 매수인에게 검사시키는 물건을 의미한다고 할 수 있다.[1274] 이러한 서술, 견본, 모델의 제시가 부분적으로 계약을 체결하는 데 유인(誘因)이나 기초(basis of the bargain)가 된 경우에는 매수인이 이들을 통해서(relied on) 상품을 특정(identify)하게 되고 구매할 수 있기 때문이다.

예를 들면 '에어컨' 또는 '중고차'(used car)라는 일반 명칭이나 묘사(generic term or description)를 보고 구매하였는 데 실제는 '선풍기'이거나 '중고차가 움직이지 않는 경우'는 매도인은 이에 대해 명시적 보증책임을 진다.[1275]

---

*Disclaimer of Express Warranties*의 (예)

"<u>ANY DESCRIPTION OF THE GOODS CONTAINED IN THIS AGREEMENT</u> IS FOR THE SOLE PURPOSE OF IDENTIFYING THE GOODS, <u>IS NOT PART OF THE BASIS OF THE BARGAIN</u>, AND DOES NOT CONSTITUTE A WARRANTY THAT THE GOODS SHALL FORM TO THAT DESCRIPTION..."[1276]

1271) U.C.C. <u>§ 2−313 (Express Warranties by Affirmation, Promise, Description, Sample)</u> (1) (a) Any affirmation of fact or promise made by the seller to the buyer which relates to the goods and becomes part of the basis of the bargain creates <u>an express warranty that the goods shall conform to the affirmation or promise.</u>

1272) U.C.C. <u>§ 2−313 (Express Warranties by Affirmation, Promise, Description, Sample)</u> (1) (b) <u>Any description of the goods</u> which is made part of the basis of the bargain creates an express warranty that the goods shall conform to the description. 이때 묘사(description)라 함은 아직 특정되지 않은 상품이나 존재하지 않는 장래의 상품을 묘사하는 것을 말한다(平野 晉, *supra* note 5, at 592).

1273) U.C.C. <u>§ 2−313 (Express Warranties by Affirmation, Promise, Description, Sample)</u> (1) (c) <u>Any sample or model</u> which is made part of the basis of the bargain creates an express warranty that the whole of the goods shall conform to the sample or model.

1274) 平野 晉, *Id.* at 596.

1275) *Id.* at 594.

1276) *Id.* at 593−594(citing Frederick M. Hart & Willier, 『Forms and Procedures under the Uniform Commercial Code』, minor changes and emphasis added).

b) "AS IS"의 경우   "AS IS"나 "AS IS, WHERE IS" 즉, '현재의 상태 대로'라고 하는 문구를 통해 매도인이 판매한 경우 명시적 보증책임이 면제되는지가 문제된다. 하지만 이때 비록 이러한 문구를 통해 매도인이 명시했다고 해도 면제되는 것은 묵시적 보증책임이고 명시적 보증책임은 면제되지 않는다. 예를 들어 '중고자동차를 "AS IS" 조건으로 매도한 경우 '자동차'(automobile)라는 일반적 묘사(general description)를 한 이상은 '스스로(auto) 움직인다(mobile)'라는 부분에 명시적 보증이 생기는 것이고 이러한 의미에서 비록 "AS IS"라는 계약상 조항이 있다고 하여도 '면책되지 않는 명시'(undisclaimable express warranty)의 보증이 된다.1277)

이러한 점에서 명시적 보증은 사실이나 약속에 관한 확언(確言, "affirmation of fact or any promise")을 내용으로 하는 것으로서 제품에 관한 표현이 제품과 일치함을 보증하는 것이라고 할 수 있다.1278)

그렇기 때문에 단순히 매도인의 상품에 관한 의견 등을 나타내기 위한 상품의 가치(the value of the goods)나 의견(opinion)에 불과한 경우나 다소 과장하여 설명하는 경우(puffing) 등은 보증책임을 지지 않는다.1279)

(2) 묵시적 보증책임(implied warranty)

---

*Implied Warranties*의 (예)

...THIS WARRANTY IS THE EXCLUSIVE WARRANTY AND IS PROVIDED IN LIEU OF ANY WARRANTY OF MERCHANTABILITY FITNESS FOR A PARTICULAR PURPOSE, OR ANY OTHER WARRANTY, EXPRESS OR IMPLIED, EXCEPT WARRANTY OF TITLE

1277) 平野 晋, *supra* note 5, at 595.
1278) *Id.* at 590.
1279) U.C.C. § 2-313 (Express Warranties by Affirmation, Promise, Description, Sample) (1) Express warranties by the seller are created as follows: (a) Any affirmation of fact or promise made by the seller to the buyer which relates to the goods and becomes part of the basis of the bargain creates an express warranty that the goods shall conform to the affirmation or promise. (b) Any description of the goods which is made part of the basis of the bargain creates an express warranty that the goods shall conform to the description. (c) Any sample or model which is made part of the basis of the bargain creates an express warranty that the whole of the goods shall conform to the sample or model. (2) It is not necessary to the creation of an express warranty that the seller use formal words such as "warrant" or "guarantee" or that he have a specific intention to make a warranty, but an affirmation merely of the value of the goods or a statement purporting to be merely the seller's opinion or commendation of the goods does not create a warranty.

AND INFRINGEMENT.

The limited warranty set forth above is intended as the sole and exclusive remedy of the Buyer with respect to any claim arising out of or relating in any way to the Products, whether based upon law, equity, statute, or otherwise, except for claims for personal injury proximately caused by defect in the Products...1280)

묵시적 보증책임에는 다음과 같이 상품의 일반에 관한 것과 상품의 특정 목적에 관한 것으로 구분할 수 있다.

1) 상품의 일반에 관한 묵시적 보증책임(Implied Warranty of Merchantability)   이는 상품을 판매하는 매도인이 상인인(merchant) 경우만 적용되는 것으로 판매되는 상품일반에 대한 상품성(merchantability)을 보증하는 것이다.1281) 이 책임이 인정되기 위한 중요 판단요소는 판매되는 상품이 쓰이는 통상의 용도에 합리적으로 적합한지의 여부(reasonable fitness for the general purpose)이고 이에 적합하지 않을 경우 책임을 진다.1282) 따라서 거래되는 상품에 완전한 만족도(complete satisfaction)를 갖거나 절대적으로 완벽할 필요는 없고 (perfect flawless) 상품의 품질도 통상의 기준이나 평균정도의 품질을 갖추면 충분하다.1283) 또한 판매자체로부터 발생하는 법적 의무이므로 매수인의 상품에 대한 신뢰는 요건이 아니다.1284)

1280) 平野 晋, *supra* note 5, at 605(citing Evelyn C. Arkebauer, "Cumulative Remedies and Election of Remedies," in Tina. L. Stark, 『Negotiating and Drafting Contract Boilerplate』(Chapter 9), at 205, §9.04[1], at 232(2003)).

1281) U.C.C. § 2−314 (Implied Warranty: Merchantability; Usage of Trade) (1) Unless excluded or modified (Section 2−316), a warranty that the goods shall be merchantable is implied in a contract for their sale if the seller is a merchant with respect to goods of that kind. Under this section the serving for value of food or drink to be consumed either on the premises or elsewhere is a sale. (2) Goods to be merchantable must be at least such as (a) pass without objection in the trade under the contract description; and (b) in the case of fungible goods, are of fair average quality within the description; and (c) are fit for the ordinary purposes for which such goods are used; and (d) run, within the variations permitted by the agreement, of even kind, quality and quantity within each unit and among all units involved; and (e) are adequately contained, packaged, and labeled as the agreement may require; and (f) conform to the promise or affirmations of fact made on the container or label if any. (3) Unless excluded or modified (Section 2−316) other implied warranties may arise from course of dealing or usage of trade.

1282) U.C.C. § 2−314.

1283) 平野 晋, *supra* note 5, at 599.

1284) 이러한 상품성의 묵시적인 보증책임은 제조물책임법(products liability)상 하자(defect)의 개념 정립에 영향을 미쳤다(平野 晋, *Id.* at 598−600).

2) 상품의 특정 목적에 관한 묵시적 보증책임(Implied Warranty of Fitness for Particular Purpose)   이는 상품을 판매하는 매도인이 반드시 상인일 것을 요구하지 않으며 따라서 모든 판매인(any seller)에게 인정되는 것으로 상품의 특정목적이나 필요(the particular purpose or need)를 위해 사용되며 매수인이 원하는 상품을 선택함에 있어 매도인의 기술(skill)과 판단(judgment)에 의존함(relied on)을 매도인이 알고 있을 경우(reason to know)에 적용된다.[1285] 예를 들면 미용사가 손님의 모피나 두발에 상처를 입히지 않는 재료를 선택해서 사용하리라는 기능을 갖고 있다고 신뢰하는 경우이다.[1286]

그러므로 이 책임은 판매인이 상인일 것을 요구하지 않지만 매수인의 신뢰를 요구한다는 점에서 명시적 보증책임과 다르다.

━ 품질(quality)에 따른 보증책임[1287]

구 분	내 용	관련 근거
명시적 보증책임 (express warranty)	매도인이 매수인에게 어떤 구두의 표명(oral representation), 약속(promise)이나 사실(fact)에 관해 확언(確言, affirmation)을 하거나, 상품에 대한 서술(description), 견본(sample)이나 모형(model)의 제공이나 전시(exhibition) 등 매도인이 제시한 상품의 품질에 관한 정보가 실제와 다른 경우 부담하는 보증책임	U.C.C. §§ 2-313, 2-313A, 2-313B
상품성에 관한 묵시적 보증책임 (implied warranty of merchantability)	상인인 매도인이 판매하는 상품이 통상목적에 적합하다는 상품성(merchantability)에 대한 묵시적 보증책임	U.C.C. § 2-314
특정목적에 부합하는 묵시적 보증책임 (implied warranty of fitness for particular purpose)	매도인이 매수인이 구입하는 특정목적을 알고있거나 알고 있을 만한 이유가 있거나 매수인이 원하는 상품을 선택함에 있어 매도인의 기술(skill)과 판단(judgment)에 의존함(relied on)을 매도인이 알고 있을 경우(reason to know)에 그 상품이 그 특정목적에 부합함을 보증하는 묵시적 보증책임	U.C.C. § 2-315

1285) U.C.C. § 2-315 (Implied Warranty: Fitness for Particular Purpose) Where the seller at the time of contracting has reason to know any particular purpose for which the goods are required and that the buyer is relying on the seller's skill or judgment to select or furnish suitable goods, there is unless ex-cluded or modified under the next section an implied warranty that the goods shall be fit for such purpose.

1286) 平野 晋, *supra* note 5, at 601.

1287) *Id.* at 587.

Ⅳ. 미국 불법행위법상의 보증책임[1288]

　　미국 불법행위법상의 "보증책임" 내지 "담보책임" 또는 "계약사항의 진실보증(warranties)"
이란 표시되어 있는 일정한 내용 내지 사실들이 진실임을 알리는 약속,[1289] 또는 상품
판매인이 그 상품에 대해 일정한 수준의 품질 등을 보장하는 것으로서 보장내용을 충족
하지 못한 경우 그 위반에 과실여부와 관계없이 피고에게 책임을 부담하게 하는 엄격책
임의 일종이라고 할 수 있다.[1290]

　　이러한 미국 불법행위법(tort law)에서의 보증책임은 주로 매도인이 명시적으로 의사표
시를 한 경우(express warranties)와 명시적이지는 않지만 암묵적 내지 함축적으로 보증책임
(implied warranties)을 지는 경우가 있다. 후자는 다시 상품성(merchantability) 자체에 의한 보
증책임과 특정목적(a particular purpose)에의 적합성(fitness)을 이유로 한 보증책임으로 나눌
수 있다. 이외에도 소유권과 위법이 없다는 것에 대한 보증책임을 지기도 한다(warranty of
title and against infringement).[1291] 앞부분에서 설명한 미국 재산법상의 보증책임과 미국 계
약법상의 보증책임과 중복되는 면이 있지만 학습의 이해를 위해 함께 설명하기로 한다.

1. 명시적 보증책임(express warranties)

　　피고가 원고에게 어떤 물건을 판매하면서 견본(sample)을 보여주는 것과 같이 어떤
물건 내지 상품에 대해 어떤 확신을 불러일으키는 의사표시(affirmative representation)를 하
였음에도 피고가 이러한 의사표시에 부응하지 못한 경우 이에 대한 책임을 질 수 있다.
이와 같이 상품의 매도인 등이 거래의 기초가 된 상품에 대한 사실을 확인했거나 약속한
경우에 적용되는 책임을 명시적 보증책임(express warranty)이라고 한다.[1292] 이러한 명시

1288) 미국 불법행위법상의 보증책임에 관해서는 조국현, *supra* note 30, at 217-222 참조, 재인용.
1289) 임홍근 외, *supra* note 22, at 2022.
1290) 서철원, *supra* note 27, at 151.
1291) "Warranty of title"은 판매된 상품의 소유권이 적절하고 판매인은 그 소유권 이전권한을 갖고 있으며 매수인
　　　이 이미 알고 있는 어떤 내용을 제외하고는 그 상품에 대한 담보(lien)나 부담이 없음을 보증하는 것이다. 이
　　　에 대해 "warranty against infringement"는 문제된 상품이 어떤 특허나 저작권 등의 권리를 침해하지 않음을
　　　보증하는 것이다(서철원, *supra* note 27, at 152-153).
1292) Uniform Commercial Code § 2-313 (<u>Express Warranties by Affirmation, Promise, Description, Sample</u>)
　　　(1) Express warranties by the seller are created as follows: (a) Any affirmation of fact or promise made

적 보증책임이 성립되기 위해서는 (ⅰ) 사실의 확인이나 약속에 의한 명시적 보증책임이 담긴 내용이 존재하고, (ⅱ) 그 존재하는 보증책임을 위반하였으며, (ⅲ) 그 책임과 위반 사이에 인과관계가 있으며, (ⅳ) 그로 인해 손해 내지 결과가 발생해야 한다.[1293]

여기서의 인과관계(causation)는 보통의 과실에 의한 경우와 마찬가지로 주의의무 위반으로 인한 사실적(actual) 법적 원인(proximate cause)이 되어 결과가 발생하여야 한다.

손해(damages)와 관련해서는 (ⅰ) 신체적 상해와 (ⅱ) 재산적 손해에 대한 배상을 받을 수 있으며, (ⅲ) 수리비 등과 같은 경제적 손실(economic loss)을 입은 경우에도 청구할 수 있다는 점이 다른 불법행위와 구별된다.[1294]

이 경우 이러한 의사표시로 인해 손해를 입은 사람은 누구든지 원고가 될 수 있다. 매수인이 명시적 보증책임을 이유로 소송을 제기할 경우 그 보증이 거래의 기초 즉, 매수인은 판매자의 의사표시에 의존하여 문제의 물건을 사게 된 경우라야 한다. 명시적 보증책임에 있어서는 판매인이 물건을 판매하면서 명시적 보증한 내용이 실제와 다를 경우 피고는 주의의무를 위반한 것이 되고 원고는 이러한 사실을 입증하면 된다. 이러한 보증 책임도 일반적 책임의 요건과 마찬가지로 주의의무 위반 이외에 인과관계가 있고 손해가 발생해야 하며 피고에게 어떤 항변사유(defenses)가 없어야 한다. 이에 대한 구체적 내용은 아래의 묵시적 보증책임(implied warranties)에서 설명하기로 한다. 항변사유로서 명시적 보증책임의 면제(disclaimer)와 관련하여서는 책임면제조항이 실제 명시적 보증과 일치되게 해석될 수 있는 범위 내에서만 인정된다.[1295]

---

by the seller to the buyer which relates to the goods and becomes part of the basis of the bargain creates an express warranty that the goods shall conform to the affirmation or promise. (b) Any description of the goods which is made part of the basis of the bargain creates an express warranty that the goods shall conform to the description. (c) Any sample or model which is made part of the basis of the bargain creates an express warranty that the whole of the goods shall conform to the sample or model. (2) It is not necessary to the creation of an express warranty that the seller use formal words such as "warrant" or "guarantee" or that he have a specific intention to make a warranty, but an affirmation merely of the value of the goods or a statement purporting to be merely the seller's opinion or commendation of the goods does not create a warranty.; 서철원, *supra* note 27, at 159.

1293) 서철원, *Id.* at 160.
1294) *Id.* at 156.
1295) *Id.* at 161.

2. 묵시적 보증책임(implied warranties)

상품성(merchantability)과 관련된 보증책임은 쟁점이 되는 상품이 보통의 납득할 만한 수준의 품질(average acceptable quality)을 갖고 있으면서 쓰이는 통상의 목적(ordinary purpose)에 적합한가의 여부에 관한 것이다.1296) 즉, 상품성은 문제의 상품이 그와 유사한 상품을 취급하는 사람들 사이에서 일반적으로 받아들여질 수 있을 정도의 품질을 갖고, 그 상품이 사용되는 일반적 용도에 적합함을 보증하는 책임이다.1297)

특정용도에의 합치성 내지 특정목적(a particular purpose)에의 적합성(fitness)을 이유로 한 보증책임은 판매자가 판매하려는 상품을 사려는 매수인이 판매자의 기술(skill)이나 판단(judgment)에 의존하는 것으로서 판매자는 매수인이 특정상품을 사려는 목적을 알거나 알만한 이유가 있는 경우에 일어난다. 보증책임의 경우 상인인가의 여부와 관계없이 위의 사실을 매도인이 알았다는 내용을 충족하면 매도인은 상품성이나 특정목적에의 적합성에 대한 묵시적 보증책임을 진다.1298)

상품성과 특정목적에의 적합성에 관한 묵시적 보증책임 위반을 이유로 제조물책임을 주장하기 위해서 원고는 (ⅰ) 상품성이나 특정 목적 적합성에 대한 보증책임이 존재하고, (ⅱ) 그 존재하는 보증책임을 위반하였으며, (ⅲ) 원고와 피고 사이에 어떤 계약적 견련관계가 있으며, (ⅳ) 보증책임의 위반과 손해 내지 결과발생 사이에 일정한 인과관계가 있으며, (ⅴ) 손해가 발생했다는 사실을 입증해야 한다.1299) 보증책임에 있어 인과관계(causation)는 앞에서 살펴본 명시적 보증책임의 경우와 같다. 즉, 보통의 과실에 의한 경우와 마찬가지로 주의의무 위반으로 인한 사실적(actual) 그리고 법적으로 원인(proximate cause)이 되어 결과가 발생하게 되는 인과관계가 있어야 한다.

보증책임의 경우 원고는 매수인이나 가족 또는 손님들로서 이들이 신체적 상해(personal injuries)를 당한 경우 소송의 주체가 될 수 있다.

1296) Uniform Commercial Code § 2-315 (Implied Warranty: Fitness for Particular Purpose) Where the seller at the time of contracting has reason to know any particular purpose for which the goods are required and that the buyer is relying on the seller's skill or judgment to select or furnish suitable goods, there is unless excluded or modified under the next section an implied warranty that the goods shall be fit for such purpose.

1297) 서철원, *supra* note 27, at 153.

1298) U.C.C. § 2-314 (Implied Warranty: Merchantability; Usage of Trade).

1299) 서철원, *supra* note 27, at 154.

보증책임에 있어 주의의무 위반이 되는 경우는 피고에게 과실(fault)이 있음을 증명할 필요는 없으며, 보증책임에서 부과된(imposed) 어떤 함축되어 있는 기준에 부합되지 않을 경우 피고는 주의의무를 위반한 것이 되어 이로 인한 책임을 진다.

손해(damages)와 관련해서도 앞에서 언급한 명시적 보증책임과 같이 (ⅰ) 신체적 상해와 (ⅱ) 재산적 손해에 대한 배상을 받을 수 있으며, (ⅲ) 수리비 등과 같은 경제적 손실(economic loss)을 당한 경우에도 청구가능하다는 것이 특이한 점이다.[1300]

보증책임에 있어서의 항변수단은 (ⅰ) 보증책임의 위반이 있음을 알면서도 문제의 제품을 사용하는 경우처럼 위험을 인수(assumption of risk)하거나 기여과실, 상대적 과실, 담보책임의 면제(disclaimer) 등이 있다. 기여과실(contributory negligence)의 경우 엄격책임과 마찬가지로 원고가 단순히 하자를 발견하지 못했거나 원고의 제품 본래의 용도 이외의 사용(misuse)이 합리적으로 예견 가능한(reasonably foreseeable) 경우라면 피고인은 이를 이유로 항변할 수 없다.

보증책임의 면제 또는 포기(disclaimer)는 보증책임에서만 인정되는 특수한 항변사유로서 여기에는 특별면제(specific disclaimer)와 일반면제(general disclaimer)의 두 유형이 있다. 상품성에 대한 묵시적 담보책임과 관련하여 특별면제(specific disclaimer)가 성립되기 위해서는 (ⅰ) 상품성을 면제하거나 변경한다는 내용을 구체적으로 언급하여야 하며, (ⅱ) 서면계약의 경우에는 그 면제내용이 눈에 잘 띄게(conspicuous) 표시되어야 한다.[1301] 상품의 묵시적 보증책임과 관련한 일반면제(general disclaimer)는 "as is"나 "with all faults"라는 표현과 같은 어떤 언어(language)의 사용, 당사자간 또는 관련 업계의 거래관행 등 여러 상황을 고려하여 보증책임의 면제가 있는지를 판단하는 것이다.[1302]

특정목적에의 적합성 관련 묵시적 담보책임을 면제하는 방법에도 특별면제와 일반

1300) *Id.* at 156.
1301) *Id.* at 157(눈에 잘 띄는 내지 현저한(conspicuous)이란 합리적인 사람들이 이를 알아볼 수 있도록 하게 만드는 것이다. 이러한 예로는 대문자로 기재하거나, 글자크기, 글자체, 색상 등에 있어 차이를 두어 표시하는 것이다); U.C.C. § 1-201(General Definitions) (10) "Conspicuous", with reference to a term, means so written, displayed, or presented that a reasonable person against which it is to operate ought to have noticed it. Whether a term is "conspicuous" or not is a decision for the court. Conspicuous terms include the following: (A) a heading in capitals equal to or greater in size than the surrounding text, or in contrasting type, font, or color to the surrounding text of the same or lesser size; and (B) language in the body of a record or display in larger type than the surrounding text, or in contrasting type, font, or color to the surrounding text of the same size, or set off from surrounding text of the same size by symbols or other marks that call attention to the language.
1302) *Id.* at 158.

면제 두 가지 형태가 있다. 특별면제가 인정되기 위해서 특정목적에의 적합성을 구체적으로 언급할 필요는 없으며, 서면계약인 경우 이러한 내용을 알리는 표현이 눈에 잘 띄게(conspicuous) 표시되어야 하며 그 의미와 일반면제는 앞에서 언급한 상품성에서의 그것과 같다.1303)

Notes, Questions, and Problems

- 후속저당권자(junior mortgagee)는 선순위저당권자(senior mortgagee)가 저당권을 실행해 버리면(foreclosure) 자신의 저당권이 소멸하므로, 이러한 것을 막기 위해 선순위저당을 변제할 수 있는 권한이 있다.
- 호수, 개울, 강을 사용하는 물과 관련된 상린관계에서 연안권주의(riparian rights doctrine)는 기본적으로 강가에 사는 사람에게 자연 상태의 물을 사용(a natural use)할 수 있게 하는 것이 원칙이다(물의 자연적 흐름원칙, natural flow theory). 따라서 개울에 인공수로를 만들어서 물을 뽑아 쓰는 것은 연안권주의에 따를 때 다른 물을 사용하는 사람에게 피해를 주므로 불가하다.
- 물을 쓰는 것에는 시효취득을 인정하지 않는다는 점을 유의해야 할 것이다.
- "To my sister, but if my sister dies without issue, then Esq.Cho's Foundation"의 경우를 생각해 보자. 이 때 sister는 정해져 있는 어떤 사건의 발생시 부동산권이 소멸하거나 소멸시킬 수 있다는 내용이 증서에 표시된 경우에 성립하는 권리인 '소멸조건부 단순부동산권자'(Defeasible Fee)의 지위를 갖는 것이지, 생애부동산권자(Life tenant)가 아니다. 왜냐하면 "for life"라고 기재되어 있지 않기 때문이다.
- 이미 열려져 있어 사용되고 있는 광구의 광물은 생애부동산권자(life tenant)가 사용할 수 있다(open mine doctrine). 하지만, 생애부동산권자가 아닌 '소멸조건부 단순부동산권자'인 경우 자신이 적법한 소유권자로서의 지위를 갖기에 이러한 상태에서는 위의 'open mine doctrine'의 존재여부와 상관없이 광물을 채취할 수 있다.
- A가 B에게 부동산 양도증서(deed)를 교부하고 B가 등기(record)하지 않은 상태에서 A의 채권자가 '판결에 의한 물적담보권'(Judgment Lien)을 등록(filing)한 경우에 등록을 하지 않더라도 소유권은 이미 B에게 넘어갔으므로 위 담보권(judgment lien)은 해당 부동산에 효력을 가질 수 없다.
- 5년 동안의 기간으로 사무실(office)을 임대한 후, 임대차 만료 전에 임대료를 100달러 인상하여 700달러로 하였는데, 그대로 살고 있는 경우 임차인이 600달러만 임대차 만료 후 지급하더라도, 여전히 'year to year $600 per month'의 계약이 된다. 즉, 이 경우는 상업용 임대

1303) Id.

차이므로 'year to year'가 되는 것이다. 이러한 유형의 사례에서는 우선 그 형태가 주거용인지, 상가용인지 구분하는 것이 중요하다.

- '우선매수청구권'은 원칙적으로 부당한 부동산 양도 제한(an unreasonable restraint on alienation)이라고 할 수 없다. 다만, 우선매수청구권자가 아닌 제3자에게 매각하는 것은 우선매도청구권자의 이익에 반하므로 인정되지 않을 것이다.

- 토지·건물에 부속한 정착물(fixture)에 대한 등록(filing)을 20일이내 하게 되면 종래 일반 저당보다 정착물에 대하여 물건의 구입대금을 제공한 자가 갖는 담보권(Purchase Money Security Interests, PMSI)에 우선한다.

- 유언으로 변동가능한 집단(open class)에 어떤 권리를 양도할 경우 (ⅰ) 본래 유언자가 사망시 그 집단은 폐쇄(closed)되지만, (ⅱ) 생애부동산권자(life tenant)가 있는 경우 그가 사망시에 폐쇄된다. 만일 (ⅲ) 생애부동산권자가 사망할 당시 임신된 상태의 아이가 있다면 해당 집단에 포함된다. 따라서 "husband for life, then grandchildren"인데 남편이 사망한 이후 6개월 뒤에 태어난 아이가 있다면, 이 아이는 남편이 사망할 당시 이미 아이가 임신 상태에 있었다는 것이 되므로 집단에 포함되는 것이다. 그러므로 생애부동산권자가 사망할 당시 임신 중인 아이가 있는지 산술적으로 계산해 보아야 할 것이다.

- 남자와 여자 사이에 "co-tenancy in equal share with the right of survivorship"이라는 표현이 나오면 합유형 부동산권(JT)일 수도 있고, 결혼한 경우는 부부 공동소유형 부동산권(tenancy by entirety)일 수도 있다. 따라서 양쪽 가능성을 모두 고려하여 사례를 살펴보아야 한다. 부부 공동소유 부동산권은 부부 일방만의 지분양도가 불가하므로, 분리(sever)되지 않고 사망시 생존자가 가져가므로 합유형인지 부부 공동소유형인지 내용을 같이 검토해야 할 것이다.

- 원칙적으로 저당권이 설정되어 있는 부동산에 대한 경매를 실행하면 후순위 저당권도 소멸한다(Junior interest destroyed by foreclosure). 따라서 후순위 저당권자들은 저당권 실행(foreclosure action)에서 반드시 통지를 받고 참여해야 하는 필요적 당사자가 된다(necessary party).
  만약, 이러한 실행에 참여하지 못하게 된 경우 실행에도 불구하고 해당 당사자의 저당권(interest)은 그대로 남아있게 된다. 물론 선순위 저당권에는 영향이 없고, 만약 선순위저당권을 변경한 경우 변경으로 인해 어떤 증가된 부분이 있다면 그 증가분은 후순위 저당권보다 앞서서 변제될 수 없다.

- 하지만, 만일 후순위저당권자가 경매통지를 수령하고도 자발적으로 참여하지 않은 경우에는 후순위저당권은 소멸하고, 경매를 통해 취득한 해당 부동산 소유권자는 어떤 부담도 없는(free of any liens) 권원(title)을 취득하게 된다.

- 취득시효에 의한 지역권의 취득(Easement by prescription)은 점유에 의한 취득시효(Adverse Possession)의 경우와는 달리 원칙적으로 소유자의 사용을 방해하지 않아도, 즉 독점적일 필요는 없다.

- 정부가 어떤 개인의 집에 공익을 목적으로 감시카메라를 설치할 경우 그 크기가 아무리 작

더라도 헌법상 손실보상을 필요로 하는 재산권의 침해(taking)에 해당되므로 보상해야 한다. 즉, 영구적인 물리적 침해(any permanent physical occupation)는 '수용'(taking)에 해당한다는 것이다.

- 소유권 이전과 관련하여 부동산 양도 증서(deed)와 등록(recording)과 구별하여 이해할 필요가 있다. '부동산 양도증서'는 이전 내지 양도(convey)하게 되면 그 당시를 시점으로 소유권이 이전된다. 이에 비해 '등록'은 후속매수인과의 문제를 다루는 것이다. 소유권과 관련하여 양도 증서의 전달(deed delivery) 시점에 이전되는 것이지 등록을 하였기에 소유권을 이전받는 것이 아님에 유의해야 할 것이다.

- 어떤 매도인이 소유권이 없는 상태에서 매수인에게 부동산 양도증서를 이전한 후 매수인은 등록을 완료하였다. 이제 유언의 효력이 발생함으로 인해 매도인이 소유권을 취득하게 된 경우, 그 매도인으로서는 매수인 상대로 새삼스럽게 소유권을 주장할 수 없다. 이것이 소위 '부동산 양도증서에 의한 금반언'(estoppel by deed or after—acquired title/doctrine of estoppel)의 법리이다. 이때 매도인과 매수인 사이에서는 등록(record)여부와 관계없이 매수인이 우위에 있는 것이지 등록했기 때문에 매수인이 소유하는 것이 아니다.

- 부동산 양도증서의 지번을 공란으로 해 놓고 매수인으로 하여금 선택하게 했는데, 매수인이 다른 지번을 기재한 경우 매수인이 이길 수 있는 주장 논리로는 구두증거배제의 법리(parol evidence rule), 공란으로 만든 금반언(estoppel) 책임 등을 주장할 수 있을 것이다.

- 일반 보통의 담보증서(general warranty deed)는 그 권원 내지 소유권(title)과 관련하여 만일 다른 제3자가 나타나 자신이 적법한 권리자임을 주장할 경우(eviction or disturbance 등), 이에 대한 보호뿐만 아니라 그로 인해 어떤 손해를 양수인이 입게 될 경우 그 손해 역시 배상하겠다는 내용(the covenant of warranty)을 포함한다.

  그러므로 만일 매수인이 패소한 경우 소송비용과 땅 구매가격을 돌려받을 수 있는 것이지만, 만약 매수인이 승소했다면, 그것인 매도인이 정당하게 매도하였다는 의미가 되므로, 매도인으로부터 소송비용을 받을 수는 없다.

- 형평법상의 역권(equitable servitude)의 경우 통지를(notice) 받으면 후속매수인은 그에 따라야 한다. 이러한 '형평법상의 역권'과 관련된 쟁점에서 선의의 매수인(BFP)이라는 항변은 부차적 항변에 불과할 수 있다.

- 현금분할(partition by sale)과 현물분할(partition in kind) 중 우선 고려되는 것이 현물분할이지만, 토지용도의 지정(Zoning)으로 인해 분할이 불가능하면 매각하는 방법 밖에 없다.

- 어떤 토지에 대해 '교회의 목적으로 만'(church purpose only)이라고 기재하고, 소멸조건부 또는 반환가능한 단순부동산권(Fee Simple Determinable, "FSD")의 표현이 없다면 교회 목적 이외에 사용한다고 해도 소유권을 빼앗기지 않는다. 이때는 단순히 계약위반에 불과할 것이다.

- 매수인이 부동산양도증서(deed)를 일단 수령하면 그 부동산과 관련된 계약은 그 증서에 흡수된다.

- 미국 부동산법에서는 수증자(donee)라고 해도 증서(deed)를 일단 받으면 원칙적으로 취소할

수 없다. 미국 계약법에서 채권양수인이 수증자(donee)인 경우 원칙적으로 취소될 수 있는 것과 구분해야 할 것이다.

- 부동산 양도증서상에는 "320acre"로 기재되어 있지만, 실제로는 "329acre"인 경우 실제상의 내용(physical description)이 우선해서 "329acre"를 소유하게 되는 점에 유의해야 할 것이다.
- 부동산 계약에서 "농장 329acre"라고 기재한 경우, 실제 측량을 통해 확인해 본 결과 "320acre"이었다면 면적 감소분만큼 감액해서 대금을 지급할 수 있다. 계약에서 면적 자체를 중요한 요소로 보았기 때문이다. 사례에서 "수치"가 중요한 요소인지, 물건(여기에서는 "농장") 자체가 중요한 요소인지를 우선 파악해야 해야 할 것이다.
- 부동산 계약의 이행완료(closing) 이전에 등록(record)을 했더라도 일반적으로 등록을 한 것으로 보고 보호받을 수 있다.
- 부동산 양도계약에서 시장성(marketable)은 묵시적으로 담보되어 있다고 할 수 있다.
- 토지용도의 지정(zoning)이 있다는 사실 자체만으로는 거래에 적합한, 즉 '시장성 있는 권원의 보증책임'(marketability)을 위반한 것이 아니다. 지정된 토지용도 이외의 사용 즉, 'zoning'을 위반한 것이 'marketability' 위반임에 유의해야 할 것이다. 예를 들어 '9.8 feet setback zoning' 에서 '9.7 feet setback'으로 위반한 경우라도 'zoning'을 위반한 것이 된다(unmarketable). 아무리 사소한 'zoning' 위반이라고 해도 일단 소송가능성이 있으므로 시장성은 없다고 할 수 있다(unmarketable).
- 하지만 토지 구획의 분할이나 건축물 관련 법규(building code) 위반의 경우는 '시장성 있는 권원의 보증책임'을 위반한 것이 아니다(marketable).
- 새집이 아닌 사용하던 집(used house)에 대해서는 주거성 내지 주거적합성(habitability) 보증을 하지 않는다. 주거용 임대차(Residential lease)에서 이러한 '주거성'을 보증하는 것과 비교해야 할 것이다.
- 토지소유자가 자신의 아들에게 실제로 부동산 양도증서(deed)가 전달되지 않았어도, 그 증서가 등록되었다면 그 증서가 전달된 것으로 추정한다. 만일 이 때 아들이 "즉시" 명시적으로 증서의 수령을 거절하였다면 그러한 추정은 번복되어 증서 전달의 효력은 발생하지 않는다.
- 부동산 양도증서를 여전히 양도인이 소유하고 있다면 증서가 전달되지 않았음을 추정한다. 만일 토지 소유자가 부동산 양도증서를 자신의 변호사에게 주었다면 그것만으로 전달되었다고 할 수 없다. 하지만 증서를 조카에게 주기 위해 조카의 친구에 준 것은 유효한 전달 (delivery)이라고 할 수 있다.

제12장
부동산 금융과 부동산 담보권

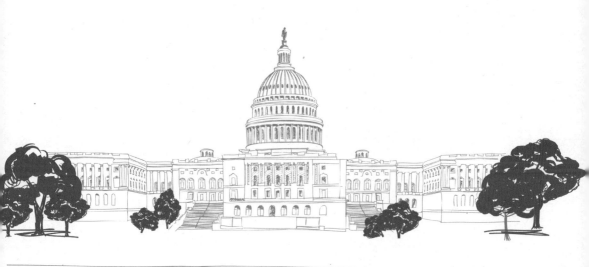

제12장 부동산 금융과 부동산 담보권

[사례 1]

채권자(C1, 은행)는 채무자(D, 사업가)에게 일정 금액을 대출해 주고 바로 등록하지 않았다. 그 후 채무자(D)는 다시 다른 채권자(C2, 증권금융회사)로부터 일정 금액을 대출받았으며 이때 C2는 채무자로부터 은행에 대출이 있다는 사실에 대한 어떤 내용도 알지 못했다.

그런 일이 있은 며칠 후 채무자 D는 C1의 은행을 방문하여 상담을 통해 보다 낮은 이자로 대출 기간을 늘리는 저당권계약 내용을 변경(Modification)하게 되었다. 이때 C1은 처음 저당권 설정시 등록이 이루어지지 않았음을 확인하고 즉시 등록을 마쳤다. 그런 후 2일 뒤 C2가 등록을 완료하였다.

이제 C2가 갖고 있는 채권의 변제기가 만기가 되어도 채무자 D가 채무의 이행을 하지 않자, C2는 저당권을 실행하게 되었다. 그런데 저당권 실행을 하면서 C2는 C1을 참여시키지 않았다.

이때 해당 지역 관할은 부동산등록법상 '등록에 의한 선의 우선형'(Race-Notice Statute)의 법리를 취하고 있다고 할 때

(1) 만일 C2가 저당권의 실행으로 해당 부동산을 소유하게 되었다면 이때 참여하지 못한 C1의 권리는 어떻게 되는가?

(2) 만일 C1이 저당권의 실행의 통지를 받고도 자발적으로 참여하지 않았다면 C1의 권리는 어떻게 되는가?

[사례 2]

부동산 소유자(갑)가 자신의 부동산에 저당권을 설정하면서, 1순위 은행(A) $20,000, 2순위 제2금융권 회사(B) $10,000, 다시 은행(A)이 $15,000을 추가하였을 때, 2순위 회사(B)가 저당권을 실행하여, 그 경매대금이 $15,000이었을 경우를 생각해 보자.

이때 A와 B는 B의 저당권 실행으로 인해 각각 얼마를 배당받게 되는가?

1. 쟁점

[사례 1]

• 부동산저당권 실행의 효력

- 어떤 부동산에 선순위저당권과 후순위저당권이 각각 설정되어 있을 경우, 선순위저당권 계약이 변경(modification of mortgage agreement)된 경우의 효력
- 후순위저당권자가 선순위저당권자로부터 저당권의 실행의 통지를 받고도 자발적으로 참여하지 않은 경우 후순위저당권의 효력

[사례 2]

- 담보부족금액의 판결(a deficiency judgment)
- 제2순위 저당권자가 저당권을 실행한 경우 그 경매대금으로부터 제1순위저당권자 먼저 배당받을 수 있는지의 여부
- 저당권 실행으로 인한 경매대금이 후순위저당권자에게 배당 후 남은 잔존 금액의 처리방법

I. 서설

우리나라와 마찬가지로 미국의 경우도 부동산 매매계약을 체결하면서 매수인이 부동산 취득을 위한 모든 매매대금을 지불하는 경우는 많지 않다. 말하자면 은행과 같은 금융기관으로부터 필요한 자금만큼 금융대출을 받아 잔금으로 대체하거나 부족한 금액을 채우는 것이다.

미국 부동산에 있어서 금융기관으로부터 필요한 자금을 마련하기 위해서는 보통 두가지 증서에 의한 절차가 필요하다. 그 하나는 정식 차용증(formal 'IOU', I Owe You)이라할 수 있는 각서(a promissory note)를 작성하는 것이고 나머지 하나는 저당권(mortgage) 계약을 체결하는 것이다.

전자가 금융기관 등("A")으로부터 부동산 대금 지급을 위해 일정한 기간과 일정한이자지급 등 정한 내용(certain terms)에 따라 채무자(보통 매수인, "B")가 빌린 돈을 상환하겠다는 약속을 말하는 것이라면, 후자는 금융기관 등("A")이 대출금의 상환을 보장받기 위해 매수인("B")의 구입한 부동산을 담보로 하여 저당권 설정을 하는 것을 말한다.1304) B가 A로부터 50만 달러의 대출을 받으면서 30년간 원금 및 이자를 나누어서 상환하고

1304) Barlow Burke and Joseph Snoe, *supra* note 1, at 394.

만일 불이행시 A는 소송 등을 제기할 수 있게 되는 것이 전자의 예라면, B가 원금과 이자의 상환, 해당 부동산 등 재산권에 대한 보험의 가입과 세금의 납부 및 시장가치의 하락을 막기 위한 적절한 유지·관리 등을 내용으로 하여 만일 불이행시 해당 재산권을 강제로 매각(foreclosure)하여 대출금을 상환 받을 수 있도록 하는 것이 후자의 예이다.[1305]

로스쿨이나 미국 변호사 자격취득 준비 그리고 실무 등을 위한 독자라면 저당권의 기본적 내용, 환매권, 저당권의 양도, 실행, 우선순위, 양도증서 소지인의 지위, 저당권이 설정되어 있는 부동산의 매매와 등기제도, 형평법상의 저당권 등 주요 쟁점을 중심으로 학습하면 도움이 될 것이라고 생각한다.

II. 미국 재산법상 담보권

1. 의의

다시 말하면 위의 예에서 후자의 경우는 채무자인 "B"가 상환기일이 만기가 되었어도 채무(대출금액)를 이행(변제)하지 않을 경우 "A"가 해당 부동산에 대한 담보권자인 동시에 "B"에 대한 채권자로서 그 이행에 갈음하여 해당 목적물에 대한 권원(소유권)을 취득하거나 강제매각 등의 절차를 통해 대출된 금액을 상환받는 것이다.

이와 같이 채무자 "B"의 계약상의 채무 이행을 확보하기 위해 특정 재산(부동산)에 어떤 담보 등의 권리를 설정하는 것을 '재산(부동산) 담보권'(security interests)이라고 한다.[1306]

(1) '권원 중점주의'(Title theory states)와 '리엔 중점주의'(Lien theory states)

앞의 제5장 합유 부동산권의 분리에 관한 입법주의 부분에서 언급한 바 있듯이 저당권이 설정된 부동산의 법적 소유권과 관련하여 두 가지 유형의 입장이 있는 데 '권원 중점주의'(Title theory states)와 '리엔 중점주의'(Lien theory states)가 그것이다.[1307]

1305) 박홍규, *supra* note 23, at 215-216.
1306) 서철원, *supra* note 27, at 190.
1307) Barlow Burke and Joseph Snoe, *supra* note 1, at 395-396; Jesse Dukeminier 외, *supra* note 32, at 618.

1) '권원'(title)에 중점을 두는 경우   이때 '권원'(title)에 중점을 두는 입장(Title theory states)은 리엔 내지 저당권 설정은 채무자(mortgagor, borrower)가 채무의 변제를 완료할 때까지 저당권 등이 설정된 부동산에 대한 법적 권원(legal title)을 채권자(mortgagee lender)에게 이전시키는 행위로 보는 것이다.[1308] 이에 따를 경우 '판결 리엔이나 저당권을 설정한 때' 점유가 채권자에게 이전된다고 볼 수 있다.

2) '리엔'(lien)에 중점을 두는 경우   이에 대해 다수의 주(州)에서 채택하고 있는 '리엔'에 중점을 두는 입장(Lien theory states)은 리엔 내지 저당권 설정은 어떤 대출을 위한 담보를 제공하는 행위라고 보는 것이다.[1309] 이에 따를 경우 단순히 리엔의 설정만으로 안되고 담보로서 설정된 '판결 리엔이나 저당권이 경매를 통한 실행절차(foreclosure proceedings)가 완전히 종료되었을 때' 비로소 점유가 채권자에게 이전될 것이다. 이러한 경우 채권자는 해당 부동산상의 법적 권원(legal title)을 갖고 채무자는 형평법상의 권원(equitable title)을 갖게 된다.[1310]

위와 같은 특히 로스쿨이나 미국 변호사 자격취득 준비 그리고 실무에 종사하는 독자들이라면 자주 쟁점이 되는 영역의 하나가 될 수 있으므로 앞에서의 합유 부동산권의 분리 부분에 대한 이해와 함께 정확한 학습을 요한다.

2. 유형

미국법상 인정되는 이러한 담보권에는 위와 같은 일반적 의미의 저당권(mortgage), 형평법상의 저당권(equitable mortgage), 신탁증서(deed of trust), 부동산 할부계약(installment land contract) 등의 유형이 있다. 아래에서는 신탁증서와 부동산 할부계약에 관한 내용을 살펴 본 후 일반적 의미의 저당권과 형평법상의 저당권에 관한 내용을 중심으로 살펴보기로 한다.

1308) Barlow Burke and Joseph Snoe, *Id.* at 223, 395.
1309) *Id.*
1310) *Id.*

3. 신탁증서(deed of trust)

신탁증서(deed of trust)란 금전 기타 일정한 채무이행의 담보로서 법적 권원 내지 소유권(legal title)의 이전을 목적으로 신탁설정자(a trustor, settlor, debtor, or note-maker)가 보통 채권자의 변호사인 수탁자(a third party trustee)에게 이전하는 증서로서 성질상 저당권과 유사하다고 할 수 있다.[1311]

이러한 증서는 채무자(신탁자)가 제3자(수탁자)에게 부동산 양도증서를 교부하면서 채권자(대금을 빌려 준 금융기관 등 담보권자)를 수익자(beneficiary)로 하는 신탁을 만들어 채무자의 이행을 보장하는 역할을 한다.[1312]

이때 만일 채무자가 채무의 이행을 하지 않으면 채권자가 수탁자로 하여금 신탁증서에 따라 처분하여 처분된 대금을 채무자의 채무변제에 사용하도록 하고 나머지는 관리 등을 하도록 하는 것이라고 할 수 있다. 즉, 채무자가 채무불이행을 할 경우 수탁자가 저당권이 설정된 부동산에 대한 저당권 실행을 할 수 있다는 의미를 갖는다.[1313]

이러한 처분 내지 매각과 관련하여서는 사법상의 매각(judical sale)에 따르는 것이 원칙이나 신탁 규정에서 따로 정한 바가 있다면 사적인(personal) 매각도 가능하다.[1314]

4. 부동산 할부매매계약(installment land sale contract)

부동산(토지) 할부 매매계약(installment land sale contract or contract for deed)은 매수인이 어떤 부동산을 매입하면서 10년, 15년 등 정해진 기한(a fixed period of time)내에 일정한 금액을 정기적으로 매도인에게 지급하고, 취득에 필요한 모든 매매대금(full land contract price)을 완납시에 매도인은 부동산 양도증서를 매수인에게 교부해야 하는 계약으로서 저당권의 대체물(mortgage substitutes)이라고도 할 수 있다.[1315]

이러한 부동산 할부매매계약은 만일 매수인이 할부금 납부 도중 미납하는 경우가 생

1311) Id.; Jesse Dukeminier 외, *supra* note 32, at 619; 임홍근 외, *supra* note 22, at 526.
1312) 서철원, *supra* note 27, at 190.
1313) Barlow Burke and Joseph Snoe, *supra* note 1, at 396; 임홍근 외, *Id.*
1314) 서철원, *supra* note 27, at 190.
1315) Jesse Dukeminier 외, *supra* note 32, at 639; Barlow Burke and Joseph Snoe, *supra* note 1, at 396; *Bean* v. *Walker*, 95 A.D.2d 70, 464 N.Y.S.2d 895, 1983 N.Y. App. Div.; 임홍근 외, *supra* note 22, at 526.

기면 그 계약을 취소하고 이미 지급한 금액마저 몰수하게 하는 규정(forfeiture clauses)을 두는 게 보통이다.1316)

하지만 이렇게 되면 할부금 미납을 한 채무자에게 너무 가혹할 수 있으므로 법원은 이에 대해 뒤에서 살펴 볼 ① 보통의 저당권으로 취급하여 사법적(judicial) 저당권 실행 절차에 따르게 하거나 ② 형평법상의 환매권(equitable right of redemption)의 법리를 따르 거나, ③ 이미 납부한 금액에서 매도인이 손해를 입은 경우 그 손해액을 공제한 나머지 금액을 반환(restitution)하게 하거나, ④ 만일 채무자의 할부금 지급이 정해진 기일 이후 에 지급하였음에도 아무런 이의 없이 수령하였을 경우 할부금 지체로 인해 취할 수 있 는 채권자의 권리를 포기(waiver)한 것으로 보는 등 동 규정을 인정하지 않으려는 경향 이 있다.1317)

III. 저당권(Mortgage)

1. 의의

저당권은 위에서 언급한 대로 일반적으로 채무자 등이 채무의 담보로서 채권자에게 부동산 기타 목적물을 제공하지만 실제로 채권자가 제공받는 것이 아닌 관념상으로만 지 배하다가 채무자로부터의 채무의 이행(변제)이 없는 경우 그 목적물로부터 우선변제를 받 을 수 있는 권리라고 할 수 있다.

저당권은 채무자가 일정한 금전을 얻기 위해 자신 소유의 부동산을 채권자에게 담보 권을 설정해 주는 것이다. 즉, 우리 민법 제356조의 규정에서 정한 바와 같이 저당권(抵 當權)은 채무자 또는 물상보증인 같은 제3자가 채무의 담보로서 제공한 부동산 기타 목적 물을 제공받지 않고 단순히 관념상으로만 지배하다가 채무자로부터의 채무의 이행(변제) 이 없는 경우 그 목적물로부터 우선변제를 받을 수 있는 물권을 말한다.1318)

1316) 서철원, *supra* note 27, at 190−191면.
1317) *Id.* at 191.
1318) 송덕수, *supra* note 21, at 791.
　　　민법 제356조(저당권의 내용) 저당권자는 채무자 또는 제삼자가 점유를 이전하지 아니하고 채무의 담보로 제

이러한 저당권은 유치적 효력이 없어 소유자(채무자)가 목적물을 점유·사용하고, 저당권자(채권자)는 단순히 목적물의 교환가치만을 지배하기에 기업이나 개인은 그러한 부동산 등을 채권자에게 제공하고 금융을 얻는 수단으로 이용되고 있다(부동산 금융, real estate finance).

공한 부동산에 대하여 다른 채권자보다 자기채권의 우선변제를 받을 권리가 있다.
제357조(근저당) ① 저당권은 그 담보할 채무의 최고액만을 정하고 채무의 확정을 장래에 보류하여 이를 설정할 수 있다. 이 경우에는 그 확정될 때까지의 채무의 소멸 또는 이전은 저당권에 영향을 미치지 아니한다. ② 전항의 경우에는 채무의 이자는 최고액 중에 산입한 것으로 본다.
제358조(저당권의 효력의 범위) 저당권의 효력은 저당부동산에 부합된 물건과 정착물에 미친다. 그러나 법률에 특별한 규정 또는 설정행위에 다른 약정이 있으면 그러하지 아니하다.
제359조(과실에 대한 효력) 저당권의 효력은 저당부동산에 대한 압류가 있은 후에 저당권설정자가 그 부동산으로부터 수취한 과실 또는 수취할 수 있는 과실에 미친다. 그러나 저당권자가 그 부동산에 대한 소유권, 지상권 또는 전세권을 취득한 제삼자에 대하여는 압류한 사실을 통지한 후가 아니면 이로써 대항하지 못한다.
제360조(피담보채권의 범위) 저당권은 원본, 이자, 위약금, 채무불이행으로 인한 손해배상 및 저당권의 실행비용을 담보한다. 그러나 지연배상에 대하여는 원본의 이행기일을 경과한 후의 1년분에 한하여 저당권을 행사할 수 있다.
제361조(저당권의 처분제한) 저당권은 그 담보한 채권과 분리하여 타인에게 양도하거나 다른 채권의 담보로 하지 못한다.
제362조(저당물의 보충) 저당권설정자의 책임있는 사유로 인하여 저당물의 가액이 현저히 감소된 때에는 저당권자는 저당권설정자에 대하여 그 원상회복 또는 상당한 담보제공을 청구할 수 있다.
제363조(저당권자의 경매청구권, 경매인) ① 저당권자는 그 채권의 변제를 받기 위하여 저당물의 경매를 청구할 수 있다. ② 저당물의 소유권을 취득한 제삼자도 경매인이 될 수 있다.
제364조(제삼취득자의 변제) 저당부동산에 대하여 소유권, 지상권 또는 전세권을 취득한 제삼자는 저당권자에게 그 부동산으로 담보된 채권을 변제하고 저당권의 소멸을 청구할 수 있다.
제365조(저당지상의 건물에 대한 경매청구권) 토지를 목적으로 저당권을 설정한 후 그 설정자가 그 토지에 건물을 축조한 때에는 저당권자는 토지와 함께 그 건물에 대하여도 경매를 청구할 수 있다. 그러나 그 건물의 경매대가에 대하여는 우선변제를 받을 권리가 없다.
제366조(법정지상권) 저당물의 경매로 인하여 토지와 그 지상건물이 다른 소유자에 속한 경우에는 토지소유자는 건물소유자에 대하여 지상권을 설정한 것으로 본다. 그러나 지료는 당사자의 청구에 의하여 법원이 이를 정한다.
제367조(제삼취득자의 비용상환청구권) 저당물의 제삼취득자가 그 부동산의 보존, 개량을 위하여 필요비 또는 유익비를 지출한 때에는 제203조제1항, 제2항의 규정에 의하여 저당물의 경매대가에서 우선상환을 받을 수 있다.
제368조(공동저당과 대가의 배당, 차순위자의 대위) ① 동일한 채권의 담보로 수개의 부동산에 저당권을 설정한 경우에 그 부동산의 경매대가를 동시에 배당하는 때에는 각부동산의 경매대가에 비례하여 그 채권의 분담을 정한다. ② 전항의 저당부동산중 일부의 경매대가를 먼저 배당하는 경우에는 그 대가에서 그 채권전부의 변제를 받을 수 있다. 이 경우에 그 경매한 부동산의 차순위저당권자는 선순위저당권자가 전항의 규정에 의하여 다른 부동산의 경매대가에서 변제를 받을 수 있는 금액의 한도에서 선순위자를 대위하여 저당권을 행사할 수 있다.
제369조(부종성) 저당권으로 담보한 채권이 시효의 완성 기타 사유로 인하여 소멸한 때에는 저당권도 소멸한다.
제370조(준용규정) 제214조, 제321조, 제333조, 제340조, 제341조 및 제342조의 규정은 저당권에 준용한다.
제371조(지상권, 전세권을 목적으로 하는 저당권) ① 본장의 규정은 지상권 또는 전세권을 저당권의 목적으로 한 경우에 준용한다. ② 지상권 또는 전세권을 목적으로 저당권을 설정한 자는 저당권자의 동의없이 지상권 또는 전세권을 소멸하게 하는 행위를 하지 못한다.
제372조(타법률에 의한 저당권) 본장의 규정은 다른 법률에 의하여 설정된 저당권에 준용한다.

일단 저당권이 설정되었고, 채무자가 채무의 이행을 정해진 기한이나 조건 내에 하지 않을 경우 채권자 스스로 그 목적물을 취득하거나 또는 보통 법원의 판결과 강제집행의 영장에 의해 집행관이 행하는 재산의 매각형태인 사법적 매각(judicial sale)절차에 따라 저당권을 실행하여 실행을 통해 얻는 대금을 변제에 충당하는 방식을 취한다.

이때 금전적 대출을 해 주는 금융기관 등이 저당권 등 담보권을 갖기에 담보권자 (security interest holder) 내지 채권자로서 'mortgagee'(저당권자, lender 등, 앞의 사례에서 "A")라고 하고, 이러한 저당권을 설정해 주는 채무자를 'mortgagor'(저당권설정자, debtor, notemaker 등, 앞의 사례에서 "B")라고 부른다.

2. 저당권의 성립

2.1. 요건

위에서 언급한 바와 같이 저당권은 채무자가 일정한 금전을 얻기 위해 자신 소유의 부동산을 채권자에게 담보권을 설정해 주는 것이다.

그러므로 저당권이 성립하기 위해서는 일반적으로 ① 일정한 채무가 존재해야 하고, ② 그러한 채무를 얻기 위해 채무자가 자발적으로 자기 소유 부동산을 채권자에게 담보권으로 제공해야 한다.

2.2. 서면성의 충족

앞의 부동산 임대차 관련부분에서 언급하였듯이 미국 계약법의 사기방지법(Statute of Frauds)상 일정한 경우 서면성을 갖추어야 한다. 즉, 1년 이상(more than 1 year)의 임대차나 1년 이상의 기간을 기한으로 하는 지역권, 부동산의 일부로 인정되는 부합물 내지 정착물, 다시 말하면, 정착물(fixtures), 매수인에 의해 분리될 수 있는(sever) 광물들, 대부분의 유치권 등과 같은 리엔(liens)과 저당권(mortgage) 등 부동산 이익과 관련된 계약들은 문서화를 필요로 한다(저당권의 경우 법정 저당권).1319) 이와 같이 담보권으로 제공하겠다는 의도

1319) 명순구, *supra* note 24, at 105.

를 서면에 의해 표시함으로써 법정 저당권(legal mortgage)으로서의 요건을 충족한다고 할 수 있고, 저당권 양도증서(mortgage deed), 신탁증서(deed of trust), 매각 후 임차(sale and lease back) 등은 비록 용어는 다르지만 이와 유사한 형식의 하나라고 볼 수 있다.

　　물론 토지에 관한 권리 내지 이익을 내용으로 하는 계약이라고 해도 부동산 매매에서의 수익배분계약이나 건물 신축계약의 경우에는 사기방지법이 적용되지 않는다.[1320] 또한 임대인이 임차인에게 해당 부동산의 점유를 허락하여 이미 임차인이 점유한 상태에서 임대료를 지불하는 경우 등 일정한 경우에는 서면성을 갖추지 않더라도 부동산임차권으로서 성립할 수 있다.[1321]

3. 저당권자와 저당권설정자의 권리

　　달리 정함이 없는 한 원칙적으로 저당권설정자(mortgagor, debtor)는 저당권이 실행될 때까지 권원(소유권, title)과 점유할 권리를 가진다. 이에 반해 저당권자(mortgagee, creditor)는 단순히 그 재산권에 대해 우선적 특권(lien)을 갖는다(우선특권 이론).[1322]

4. 저당권의 실행

4.1. 의의

　　저당권의 실행(foreclosure)이란 저당권자가 채무의 변제기가 되었음에도 저당채무를 변제받지 못할 경우 그 저당권의 목적물인 부동산을 일정한 절차를 통해 매각하여 매각을 통해 얻는 금전의 만족을 통해 저당권자가 자신의 채권을 변제받는 것이라고 할 수 있다.[1323]

　　만일 채무자인 저당권 설정자가 정해진 금액을 정해진 기간내에 지급하지 않을 경우

1320) Id.; 조국현, supra note 29, at 236.
1321) 박홍규, supra note 23, at 96.
1322) 박홍규, Id, at 217.
1323) Murphy v. Fin.Dev.Corp., 126 N.H. 536, 495 A.2d 1245, 1985 N.H.

채권자인 저당권자는 저당권 계약상의 내용과 주법(state law)에서 정하는 바에 따라 몇 가지 선택권을 행사할 수 있고 주(州)에 따라 환매권이 다르게 적용된다.[1324]

4.2. 요건

그러므로 저당권 실행을 위해서는 저당권이 존재하여야 하고, 피담보채권이 존재해야 할 뿐만 아니라 채무자가 이행기가 되었음에도 변제하지 않는, 즉 이행지체 상태에 있어야 한다. 이러한 저당권의 실행, 즉 담보물 매각은 집달관에 의한 적정한 사법적 절차(judicial proceeding)에 따라야 하며 자력구제(self help)는 인정되지 않는다.[1325]

4.3. 효과

일단 저당권이 실행되면 저당권 실행을 통해 해당 목적물을 취득한 매수인, 즉 매각을 통해 경락을 받은 자("A")는 그 해당 저당권이 된 목적물을 취득하게 된다. 이에 따라 선순위 저당권(senior mortgage)을 제외한 후순위 저당권, 각종 담보권(liens), 임대차 등 해당 부동산의 소유권에 영향을 주는 모든 권리는 저당권 실행으로 없어진다.[1326] 해당 부동산에 선순위 저당권이 설정되어 있다면 그 저당권의 제한을 받는 부동산을 취득하게 된다. 하지만 이 경우 선순위 저당권자("B")가 역시 저당권 실행을 하면 A는 자신의 소유권을 상실할 우려가 있으므로 이를 방지하기 위해서는 선순위 저당권자가 갖고 있는 채권에 대해 변제를 해야 하는 경우가 발생할 수 있다.

문제는 저당권의 실행으로 매각이 이루어졌지만 경락된 금액이 실제의 저당채무보다 적은 경우와 많은 경우이다. 이에 대해 구체적으로 살펴보면 다음과 같다.

1324) Barlow Burke and Joseph Snoe, *supra* note 1, at 398.
1325) 저당권 실행과 관련하여 신탁증서(deed of trust)의 경우에는 사법적(judicial) 매각절차뿐만 아니라 사적(personal) 매각 절차를 통해 이루어질 수도 있다(서철원, *supra* note 27, at 193). 하지만 만일 저당권자나 수탁자 법에서 정한 요구사항을 지키지 않을 경우 그러한 사적 매각은 무효가 된다(Barlow Burke and Joseph Snoe, *Id.*).
1326) 서철원, *Id.*

(1) 저당권 실행으로 얻은 금액이 실제 저당채무보다 '적은' 경우

저당권 실행으로 얻은 금액이 실제 저당채무보다 적은 경우 채권자는 채무자 개인을 상대로 하는 소송을 제기하여 '부족분 지급의 판결' 내지 '담보부족금액의 판결'(a deficiency judgment)을 통해 부족한 부분에 대한 채권을 만족시킬 수 있다.[1327]

(2) 저당권 실행으로 얻은 금액이 실제 저당채무보다 '많은' 경우

저당권 실행을 통해 얻은 대금은 실행에 필요한 비용, 변호사 비용, 재판 비용 등에 충당하고, 저당채무의 원금과 그 이자를 지급한 후 후순위 저당권의 처리에 사용된다. 저당권 실행으로 얻은 금액이 저당권 실행에 필요한 비용 등을 공제한 후에도 남은 경우 그 잔액은 저당권설정자인 채무자에게 돌려주어야 한다.

4.4. 환매권(right of redemption)의 보장

(1) 의의

일반적으로 '환매'란 매도인이 매도한 목적물을 다시 매수하려할 때 이용되는 제도로서 매도인이 매수인이 된다는 점에서 매매의 특수한 형태라고 할 수 있다.[1328] 우리 민법도 이를 '매매'의 부분인 제590조 이하에서 규정하고 있다.[1329]

1327) Barlow Burke and Joseph Snoe, *Id.* at 397; 서철원, *Id.* at 195.
1328) 김준호, *supra* note 20, at 1507.
1329) 제590조(환매의 의의) ① 매도인이 매매계약과 동시에 환매할 권리를 보류한 때에는 그 영수한 대금 및 매수인이 부담한 매매비용을 반환하고 그 목적물을 환매할 수 있다. ② 전항의 환매대금에 관하여 특별한 약정이 있으면 그 약정에 의한다. ③ 전2항의 경우에 목적물의 과실과 대금의 이자는 특별한 약정이 없으면 이를 상계한 것으로 본다.
제591조(환매기간) ① 환매기간은 부동산은 5년, 동산은 3년을 넘지 못한다. 약정기간이 이를 넘는 때에는 부동산은 5년, 동산은 3년으로 단축한다. ② 환매기간을 정한 때에는 다시 이를 연장하지 못한다. ③ 환매기간을 정하지 아니한 때에는 그 기간은 부동산은 5년, 동산은 3년으로 한다.
제592조(환매등기) 매매의 목적물이 부동산인 경우에 매매등기와 동시에 환매권의 보류를 등기한 때에는 제삼자에 대하여 그 효력이 있다.
제593조(환매권의 대위행사와 매수인의 권리) 매도인의 채권자가 매도인을 대위하여 환매하고자 하는 때에는 매수인은 법원이 선정한 감정인의 평가액에서 매도인이 반환할 금액을 공제한 잔액으로 매도인의 채무를 변제하고 잉여액이 있으면 이를 매도인에게 지급하여 환매권을 소멸시킬 수 있다.
제594조(환매의 실행) ① 매도인은 기간내에 대금과 매매비용을 매수인에게 제공하지 아니하면 환매할 권리를 잃는다. ② 매수인이나 전득자가 목적물에 대하여 비용을 지출한 때에는 매도인은 제203조의 규정에 의하여 이를 상환하여야 한다. 그러나 유익비에 대하여는 법원은 매도인의 청구에 의하여 상당한 상환기간을 허여할 수 있다.

저당권의 실행과 관련하여 '환매권'(right of redemption)이란 저당권 설정자(채무자, mort-gagor)가 저당권이 실행되어 완료될 때까지는 언제라도 남아있는 채무를 상환하고 저당권의 형식으로 담보된 부동산을 다시 찾아올 수 있는 권리를 의미한다고 할 수 있다. 이러한 환매권은 '형평법상의 환매권'과 '성문법상의 환매권'으로 구분할 수 있다.

(2) 환매권 행사 시기와 지급 금액

여기서 환매권을 언제까지 행사해야 하고, 행사할 경우 얼마를 지급해야 하는지의 여부가 문제된다. 이러한 것은 환매권의 내용이 형평법상의 환매권인지 아니면 성문법상의 환매권인지의 여부에 따라 다르게 나타난다.1330)

1) **형평법상의 환매권**(equitable right of redemption)**의 경우**   형평법상의 환매권 (equitable right of redemption)에 의할 경우 채무자는 저당권 실행의 완료, 즉 매각이 완료되기 이전까지(prior to/before the foreclosure sale) 지체된 대금을 지급하고 담보된 부동산을 다시 찾아올 수 있다.1331) 그러므로 저당권이 실행된 이후에는 논리상으로 형평법상의 환매권은 더 이상 행사할 수 없게 된다. 이때 채무자는 원래의 저당채무 전액(entire mortgage)과 이자나 비용 등 추가적으로 지불해야 할 부분이 있다면 이 모든 금액을 지급해야 한다.

또한 만일 채무자가 계약을 위반할 경우 채무의 변제기 완료 이전이라도 전액을 조기에 상환해야 한다는 '기한의 이익 상실 조항' 내지 '조기 변제 상환 조항'(an acceleration clause)이 있을 경우 채무자(mortgagor)는 저당채무상의 잔액 전부와 관련된 이자와 비용을 합한 금액을 지급해야 할 것이다.

한편, 이러한 환매의 권리는 채무의 불이행 이후에 일정한 대가 내지 약인(consideration)을 받고 포기(waiver)하는 것은 별론으로 하고, 이를 미리 포기할 수 없으며, 만일 사전에 포기하는 특약을 체결하였다면 이는 채무자 보호를 위해 무효인 법률행위가 될 것이다.1332)

2) **성문법상의 환매권**(statutory right of redemption)   반면, 성문법상의 환매권(statutory

---

제595조(공유지분의 환매) 공유자의 1인이 환매할 권리를 보류하고 그 지분을 매도한 후 그 목적물의 분할이나 경매가 있는 때에는 매도인은 매수인이 받은 또는 받을 부분이나 대금에 대하여 환매권을 행사할 수 있다. 그러나 매도인에게 통지하지 아니한 매수인은 그 분할이나 경매로써 매도인에게 대항하지 못한다.

1330) 서철원, *supra* note 27, at 192.
1331) Jesse Dukeminier 외, *supra* note 32, at 618-619.
1332) 서철원, *supra* note 27, at 192.

right of redemption)은 채무자는 저당권 실행이 완료된 후(after foreclosure sale) 어떤 일정한 시점(3개월, 6개월, 1년, 2년 등)까지 기한을 주어 그 기한내에 밀린 대금을 지급하고 찾아올 수 있도록 하는 것을 말한다.[1333] 이때 채무자가 지급해야 할 금액은 원래 채권자(금융기관 등)에게 부담하는 채무 전부가 아니라 저당권 실행으로 매각된 금액(foreclosure sale price)에 이자 등을 합한 금액이 된다.[1334] 일단 해당 부동산에 대한 저당권이 실행된 후에 대금을 지급하고 환매권을 행사한 경우 이미 실행된 저당권은 무효로 되고 그 부동산에 대한 권리는 환매권자에게 귀속될 것이다.

로스쿨이나 미국 변호사 자격취득 준비 그리고 실무를 위한 독자라면 이 부분과 관련한 포인트로서 '채무자는 언제까지 얼마의 대금을 지급해야 해당 부동산을 다시 찾아올 수 있는지'를 정확히 숙지하면 도움이 될 것이다.

4.5. 저당권의 우선순위

(1) 원칙

저당권에 의해 담보는 채무가 이행기가 도래하였음에도 채무자가 지급을 하지 않은 경우 저당권자는 그 저당권 실행을 통해 매각한 금전으로부터 다른 채권자에 우선하여 채권의 만족을 얻을 수 있다. 이때 동일 부동산 위에 여러 개의 담보권이 설정되어 있는 경우 누가 우선적으로 그 권리를 취득하는지가 문제된다.

원칙적으로 저당권의 우선순위는 해당 부동산 위에 저당권을 설정한 순서와 해당 주(a state)에서 적용하는 부동산등록법(a recording statute)에 따라 결정된다고 할 수 있다.

(2) 저당권 우선순위의 변경

하지만 때로는 여러 가지 원인에 따라 그 순위가 변경될 수 있다. 이러한 원인으로는 ① 등록을 하지 않은 경우, ② 선순위 저당권자(a senior mortgagee)와 후순위 저당권자(a junior mortgagee)와의 합의에 의해 저당권 순위가 변경되는 경우(subordination agreement), ③ 부동산 대금 저당권(Purchase Money Mortgage, PMM)의 경우, ④ 우선 순위에 있는 저당권이 새로운 합의 등을 통해 후순위 저당권자보다 불리하게 변경된 경우, ⑤ 장래에 지

1333) Barlow Burke and Joseph Snoe, *supra* note 1, at 398; Jesse Dukeminier 외, *supra* note 32, at 618-619.
1334) 서철원, *supra* note 27, at 193.

급할 채권에 대해 담보권을 설정되는 선택적 장래대부금(optional future advances)의 경우1335) 등을 들 수 있다.1336)

①의 경우는 제1저당권이 등록되어 있지 않은 상태에서 제2저당권이 등록되고 그 저당권자가 선의인 경우 부동산등록법상 제2저당권이 우선적 권리를 취득할 수 있다. 이 때 만일 제1저당권과 제2저당권 모두가 등록이 되어 있는 경우라면 먼저 등록한 저당권이 우선하여 권리를 취득할 것이다. 즉, 시간에 있어서 앞서는 경우 우선적 권리를 갖는다는 말이다(first in time, first in right).

③의 부동산 대금 저당권 내지 부동산 대금 양도 저당권(purchase money mortgage, PMM)이란 어떤 특정 부동산을 취득함에 있어 그 취득에 필요한 자금의 일부를 대출받는 대신에 부동산의 매도인이나 부동산 구입자금을 제공해 준 제3자에게 설정해 주는 저당권을 말한다.

예를 들어 어떤 부동산(토지)에 대해 매도인(A)과 매수인(B)이 체결한 매매 가격이 50만 달러이고 매수인이 40만 달러를 제공하고 나머지 10만 달러가 부족한 경우를 생각해 보자. 이 때 매수인은 다른 금융기관 등으로부터 자금을 대출받아 잔액 10만 달러를 변제하는 것이 아니라 매도인이나 제3자로부터 해당하는 금액을 융통하고, 그 대신에 그 금액(10만 달러)에 해당하는 부분에 대해 저당권을 설정해 주는 경우를 말한다. 이러한 형식의 저당권은 등록이 먼저 이루어진 다른 유형의 저당권(non-purchase money mortgage)에 우선하고(최우선 순위, super-priority), 다시 매도인과 제3자와의 관계에서는 매도인의 부동산 대금 저당권이 우선하며, 매도인과 매도인 또는 제3자와 제3자 사이의 관계에서 우선권은 우선에 관한 일반원리에 따른다고 할 수 있다.1337)

말하자면 일반적인 의미의 저당권은 저당권을 설정하려는 부동산 소유자("O")가 자신의 부동산을 담보로 제공하고 필요한 대금을 대출받는 데 대해서, 부동산 대금 저당권(PMM)은 O가 O 자신의 부동산이 아닌 어떤 부동산("P")을 매수하기 위해 돈을 빌리면서 그 P 위에 저당권을 설정해 주는, 즉 특정한 조건과 제한한 따라 사후취득 재산이 담보

1335) 이는 채무자가 미래의 어떤 시기에 부동산상에 설정된 저당권 담보에 의해 확보해 놓은 추가금액을 차용할 수 있도록 하는 것이다. 이러한 저당권에 의해 담보되는 채권은 비록 그 지급이 후순위 저당권이 설정된 이후에 이루어졌다고 해도 이에 대해서는 우선적 순위를 갖게 된다. 하지만 대출할 수 있는 금액이 의무적이 아닌 선택적이고 후순위저당권이 설정되어 있음을 알면서 지급된 것이라면 후순위 저당권이 우선 순위를 갖는다고 할 수 있다(서철원, *Id.* at 194).

1336) 서철원, *Id.* at 193-194.

1337) *Id.* at 194.

의 대상물이 되어 그 담보재산(after-acquired collateral or property)에 대해 담보권을 설정하는 것을 의미한다.

5. 저당권의 양도

5.1. 의의

저당권자와 저당권설정자 사이에 '저당권이 설정되어 있는 부동산'에 대한 양도를 제한하는 등 별도의 특별한 약정이 없는 한 계약자유의 원칙에 따라 저당권설정자는 '저당권이 설정된 자신의 부동산'을 자유롭게 양도 내지 이전할 수 있다. 이와 같이 저당권의 제한을 받는 부동산을 양도할 경우 저당권도 함께 양도되는지의 여부가 문제된다.

일반적으로 저당권은 다른 담보물권의 경우와 같이 부종성, 수반성, 물상대위성, 불가분성이라는 담보물권의 성질을 가지고 있다. 즉, 저당권은 피담보채권을 그 전제로 하여서만 성립할 수 있고(부종성),1338) 저당권자가 피담보채권의 전부에 대한 지급을 받을 때까지 해당 부동산의 전부에 대해 그 권리를 행사할 수 있으며(불가분성), 피담보채권이 양도되면 저당권도 함께 양도된다(수반성).1339) 따라서 저당권 제한이 있는 부동산을 양도하게 되면 담보물권이 갖는 '수반성'에 따라 저당권도 자동적으로 양도되게 된다.

1338) 저당권은 피담보채권과 분리하여 양도하지 못하는 것이어서 저당권부 채권의 양도는 언제나 저당권의 양도와 채권양도가 결합되어 행해지므로 저당권부 채권의 양도는 민법 제186조의 부동산물권변동에 관한 규정과 민법 제449조 내지 제452조의 채권양도에 관한 규정에 의해 규율되므로 저당권의 양도에 있어서도 물권변동의 일반원칙에 따라 저당권을 이전할 것을 목적으로 하는 물권적 합의와 등기가 있어야 저당권이 이전된다고 할 것이나, 이 때의 물권적 합의는 저당권의 양도·양수받는 당사자 사이에 있으면 족하고 그 외에 그 채무자나 물상보증인 사이에까지 있어야 하는 것은 아니라 할 것이고, 단지 채무자에게 채권양도의 통지나 이에 대한 채무자의 승낙이 있으면 채권양도를 가지고 채무자에게 대항할 수 있게 되는 것이다(대법원 2005. 6. 10. 선고 2002다15412 판결).

1339) 담보권의 수반성이란 피담보채권의 처분이 있으면 언제나 담보권도 함께 처분된다는 것이 아니라 채권담보라고 하는 담보권 제도의 존재 목적에 비추어 볼 때 특별한 사정이 없는 한 피담보채권의 처분에는 담보권의 처분도 당연히 포함된다고 보는 것이 합리적이라는 것일 뿐이므로, 피담보채권의 처분이 있음에도 불구하고, 담보권의 처분이 따르지 않는 특별한 사정이 있는 경우에는 채권양수인은 담보권이 없는 무담보의 채권을 양수한 것이 되고 채권의 처분에 따르지 않은 담보권은 소멸한다(대법원 2004. 4. 28. 선고 2003다61542 판결).

5.2. 저당권 양도의 방식과 정당한 양도증서 소지인의 지위

저당권의 양도는 그 방식과 함께 정당한 양도증서 소지인의 지위가 문제되는 데 이와 관련해 살펴보면 다음과 같다.

(1) 양도의 방식

저당권의 양도는 그 방식에 있어서 ① 저당권 양도라는 별도의 문서작성 없이 부동산 양도증서의 배서와 교부를 통해 이루어지거나 ② 저당권의 양도라는 별도의 문서와 함께 양도하는 경우를 생각할 수 있다.

(2) 정당한 양도증서 소지인의 지위

1) **쟁점**   ①의 경우 적법하게 양수인에게 양도되었다면 이와 관련한 계약 등 별도의 문서 작업절차가 필요 없이 저당권도 자동적으로 이전된다. ②와 같이 저당권의 양도라는 별도의 계약 등의 문서와 함께 양도하는 경우 그 증서는 일반적인 의미를 갖는 채권의 하나라고 할 수 있고 그 효과는 미국 계약법에서 학습하게 될 일반적 채권양도의 법리에 의하게 될 것이다.[1340]

이때 그 증서가 하나의 유통증서로서 ①과 같은 양도의 방식을 취했을 때 그 정당한 증서를 소지한 양수인의 지위가 문제된다. 이러한 것은 부동산 양도증서는 양도의 용이성 및 증서의 신뢰성과 관련되어 있다는 점에서 '정당한 소지인'(Holder in Due Course)이란 개념이 사용되고 있다. 원래 '정당한 소지인'의 의미는 유통증권을 무상이 아닌 유상으로 취득하는 소지인을 말하는 데[1341] 이는 선의의 매수인(a bona fide purchaser)과 유사한 지위를 갖는다고 할 수 있다.

즉, 양수인이 일단 적법한 양도증서를 양도받게 되면 증서의 발행자(a maker)가 양도인(원래의 저당권자)에게 제기할 수 있는 어떤 '인적 내지 개인적 항변사유'(personal defenses)도 양수인에게 대항할 수 없는 것으로 취급되어 보호받는 것이다(인적 항변의 절단).

그렇기에 위와 같이 '정당한 증서의 소지인'인 양수인은 양도인에게 어떤 인적 항변사유의 존재 여부와 관계없이 위 증서에 기초하여 언제든지 양도인(저당권자)에게 대금을

1340) 미국 계약법상 채권의 양도에 대해서는 조국현, *supra* note 29, at 561−580 참조.
1341) 임홍근 외, *supra* note 22, at 926.

청구할 수 있고, 미이행시 저당권 실행을 할 수 있게 된다.

　하지만 만일 양수인이 적법한 양도증서를 양도받았다고 하더라도 증서의 발행자 (maker)가 양도인(원래의 저당권자)에게 제기할 수 있는 어떤 '물적 내지 일반적/실질적 항변사유'(real or universal defenses)가 있을 때에는 그러한 사유를 들어 양수인에게 대항할 수 있고 따라서 양수인은 보호받을 수 없게 된다(물적 항변의 절단).

　위와 같은 내용은 아래 〈표〉와 같이 정리할 수 있다.

━ 인적 항변과 물적항변

인적항변(personal defenses)	물적 항변(real defenses)
• 의의 　– 정당한 소지인(HDC)이나 정당한 소지인의 권리를 보유하는 소지인이 아닌 통상의 소지인(an ordinary holder)에 대해 대금지급을 회피하기 위해 사용할 수 있는 항변1342)	• 의의 　– 통상의 소지인뿐만 아니라 정당한 소지인(HDC)이나 정당한 소지인의 권리를 보유하는 소지인을 포함하는 모든 소지인에 대해 대항할 수 있는 항변1344)
• 원칙적인 예 　– 비양심성(unconscionability), 대가 내지 약인의 결여(lack of consideration), 절도(theft), 포기(waiver)와 금반언(estoppel), 내용에서의 기망(fraud in inducement) 등 물적 항변사유를 제외한 계약상 의무에 영향을 미치는 모든 항변사유1343)	• 원칙적인 예 　– 위조(forgery), 상당한 변조(material alter−ation), 강박(duress), 실행에서의 기망(fraud in factum/execution),1345) 무능력(incapacity), 불법(illegality), 미성년(infancy), 파산(insol−vency) 등

　2) 정당한 소지인이 되기 위한 요건 및 효과　　양수인이 '정당한 소지인'(holder in due course, HDC)으로서의 지위를 갖게 되면 그 증서상의 금액을 받지 못할 위험이 줄어들게 되는 등 특별히 보호를 받을 수 있기에 일정한 요건이 필요하다. 즉, 양수인은 적법한 부동산 양도증서의 소지인(holder)으로서 그 증서는 유통가능한 것으로 배서되어 있고, 어

1342) 임홍근 외, *Id.* at 1417.

1343) 서철원, *supra* note 27, at 413.

1344) 임홍근 외, *supra* note 22, at 1965.

1345) 실행에서의 기망(fraud in factum or execution)은 영수증에 서명하는 것이라고 속이고 증서에 서명하도록 하는 것처럼 기망 대상이 된 자 스스로가 증서상에 어떤 행위를 하는지 모르고 속아서 행위하는 것을 말한다. 이에 비해 내용에서의 기망(fraud in inducement)은 증서상에 어떤 행위를 하는지는 알았지만 그 행위를 하는 내용에 대해 기망당한 것을 의미한다(서철원, *supra* note 27, at 414).

느 정도의 대가 내지 약인을 제공하고(for value), 선의로서(in good faith), 어떤 항변사유 등이 있음을 알지 못해야(without notice) 한다.[1346]

　이러한 요건을 갖추어 정당한 소지인("A")으로서 인정받게 되면 A로부터 그 증서를 취득한 자("B")는 비록 자신이 정당한 소지인으로서의 요건을 갖추지 못하였더라도 이전의 A가 갖고 있던 정당한 소지인(HDC)의 권리를 이전받아 행사하여 보호받을 수 있다(차단규칙, shelter rule). 즉, 이와 같은 요건을 갖추면서 부동산 양도증서를 취득한 정당한 소지인은 원채무자가 항변할 수 있는 물적 항변 사유 이외의 인적 항변 사유의 적용을 받지 않음으로써 양수인은 그만큼 보호받게 되는 것이다.

6. 저당권 제한이 있는 부동산의 매매와 등록제도

> **사 례 연습** ─────────────────────────────
>
> • 2017년 5월 19일 부동산 소유자 A가 주택자금이 필요하여 농협 봉평지점(B)으로부터 2억원을 빌리기 위해 자신의 부동산에 저당권을 설정하였고, B가 이러한 내용을 등록하였다고 생각해 보자. 2017년 7월 1일이 되어 A가 저당권 제한이 있는 동 부동산을 C에게 매도하였고 이때 C는 저당권과 같은 담보권이 설정되어 있음을 알지 못한 채 부동산 양도증서를 당일 등록하였다.
>
> 　이 경우 C는
> 　① 저당권이 설정된 부동산을 취득할 수 있는가?
> 　② ①에 따른 결론은 부동산등록법상의 입법주의에 따라 다르게 적용되는가?
>
> • 쟁점
> 　─ 저당권 제한이 있는 부동산의 매매와 등기제도
> 　─ 저당권자가 후속 매수인보다 먼저 등록을 한 경우의 효력
> 　─ 저당권자가 후속 매수인보다 먼저 등록을 하지 않은 경우의 효력

1346) 서철원, *Id.* at 408-409.

저당권이 붙어있는 부동산을 매매한 경우 위에서 언급한 저당권의 수반성에 따라 저당권 있음을 나타내는 증서가 적절하게 등기되어 있는 한 저당권도 그대로 이전된다. 즉, 이러한 부동산을 매수한 매수인은 등기된 저당권이 붙어있는 부동산을 매입하게 되는 것이다.

이와 관련하여 ① 저당권자가 후속 매수인보다 먼저 저당권 등록을 한 경우와 ② 저당권자가 후속 매수인보다 먼저 저당권 등록을 하지 않은 경우 위에서 설명한 부동산등록법상의 적용과 관련하여 문제가 된다.

6.1. 저당권자가 후속 매수인보다 먼저 등록을 '한' 경우

예를 들어 2017년 7월 19일 부동산 소유자 A가 주택자금이 필요하여 국민은행 갤러리아팰리스 지점(B)으로부터 10만 달러를 빌리기 위해 자신의 부동산에 저당권을 설정하였고, B가 이러한 내용을 등록하였다고 생각해 보자. 2017년 9월 1일이 되어 A가 저당권 제한이 있는 동 부동산을 C에게 매도하였고 이때 C는 저당권과 같은 담보권이 설정되어 있음을 알지 못한채 부동산 양도증서를 당일 등록하였다.

이 경우 C는 저당권이 설정된 부동산을 취득한 것인지 아니면 부동산등록법상의 입법주의에 따라 다르게 적용되는지 문제된다. 부동산등록법의 적용범위와 관련하여 그 입법주의의 유형과는 관계없이 모두 부동산 양도증서의 경우뿐만 아니라 저당권에도 적용됨을 등기(등록)제도와 관련한 부분에서 언급한 바 있다.

위 사안은 부동산등록법상의 어느 입법주의를 취하든 C는 저당권의 제한이 있는 부동산을 취득한 것으로 취급된다. 우선 다른 특별한 사정이 없는 한 '등록 우선형' 부동산등록법(race statute 내지 race recording statute)은 등록을 우선한 자(여기서는 B)가 우선권을 갖기 때문이고, '선의 우선형' 부동산등록법(notice statute)이나 '등록에 의한 선의 우선형' 부동산등록법(race-notice statute)에 따를 경우 C는 취득당시 관련 증서들을 열람하여 확인할 수 있었기 때문이다(record notice).

6.2. 저당권자가 후속 매수인보다 먼저 등록을 '하지 않은' 경우

이제 저당권자가 후속 매수인보다 먼저 등록을 하지 않은 경우를 살펴보자. 위에서 제시한 사례를 변경하여 2017년 7월 19일 부동산 소유자 A가 주택자금이 필요하여 국민은행 갤러리아팰리스 지점(B)으로부터 10만 달러를 빌리기 위해 자신의 부동산에 저당권을 설정하였지만, B가 당시 이러한 내용을 등록하지 않았다고 생각해 보자. 2017년 9월 1일이 되어 A가 저당권 제한이 있는 동 부동산을 C에게 매도하였고 이때 C는 저당권과 같은 담보권이 설정되어 있음을 알지 못한 채 매수하였다.

이후 2017년 9월 15일 B가 저당권 등록을 하였고, 같은 해 9월 20일 C가 등록을 하였다고 할 때 위의 경우와 같이 C는 저당권이 설정된 부동산을 취득한 것인지 아니면 부동산등록법상의 입법주의에 따라 다르게 적용되는지 문제된다.

우선, 다른 특별한 사정이 없는 한 '등록 우선형'은 등록을 우선한 자(여기서는 B)가 우선권을 갖게 되므로 C는 저당권의 제한이 있는 부동산을 취득한 것으로 취급된다.

다음, '선의 우선형'(notice statute)을 적용할 경우 이는 비록 나중의 매수인이 등록을 하지 않을지라도 이와 관계없이 이전의 매수인이 등록을 하지 않았을 경우 뒤의 매수인을 보호하는 입법주의이므로, C가 선의의 매수인(a bona fide purchaser, BFP)인 한 C는 저당권의 제한이 있는 부동산을 취득한 것으로 볼 수 없다. 즉, '선의 우선형'에 의한 입법주의를 취하면 이전의 거래에 대한 통지가 없었다면 비록 나중에 취득한 자가 등록을 완료하지 않았어도 나중의 취득자(a subsequent bona fide purchaser, 여기서는 C)가 취득당시 미등기 상태의 이전의 취득자나 저당권자(여기서는 B)보다 우선하게 되는 것이다.

이때 통지(notice)에 대해서는 위의 등록제도나 선의의 매수인(BFP) 부분에서도 언급한 바 있듯이 ① 실질적 통지(actual notice), ② 정황적 통지(inquiry notice), ③ 의제적 내지 추정적 통지(constructive notice)를 포함한다.

마지막으로 '등록에 의한 선의 우선형'(race-notice statute 내지 race-notice recording statute)의 경우를 적용해 보자. 이 입법주의는 앞에서 설명하였듯이 등록 우선형 부동산등록법(a race statute)과 선의 우선형 부동산등록법(a notice statute)의 결합 형태라고 할 수 있다. 즉, 이 입법주의에 의할 경우 두 번째 매수인이 우선권을 주장하기 위해서는, 이전 매수인이 매수사실을 "인지"하지 못했어야 하고(without notice), 첫 번째 취득자보다 먼저 등기해야 한다는 것이다. 이 두 가지 조건을 모두 충족해야만 하고, 하나라도 충족하지 못하면 두 번째 매수인은 소유권을 주장할 수 없게 되는 것임을 학습하였다. 이에 따르면 본 사례에서 C는 저당권의 제한이 있는 부동산을 취득한 것으로 볼 수 있다. B보다 먼저 등록을 마쳤기 때문이다.

사 례 의 분석 ───────────────────────────────

본 사례와 관련에서 앞 부분에서 설명한 바 있듯이 C는 부동산등록법상의 어느 입법주의를 취하든 저당권의 제한이 있는 부동산을 취득한 것으로 취급된다.

위 사안은 C가 저당권이 설정된 부동산을 취득한 것인지 그리고 부동산등록법상의 입법주의에 따라 그 결과가 다르게 나타나는지가 쟁점이 된다.

부동산등록법의 적용범위와 관련하여 그 입법주의의 유형과는 관계없이 모두 부동산 양도증서의 경우뿐만 아니라 저당권에도 적용됨을 등록제도와 관련한 부분에서 언급한 바 있다.

우선 다른 특별한 사정이 없는 한 '등록 우선형 부동산등록법'(race statute 내지 race recording statute)은 등록을 우선한 자(여기서는 B)가 우선권을 갖기 때문이고, '선의 우선형 부동산등록법'(notice statute)이나 '등록에 의한 선의 우선형 부동산등록법'(race-notice statute)에 따를 경우 C는 취득당시 관련 증서들을 열람하여 확인할 수 있었기 때문이다(record notice).

그러므로 C는 부동산등록법상의 어느 입법주의를 취하든 저당권이 붙어있는 부동산을 취득한 것으로 인정되는 것이다.

7. 저당권 제한이 있는 부동산을 취득한 자의 지위

위에서 언급한 것처럼 어떤 저당권의 제한이 있는 부동산(subject to the mortgage)이라도 양수인이 이를 양수받게 되면 자동적으로 저당권도 함께 양수받게 된다. 이러한 부동산을 양수받은 자(제3취득자)는 원 채무자가 저당채무를 변제하여 저당권을 소멸시키면 문제가 없지만, 채무가 이행되지 않아 저당권자의 저당권 실행이 이루어지면 양수인은 해당 부동산을 잃게 되는 불안정한 지위에 놓이게 된다.

이러한 것은 그러한 부동산을 취득한 양수인이 저당채무를 개인적으로 이행할 의무가 있는가의 여부와 관련되고 이는 다시 제3취득자가 저당채무를 인수(assumption)하였는지의 여부와 연결된다고 할 수 있다. 어느 경우든 원래의 채무자는 특정 기일, 즉 채무의 만기일이 되면 일정한 금액을 변제하겠다는 문서로 된 약속(original promissory note)에 서명하였으므로 특별한 경우가 아닌 한 언제나 책임을 부담한다.

이 부분과 관련하여 로스쿨이나 미국 변호사 자격취득을 준비하거나 실무에 있는 독자라면 계약서상에 "assumed"라는 단어가 있는지를 확인한 후 사례에 임하면 이해에 도움이 될 것이다.

7.1. 제3취득자가 저당채무를 '인수한' 경우(with assumption)

제3취득자가 저당채무를 인수(assumption)한 경우 그는 개인적으로 저당채무에 대한 1차적인 책임(primary liability)을 부담하게 된다.[1347] 즉, 채무를 인수한 제3취득자(the assuming buyer) 저당권뿐만 아니라 저당권의 실행을 통해 매각을 통해서도 저당채무를 변제하기에 부족한 경우 그 부족한 부분에 대한 1차적 책임을 부담하는 것이다.

이때 처음 저당권을 설정한 자도 역시 보증관계(surety)에 기해 채무이행 책임을 여전히 부담하게 되고 이러한 논리는 미국 계약법상의 위임(delegation)과 유사하다고 할 수 있다.

미국 계약법상의 의무(채무)의 위임(delegation of duty)과 관련하여 의무 내지 채무가 위임되었어도 위임자는 계속 계약상의 책임을 여전히 부담한다.[1348] 그러므로 채권자는 피위임자, 즉 수임자가 위임된 내용의 의무이행을 하지 않을 경우(nonperformance) 권리자인 채권자는 위임자를 상대로 이행청구의 소를 제기할 수 있는 것이다. 이는 피위임자가 명시적으로 '위임의 인수'(assumption of delegation)를 한 경우에도 마찬가지이다. 다만 위임자와 수임자 사이에서는 수임자가 의무의 이행과 관련하여 1차적 책임(primary responsibility)을 지고, 위임자(delegator)가 일종의 보증인(a surety)과 같이 2차적 책임(secondary responsibility)을 부담하게 된다.

만일 채권자가 명시적으로 위임에 동의하였다면 모든 당사자의 동의가 이루어진 것으로서 경개계약(novation)으로 해석되어 위임자(종래의 채무자)의 채무는 계속해서 계약상의 책임을 지지 않고 소멸되고, 수임자(새로운 채무자)가 계약상의 당사자적 지위를 갖게될 것이다.[1349]

7.2. 제3취득자가 저당채무를 '인수하지 않은' 경우(without assumption)

제3취득자가 저당채무를 인수하지 않은 경우라면 양수인인 제3취득자는 저당채무에 대해 자신이 개인적으로 책임을 부담하지 않는다. 하지만 위에서 언급한 것처럼 저당채

1347) 서철원, *Id.* at 196.
1348) '의무(채무)의 위임'과 관련해서는 조국현, *supra* note 29, at 581−588 참조.
1349) 여기서의 경개(novation)란 새로운 채무를 성립시키고 원래의 채무를 소멸시키는 유상의 계약으로 그 종류로는 채권자의 교체에 의한 경개, 채무자의 교체에 의한 경개, 채권 목적(내용)의 변경에 의한 경개가 있다[(지원림, *supra* note 26, at 987−990)].

무가 이행되지 않으면 제3취득자로서는 언제 저당권이 실행될지 모르고 그로 인해 해당 목적물(부동산)에 대한 권원 내지 소유권(title)을 잃게 될 수 있다는 불안정한 지위에 놓이게 된다. 그러므로 제3취득자로서는 이러한 불안정한 지위에 있는 것을 막기 위하여 자신이 직접 저당채무를 변제하는 경우가 있을 것이다.

8. 형평법상의 저당권(Equitable Mortgage)

8.1. 의의 및 특징

형평법상의 담보권 내지 저당권이란 저당권 담보계약(security agreement)을 체결하기 이전에 일정한 재산을 담보로 하는 계약을 말한다.[1350] 즉, 채무자가 채권의 담보를 위해 그 계약의 형식을 매매로 체결하면서 일단 채무자 소유의 권원(소유권)을 채권자에게 이전시켜 주고 채무자가 채무의 이행을 완료한 경우 다시 채무자가 그 권원을 갖도록 하는 권리를 말한다.[1351] 즉, 형식상으로는 부동산 양도증서의 이전방식을 취하고 있지만, 어떤 제한이나 권리소멸조건이 부가되지 않은 무조건 양도증서(absolute deed)의 방식이 아니라 실제로는 채권을 담보하기 위한 목적이라는 점에서 형평법상의 담보권(저당권)이라고 불린다. 이러한 점에서 형평법상의 저당권은 위장된 저당권(disguised mortgage) 내지 표면상의 무조건 양도증서(absolute deed on its face)라고도 할 수 있을 것이다.

이 경우 비록 채권자(금융기관 등)라고 하더라도 양도증서상의 소유자임을 이유로 자기 소유를 주장하지 못하고 사법적 절차에 의한 저당권 실행(foreclosure)을 통해 채권의 만족을 갖게 될 것이다.

8.2. 요건

이러한 형평법상의 저당권이 성립되기 위해서는 우선 채무가 존재해야 하고, 만일 채무자가 채무의 이행을 완료한 경우 담보된 부동산을 돌려준다는 약속이 있어야 한다.

1350) 임홍근 외, *supra* note 22, at 691.
1351) 서철원, *supra* note 27, at 191.

또한 채무자가 채권자로부터 빌린 금액이 담보로 맡긴 부동산의 가치보다 적어야 하고, 채무자의 재정적 상황을 고려하여 이에 대한 당사자간의 사전 협의가 있어야 한다. 즉, 이는 서면성이 필요한 부분을 제외한 나머지 부분은 뒤에서 살펴 볼 법정 저당권의 요건 과 유사하다고 할 수 있다.

8.3. 법정 저당권과의 구별

하지만 실제로는 뒤에서 살펴 볼 법정 저당권(legal mortgage)임에도 통상의 부동산 양 도증서를 교부한 경우라고 해서 그 자체만으로 바로 형평법상의 저당권으로 인정되는 것 은 아니다. 왜냐하면 그 형식이나 방식보다는 어떤 부동산 양도증서가 채무자의 채무에 대 한 담보의 목적으로 제공된 것임을 알게 해 주는 서면(writing)이 당사자간에 있어 사기방지 법을 충족시켰다면 이는 형평법상의 저당권이 아닌 법정 저당권이 될 수 있기 때문이다.

이러한 것은 채무자가 자신의 부동산을 채권자에게 매도하고, 채권자는 매도인인 채 무자로 하여금 계속 사용케 하는 임대차 계약 방식을 따르더라도(매각후 리스, sale and lease back) 그 본질이 채권 담보의 일환이라는 점에서 역시 여기서 말하는 형평법상의 저당권 의 하나로 취급할 수 있다.[1352] 만일 이때 채무자가 채무의 변제를 위한 이행기가 되었 음에도 이행을 완료하지 못한 경우 채권자가 갖고 있던 잠정적 권원 내지 소유권은 이제 확정적으로 채권자에게 귀속하게 된다고 할 수 있다.

8.4. 채무자의 채무불이행시의 절차

법원이 이러한 형평법상의 저당권을 인정하고 난 후 채무자가 채무불이행에 빠지면 채권자는 사법적인 매각(judicial sale)의 방법에 의한 처분을 하고 처분을 통해 얻는 금전 을 채무에 변제충당하며[1353] 남는 부분이 있는 경우 이를 채무자에게 돌려주는 형식을 취하게 된다.

1352) *Id.*
1353) *Id.*

사례의 분석 ───────────────────────────────────

[사례 1]

(1) 이때 채무자의 부동산에 저당권이 설정되어 있던 C1의 권리는 소멸되지 않고 해당 부동산에 그대로 남아있게 된다.

여기서 C1이 C2보다 우선순위이었지만 C1이 D와의 저당권 계약의 변경으로 인해 C2보다 후순위가 되는 것은 아닌지가 문제된다. 만약 선순위저당을 변경한 경우 변경으로 인해 어떤 증가된 부분이 있다면 그 증가분은 후순위 저당권보다 앞서서 변제될 수 없다.

일반적으로 저당권이 실행되면 모든 후순위저당권은 소멸되는 것이 원칙이다. 이때 C2가 C1을 저당권 실행시 참여시켰더라면 선순위저당권자를 제외한 모든 후순위저당권자는 소멸된다. 사안의 경우 하지만 C2는 C1을 참여시키지 않았고, 따라서 C2의 저당권 실행에도 불구하고 소멸되지 않고 그대로 남아있게 된다.

(2) C1의 후순위저당권은 소멸한다.

하지만, 만일 후순위저당권자가 경매통지를 수령하고도 자발적으로 참여하지 않은 경우에는 그 후순위저당권은 소멸한다. 이때 경매를 통해 취득한 해당 부동산 소유권자는 어떤 부담도 없는(free of any liens) 권원(title)을 취득하게 된다.

[사례 2]

이때 일단 2순위 회사(B)가 먼저 가져가고, 증액된 근저당 $15,000에 대해 은행(A)은 후순위자로서 $5,000에 대한 변제를 받고, $10,000은 담보부족금액의 판결(a deficiency judgment)을 통해 받게 되고, 그 부분 근저당권은 소멸하게 된다. 1순위로서의 $20,000은 2순위 회사 근저당 실행과 관련 없이 존속하고, 배당받을 권리도 없다.

숙지해야 할 내용은 2순위자가 실행한 근저당에 은행이 1순위 근저당 먼저 변제받을 수 없다는 것이다. 만약 저당권설정자가 은행에 대해 채무불이행을 하지 않았다면, 1순위자 은행으로서는 후순위자가 실행하는 경매에 은행도 참가해서 먼저 배당을 받을 권리는 없다.

또한 선순위 저당권자는 후순위 저당권자가 실행하는 경매에서 매각대금을 받지 않는다는 것을 정확히 이해해야 할 것이다.

만일 저당권 실행 경매대금이 남았을 경우는 이는 채무자(갑)에게 돌려주게 되고, 선순위자에게 배당되는 것이 아니다.

───

Notes, Questions, and Problems ──────────────────────────

- 구두에 의한 합유 부동산권에 관한 계약(oral agreement of Joint Tenancy)은 인정되지 않는다. 분할(severance)을 위한 구두 계약도 인정되지 않는다. 사기방지법(statute of fraud)의 문서성

(in writing)에 위반되기 때문이다.

- AB가 공동으로 소유하고 있는 합유 부동산권(Joint Tenancy)에서 AB 중 1인이 자신의 개인지분에 어떤 담보권(리엔, lien)을 설정한 경우을 생각해 보자. 이때 만일 그 담보권에 대한 경매가 실행하게 되면 그 경매금액으로부터 1/2을 받지만, 경매 전에 사망하게 되면 이때의 담보권(lien)은 소멸하고, 남아있는 생존자가 전부 가져간다.

- 합유 부동산권 관계이면 매매계약 체결 즉시 분리(sever)된다. 그 이유는 형평법상 소유권 이전의 법리(equitable conversion)와 관련이 있기 때문이다. 유언(will)에 의한 것만으로 분할(sever)되지 않으므로 합유 부동산권에서 유언은 경시해도 무방할 것이다. 2인의 합유 부동산권자 중 1인이 사망하면 남아있는 생존자에게 귀속되고 유언에 나타나 있는 수증자에게 귀속되지 않는다.

- 부부공동소유 부동산권(Tenancy by the Entirety, TBE)에서는 부부 일방의 분리권('right to partition')은 생각하기 어렵다.

- 공동소유관계에서 세금을 전부 납부하면 구상이 가능하다.

- 공동소유관계에서 개량(Improvement) 부분은 종료될 때 받을 수 있다.

- 공동소유관계에서 농사를 지어서 산출된 곡식은 나눌 의무가 없다. 다른 사람에게 임대(lease)한 경우라면 그 임대료 나누어야 하는 것과 구별된다. 공동소유자는 모두 자신의 지분 비율과 관계없이 땅 전체의 사용이 가능하다.

- 공동소유관계에서 수리비용은 상대방에게 미리 고지했다면 합리적인 보수비용('reasonable repair')을 구상할 수 있다.

- 공동소유관계에서 부부공동소유 부동산권(Tenancy by the Entirety, TBE)은 쌍방 합의 없이 분할청구는 할 수 없지만, 나머지 합유 부동산권(Joint Tenancy, JT), 공유 부동산권(Tenancy in Common, TIC)의 경우는 분할 청구시 법원이 현물분할이든 가액분할이든 해야 하고, 이를 부인(deny)할 수는 없다.

- 부동산 등록제도 중 '선의 우선형'(notice statute)에서 후속매수인이 우선하는 이유는 등록(record)을 했기 때문이라기 보다, 후속매수인이 선의의 매수인(a bona fide purchaser, BFP)이었기 때문이라는 점에 유의해야 할 것이다.

- 저당권을 설정한 때 합유 부동산권(JT)이 분리(sever)된다고 보는 입장(Title theory)에 따를 경우, 저당권 설정시 저당권자인 은행과, 다른 이해관계인 사이의 공유 부동산권(tenancy in common)으로 변하고, 저당권 설정자는 더 이상 공동소유관계가 아니라는 점에 유의해야 할 것이다.

- 세부적인 분할이나 지역(지구단위) 개발을 위한 '종합계획'(subdivision, common development scheme)을 통해 정황적 인지 내지 통지(inquiry notice)가 인정될 수 있으므로 최초에 아예 공동 개발계획(common development scheme)의 의사(intent)가 없거나 해당 지역 전부가 바뀌지 않는 한 결국 모든 후속매수인은 기속되는 형태를 갖는다.

- 유효한 지역권(easement)이 부여된 것인지에 대한 문장에서 만일 서면(written)이라는 표현이 없다면 구두(oral)로 보아야 할 것이다. 구두에 의한 지역권(oral easement)은 취소할 수 있는

사용허가(revocable license)에 불과하다. 물론 이때 어떤 신뢰관계(reliance)가 생겼다면 취소할 수 없을 것이다.

* 어떤 경계에 관해 분쟁이 생긴 경우 말뚝(stake)이 있었다면 이는 도면(plat)보다 우선한다.
* 임대받은 부동산이 일부 수용시 임대차는 존속하고, 수용보상금에서 임차료를 공제할 의무가 있다.
* 물리적으로 출입을 저지하는 것은 부담(encumbrance)에 해당하지 않으므로 보증책임(warranty) 위반이 아니다.
* 강을 경계로 토지를 나눈 경우 강의 절반(one-half of the stream bed)을 기준으로 소유권이 나눠지게 된다고 할 수 있다.
* "Six acre of my developed land at 456" 즉, 456번지에 개발된 땅 중 6에이커라고 한다면 이는 특정이 안 된 것이라서 무효이다.
* 부동산 양도증서(deed)를 주고 난 다음 복사를 위해 돌려받은 경우, 일단 증서(deed)를 넘겼으므로 소유권은 이전되었다고 볼 수 있다. 그러므로 증서가 일단 넘어간 상태라면, 그것을 인정하는 편이 좋을 것이다. 즉, 부동산 양도증서가 일단 전달되어 수령되었다면 나중에 그 증서를 돌려주더라도 소유권은 변경되지 않는 것으로 이해해야 할 것이다.
* 지역권(Easement)이나 어떤 역권(servitude)이 있다면 이는 없어야 할 부담이 있는 것으로서 부담(encumbrance)위반이 된다.
* 결혼하지 않은 부부(Unmarried couple)는 부부공동소유 부동산권(Tenancy by the Entirety, TBE)이 아니고 합유 부동산권(Joint Tenancy, JT)이 된다.
* 어떤 토지를 시(city)에 진입 경사로(access ramp)를 위한 공공용으로 기증하겠다는 계획을 등록(recording of the plan)하였다면 지역권(easement)으로 볼 수 있다.
* 어떤 토지에 재산세(property taxes)를 납부하는 것은 토지자체의 이용에 관한 것(touch and concern)으로 볼 수 있다.
* 우선매수청구권(option to purchase)도 해당 토지를 승계한 자(subsequent owners)에게 "부담"(burden)을 갖게 하는 등 일정한 구속력을 갖게 하는 것("run with the land")과 관련이 있다.
* 임대차와 관련한 사례는 임대차 계속 양도시, 당초 임대차계약자와 마지막으로 현재 점유한 자만 책임을 부담하고, 중간자 책임은 없는 식으로 만드는 것이 보통이다. 하지만, 중간점유자도 만약 임대료를 미납한 경우 자기가 부동산을 점유해서 미납할 당시까지 발생한 금액에 대하여는 원임차인과 연대하여(jointly and severally) 책임을 부담한다.
* 소멸조건부 또는 반환가능한 단순부동산권(Fee Simple Determinable, "FSD")으로 인해 복귀가능권(Possibility of Reverter, POR)이 발생한 경우라면, 현재 점유한 사람의 점유에 의한 취득시효(adverse possession)가 시작된다.
* 착오에 의한 부동산 점유에 의해서도 점유에 의한 시효취득(adverse possession)이 가능하다.
* 결혼 전의 합유 부동산권(Joint Tenancy, JT) 관계가 나중에 결혼하였다고 하여 부부공동소유 부동산권(Tenancy by the Entirety, TBE)으로 바뀌는 것이 아니다.

제13장
부동산 상린관계의 규율

제13장 부동산 상린관계의 규율

I. 개설

1. 의의

어떤 부동산이 서로 이웃끼리 인접해 있을 경우 인접 부동산에 대한 소유권 등의 적법한 권원이 있다고 하여 이를 무한정으로 사용하게 해서는 안 될 것이다. 왜냐하면 인접한 부동산 소유권자 1인의 절대적이고 무한정적인 사용은 다른 이웃 부동산 소유자의 토지를 향유할 권리를 침해할 수 있기 때문이다.

그러므로 인접 부동산 소유자의 토지 사용권을 제한하여 부동산 상호간의 이용의 조절을 도모할 필요가 있으며 이와 관련된 제도가 상린관계이다. 따라서 이러한 상린관계는 한편으로는 소유권을 제한함과 동시에 다른 한편으로는 소유권을 확장시키는 역할을 한다고 할 수 있다.[1354]

특히 미국 재산법적 입장에서의 사적 생활방해(private nuisance)에 관한 법은 토지 소유권에 부수하는 권리, 불법침해(trespass)나 물에 대한 권리, 지지권에 대한 권리 등에 관한 내용을 다루고 있다.[1355]

2. 지역권과의 관계

상린관계의 근본적 취지가 부동산 상호간의 이용을 조절하는 데 있다고 한다면 독립

1354) 송덕수, *supra* note 21, at 633.
1355) Jesse Dukeminier 외, *supra* note 32, at 738.

한 물권적 권리로서 이러한 상호간의 이용조절을 확대하려는 경향을 띠는, 앞에서 살펴본 지역권(easement)과도 유사하다고 할 수 있다. 하지만 상린관계는 소유권의 내용에 따라 당연히 발생하는 데 비해, 지역권은 원칙적으로 당사자간의 계약에 의해 발생한다는 점에서 차이가 있다.[1356)

이러한 배경 하에 아래에서는 부동산의 상린관계에서 발생할 수 있는 내용 중 땅과 관련된 상린관계, 물과 관련된 상린관계 그리고 토지사용과 관련된 상린관계로서 생활방해 등을 중심으로 살펴보기로 한다.

Ⅱ. 토지와 관련된 상린관계

토지와 관련된 상린관계는 주로 지반의 지지권(支持權, Right of support)과 관련이 있다. 즉, 여기에서 살펴 볼 지지권은 앞에서 언급한 대로 사적 생활방해(a private nuisance)와도 관련이 있다. 왜냐하면 이웃 토지 소유자들간에 아래에서 구체적으로 살펴볼 '지지권'이라는 권리는 인접한 토지가 함몰되는 등의 어떤 행위를 하지 않을 의무와 관련되어 있기 때문이다.[1357)

그러므로 '지지권'은 이웃에 인접하는 토지가 부담을 갖는 역권(servitudes)의 일종이라고 할 수 있는 절대적 권리로서 타인인 이웃 토지 소유자가 그러한 지지에 방해되는 행위를 하였다면 이에 따른 책임을 부담하게 된다.[1358)

이러한 지지권은 아래와 같이 측면 내지 수평 지지권(lateral support)과 지하 내지 수직 지지권(subjacent or vertical support)으로 구분될 수 있다.[1359)

1356) 송덕수, *supra* note 21, at 633.
1357) Barlow Burke and Joseph Snoe, *supra* note 1, at 464.
1358) 박홍규, *supra* note 23, at 139.
1359) Jesse Dukeminier 외, *supra* note 32, at 738.

1. 측면 지지권(lateral support)

일반적으로 토지의 소유자는 그의 토양에 대한 '측면'(側面) 내지 '수평' 지지권(lateral support)을 갖는다. '측면 지지권'은 인접하는 토지로부터 지지를 받을 권리를 말한다.[1360] 즉, 각 토지의 소유자는 그 지반을 자연적인 수평적 상태로 보존하는 데 필요한 만큼 이웃의 토지로부터 수평적으로 지지를 받을 권리가 있는 것이다.[1361] 다시 말하면, 이웃의 인접 토지 소유자는 자신의 땅에서 흙 등을 채취할 수 있지만 그 정도가 너무 심해 그 토지가 함몰되거나 지반이나 구조물이 가라앉을 정도로 경계선 가까이에서 땅을 파는 등의 채굴(採掘)작업을 해서는 안 되는 것이다.[1362]

이때 행위자(함몰자)가 부담하는 책임과 관련하여 만일 자연적인 상태에서라도 함몰될 것이었다면 그 땅을 판(excavating) 소유자는 절대적인 엄격책임(strict liability)을 부담하게 될 것이고,[1363] 건물 등 인공물에 대한 피해가 발생한 경우 자연 상태에서도 피해가 있을 수 있다거나 과실이 있는 경우에 한해 책임을 진다고 할 수 있다.

즉, 어떤 토지 소유자가 땅을 파서 흙을 치우는 작업을 할 경우 그 행위로 인해 이웃의 토지의 토양에 어떤 손해를 가져올 수 있음을 예견할 수 있거나 예견했어야 한다면 그 토지 소유자의 행위는 과실에 해당할 것이다.[1364] 이러한 내용은 땅을 파다가 땅 자체가 가라앉았다면 엄격 책임을 지고, 땅을 파다가 옆집의 건물이 무너진 경우라면 과실이 있을 경우 그 과실에 대한 책임을 부담하는 것으로도 이해할 수 있을 것이다.

한편, 이러한 '측면' 지지권(the right to lateral support)은 그 성격상 점유권 취득시효(adverse possession)의 대상이 될 수 없을 것이다.

2. 지하(地下) 지지권(subjacent support)

토지 소유자는 위의 '수평' 내지 '측면' 지지권 이외에 '수직' 내지 '지하' 지지권

1360) 박홍규, *supra* note 23, at 139.
1361) *Id.*; 임홍근 외, *supra* note 22, at 1842−1843.
1362) Barlow Burke and Joseph Snoe, *supra* note 1, at 464; 임홍근 외, *supra* note 22, at 1111, 1843.
1363) Barlow Burke and Joseph Snoe, *Id.* at 465.
1364) *Id.*

(vertical or subjacent support)을 갖는다. 이때 '수직지지'(垂直支持)란 지하의 지층으로부터 받는 지표의 지지(支持)를 말한다.[1365] 즉, 토지의 소유 내지 점유권자는 타인이 점유하고 있는 수면 아래의 층으로부터 수평상의 평면에 관한 지지를 받을 권리가 있는데 이러한 권리를 의미한다.[1366]

예를 들면 어떤 토지의 광물 자원에 대한 채굴권(a mineral interest) 등 이익 내지 권리를 취득한 자라고 해도 채취 작업을 하면서 지표면이 가라앉는 등의 손해가 발생한 경우에는 그 권리자는 지표상의 토지 소유자에게 책임을 지게 된다.[1367]

이러한 지하 지지권은 주로 표면의 부동산권과 지하의 부동산권이 분리되어 있으면서 그 각각의 소유자 혹은 점유자가 다른 경우에 나타난다고 볼 수 있다.[1368]

III. 물과 관련된 상린관계(Water Rights)

1. 강이나 호수의 경우

강이나 호수 등 물과 관련된 상린관계(water rights)의 경우 개울(streams)이나 강, 호수 등과 같은 수로(水路, watercourse)상에서의 물을 어떻게 분배(allocation)하여 사용하는지와 관련되는 것으로서 여기에는 아래와 같이 연안권주의(riparian rights doctrine)와 우선사용권주의(appropriation rights doctrine)라는 제도가 있다.

1.1. 연안권주의(riparian rights)

(1) 물의 자연적 흐름 원칙과 합리적 사용 원칙

연안권의 법리는 농업사회에서 자연적인 물의 흐름에 따라 강 기슭에 사는 각 연안(沿岸)권자가 물을 사용할 권리를 갖는 것으로서 상류나 하류 연안권자 모두 같은 양과

1365) 이때의 '지지'(支持)란 어떤 무거운 물건을 받치거나 버티는 것을 의미한다(임홍근 외, *supra* note 22, at 1816).
1366) 박홍규, *supra* note 23, at 139.
1367) Barlow Burke and Joseph Snoe, *supra* note 1, at 465.
1368) 박홍규, *supra* note 23, at 139.

질의 물을 식수나 생활용수 등으로 향유할 수 있도록 하였다(물의 자연적 흐름원칙, natural flow theory).1369)

　　연안권의 법리를 취하고 있는 관할에서 자연적인 시내, 강, 연못, 호수 등에 경계를 두고 있는 토지의 소유자는 연안권을 갖는다.1370) '연안권 내지 연안지 소유권'(riparian rights)이란 어업, 발전, 용수 등을 위해 하천을 통해 자연적인 물을 사용·소비할 수 있는 연안소유권자의 권리로서1371) 이러한 권리는 다른 연안권자와의 관계를 고려 모든 토지를 소유하고 있지 않는 한 그 사용에 있어서 제한을 받는다.1372)

　　하지만 위의 '물의 자연적 흐름원칙'은 산업혁명의 진전과 함께 상업적 물의 사용이나 관개를 촉진시키기 위해 연안권자는 다른 연안권자의 합리적 사용을 방해하지 않는 한1373) 합리적으로 사용할 수 있도록 변화되었다(물의 합리적 사용원칙, reasonable use theory).1374) 그리하여 가정용수로의 사용이 농업용수나 공업용수 등 다른 용도로의 사용보다 우선하게 되었고, 물에 인접하고 있는 않은 토지도 물의 사용이 가능하도록 물 흐름의 변경도 가능하였다.1375)

(2) 제한

　　연안권자들은 강이나 호수에 대해 교통규제를 받거나 발전소 건설 등의 구조물 건축 시 허가가 필요하고 레크리에이션 목적의 물의 사용권에 대해서도 제한을 받는 등 일정한 경우 주정부나 연방정부로부터 제한을 받았다(항해역권, navigation servitudes).1376)

1.2. 우선사용권주의(prior appropriation rights doctrine)

　　우선사용권(prior appropriation rights)의 법리는 연안권자이든 연안권자가 아니든 관계

1369) 이 경우 물에 인접하고 있는 않은 토지가 물을 사용하기 위해 물의 흐름을 변경할 수는 없었다(*Id.* at 140).
1370) *Id.*
1371) 임홍근 외, *supra* note 22, at 1655.
1372) 박홍규, *supra* note 23, at 140.
1373) 그러므로 비합리적 사용으로 타인의 물 사용에 방해가 되었다면 이에 대한 책임이 있다.
1374) 즉, '물의 자연적 흐름 원칙'이 자연적인 물의 질과 양의 보존에 중점을 둔다면, '물의 합리적 사용원칙'은 인간을 위해 물이 사용되어져야 한다는 점에 중점을 두고, '합리성'의 여부는 사용의 적절성 등 물 사용자와 연안권자의 측면 모두를 고려하여 판단한다(박홍규, *supra* note 23, at 140-141).
1375) *Id.* at 141(이때 인접하고 있는 토지로부터의 물의 사용이 인접하고 있지 않은 토지로부터의 물의 사용보다 보통 우선한다).
1376) *Id.*

없이 시간에 우선하는 사람이 우선적인 권리를 갖는다('first in time, first in right')는 법리에
따라 어떤 이익의 목적을 갖는 사람에게 우선적인 계속사용(priority of beneficial use)을 인
정하는 것을 말한다.[1377] 그러므로 우선적 계속사용이 인정된 우선권자는 농업용의 사용
을 포함하여 자신이 필요한 범위 내에서 악의나 단순히 물의 낭비가 아닌 한 계속적인
사용이 허용된다고 할 수 있다.

　　이때 더 큰 이익의 목적을 갖는 사람이 나타날 수 있는 데 이 경우 이전에 우선적
계속사용 권리를 갖던 사람의 이익은 축소될 수 있으므로 그 축소된 사람은 축소된 만큼
을 배상받을 수 있다.[1378]

2. 지표수(diffuse surface water)의 경우

　　지표수(diffuse surface water)란 개울(stream) 정도에는 이르지 못한 비나 눈에 의해 토지
의 표면을 따라 흘러내리는 물을 의미한다.[1379] 이때 토지 소유자는 어떤 악의가 없는
한 댐(a dam)이나 통(barrels) 속에 물을 채우는 등 토지의 경계선 안에서는 지표수를 얼마
든지 사용할 수 있게 된다.

　　지표수와 관련하여 발생하는 문제는 위쪽 토지 소유자들과 아래쪽 토지 소유자들 사
이에 둑(dikes)을 쌓아 흐르는 물을 막아 역류시키게 하거나 배수구(drains) 설치 등 어떤
특정 행위를 통해 피해를 주는 등 물의 자연적 흐름을 변경시킴(changing, redirecting, or
diversion)에 따른 책임과 연관되어 있다.[1380]

　　이러한 책임문제는 어떤 법리를 취하느냐에 따라 다르게 적용된다. 이와 관련된 법
리로는 ① 지표수를 공공의 적으로 보아 지표수를 제거하기 위한 방법에 일정한 제한을
두지 않고 설사 이웃이 어떤 피해를 입더라도 어떤 책임도 부담하지 않는다는 공공의 적
이론(common enemy theory), ② 어떤 토지 소유자가 지표수의 자연적 흐름을 변경하는 등
방해한 경우 그 소유자는 엄격책임을 져야 한다는 시민법 내지 물의 자연적 흐름 이론

1377) *Id.* at 142(이러한 물의 우선사용권 제도는 물을 관리하는 행정관청으로부터 허가를 받아야 하는 등 일정한
　　　통제를 받는다).
1378) *Id.*(물의 '우선사용권' 역시 재산권의 일종이기 때문이다).
1379) *Id.* at 143.
1380) *Id.* at 143–144.

(civil law or natural flow theory), 그리고 ③ 지표수에 대한 합리적 사용을 위해 물을 사용함에 따른 유용성과 그로 인해 입게 되는 손해의 정도를 비교형량하는 것과 관련되는 불법행위법상의 생활방해(nuisance) 법리를 적용시키자는 합리적 사용의 이론(reasonable use theory) 등을 들 수 있다.1381)

3. 지하수의 경우

지하수(underground water or percolating water)는 보통 지하수를 저장하고 있는 대수층(aquifers)이란 곳으로 모이게 되는 데 어떤 토지소유자에 의해 지하수가 추출되면 타인이 이용할 지하수에 대한 권리를 침해하게 된다.1382)

지하수의 사용과 관련해서는 여러 가지 접근 방식이 있으나1383), 위에서 언급한 강이나 호수 등 물과 관련된 상린관계에 관한 '연안권주의'와 '우선사용권주의' 가운데 채택하는 법리에 적용되는 일반적 논리에 따르게 된다.1384)

다만, 지하수가 새어나올 경우 그 새어나오는 물을 어느 정도 사용할 수 있는지와 관련하여 여러 가지 적용되는 법리가 있다. 이러한 법리에는 ① 다른 사람에게 해를 입히지 않는 한 토지 소유자가 원하는 만큼 지하수를 끌어들여 사용할 수 있다는 입장(절대적 소유권의 법리, absolute ownership doctrine), ② 다른 곳으로의 물의 이동을 위해 지하수를 끌어내는 것 등 그 사용이 비합리적이고, 물의 소비나 사용목적에 있어서 악의가 없는 한 정원수나 수영장을 위한 물의 사용으로 비록 이웃의 지하수 사용을 방해하더라도 합리적으로 사용할 수 있다는 입장(합리적 사용의 법리 또는 상린관계권, reasonable use or correlative rights doctrine), ③ 위에서 언급한 강이나 호수 등 물에 대한 권리에 있어서 우선사용권의 법리를 지하수에도 적용하자는 입장(우선사용권, appropriation rights doctrine) 등이 포함된다.1385)

1381) *Id.* at 144.
1382) *Id.* at 142.
1383) Barlow Burke and Joseph Snoe, *supra* note 1, at 465.
1384) 다만 지하수의 경우 침투층을 통해 스며 흘러나오는 물이라고 추정되기에 주장하는 측에서 입증책임을 부담하게 된다(박홍규, *supra* note 23, at 142−143).
1385) 박홍규, *Id.* at 143.

Ⅳ. 생활방해(Nuisance)

1. 개설

　미국에서의 생활방해법(the law of nuisance)은 미국 불법행위법과 함께 미국 재산법에서도 살펴 볼 수 있다. 불법행위법상으로는 과실이나 불법행위로 인해 책임을 질 수 있고, 재산법상으로는 타인의 토지 사용과 향유권에 대한 부당한 방해를 함으로 인해 책임을 질 수 있기 때문이다.1386) 이러한 점에서 생활방해에 관한 법은 토지의 사용을 둘러싼 분쟁해결을 위한 보통법상의 수단이라고 할 수 있다.1387)

　생활방해(nuisance)는 미국 불법행위법에서 살펴보았지만 어떤 사람이 자신의 재산을 사용하거나 향유함에 있어 타인의 권리를 부당하게 침해하는 방식으로 재산을 사용할 경우 책임을 지게 되는 보통법(common law)상의 개념이다.1388) 이러한 내용은 '다른 사람의 재산에 피해를 주지 않는 방법으로 자신의 재산권을 행사해야 한다'("Sic utere tuo ut alienum non laedas", "one should use one's own property in such a way as not to injure the property of another")라는 법언에 그 근거를 두고 있다.1389)

　생활방해와 관련에서 문제되는 것은 불법침해 내지 점유침범(trespass)과 생활방해의 구별, 사적 생활방해, 생활방해를 이유로 손해배상청구를 받은 경우의 항변사유 등에 관한 내용이라고 할 수 있다. 이 부분을 학습함에 있어서는 생활방해에 해당되는 내용과 피해를 받을 경우 입증되는 손해의 형태 등을 이해하는 데 중점을 두어야 할 것이다.

　한편, 이 부분은 미국 재산법뿐만 아니라 미국 불법행위법 과목에서도 설명되고 있으므로 어느 정도 내용을 숙지하는 기회를 삼도록 하면 좋을 것이다. 그리하여 본 교재에서도 미국 불법행위법의 '생활방해' 부분을 설명의 이해를 위해 언급하였다.1390)

　특히, 로스쿨이나 미국 변호사 자격 취득을 준비하는 독자라면 원고의 토지사용에 관한 피고의 실질적(substantial) 또는 부당한 간섭(unreasonable interference)이라는 표현에 주요 포인트를 두고 이 부분의 학습에 임하면 다른 내용과의 구별과 이해에 도움이 될 것이다.

1386) Jesse Dukeminier 외, supra note 32, at 731.
1387) Id.
1388) 임홍근 외, supra note 22, at 1321.
1389) Jesse Dukeminier 외, supra note 32, at 731.
1390) 조국현, supra note 30, at 233-239.

2. 불법침해와 생활방해의 구별

미국 불법행위법의 고의에 의한 재산의 침해(intentional tort)와 관련해서 불법침해(trespass)를 설명한 바 있다. 때로는 미국 불법행위법 부분의 불법침해와 여기서 학습하게 될 생활방해(nuisance), 정확히는 사적인 생활방해와의 구분이 불명확한 경우가 많고 양자의 구별이 혼동하기 쉽다.

하지만 불법침해가 원고의 재산에 관한 배타적 소유(exclusive possession)에 대한 침해를 의미한다면, 사적인 생활방해(private nuisance)는 원고 소유 토지의 사용이나 향유에 대한 실질적이면서도 비합리적인(substantial and unreasonable) 방해를 의미한다는 점에서 구별된다. 이는 그 침입이 물리적이라면 점유침범 내지 불법침해의 법리가, 악취나 소음 그리고 진동 등과 같이 비물리적이라면 생활방해의 법리가 적용된다고도 할 수 있다.[1391]

다시 말하면 원고 소유의 토지에 직접 들어가는 것은 불법침해이지만 그 토지 옆집의 돼지사육장에서 발생하는 악취는 이웃주민들이 누릴 수 있는 권리를 불법적으로 방해한다는 말이다. 피고가 자신의 토지 위에 있는 나무를 절단하였는데 그 나무가 피고소유 토지의 경계를 넘어 원고(이웃집) 소유 토지로 넘어간 경우는 불법침해의 문제이며, 피고가 자신소유의 토지 위에 24시간 가동하는 공장을 지어 원고(이웃집)들이 밤에 잠을 제대로 잘 수 없게 되는 경우는 생활방해 내지 불법방해의 문제인 것이다.

우리 민법에서도 생활방해(Immission)에 대해 제217조 이하에서 규율하고 있다. 즉, 생활방해는 매연 기타 이와 유사한 것으로서 이웃 토지의 이용을 방해하거나 이웃 거주자의 생활에 고통을 주는 것으로 소위 '수인한도'(受忍限度)를 넘은 경우 이를 허용하지 않고 있다.[1392]

1391) 박홍규, *supra* note 23, at 136.
1392) 송덕수, *supra* note 21, at 646.
　　민법 제217조(매연 등에 의한 인지에 대한 방해금지) ① 토지소유자는 매연, 열기체, 액체, 음향, 진동 기타 이에 유사한 것으로 이웃 토지의 사용을 방해하거나 이웃 거주자의 생활에 고통을 주지 아니하도록 적당한 조처를 할 의무가 있다. ② 이웃 거주자는 전항의 사태가 이웃 토지의 통상의 용도에 적당한 것인 때에는 이를 인용할 의무가 있다.
　　제218조(수도 등 시설권) ① 토지소유자는 타인의 토지를 통과하지 아니하면 필요한 수도, 소수관, 까스관, 전선 등을 시설할 수 없거나 과다한 비용을 요하는 경우에는 타인의 토지를 통과하여 이를 시설할 수 있다. 그러나 이로 인한 손해가 가장 적은 장소와 방법을 선택하여 이를 시설할 것이며 타토지의 소유자의 요청에 의하여 손해를 보상하여야 한다. ② 전항에 의한 시설을 한 후 사정의 변경이 있는 때에는 타토지의 소유자는 그 시설의 변경을 청구할 수 있다. 시설변경의 비용은 토지소유자가 부담한다.
　　제219조(주위토지통행권) ① 어느 토지와 공로사이에 그 토지의 용도에 필요한 통로가 없는 경우에 그 토지소유자는 주위의 토지를 통행 또는 통로로 하지 아니하면 공로에 출입할 수 없거나 과다한 비용을 요하는 때

에는 그 주위의 토지를 통행할 수 있고 필요한 경우에는 통로를 개설할 수 있다. 그러나 이로 인한 손해가 가장 적은 장소와 방법을 선택하여야 한다. ② 전항의 통행권자는 통행지소유자의 손해를 보상하여야 한다.

제220조(분할, 일부양도와 주위통행권) ① 분할로 인하여 공로에 통하지 못하는 토지가 있는 때에는 그 토지소유자는 공로에 출입하기 위하여 다른 분할자의 토지를 통행할 수 있다. 이 경우에는 보상의 의무가 없다. ② 전항의 규정은 토지소유자가 그 토지의 일부를 양도한 경우에 준용한다.

제221조(자연유수의 승수의무와 권리) ① 토지소유자는 이웃 토지로부터 자연히 흘러오는 물을 막지 못한다. ② 고지소유자는 이웃 저지에 자연히 흘러 내리는 이웃 저지에서 필요한 물을 자기의 정당한 사용범위를 넘어서 이를 막지 못한다.

제222조(소통공사권) 흐르는 물이 저지에서 폐색된 때에는 고지소유자는 자비로 소통에 필요한 공사를 할 수 있다.

제223조(저수, 배수, 인수를 위한 공작물에 대한 공사청구권) 토지소유자가 저수, 배수 또는 인수하기 위하여 공작물을 설치한 경우에 공작물의 파손 또는 폐색으로 타인의 토지에 손해를 가하거나 가할 염려가 있는 때에는 타인은 그 공작물의 보수, 폐색의 소통 또는 예방에 필요한 청구를 할 수 있다.

제224조(관습에 의한 비용부담) 전2조의 경우에 비용부담에 관한 관습이 있으면 그 관습에 의한다.

제225조(처마물에 대한 시설의무) 토지소유자는 처마물이 이웃에 직접 낙하하지 아니하도록 적당한 시설을 하여야 한다.

제226조(여수소통권) ① 고지소유자는 침수지를 건조하기 위하여 또는 가용이나 농, 공업용의 여수를 소통하기 위하여 공로, 공류 또는 하수도에 달하기까지 저지에 물을 통과하게 할 수 있다. ② 전항의 경우에는 저지의 손해가 가장 적은 장소와 방법을 선택하여야 하며 손해를 보상하여야 한다.

제227조(유수용공작물의 사용권) ① 토지소유자는 그 소유지의 물을 소통하기 위하여 이웃 토지소유자의 시설한 공작물을 사용할 수 있다. ② 전항의 공작물을 사용하는 자는 그 이익을 받는 비율로 공작물의 설치와 보존의 비용을 분담하여야 한다.

제228조(여수급여청구권) 토지소유자는 과다한 비용이나 노력을 요하지 아니하고는 가용이나 토지이용에 필요한 물을 얻기 곤란한 때에는 이웃 토지소유자에게 보상하고 여수의 급여를 청구할 수 있다.

제229조(수류의 변경) ① 구거 기타 수류지의 소유자는 대안의 토지가 타인의 소유인 때에는 그 수로나 수류의 폭을 변경하지 못한다. ② 양안의 토지가 수류지소유자의 소유인 때에는 소유자는 수로와 수류의 폭을 변경할 수 있다. 그러나 하류는 자연의 수로와 일치하도록 하여야 한다. ③ 전2항의 규정은 다른 관습이 있으면 그 관습에 의한다.

제230조(언의 설치, 이용권) ① 수류지의 소유자가 언을 설치할 필요가 있는 때에는 그 언을 대안에 접촉하게 할 수 있다. 그러나 이로 인한 손해를 보상하여야 한다. ② 대안의 소유자는 수류지의 일부가 자기소유인 때에는 그 언을 사용할 수 있다. 그러나 그 이익을 받는 비율로 언의 설치, 보존의 비용을 분담하여야 한다.

제231조(공유하천용수권) ① 공유하천의 연안에서 농, 공업을 경영하는 자는 이에 이용하기 위하여 타인의 용수를 방해하지 아니하는 범위내에서 필요한 인수를 할 수 있다. ② 전항의 인수를 하기 위하여 필요한 공작물을 설치할 수 있다.

제232조(하류 연안의 용수권보호) 전조의 인수나 공작물로 인하여 하류연안의 용수권을 방해하는 때에는 그 용수권자는 방해의 제거 및 손해의 배상을 청구할 수 있다.

제233조(용수권의 승계) 농, 공업의 경영에 이용하는 수로 기타 공작물의 소유자나 몽리자의 특별승계인은 그 용수에 관한 전소유자나 몽리자의 권리의무를 승계한다.

제234조(용수권에 관한 다른 관습) 전3조의 규정은 다른 관습이 있으면 그 관습에 의한다.

제235조(공용수의 용수권) 상린자는 그 공용에 속하는 원천이나 수도를 각 수요의 정도에 응하여 타인의 용수를 방해하지 아니하는 범위내에서 각각 용수할 권리가 있다.

제236조(용수장해의 공사와 손해배상, 원상회복) ① 필요한 용도나 수익이 있는 원천이나 수도가 타인의 건축 기타 공사로 인하여 단수, 감수 기타 용도에 장해가 생긴 때에는 용수권자는 손해배상을 청구할 수 있다. ② 전항의 공사로 인하여 음료수 기타 생활상 필요한 용수에 장해가 있을 때에는 원상회복을 청구할 수 있다.

제237조(경계표, 담의 설치권) ① 인접하여 토지를 소유한 자는 공동비용으로 통상의 경계표나 담을 설치할 수 있다. ② 전항의 비용은 쌍방이 절반하여 부담한다. 그러나 측량비용은 토지의 면적에 비례하여 부담한다. ③ 전2항의 규정은 다른 관습이 있으면 그 관습에 의한다.

제238조(담의 특수시설권) 인지소유자는 자기의 비용으로 담의 재료를 통상보다 양호한 것으로 할 수 있으며 그 높이를 통상보다 높게 할 수 있고 또는 방화벽 기타 특수시설을 할 수 있다.

3. 생활방해의 성립

앞에서 설명한 대로 생활방해 내지 불법방해(nuisance)는 개인이나 인근 지역 소수 주민의 생활에 어떤 방해나 불편을 주고 피해를 입히는 것을 말한다. 즉, 어떤 사람이 타인이 점유하고 있는 토지의 사용을 실질적이고 비합리적으로 방해하는 행위 내지 토지의 상태로서 이에는 의도적인 경우뿐만 아니라 의도적이지 않는 경우도 포함한다.[1393]

3.1. 비합리적인 토지의 사용

생활방해자가 토지의 점유자에게 방해를 줄 의도로 사용하거나 어떤 법에 위반되는 모습으로 해당 토지를 사용한다면 이는 비합리적인 토지의 사용이라고 할 수 있다.[1394] 하지만 실제로 그 토지의 사용이 비합리적인지 여부를 판단함에 있어서는 방해하는 행위의 해당지역의 관행에 부합하는지, 피해자의 토지를 방해하는 것 이외에 달리 유용한 방법은 없는지 등 여러 사정을 종합적으로 고려하여 결정하여야 할 것이다.

3.2. 비합리적 토지사용으로 인한 실질적 피해

생활방해자의 해당 토지에 대한 비합리적 사용으로 인한 피해자에게 실질적 내지 상

제239조(경계표 등의 공유추정) 경계에 설치된 경계표, 담, 구거 등은 상린자의 공유로 추정한다. 그러나 경계표, 담, 구거 등이 상린자일방의 단독비용으로 설치되었거나 담이 건물의 일부인 경우에는 그러하지 아니하다.
제240조(수지, 목근의 제거권) ① 인접지의 수목가지가 경계를 넘은 때에는 그 소유자에 대하여 가지의 제거를 청구할 수 있다. ② 전항의 청구에 응하지 아니한 때에는 청구자가 그 가지를 제거할 수 있다. ③ 인접지의 수목뿌리가 경계를 넘은 때에는 임의로 제거할 수 있다.
제241조(토지의 심굴금지) 토지소유자는 인접지의 지반이 붕괴할 정도로 자기의 토지를 심굴하지 못한다. 그러나 충분한 방어공사를 한 때에는 그러하지 아니하다.
제242조(경계선부근의 건축) ① 건물을 축조함에는 특별한 관습이 없으면 경계로부터 반미터 이상의 거리를 두어야 한다. ② 인접지소유자는 전항의 규정에 위반한 자에 대하여 건물의 변경이나 철거를 청구할 수 있다. 그러나 건축에 착수한 후 1년을 경과하거나 건물이 완성된 후에는 손해배상만을 청구할 수 있다.
제243조(차면시설의무) 경계로부터 2미터 이내의 거리에서 이웃 주택의 내부를 관망할 수 있는 창이나 마루를 설치하는 경우에는 적당한 차면시설을 하여야 한다.
제244조(지하시설 등에 대한 제한) ① 우물을 파거나 용수, 하수 또는 오물 등을 저치할 지하시설을 하는 때에는 경계로부터 2미터 이상의 거리를 두어야 하며 저수지, 구거 또는 지하실공사에는 경계로부터 그 깊이의 반 이상의 거리를 두어야 한다. ② 전항의 공사를 함에는 토사가 붕괴하거나 하수 또는 오액이 이웃에 흐르지 아니하도록 적당한 조처를 하여야 한다.

1393) 박홍규, *supra* note 23, at 136.
1394) *Id.* at 137.

당한 피해가 발생하여야 한다.1395) 피해자가 입은 피해의 상당성 내지 실질성 여부에 대한
판단 역시 입은 피해의 정도나 규모, 피해로 인한 피해자의 정신적, 신체적 손해의 여부,
피해의 지속성 등을 종합적으로 고려하여 일반인을 기준으로 결정하여야 할 것이다.1396)

4. 사적인 생활방해(Private Nuisance)

4.1. 의의

Restatement (Second) of Torts상의 생활방해에는 사적인 생활방해(private nuisance)와
공적인 생활방해(pubic nuisance)의 두 형태가 있지만1397) 사적인 생활방해를 중심으로 설
명하면 다음과 같다.1398)

사적인 생활방해(a private nuisance)는 피고의 상당한 비합리적인 행위로 인해 원고가
자신 소유의 토지를 사적으로 이용하거나 향유할 수 있는 권리가 방해받아, 그 방해에 대해
법적인 청구가 가능한 경우를 말한다.1399) 여기에서의 권리가 방해받는 내용(the interference)
들은 어떤 물리적인 침해(physical invasion)가 아니라1400) 냄새, 빛, 소리, 진동, 먼지, 공기
나 물의 오염 등 무형적 침해(intangible invasion)의 경우이다.1401)

4.2. 요건

이러한 사적인 생활방해가 성립되기 위해서는 그 방해에 대해 법적인 청구(a legal cause)

1395) Id.
1396) Id.
1397) Restatement (Second) of Torts § 821A (Types of Nuisance) In this Restatement "nuisance" is used to
denote either (a) a public nuisance as defined in § 821B, or (b) a private nuisance as defined in §
821D.
1398) 공적인 생활방해 등 생활방해에 대한 자세한 내용은 조국현, *supra* note 30, at 233-239 참조.
1399) Barlow Burke and Joseph Snoe, *supra* note 1, at 459; Restatement (Second) of Torts § 821D (Private
Nuisance) <u>A private nuisance is a nontrespassory invasion of another's interest in the private use and
enjoyment of land</u>; Richard A. Epstein, Richard *supra* note 269 at 677[(quoting *Vogel* v. *Grant-Lafayette
Electronic Cooperative*, 548 N.W.2d.829 (Wis. 1996)].
1400) 물리적인 침해(physical invasion)가 있다면 이는 미국 불법행위법상의 불법침해(trespass)로 인한 책임을 부
담하게 될 것이다.
1401) Barlow Burke and Joseph Snoe, *supra* note 1, at 459.

가 가능한 경우로서 ① 토지에 대한 권리를 사용하고 향유하는 것에 대해 상당히 불합리한 또는 실질적인 부당한 방해가 있어야 하고, ② 그러한 피고의 방해 행위는 불법행위의 내용 즉, 고의, 과실, 엄격책임 중 어느 하나에 해당되어야 한다.[1402]

여기서 '실질적' 내지 '상당한' 방해(substantial interference)란 한 지역사회의 일반인들에게 공격적이거나 상당한 불편을 끼치거나 짜증나게 하는 경우 등을 말한다고 할 수 있다. 그러므로 보통사람과는 달리 단순히 원고가 극히 민감한 성격(hypersensitivity) 또는 특별한 사용(specialized use) 등의 결과로 인한 것일 경우 그 방해가 상당한 내지 실질적이라고 할 수 없다. 그렇기에 아이들이 낮에 놀이터에서 뛰어 놀거나 지나가는 차 소리의 소음은 여기서의 방해라고 할 수 없으며, '상당해야'("substantial") 한다고 해서 그 정도가 반드시 아주 심해야(egregious) 하는 것은 아니다.[1403]

특히, 로스쿨이나 미국 변호사 자격취득 준비 및 실무를 위한 독자라면 이 내용을 정확하게 숙지한다면 시간의 절약과 쟁점의 파악에 도움이 될 것이다.

또한 간섭 내지 방해의 '부당함'(unreasonableness)이란 피고가 타인의 이익을 침해함으로 얻는 효용(the utility)보다 원고에게 가하는 가해의 강도(the gravity of the harm)가 더 큰 경우 등을 의미한다.[1404] 이때 피고가 침해함으로 얻는 효용(the utility of conduct)을 판단함에 있어서는 사회적 가치(social value)나 침해 방지의 불가능성(impracticability) 등을 고려하고,[1405] 침해의 강도 내지 심각성과 관련해서 법원은 관련된 침해의 정도와 침해의 성격 등을 고려한다.[1406]

1402) Restatement (Second) of Torts § 822 (Private Nuisance: Elements of Liability) One is subject to liability for a private nuisance if, but only if, his conduct is a legal cause of an invasion of another's interest in the private use and enjoyment of land, and the invasion is either (a) intentional and unreasonable, or (b) unintentional and otherwise actionable under the rules controlling liability for negligent or reckless conduct, or for abnormally dangerous conditions or activities; 서철원, *supra* note 27, at 228.

1403) Barlow Burke and Joseph Snoe, *supra* note 1, at 461.

1404) Restatement (Second) of Torts § 826 (Unreasonableness of Intentional Invasion) An intentional invasion of another's interest in the use and enjoyment of land is unreasonable if (a) the gravity of the harm outweighs the utility of the actor's conduct, or (b) the harm caused by the conduct is serious and the financial burden of compensating for this and similar harm to others would not make the continuation of the conduct not feasible; Richard A. Epstein, *supra* note 269 at 681; Barlow Burke and Joseph Snoe, *supra* note 1, at 462.

1405) Restatement (Second) of Torts § 828 (Utility of Conduct—Factors Involved) In determining the utility of conduct that causes an intentional invasion of another's interest in the use and enjoyment of land, the following factors are important: (a) the social value that the law attaches to the primary purpose of the conduct; (b) the suitability of the conduct to the character of the locality; and (c) the impracticability of preventing or avoiding the invasion; Marc A. Franklin, *supra* note, at 681.

1406) Restatement (Second) of Torts § 827 (Gravity of Harm—Factors Involved) In determining the gravity of

5. 공기나 빛 등의 조망권의 경우

원칙적으로 다른 특별한 경우가 아닌 한 공기나 빛 등의 조망권이나 일조권의 방해
는 생활방해(nuisance)가 성립되지 않는다.[1407] 즉, 토지 소유자가 계속 일조권을 향유해
왔는데 주변 환경의 변화로 방해를 받을 경우 이에 대해 토지 소유자에게 일조권을 주장
할 어떤 법적 권리는 원칙적으로 인정되지 않는 것이다.

하지만 만일 행위자가 순전히 이웃의 조망권을 방해할 목적으로 악의(malice)를 갖고 어
떤 구조물(a spite fence)을 설치했다면 그런 경우에는 사적인 생활방해를 구성할 수 있다.[1408]

6. 피해자의 구제(remedies)와 피고의 항변(defenses)

위와 같은 생활방해로 인해 손해가 발생된 경우 손해를 받은 당사자는 문제가 된 생
활방해 행위의 내용에 따라 금지명령(injunction)이나 손해배상(damages) 등의 수단을 통해
방해받은 권리에 대한 구제를 받을 수 있을 것이다.[1409]

6.1. 손해배상

생활방해를 입은 원고는 손해배상을 통해 원고가 입은 손해를 회복시킬 수 있고 또
손해배상이 적절한 수단으로 작용하다면 손해배상청구가 가능하다. 즉, 손해배상은 생활
방해의 내용이 일시적이라면 손실된 부분의 임대료 상당액만큼, 일시적이지 않고 영구적

---

the harm from an intentional invasion of another's interest in the use and enjoyment of land, the
following factors are important: (a) The extent of the harm involved; (b) the character of the harm
involved; (c) the social value that the law attaches to the type of use or enjoyment invaded; (d) the
suitability of the particular use or enjoyment invaded to the character of the locality; and (e) the burden
on the person harmed of avoiding the harm.

1407) Barlow Burke and Joseph Snoe, *supra* note 1, at 463.

1408) *Id.* at 464.

1409) *Id.* at 463; *Morgan v. High Penn Oil Co.*, 238 N.C. 185, 77 S.E.2d 682, 1953 N.C.; *Estancias Dallas
Corp. v. Schultz*, 500 S.W.2d 217, 1973 Tex. App. 79 A.L.R.3d 311; *Boomer v. Atlantic Cement Co.*, 26
N.Y.2d 219, 257 N.E.2d 870, 309 N.Y.S.2d 312, 1970 N.Y.; *Spur Industries, Inc., v. Del E. Webb
Development Co.*, 108 Ariz. 178, 494 P.2d 700, 1972 Ariz. 4 ERC (BNA) 1052; Jesse Dukeminier 외,
supra note 32, at 741.

이라면 시장가격이 하락한 부분만큼 그 배상액을 청구할 수 있을 것이다.[1410]

6.2. 금지명령

하지만 손해를 회복할 수 없는(irreparable) 상황이거나 생활방해가 계속되는 등 만일 원고에 대한 구제수단으로 손해배상이 적절하지 않거나(inadequate) 가능하지 않을 경우 (unavailable) 금지명령이라는 법원의 강제명령을 통해 구제받을 수 있다.[1411] 금지명령 내지 유지(留止)명령(injunction or injunctive relief)이란 생활방해를 통해 특별한 손해를 입은 원고가 그 손해를 입힌 피고에게 특정 행위 또는 활동을 금지하는 형태로서 법원의 재량이나 이익형량(balancing of hardships)을 통해 행해지는 결정을 말한다.[1412]

또한 사적 생활방해인 경우 원고는 방해제거를 요청하고 그럼에도 피고가 거절할 경우 제거에 필요한 물리적 힘 만을 사용하여 자력에 의한 방해제거(abatement of self-help)도 가능하다. 공공의 생활방해와 관련된 경우 그 방해받는 사인은 자신이 입은 특별한 손해를 입증하여 방해를 제거 받거나 금지명령을 청구할 수 있다.[1413]

6.3. 위험의 인수나 기여과실의 법리

생활방해에 관한 피고의 항변사유들은 위험의 인수(assumption of risk)[1414]나 기여과실 (contributory negligence) 등이 적용될 수 있다.[1415] 주의할 것은 비록 어떤 방해 행위가 시용도조례(city zoning ordinance)에 부합된다는 사실 즉, 소위 법령에서 요구하는 형식이나 절차 등을 충족시켰다고 해도 이러한 사실은 설득력(persuasive)은 가질 수 있어도 완전한

1410) 박홍규, *supra* note 23, at 138.
1411) Richard A. Epstein, *supra* note 269, at 705-709.
1412) 박홍규, *supra* note 23, at 138.
1413) 서철원, *supra* note 28, at 227.
1414) Restatement (Second) of Torts § 840C (Assumption of Risk) In an action for a nuisance the plaintiff's assumption of risk is a defense to the same extent as in other tort actions.
1415) Restatement (Second) of Torts § 840B (Contributory Negligence) (1) When a nuisance results from negligent conduct of the defendant, the contributory negligence of the plaintiff is a defense to the same extent as in other actions founded on negligence. (2) When the harm is intentional or the result of recklessness, contributory negligence is not a defense. (3) When the nuisance results from an abnormally dangerous condition or activity, contributory negligence is a defense only if the plaintiff has voluntarily and unreasonably subjected himself to the risk of harm.

항변사유(an absolute defense)가 되는 것은 아니라는 점이다.

만일 생활방해가 여러 명의 피고가 관련된 경우 피고인 각자가 원인을 제공한 만큼 책임을 부담하게 될 것이다.

한편, 인근 토지의 매수 등 이미 생활방해가 존재하고 있는 곳으로 이주하게 된 (coming to the nuisance) 원고의 경우 오직 피고를 괴롭힐 목적이 아닌 한 생활방해를 이유로 역시 소송을 제기할 수 있지만 소송이 가능한 지 여부를 판단하는 하나의 고려요소(a "relevant factor")로 작용한다.1416)

Notes, Questions, and Problems1417) ───────────────────────────────

- 공장시설에서 발생한 어떤 냄새(fume)로 인해 인근 지역에 사는 농부가 피해를 입은 경우 설사 이러한 냄새를 제거할 수 있는 실질적인(practical) 기술이 존재하지 않더라도 농부가 폐에 병이 생겨서 결국 농지를 팔고 이사를 간 경우 사적인 생활방해(private nuisance)로 볼 수 있다.1418)
- 피해를 입었다고 주장하는 자가 땅 소유자 혹은 땅의 세입자가 아닌 경우 생활방해(nuisance)를 주장할 수 없다.
- 어떤 냄새가 들어오는 것은 생활방해(nuisance)이지만, 어떤 조각(flake)이 날아오는 것은 불법침해(trespass)이다.
- 10명 중 4명은 피해를 보고 있는 경우 생활방해를 주장할 수 있다. 반드시 과반수를 넘겨야 할 필요는 없기 때문이다.
- 사적 생활방해(private nuisance)에 대한 좋은 방어수단은 다른 사람은 불평하지 않는다. 즉, 원고가 너무 과민한(hypersensitivity) 반응을 보인다는 것을 말하는 것이다.
- 일정 토지에 대해 도시공장지대, 주택지대 등의 목적이나 용도를 지정하는 토지용도의 지정에 관한 법령을 준수하였다고 해도 생활방해는 성립될 수 있다.
- 공적인 생활방해(public nuisance)로서 인용되기 위해서는 대체적으로 다른 사람과는 다른 특별한 손해를 입었어야 한다.

1416) Restatement (Second) of Torts § 840D (Coming to the Nuisance) The fact that the plaintiff has acquired or improved his land after a nuisance interfering with it has come into existence is not in itself sufficient to bar his action, but it is a factor to be considered in determining whether the nuisance is actionable; *Spur Industries, Inc.*, v. *Del E. Webb Development Co.*, 108 Ariz. 178, 494 P.2d 700, 1972 Ariz. 4 ERC (BNA) 1052; Jesse Dukeminier 외, *supra* note 32, at 756−757.

1417) 조국현, *supra* note 30, at 239−240 인용 및 수정·보완.

1418) 실제 로스쿨이나 미국 변호사 자격취득을 위한 준비에서 최선의 방어수단(best defense)을 묻는 경우가 아니라면 억울한 피해를 입은 경우는 이익형량해서 생활방해(nuisance)가 없다고 하는 것보다 생활방해가 성립하는 것으로 봄이 적절한 것이다.

- 공적(公的) 생활방해(pubic nuisance)인 경우 특별한 손해(special damage)가 요구된다.
- 호텔 옆의 굴착 소음으로 인한 손해가 발생한 경우, 경제적 손해는 과실 책임으로 회복되지 않고, 소음을 위험한 활동(dangerous activity) 보기에는 부족하며, 고의에 의한 부동산에 대한 불법행위(trespass to land)에 소음은 해당되지 않는다. 결국 생활방해(nuisance)가 가능하다.
- 일부러 강렬한 햇빛이 반사되게 해서 호수를 볼 수 없는 사례는 생활방해(nuisance)로 처리할 수 있지만 일반적으로 조망권이나 일조권의 방해는 생활방해(nuisance)가 성립되지 않는다.
- 생활방해(nuisance)는 실질적 부당한 간섭이나 침해(substantial interference)로도 가능하므로 그러한 방해 행위가 1회로 끝나더라도 무방하다. 반드시 계속적이어야 하는 것은 아니다.
- 원고가 오기 전에 이미 어떤 생활방해(nuisance)의 상태가 있었던 경우에 이사를 늦게 온 것은 관련성(relevant)은 있으나 그렇다고 그 자체가 생활방해를 구성하는(controlling) 것은 아니다.
- 용도구역의 지정(zoning ordinance)의 준수가 바로 생활방해에 대한 항변사유가 되는 것은 아니다.
- 어떤 건물에서 계속 악취가 난다면 그 건물을 지으면서 건축에 필요한 모든 규정에 따라 공공기관으로부터 승인(all necessary government approval)을 받았다고 해도 그것만으로 생활방해로부터 면제되는 것은 아니다(not dispositive).

제14장
토지사용에 대한 정부의 공적인 제한

제14장 토지사용에 대한 정부의 공적인 제한

[사실관계]

케이블 설치에 관한 뉴욕법이 제정되는 해인 1973년 이전에는 피고인 Teleprompter Manhattan CATV는 케이블 설치로 인해 얻게 되는 총 수익(gross revenue)의 5%를 지급하는 대신에 개인 소유 부동산 소유자들로부터 케이블TV선이 그들의 부동산 위로 설치될 수 있도록 하였다.

1973년 뉴욕주 의회(the New York legislature)는 부동산 소유자로 하여금 자신의 부동산 위로 케이블TV시설물의 설치에 대해 지장을 초래하지 않도록 하는 내용("a landlord may not interfere with the installation of cable television facilities upon his property or premises.")을 담은 법안을 통과시켰다.

즉, 뉴욕법(New York Law)은 집 주인으로 하여금 자신의 부동산 위에 한 케이블 텔레비전 회사의 시설물(a cable TV line) 설치를 허락하도록 요구하였다. 이에 따라 지불하는 대가에 대해서는 '케이블 티브이에 대한 주 위원회'(the State Commission on Cable Television)가 합리적으로 정한 액수($1) 이상의 금액을 요구할 수 없도록 하였다.

1976년 피고 Teleprompter Manhattan CATV가 해당 부동산 지붕 위에 설치한 아파트 건물을 매입한 원고 Loretto는 주(州) 내에 동 시설물이 설치된 부동산 소유자를 대신하여 이 법은 불법침입(trespass)과 정당한 보상이 없는 헌법상 수용에 해당한다며 손해배상과 금지명령을 요구하는 집단소송(a class action)을 제기하였다.[1419] 이에 대해 뉴욕주 법원은 이러한 행위는 주 경찰 권한 행사 목적의 정당성(a legitimate police power purpose)을 인정하여 헌법에 위배되지 않는다고 보았다.

이에 원고는 미국 연방 대법원(the United States Supreme Court)에 상소하였다.

1419) 집단소송(class action)에 대해서는 조국현, "미국법상의 집단 피해 불법행위와 집단소송", 『법학연구』 제25권 제3호(2017. 7), 317-341면 참조.

1. 쟁점

• 미국 헌법 제5조와 14조(the 5th and 14th Amendments of the Constitution)상의 정당한 보상이 요구되는 수용(a "taking")에 해당하는지의 여부

2. 관련 판례

• *Loretto* v. *Teleprompter Manhattan CATV Corp.*, 458 U.S. 419, 102 S. Ct. 3164, 73 L. Ed. 2d 868, 8 Med. L. Rptr. 1849 (1982).

Ⅰ. 개설

일반적으로 미국의 지방 행정관청(municipal governments, cities, counties, towns, villages, and townships)이 행사하는 모든 권한은 그 특성상 주(州) 정부의 권한에서 파생된 것이고 행정관청 자체에 어떤 고유의 권한(inherent power)이 있는 것이 아니다. 그러므로 이들 주무 행정관청(primary regulators)이 집행하는 토지의 사용, 토지 용도의 지정(zoning), 주택과 건물, 공용수용(eminent domain), 구획 분할시의 제한, 개발계획의 검토, 개발이익금의 강제 징수 등에 관한 법령은 모두 주 법(state statutes)으로부터 권한을 위임받아 제정된 것이라고 할 수 있다. 특히, 토지의 용도지정 관련법령은 건물의 높이나 규모 지역 그리고 구조물의 외부디자인 등 토지뿐만 아니라 건물에도 규제를 하고 있다.[1420]

하지만 이와 같이 미국 재산법상 토지사용에 대해 연방 헌법이나 주 헌법에 의해 연방 정부나 주 정부로부터의 일정한 규제를 받을 수도 있지만 일정한 경우 미국 헌법상의 적법절차 조항과 재산권 보장 조항 등과 관련하여 일정한 한계가 있다. 아래에서는 이와 같은 내용을 중심으로 살펴보고자 한다.

1420) Barlow Burke and Joseph Snoe, *supra* note 1, at 557.

II. 토지사용에 대한 정부규제의 근거

미국 재산법에 있어서 토지사용에 대한 정부 규제는 아래의 〈표〉와 같은 연방 헌법 제11조 등에 의해 미국 연방 정부와 주 정부가 행정권 내지 경찰권(governmental power or police power)의 형태로 위임을 받고 다시 카운티(county)나 시(city) 등이 위임을 받게 되는데 이러한 위임의 내용에는 토지사용에 관한 규제권한이 포함된다.[1421] 이때 주 의회는 주 헌법에 따라 공공의 건강, 안전, 도덕, 일반적 복지에 영향을 미치는 활동을 규제할 수 있는 권한이 있고, 이러한 권한을 전체적으로 경찰권한(police power)이라고 한다.[1422]

하지만 이러한 토지사용에 대한 정부 규제도 일정한 한계를 갖게 된다. 즉, 정당한 보상 없이는 토지를 수용(taking)할 수 없다는 미국 연방헌법 수정 제5조와 적법한 절차(due process)와 평등한 보호를 다루는 제14조 등이 그 예이다.

토지사용의 공적인 규제를 위한 미국 헌법상의 근거 ─────────

[U.S. Constitution - Amendment 제1조]

Congress shall make no law respecting an establishment of religion, or prohibiting the free exercise thereof; or abridging the freedom of speech, or of the press; or the right of the people peaceably to assemble, and to petition the government for a redress of grievances.[1423]

[U.S. Constitution - Amendment 제5조]

No person shall be held to answer for a capital, or otherwise infamous crime, unless on a presentment or indictment of a grand jury, except in cases arising in the land or naval forces, or in the militia, when in actual service in time of war or public danger; nor shall any person be subject for the same offense to be twice put in jeopardy of life or limb; nor shall be compelled in any criminal case to be a witness against himself, nor be

---

1421) 박홍규, *supra* note 23, at 177.
1422) Barlow Burke and Joseph Snoe, *supra* note 1, at 557.
1423) 미국 헌법 수정 제1조 (종교, 언론 및 출판의 자유와 집회 및 청원의 권리)
연방 의회는 국교를 정하거나 자유로운 신앙 행위를 금지하는 법률을 제정할 수 없다. 또한 언론, 출판의 자유나 국민이 평화롭게 집회할 수 있는 권리 및 불만 사항의 구제를 위하여 정부에 대해 청원할 수 있는 권리를 제한하는 법률을 제정할 수 없다.

deprived of life, liberty, or property, without due process of law; <u>nor shall private property</u> <u>be taken for public use, without just compensation.</u>1424)

[U.S. Constitution – Amendment 제11조]

The Judicial power of the United States shall not be construed to extend to any suit in law or equity, commenced or prosecuted against one of the United States by Citizens of another State, or by Citizens or Subjects of any Foreign State.1425)

[U.S. Constitution – Amendment 제14조 제1절]

Section 1. All persons born or naturalized in the United States, and subject to the jurisdiction thereof, are citizens of the United States and of the state wherein they reside. No state shall make or enforce any law which shall abridge the privileges or immunities of citizens of the United States; <u>nor shall any state deprive any person of life, liberty, or</u> <u>property, without due process of law; nor deny to any person within its jurisdiction the</u> <u>equal protection of the laws.</u>1426)

III. 토지사용에 대한 정부규제의 내용

토지의 사용규제에 대해 앞에서 살펴 본 역권(servitudes)과 같은 사적 협약(private

1424) 미국 헌법 수정 제5조 (형사 사건에서의 권리)
   누구라도, 대배심에 의한 고발 또는 기소가 있지 아니하는 한 사형에 해당하는 죄 또는 파렴치한 죄에 관하여 심리를 받지 아니한다. 다만, 육군이나 해군에서 또는 전시나 공공위험의 경우 복무 중에 발생한 사건에 관해서는 예외로 한다. 누구라도 동일한 범행으로 생명이나 신체에 대한 위험을 이중으로 받지 아니하며, <u>누구라도 정당한 법적 절차에 의하지 아니하고는 생명, 자유 또는 재산을 박탈당하지 아니한다.</u> 또한 정당한 보상 없이, 사유 재산이 공적 사용을 위해 수용당하지 아니한다.
1425) 미국 헌법 수정 제11조 (주를 상대로 하는 소송)
   미국의 사법권은 미국의 한 주(州)에 대하여 다른 주(州)의 시민 또는 외국의 시민이나 신민에 의하여 개시되었거나 제기된 보통법상 또는 형평법상의 소송에까지 미치는 것으로 해석할 수 없다.
1426) 미국 헌법 수정 제14조 (공민권)
   제 1절. 미국에서 출생하고 또는 귀화하고, 미국의 관할권에 속하는 모든 사람은 미국 및 그 거주하는 주의 시민이다. 어떤 주도 미국 시민의 특권과 면책권을 박탈하는 법률을 제정하거나 시행할 수 없다. <u>어떤 주도 정당한 법적 절차에 의하지 않고서는 개인의 생명, 자유, 또는 재산을 박탈할 수 없으며, 그 사법관할의 범위에서 개인에 대한 법률에 의한 평등한 보호를 거부하지 못한다.</u>

arrangements)이나 생활방해 법(nuisance law)으로 충분하지 못할 경우 정부가 토지의 사용을 규제하거나 수용하는 경우가 있다.[1427)

이러한 토지사용에 대한 정부규제의 내용으로 대표적인 것이 공용수용(Eminent Domain)과 토지용도의 지정(Zoning)에 관한 것이다.[1428) 이러한 것은 특히 미국 헌법에서 정한 재산권 보장 등에 관한 내용과 연결하여 그 중요성을 갖는다.

1. 공용수용(Eminent Domain)

1.1. 의의

공용수용(Eminent Domain, Taking, Condemnation)이란 공공건물의 신축을 위해 토지나 통행지역권을 수용하는 것처럼 토지 소유자의 재산권을 정부가 정당한 보상(just compensation)을 지급하고 강제로 이전하도록 하는 것을 의미한다.[1429) 즉, 공용수용은 특정한 공적 사용("for public use")을 위해 법률에 근거하여 타인의 토지 등의 재산권을 강제적으로 취득하는 것을 말한다.[1430) 이러한 '공적 사용'을 심사하는 기준은 그 '목적'(ends)으로 삼는 경우와[1431) '수단'(means)으로 삼는 경우가 있다.[1432)

1.2. 구별 개념

(1) 역수용(Inverse Condemnation)

이러한 수용의 개념에는 역수용(逆收用, inverse condemnation)이 포함되는 데, '역수용'이란 토지소유자가 토지수용권을 갖는 정부 등을 상대로 공공의 사용을 목적으로 수용된

1427) Jesse Dukeminier 외, *supra* note 32, at 1061.
1428) *Id.*
1429) Barlow Burke and Joseph Snoe, *supra* note 1, at 609-610; 박홍규, *supra* note 23, at 178.
1430) Jesse Dukeminier 외, *supra* note 32, at 1063; Kelo v. *City of New London*, 545 U.S. 469, 125 S. Ct. 2655, 162 L. Ed. 2d 439, 60 ERC 1769 (2005); Barlow Burke and Joseph Snoe, *supra* note 1, at 610; 김남진·김연태, 『행정법』(II)(20판)(법문사, 2016), 584면.
1431) Jesse Dukeminier 외, *supra* note 32, at 1075; Kelo v. *City of New London*, 545 U.S. 469, 125 S. Ct. 2655, 162 L. Ed. 2d 439, 60 ERC 1769 (2005).
1432) Jesse Dukeminier 외, *supra* note 32, at 1073-1074.

토지에 대해 정당한 보상을 구하는 것으로서, 그러한 토지소유자에 의해 제기되는 소송을 '역수용 소송'이라고 한다.[1433)]

■ 수용(Condemnation)과 역수용(Inverse Condemnation)[1434)]

정부 (Government)	수용(Condemnation) 정부가 주도(Government Initiates) ─────▶ ◀───── 역수용(Inverse Condemnation) 토지소유자가 주도(Landowner Initiates)	토지소유자 (Landowner)

(2) 규제적 수용

1) 의의 및 쟁점   또한 수용에는 단순히 토지 소유자로부터 토지를 수용하는 것 뿐만 아니라 정부의 어떤 규정으로 인해 토지소유자가 투자 등의 재산권 행사를 금지하는 것도 포함한다(규제적 수용, Implicit or regulatory taking).

수용에 관한 법령의 규정들이 너무 과도하게 재산권을 침해해서 토지소유자의 재산 사용권을 완전히 박탈하는 경우에 이르는 정도에 해당할 경우 이를 토지소유자의 입장에서 보면 물리적 수용(the physical takings)과 같은 효과가 발생하여 이를 '규제적 수용'이라고 하는 것이다.[1435)]

규제적 수용(regulatory takings)이라는 개념의 시초가 된 *Pennsylvania Coal Co.* v. *Mahon* 사건에서 법원은 공익의 목적을 위해 사인의 재산권을 수용할 수 있지만 그 규제의 정도가 너무 지나치다면("too far") 이때는 수용으로 보아야 한다고 보았다.[1436)]

그러므로 규제적 수용인지의 여부에 관한 쟁점은 결국 특정 규제의 정도가 너무 지나친 것은 아닌지의 여부에 달려있다고 할 수 있다.[1437)]

2) 사법적 판단기준   위와 같이 *Pennsylvania Coal Co.* v. *Mahon* 사건에서 규

1433) Barlow Burke and Joseph Snoe, *supra* note 1, at 612; 박홍규, *supra* note 23, at 178-179; 임홍근 외, *supra* note 22, at 1053.

1434) Barlow Burke and Joseph Snoe, *Id.*

1435) 정하명, *supra* note 92, at 110.

1436) *Pennsylvania Coal Co.* v. *Mahon*, 260 U.S. 393 (1922)("The general rule at least is, that while property may be regulated to a certain extent, if regulation goes too far it will be recognized as a taking"); Jesse Dukeminier 외, *supra* note 32, at 1131; Barlow Burke and Joseph Snoe, *supra* note 1, at 617.

1437) *Pennsylvania Coal Co.* v. *Mahon*, 260 U.S. 393 (1922); Barlow Burke and Joseph Snoe, *supra* note 1, at 617.

제적 수용의 개념을 도입한 후에 미국 연방대법원은 *Penn Central Transportation Co. v. New York City* 사건 등을 통해 이에 대한 내용을 발전시켜 왔다.[1438]

Penn Central Transportation Co. v. New York City[1439] 사건은 뉴욕에 소재한 그랜드 센트럴(Grand Central Terminal)이라는 오래된 기차 터미널의 소유주가 터미널 위로 고층 건물을 지으려고 하자, 역사유적지 보호 위원회(the Landmarks Preservation Commission)는 역사유적지보호법(New York City's Landmarks Preservation Law)을 근거로 본 건물이 역사적 유적지(landmark site or historic district)라는 이유로 허가하지 않았다.

이에 소유주는 이러한 거부조치가 수용에 해당한다며 소송을 제기하였다. 이에 대해 연방대법원은 미국 연방헌법 14조를 통해 주에 적용되는 5조에서 의미하는 수용("taking")에 해당하지 않는다고 보았다.

이 사건을 통해 법원은 규제적 수용에 대한 세 가지 사법적 판단 기준을 제시하고 있는 데 ① 정부 행위의 성격(character of the government action), ② 규제로 인한 경제적 파급효과(the economic of the regulation), ③ 당해 규제가 투자에 기초한 합리적 기대의 침해 정도(investment-backed expectations)가 그것이다. '정부 행위의 성격'이 해당 부동산에 대한 '영구적인 물리적 점유'(a permanent physical occupation)의 경우라면 그러한 행위로 인해 중요한 공익을 달성하는 지의 여부 혹은 경제적으로 소유자에게 최소한의 영향을 미치는지의 여부와 관계없이 '수용'(a taking)에 해당한다고 보았다.[1440]

3) 규제의 정도 토지의 공용수용과 관련하여 어느 정도 토지에 대한 사용규제를 해야 공용수용에 해당하는지의 여부가 문제된다. 만일 토지사용에 대한 규제가 공공의 건강이나 안전, 그리고 복지를 위해 사용되어지는 경우라면 공용수용에 해당하지 않을 수 있다.[1441] 하지만 그 토지사용의 규제가 비록 공공의 안전을 위한 것이라도 그 정도가 상당하여 경제적 사용이 어렵게 된다면("no economically viable use") 공용수용에 해당하는 것으로 보아야 할 것이다.[1442]

1438) 정하명, *supra* note 92, at 111.
1439) *Penn Central Transportation Co. v. New York City*, 438 U.S. 104 (1978).
1440) Jesse Dukeminier 외, *supra* note 32, at 1086, 1093; *Loretto v. Teleprompter Manhattan CATV Corp.*, 458 U.S. 419, 102 S. Ct. 3164, 73 L. Ed. 2d 868, 8 Med. L. Rptr. 1849 (1982).
1441) 박홍규, *supra* note 23, at 179(citing *Mugler v. Kansas*, 123 U.S. 623, 8 S.Ct. 273, 31 L.Ed. 205(1887).
1442) *Id.*(citing *Lucas v. South Carolina Coastal Council*, 505 U.S. 1003, 112 S.Ct. 2886, 120 L.Ed. 2d 798 (1992).

Loretto v. *Teleprompter Manhattan CATV Corp.* 사건에서[1443] 케이블 회사에게 개인소유의 건물에 케이블선 설치를 허락하는 것은 수용이라고 판결하였다. 즉, 미국 연방대법원은 정부에 의한 재산권 제한은 그 침해되는 재산권의 정도가 아무리 작더라도 헌법상 정당한 손실보상(just compensation)이 요구되는 수용(taking)에 해당한다고 보았다.

1.3. 공용수용에 대한 피해자의 구제

(1) 원칙

공용수용에 의한 토지사용에 대한 정부 규제도 일정한 한계를 갖게 된다. 즉, 위에서 언급한 것처럼 수용된 토지의 공정한 가치에 해당하는 정도의 정당한 금전적 손실보상(just compensation) 없이는 토지를 수용(taking)할 수 없다(연방 수정헌법 제5조).

또한 법에 의해 확립된 공정한 절차로서의 절차적(procedural) 적법절차와 함께 공용수용을 할 만한 공익(public good)이 있어야 하는 등 실질적인(substantive) 적법절차를 준수해야 하며, 유사한 상황에 놓인 모든 토지 소유자는 평등한 보호를 받아야 할 것이다(연방 수정헌법 제14조).

(2) 부동산 임대차 중에 토지의 일부가 공용수용된 경우

한편, 부동산 임대차 중에 토지의 일부가 공용수용된 경우 이때의 부동산임대차 계약은 여전히 유효하게 존속하게 된다. 따라서 임차인은 임차료 전부를 계속 지급해야 하고 만일 공용수용으로 인해 보상받은 보상금이 있다면 그 해당부분에 대한 보상금을 청구할 수 있다.

물론 부동산 임대차 계약을 하면서 특별히 "만일 해당 부동산이 공용수용이 될 경우 계약은 종료된다."라는 조항을 두었다면 그 조항에 따라 그 계약은 종료되고 임대인이 수용으로 인한 모든 보상금액을 취득하게 될 것이다.

즉, 앞의 부동산 임대차 부분에서 설명하였듯이, 임차부동산이 공권력에 의해 공용수용된 경우(公用收用, condemnation of leasehold), 먼저 임차인과 임대인간의 어떤 합의가 있으면 그 합의에 의한다. 그러한 합의가 없을 경우 그 해당 부동산 전체가 공용수용된 경

1443) *Loretto* v. *Teleprompter Manhattan CATV Corp.*, 458 U.S. 419, 102 S. Ct. 3164, 73 L. Ed. 2d 868, 8 Med. L. Rptr. 1849 (1982); Jesse Dukeminier 외, *supra* note 32, at 1082-1096.

우 임차인의 임차료 지급의무는 면제된다. 하지만 전체가 아닌 일부분이나 일시적인 경우라면 임차인의 임차료 지급의무는 계속되며, 공용수용된 부분에 한해서 보상을 받게 되는 것이다.[1444]

(3) 규제적 수용의 경우

규제적 수용의 경우 그 구제수단이 문제된다. 특히 금전적 손실보상 청구권과 관련해서 1987년 *First English Evangelical Lutheran Church v. Los Angeles County* 사건[1445] 이전까지는 규제적 수용에 대한 구제수단으로 규제적 수용에 해당하는 법령이나 조례의 무효를 구하는 방법만이 인정되었으며 직접 금전적 손실보상을 청구하는 것은 인정되지 않았다.[1446]

그러므로 만일 공용수용의 내용이 위에서 언급한 정부의 어떤 규정으로 인해 토지소유자가 투자 등의 재산권 행사를 금지하는 내용(implicit or regulatory taking)이었다면 정부는 그러한 규정을 폐지하거나 규정으로 인해 개발에 따른 경제적 손실이 있는 등 토지 소유자가 어떤 손해를 입었다면 그러한 손해를 보상해 주어야 할 것이다.[1447] 만일 폐지를 선택할 경우 토지 소유자에게 보상될 수 있는 금액은 위헌으로서의 효력이 발생하는 기간 동안만을 기준으로 산정하여 보상해야 할 것이다.[1448]

---

*사례*의 분석 ────────────────────────────────

[쟁점, Issue]

- 개인소유 부동산에 대해 공적인 재산권의 침해는 작지만 영구적인 물리적 점유에 해당할 경우 미국 헌법 5조와 14조상의 정당한 보상이 요구되는 수용(a "taking")에 해당하는지의 여부이다.

  (The issue is whether a minor but permanent physical occupation of an owner's property under

---

1444) 서철원, *supra* note 27, at 147.
1445) *First English Evangelical Lutheran Church* v. *Los Angeles County*, 22 Ill.482 U.S. 304, 107 S. Ct. 2378, 96 L. Ed. 2d 250, 26 ERC 1001 (1987).
1446) 정하명, "미국에서의 규제권 강화와 규제적 수용", 『경희법학』 (경희대학교 법학연구소, 2005), 제40권 제2호, 110면.
1447) Barlow Burke and Joseph Snoe, *supra* note 1, at 625.
1448) *Id.*

the authorization of the government constitutes a "taking" necessary for just compensation under the 5th and 14th Amendments of the Constitution).

[근거, Reasoning]

- 정부에 의한 개인 소유 부동산의 영구적인 물리적 점유(A permanent physical occupation)는 그 목적이 공익(public interests)에 있는지의 여부와 관계없이 미국 헌법상의 수용에 해당한다.

  (A permanent physical occupation of real property under the authorization of the government is a taking within the constructs of the United States Constitution without regard to the public interests).

- 정부의 승인아래 이루어진 어떤 물리적인 침해로 인해 어떤 부동산의 영구적인 물리적 점유의 심각한 상태를 초래한다면 '수용'(taking)에 해당한다.

  (When a physical intrusion reaches the extreme form of a permanent physical occupation of property by the authorization of the government, a taking has occurred).

[적용, Application]

- 피고의 케이블 설치행위는 해당 부동산상의 공간을 점유하고 부동산 소유자는 그 행위에 따를 수밖에 없으므로 헌법상 정당한 손실보상이 요구되는 침해 내지 수용에 해당한다.

  (Respondent's installation of cable is, therefore, a taking because the cable occupies space on the building and the landlord had no choice but to surrender a portion of his building).

[결론, Conclusion]

- 본 사건의 사실관계와 이유들에 비추어, 개인소유 부동산에 대해 공적인 재산권의 침해는 그 정도가 작더라도 영구적인 물리적 점유에 해당할 경우 미국 헌법상의 수용(a "taking")에 해당한다.

  (Under the facts and reasons in this cause claim, a minor but permanent physical occupation of an owner's property under the authorization of the government constitutes a taking of property).

Loretto v. Teleprompter Manhattan CATV Corp.[1449]

U.S. Supreme Court

Loretto v. Teleprompter Manhattan CATV Corp., 458 U.S. 419 (1982)

APPEAL FROM THE COURT OF APPEALS OF NEW YORK

JUSTICE MARSHALL delivered the opinion of the Court.

This case presents the question whether a minor but permanent physical occupation of an owner's property authorized by government constitutes a "taking" of property for which just compensation is due under the Fifth and Fourteenth Amendments of the Constitution. New York law provides that a landlord must permit a cable television company to install its cable facilities upon his property. N.Y.Exec.Law § 828(1) (McKinney Supp. 1981—1982). In this case, the cable installation occupied portions of appellant's roof and the side of her building. The New York Court of Appeals ruled that this appropriation does not amount to a taking. 53 N.Y.2d 124, 423 N.E.2d 320 (1981). Because we conclude that such a physical occupation of property is a taking, we reverse.

Appellant Jean Loretto purchased a five—story apartment building located at 303 West 105th Street, New York City, in 1971. The previous owner had granted appellees Teleprompter Corp. and Teleprompter Manhattan CATV (collectively Teleprompter) permission to install a cable on the building and the exclusive privilege of furnishing cable television (CATV) services to the tenants. The New York Court of Appeals described the installation as follows:

"On June 1, 1970 TelePrompter installed a cable slightly less than one—half inch in diameter and of approximately 30 feet in length along the length of the building about 18 inches above the roof top, and directional taps, approximately 4 inches by 4 inches by 4 inches, on the front and rear of the roof. By June 8, 1970 the cable had been extended another 4 to 6 feet and cable had been run from the directional taps to the adjoining building at 305 West 105th Street."[Id. at 135, 423 N.E.2d at 324.]

Teleprompter also installed two large silver boxes along the roof cables. The cables are attached by screws or nails penetrating the masonry at approximately two—foot intervals,

---

1449) 458 U.S. 419, 102 S. Ct. 3164, 73 L. Ed. 2d 868, 8 Med. L. Rptr. 1849 (1982) 및 Jesse Dukeminier 외, *supra* note 32, at 1082—1096을 참고로 하여 본문과 각주의 일부분은 생략하고, 필요하다고 생각하는 부분에 대해서는 밑줄을 그어 강조함.

and other equipment is installed by bolts.

Initially, Teleprompter's roof cables did not service appellant's building. They were part of what could be described as a cable "highway" circumnavigating the city block, with service cables periodically dropped over the front or back of a building in which a tenant desired service. Crucial to such a network is the use of so−called "crossovers" − cable lines extending from one building to another in order to reach a new group of tenants. Two years after appellant purchased the building, Teleprompter connected a "noncrossover" line − i.e., one that provided CATV service to appellant's own tenants − by dropping a line to the first floor down the front of appellant's building.

Prior to 1973, Teleprompter routinely obtained authorization for its installations from property owners along the cable's route, compensating the owners at the standard rate of 5% of the gross revenues that Teleprompter realized from the particular property. To facilitate tenant access to CATV, the State of New York enacted § 828 of the Executive Law, effective January 1, 1973. Section 828 provides that a landlord may not "interfere with the installation of cable television facilities upon his property or premises," and may not demand payment from any tenant for permitting CATV, or demand payment from any CATV company "in excess of any amount which the [State Commission on Cable Television] shall, by regulation, determine to be reasonable." The landlord may, however, require the CATV company or the tenant to bear the cost of installation and to indemnify for any damage caused by the installation. Pursuant to § 828(1)(b), the State Commission has ruled that a one−time $1 payment is the normal fee to which a landlord is entitled. In the Matter of Implementation of Section 828 of the Executive Law, No. 90004, Statement of General Policy (New York State Commission on Cable Television, Jan. 15, 1976) (Statement of General Policy), App. 51−52; Clarification of General Policy (Aug. 27, 1976), App. 68−69. The Commission ruled that this nominal fee, which the Commission concluded was equivalent to what the landlord would receive if the property were condemned pursuant to New York's Transportation Corporations Law, satisfied constitutional requirements "in the absence of a special showing of greater damages attributable to the taking."

Appellant did not discover the existence of the cable until after she had purchased the building. She brought a class action against Teleprompter in 1976 on behalf of all owners of real property in the State on which Teleprompter has placed CATV components, alleging that Teleprompter's installation was a trespass and, insofar as it relied on § 828, a taking without just compensation. She requested damages and injunctive relief. Appellee City of New York, which has granted Teleprompter an exclusive franchise to provide CATV within certain areas of Manhattan, intervened. The Supreme Court, Special Term, granted summary judgment to Teleprompter and the city, upholding the constitutionality of § 828 in both crossover and noncrossover situations. 98 Misc.2d 944, 415 N.Y.S.2d 180 (1979). The Appellate Division affirmed without opinion. 73 App.Div.2d 849, 422 N.Y.S.2d 550 (1979).

On appeal, the Court of Appeals, over dissent, upheld the statute. 53 N.Y.2d 124, 423 N.E.2d 320 (1981). The court concluded that the law requires the landlord to allow both crossover and noncrossover installations, but permits him to request payment from the CATV company under § 828(1)(b), at a level determined by the State Cable Commission, only for noncrossovers. The court then ruled that the law serves a legitimate police power purpose — eliminating landlord fees and conditions that inhibit the development of CATV, which has important educational and community benefits. Rejecting the argument that a physical occupation authorized by government is necessarily a taking, the court stated that the regulation does not have an excessive economic impact upon appellant when measured against her aggregate property rights, and that it does not interfere with any reasonable investment—backed expectations. Accordingly, the court held that § 828 does not work a taking of appellant's property. Chief Judge Cooke dissented, reasoning that the physical appropriation of a portion of appellant's property is a taking without regard to the balancing analysis courts ordinarily employ in evaluating whether a regulation is a taking.

In light of its holding, the Court of Appeals had no occasion to determine whether the $1 fee ordinarily awarded for a noncrossover installation was adequate compensation for the taking. Judge Gabrielli, concurring, agreed with the dissent that the law works a taking, but concluded that the $1 presumptive award, together with the procedures permitting a landlord to demonstrate a greater entitlement, affords just compensation....

The Court of Appeals determined that § 828 serves the legitimate public purpose of "rapid development of and maximum penetration by a means of communication which has important educational and community aspects," 53 N.Y.2d at 143−144, 423 N.E.2d at 329, and thus is within the State's police power. We have no reason to question that determination. It is a separate question, however, whether an otherwise valid regulation so frustrates property rights that compensation must be paid. See Penn Central Transportation Co. v. New York City, 438 U. S. 104, 438 U. S. 127−128 (1978); Delaware, L. & W. R. Co. v. Morristown, 276 U. S. 182, 276 U. S. 193 (1928). We conclude that a permanent physical occupation authorized by government is a taking without regard to the public interests that it may serve. Our constitutional history confirms the rule, recent cases do not question it, and the purposes of the Takings Clause compel its retention.

In Penn Central Transportation Co. v. New York City, supra, the Court surveyed some of the general principles governing the Takings Clause. The Court noted that no "set formula" existed to determine, in all cases, whether compensation is constitutionally due for a government restriction of property. Ordinarily, the Court must engage in "essentially ad hoc, factual inquiries." Id. at 438 U. S. 124. But the inquiry is not standardless. The economic impact of the regulation, especially the degree of interference with investment—backed expectations, is of particular significance.

"So, too, is the character of the governmental action. A 'taking' may more readily be found when the interference with property can be characterized as a physical invasion by government, than when interference arises from some public program adjusting the benefits and burdens of economic life to promote the common good."[Id.]

As Penn Central affirms, the Court has often upheld substantial regulation of an owner's use of his own property where deemed necessary to promote the public interest. At the same time, we have long considered a physical intrusion by government to be a property restriction of an unusually serious character for purposes of the Takings Clause. Our cases further establish that, when the physical intrusion reaches the extreme form of a permanent physical occupation, a taking has occurred. In such a case, "the character of the government action" not only is an important factor in resolving whether the action works a taking, but also is determinative.

When faced with a constitutional challenge to a permanent physical occupation of real property, this Court has invariably found a taking. As early as 1872, in Pumpelly v. Green Bay Co., 13 Wall. 166, this Court held that the defendant's construction, pursuant to state authority, of a dam which permanently flooded plaintiff's property constituted a taking. A unanimous Court stated, without qualification, that

"where real estate is actually invaded by superinduced additions of water, earth, sand, or other material, or by having any artificial structure placed on it, so as to effectually destroy or impair its usefulness, it is a taking, within the meaning of the Constitution." Id. at 80 U. S. 181. Seven years later, the Court reemphasized the importance of a physical occupation by distinguishing a regulation that merely restricted the use of private property. In Northern Transportation Co. v. Chicago, 99 U. S. 635 (1879), the Court held that the city's construction of a temporary dam in a river to permit construction of a tunnel was not a taking, even though the plaintiffs were thereby denied access to their premises, because the obstruction only impaired the use of plaintiffs' property. The Court distinguished earlier cases in which permanent flooding of private property was regarded as a taking, e.g., Pumpelly, supra, as involving "a physical invasion of the real estate of the private owner, and a practical ouster of his possession." In this case, by contrast, "[n]o entry was made upon the plaintiffs' lot." 99 U.S. at 99 U. S. 642.

Since these early cases, this Court has consistently distinguished between flooding cases involving a permanent physical occupation, on the one hand, and cases involving a more temporary invasion, or government action outside the owner's property that causes consequential damages within, on the other. A taking has always been found only in the former situation....

(중간 생략)

More recent cases confirm the distinction between a permanent physical occupation, a physical invasion short of an occupation, and a regulation that merely restricts the use of property. In United States v. Causby, 328 U. S. 256 (1946), the Court ruled that frequent flights immediately above a landowner's property constituted a taking, comparing such overflights to the quintessential form of a taking:

"If, by reason of the frequency and altitude of the flights, respondents could not use this land for any purpose, their loss would be complete. It would be as complete as if the United States had entered upon the surface of the land and taken exclusive possession of it."[Id. at 328 U. S. 261.]...

(중간 생략)

Although this Court's most recent cases have not addressed the precise issue before us, they have emphasized that physical invasion cases are special, and have not repudiated the rule that any permanent physical occupation is a taking. The cases state or imply that a physical invasion is subject to a balancing process, but they do not suggest that a permanent physical occupation would ever be exempt from the Takings Clause....

In Kaiser Aetna v. United States, 444 U. S. 164 (1979), the Court held that the Government's imposition of a navigational servitude requiring public access to a pond was a taking where the landowner had reasonably relied on Government consent in connecting the pond to navigable water. The Court emphasized that the servitude took the landowner's right to exclude, "one of the most essential sticks in the bundle of rights that are commonly characterized as property." Id. at 444 U. S. 176. The Court explained:

"This is not a case in which the Government is exercising its regulatory power in a manner that will cause an insubstantial devaluation of petitioner's private property; rather, the imposition of the navigational servitude in this context will result in an actual physical invasion of the privately owned marina. . . . And even if the Government physically invades only an easement in property, it must nonetheless pay compensation. See United States v. Causby, 328 U. S. 256, 328 U. S. 265 (1946); Portsmouth Co. v. United States, 260 U. S. 327 (1922)."[Id. at 444 U. S. 180 (emphasis added).]

Although the easement of passage, not being a permanent occupation of land, was not considered a taking per se, Kaiser Aetna reemphasizes that a physical invasion is a government intrusion of an unusually serious character.1450)

Another recent case underscores the constitutional distinction between a permanent occupation and a temporary physical invasion. In PruneYard Shopping Center v. Robins, 447 U. S. 74 (1980), the Court upheld a state constitutional requirement that shopping center owners permit individuals to exercise free speech and petition rights on their property, to which they had already invited the general public. The Court emphasized that the State Constitution does not prevent the owner from restricting expressive activities by imposing reasonable time, place, and manner restrictions to minimize interference with the owner's commercial functions. Since the invasion was temporary and limited in nature, and since the owner had not exhibited an interest in excluding all persons from his property, "the fact that [the solicitors] may have physically invaded' [the owners'] property cannot be viewed as determinative." Id. at 447 U. S. 84.

In short, when the "character of the governmental action," Penn Central, 438 U.S. at 438 U. S. 124, is a permanent physical occupation of property, our cases uniformly have found a taking to the extent of the occupation, without regard to whether the action achieves an important public benefit or has only minimal economic impact on the owner.

The historical rule that a permanent physical occupation of another's property is a taking has more than tradition to commend it. Such an appropriation is perhaps the most serious form of invasion of an owner's property interests,...

Property rights in a physical thing have been described as the rights "to possess, use and dispose of it," United States v. General Motors Corp., 323 U. S. 373, 323 U. S. 378 (1945). To the extent that the government permanently occupies physical property, it effectively destroys each of these rights. First, the owner has no right to possess the occupied space himself, and also has no power to exclude the occupier from possession and use of the space. The power to exclude has traditionally been considered one of the

---

1450) *See* also *Andrus* v. *Allard*, 444 U. S. 51 (1979). That case held that the prohibition of the sale of eagle feathers was not a taking as applied to traders of bird artifacts.
"The regulations challenged here do not compel the surrender of the artifacts, and there is no physical invasion or restraint upon them. ... In this case, it is crucial that appellees retain the rights to possess and transport their property, and to donate or devise the protected birds. ... [L]oss of future profits — unaccompanied by any physical property restriction — provides a slender reed upon which to rest a takings claim." Id. at 444 U. S. 65−66.

most treasured strands in an owner's bundle of property rights.[1451] See Kaiser Aetna, 444 U.S. at 444 U. S. 179−180; see also Restatement of Property § 7 (1936). Second, the permanent physical occupation of property forever denies the owner any power to control the use of the property; he not only cannot exclude others, but can make no nonpossessory use of the property. Although deprivation of the right to use and obtain a profit from property is not, in every case, independently sufficient to establish a taking, see Andrus v. Allard, supra, at 444 U. S. 66, it is clearly relevant. Finally, even though the owner may retain the bare legal right to dispose of the occupied space by transfer or sale, the permanent occupation of that space by a stranger will ordinarily empty the right of any value, since the purchaser will also be unable to make any use of the property.

Moreover, an owner suffers a special kind of injury when a stranger directly invades and occupies the owner's property. As 458 U. S. supra, indicates, property law has long protected an owner's expectation that he will be relatively undisturbed at least in the possession of his property. To require, as well, that the owner permit another to exercise complete dominion literally adds insult to injury. See Michelman, Property, Utility, and Fairness: Comments on the Ethical Foundations of "Just Compensation" Law, 80 Harv.L.Rev. 1165, 1228, and n. 110 (1967). Furthermore, such an occupation is qualitatively more severe than a regulation of the use of property, even a regulation that imposes affirmative duties on the owner, since the owner may have no control over the timing, extent, or nature of the invasion.[1452]

The traditional rule also avoids otherwise difficult line drawing problems. Few would

---

1451) The permanence and absolute exclusivity of a physical occupation distinguish it from temporary limitations on the right to exclude. Not every physical invasion is a taking. As *PruneYard Shopping Center* v. *Robins*, 447 U. S. 74 (1980), *Kaiser Aetna* v. *United States*, 444 U. S. 164 (1979), and the intermittent flooding cases reveal, such temporary limitations are subject to a more complex balancing process to determine whether they are a taking. The rationale is evident: they do not absolutely dispossess the owner of his rights to use, and exclude others from, his property.

1452) If § 828 required landlords to provide cable installation if a tenant so desires, the statute might present a different question from the question before us, since the landlord would own the installation. Ownership would give the landlord rights to the placement, manner, use, and possibly the disposition of the installation. The fact of ownership is, contrary to the dissent, not simply "incidental," post at 458 U. S. 450; it would give a landlord (rather than a CATV company) full authority over the installation except only as government specifically limited that authority. The landlord would decide how to comply with applicable government regulations concerning CATV, and therefore could minimize the physical, esthetic, and other effects of the installation. Moreover, if the landlord wished to repair, demolish, or construct in the area of the building where the installation is located, he need not incur the burden of obtaining the CATV company's cooperation in moving the cable.

disagree that, if the State required landlords to permit third parties to install swimming pools on the landlords' rooftops for the convenience of the tenants, the requirement would be a taking. If the cable installation here occupied as much space, again, few would disagree that the occupation would be a taking. But constitutional protection for the rights of private property cannot be made to depend on the size of the area permanently occupied.

Indeed, it is possible that, in the future, additional cable installations that more significantly restrict a landlord's use of the roof of his building will be made. Section 828 requires a landlord to permit such multiple installations.

Finally, whether a permanent physical occupation has occurred presents relatively few problems of proof. The placement of a fixed structure on land or real property is an obvious fact that will rarely be subject to dispute. Once the fact of occupation is shown, of course, a court should consider the extent of the occupation as one relevant factor in determining the compensation due. For that reason, moreover, there is less need to consider the extent of the occupation in determining whether there is a taking in the first instance.

Teleprompter's cable installation on appellant's building constitutes a taking under the traditional test. The installation involved a direct physical attachment of plates, boxes, wires, bolts, and screws to the building, completely occupying space immediately above and upon the roof and along the building's exterior wall.[1453)

In light of our analysis, we find no constitutional difference between a crossover and a noncrossover installation. The portions of the installation necessary for both crossovers and noncrossovers permanently appropriate appellant's property. Accordingly, each type of installation is a taking.

Appellees raise a series of objections to application of the traditional rule here.

1453) It is constitutionally irrelevant whether appellant (or her predecessor in title) had previously occupied this space, since a "landowner owns at least as much of the space above the ground as he can occupy or use in connection with the land." United States v. Causby, *supra*, at 328 U. S. 264.

The dissent asserts that a taking of about one−eighth of a cubic foot of space is not of constitutional significance. Post at 458 U. S. 443. The assertion appears to be factually incorrect, since it ignores the two large silver boxes that appellant identified as part of the installation. App. 90; Loretto Affidavit in Support of Motion for Summary Judgment (Apr. 21, 1978), Appellants' Appendix in No. 8300/76 (N.Y.App.), p. 77. Although the record does not reveal their size, appellant states that they are approximately 18" x 12" x 6", Brief for Appellant 6 n.*, and appellees do not dispute this statement. The displaced volume, then, is in excess of 1 1/2 cubic feet. In any event, these facts are not critical: whether the installation is a taking does not depend on whether the volume of space it occupies is bigger than a breadbox

Teleprompter notes that the law applies only to buildings used as rental property, and draws the conclusion that the law is simply a permissible regulation of the use of real property. We fail to see, however, why a physical occupation of one type of property but not another type is any less a physical occupation. Insofar as Teleprompter means to suggest that this is not a permanent physical invasion, we must differ. So long as the property remains residential and a CATV company wishes to retain the installation, the landlord must permit it.[1454]

Teleprompter also asserts the related argument that the State has effectively granted a tenant the property right to have a CATV installation placed on the roof of his building, as an appurtenance to the tenant's leasehold. The short answer is that § 828(1)(a) does not purport to give the tenant any enforceable property rights with respect to CATV installation, and the lower courts did not rest their decisions on this ground. Of course, Teleprompter, not appellant's tenants, actually owns the installation. Moreover, the government does not have unlimited power to redefine property rights. See Webb's Fabulous Pharmacies, Inc. v. Beckwith, 449 U. S. 155, 449 U. S. 164 (1980) ("a State, by ipse dixit, may not transform private property into public property without compensation").

Finally, we do not agree with appellees that application of the physical occupation rule will have dire consequences for the government's power to adjust landlord—tenant relationships. This Court has consistently affirmed that States have broad power to regulate housing conditions in general and the landlord—tenant relationship in particular without paying compensation for all economic injuries that such regulation entails. See, e.g., Heart of Atlanta Motel, Inc. v. United States, 379 U. S. 241 (1964) (discrimination in places of public accommodation); Queenside Hills Realty Co. v. Saxl, 328 U. S. 80 (1946) (fire regulation); Bowles v. Willingham, 321 U. S. 503 (1944) (rent control); Home Building & Loan Assn. v. Blaisdell, 290 U. S. 398 (1934) (mortgage moratorium); Edgar A. Levy Leasing Co. v. Siegel, 258 U. S. 242 (1922) (emergency housing law); Block v. Hirsh, 256 U. S. 135 (1921) (rent control). In none of these cases, however, did the government authorize the permanent occupation of the landlord's property by a third party. Consequently, our holding today in no way alters the analysis governing the State's power to require landlords to comply with building codes and provide utility connections, mailboxes, smoke detectors, fire extinguishers,

---

1454) It is true that the landlord could avoid the requirements of § 828 by ceasing to rent the building to tenants. But a landlord's ability to rent his property may not be conditioned on his forfeiting the right to compensation for a physical occupation.

and the like in the common area of a building. So long as these regulations do not require the landlord to suffer the physical occupation of a portion of his building by a third party, they will be analyzed under the multifactor inquiry generally applicable to nonpossessory governmental activity. See Penn Central Transportation Co. v. New York City, 438 U. S. 104 (1978).

Our holding today is very narrow. We affirm the traditional rule that a permanent physical occupation of property is a taking. In such a case, the property owner entertains a historically rooted expectation of compensation, and the character of the invasion is qualitatively more intrusive than perhaps any other category of property regulation. We do not, however, question the equally substantial authority upholding a State's broad power to impose appropriate restrictions upon an owner's use of his property.

Furthermore, our conclusion that § 828 works a taking of a portion of appellant's property does not presuppose that the fee which many landlords had obtained from Teleprompter prior to the law's enactment is a proper measure of the value of the property taken. The issue of the amount of compensation that is due, on which we express no opinion, is a matter for the state courts to consider on remand....

(중간 생략)

JUSTICE BLACKMUN, with whom JUSTICE BRENNAN and JUSTICE WHITE join, dissenting...

In a curiously anachronistic decision, the Court today acknowledges its historical disavowal of set formulae in almost the same breath as it constructs a rigid per se takings rule: "a permanent physical occupation authorized by government is a taking without regard to the public interests that it may serve." Ante at 458 U. S. 426. To sustain its rule against our recent precedents, the Court erects a strained and untenable distinction between "temporary physical invasions," whose constitutionality concededly "is subject to a balancing process," and "permanent physical occupations," which are "taking[s] without regard to other factors that a court might ordinarily examine."

In my view, the Court's approach "reduces the constitutional issue to a formalistic quibble" over whether property has been "permanently occupied" or "temporarily invaded." Sax, Takings and the Police Power, 74 Yale L.J. 36, 37 (1964). The Court's application of its formula to the facts of this case vividly illustrates that its approach is potentially dangerous, as well as misguided. Despite its concession that

"States have broad power to regulate . . . the landlord—tenant relationship . . . without paying compensation for all economic injuries that such regulation entails," the Court uses its rule to undercut a carefully considered legislative judgment concerning landlord—tenant relationships. I therefore respectfully dissent....

(중간 생략)

The Court's recent Takings Clause decisions teach that nonphysical government intrusions on private property, such as zoning ordinances and other land use restrictions, have become the rule, rather than the exception. Modern government regulation exudes intangible "externalities" that may diminish the value of private property far more than minor physical touchings....

Precisely because the extent to which the government may injure private interests now depends so little on whether or not it has authorized a "physical contact," the Court has avoided <u>per se takings rules</u> resting on outmoded distinctions between physical and nonphysical intrusions. As one commentator has observed, a takings rule based on such a distinction is inherently suspect, because "its capacity to distinguish, even crudely, between significant and insignificant losses is too puny to be taken seriously." Michelman, Property, Utility, and Fairness: Comments on the Ethical Foundations of "Just Compensation" Law, 80 Harv.L.Rev. 1165, 1227 (1967).

Surprisingly, the Court draws an even finer distinction today — between "<u>temporary physical invasions</u>" and "<u>permanent physical occupations.</u>" <u>When the government authorizes the latter type of intrusion, the Court would find "a taking without regard to the public interests" the regulation may serve.</u> Ante at 458 U. S. 426. <u>Yet an examination of each of the three words in the Court's "permanent physical occupation" formula illustrates that the newly created distinction is even less substantial than the distinction between physical and nonphysical intrusions that the Court already has rejected.</u>

<u>First, what does the Court mean by "permanent"?</u> Since all "temporary limitations on the right to exclude" remain "subject to a more complex balancing process to determine whether they are a taking," ante at 458 U. S. 435, n. 12, the Court presumably describes a government intrusion that lasts forever. But as the Court itself concedes, § 828 does not require appellant to permit the cable installation forever, but only "[s]o long as the property remains residential and a CATV company wishes to retain the installation." Ante at 458 U. S. 439. This is far from "permanent."

...If § 828 authorizes a "permanent" occupation, and thus works a taking "without regard to the public interests that it may serve," then all other New York statutes that require a landlord to make physical attachments to his rental property also must constitute takings, even if they serve indisputably valid public interests in tenant protection and safety.[1455]

1455) See, e.g., N.Y.Mult.Dwell.Law § 35 (McKinney 1974) (requiring entrance doors and lights); § 36 (windows

The Court denies that its theory invalidates these statutes, because they "do not require the landlord to suffer the physical occupation of a portion of his building by a third party." Ante at 458 U. S. 440. But surely this factor cannot be determinative, since the Court simultaneously recognizes that temporary invasions by third parties are not subject to a per se rule. Nor can the qualitative difference arise from the incidental fact that, under § 828, Teleprompter, rather than appellant or her tenants, owns the cable installation. Cf. ante at 458 U. S. 440, and n.19. If anything, § 828 leaves appellant better off than do other housing statutes, since it ensures that her property will not be damaged aesthetically or physically, see n.4, supra, without burdening her with the cost of buying or maintaining the cable.

In any event, under the Court's test, the "third party" problem would remain even if appellant herself owned the cable. So long as Teleprompter continuously passed its electronic signal through the cable, a litigant could argue that the second element of the Court's formula — a "physical touching" by a stranger — was satisfied, and that § 828 therefore worked a taking. Literally read, the Court's test opens the door to endless metaphysical struggles over whether or not an individual's property has been "physically" touched. It was precisely to avoid "permit[ting] technicalities of form to dictate consequences of substance," United States v. Central Eureka Mining Co., 357 U. S. 155, 357 U. S. 181 (1958) (Harlan, J., dissenting), that the Court abandoned a "physical contacts" test in the first place.

Third, the Court's talismanic distinction between a continuous "occupation" and a transient "invasion" finds no basis in either economic logic or Takings Clause precedent. In the landlord—tenant context, the Court has upheld against takings challenges rent control statutes permitting "temporary" physical invasions of considerable economic magnitude. See, e.g., Block v. Hirsh, 256 U. S. 135 (1921) (statute permitting tenants to remain in physical possession of their apartments for two years after the termination of their leases). Moreover, precedents record numerous other "temporary" officially authorized invasions by third parties that have intruded into an owner's enjoyment of property far more deeply than did Teleprompter's long—unnoticed cable. See, e.g., PruneYard Shopping Center v. Robins, 447 U. S. 74 (1980) (leafletting and demonstrating in busy shopping center); Kaiser Aetna v. United States, 444 U. S. 164 (1979) (public easement of passage to private pond); United

---

and skylights for public halls and stairs); § 50−a (Supp.1982) (locks and intercommunication systems); § 50−c (lobby attendants); § 51−a (peepholes); § 51−b (elevator mirrors); § 53 (fire escapes); § 57 (bells and mail receptacles); § 67(3) (fire sprinklers). See also Queenside Hills Realty Co. v. Saxl, 328 U. S. 80 (1946) (upholding constitutionality of New York fire sprinkler provision)....

States v. Causby, 328 U. S. 256 (1946) (noisy airplane flights over private land). While, under the Court's balancing test, some of these "temporary invasions" have been found to be takings, the Court has subjected none of them to the inflexible per se rule now adapted to analyze the far less obtrusive "occupation" at issue in the present case. Cf. ante at 458 U. S. 430−431, 458 U. S. 432−435.

In sum, history teaches that takings claims are properly evaluated under a multifactor balancing test. By directing that all "permanent physical occupations" automatically are compensable, "without regard to whether the action achieves an important public benefit or has only minimal economic impact on the owner," ante at 458 U. S. 434−435, the Court does not further equity so much as it encourages litigants to manipulate their factual allegations to gain the benefit of its per se rule. Cf. n. 8, supra. I do not relish the prospect of distinguishing the inevitable flow of certiorari petitions attempting to shoehorn insubstantial takings claims into today's "set formula."...

(중간 생략)

For constitutional purposes, the relevant question cannot be solely whether the State has interfered in some minimal way with an owner's use of space on her building. Any intelligible takings inquiry must also ask whether the extent of the State's interference is so severe as to constitute a compensable taking in light of the owner's alternative uses for the property. Appellant freely admitted that she would have had no other use for the cable− occupied space were Teleprompter's equipment not on her building. See App. 97 (Deposition of Jean A. Loretto).

The Court's third and final argument is that § 828 has deprived appellant of her "power to exclude the occupier from possession and use of the space" occupied by the cable. Ante at 458 U. S. 435. This argument has two flaws. First, it unjustifiably assumes that appellant's tenants have no countervailing property interest in permitting Teleprompter to use that space....

This Court now reaches back in time for a per se rule that disrupts that legislative determination....[1456] I would affirm the judgment and uphold the reasoning of the New York Court of Appeals.

(이하 생략)

1456) Happily, the Court leaves open the question whether § 828 provides landlords like appellant sufficient compensation for their actual losses.... If, after the remand following today's decision, this minor physical

Ⅳ. 토지용도의 지정(Zoning)

사 례 연습 ────────────────────────────────

[사실관계, Facts]

본 사안에서 피항소인(the Appellee, "A")은 시 조례(a city ordinance)에 의해 토지에 대한 구획을 재지정(a tract of land re-zoned) 받은 토지의 소유자이었다. 피항소인은 행정구역의 하나인 유클리드 소도시(Village of Euclid, "B")를 상대로 토지사용의 제한으로 인해 토지 가치가 상당히 떨어졌다는 이유로 동 조례의 시행 중지를 청구하는 소송을 제기하였다. 여기에서 A는 자신의 땅이 비록 공지(空地, vacant)이었지만 이 토지를 매도하여 산업용 용도(for industrial uses)로 개발할 목적이었다고 주장하였다. 그 토지의 가치는 산업용 용지로 환산할 경우 에이커당 1만 달러, 주거용 용지로 환산할 경우 에이커당 2,500달러이었다. 주거용 용도로 지정된 곳은 단지 단독 세대와 두 세대만 거주할 수 있도록 하였다. 또 다른 지역은 아파트 건축은 가능하나 산업지역이나 상업지역으로의 건축은 허용되지 않았다. 이 마을의 토지구획의 조례에 따르면 그 지역(city)을 용도에 따라 여섯 가지로 구분하였고, 단독 세대나 두 가구 세대로 지정된 지역은 상대적으로 다른 곳에 비해 부동산에 대한 가치나 시장성이 제한될 수밖에 없었다.

이때 유클리드 소도시(Village of Euclid)의 토지용도 지정(zoning)이 미국 헌법에 위반되는가?

1. 쟁점

- 토지 사용의 공적 규제와 재산권의 제한
- 토지용도의 지정(Zoning)
- 지방정부의 토지용도 지정(zoning)이 헌법상 적법절차 조항을 위반하였는지의 여부

2. 관련 사례

- *Village of Euclid* v. *Ambler Realty Co.*, 272 U.S. 365, 47 S. Ct. 114, 71 L. Ed. 303 (1926).

────────

invasion is declared to be a taking deserving little or no compensation, the net result will have been a large expenditure of judicial resources on a constitutional claim of little moment.

1. 의의 및 근거

토지용도 내지 목적의 지정(Zoning)은 입법적 규제에 따라 하나의 도시를 여러 구역으로 분할하고 분할된 각 구역에는 건물들의 구조적·건축학적 디자인을 갖추는 등 지정된 용도 내지 목적으로만 사용할 수 있도록 하는 것으로서 '지역지구제' 또는 '목적별 지역지정'이라고도 불린다.[1457] 즉, 토지용도의 지정은 토지를 용도에 따라 구분하고 구분된 토지별로 건물의 용도와 형태 등을 규제하는 제도라고 할 수 있다.

이러한 토지용도의 지정은 미국 수정헌법 제14조에서 정한 적법절차 규정(due process clauses)과 주(state)의 경찰 권한(police power) 등으로부터 파생된(derivative) 것으로서 건강이나 안전 또는 공공복지 등의 목적으로 행하는 합리적 토지사용을 조절 내지 규제(control)하는 기능을 갖는다고 할 수 있다.[1458]

2. 연혁

미국에서 시작된 현대적 의미의 토지구획은 1890년대 지역 재생을 위한 자발적 지역 개선단체들이 공공공원이나 꽃 거리 조성 등 '도시미화운동'(都市美化運動, city beautiful movement)으로부터 시작된 도시외관 개선뿐만 아니라 안락한 도시를 조성하기 위한 운동에서 발달하였다.[1459]

특히, 1916년 건축물과 토지사용에 관하여 포괄적 규제를 채택한 최초의 지방정부인 뉴욕시는 '건축물구획법 내지 용도지정법(the Building Zone Resolution)을 제정하여 토지를 ① 모든 종류의 산업활동이 금지되는 주거지역과 ② 암모니아 제조업과 같은 생활방해(nuisance)를 야기하는 산업 활동이 금지되는 상업지역 그리고 ③ 어떤 종류의 토지사용도 가능한 제한이 없는 지역으로 구분하여 그 용도를 지정하였다.[1460] 이후 뉴욕시는 일반적인 토지구획권한부여법(zoning enabling act)을 제정하였고, 이것이 1922년 미국 상무부

1457) 임홍근 외, *supra* note 22, at 2059.
1458) Jesse Dukeminier 외, *supra* note 32, at 941; Barlow Burke and Joseph Snoe, *supra* note 1, at 559.
1459) 박홍규, *supra* note 1, at 184.
1460) Jesse Dukeminier 외, *supra* note 32, at 928; 박홍규, *supra* note 23, at 185[(citing. Bernard H. Siegan, "Smart Growth and Other Infirmities of Land Use Controls", 38 San Diego, Law Review, 693, 731 (2001)].

(the U.S. Department of Commerce)의 '토지용도의 지정에 관한 표준 주(州) 수권법'(Standard State Zoning Enabling Act)의 마련과 이에 따른 다른 주들의 관련법 제정에도 영향을 미쳤다.[1461]

이 법에 따르면 토지용도의 지정과 관련된 규제는 종합적인 계획(a comprehensive plan)에 부합되어야 할 것을 요구하고 있다.[1462] 이러한 종합계획에는 해당 지역의 현황과 앞으로의 추세 등을 감안하여 지방정부가 추진하는 지역개발 목표와 기준에 맞게 지도나 도표와 그 설명을 담은 해설, 경계, 다리, 공원 등의 전체적인 내용을 포함하고 있다.[1463]

이와 같이 토지의 용도지정(Zoning)이 일반화되기 시작한 것은 위의 수권법 제정과 1926년에 유클리드 판결에서 용도지역에 대한 규제가 합헌인 것으로 인정된 그 이후부터라고 할 수 있다.

1926년의 유클리드 판결은 토지사용을 규제하는 토지구획에 대한 위헌여부를 다룬 소송이다. 즉, 유클리드 사건(*Village of Euclid v. Ambler Realty Co.*)에서[1464] 미국 대법원은 위 토지구획은 미국 수정헌법 제14조에서 정한 적법절차 규정(due process clauses)에 위배되지 않는다고 보았다.

동 사안에서 피항소인(the Appellee, "A")은 시 조례(a city ordinance)에 의해 토지에 대한 구획을 재지정(a tract of land re-zoned) 받은 토지의 소유자이었다. A는 행정구역의 하나인 유클리드 소도시(Village of Euclid, "B")를 상대로 토지사용의 제한으로 인해 토지 가치가 현저하게 떨어졌다는 이유로 동 조례의 시행 중지를 내용으로 하는 소송을 제기하였다. 여기에서 A는 자신의 땅이 비록 공지(空地, vacant)이었지만 이 토지를 매도하여 산업용 용도(for industrial uses)로 개발할 목적이었다고 주장하였다. 그 토지의 가치는 산업용 용지로 환산할 경우 에이커당 1만 달러, 주거용 용지로 환산할 경우 에이커당 2,500달러이었다. 주거용 용도로 지정된 곳은 단지 단독 세대와 두 세대만 거주할 수 있도록 하였다. 또 다른 지역은 아파트 건축은 가능하나 산업지역이나 상업지역으로의 건축은 허용되지 않았다.

이 소도시의 토지구획에 관한 조례에 따르면 그 지역을 용도에 따라 여섯 가지로 구분하였다. 그리하여 단독 세대나 두 가구 세대로 지정된 지역은 상대적으로 다른 곳에 비해 부동산에 대한 가치나 시장성이 제한될 수밖에 없었다.

1461) Barlow Burke and Joseph Snoe, *supra* note 1, at 558.
1462) Jesse Dukeminier 외, *supra* note 32, at 942.
1463) *Id.*
1464) 272 U.S. 365, 47 S. Ct. 114, 71 L. Ed. 303 (1926); Barlow Burke and Joseph Snoe, *supra* note 1, at 560.

이때 쟁점은 유클리드 마을의 토지용도 지정(zoning)이 헌법에 위반되는지의 여부이었다. 구체적으로는 헌법 제14조의 적법절차 구체적으로 내용과 관련된 실질적 적법절차 조항의 위반 여부라고 할 수 있다. 법원은 일반적으로 토지용도의 지정은 독단적이거나 비합리적이지 않는 한 합헌이라고 보는 경향이 있다. 본 사안에서 법원은 동 토지구획의 지정이 독단적이거나 비합리적이지 않다고 판단하여 합헌이라고 보았다.

이러한 유클리드 지역 행정관청의 토지용도의 지정에 관한 조례에 기초한 종합적인 토지용도의 지정을 오늘날 '유클리드식 토지용도 지정'(Euclidean Zoning)이라고 한다.[1465]

3. 토지용도의 지정과 관련된 기관

토지용도의 지정과 관련기관으로는 보통 지방의회, 도시계획위원회(planning commission)와 조정위원회(the board of adjustment), 조직화된 시민사회단체(citizens organization) 등을 들 수 있다.[1466] 지방의회는 최초의 토지용도의 지정과 관련된 조례 등 법령의 제정과 수정 권한을 갖고, 도시계획위원회와 조정위원회 위원의 임명권을 갖는다.[1467]

도시계획위원회(planning commission)는 보통 7~9명으로 구성되고, 토지구획과 관련된 규정과 토지구획에 관한 권한부여법(the zoning enabling act)에 따른 종합계획(comprehensive plan)에 관한 기본(안)의 마련 등에 관한 업무를 수행한다.[1468] 일단 지정된 토지용도와 관련된 규율에 대해 수정이 필요한 경우 도시계획위원회는 직접 수정을 행하거나, 신청인의 신청에 의해 청문회 등 일정한 절차를 거쳐 시의회에 제출하여 수정되기도 한다.[1469]

조정위원회(the board of adjustment) 역시 보통 7~9명으로 구성되며, 주류 사업 등 일정한 분야에 대한 토지 소유자가 자신의 특별 사용허가(special use permit)나 조건부 사용허가 내지 임시허가(conditional use permit)와 관련된 신청에 대한 허가 여부, 토지용도 지

1465) Jesse Dukeminier 외, *supra* note 32, at 938.
1466) 박홍규, *supra* note 23, at 186.
1467) 주민투표와 주민의 법안발의(initiative) 및 주민투표(referendum)에 의한 토지용도의 지정도 가능하다 (Barlow Burke and Joseph Snoe, *supra* note 1, at 579-580; 박홍규, *supra* note 23, at 186, 194).
1468) 박홍규, *Id.*
1469) 이때 신청이 거부되면 신청인은 관할 지방법원에 지정된 용도에 대해 금지명령을 구할 수 있다. 이에 대해 행정기관은 뒤에서 살펴 볼 특별 사용(special exception)이나 적용 제외(variances) 등 소송 제기 전 사전절차가 있음을 이유로 항변할 수 있다(박홍규, *Id.* at 192-193).

정의 적용 제외 내지 건축용도 특별허가(variance) 등의 신청에 대한 심리·결정 업무를 수
행한다.1470)

4. 토지용도 지정의 주요 내용

토지용도의 지정과 관련된 주요 내용은 토지 사용용도의 제한과 건축물의 용적과 높
이 등에 관한 제한이다.

4.1. 토지 사용용도의 제한

토지용도 지정에 있어서 핵심이라고 할 수 있는 토지사용 용도의 제한은 주거용
(Residential, "R"), 상업용(Commercial, "C"), 산업용(Industrial, "I") 내지 공장지역(Manufacturing,
"M") 등으로 구분하여 그 사용을 제한하는 것을 말한다.

4.2. 건물의 용적과 높이의 제한

토지용도의 지정과 관련한 규정들은 건축물의 구조, 대지 중에서 건물을 지을 수 있
는 비율인 건폐율(building coverage ratio)과 집을 지을 수 있는 총면적 비율인 용적률(floor
area ratio), 옥외 공간율 내지 공지율(open space ratio), 밀도(density) 그리고 높이, 건물이 경
계로부터 떨어져야 하는 거리 등으로 규제하고 있다.1471) 건축물의 높이 규제와 관련해
서는 일반적으로 최대 높이 제한은 유효하다고 할 수 있으나 최소한의 높이 제한은 무효
라고 할 수 있다.1472)

1470) 박홍규, *Id*, at 186.
1471) 박홍규, *supra* note 23, at 187.
1472) "An amendment of the zoning ordinance of the city of Brockton, providing that in a defined "central
business area" in the heart of the city no building should be erected or altered to a height of less than
twenty-seven feet or with less than two stories, had no reasonable relation to any of the objects
constituting the bases for zoning ordinances set forth in G.L. (Ter. Ed.) c. 40, § 25, as appearing in St.
1933, c. 269, § 1, and was invalid"[(122 *Main Street Corp.* v. *City of Brockton*, 323 Mass 646, 84 N.E.2d
13 (1949)); 박홍규, *Id*.

5. 유형

토지용도의 지정은 우선 누적적 지정(cumulative zoning)과 비누적적 지정(noncumulative zoning)으로 구분할 수 있다.

5.1. 토지용도의 '누적적' 지정(Cumulative Zoning)

토지용도의 누적적 지정(cumulative zoning or Euclidean zoning)은 단독주택만을 허용하는 단독주택용, 단독주택과 다가주 주택을 허용하는 혼합주택용, 도서관, 박물관, 관공서 등 공공용, 은행, 주유소 등 상업용, 창고, 공장시설 등 공업용 등과 같이 부지단위별로 그 목적을 다르게 주택지역을 정점으로 그 아래에 용도의 일정한 혼재를 허용하는 이를 테면 계층제(hierarchy) 형태의 용도 지정이다.[1473)

5.2. 토지용도의 '비누적적' 지정(Exclusionary Zoning)

이에 대해 토지용도를 지정함에 있어 용도의 혼합을 배제하고 단독주택지역에서는 단독주택만 허용하는 식으로 어떤 특정 용도로 지정된 경우 그 용도 이외에는 인정하지 않는 경우가 있는 데 이를 비누적적 토지용도의 지정(noncumulative zoning or exclusive zoning)이라고 한다.[1474)

즉, '독점적 지역지구 지정 내지 비누적적 토지용도의 지정'이란 도시 안에 있는 특정 지역(area) 또는 지구(district)로부터 특정 계층의 사람(specific classes of persons)이나 기업체를 배제하는 효과를 갖는 목적별 토지용도의 지정의 한 형태(any form of zoning ordinance)로서 의도하지 않은 부작용(externalities)을 제거하거나 감소시키려는 데 주 목적을 갖는다.[1475) *Village of Euclid* v. *Ambler Realty Co.* 사건에서 아파트 입주민들과 일반 주택에서 거주하는 주민들과 분리하여 그 용도를 지정하였던 것이 그 예이다.[1476)

1473) Barlow Burke and Joseph Snoe, *supra* note 1, at 559.
1474) *Id.* at 561.
1475) Jesse Dukeminier 외, *supra* note 32, at 1036; *Southern Burlington County NAACP* v. *Township of Mount Laurel*, 67 N.J. 151, 336 A.2d 713, 1975 N.J.; 423 U.S. 808 (1975); 박홍규, *supra* note 23, at 188; 임홍근 외, *supra* note 22, at 722.
1476) Barlow Burke and Joseph Snoe, *supra* note 1, at 602.

이러한 지정에 의한 지방정부의 규제는 실제로 비슷한 특정 층의 사람들이 하나의 커뮤니티를 이루어 생활해 나가는 현상을 촉진하게 된다고 할 수 있다.

하지만 만일 이와 관련된 규정이 인종, 피부색, 종교 등 합헌성을 의심받을 만한 특정 계층(a suspect class)을 기준으로 삼거나 어떤 차별적인 의도(discriminatory intent or purpose)를 갖고 마련되었다면 이는 미국 헌법상의 평등보호 혹은 실제적 적법절차의 법리 위반으로 파기될 것이다.[1477] 또한 사안에 따라서는 입증하기 어려운 차별적인 의도보다는 차별적인 영향이나 결과를 입증함으로써 피해자는 공정주택법(Fair Housing Act, FHA) 아래 승소할 수 있다.[1478]

이때 이러한 배타적 토지용도 지정의 위헌여부와 관련하여 연방 대법원은 미국 수정 헌법 제14조의 평등보호 조항(Equal Protection Clause)의 위반 여부를 검토하게 될 것이다.[1479]

6. 유동적 토지용도의 지정(floating zones)과 개발구획(planned unit developments, PUDs)

6.1. 개설

앞에서 언급한 배타적 토지용도의 지정(Exclusive Zoning)은 건물의 형태, 규모, 용도, 배치 등의 획일적 규제로 주택이나 건물 등에 대한 다양한 디자인, 목적, 밀도의 다양성이 요구되는 등의 문제점이 나타나게 되었다.

이러한 문제점 해결방안의 하나로 유연성 있는 제도가 마련되었는데 유동적 토지용도의 지정(floating zoning)과 클러스터형 토지용도의 지정(cluster zoning) 그리고 특정단지의 종합적 개발(planned unit developments, PUDs)이 그 예이다.

6.2. 유동적 토지용도의 지정(Floating Zoning)

유동적 내지 부동(浮動)적 토지용도의 지정 내지 유동구획 또는 유동지역지구의 지정

1477) Id.; 미국 헌법상 평등권과 관련된 내용은 안경환, 『미국 헌법의 이해』 (박영사, 2017), 383−470면 참조.
1478) Barlow Burke and Joseph Snoe, Id. at 602.
1479) 박홍규, *supra* note 23, at 189.

(floating zones)이란 유연성을 부여하기 위해 전체 지역 중 일정 부분을(specified portions) 특정의 용도상으로 필요하다고 미리 법정해 놓고 배치결정(토지용도의 결정)은 유보하여 두었다가 추후 특정 민간 부분의 개발사업 제안 등을 통해 지방의회와의 협의 등을 거쳐 토지용도의 지정을 확정하는 방법이다.1480) 이러한 유동적 토지용도의 지정은 특히 저층의 정원이 딸린 아파트(garden apartments)나 상업용 건물의 공원에 특히 유용하다고 할 수 있다.1481)

6.3. 클러스터형 토지용도의 지정(Cluster Zoning)

클러스터형 토지용도의 지정(cluster zoning)은 일부 지역은 고밀도의 건축물을 짓고, 다른 지역은 자연녹지나 공원으로 조성하는 등 개발주체가 토지용도의 지정과 관련된 법령이 정하는 범위 안에서 토지용도를 지정하는 경우를 말한다.1482)

6.4. 특정단지의 종합적 개발(Planned Unit Developments, PUDs)

'지역단지의 종합적 개발' 내지 '계획적 일체개발'(Planned Unit Development, PUD)이란 위의 '클러스터형 토지용도 지정'의 확장이라고 볼 수 있다.1483) 즉, 공공성과 사업성을 동시에 추구하고자 특정 지구를 하나의 계획단위로 한 단독의 실체로 보고, 토지용도의 지정과 관련된 규정에 따라 주거용에 대한 비주거용의 비율의 범위에서 1 이상의 주거용 클러스터 같은 주거개발과 1 이상의 공유지, 준공유지, 상업지구 또는 산업지구 등을 포함하는 식의 특정부지에 대한 사용의 다양성(multiplicity of uses)에 주안점을 두고 있다.1484) 하지만 공공의 이익이라는 명분아래 토지의 위치에 따른 지정으로 인해 상대적으로 불이익을 받는 경우도 발생할 수 있으므로 적용기준 등 일정한 요건 내지 내용을 사전에 조례 등을 통해 규율해야 할 것이다.

1480) Barlow Burke and Joseph Snoe, *supra* note 1, at 582; 임홍근 외, *supra* note 22, at 809.
1481) Barlow Burke and Joseph Snoe, *Id.*
1482) *Id.* at 582.
1483) *Id.*
1484) *Id.*; 임홍근 외, *supra* note 22, at 1430; 이는 우리나라의 지구단위계획구역과 유사한 성격을 가지고 있다고 할 수 있다.

7. 특별 사용 또는 조건부 사용(Special Exceptions or Conditional Uses)

주택지역에 변전시설을 설치할 경우 주택지역으로부터 일정한 거리 유지나 소음차단 시설 설치 등 일정한 조건이나 규정을 준수할 경우 사용할 수 있도록 하는 것을 '특별 사용' 또는 '조건부 사용'(a special exception, special use permit, special use, or conditional use)이라고 한다.[1485] 이때 사용의 허락은 단지 조건부 사용의 허락에 그치며 여기에 어떤 권리를 부여하는 것은 아니다.[1486] 이러한 조건부 사용은 보통 당사자의 신청에 의한 조정위원회의 생활방해(nuisance)나 공공복지 등 어떤 법령 등의 구체적 기준에 따른 심리를 통해 이루어진다.[1487]

8. 토지 용도지정의 적용제외(Variance)

토지 용도지정의 적용제외(variance)는 특정된 건축용도에 대한 일종의 특별허가라고 할 수 있다. 즉, 일단 토지의 용도가 지정되면 이의 변경은 쉽지 않고, 가능하더라도 오랜 기간이 걸린다. 그렇기 때문에 때로는 지정된 토지용도에 대한 어떤 유연성(flexibility)을 제공할 필요가 있고 이를 위한 제도로서 나온 것이 위에서 언급한 '특별 사용 또는 조건부 사용'과 함께 '토지 용도지정의 적용제외'이다.[1488]

이러한 의미에서 토지용도의 지정에 따라 해당 토지와 관련하여 실질적 어려움(practical difficulties)이나 필요 이상의 고통(unnecessary hardship)을 겪는 등 특별한 경우, 지정된 주거지역을 상업적 사용이나 새로운 건물의 신축을 허락하는 등 사용이나 용적 등에 있어서 그 지정된 용도에 대한 적용을 행정명령을 통해 제외 내지 면제(waive)시킬 필요가 있는 데 이를 '토지 용도지정의 적용제외'(variance)라고 하는 것이다.[1489] 이러한 '적용제외'에는 예외적으로 특정 용도로의 사용을 허락하는 '사용'을 위한 제외(use variances)

1485) Jesse Dukeminier 외, *supra* note 32, at 959; *Cope v. Inhabitants of the Town of Brunswick*, 464 A.2d 223 (Me. 1983); Barlow Burke and Joseph Snoe, *supra* note 1, at 575; 박홍규, *supra* note 23, at 189.
1486) Barlow Burke and Joseph Snoe, *Id.*
1487) 박홍규, *supra* note 23, at 189.
1488) Jesse Dukeminier 외, *supra* note 32, at 954.
1489) Jesse Dukeminier 외, *Id*, at 955; *Commons v. Westwood Zoning Board of Adjustment*, 81 N.J. 597, 410 A.2d 1138, 1980 N.J.; Barlow Burke and Joseph Snoe, *supra* note 1, at 571.

와 건축시의 도로나 기존 건조물 사이의 최소거리나 높이, 바닥 면적 등 '범위'를 위한 제외(area variances)가 있다.[1490]

토지 소유자가 이러한 신청을 위해서는 토지용도의 지정에 관한 종합계획(the com-prehensive zoning plan)과 상당한 모순이 없어야 하고, 위에서의 실질적 어려움(practical difficulties)이나 필요 이상의 부당한 고통(unnecessary or undue hardship)이 있고, 이러한 적용제외(variance) 조치를 하더라도 공공의 복지(public welfare)에 반하지 않으며, 주변 재산권의 가치를 저하시키는 않는 등에 대한 것을 입증해야 한다.[1491] 신청된 내용에 대한 인용여부는 보통 토지의 용도지정에 대한 위원회(zoning board) 등에 의한 행정적 조치(administrative actions)에 따르게 된다.

9. 부적합한 토지이용(The Nonconforming Use)

새로운 토지용도 지정 법령("A"법령)이 제정되면서 토지용도가 지정되기 이전과 이후의 용도가 다른 경우 그 이전 토지에 적용되었던 용도에 대한 적용여부가 문제된다. 예를 들면, 소유자 갑은 자신이 소유한 토지에 상업용 시설("C"건물)로 사용하고 있었는데 후에 주거시설로 토지용도가 변경되어 지정된 경우 A는 계속하여 상업용 시설로 사용할 수 있는지의 여부와 관련한 것이다. 이에 대해서는 특별한 규정이 없는 한 갑은 "A"법령이 제정된 이후라도 계속 상업시설로 사용할 수 있다(불일치 이용 내지 부적합 이용, non-conforming use).[1492]

이러한 부적합한 토지이용(non-conforming use)은 토지용도가 지정과 관련된 법령(a new zoning ordinance 등)이 제정되기 이전에 적법하게 존재하여 비록 그 토지가 그 지역에 적용되는 용도와 일치하지 않아(non-conforming) 부적합하게 이용되고 있더라도 그 법령이 제정된 이후에도 계속 그러한 용도로 사용할 수 있게 하는 것을 말한다.[1493] 만일 그럼에도 불구하고 새로운 법령의 이행을 강제하여 새롭게 지정된 용도에 따르게 한다면 이는 헌법상 정당한 손실보상이 요청되는 수용(a taking)에 해당할 것이다.

1490) Barlow Burke and Joseph Snoe, *Id.*
1491) *Id.* at 572.
1492) Jesse Dukeminier 외, *supra* note 32, at 945-954; Barlow Burke and Joseph Snoe, *supra* note 1, at 564; *PA Northwestern Distributors, Inc.* v. *Zoning Hearing Board,* 526 Pa. 186, 584 A.2d 1372, 1991 Pa. 8 A.L.R.5th 970.
1493) 임홍근 외, *supra* note 22, at 1304.

그러므로 위의 "C" 건물은 개정된 토지용도 지정 관련 법령이 시행되기 이전에 있던 건물이므로 새로운 "A"법령으로 갑 토지의 용도를 구속할 수 없다. 만일 '주거시설의 용도지역'에 불일치 내지 부적합한 이용(Non-Conforming use)의 상업용 시설이 있다면 재건축을 할 수 없게 되므로 그 부동산의 가치가 상대적으로 떨어지게 되는 반면, '상업시설의 용도지역'에 큰 주택용 시설이 있었다면 그 부동산의 가치는 상대적으로 올라가게 될 것이다.

10. 미적 디자인 요소를 고려한 토지용도의 지정(Zoning for Aesthetic Purposes)과 그 적법성

미국의 지방 정부는 종종 표지판이나 옥외광고판 등 광고물, 건축물, 역사적·문화적 유적지 등에 대한 미적 경관을 규제하는 법령을 제정하고 있다.[1494] 처음에는 도시 지역에서의 광고물 설치의 금지 또는 제한 등 미적 요소를 고려한 토지용도의 지정(zoning for aesthetic purposes)은 실질적 적법절차의 위반을 이유로 효력이 없다고 보았다.[1495]

하지만 1954년 *Berman* v. *Parker* 사건을 통해 미적 요소를 고려한 도시 정비계획의 유효성을 인정하였다.[1496] 본 사안은 1945년 의회가 통과시킨 워싱턴 D.C 재개발법(the District of Columbia Redevelopment Act)에 따라 권한을 위임받은 워싱턴 D.C. 재개발국(D.C. Redevelopment Agency)의 정당한 손실보상에 의한 사인의 재산권에 대한 수용권한(the power of eminent domain)과 관련된 것이다. 그 지역에서 백화점을 소유하고 있던 원고 Berman은 단순히 지역의 미화정책(美化, beautification project of the area)만을 위한 재산권의 수용을 담은 동 법은 헌법에 위반된다는 이유로 연방 지방법원에 소송을 제기한 결과 기각되자 연방대법원에 상소하였다.

본 사안에서의 쟁점은 위 워싱턴 D.C. 재개발국(D.C. Redevelopment Agency)의 원고에 대한 지역사회의 미화와 재개발 목적(the purpose of beautification and redevelopment)의 재산권 수용이 미국 수정헌법 5조에서 규정한 수용조항(The Fifth Amendment's Takings Clause)에

1494) Barlow Burke and Joseph Snoe, *supra* note 1, at 592.
1495) *City of Passic v. Paterson Bill Posting, Etc. Co.,* 72 N.J.I. 285, 62 A. 267(Err.App. 1905); 박홍규, *supra* note 23, at 192.
1496) *Berman* v. *Parker*, 348 U.S. 26, 75 S.Ct. 98, 99 L.Ed. 27(1954).

위반되는지의 여부이었다.

이에 대해 법원은 공공복지는 광의적이고 포괄적인 개념으로서 공공복지가 표방하는 가치에는 정신적, 물질적, 미적 그리고 금전적인 것이 포함된다. 어떤 지역사회가 활기가 넘치면서 아름답고, 누릴 수 있는 공간이 있으면서 청결하며, 질서 유지와 함께 잘 조화되도록 결정하는 것은 입법부의 권한(the power of the legislature) 내에 속하는 것이다.1497) 따라서 공공복지 등 어떤 특정 목적(any specific purpose)을 위해 정당한 보상(just or appropriate compensation)에 의하는 한 본 법에 의한 사인에 대한 재산권 수용은 의회의 권한 내에 있는 것으로서 수정헌법 제5조에 위반되지 않는다고 보았다.

"공공복지에는 미적(美的) 고려를 포함한다"라고 할 수 있는 본 판결을 통해 시각적 환경(visual environment)을 공공복지로 인식하고, '도시재생프로젝트'(Urban Renewal Project)의 효력을 인정하면서, 미적 목적 달성을 위한 토지용도의 지정 규제 등 지방정부의 도시조경 관련 행정행위는 많은 자유를 부여받게 되고, 이제 토지소유자와 개발업자들도 미적 고려를 중시하게 되었다고 할 수 있다.1498)

이러한 것은 제2차 세계대전 이후 새로운 주거용 건물을 신축할 경우 각 주의 '디자인 검토위원회'(design review board)의 승인을 얻도록 하는 주거 건축물에 대한 디자인 규제로 이어지고 이러한 규제 역시 법원은 그 유효성을 인정하였다.1499)

오늘날 우리나라에서 이루어지고 있는 '도시재생'과 관련된 여러 정책 중 광고물이나 외벽, 역사문화 유적지 등 외적미관에 대한 예술적 측면과 디자인 측면을 고려해야 한다는 점에서 미적 디자인 요소를 고려한 토지용도의 지정(Zoning for Aesthetic Purposes)과 관련된 내용들은 여러 가지 시사점을 준다고 할 수 있다.

1497) ...The concept of the <u>public welfare is broad and inclusive</u>....<u>The values it represents are spiritual as well as physical, aesthetic as well as monetary. It is within the power of the legislature to determine that the community should be beautiful as well as healthy, spacious as well as clean, well balanced as well as carefully patrolled</u>....[(*Berman* v. *Parker*, 348 U.S. 26, 75 S.Ct. 98, 99 L.Ed. 27(1954)].

1498) 유진호, "미국의 미적 요소에 기초한 도시디자인(도시 경관 및 옥외광고물) 규제 관련 판례입장", 최신외국법제정보(한국법제연구원, 2008-06), 94면

1499) *Reid* v. *Architectural Board of review*, 119 Ohio App. 67, 192 N.E.2d 74(1963); 이는 인접하는 주거건축물에 대한 재산 가치의 하락을 방지하는 데 그 근거를 두고 있다고 볼 수 있다(박홍규, *supra* note 23, at 192).

10.1. 표지판이나 옥외광고판 등 광고물에 대한 규제

　미국의 지방정부 역시 우리나라의 경우처럼 보통 표지판이나 옥외광고판 등 광고물
의 사용과 설치에 대한 내용들을 규제한다. 이러한 규제에 대해 미국 헌법상의 실체적
적법절차와 수정헌법 제1조상의 표현의 자유를 근거로 한 위헌성 여부에 대한 다툼이 있
었다. 이러한 다툼은 지방 행정관청의 표지판이나 광고판 등에 대한 규제에 대한 실체적
적법절차에 관한 접근에서 표현의 자유에 관한 접근으로 확대되었다.[1500]

　초기에는 실체적 적법절차의 법리에 따라 미적 디자인과 광고물을 규제하는 모든 법
령들은 '공공의 건강과 안전 그리고 도덕'을 해친다는 이유로 무효로 보았다.[1501] 단지
특정한 표지판이나 광고판인 경우 생활방해(nuisance)의 법리에 위반된 경우에만 지방 행
정관청이 그 소유자를 상대로 행정적 조치를 할 뿐이었다.[1502] 즉, 초기에는 미적 디자
인 자체만을 이유로 한 지방정부의 경찰권한(police power) 행사하기에는 충분한 근거가
되지 못하였고, 주변 지역 토지의 가치보호나 교통문제의 해결 또는 관광의 증진 등 다
른 중요한 사안들과 함께 행사할 수 있었다.[1503]

　하지만 *Village of Euclid* v. *Ambler Realty Co.* 사건 이후에 '건강과 안전 그리고 도
덕 이외에 공공의 복리'(general welfare)라는 보다 폭넓은 토지용도의 지정과 관련한 법령의
제정으로 '공공복리'를 근거로 지방행정관청의 표지판에 대한 규제가 정당화되었다.[1504]

　이러한 토지용도의 지정과 관련한 법령은 정당한 주(州)의 목적의 증진을 위한 수단
이어야 하고, 그 규제가 주의 정당한 목적 달성에 합리적으로 관련되어 있어야 하며, 이
는 헌법상 보호되는 권리를 침해하지 않아야 한다.[1505]

　만일 표현의 자유를 침해한다면 주(state)는 주의 입법목적이 단순히 정당한 정도가
아닌 그 목적이 불가피한 것이고, 그 목적을 달성하기 위한 수단은 필수적인 것으로서 엄
밀히 마련되어야 하며, 표현의 자유에 대한 침해는 가능한 한 최소한에 그쳐야 한다.[1506]

　그 심사기준과 관련해서는 ① 그 표현의 자유를 제한하는 내용이 상업용인지의 여

1500) Barlow Burke and Joseph Snoe, *supra* note 1, at 592–593.
1501) *Id.* at 592.
1502) *Id.*
1503) *Id.*
1504) *Id.*
1505) *Id.* at 593.
1506) *Id.*

부에 따라 비상업용 즉, 정치적인 내용이면 엄격심사(strict scrutiny)를 통한 보다 더 강한 보호를 받는 반면에 상업용인 경우 중간심사(intermediate level of scrutiny) 기준에 따른다. ② 그 표지판이나 간판이 건물 등 시설 위에 설치되어 있는 경우(on‒site)와 다른 토지나 도로 등 해당 건물과 떨어져 있는 경우(off‒site), 전자가 후자보다 더 강한 보호를 받으며, ③ 해당 규제되는 내용이 예를 들면 표지판의 내용 즉 메시지와 관련된 규제(content‒based)인지와 표지판의 위치나 크기, 높이 등 내용 중립적(content‒neutral)인지의 여부에 따라 전자가 후자보다 더욱 강한 보호를 받으며, ④ 주거용 지역의 표지판이 비상업적 표지판이 보다 강한 보호를 받으며, ⑤ 단순히 주(州)가 시간과 장소 표지판의 설치방법 등을 규제하는지 아니면 표지판이나 광고판의 유형을 규제하려는지의 여부에 따라 그 메시지를 규제하려 한다면 위헌성을 띠고, 표현의 자유 억압과는 관계없는 단순한 토지 사용(시간 장소 등)에 대한 것이라면 합헌적일 것이다.1507)

만일 표지판이나 광고판이 상업용이고 그 규제 법령이 어떤 종류를 완전히 금지한다면 정부가 정당화 되는 주(state)의 목적이 있고, 그 목적에 따라 엄밀하게 고안된 것으로서 그 목적과 실질적으로 관련성이 있어야 한다.1508)

10.2. 건축상의 규제(Architectural Controls)

어떤 구조물을 건축하려 할 경우 관련 지방행정 당국의 건축승인을 받기 이전에 건축상의 디자인 관련 법령에서 정한 건축상의 최소한의 표준기준을 따라야 한다.

즉, 구조물의 외관과 그 기능면에서 이웃의 재산가치를 저하시킬 우려가 있으므로 이를 보호(protection of property values)할 필요성이 있으므로 다른 구조물보다 너무 모순되거나 상이해서는 안 될 것이다.1509)

이러한 건축상의 규제에 대한 문제를 제기하는 사람들은 주로 ① 미적 경관 규제에 대한 내용은 주(州)가 부여받은 수권법(the state enabling act)의 범위 내에 있지 않다거나,1510) ② 해당 법령이 기획위원회(the planning committee)나 행정관청의 효율적 집행을

1507) Barlow Burke and Joseph Snoe, *supra* note 1, at 593.
1508) *Id.*
1509) Jesse Dukeminier 외, *supra* note 32, at 977; *State ex rel. Stoyanoff* v. *Berkeley*, 22 Ill.458 S.W.2d 305 (Mo. 1970); *Anderson* v. *City of Issaquah*, 70 Wn. App. 64, 851 P.2d 744, 1993 Wash. App.; *City of Ladue* v. *Gilleo*, 512 U.S. 43, 114 S. Ct. 2038, 129 L. Ed. 2d 36, 1994 U.S.
1510) 오늘날에는 명시적 혹은 묵시적으로 법에서 권한을 부여하므로 보통 이러한 주장은 부인된다(Barlow Burke

위한 충분한 기준이 마련되어 있지 않은 입법부의 위헌적 위임이라거나,1511) ③ 법령에서 정한 기준이 너무 애매모호하다거나, ④ 표현의 자유를 광의로 해석하여 건축상 주택이나 구조물의 외부 디자인도 수정헌법 제1조의 표현의 자유에 의해 보호받아야 한다는 등의 내용에 기초하여 이의를 제기할 것이다.1512)

State ex rel. Stoyanoff v. *Berkeley* 사건에서 Missouri주 대법원은 사건의 판단기준으로서 토지용도의 지정에 대한 목적의 정당성에 대한 고려보다 해당 부동산에 대한 가치보호에 중점을 두고, 해당 건축심의위원회의 주택건축 불허가 처분을 합헌적이라고 보았다.1513)

본 사안에서 원고는 건물 신축을 위해 Missouri주 Ladue시의 토지용도의 지정에 관한 모든 규정들에 맞는 내용들을 구비하여 건물신축 허가를 신청하였다. 신청에 있어서 다만 그 건축물이 현대적이면서 외관과 디자인이 색다르게 설계되었다. 이에 대해 Ladue시 건축심의위원회(Architectural Board of the City of Ladue)는 그 건축안은 주변 지역의 구조물에 대한 형식과 디자인에 부합하지 않는다고 판단하여 건축불허가 처분을 하였다. 이에 대해 원고는 시정부의 비선출직 건축심의위원회에 대한 권한의 위임은 일정한 기준도 없는 비합리적이고 자의적인 결정이라는 등의 이유로 위헌적이라며 이의를 제기하였다.

이에 원심법원은 시의 토지용도 지정에 관한 조례가 모호하여 권한의 위임은 적법절차에 위반되는 위헌적인 것이라고 판단하였다. 이에 대해 Missouri주 대법원은 문제의 그 조례는 해당 부동산의 가치를 유지하는 데 주안을 둔 것으로서 모호하지 않다고 보고 건축심의위원회의 건축 불허가 처분은 합헌적이라고 판단하였다.

위와 같은 분쟁을 사전에 방지하기 위해 토지 사유권을 가진 소유자들은 부동산 증서(deed)속의 '특약'(covenants)을 통해 같은 용도지역 안에서의 미적인 통일성과 조화(aesthetic uniformity and harmony)를 도모하려고 노력할 것이다.1514)

10.3. 역사·문화적 유적지에 대한 규제

건축상의 미적 디자인과 관련된 법령 중의 특별한 형태는 역사지구(historic district)이

---

and Joseph Snoe, *supra* note 1, at 595).
1511) 이러한 주장은 때때로 그 기준이 너무 재량적인 경우에 설득력을 가질 수 있을 것이다(*Id.*)
1512) *Id.*
1513) Jesse Dukeminier 외, *supra* note 32, at 977.
1514) Barlow Burke and Joseph Snoe, *supra* note 1, at 595.

다. 이에 관한 법령들은 주로 역사적으로나 건축학적으로도 중요한 빌딩이나 기념비적 건축물 등 건물의 외관을 보존하기 위한 목적으로 지방정부에 의해 만들어진다.[1515]

　이러한 법령들은 특히 그러한 구조물의 붕괴를 막거나 소유자가 사인인 경우 개축이나 새로운 건축양식의 도입을 금지시키고 있다. 미적, 역사적, 문화적 그리고 관광산업의 육성을 위한 역사지구의 보존은 해당 주(州)가 추구하려는 정당한 목적(a state legitimate interest)을 가지고 있는 한 헌법에 위배되지 않을 것이다.[1516] 이러한 역사·문화적 유적지 보존과 관련된 대표적 판례가 앞에서 언급한 *Penn Central Transportation Co.* v. *New York City*[1517] 사건이라고 할 수 있다.[1518]

11. 지역의 토지 구획지정 관련 규정(Local Zoning Regulations/ordinances)과 형평법상의 역권과의 관계

　주택을 건축할 경우 인도(the side walk)에서부터 최소 50feet 안으로 들어가서 지어야 하는 것과 같은 부동산 특약(Restrictive covenant)으로서의[1519] 형평법상의 역권(Equitable Servitudes)과 지역 토지구획 지정(Local Zoning)과의 관계가 문제된다. 하지만 앞에서 언급하였다시피 이는 완전히 분리된 별개의 개념으로 이해하여야 할 것이다. 즉, 토지구획 지정과 관련된 규정(zoning regulations/ordinances)들이 사적 부동산 특약(a private restrictive covenant) 보다 우월하거나 중요하한 의미를 갖는 것은 아니라는 점이다.

12. 계약상의 부동산이 특정 목적 내지 용도로 지정된 경우 하자의 인정여부

　미국 부동산 매매계약과 관련된 보증책임 중 거래에 적합한, 즉 시장성 있는 권원에

1515) *Id.*
1516) *Id.*
1517) *Penn Central Transportation Co.* v. *New York City*, 438 U.S. 104 (1978).
1518) Barlow Burke and Joseph Snoe, *supra* note 1, at 596.
1519) 제한적 부동산특약(Restrictive Covenant)은 앞부분에서 언급한 대로 최초로 부동산을 매수한 당사자뿐만 아니라 그 후에 매수한 당사자에게도 구속력을 미치는 토지의 사용과 관련된 사적인 제한(a private restriction)을 말한다(임홍근 외, *supra* note 22, at 1635).

대한 보증책임(marketable title)과 관련하여 계약상의 부동산이 특정 목적 내지 용도로 지정된 경우 이를 하자로 볼 수 있는지가 문제된다.

이 경우 해당 부동산이 위치한 곳이 토지용도의 지정과 관련된 법령에 따라 어떤 특정의 용도(도시공장 지역, 주택지역 등)로 지정되었다는 사실 그 자체만으로 하자가 있다고는 할 수 없을 것이다.1520) 물론 이 경우 비록 토지용도의 지정 자체는 해당 부동산의 하자로 보지 않더라도 만일 그와 같이 지정된 용도 내지 목적과 관련된 규정에 위반한다면 하자로 취급될 수 있다.

또한 만일 매매 대상 목적물이 되는 토지가 이웃 토지의 경계를 불법적으로 넘어갔거나 이웃 토지가 불법적으로 대상 토지의 경계로 들어왔다면 그러한 경계선 침범이 아주 사소하거나, 그 사실이 취득시효 요건에 충족될 만큼 오래되었거나, 또는 침범사실에 대해 법적 분쟁을 일으키지 않겠다는 분명한 약속을 하지 않는 한 이러한 경우에는 하자가 있는 것으로 볼 수 있다.1521)

13. 토지용도의 지정과 생활방해

일정한 토지에 대해 관련 법령에 따라 도시공장지대, 주택지대 등으로 토지용도가 지정되었고 지정된 내용을 준수하였어도 마굿간이나 도살장 등이 들어서서 이로 인한 인한 냄새나 소음 등으로 생활방해가 성립될 수 있을 것이다. 이때 이러한 생활방해 행위에 대해 토지용도의 지정관련 법령(city zoning ordinance)에서 요구하는 요건들을 만족시켰음을 이유로 생활방해로부터 면제될 수 있는지의 여부가 문제된다.

이러한 경우 비록 어떤 방해 행위가 시 토지용도의 지정관련 법령(city zoning ordinance)에 부합된다는 사실 즉, 소위 입법에 의한 어떤 권한(legislative authority)에 따른 합법적인 행위라고 해도 이러한 사실 자체만으로는 설득력(persuasive)은 가질 수 있어도 완전한 항변사유(an absolute defense)가 될 수는 없다.

이러한 경우 토지사용의 제한뿐만 아니라 건물위의 구조물에 대한 제한도 포함되는 법령에 의한 종합적인 토지용도의 지정(comprehensive zoning laws or ordinances)을 통해 사

1520) 서철원, *supra* note 27, at 173.
1521) *Id.*

전에 생활방해를 방지하는 목적을 달성할 수 있을 것이다.[1522]

사 례 의 분석 ————————————————————

[쟁점, Issue]

본 사안에서 토지용도의 지정이 비합리적이고 몰수하는 것과 같은 것으로서 헌법에서 보장하는 재산권 보호 특히, 실체적 적법절차 원리를 침해하였는지의 여부이다.

(The issue is whether the zoning ordinance in this case violated the constitutional protection of property, particularly, substantive due process doctrine, because the ordinance was an unreasonable and confiscatory).

[근거, Reasoning]

일반적으로 토지용도의 지정은 독단적이거나 비합리적이지 않는 한 합헌이다. 즉, 그 규제가 명백하게 자의적이고 비합리적이라면 그 규제(여기서는 토지용도의 지정)는 헌법에 반한다.

(Generally, zoning is Constitutional unless arbitrary or unreasonable. To be unconstitutional, the regulation (here the zoning ordinance) must be clearly arbitrary and unreasonable).

[적용, Application]

본 사안에서의 토지용도의 지정은 합리적으로 공공의 안전, 건강, 도덕률, 그리고 공공복지와 관련되어 있다.

(The zoning plan in this case was reasonably related to public safety, health, morals and public welfare).

[결론, Conclusion]

그러므로 위와 같은 사실과 이유를 기초로, 본 토지용도의 지정은 헌법에 위반되지 않는다.

(The zoning plan under the facts and reasons were thus constitutional in this case).

[참고]

일반적으로 지역의 특정 부분은 특정 목적을 위해 사용이 제한될 수 있다. 예를 들어 아파트 건축을 할 경우 소음, 교통 등으로 생활방해(nuisance)를 야기할 수 있다. 그렇기 때문에 지방

1522) Barlow Burke and Joseph Snoe, *supra* note 1, at 557.

정부는 이러한 문제를 해결하기 위해 특정 지역에 대한 토지용도를 지정하는 것이다(zoning). 이와 같은 일반적인 토지용도의 지정은 그 지정이 부당(unreasonable)하지 않는 한 해당 정부가 권한을 남용한 것이 아닌 적법한 권한 행사라고 할 수 있다.

본 사안에서 A는 "Euclidian" 소도시의 토지용도 지정에 대한 금지명령을 그 구제수단으로 삼고 있다. 하지만 금지명령이 인정되기 위해서는 어떤 특정 부분이 자의적이어서 심히 부당하고 그러한 규율(여기서는 토지용도의 지정)로 인해 회복할 수 없는 손해(irreparable injury)를 가져와야 한다. 법원은 일반적으로 토지용도의 지정계획에 대해서는 합리적으로 보는 것 같다. 그렇지만 일단 그 지정이 합리적으로 하더라도 동 토지용도의 지정이 헌법상 손실보상을 필요로 하는 정도로 재산권을 침해하는 것("takings")은 아닌지에 대한 구체적인 부분에 대한 고려가 필요할 것이다.

V. 토지사용의 공적인 제한과 관련된 문제

토지사용의 공적인 제한과 관련하여 토지 재분할, 성장조절과 성장관리 그리고 개발이익의 강제 환수 등이 문제된다.

1. 토지 재분할에 대한 규제(Subdivision Control)

토지 재분할(subdivision)은 어떤 특정 토지를 택지조성, 상하수도, 도로, 공원 등으로 세분하여 분할하는 과정을 말한다. 예를 들어 농업지역과 같이 미개발된 토지를 택지지역으로 개발하기 위해서는 우선 주거지역에 맞도록 필지를 분할할 필요가 있게 되고, 도로로 신설하며, 도로와 도로 사이에 일정한 경계선(blocks)과 주택을 위한 토지(lot)를 분할하는 작업을 거치게 된다.[1523]

보통 토지에 재분할에 대한 규제(subdivision control)는 사업시행주체가 계획의 초기단계에서 개발계획안을 행정 당국에 제출하여 각종 검토 과정을 통해 계획기준에 적합하도

1523) 박홍규, *supra* note 23, at 195-196.

록 수정·보완하여 허가를 받도록 하는 것이라고 할 수 있다.

2. 성장조절과 성장관리(Growth Control and Management)

성장조절이나 성장관리와 관련하여 동일한 의미로 폭넓게 쓰일 수 있지만 실제로는 다음과 같은 차이가 있다.

'성장조절프로그램'(growth control plan or program)이란 급격한 인구유입의 방지, 고밀도의 도시개발 지양, 신규 개발허가의 억제 등 일정한 경우 그 성장을 조절할 필요가 있는 데 이러한 내용을 담은 계획을 말한다.

낮은 인구밀도의 유지를 위해 단일가구 내지 독신자용 주택건설만을 허용하는 경우나 상·하수도시설과 교육기관 등 공공시설의 부족을 이유로 건축물 허가의 한도를 설정하거나 재분할(subdivision) 승인의 일시적 동결(moratoria) 등이 그 예라고 할 수 있다.[1524]

또한 지방 재정과 주변 환경 등의 여건을 고려하여 주택지나 상업지로 개발할 때 해당 주변에 공공시설이나 공원 등을 어느 정도 개발하여 배치할 것인가에 대한 계획을 마련하는 것이 필요할 것이다. 이와 같이 용도나 밀도 등의 규제 강화나 토지용도의 재지정, 그린벨트의 확충 등 개발에 따른 부정적 영향을 최소화하는 방법으로써 성장을 관리할 수 있도록 하는 계획을 '성장관리프로그램'(growth management plan or program)이라고 한다.

특히, 최근 들어 환경 보호나 삶의 질 개선 등 다양한 목표를 지향하는 스마트 성장(smart growth)이나 도시재생(urban regeneration) 정책을 추진하는 것들은 고도의 경제성장에 따른 기존의 도시개발 방법에 의한 접근으로는 한계가 있어 그 개선책의 하나로서 이루어지고 있다고 할 수 있다.

3. 개발이익의 강제환수(Development Exactions)

'개발이익의 강제환수' 내지 '개발부담금의 징수'(development exactions) 또는 '계획이익(planning gain)의 환수'란 정부가 토지소유자나 개발업자에게 개발 잠재력이 큰 계획의

1524) *Id,* at 198.

수립이나 개발에 따른 이익이 발생할 경우 신규 건축물의 건축 승인을 하기 이전에 새로운 도로의 신설 등 어떤 시설의 공급을 조건으로 허가하게 되는 경우를 말한다.[1525]

　　이러한 개발이익의 강제환수는 공공시설 마련을 위해 토지를 무상으로 기부하도록 하는 기부채납(寄附採納, land donation), 개발 허가를 조건으로 개발사업자에게 부과하는 토지(exactions in kind)나 현금의 강제징수(monetary exactions) 등을 포함한다.[1526]

　　하지만 이러한 개발이익의 환수제도가 개발로 인해 강제로 환수되는 이익이 개발의 범위나 성격 등 개발을 통해 얻어질 구체적 내용과 비교하여 볼 때 비합리적인 경우라면 헌법에 위반될 것이다.

Notes, Questions, and Problems ──────────────────────────

- 주거용 내지 주거적합성(habitability)에 대한 보증 책임은 주거용에만 적용되고 상업용에는 적용되지 않으며, 이는 약정으로도 포기할 수 없다.
- 어떤 토지를 1년간 떠났다가 다시 돌아온 경우라면 취득시효 요건 중의 하나인 계속적 점유(continuous possession)로 보지 않는다.
- 토지소유자가 부동산을 다른 사람에게 매도하여도 여전히 점유시효취득(Adverse Possession, AP)을 위한 시효는 진행된다.
- 점유의 승계와 관련하여 아버지의 점유를 승계 받는 자식이 무능력자이어도 점유는 승계된다. 토지 소유자가 점유에 의한 취득시효(AP)의 적용을 받기 위한 시효가 기산될 때(시작시)부터 무능력이면 시효가 진행되지 않는 것과 비교해야 할 것이다.
- 부동산 양도에서 합리적인 이유가 있어서 이행의 완료(closing)가 한 달 정도 늦어진 것까지는 "time is essence"와 같은 조건이 없는 한 받아들여질 수 있는 범위 안에 있다고 할 수 있다.
- 부동산 양도계약에서 착수금 내지 계약금(down payment)은 요건이 아니다. 대가 내지 약인(consideration)은 있어야 한다.
- 부동산 양도계약에서 매도인이 사망한 경우 그의 상속인이 형식적인 권원 내지 소유권(title)의 이전 의무를 부담한다. 이때 대금은 동산(personal property)으로서 상속인 또는 그 동산을 받기로 한 수증자가 수령하게 된다.
- 부동산 양도계약에서 매수인이 사망한 경우 그 부동산은 상속인이 받고, 대금지급의무는 상속재산관리인(administrator)이 처리한다. 만약 매수인이 자신의 유언(will)을 통해 "부동산은

1525) Jesse Dukeminier 외, *supra* note 32, at 1170; Barlow Burke and Joseph Snoe, *supra* note 1, at 625; *Nollan* v. *California Coastal Commission*, 22 Ill.483 U.S. 825, 107 S. Ct. 3141, 97 L. Ed. 2d 677, 26 ERC 1073 (1987); *Dolan* v. *City of Tigard*, 512 U.S. 374,114 S. Ct. 2309, 129 L. Ed. 2d 304,1994 U.S.
1526) 박홍규, *supra* note 23, at 199.

아들에게 주고, 동산과 남아있는 잔존(殘存) 권리 내지 이익(residuary interest) 모두를 딸에게 주도록…" 라고 하였다면, 딸이 동산(personal property) 소유자가 되므로 딸이 그 부동산 대금 지급의 의무를 부담하게 된다.

- 어떤 토지에 대해 통행용 지역권을 받았는데 그 토지에 전선을 매립하는 경우 이는 지역권의 본질이 변경되는 것이라서 인정될 수 없다.

- 석유회사가 가스회사에 가스관 매립을 위한 지역권을 양도하는 것처럼 상업용인 독립적 지역권(easement in gross)은 양도할 수 있다.

- 한쪽은 주거지구, 다른 한쪽은 20년간 공원으로 사용하는 경우 공원은 임대차나 부동산 특약(covenant)의 형식보다 지역권 형태로 거주자에게 부여하는 것이 유익하다.

- 지역권은 다른 목적으로 확대하여 사용할 수 없다.

- 지역권만을 양도할 수 없다.

- 구두에 의한 지역권은 묵시적 지역권(implied easement)의 근거가 될 수 없다. 이러한 경우 (oral easement)는 단순한 사용허가(license)에 불과하다.

- 지역권 소유자는 그 토지에 대한 관리의무가 있고 이에 위반시 손해배상책임을 부담한다.

- 묵시적 지역권(implied easement)도 요역지(dominant tenement)를 처분시 자동으로 이전된다. 이 경우 지역권에 대한 언급을 하지 않더라도 요역지와 함께 자동 이전됨을 숙지해야 할 것이다.

- 필요성에 의한 지역권(easement by necessity)의 경우 토지 소유자는 통행 가능한 길을 지정해 줄 수 있다. 만일 그 A길을 지정했음에도 B길을 이용하는 것은 지역권이 아니다. 이러한 법리는 토지를 매도할 때만 적용되고 단순히 일반적인 경우에는 적용되지 않는다.

- 지역권 수여자(Easement grantor)가 바뀌지 않으면 요역지(dominant tenement)의 후속매수인은 등록을 하지 않아도 지역권을 주장할 수 있다.

- 부동산 양도증서(deed)에 지역권에 관한 언급이 없어도 요역지가 이전될 때 지역권도 함께 이전된다.

- 채취권 내지 이익(profit)은 권리 내지 이익권(interest)이므로 해당 토지가 수용될 경우 보상받을 수 있다. 사용허가(license)는 권리 내지 이익(interest)이 아니므로 해당 토지가 수용될 경우 보상받을 수 없다

- 어떤 사람(A)이 다른 사람(B)의 토지에 감자를 구입하기 위해 들어가는 것은 들어갈 수 있는 승낙(permission)만을 받은 것으로서 사용허가(license)이다.

- 사용허가(license)는 취소할 수 있지만 일단 상대방에 대해 어떤 신뢰(reliance)를 주었다면 취소할 수 없다.

- 어떤 사람(A)이 B의 우물에서 물을 건져 오는 것은 일종의 채취권 내지 이익(profit)에 해당한다. 독립적 채취권(profit in gross)도 양도할 수 있다.

- 토지·건물에 부속한 정착물(fixture)은 설치 후 20일 이내 그 정착물(fixture)을 등록(filing)해야만 일반저당권자보다 우선한다. 사례에서 정착물(fixture)에 대해 등록하였다는 언급이 없다

면, 그 정착물에 대하여 물건의 구입대금을 제공한 자가 갖는 담보권(Purchase Money Security Interests, PMSI)이 갖는 우선권을 주장하지 못함에 유의해야 할 것이다.

- 볼트 하나만 빼면 제거해 갈 수 있는 부착된 동산(annexed chattel)의 경우 임대차 기간 종료 전에만 제거할 수 있다. 만일 정해진 임대차기간에 2일이 지난 뒤라면 이제 제거할 수 없게 된다.

- 토지·건물에 부속한 정착물(fixture)은 제거할 수 없다.

- 생애부동산권자(life tenant)가 사망하면 잔여권자(remainder)의 변동가능한 집단(open class)은 폐쇄(closing)된다. 생애부동산권자가 사망한 후에 새로 태어난 아기는 잔여권자가 될 수 없지만 임신한 아이까지는 집단(class)에 포함된다.

- 정기임대차계약 종료 후 계속 살고 있는 경우에 임대인은 임차인을 불법침입자(trespasser)로 규정짓고 퇴거조치를 하거나, 아니면 기존의 계약과 같은 조건으로하여 묵시적 자동 연장형 정기 부동산 임차권(periodic tenancy)로 취급할 수 있다. 그런데 임대인이 임차인으로부터 수표를 받으면서 "더 이상 임대차 계약을 갱신할 의사가 없다"고 하였다면, 이것은 위의 '자동 연장형 정기 부동산 임차권'이 아니라 퇴거시키겠다는 뜻이므로 그 뜻에 따라 퇴거조치(eviction proceeding)를 할 수 있다.

  결국 임대차 기간 만료되었다고 해서 무조건 '자동 연장형 정기 부동산 임차권'(periodic tenancy)가 되는 것은 아니라는 점 유의해야 할 것이다.

- 동시사망법(simultaneous death statute)에 따르게 되면 자신의 재산을 배분할 때 다른 사람이 먼저 사망한 것으로 보게 되므로, 부부 공동소유 부동산권(tenancy by entirety, TBE) 혹은 합유 부동산권(Joint Tanacy, JT)은 모두 공유 부동산권(tenancy in common, TIC)과 같이 처리하고, 결국 각각의 지분에 대하여 그 상속인들이 상속받는 결과가 된다.

- 12월초에 부동산을 매수하기로 하는 합의를 하고, 12월 15일에 서면에 의한 계약을 체결하였다면 이때 부동산 계약의 체결일은 12월 15일로 보게 된다. 따라서 만일 12월 14일에 매수인이 사망하였다면 부동산 계약은 완전히 무효가 되어 결국 상속인은 부동산을 수령할 수 없다.

- 제2순위 저당권이 경매를 통해 실행되면, 제3순위 저당권은 변제를 받든 그렇지 않든 저당권 실행의 통지를 받은 경우 무조건 말소된다. 하지만, 제1순위 저당권은 여전히 저당권으로서 남아 있게 된다.

- 임대인이 임차인과 임대차계약을 체결하면서 '임대차 양도금지조항'을 둔 경우 양도에 대한 동의권은 임대인이 보유한 것이므로, 공동 임차인 중 일방의 임차인이 다른 임차인에게 전대차(sublease)를 주는 것에 대하여 동의를 받아야 한다고 주장할 수 없다. 왜냐하면 동의권은 임대인의 권한이지 임차인의 권한이 아니기 때문이다.

- 부동산매매계약 체결 후 매도인이 사망하였는데 그 유언으로 "부동산은 딸에게, 동산은 아들에게 준다"고 하였을 때, 매수인으로부터 받은 부동산매매대금은 누구에게 속하는가? 아들에게 속한다. 그 매매 대금은 동산이기 때문이다. 딸이 갖는 것이 아니라는 점 유의해야 할

것이다.

- 부동산계약 체결 후 매도인 또는 매수인이 사망하더라도 부동산계약 자체는 집행이 가능하다는 점을 유의해야 할 것이다. 부동산 계약을 체결(written)하기 이전에 사망하였다면 아예 부동산 계약 자체가 없어진다.
- "전기를 특정 회사로부터 구입해야 한다"는 약속은 토지의 이용에 관한 내용(touch and concern about land)이 아니므로 집행할 수 없다.
- 매도인의 땅을 $100,000에 사기로 하고, 조사해 보니 그 중 1/10이 조카 소유였다고 생각해 보자. 이제 매수인이 조카에게 $10,000을 주고 그 땅을 사오게 되면, 비록 매도인에게 그러한 사실을 알리지 않았어도 매수인의 행동은 합리적(reasonable)이라고 할 수 있으므로, 매도인에게는 $90,000만 지급하면 된다고 할 수 있다. 매수인이 발견한 부동산의 하자를 고지할 의무는 이행의 완료(closing) 시점에 매수인이 이것을 핑계로 이행을 거절하지 못하게 하는 취지이므로, 매수인이 자발적으로 하자를 발견하여 하자를 처리한 것은 합리적이라고 생각할 수 있을 것이다.

참고 문헌

고세일, "미국 불법행위법상 동산 제공자의 책임", 『민사법학』 제61호(2012.12).

김남진·김연태, 『행정법』(Ⅱ) (제20판)(법문사, 2016).

김준호, 『민법강의』 (제23판)(법문사, 2017).

나카무라 히데오, 박근우 감수, 박명섭, 한낙현, 박인섭 옮김, 『영문계약서 작성의 키포인트』
        (아카데미프레스, 2014)

류병운, 『미국 계약법』 (홍익대학교 출판부, 2013).

명순구, 『미국계약법입문』 (법문사, 2008).

박정기, 윤광운 공역 『미국통일상법전』 (법문사, 2006).

사법연수원, 『미국 민사법』 (사법연수원, 2010).

서철원, 『미국 민사소송법』 (법원사, 2005).

서철원, 『미국 불법행위법』 (법원사, 2005).

서철원, 『미국 비즈니스법』 (법원사, 2000).

송덕수, 『신민법강의』(제10판) (박영사, 2017).

안경환, 『미국 헌법의 이해』 (박영사, 2017).

엄동섭, 『미국계약법Ⅰ』 (법영사, 2010), 『미국계약법Ⅱ』 (법영사, 2012).

유진호, "미국의 미적 요소에 기초한 도시디자인(도시 경관 및 옥외광고물) 규제 관련 판례입장",
        최신외국법제정보(한국법제연구원, 2008-06).

일본 내각법제국 법령용어연구회, 『법률용어사전』 (일본 有斐閣, 1998).

임홍근&이태희, 『법률영어사전』 (법문사, 2007).

정광수, 『채권법요론』 (다나출판, 2011).

정하명, "미국에서의 규제권 강화와 규제적 수용", 『경희법학』 (경희대학교 법학연구소, 2005),
        제40권 제2호.

조국현, 『미국계약법』 (진원사, 2017).

조국현, 『불법행위법』 (진원사, 2016).

조국현, "미국법상의 집단 피해 불법행위와 집단소송", 『법학연구』 제25권 제3호(2017. 7).

조상원, 『도해 법률용어사전』 (현암사, 1997).

지원림, 『민법강의』(제14판) (홍문사, 2016).

한국수출입은행(2011), 『영문국제계약해설』.

Allan, Farnsworth, Carol Sanger, Neil B. Conhen, Richard R.W. Brooks, and Larry T. Garvin,
        『Contracts-cases and materials』(8th ed., 2013).

Barlow Burke and Joseph Snoe, 『Property』(4th ed.) (Wolters Kluwer, 2012).

Farnsworth, 『Contracts』(4th ed.) (Aspen publishers, 2004),

Fukuda Moritoshi, 박덕영 역, 『미국법과 법률영어』 (박영사, 2016).

Henry W. Ballantine, "*Title by Adverse Possession*, 32 Harv. L. Rev. 135 (1918).

Jesse Dukeminier, James E. Krier, Gregory S. Alexander&Michael H. Schill, 『PROPERTY』 (7th ed.) (Aspen Publishers, 2010).

Richard A. Epstein, 『Cases and Materials on Torts』(9th ed.) (Aspen Publishers, 2008).

Robert L. Mennell, Sherri L, Burr저, 임채웅 역, 『미국 신탁법』 (박영사, 2011).

Tina L. Stark, 『Drafting Contracts: How and Why Lawyers Do What They Do』 (Wolters Kluwer, 2007),

平野 晋, 『体系アメリカ契約法』(American Contracts) (日本 中央大學出版部, 2009).

참고 판례(Table of Cases)

Garner v. *Gerrish*, 63 N.Y.2d 575, 483 N.Y.S.2d 973, 473 N.E.2d 223 (1984).

Gianni v. *Russel Co., Inc.*, 281 Pa. 320 (Pa. 1924).

Guillette v. *Daly Dry Wall, Inc.*, 367 Mass. 355, 325 N.E.2d 572, 1975 Mass.

Halderman v. *Teicholz*, 611, N.Y.S. 2d 669 (N.Y.App.Dvi. 1994).

Hannan v. *Dusch*, 154 Va. 356, 153 S.E. 824, 1930 Va. 70 A.L.R. 141.

Harms v. *Sprague*, 105 Ill. 2d 215, 473 N.E.2d 930, 1984 Ill. 85 Ill. Dec. 331.

Harper v. *Paradise*, 233 Ga. 194, 210 S.E.2d 710, 1974 Ga.

Hilder v. *St. Peter*, 144 Vt. 150, 478 A.2d 202, 1984 Vt.

Holbrook v. *Taylor.*532 S.W.2d 763, 1976 Ky.

In re Estate of Smith, 694 A.2d 1099 (Pa. Super. Ct, 1977)

Jackson v. *Steinberg*, 200 P.2d 376 (Or. 1948), 205 P.2d 562 (Or. 1949)

Johnson v. *Davis*, 480 So. 2d 625, 1985 Fla. 10 Fla. L. Weekly 583

Jones v. *Lee*, 22 Ill.126 N.M. 467, 971 P.2d 858 (Ct. App. 1998).

Keller v. *Hartman*, 175 W. Va. 418, 333 S.E.2d 89 (1985).

Kendall v. *Ernest Pestana, Inc.*, 709 P.2d 837 (Cal. 1985).

King v. *Moorehead*, 495 S.W.2d 65, 76 (Mo. App. 1973).

Lempke v. *Dagenais*, 130 N.H. 782, 547 A.2d 290 (1988).

Lewis v. *Superior Court*, 30 Cal. App. 4th 1850, 37 Cal. Rptr. 2d 63, 1994 Cal. App.

Lohmeyer v. *Bower*, 170 Kan. 442, 227 P.2d 102, 1951 Kan.

Loretto v. *Teleprompter Manhattan CATV Corp.*, 458 U.S. 419, 102 S. Ct. 3164, 73 L. Ed. 2d
    868, 8 Med. L. Rptr. 1849 (1982).

Lucas v. *South Carolina Coastal Council*, 505 U.S. 1003, 112 S.Ct. 2886, 120 L.Ed. 2d
    798(1992).

Marini v. *Ireland*, 56 N.J. 130, 146, 265 A.2d 526, 535 (1970)

Messersmith v. *Smith*, 60 N.W.2d 276, 1953 N.D. 3 Oil & Gas Rep. 174.

Metropolitan Coal Co. v. *Howard*, 155 F.2d 780, 784 (2d Cir. 1946).

Miller v. *Lutheran Conference & Camp Association*, 331 Pa. 241, 200 A. 646, 1938 Pa. 130
    A.L.R. 1245.

Morgan v. *High Penn Oil Co.*, 238 N.C. 185, 77 S.E.2d 682, 1953 N.C.

Mugler v. *Kansas*, 123 U.S. 623, 8 S.Ct. 273, 31 L.Ed. 205(1887).

Murphy v. *Fin.Dev.Corp.*, 126 N.H. 536, 495 A.2d 1245, 1985 N.H.

Nahrstedt v. *Lakeside Village Condominium Assoc., Inc*, 878 P.2d 1275 (1994).

Neponsit Property Owner's Association, Inc. v. *Emigrant Industrial Savings Bank*, 278 N.Y.
    248, 15 N.E.2d 793, 1938 N.Y. 118 A.L.R. 973.

Newton v. *Magill*, 872 P.2d 1213(Alaska 1994).

Nollan v. *California Coastal Commission*, 22 Ill.483 U.S. 825, 107 S. Ct. 3141, 97 L. Ed. 2d

677, 26 ERC 1073 (1987).

Othen v. *Rosier*, 148 Tex. 485, 226 S.W.2d 622, 1950 Tex.

PA Northwestern Distributors, Inc. v. *Zoning Hearing Board*, 526 Pa. 186, 584 A.2d 1372,
    1991 Pa. 8 A.L.R.5th 970.

Penn Central Transportation Co. v. *New York City*, 438 U.S. 104 (1978).

Pennsylvania Coal Co. v. *Mahon*, 260 U.S. 393 (1922).

Preseault v. *United States*, 100 F.3d 1525, 1996 U.S. App. 27 ELR 20349.

Reid v. *Architectural Board of review*, 119 Ohio App. 67, 192 N.E.2d 74(1963).

Reste Realty Corp. v. *Cooper*, 53 N.J. 444, 251 A.2d 268, 1969 N.J. 33 A.L.R.3d 1341.

Riddle v. *Harmon*, 162 Cal. Rptr. 530 (1980).

Robert Addie & Sons (Collieries), Ltd. v. *Dumbreck* [1929] A.C. 358.

Rockafellor v. *Gray*, 194 Iowa 1280, 191 N.W. 107, 1922 Iowa Sup.

Rosenfeld v. *Zerneck*, 776 N.Y.S.2d 458 (Sup. Ct. 2004).

Rosengrant v. *Rosengrant*, 1981 OK CIV APP 18; 629 P.2d 800, 1981 Okla. Civ. App.

Sanborn v. *McLean*, 233 Mich. 227, 206 N.W. 496, 1925 Mich. 60 A.L.R. 1212.

Sargent v. *Ross*, 308 A.2d 528, 531 (N.H.1973).

Sawada v. *Endo*, 57 Haw. 608, 561 P.2d 1291 (1977).

Scherer v. *Hyland*, 380 A.2d 698 (N.J. 1977).

Shattuck v. *Klotzbach*, 14 Mass.L.Rptr. 360, 2001 WL 1839720 (Mass.Super. 2001).

Sommer v. *Kridel*, 74 N.J. 446 (1977).

Southern Burlington County NAACP v. *Township of Mount Laurel*, 67 N.J. 151, 336 A.2d
      713, 1975 N.J.; 423 U.S. 808 (1975).

Spiller v. *Mackereth*, 334 So. 2d 859 (Ala. 1976).

Spur Industries, Inc., v. *Del E. Webb Development Co.*, 108 Ariz. 178, 494 P.2d 700, 1972
      Ariz. 4 ERC (BNA) 1052.

Stambovsky v. *Ackley*. 169 A.D.2d 254, 572 N.Y.S.2d 672, 1991 N.Y. App. Div.;

State ex rel. Stoyanoff v. *Berkeley*, 22 Ill.458 S.W.2d 305 (Mo. 1970).

Swartzbaugh v. *Sampson*, 11 Cal. App. 2d 451, 54 P.2d 73, 1936 Cal. App.

Sweeney v. *Sweeney*, Conn. Sup. Ct. of Errors, 126 Conn. 391, 11 A.2d 806 (1940).

System Auto Parks & Gar. v. *Am. Economy Ins.*, 411 N.E.2d 163 (1980).

The Symphony Space, Inc. v. *Pergola Properties, Inc.* 669 N.Y N.E.2d 799 (1996).

Thodds v. *Shirk*, 79 N.W.2d 733 (1956).

Tulk v. *Moxhay*, 2 Phillips 774, 41 Eng. Rep. 1143.

Waldorff Insurance and Bonding, Inc. v. *Eglin National Bank*, 453 So. 2d 1383, 1984 Fla.
      App.

Walker Rogge, Inc. v. *Chelsea Title & Guaranty Co.*, 116 N.J. 517, 562 A.2d 208, 1989 N.J.

Western Land Co. v. *Truskolaski*, 88 Nev. 200, 495 P.2d 624, 1972 Nev.

White v. *Brown* 559 S.W.2d 938(Tenn.1977).

White v. *Manhattan Railway Co.*, 139 N.Y. 19, 34 N.E. 887 (1893).

Willard v. *First Church of Christ, Scientist, Pacifica* 7 Cal. 3d 473, 498 P.2d 987, 102 Cal. Rptr. 739, 1972 Cal.

Woodrick v. *Wood*, 1994 Ohio App. LEXIS 2258, 1994 WL 236287.

Zaslow v. *Kronert*, 29 Cal. 2d 541, 176 P.2D 1(1946).

찾아보기

저자약력

조국현

강원 평창(봉평) 출생
강릉명륜고등학교
강원대학교 법과대학 졸업 (법학사)
고려대학교 정책대학원 (행정학석사)
고려대학교 대학원 행정학과 (행정학박사)
미국 Indiana University Maurer School of Law (법학석사, LL.M.)
미국 Indiana University McKinney School of Law (법학박사, S.J.D.)

[주요 경력]

법무법인 정도(正道), 미국변호사(Attorney at Law licensed in the State of New York)
한림국제대학원대학교 미국법학과 겸임교수
Attorney at Law admitted in the State of New York and United States District Court, Eastern District
    New York
한국전력공사(KEPCO) 투자심의위원회, 투자심의위원
미국 Law Offices of Youngsoo Choi, P.C., in the State of New York, Associate Attorney
기획재정부 주관 공기업·준정부기관 경영평가단, 경영평가위원
대통령자문 동북아시대위원회, 전문위원
미국 Stanford University, Asia-Pacific Research Center, 객원연구원(Visiting Scholar)
대통령소속 동북아의 평화를 위한 바른역사정립기획단, 선임연구관
고려대학교 정부학연구소, 선임연구원
일본 문부과학성 산하 일본학술진흥회(JSPS) 외국인특별연구원 및 게이오대학(慶應義塾, Keio University),
    Post-Doctoral Fellow 등

[주요 저서 및 논문]

미국 불법행위법 (진원사, 2016)
미국 계약법 (진원사, 2017)
Critical Factors that affect the Application of Specific Performance as a Remedy for Breach of Contract
    in American and South Korean International Business Transactions
국제거래에 있어서 계약책임에 근거한 정신적 손해배상에 관한 사례연구
국가연구개발프로젝트(National R&D Projects)성과의 영향요인 분석
情報化·先端産業化にむけて科學技術革新のための效率的な政策樹立と評價に關する事例研究
共同研究開發とイノベーション・コミュ二ティの進化(共同研究)
미국 계약법적 측면에서 본 공동연구개발과 공동연구개발계약 (공동연구)
미국에서의 집단 불법행위와 집단소송 등

미국 재산법

초판발행	2017년 11월 30일
지은이	조국현
펴낸이	안종만
편 집	한두희
기획/마케팅	김한유
표지디자인	권효진
제 작	우인도·고철민
펴낸곳	(주) 박영사
	서울특별시 종로구 새문안로3길 36, 1601
	등록 1959. 3. 11. 제300-1959-1호(倫)
전 화	02)733-6771
f a x	02)736-4818
e-mail	pys@pybook.co.kr
homepage	www.pybook.co.kr
ISBN	979-11-303-3101-0 93360